lonely planet

Pays baltes

Estonie, Lettonie et Lituanie

ÉDITION ÉCRITE ET ACTUALISÉE PAR

Peter Dragicevich, Hugh McNaughtan et Leonid Ragozin

PRÉPARER SON VOYAGE

SUR LA ROUTE

NICO TONDINI/ROBERTHARDING/GETTY IMAGES ©

PARC NATIONAL DE LAHEMAA, ESTONIE P. 88

PAUL BIRIS/GETTY IMAGES ©

COLLINE DES CROIX, LITUANIE P. 356

KAVALENKAVAVOLHA/GETTY IMAGES ©

Sommaire

VIEILLE VILLE, RIGA, LETTONIE P. 201

Bienvenue en Estonie, en Lettonie et en Lituanie

Terres de châteaux en ruine, de dunes à perte de vue, de forêts enchanteresses et de lacs magiques – les reines de la Baltique vous emmèneront aux pays des contes de fées.

Petits, mais cosmopolites

L'Estonie, la Lettonie et la Lituanie sont des pays partageant certes un espace restreint, mais composés de cultures distinctes – langues et traditions variant sensiblement d'une nation à l'autre.
Il suffit d'ailleurs de comparer chacune des capitales baltes, uniques en leur genre : Tallinn, majestueuse et médiévale ; Riga parée d'un chic Art nouveau ; et Vilnius, flamboyante et baroque.

Alliés de la guerre froide

Malgré leurs différences, les pays baltes subirent ensemble les coups et les flèches du XXe siècle. Quand l'heure fut venue de répondre à la question "être ou ne pas être", c'est d'une même voix qu'ils répondirent par l'affirmative. Les occasions ne manquent pas d'y découvrir l'histoire poignante de l'occupation nazie, puis soviétique : vestiges de guerre, mémoriaux en hommage aux victimes et excellents musées d'histoire font en sorte que ces tristes événements ne tombent pas dans l'oubli.

Une nature sauvage

Les plats pays baltes ne sont pas avares de paysages somptueux : les plages de sable semblent se dérouler à l'infini, les lacs se comptent par milliers, les forêts sont vastes et une riche faune peuple les marais. La faible densité de population laisse une place prépondérante aux paysages naturels, véritables havres de paix pour les grands mammifères d'Europe. Cependant loups, ours, élans et lynx ont mieux à faire que de poser pour les touristes... Vous aurez plus de chances d'apercevoir une cigogne blanche dans son nid posé en équilibre sur un réverbère, un pic-vert s'acharnant sur l'écorce d'un arbre ou une biche effarouchée au bord de la route.

De la magie dans l'air

Des tourelles féeriques de Tallinn aux ruines spectrales du château de Ludza, petits et grands tomberont sous le charme de ces fabuleux décors. Les contes et légendes mettent en scène des lacs sacrés, des sources magiques et des sorcières et gobelins tapis dans les forêts les plus sombres ou les marécages les plus traîtres. La région fut la dernière d'Europe à adopter le christianisme, et aujourd'hui encore, dans certains coins reculés, on voit parfois des rubans attachés aux arbres d'un bois sacré ou des offrandes déposées sur de mystérieuses pierres. Oubliez tout cynisme et laissez voguer votre imagination !

Pourquoi j'aime l'Estonie, la Lettonie et la Lituanie

par Peter Dragicevich, auteur

J'ai grandi en Nouvelle-Zélande, où il est impossible de trouver un bâtiment vieux ne serait-ce que de 200 ans, ce qui me rend probablement plus réceptif que d'autres au charme d'une ville comme Tallinn. J'en suis tombé amoureux dès l'instant où mon regard s'est posé sur ses ruelles pavées, ses murs de guingois et ses clochers élancés. La rencontre entre cet héritage historique et la modernité galopante des trois pays baltes attise chez moi une fascination sans limite. À chaque visite, je découvre quelque chose de nouveau.

Pour en savoir plus sur nos auteurs, rendez-vous p. 464

Ci-dessus : château du XIIIe siècle de Cēsis (p. 270), Lettonie

Estonie, Lettonie et Lituanie

Isthme de Courlande
Une langue de sable inscrite au patrimoine de l'Unesco (p. 372)
Colline des Croix
Des milliers de crucifix de toutes formes et de toutes tailles (p. 356)
Vilnius
Une vieille ville baroque unique en Europe (p. 294)
ALTITUDE
250 m
200 m
150 m
100 m
50 m
0
Mer Baltique
56°N
55°N
21°E
LITUANIE
LATGALE
RUSSIE
BIÉLORUSSIE
POLOGNE
VILNIUS
MINSK
Kaunas
Klaipėda
Šiauliai
Panevėžys
Daugavpils
Liepāja
Jelgava
Rēzekne
Kaliningrad
Lac Lubāns
Lac Rāzna
Dvina occidentale (Zapadnaya Dvina)
Niémen (Nemunas)
Neringa
Isthme de Courlande
Juozapine
Aizpute
Kuldiga
Skrunda
Saldus
Jaunspils
Dzukste
Dobele
Kalnciems
Salaspils
Baldone
Ozoli
Ogre
Mengele
Ergli
Madona
Lubāna
Sālīdzāni
Ruskalava
Kārsava
Stiglava
Ludza
Zilupe
Kiburi
Priekule
Klampji
Krumini
Ezere
Auce
Kalnamuiza
Lecava
Vecmuiza
Liebarde
Jaunjelgava
Koknese
Aizkraukle
Dzisji
Gostiņi
Laudona
Varakļāni
Vilani
Atašiene
Jēkabpils
Mažeikiai
Skuodas
Alsiai
Naujoji Akmenė
Zabare
Eleja
Pirunsdāle
Bauska
Skaistkaine
Zeimelis
Viesite
Līvāni
Malta
Preiļi
Kaunata
Rukmuiza
Dagda
Andrupene
Auleja
Aglona
Mer
Medininkai
Seda
Papile
Joniškis
Salociai
Biržai
Nereta
Aknīste
Darbėnai
Salantai
Tryskiai
Gruzdziai
Linkuva
Pasvalys
Suvainiškis
Palanga
Kretinga
Plungė
Telšiai
Kuršenai
Vabalninkas
Pandelys
Subate
Ilūkste
Krāslava
Zarenai
Pampenai
Rokiškis
Gargzdai
Rietavas
Varniai
Radviliškis
Smilgiai
Kupiškis
Šeduva
Dusetos
Svedasai
Zarasai
Juodkrantė
Priekule
Laukuva
Kelme
Uzpaliai
Visaginas
Sveksna
Kvėdarna
Šilalė
Grinkiskis
Raguva
Daugailiai
Novopolatsk
Zemaiciu
Nida
Šilutė
Naumestis
Skautvile
Raseinai
Anykščiai
Utena
Ignalina
Tauragė
Erzvilkas
Kėdainiai
Seta
Palūšė
Simkaiciai
Ukmergė
Molėtai
Švenčionys
Zelenogradsk
Viesvile
Jurbakas
Sovetsk
Jonava
Sirvintos
Giedraiciai
Hlybokoye
Sakiai
Pabrade
Kaisiadorys
Maisaigala
Nemencine
Kutuzovo
Darsuniskis
Vievis
Vilkaviskis
Zariskiai
Marijampolė
Birštonas
Jeznas
Trakai
Nevskoye
Rudiskes
Kalvarija
Šeštokai
Alytus
Maladzechna
Šalčininkai
Merkine
Varena
Suwałki
Lazdijai
Dieveniskes
Marcinkonys
Druskininkai
Mrągowo
Augustów
Lida

17 façons de voir les pays baltes

1

Vieille ville féerique de Tallinn

1 Bon nombre de villes européennes étaient autrefois entourées de solides murs surplombés par des tourelles. En Estonie, la vieille ville de Tallinn (p. 52) est une fenêtre enchantée sur ce monde révolu. Il vous semblera y apercevoir chevaliers et damoiselles, marchandes et paysans – une impression accentuée par le penchant des Tallinois à se déguiser en costumes d'époque. De tortueuses avenues longées de maisons médiévales donnent sur des places jadis souillées par le commerce quotidien, aujourd'hui jalonnées de cafés, de boutiques de souvenirs et de marchés artisanaux bien plus engageants.

Nuit de la Saint-Jean

2 Les anciens rites païens ont encore une large place. On vénère les cigognes, on refuse les bouquets dont les fleurs sont en nombre pair et on respecte toujours la fête du solstice d'été (p. 38). Même si la dimension spirituelle de cette fête a disparu dans sa majeure partie, familles et amis aiment toujours se réunir à la campagne pour une nuit illuminée par des feux de joie. Si des festivités ont lieu dans chaque ville et chaque village, le lac de Plateliai (p. 392), en Lituanie, est un excellent endroit pour passer la nuit de la Saint Jean. Ci-dessous : fête du solstice d'été à Klaipėda, Lituanie

KAVALENKAVAVOLHA/GETTY IMAGES ©

YEVGEN BELICH/SHUTTERSTOCK©

Châteaux et manoirs lettons

3 Il suffit d'un coup d'œil sur une carte pour se rendre compte de la position-clé qu'occupent les pays baltes sur les anciennes routes commerciales entre la Russie et l'Europe de l'Ouest. Un peu partout sur ces terres constellées de pins, de nombreux châteaux en ruine témoignent de royaumes oubliés. La région ayant longtemps été divisée en terres féodales, vous y trouverez quantité de manoirs. Une nuit dans l'une de ces demeures élégamment restaurées – comme celles de la vallée de la Gauja (p. 268), en Lettonie – est une expérience inoubliable.

Ci-dessous : château de Turaida, parc national de la Gauja

Isthme de Courlande

4 Est-ce dû à l'odeur des pins, à la brise marine ou au sentiment d'isolement ? La plus belle retraite de bord de mer de la Lituanie, une longue et étroite langue de dunes qui lèche majestueusement l'extrémité sud-est de la mer Baltique, dégage une atmosphère brute où le temps ne semble pas avoir de prise. Venez recharger vos batteries et reprendre confiance dans les pouvoirs régénérateurs du vent, de l'eau, de la terre et du ciel sur le spectaculaire isthme de Courlande.

3

YULIA_B/SHUTTERSTOCK ©

4

YEVGEN BELICH/SHUTTERSTOCK ©

ANGEL VILLALBA/GETTY IMAGES ©

A. ALEKSANDRAVICIUS/SHUTTERSTOCK ©

HOLGER LEUE/GETTY IMAGES ©

Vieille ville baroque de Vilnius

5 Refuges séduisants, jardins coquets, églises baroques et terrasses de bars où déguster de l'excellente bière – la vieille ville de la capitale lituanienne (p. 297) est un endroit où il fait bon s'égarer. Tradition et modernité semblent ici cohabiter. Vous êtes à la recherche d'une boutique bon marché, d'une boulangerie bio, d'une petite librairie ou tout simplement d'un café tranquille ? Vous trouverez tout cela dans la même ruelle pavée, qu'il ne vous restera plus qu'à explorer. Vilnius vous appartient.

Île de Saaremaa

6 Partir sur une île donne une saveur particulière à un voyage. Saaremaa (p. 146), en Estonie, n'est certes pas un paradis tropical, mais cette délicate retraite boisée est un enchantement. À voir absolument : le château de Kuressaare. Près du port, ce château fort – le mieux conservé de la Baltique – surplombe fièrement ses douves. Mais ce sont les moulins à vent de l'île, et ceux d'Angla en particulier, qui font de Saaremaa une icône que vous verrez sur les bouteilles d'eau, de bière ou de vodka un peu partout en Estonie.

En haut à droite : colline des moulins à vent d'Angla, île de Saaremaa

Architecture Art nouveau de Riga

7 Demandez à n'importe quel Rigois de vous indiquer les plus beaux bâtiments Art nouveau de la ville, vous obtiendrez invariablement la même réponse : "Levez les yeux !" Dans la capitale lettonne, plus de 750 édifices – plus que dans toute autre ville européenne – affichent ce style décoratif extravagant. Mitraillez les façades du centre de la ville nouvelle (p. 208) lors d'un après-midi venteux : vous y verrez un ensemble remarquable de démons hurlants, de divinités enchantées, de végétation luxuriante et d'étonnants motifs géométriques.

BOKSTAZ/SHUTTERSTOCK ©

GORSH13/GETTY IMAGES ©

WESTEND61/GETTY IMAGES ©

Nourriture des bois

8 Adieu pommes de terre et langue de porc : vous découvrirez que la cuisine balte n'a plus grand-chose à voir avec une cantine soviétique. Le mouvement locavore, qui a fait une entrée fracassante avec le champignon pour mascotte, a su se faire une place de choix. La cueillette des champignons est une véritable obsession dans les pays baltes. Le climat humide du parc national de Dzūkija (p. 340), par exemple, est idéal pour récolter des champignons (mais faites-vous accompagner par un connaisseur). Vous pourrez aussi attendre la saison des baies, abondantes et délicieuses.

Colline des Croix

9 Lorsque vous parcourrez le plat relief lituanien à la recherche de ce site bien connu, la première question qui vous viendra à l'esprit sera sûrement "Mais où se cache la colline ?" Puis vous apercevrez au loin un petit monticule surmonté de dizaines de milliers de croix (p. 356). Et l'on réalise que, plus qu'une preuve de la foi, ces croix finement sculptées sont l'affirmation même de l'identité du pays.

Saunas et spas

10 Les versions finlandaises, turques et russes sont peut-être plus connues, mais les saunas baltes ont aussi leurs inconditionnels, qui enfilent volontiers leur tenue d'Adam pour une bonne séance d'immersion et de transpiration. Les pays baltes comptent de nombreux spas – tel le magnifique Aqva (p. 96) à Rakvere – où se prélasser sous des mains expertes. Toutefois, la spécialité régionale consiste à se fouetter avec des branches de bouleau séchées pendant la sudation, dans des températures supérieures à 60°C. Relaxation garantie...

Ci-dessus : sauna en bois, Estonie

Parc national de la Gauja

11 Jalonné de ravissantes petites localités et d'impressionnantes fortifications, le parc national de la Gauja (p. 262), en Lettonie, enchante les visiteurs. La tour du château féerique de Turaida domine la forêt de pins, comme une réminiscence glorieuse des royaumes qui gouvernèrent jadis ces terres. Pour pimenter la journée après ce cours d'histoire, faites votre choix parmi des sports à sensations fortes, comme le saut à l'élastique depuis un téléphérique ou le bobsleigh sur une piste gelée.

Tartu

12 Tartu (p. 106), en Estonie, doit son atmosphère particulière à sa prestigieuse université et à sa florissante population estudiantine (qui anime agréablement la ville). On trouve un musée à presque chaque coin de rue, et il en va de même avec les bars grunge installés dans les caves. Discussions sérieuses, romances et alcool joyeux : quand le soleil brille, la colline verdoyante du centre-ville de Tartu devient le théâtre des éternels clichés de la vie étudiante.

En bas : bâtiment de l'université de Tartu

ALEKSEY STEMMER/SHUTTERSTOCK ©

HENRYK SADURA/GETTY IMAGES ©

Parc national de Lahemaa

13 Concentrant à lui seul les principaux habitats naturels du pays (côtes, forêts, plaines, tourbières, lacs et rivières) – à seulement 80 petits kilomètres de la capitale –, Lahemaa (p. 88) est une portion de l'Estonie rurale que même les voyageurs au planning serré ne devraient manquer sous aucun prétexte. Outre les curiosités naturelles, on peut y admirer d'élégants manoirs baroques, y visiter de charmants villages et trouver refuge dans des auberges de campagne en cas de météo changeante… ou d'estomac affamé.

Jurmala

14 À l'époque soviétique, Jurmala (p. 234) était la ville de cure et la station balnéaire la plus huppée de tout l'Empire russe. Si l'engouement pour le sanatorium a faibli, le lieu est toujours très prisé pour s'étourdir de soins apaisants et d'une gamme infinie de prestations (envie d'un massage au chocolat ?). Même si la plage aux eaux peu profondes du golfe ne vous incite pas à la baignade, vous ne regretterez pas d'avoir fait le détour depuis Riga pour admirer les jolies maisons anciennes en bois et constater le train de vie ostentatoire des nouveaux riches.

13

NICO TONDINI/GETTY IMAGES ©

14

EMOTIONQUEST/ALAMY PHOTO STOCK ©

VENEMAMA/GETTY IMAGES ©

GORSH13/GETTY IMAGES ©

DANITA DELIMONT/GETTY IMAGES ©

Pärnu

15 Vous ne visiterez probablement pas les pays baltes dans l'idée de voir des plages de sable doré s'étalant à l'infini. Pourtant, c'est exactement ce qu'offre Pärnu (p. 134). Avec la mode des bains de mer à l'aube du XXe siècle, Pärnu devint la station balnéaire la plus cotée d'Estonie – elle l'est à peine moins aujourd'hui. Les joyaux architecturaux de l'époque se mêlent aux vestiges hanséatiques, formant de ravissantes rues à explorer, où vous dénicherez de sympathiques bars et restaurants.

Ci-dessus : église orthodoxe Sainte-Catherine, Pärnu, côte de Courlande

Côte de Courlande

16 Les Lituaniens se délectent de leur isthme de Courlande jalonné de dunes, tandis que les Estoniens profitent de la vie insulaire sur Saaremaa et Hiimuaa. Entre les deux pays, la côte lettonne de Courlande (p. 239) est plutôt déserte, mais néanmoins parsemée de petites villes aux impressionnants îlots rocheux et aux vieilles tours de guet soviétiques. Au sud : la superbe Liepāja, et, un peu plus loin, les plages couleur crème de l'opulente Ventspils. Mais on atteint l'apothéose à Kolka, au nord, où la mer Baltique et le golfe de Riga fusionnent de manière spectaculaire.

Vestiges soviétiques

17 Les trois sœurs baltes ont déchiré le rideau de fer voilà tout juste vingt ans. Mais alors que ces jeunes nations s'empressent de se mondialiser, les édifices austères et les tours de guet en ruine qui jalonnent leur côte nous rappellent des temps plus difficiles. Beaucoup d'autres vestiges permettent aux visiteurs d'explorer le passé balte à la James Bond. Les installations secrètes d'autrefois, comme le bunker de la Pension (p. 269), en Lettonie, suscitent étonnement et nostalgie même chez les moins férus d'histoire.

Ci-dessus : entrée camouflée du bunker de la Pension

L'essentiel

Pour plus de précisions, voir le *Carnet pratique* (p. 420)

Monnaie
Euro (€)

Langues
Estonie : estonien
Lettonie : letton
Lituanie : lituanien

On y parle aussi couramment le russe.

Visas
Les citoyens de l'UE, de Suisse et du Canada n'ont pas besoin de visa pour un séjour de moins de 90 jours.

Argent
Vous trouverez des DAB sans difficulté. La plupart des hôtels et des restaurants acceptent les cartes bancaires.

Téléphones portables
On trouve un peu partout des cartes SIM prépayées compatibles avec la plupart des téléphones étrangers.

Heure locale
Fuseau horaire d'Europe de l'Est (GMT/UTC plus 2 heures). Lorsqu'il est midi à Paris, il est 13h dans les pays baltes.

Quand partir

Haute saison
(juin-août)

- L'hébergement dans les capitales affiche vite complet : réservez !
- Les longues journées et les températures douces sont propices aux dîners en plein air.
- À découvrir : les festivités lors du solstice d'été.

Saison intermédiaire
(mai et septembre)

- Le prix des billets d'avion baisse sensiblement en dehors de la période estivale.
- Les températures sont encore assez fraîches.
- Beaucoup de sites touristiques réduisent leurs heures d'ouverture.

Basse saison
(octobre-avril)

- Les températures peuvent être glaciales et les journées courtes.
- Les villes côtières sont presque désertées.
- La foule envahit les capitales et les stations de ski de fond pendant les vacances d'hiver.

Sites Web

Baltic Times (www.baltictimes.com, en anglais). L'actualité dans les pays baltes.

Office du tourisme estonien (www.visitestonia.com, en anglais). Portail officiel.

Office du tourisme letton (www.latvia.travel, en anglais). Site Web officiel.

Office du tourisme lituanien (www.lithuania.travel). Le portail touristique le plus important de la Lituanie.

Baltic Country Holidays (www.traveller.lv, en anglais). Réservation d'hébergements à la campagne dans les trois pays.

Lonely Planet (www.lonelyplanet.fr). Renseignements sur les destinations, forum de voyageurs, etc.

Numéros utiles

Indicatif téléphonique de l'Estonie	☎372
Indicatif téléphonique de la Lettonie	☎371
Indicatif téléphonique de la Lituanie	☎370
Code d'accès international	☎00
Urgences	☎112

Taux de change

Canada	1 $C	0,70 €
Suisse	1 FS	0,90 €

Pour les taux de change en cours, voir www.xe.com.

Budget quotidien

Petits budgets : moins de 60 €

- Lit en auberge ou chambre d'hôtes : 10-35 €
- Deux repas : 15 €
- Balade en ville : gratuit
- Billet de musée : 3 €
- Sortie dans un Biergarten : 7 €

Catégorie moyenne : 60-120 €

- Chambre d'hôtel : 50 €
- Deux repas : 28 €
- Titre de transport : 2 €
- Visite de deux grands musées : 10 €
- Sortie dans un bar huppé : 15 €

Catégorie supérieure : plus de 120 €

- Chambre en hôtel de luxe : 75 €
- Deux repas : 55 €
- Taxi : 8 €
- Journée dans les musées : 15 €
- Tournée des bars : 20 €

Heures d'ouverture

Elles peuvent varier beaucoup selon la saison et la taille de la ville, mais on peut généralement compter sur les horaires suivants :

Banques 9h-16h ou 17h lun-ven

Bars 12h-minuit dim-jeu, 12h-2h ou 3h ven-sam

Cafés 9h-22h

Postes 8h-18h lun-ven, 9h-14h sam

Restaurants 12h-23h ou minuit tous les jours

Boutiques 10h-18h lun-ven, 10h-15h sam

Supermarchés 8h-22h tous les jours

Arriver dans les pays baltes

Aéroport de Riga (p. 429)

Le bus n°22 (2 €, 25 min) rejoint le centre-ville (13 km) toutes les 30 minutes au moins. Comptez 12 € en taxi.

Aéroport de Tallinn (p. 429)

Le bus n°2 rejoint le centre-ville (1,60 €) en 20 minutes environ. Un taxi ne devrait pas coûter plus de 10 €.

Aéroport de Vilnius (p. 429)

Le bus n°1 relie l'aéroport à la gare ferroviaire ; des trains partent pour la gare centrale toutes les 30 minutes de 6h à 23h30. Les tickets achetés à bord coûtent 0,72 € et le trajet ne dure que 10 minutes. Comptez 10-15 € pour rejoindre le centre-ville en taxi (5 km).

Comment circuler

Dans les pays baltes, les transports publics, rapides et efficaces, pratiquent des tarifs raisonnables.

Voiture Commode pour voyager à son rythme ou visiter les régions isolées peu desservies par les transports publics. On peut louer des voitures dans toutes les villes. On roule à droite.

Bus L'Estonie, la Lettonie et la Lituanie possèdent de vastes réseaux irriguant toutes les grandes villes et les reliant aux villes de taille plus modeste.

Train Les transports ferroviaires sont plus limités et il faut changer de train pour passer d'un pays à l'autre.

Avion Chacune des trois capitales est desservie par des vols fréquents.

Pour plus de détails, voir **Comment circuler** p. 435

Quoi de neuf ?

Virus culinaire en Estonie

Les gastronomes avertis ont peut-être déjà entendu parler de la nouvelle cuisine nordique de Tallinn. Cette révolution culinaire semble bien avoir ébranlé durablement l'hégémonie du porc et de la pomme de terre au cœur de l'Estonie. Sur les 50 meilleurs restaurants du pays, près de la moitié se situent à l'extérieur de la capitale, alors qu'ils n'étaient qu'une poignée il y a quelques années.

Kalamaja sort de l'ombre

Longtemps chouchou de la bohème, le quartier de Kalamaja (Tallinn) a vu ouvrir nombre de restaurants, cafés et bars ces dernières années, épaulés par le succès de la Telliskivi Creative City, sa voisine (p. 64).

Port des hydravions de Lennusadam

La transformation de ce morceau d'œuvre architecturale en musée maritime d'avant-garde a réussi l'impossible : attirer les touristes en voyage organisé hors de la vieille ville de Tallinn (p. 60).

Tour de la Télévision à Tallinn

Après 5 ans de travaux, l'emblématique antenne de télévision a rouvert, avec des expositions interactives, une "promenade sur le fil" au grand air et toujours la même vue extraordinaire depuis sa plateforme s'élevant à 175 m du sol (p. 68).

Centre artistique Mark Rothko de Daugavpils

La ville natale du Letton Mark Rothko, figure majeure de l'art du XXe siècle, est nettement plus captivante depuis l'ouverture de ce musée en son honneur (p. 274).

Immeuble du KGB

La splendeur de cet immeuble de Riga contraste avec la noirceur de son passé, mais cet ancien quartier général du KGB, la police secrète soviétique, a retrouvé une utilité : raconter l'histoire de ses malheureuses victimes (p. 212).

Vilnius décolle

La capitale lituanienne est en pleine croissance créative : restaurants et bars sont en plein essor et la renommée de la ville dans les domaines artistique et culturel n'est plus un secret en Europe (p. 294).

Fait main en Lituanie

La scène artisanale lituanienne n'a pas dit son dernier mot. Vilnius, en particulier, connaît une multiplication de métiers artisanaux : on tisse sur des métiers traditionnels, on fabrique à la main papier, bijoux, vêtements et marionnettes (p. 321).

Déferlante de bières artisanales

La vague mondiale de la bière artisanale frappe la Baltique de plein fouet. Les repaires branchés d'Estonie et de Lettonie, en particulier, foisonnent de petites brasseries produisant des bières de qualité (p. 181).

Pour plus de conseils et de suggestions, consultez lonelyplanet.fr

Envie de...

Châteaux

Les bords de la Baltique étaient autrefois morcelés en une mosaïque de territoires féodaux. De nombreux châteaux, en ruine ou restaurés, témoignent de l'importance stratégique de ce carrefour de civilisations.

Château de Trakai (Lit.) Construit sur un îlot, ce château en brique rouge offre un cadre féerique pour pagayer sur les lacs (p. 326).

Château de Kuressaare (Est.) Le château le mieux préservé de la Baltique – des tours aux douves (p. 150).

Château de Hermann (Est.) Tel un pion sur un échiquier géant, ce château se dresse à la frontière russe, de l'autre côté du fleuve Narva (p. 99).

Château de Rakvere (Est.) Les petites princesses et les chevaliers en costume pourront caresser les animaux de la ferme (p. 95).

Château de Bauska (Lett.) Deux châteaux pour le prix d'un : sur les ruines du XVe siècle s'est greffé un château du XVIe, toujours intact (p. 255).

Château de l'ordre de Livonie (Lett.) Cette forteresse anguleuse de la côte lettonne abrite un excellent musée sur l'histoire de la région (p. 242).

Musées

Il y a beaucoup à dire sur l'histoire, mais outre le passé de cette région dévastée par la guerre, de nombreux musées s'intéressent à une foule de sujets originaux.

Musée de l'Occupation de la Lettonie Cinq décennies d'occupation refont surface à travers les histoires personnelles des survivants (p. 220).

Musée d'Art en plein air de Pedvāle (Lett.) De grandes sculptures ornent les collines entourant cette ferme reculée de la vallée d'Abava (p. 249).

Musée des Diables (Lit.) Lucifer sous toutes ses formes se tapit au cœur de Kaunas (p. 348).

Musée de la ville de Tallinn (Est.) L'histoire de Tallinn est racontée dans 10 sites distincts, dont cette maison de marchand du XIVe siècle (p. 56).

Musée d'Art de Lituanie Le musée est réparti sur plusieurs sites à travers le pays, dont celui du palais Radvilos à Vilnius (p. 308).

Musée de plein air d'Estonie De vénérables édifices de tout le pays ont été relocalisés dans cette forêt en bordure de Tallinn (p. 68).

Vestiges de guerre

Des batailles des anciennes tribus aux invasions médiévales, du conflit soviétique à la domination nazie, l'histoire des pays baltes s'est écrite dans le sang.

La Pension (Lett.) Resté secret pendant des décennies, ce bunker stratégique témoigne des jeux d'espionnage de l'ère soviétique (p. 269).

Paneriai (Lit.) Mémorial glaçant en souvenir des 100 000 personnes tuées ici par les nazis pendant la Seconde Guerre mondiale (p 326).

Prison de Karosta (Lett.) Faites l'expérience de la vie de détenu dans cette prison militaire russe (p. 245).

Musée de la Guerre froide (Lit.) Un des plus grands secrets soviétiques se cache dans le parc national de Žemaitija : une base nucléaire souterraine (p. 391).

Kiek in de Kök (Est.) Situé dans un impressionnant donjon, ce musée est dédié aux fortifications et à l'histoire militaire de Tallinn (p. 60).

Péninsule de Sõrve (Est.) Sites de batailles, cimetières militaires et bunkers émaillent cette avancée de terre solitaire sur l'île de Saaremaa. Découvrez le Musée militaire (p. 154).

Plages

Les étés sont courts sur la Baltique, mais ils offrent d'immenses étendues de sable doré.

Nida (Lit.) Paix, silence et beautés naturelles sans pareilles au milieu de dunes de sable et de pins (p. 376).

Jurmala (Lett.) Les luxueux établissements de thalasso de cette ville balnéaire accueillent encore aujourd'hui l'élite russe (p. 234).

Pärnu (Est.) Synonyme de vacances estivales, Pärnu possède de nombreuses plages de sable (p. 134).

Tuhkana (Est.) Pour accéder à la plage tranquille de Tuhkana, empruntez le sentier forestier situé sur l'île de Saaremaa (p. 148).

Palanga (Lit.) Dansez sous le soleil couchant dans cette station balnéaire festive de Lituanie (p. 385).

Saulkrasti (Lett.) Magnifique plage lettonne, curieusement peu fréquentée (p. 259).

Architecture

L'architecture des trois capitales baltes est aussi splendide que variée : fioritures baroques, pignons médiévaux, Art nouveau éclatant, délires stalinistes et chefs-d'œuvre contemporains.

Architecture Art nouveau de Riga (Lett.) Des façades richement décorées revêtent des centaines de bâtiments imposants, bien au-delà du centre-ville (p. 215).

Vieille ville de Vilnius (Lit.) Les clochers, dômes et colonnes de la vieille ville préservée

IMANTSU/SHUTTERSTOCK ©

En haut : Bibliothèque nationale de Lituanie, conçue par l'architecte Gunnar Birkerts

En bas : tourbière dans le parc national de Soomaa

rivalisent d'extravagance baroque (p. 297).

Vieille ville de Tallinn (Est.) Un véritable trésor de remparts, de maisons et de bâtiments publics médiévaux (p. 52).

Kumu (Est.) Avec ses sept étages de pierre calcaire, de verre et de cuivre, le musée d'Art de Tallinn est une référence en matière d'architecture contemporaine (p. 66).

Bibliothèque nationale de Lettonie Un nouveau "château de lumière" sur les rives de la Dvina (p. 214).

Église Sainte-Anne (Lit.) Peut-être pas la plus imposante, mais, de l'avis général, la plus belle église de Vilnius (p. 299).

Villages de caractère

Vous voulez visiter de jolies fermes et de paisibles villages ? Les pays baltes en foisonnent, d'autant plus que les habitants délaissent désormais la vie rurale pour les grandes villes.

Koguva (Est.) Ce village de pêcheurs vous plongera dans une époque révolue (p. 143).

Labanoras (Lit.) Village en bois pittoresque au cœur d'un parc protégé (p. 334).

Kuldīga (Lett.) La ville où "le saumon vole" sert souvent de décor aux films d'époque (p. 250).

Rõuge (Est.) Dans une vallée mouchetée de sept petits lacs, Rõuge incarne la vie bucolique à l'estonienne (p. 122).

Plateliai (Lit.) Joli village au bord d'un lac et point d'entrée du parc national de Žemaitija (p. 391).

Pāvilosta (Lett.) Un village calme sur le littoral, idéal pour pratiquer des sports nautiques (p. 243).

Parcs nationaux

Les trois pays baltes ont pris de l'avance sur les autres républiques soviétiques en inaugurant, dès les années 1970, les premiers parcs nationaux d'URSS, qui continuent d'enchanter les visiteurs.

Parc national de Lahemaa (Est.) Ce "pays des baies" compte de magnifiques plages, forêts, marais et rivières (p. 88).

Parc national de la Gauja (Lett.) Cette vallée arborée de Lettonie est parsemée de châteaux de contes de fées (p. 262).

Parc national du Rāzna (Lett.) Cette réserve au charme tranquille englobe une grande partie des terres lacustres du Latgale (p. 279).

Parc national de Žemaitija (Lit.) Avec ses lacs et ses forêts pleins de mystère, ce parc est idéal pour le camping, la marche et les sports nautiques (p. 391).

Parc national de Soomaa (Est.) Vagabondez sur les belles promenades en bois de ce "pays des marais" estonien à la recherche de sorcières, de gobelins, d'ours et de loups (p. 134).

Palais et manoirs

Pendant les trêves entre deux guerres, l'aristocratie balte délaissa ses forteresses pour de confortables et luxueuses résidences de campagne. Certaines ont été rénovées, d'autres tombent en ruine.

Palais de Rundale (Lett.) Le palais le plus impressionnant de Lettonie témoigne de l'opulence de l'élite germano-balte (p. 256).

Château de Catharinenthal (Est.) Érigé par le tsar Pierre le Grand, le grandiose palais de Tallinn abrite aujourd'hui une annexe de la galerie Kumu (p. 65).

Palais des grands-ducs de Lituanie (Lit.) Au cœur de Vilnius, une reproduction minutieuse du palais du XVIIe siècle, sous le règne des grands-ducs (p. 295).

Muižas du parc de la Gauja (Lett.) Passez la nuit dans l'une des splendides *muižas* (manoirs) parsemant la campagne lettonne (p. 268).

Manoir de Palmse (Est.) Ce manoir aux nombreuses dépendances, entièrement restauré, est la principale curiosité du parc national de Lahemaa (p. 89).

Manoir de Kau (Est.) Ce manoir délabré, au cœur de la campagne estonienne, abrite aujourd'hui un hôtel original et un restaurant réputé (p. 89).

Mois par mois

LE TOP 5

Nuit de la Saint-Jean, juin

Festival de chant et de danse, juillet (tous les 5 ans)

Festival Positivus, juillet

Festival du film Nuits Noires de Tallinn, novembre

Noël, décembre

Célébrations du Nouvel An et festivités prolongées : les Baltes prennent des forces pour affronter ce qui ressemble déjà à un hiver sans fin aux journées courtes.

Janvier

Jour de l'an

L'ambiance festive du réveillon se poursuit pendant ce jour férié, où l'on perpétue des traditions païennes en famille pour se souhaiter une bonne année et une bonne santé.

Février

Les habitants de la région ne se laissent pas abattre par l'hiver balte, sombre et glacial, et se rendent en nombre à la campagne pour faire du ski de fond.

Marathon à skis de Tartu

Dix mille personnes concourent tous les ans dans la campagne estonienne pour cette course de ski de fond de 63 km ; les plus rapides terminent le parcours en moins de 3 heures. Le départ se fait depuis la ville d'Otepää, qui ne vit que pour le sport.

Fête des Phoques de Palanga

Sur 3 jours à la mi-février, une fête consacrée aux traditions de pêche (à l'éperlan) se déroule dans la station balnéaire lituanienne de Palanga. Tous les ans également, des nageurs intrépides folâtrent dans les eaux glaciales de la Baltique lors du "Plongeon de l'ours polaire".

Mars

Les Baltes soupirent en regardant le temps qu'il fait à l'extérieur. Eh oui, l'hiver est bien long. Les vacances de Pâques sont la principale occasion de faire la fête (elles tombent parfois en avril).

Art populaire lituanien

La Foire de Saint-Casimir (Kaziuko *Mugė*), festival d'art et d'artisanat populaires, a lieu tous les ans au début du mois à Vilnius et Kaunas.

Avril

Les températures moins froides annoncent la fin des nuits glaciales. La douceur fait irruption et les habitants se précipitent dehors pour respirer l'air printanier.

Festival du film d'horreur et du film fantastique de Haapsalu

Fin mars, les zombies envahissent les rues et les écrans de Haapsalu, sur la côte ouest de l'Estonie. Ces projections de films déjantés coïncident avec la pleine lune d'avril.

Jazz à Tallinn

Sur 2 semaines à la mi-avril, les grands noms du jazz du monde entier se retrouvent à Tallinn pour le festival Jazzkaar. Concerts dans les salles, mais aussi dans la rue, sur les places et dans les jardins, et même à l'aéroport !

Journées étudiantes de Tartu

La population estudiantine de Tartu se déchaîne lors de cette frénésie païenne qui marque la fin du trimestre et l'éclosion du printemps en Estonie. Une seconde édition, moins intense, a lieu mi-octobre.

Jazz à Kaunas

Le Festival de jazz de Kaunas a lieu tous les ans fin avril. C'est probablement la manifestation de jazz la plus prestigieuse et la plus populaire de Lituanie.

Mai

Les jours rallongent et la météo se fait nettement plus clémente. Les prestations touristiques retrouvent leur rythme et l'ambiance est au beau fixe.

Journées de la vieille ville

Dans le décor parfait des rues du XIVe siècle de Tallinn, une semaine de danses, de concerts, de spectacles en costumes, d'activités sportives et de réjouissances médiévales.

Festival de la nouvelle danse balte

Ce festival a lieu chaque année au début du mois de mai. Dédié à la danse balte contemporaine, il attire à Vilnius des troupes de toute la Lituanie pour une semaine de spectacles.

Ballet balte

Pendant 3 semaines, compagnies lettonnes et internationales présentent d'entraînants spectacles lors du Festival du ballet balte à Riga (Lettonie).

Juin

Une douce chaleur s'est enfin installée, après plusieurs percées du soleil en avril et en mai. Partout dans la région, les festivités autour de la nuit de la Saint-Jean annoncent l'arrivée de l'été.

Festival international Baltica

Cette grande célébration du folklore et des traditions baltes, qui accueille des milliers d'artistes, alterne entre Tallinn (2016, 2019), Vilnius (2017, 2020) et Riga (2018, 2021).

Opéra à Riga

Le Festival d'opéra de Riga, où se produisent des talents de renommée mondiale pendant 10 jours, est l'événement phare de l'Opéra national de Lettonie.

Festival gastronomique Grillfest

Joignez-vous aux milliers de vacanciers pour vous repaître de grillades dans la station balnéaire estonienne de Pärnu.

Nuit de la culture

Artistes visuels et musiciens ont rendez-vous à Vilnius au mois de juin ; ils émaillent la capitale lituanienne d'installations et de spectacles pour une nuit seulement (www.kulturosnaktis.lt).

Baltic Pride

Les trois capitales baltes accueillent chacune à leur tour la grande Gay Pride de la région : Vilnius en 2016 et 2019, Tallinn en 2017 et 2020, Riga en 2018 et 2021.

Nuit de la Saint-Jean

La plus importante veillée des trois pays. C'est à la campagne qu'elle est la plus belle : on y fait la fête toute la nuit à la faveur d'immenses feux de joie.

Festival international de folk

Le dernier week-end de juin, musiciens et troupes de danses folkloriques des différentes régions baltes et de toute l'Europe se réunissent à Nida, sur l'isthme de Courlande.

Journées hanséatiques

Lors de joyeuses fêtes médiévales, Viljandi et Pärnu (Estonie) célèbrent la Ligue hanséatique, qui regroupait jadis les villes marchandes du Nord.

Juillet

En semaine, les Baltes se retrouvent en terrasse ou sous une véranda. Le week-end, les citadins s'évadent à la campagne. L'été bat son plein.

Rythmes de Riga

Début juillet, le Rīgas Ritmi est un festival international de jazz, de musique du monde et d'improvisation. D'autres concerts ont lieu en hiver et au printemps.

Concerts classiques

Le festival Christopher Summer organise en juillet et en août une série de concerts (classique, jazz et musique du monde) autour de Vilnius.

Festival du film documentaire de Pärnu

Ce festival, organisé tous les ans au début du mois de juillet par le musée d'Art moderne de la ville, projette des documentaires du monde entier dans l'enceinte du musée et dans d'autres sites de la plus grande ville balnéaire d'Estonie.

Fête de la Bière

Grand spectacle de musique rock où la bière coule à flots pendant 3 jours début juillet, le très populaire Õllesummer ("été de la bière") de Tallinn (Estonie) a lieu dans l'amphithéâtre des festivals de chant.

Fête de la Mer

Le troisième week-end de juillet, la fête annuelle de la Mer de Klaipėda célèbre le riche héritage nautique du port maritime lituanien pendant 3 ou 4 jours.

Festival Devilstone Open Air

Hard rock, heavy metal, rock gothique, electronica et speed metal : ce festival se déroule mi-juillet dans le centre d'Anykščiai, en Lituanie. Si vous avez la coupe de cheveux appropriée, vous savez où aller (www.devilstone.net).

Festival folklorique de Võru

Mi-juillet, Võru bruisse de danseurs, de chanteurs et de musiciens parés des costumes colorés traditionnels d'Estonie et de nombreux autres pays : ils y célèbrent leurs traditions et leurs cultures respectives.

En haut : guitariste au festival Positivus
En bas : marché de Noël dans le vieux Riga

Journées hanséatiques de Tartu

Mi-juillet, Tartu redevient médiévale. Pendant 3 jours, la ville se remplit de paysans, de damoiselles, de bouffons, de chevaliers et d'artisans. Marchés et spectacles pour toute la famille.

Fête du Vin

Le village letton de Sabile est renommé pour son vignoble – le plus septentrional au monde. Ce festival est l'unique occasion de goûter au vin local.

Festivals de musique et de danse

Ces grands festivals se tiennent tous les 5 ans dans chacun des pays baltes. Des Baltes du monde entier prennent part à des chœurs gigantesques et à de fastueuses parades.

Positivus

Ce festival électro-rock-indé, devenu un moment de pèlerinage pour nombre de mélomanes de Lettonie, s'installe au milieu des tranquilles forêts de pins du nord du Vidzeme.

Sons estivals

Liepāja est le nirvana letton des groupes de garage rock : tous les festivals qui s'y déroulent valent le détour. Le célèbre Summer Sound rassemble chaque année jusqu'à 40 000 personnes (www.summersound.lv).

Festival de musique traditionnelle

Ce festival de musique traditionnelle archi-populaire réunit musiciens d'Estonie et d'ailleurs. Pendant 4 jours, fin juillet, la ville de Viljandi est prise d'assaut : près de 20 000 personnes assistent à plus de 100 concerts.

Festival lyrique de Sigulda

Fin juillet, des chanteurs lyriques du monde entier viennent se produire pendant 3 jours au cours d'opéras en plein air au milieu des ruines du château de Sigulda (www.opersvetki.lv).

Marathon jazz de Nida

Ce festival annuel accueille des concerts de jazz au milieu des dunes de la station balnéaire lituanienne. Les concerts, suivis de jam-sessions, se tiennent de fin juillet à début août sur plusieurs scènes réparties sur l'isthme de Courlande.

Août

Les longs après-midi ensoleillés du mois d'août sont idéals pour prolonger le week-end et buller à la plage. Les habitants savourent le moindre rayon de soleil – au milieu d'épisodiques orages.

Réjouissances maritimes

Le premier week-end du mois, le festival célèbre l'identité marine de Kuressaare, sur l'île de Saaremaa. Parmi les manifestations : régate, foire, cuisine au hareng, groupes de musique... et des bateaux en grand nombre.

Cinéma en plein air

Pendant une semaine au cœur de Tartu (Estonie), sur l'évocatrice place de l'Hôtel-de-Ville, le festival de cinéma en plein air tARTuFF projette gratuitement films d'art et d'essai et documentaires. Également, lectures de poèmes et concerts.

Histoires de fantômes

Dans le parc du château de Haapsalu (ouest de l'Estonie), la fête de la Dame Blanche s'achève sur une illusion d'optique, due au reflet de la pleine lune sur le vitrail de l'église.

Musique païenne

Le populaire festival de musique alternative MJR (Mėnuo Juodaragis) célèbre à sa manière les racines païennes de la Lituanie. Il a lieu le dernier week-end d'août, sur une île proche de la ville de Zarasai, dans l'est du pays (www.mjr.lt).

Birgitta Festival

L'atmosphère mystérieuse des ruines du couvent de Pirita, dans le plus prisé des quartiers balnéaires de Tallinn, constitue un décor idéal pour les concerts classiques, ballets, opéras, chorales et spectacles de danse contemporaine de ce festival.

Art by night

Sous l'égide du Forum d'art contemporain de Riga, la Baltā Nakts (Nuit Blanche) reprend le concept parisien des manifestations artistiques et culturelles nocturnes en Lettonie.

Festival de Piens

Le Piens Fest est l'événement rêvé des hipsters. Des artistes et des musiciens locaux se croisent dans le quartier industriel de la rue Miera, à Riga. Dévorez frites et beignets sur la pelouse et déhanchez-vous sur des rythmes indé (piens.nu/fest).

Festival Ezera Skaņas

Sans doute le festival de musique le plus ésotérique de Lettonie : le public embarque sur des bateaux à 5h du matin pour écouter des sons venus d'ailleurs vibrer sur les eaux du lac Kala (www.ezeraskanas.lv).

Future Shorts

Festival de courts-métrages du monde entier (www.facebook.com/pages/Future-Shorts-Latvia/137370992955145).

Septembre

Les toutes dernières journées estivales avant la fraîcheur automnale. Les pluies se font plus fréquentes vers la fin du mois tandis que les feuilles se teintent de couleurs vives avant de tomber.

Théâtre du monde

Chaque année à Vilnius, le populaire Festival international de théâtre Sirenos (sirène) a lieu de la mi-septembre à la mi-octobre (www.okt.lt). Sa riche programmation attire un public du monde entier.

Octobre

Les journées raccourcissent sensiblement et les après-midi sur la plage ne sont plus qu'un lointain souvenir. Les entreprises touristiques commencent à fermer leurs portes et tout le monde se prépare à hiberner.

Festival Gaida

Musique contemporaine d'Europe centrale et orientale : ce festival est l'une des manifestations majeures de la saison musicale de Vilnius, capitale de la Lituanie.

Novembre

Jours de pluie et de neige alternent : après l'automne, voici l'hiver. C'est peut-être l'un des mois les plus calmes de l'année, même si les fêtes de fin d'année approchent.

Scanorama

Ce festival se tient dans les quatre plus grandes villes de Lituanie (Vilnius, Kaunas, Klaipėda et Šiauliai), où sont projetés des longs et courts-métrages européens en tout genre (www.scanorama.lt).

Mama Jazz

Chaque année, le festival Vilnius Mama Jazz présente une sélection de têtes d'affiche européennes et internationales – la manifestation de jazz la plus importante de Vilnius.

Festival du film Nuits Noires

Pendant 2 semaines à partir de la mi-novembre, à Tallinn, ce festival de cinéma (le plus important d'Estonie) projette des films du monde entier. Trois festivals annexes sont consacrés aux films d'animation, aux films pour enfants et aux films d'étudiants.

Fête nationale lettonne

Les festivités célébrant l'anniversaire de l'indépendance de la Lettonie, le 18 novembre 1918, durent une semaine et incluent la fête des Lumières de Riga.

Festival Arēna

Compositeurs et artistes contemporains se retrouvent pour des concerts qu'on pourrait qualifier de classiques dans plusieurs salles de Riga.

Décembre

Les fêtes de Noël tombent à pic pour oublier les températures glaciales. Les décorations égayent les rues, et les familles se réunissent pour les fêtes de fin d'année.

Noël à Tartu

Les 4 dimanches précédant Noël, assistez à l'allumage des bougies de l'Avent, enveloppant la grand-place d'une lumière féerique, tout en vous laissant bercer par le chant des chorales.

Marchés de Noël

Décorations de fête, œuvres d'art et objets d'artisanat, plats traditionnels et divertissements illuminent les sombres journées de décembre dans chaque “vieille ville” des capitales, mais aussi dans de nombreuses autres cités.

Réveillon du Nouvel An

Feux d'artifice et festivités accompagnent les douze coups de minuit sur les places principales de Tallinn, Riga et Vilnius.

Itinéraires

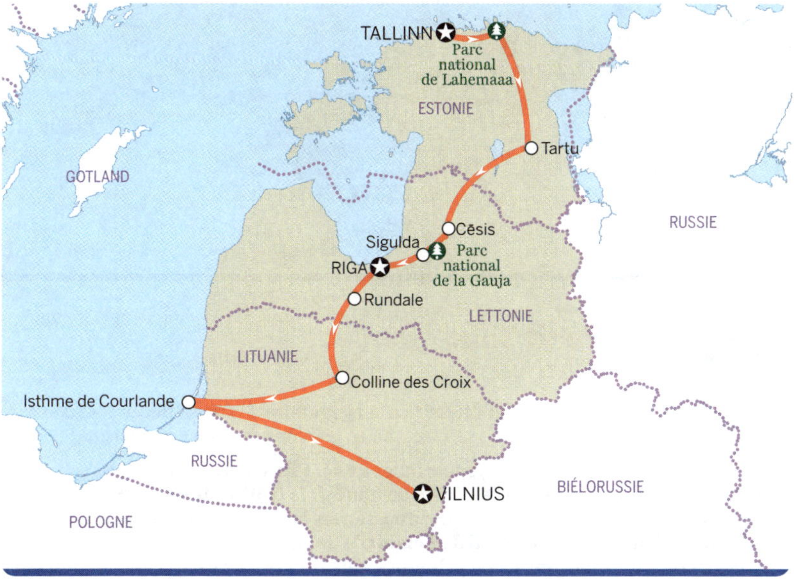

2 SEMAINES Le meilleur des pays baltes

Vous voulez profiter de ce que les pays baltes ont de meilleur à offrir, mais vous n'avez que peu de temps ? L'itinéraire suivant vous fera découvrir des sites parmi les plus beaux de la région.

Commencez par **Tallinn**, capitale de l'Estonie, en vous promenant dans les magnifiques ruelles médiévales de la **vieille ville**. N'oubliez pas de profiter de ses restaurants avant de partir en randonnée dans le **parc national de Lahemaa**. **Tartu**, ville universitaire à l'ambiance électrique, vous attend. Puis direction la Lettonie, au sud, pour visiter les deux châteaux en ruine de **Sigulda** et de **Cēsis** dans le **parc national de la Gauja**. Après une nuit dans l'un des **manoirs** (*muižas*) huppés qui parsèment la région, vous atteindrez **Riga** et sa collection vertigineuse de façades Art nouveau. Puis en route vers le sud et l'opulent palais de **Rundale** – le Versailles balte –, construit par l'architecte du Palais d'hiver de Saint-Pétersbourg. Depuis Rundale, partez en Lituanie, où vous ferez une pause à Šiauliai pour admirer la **Colline des Croix** avant de reprendre la route vers l'isthme de Courlande. Flânez entre les maisons pittoresques, les dunes mouvantes et quelques sangliers itinérants, et terminez votre séjour à **Vilnius**, capitale baroque et flamboyante.

4 SEMAINES

Le Grand Tour

En un mois, vous pourrez vous détendre à la plage, faire des randonnées et découvrir de charmants petits villages. Vous aurez même le temps de découvrir Helsinki.

Commencez par la superbe capitale lituanienne, **Vilnius**. En 2 ou 3 jours, vous pourrez déambuler dans ses rues pavées et faire un tour sur la **colline de Gédymin**. Après une halte au **château de Trakai**, direction l'ouest, vers la mer. Prenez une leçon de balistique soviétique dans le **parc national de Žemaitija** avant de vous ressourcer quelques jours dans les dunes de l'**isthme de Courlande**. Poursuivez le long de la Baltique : après le port de **Klaipėda** et la familiale **Palanga**, vous atteindrez la frontière lettone.

Première escale : **Liepāja**, connue pour sa cathédrale dorée et ses imposants baraquements soviétiques. S'il fait beau, allez voir la mer à **Pāvilosta** avant de repartir vers le joli village de **Kuldīga**. Regagnez ensuite la côte et les longues étendues de sable de **Venstpils**, où vous passerez la nuit avant de partir explorer les paysages sauvages et battus par les vents du **cap Kolka**. Prenez ensuite la route côtière qui serpente entre de tranquilles villages perdus dans la forêt jusqu'à la ville thermale de **Jūrmala**, une escale prisée des grandes fortunes de Russie. De là, **Riga** est à quelques minutes.

Après quelques jours dans la capitale lettone, passez la frontière estonienne pour bronzer sur les plages de **Pärnu**. Plus à l'est, faites des sauts de puce entre les îles boisées de **Muhu**, de **Saaremaa** et de **Hiiumaa**. Faites une pause-déjeuner et visitez le château à **Haapsalu** avant de continuer vers **Tallinn**. Comptez au moins 3 jours pour profiter à fond des trésors que recèle la capitale estonienne puis embarquez dans un ferry pour **Helsinki** et profitez-en pour dormir. De retour en Estonie, passez la nuit dans le **parc national de Lahemaa** avant de traverser **Rakvere** et **Mustvee**, sur les rives du lac Peïpous, et de vous arrêter à **Tartu** pour une nuit ou deux.

Faites une halte pour visiter la ville-frontière originale de **Valga/Valka** avant de poursuivre, côté letton, vers le **parc national de la Gauja**. Arrêtez-vous dans la belle ville de **Cēsis** et flânez au milieu des ruines de la forteresse, puis direction **Sigulda**, où vous pourrez faire du bobsleigh ou du saut à l'élastique. Achevez votre odyssée balte en retournant à Riga ou en poussant jusqu'à Vilnius pour rendre votre voiture de location.

1 SEMAINE — Les trésors de la Lettonie

Une semaine en Lettonie vous permettra d'explorer de nombreux trésors nationaux.

Lorsque vous aurez fait le tour de la somptueuse **Riga**, explorez les forêts parsemées de châteaux autour de **Sigulda** avant de pénétrer dans le bunker soviétique top secret de **Līgatne** puis dans la forteresse de pierre de **Cēsis**. Faites un détour vers les paisibles lacs du Latgale, où vous pourrez passer la nuit sur les rives du **lac Rāzna**, en chambre d'hôtes ou sous la tente, et visiter la basilique d'**Aglona**.

Reprenez vers l'ouest jusqu'à **Rundale** et son opulent palais avant de foncer vers la côte et **Liepāja**, capitale lettonne de la scène garage rock, pour errer dans le quartier singulier de Karosta. Faites un détour par l'arrière-pays et **Kuldīga**, une ville très pittoresque, avant de passer la nuit au bord des plages de **Ventspils**. Ensuite, direction le **cap Kolka**, lieu de rencontre du golfe de Riga avec la tumultueuse mer Batique.

Suivez le littoral à travers une constellation de petits villages de bord de mer jusqu'à **Jurmala**, la plus célèbre des stations balnéaires de la Baltique, avant de reprendre la direction de Riga.

10 JOURS — Tournée des capitales

Dix jours : c'est ce qu'il faut pour s'imprégner de l'atmosphère de chaque capitale balte.

Commencez votre voyage à **Vilnius** (Lituanie), avec sa somptueuse architecture baroque et ses rues pavées. En 2 jours, vous aurez le temps de prendre des photos de la colline de Gédymin et de vous imprégner de la riche histoire juive de la ville.

Avant d'explorer **Riga**, capitale de la Lettonie et plus grande ville des pays baltes, un détour par le château de **Trakai** s'impose. Négociez le prix de vos myrtilles au marché central et levez la tête pour admirer la splendeur des bâtiments Art nouveau alentour. Pour les excursions d'une journée, vous aurez l'embarras du choix : batifoler avec l'élite russe dans la ville thermale de **Jurmala** ou vous offrir une montée d'adrénaline à **Sigulda**, qui déploie une palette de sports à sensation.

Ensuite, direction **Tallinn** (Estonie), où un monde féerique de maisons médiévales vous enchantera. Profitez des restaurants gastronomiques de renommée internationale et achevez votre séjour dans le calme du **parc national de Lahemaa**.

1 SEMAINE Solo lituanien

Une semaine suffit pour explorer ce petit pays, mais si vous y consacrez 10 jours votre séjour n'en sera que plus agréable.

Après avoir visité la cathédrale et les musées de **Vilnius**, faites une halte à **Trakai** pour admirer le château installé sur son île avant de poursuivre vers la métropole dynamique et imprévisible de **Kaunas**. Ensuite, direction la Baltique et le port de **Klaipėda** pour bronzer à la plage avant de s'attaquer à l'isthme de Courlande et à la belle ville de **Nida**, une base idéale pour explorer la région.

Après votre séjour sur la côte, rendez-vous à **Plateliai**, dans le parc national de Žemaitija, pour visiter le musée de la Guerre froide, situé dans une ancienne base de missiles soviétique. Admirez la **Colline des Croix** avant de continuer vers **Visaginas**, bourgade construite dans les années 1970 pour loger les ouvriers de la centrale nucléaire d'Ignalina, aujourd'hui fermée. Vient ensuite le **parc national d'Aukštaitija**, où les sentiers de randonnée serpentent entre les lacs ; passez la nuit à **Labanoras**, au centre du parc régional de Labanoras avant de revenir à Vilnius.

1 SEMAINE L'essentiel de l'Estonie

Si vous parvenez à échapper au charme envoûtant de Tallinn, l'itinéraire ci-dessous vous donnera un aperçu du reste du pays, avec ses plages, sa campagne, ses châteaux, ses villes historiques et ses jolis villages.

Tallinn mérite au moins 2 jours si vous voulez avoir le temps d'explorer son centre médiéval et faire profiter vos papilles des délices de ses restaurants. Le **parc national de Lahemaa** est idéal pour une excursion d'une journée. La ville universitaire de **Tartu** vous attend si la capitale n'a pas suffi à étancher votre soif de culture. Passez par **Otepää**, la "capitale d'hiver", puis changez de saison à **Pärnu**, pour vous prélasser sur la plage ensoleillée.

Finissez votre semaine sur une des îles de la Baltique ouest. Faites un voyage dans le passé dans le **village de Koguva** sur l'île de Muhu, et établissez votre QG sur l'île de Saaremaa à **Kuressaare**, la plus jolie ville thermale d'Estonie, construite autour d'un château entouré de douves. De là, partez en excursion à la découverte des forêts, des moulins à vent, des églises isolées et des impressionnantes falaises de l'île avant de prendre un vol direct pour Tallinn.

Préparer son voyage

Les pays baltes en voiture

Que vous aimiez prévoir à l'avance le moindre détail de votre périple, ou préfériez suivre à l'improviste les effluves d'iode ou de poisson fumé, la traversée des pays baltes en voiture a tout d'une vivifiante bouffée d'air frais. Les routes sont bonnes, peu fréquentées et l'on n'y croise que rarement des fous du volant. En sus de représenter un moyen pratique de visiter ces contrées, conduire est un réel plaisir.

Organiser son périple

Voiture ou transports en commun

À vrai dire, il n'est pas difficile d'explorer les pays baltes en transports en commun. Louer une voiture ici est avant tout affaire de plaisir et de liberté (sans compter la possibilité d'emporter davantage de bagages). En voiture, vous pourrez explorer l'arrière-pays à votre rythme, des impressionnantes dunes de l'isthme de Courlande (Lituanie) aux îles balayées par le vent de l'Estonie occidentale, en passant par les forêts ponctuées de pins du centre de la Lettonie. En vous écartant des routes principales, vous débarquerez dans des petits villages d'un autre temps et tomberez sur de curieux vestiges soviétiques, datant de l'époque où les Russes utilisaient les technologies de l'espace pour espionner le bloc de l'Ouest.

Au niveau pratique, la voiture l'emporte largement sur les transports en commun. Si, toutefois, vous vous déplacez uniquement entre grandes villes et capitales, nous vous recommandons d'emprunter les bus : conçus principalement pour les déplacements locaux et de proximité, ils sont très confortables. En revanche, si vous prévoyez d'explorer les parcs nationaux, les villages de campagne reculés ou les îles estoniennes, le réseau de bus n'est pas à la hauteur.

Le top des road trips d'une journée

Depuis Tallinn

Admirez les beautés naturelles de l'Estonie avant de partir vers l'ouest pour voir la forêt s'éveiller dans le parc national de Lahemaa. Si vous en avez le temps, descendez vers le château de Rakvere avant de repartir vers la capitale.

Depuis Riga

En voiture, vos possibilités ne se limitent plus aux excursions classiques (parc national de la Gauja, Rundale, Jurmala). Prenez plutôt vers l'ouest. Prévoyez une halte à Pedvāle pour contempler les sculptures de son musée d'Art en plein air, puis poursuivez jusqu'à Kuldīga, ville de caractère où le temps semble s'être arrêté.

Depuis Vilnius

La plupart des visiteurs vont admirer le château de Trakai à l'ouest. Sortez des sentiers battus pour profiter des lacs et des sentiers de randonnée du parc national d'Aukštaitija. Sur la route, n'hésitez pas à vous arrêter à Labanoras.

Ceux qui voyagent en petit groupe ou en famille et préfèrent explorer les trésors de la campagne en toute liberté passeront aisément d'un site à l'autre en voiture, même si les prix à la pompe sont assez élevés. Le stationnement dans les capitales baltes peut rapidement se transformer en cauchemar – accordez-vous quelques jours pour les visiter à pied avant de louer une voiture pour prendre la route.

Quand partir

De toute évidence, l'été est la saison bénie : de juin à août, aucune chute de neige, de grésil ou autre intempérie n'est susceptible de nuire à votre conduite – même si les risques de pluies ou d'orages ne sont pas à dédaigner durant cette période. Il est préférable de réserver vos places pour les ferries à destination des îles estoniennes pendant les pics de fréquentation (le week-end, et au milieu de l'été). La longueur des journées estivales rend la conduite relativement sûre, même tard dans la soirée.

D'où partir/où arriver

La plupart des agences de location de voitures n'imposent pas de restrictions sur les déplacements entre les pays baltes (certaines facturent un supplément). En revanche, vous aurez du mal à en trouver une pour vous laisser vous aventurer au-delà des frontières de ces trois pays.

Si vous passez par une petite agence locale, vous devrez rendre le véhicule à l'endroit de la location. Les entreprises plus importantes vous laisseront rapporter le véhicule dans une agence différente, voire dans un autre pays balte, en échange d'un supplément – ainsi, vous pourrez atterrir à Tallinn et repartir de Vilnius. Si vous voulez éviter des frais supplémentaires en restituant le véhicule à l'agence où vous l'avez loué, partez de Riga et faites une boucle en huit en commençant au nord par l'Estonie et en finissant au sud par la Lituanie, ou vice versa.

Essence et entretien

Même si la campagne vous semble déserte, vous trouverez sans difficulté un grand nombre de stations-service dans les trois pays (les risques de tomber en panne d'essence sont quasi nuls). Avant de prendre la route, assurez-vous toutefois d'avoir le numéro de téléphone d'un garage automobile dans chacun des pays, en cas de besoin. Les pneus crèvent facilement, notamment en Lettonie, où les chaussées ne sont pas aussi bien entretenues qu'en Lituanie ou en Estonie.

Code de conduite

Les véhicules roulent à droite, et dans les vieilles villes et les villages, sens uniques et ronds-points prolifèrent. L'alcoolémie maximale autorisée est faible dans les trois pays (0,2 g/l en Estonie, 0,4 g/l en Lituanie, 0,5 g/l en Lettonie).

La piètre réputation des Baltes en matière de politesse au volant et d'accrochages fréquents est largement infondée. La conduite est parfois agressive dans les grandes villes, mais vous constaterez que les habitants excusent aisément les refus de priorité et les changements de file impromptus.

Nous vous déconseillons cependant de conduire en ville aux heures de pointe (et en particulier les vendredis après-midi lors des mois les plus chauds, lorsque les gens du cru filent vers leur maison de campagne). En raison de la faible densité de population, circuler dans les zones rurales est, en revanche, souvent chose aisée. Soyez cependant attentif aux véhicules qui ont tendance à surgir à toute allure aux moments les plus inattendus.

Soyez particulièrement prudent sur la route reliant Tallinn à Tartu, surnommée “route de la mort” par les habitants. Elle est jalonnée de radars de contrôle de vitesse, de même que celle entre Tallinn et Narva, et les routes lettonnes en général.

Préparer son voyage

Sports et activités

Les pays baltes offrent de multiples occasions de tutoyer la nature en toute tranquillité. Ainsi, on prendra plaisir à pagayer sur des lacs scintillants, à traverser de somptueuses forêts à pied ou à vélo et à se détendre sur des plages de sable blanc. Ici, nul pic vertigineux : la nature est à échelle humaine, et toujours à portée de main.

Les grands espaces

Si les pays baltes sont dénués des panoramas spectaculaires propres aux régions de haute montagne, les paysages portent la marque de la puissance prodigieuse de la nature – ainsi en va-t-il des impressionnantes dunes mouvantes de l'isthme de Courlande, et de la désolation sauvage, battue par les vents, du cap Kolka.

Peu importe leur taille modeste, les pays baltes ne manquent pas d'espace. De fait, avec leur faible densité de population, ils forment l'une des régions d'Europe où il est le plus facile d'échapper à la foule, et de profiter d'échappées belles dans la nature.

En Estonie, Lettonie et Lituanie, les amateurs de plein air trouveront un festin d'activités. En hors-d'œuvre : cueillette de baies, suivie d'un repas vivifiant et iodé constitué de plages de sable blanc et d'horizon bleu clair sur la Baltique. En accompagnement : vélo dans d'épaisses forêts, descente en canoë sur des rivières somnolentes ou observation de la faune et de la flore dans des réserves naturelles. Les affamés de sensations fortes auront droit au bobsleigh et au saut à l'élastique. Quant à la carte des desserts, elle comprend ski de fond, descentes de ski pour débutants ou séances de sudation dans un sauna.

Les meilleures activités de plein air

Le nec plus ultra du cyclotourisme

Longez la côte balte depuis l'isthme de Courlande et la Courlande lettonne avant de contourner le golfe de Riga jusqu'aux paisibles îles d'Estonie.

Le meilleur du sauna balte

Purifiez-vous dans un *pirts* : températures extrêmes, fouettage aux branches de bouleau et plongeons dans un bassin voisin.

Le top des randonnées

Le parc national de Lahemaa (Estonie), le parc national de la Gauja (Lettonie), le parc national de Žemaitija (Lituanie)

Les sites idéals pour le canoë

Le parc national de Soomaa (Estonie), les lacs du Latgale (Lettonie), le parc national d'Aukštaitija (Lituanie)

La faune à observer

Les vaches bleues de la Courlande lettonne, les sangliers de l'isthme de Courlande, les cigognes dans la campagne estonienne.

Pour les mordus de plein air

Country Holidays (www.traveller.lv). Une mine d'informations (maisons de campagne, excursions, vélo, randonnées, etc).

Vélo

La campagne balte, assez plate, se prête à merveille au vélo. Les cyclistes occasionnels se feront la main sur des pistes abordables tandis que les fous du guidon avaleront les kilomètres, lors de périples de plusieurs jours, sur des trajets plus ardus. Si les sentiers à voie étroite et escarpés sont peu nombreux, on ne compte pas les chemins de terre battue dans les vastes forêts. De plus, vous ne vous lasserez jamais de la variété des paysages et de leur sereine beauté.

Les capitales baltes contribuent à rendre les vélos plus faciles d'accès. Les pistes cyclables urbaines se multiplient d'année en année, tout comme les vélos en libre service et les offres de location abordables.

En Lituanie, les endroits les plus appréciés des cyclotouristes sont le spectaculaire isthme de Courlande, le parc national (ponctué de lacs) de Dzūkija, les rives du lac Plateliai et les sentiers forestiers du parc régional de Labanoras.

En Estonie, essayez les petites routes sur les îles de Muhu, Saameraa et

SUÉES SEPTENTRIONALES

Froid, nuit et neige s'invitent la plus grande partie de l'année. Il n'est donc pas surprenant que le sauna fasse partie intégrante de la culture balte. Beaucoup d'hôtels en sont équipés, et certaines villes ont des bains-douches avec saunas. Lorsque vous verrez de la vapeur s'échapper à proximité d'un lac ou d'une rivière, au bord de la mer ou au cœur d'une forêt, vous saurez que l'expérience est authentique.

Voici les trois grands types de saunas baltes :

- Sauna à la finlandaise : une étuve électrique maintient la température ambiante élevée (entre 70°C et 95°C), avec un faible taux d'humidité. On en trouve chez de nombreux particuliers, dans la plupart des hôtels, et dans le moindre spa et parc aquatique. Les saunas publics et de nombreux petits saunas privés facturent à l'heure. Dans les hôtels, il existe parfois un supplément, mais bien souvent les clients ont accès gratuitement aux installations au moins une fois par jour. Certaines suites possèdent même un sauna privatif.
- Sauna à fumée (système traditionnel) : un feu est allumé sous des pierres dans une pièce confinée (généralement une cabine en bois). Il peut s'écouler 5 heures avant que les pierres soient chaudes. Une fois le feu éteint, les cendres et les braises sont évacuées et la trappe du sauna ouverte. On ferme ensuite la trappe et on verse de l'eau sur le tas de pierres pour créer de la vapeur sèche. Les murs noircis de suie font d'ailleurs partie de l'expérience. Ces saunas, rares, jouissent depuis quelques années d'une popularité croissante.
- "*Bania* russe", ou sauna/bain à vapeur : principalement dans les spas ou les parcs aquatiques, quoique moins populaire que le sauna finlandais. La température ambiante y est moyenne (environ 50°C) et l'humidité, élevée.

Indépendamment du type de sauna, les Baltes se fouettent légèrement avec des branches de bouleau pour stimuler leur circulation. Certains se badigeonnent d'huiles et d'onguents variés, souvent à base de miel.

Il faut ensuite se rafraîchir : la plupart des saunas finlandais sont ainsi flanqués de douches ou de piscines, tandis que les saunas à fumée, plus authentiques, se situent en général près d'un lac ou d'une rivière. Au plus fort de l'hiver, se rouler dans la neige ou découper un mètre carré de glace pour piquer une tête n'a rien de surprenant !

Un règlement affiché dans les saunas publics et dans les hôtels détermine la plupart du temps les convenances à respecter, notamment en termes de tenue. Les maillots de bain sont en général obligatoires dans les installations mixtes (pour les hommes, les slips de bain sont conseillés – les shorts longs sont souvent interdits). Dans les saunas non mixtes, la tendance est à la nudité totale. Certains établissements fournissent des serviettes ou des carrés de papier pour s'asseoir.

Hiiumaa, ou partez en excursion dans les forêts bordant la baie du parc national de Lahemaa.

En Lettonie, le vélo est le meilleur moyen d'explorer Liepaja, Ventspils, Sigulda et Jurmala. Les lacs de Latgale sont parfaits pour un périple plus long, avec de nombreuses routes, goudronnées ou non, serpentant au milieu de superbes paysages. La région du cap Kolka est également très prisée.

Préparer son voyage

Un certain nombre d'agences de cyclotourisme pourront vous aider à établir un itinéraire tout en proposant également des excursions encadrées. Pour vous débrouiller seul, consultez www.eurovelo.org, véritable mine d'informations.

BalticCycle (www.bicycle.lt ; Lituanie)

City Bike (www.citybike.ee ; Estonie)

Spas et saunas

Estonie

Comme leurs voisins finlandais, les Estoniens adorent les saunas et les spas. Essayez le sauna à fumée traditionnel au Musée agricole de Mihkli, sur l'île de Hiiumaa. Beaucoup d'Estoniens surnomment l'île de Saaremaa "Sparemaa", en raison de la prolifération de centres de spa, notamment à Kuressaare. Vous trouverez d'excellents spas à Pärnu, Rakvere, Võru, ainsi qu'à Tallinn.

Lettonie

Reine incontestée des stations thermales de la Baltique, Jurmala fut, dans ses beaux jours, la villégiature de tout l'Empire russe. Les aristocrates y affluaient par milliers pour se badigeonner le corps de boue curative, se rincer dans de l'eau soufrée et admirer la vue imprenable sur la baie. Son charme est resté intact, ou presque, et l'endroit est toujours prisé des hommes d'affaires russes, qui y font bâtir leur maison de vacances. Pour une expérience authentique, cependant, vous devrez vous aventurer loin du tumulte de Riga ou de Jurmala : dans la campagne, les habitants ont construit leur propre *pirts* en bordure d'étang, de rivière, de lac ou de mer. Nombre d'entre eux peuvent être réservés, tel celui que se partagent des hôtels de Sigulda. L'autre technique pour y accéder consiste à se faire des amis dans la région...

Lituanie

Si la tradition des saunas et des spas est moins ancrée en Lituanie, on y trouve cependant quelques endroits tentants. Parmi les plus appréciés : la célèbre ville thermale de Druskininkai, sur le Niémen, et Birštonas. Ceux qui recherchent une véritable cure thermale opteront plutôt pour Druskininkai. Dans cette ville, spécialisée dans les soins depuis plus de deux siècles, on peut boire de l'eau minérale à petites gorgées (avec, dit-on, un effet régénérateur sur l'organisme, de l'estomac au cœur), suivre une cure de bains de boue, et bénéficier d'un climat relativement doux et de kilomètres de forêts, où l'air est pur et frais. De plus, les distractions ne manquent pas – on y trouve un immense parc aquatique –, faisant de cette ville une halte bienvenue, même pour les bien portants.

Randonnée

Si les pays baltes ne se distinguent ni par de majestueuses contrées escarpées ni par d'immenses étendues sauvages, vous serez conquis par un ou deux jours de randonnée dans les parcs nationaux. Ces vastes forêts – 51% de l'Estonie, 45% de la Lettonie et 33% de la Lituanie – sont faites pour être explorées, a fortiori quand il s'agit d'apercevoir des castors, de cueillir des baies ou d'écouter des légendes de sorcières et des contes de fées.

Sautez dans vos chaussures de randonnée, respirez à pleins poumons la fraîcheur des pins et enfoncez-vous dans le parc national de Žemaitija en Lituanie, le parc national de la Gauja en Lettonie ou le parc national de Lahemaa en Estonie. Parmi les meilleurs points de départ : Otepää et Rõuge en Estonie, Valmiera et Cēsis en Lettonie, ou Nida en Lituanie. Si la randonnée classique n'est pas votre tasse de thé, filez vers le parc national de Soomaa (Estonie) pour une randonnée dans les tourbières, chaussé de bottes adaptées : vous pourrez ainsi traverser des zones difficiles d'accès autrement.

Sports aquatiques

Après avoir hiberné pendant la majeure partie de l'hiver, la région se réveille en été : Baltes et touristes en profitent pour faire une cure de vitamine D lorsque les journées rallongent. Vous ne serez jamais loin de la mer ou d'un lac pour pêcher, faire du bateau, de la planche à voile ou nager. Et si la météo ne permet pas toujours de barboter en plein air, les parcs aquatiques – avec piscines couvertes, toboggans, saunas, etc. – ne manquent pas dans les grandes villes et les régions touristiques (les étés baltes ne garantissent pas toujours une météo idéale pour la plage).

Parmi les superbes plages de la Baltique : Pärnu, Narva-Jõesuu et Saaremaa en Estonie ; Jurmala, Ventspils, Pāvilosta et Liepāja en Lettonie ; Palanga, Klaipėda et Nida en Lituanie. On peut s'essayer à des sports nautiques plus palpitants, comme le kitesurf à Pāvilosta, en Lituanie.

Canoë et rafting

Regarder le paysage défiler en pagayant le long d'une rivière au cours lent est un moyen fabuleux de vivre la nature sous un autre angle. Les rivières baltes étant peu propices aux rapides tumultueux, les débutants pourront y faire leurs premières armes et les enfants s'y amuseront. Même si vous préférez l'action à la modération, la beauté singulière et le calme de la région procurent une ambiance tellement zen que vous en oublierez vite l'absence de rapides.

En Lettonie, le fleuve de la Gauja et la rivière de l'Abava offrent de longues balades de plusieurs jours, que l'on peut effectuer en circuit organisé ou en indépendant, avec du matériel de location. Les meilleurs points de départ sont Sigulda pour la Gauja et Kandava pour l'Abava. Les lacs du Latgale, en Lettonie, valent également le détour. En Lituanie, le parc national d'Aukštaitija, le parc régional de Labanoras, le parc national de Dzūkija, Trakai et le parc régional des boucles du Niémen se révèlent autant de cadres privilégiés pour faire du canoë. Le parc national de Soomaa, au sud-ouest de l'Estonie, se parcourt principalement en canoë ou en *haabjas* (pirogues de bois taillées dans un tronc unique). En Estonie toujours, Otepää et le parc naturel de Haanja sont deux autres endroits idéals pour des virées en canoë.

Pêche

Les lacs poissonneux et les kilomètres de rivières et de ruisseaux feront le bonheur des pêcheurs. Vous obtiendrez les dernières informations sur les meilleurs endroits pour la pêche à la ligne et sur les permis dans un office du tourisme régional.

Au beau milieu du sombre hiver balte, rien de mieux que de s'essayer à une partie de pêche sous la glace en compagnie de pêcheurs locaux sur la lagune de Courlande, tout près de la côte ouest lituaniene, ou à Trakai. Le parc régional du Delta du Niémen, dans l'ouest de la Lituanie, est un autre bon site. En Lettonie, la région du Latgale recèle des centaines de lacs d'un bleu profond. Au nord de la Courlande, le lac Engure est également très prisé pour la pêche à la ligne, de même que le vaste lac Peïpous, en Estonie.

Cueillette de baies et de champignons

L'attachement profond des Baltes pour la terre se traduit par leur passion pour la cueillette des baies et des champignons, véritables loisirs nationaux. Accompagner un ami de la région pour cueillir des baies en été ou des champignons en automne est un moyen formidable d'apprécier cette tradition bucolique.

Si vous êtes féru de cueillette, mais que personne ne vous invite – les habitants de la région taisant jalousement leurs sites préférés, la pêche aux informations sera probablement infructueuse –, vous pouvez effectuer une sortie guidée. Renseignements sur www.atostogoskaime.lt (Lituanie), www.maaturism.ee (Estonie) et www.celotajs.lv (Lettonie) ainsi qu'auprès des offices du tourisme locaux.

Sur plus de 1 000 espèces de champignons de la région, quelque 400 sont comestibles et une centaine toxiques – ne consommez rien dont vous ne soyez pas sûr à 100%. Si vous n'êtes pas accompagné d'un expert, préférez les étals des marchés aux sous-bois pour trouver votre bonheur. Parmi les meilleurs champignons, citons les chanterelles (jaunes au chapeau strié) et les bolets (de forme trapue). Vous pourrez également goûter aux menus des restaurants proposant les trésors des forêts locales.

Ci-dessus : un jeune cormoran dans le parc national de l'isthme de Courlande (p. 372)

Ci-contre : kayak sur le fleuve de la Gauja, Sigulda (p. 262)

LA FOLIE DU SOLSTICE D'ÉTÉ

Il y a bien longtemps, pendant la nuit du solstice d'été, les sorcières couraient nues en jetant des sorts aux fleurs et aux fougères, aux humains et aux animaux. Dans le calendrier agricole, il marquait la fin des semailles et le début de la récolte. Pendant la période soviétique, il devint une célébration politique : une "torche d'indépendance", partant de chaque capitale, qui allumait les feux de joie partout dans le pays.

Aujourd'hui, le 24 juin, jour du solstice d'été ou de la Saint-Jean, est la plus grande fête de l'année : la nuit ne dure que quelques heures, raison suffisante pour faire la fête dans cette partie du monde où les étés sont si courts et les hivers si longs. En Estonie, on l'appelle Jaanipäev, en Lituanie Jāņi, Jānu Diena ou Līgo, et en Lituanie Joninės ou Rasos (l'ancien nom païen).

Les festivités démarrent le 23 juin, surtout en Lettonie, où elles sont souvent célébrées dans la plus grande liesse. Les gens se rassemblent dans la campagne au milieu des lacs et des pinèdes. Bières, fromages et tartes sont préparés pour l'occasion, et des guirlandes de fleurs et d'herbes folles sont accrochées partout dans les maisons pour porter chance aux familles et les protéger du mauvais œil. Les hommes se parent de couronnes de feuilles de chêne, et les femmes, de couronnes de fleurs.

Une fois les feux de la Saint-Jean allumés, place aux chants populaires traditionnels, aux danses et à la dégustation de ces bières, fromages et tartes ! Personne n'est autorisé à s'endormir tant que le soleil ne s'est pas couché puis levé à nouveau, sous peine d'être maudit pour l'année à venir. Pour se porter bonheur, il faut sauter encore et encore par-dessus le feu de joie. En Lituanie, dépasser une boule de feu dévalant la colline la plus proche promet plus de chance encore. En Estonie, les balançoires doubles de la Jaanipäev sont suspendues aux arbres des clairières ou sur les places du village pour les fêtards.

La Saint-Jean est aussi une nuit romantique. En Estonie, Koit (dieu de l'Aube) et Hämarik (déesse du Crépuscule) ne se rencontrent qu'une fois dans l'année pour une étreinte qui dure le temps de la nuit la plus courte. Partout dans la région, les amoureux guettent la mythique fleur de fougère, qui ne pousse que cette nuit-là. La rosée qui la recouvre est considérée comme une force purificatrice, un remède magique et un soin antirides très recherché ! Humectez-vous-en le visage : vous deviendrez ainsi plus beau et plus jeune. Mais prenez garde aux sorcières de Jaanipäev/Jāni/Joninės, connues pour les employer à des fins maléfiques...

Les amateurs de champignons apprécieront tout particulièrement le festival qui leur est consacré tous les ans en septembre à Varėna.

Observation d'oiseaux

Râles des genêts, butors, grues, cygnes muets, cigognes noires et tous types d'oies : de par leur position-clé sur les routes migratoires nord-sud, les pays baltes sont un paradis pour les ornithologues de tout poil. Chaque année, des centaines d'espèces différentes font route vers les zones humides de la région, riches en poisson, et les grands espaces relativement peu habités. Au printemps, des centaines de cigognes blanches viennent nicher sur les toits et les poteaux électriques.

Estonie

En Estonie, le parc national de Matsalu, où l'on peut apercevoir 280 espèces différentes (dont beaucoup d'espèces migratrices) et où des excursions sont fréquemment organisées, est l'un des meilleurs endroits de la Baltique pour observer les oiseaux. La migration printanière atteint son pic en avril/mai, mais certaines espèces arrivent dès mars. Quant à la migration automnale, elle commence en juillet et peut se prolonger jusqu'en novembre. Le parc national de Vilsandi, tout près de Saaremaa, est un autre endroit privilégié pour observer les oiseaux, et le bureau central du parc pourra vous aider à organiser des sorties ornithologiques.

Lituanie

Sur les 330 espèces d'oiseaux recensées en Lituanie, près de 270 fréquentent le parc régional du Delta du Niémen : cet endroit est donc incontournable pour les passionnés d'ornithologie. Les autorités du parc peuvent vous aider à organiser des excursions ornithologiques lors de la période des pics migratoires. Non loin de là, le parc national de l'isthme de Courlande offre l'occasion d'apercevoir jusqu'à 200 espèces différentes, dans un cadre spectaculaire.

Lettonie

En Lettonie, soyez à l'affût de certains des oiseaux les plus rares d'Europe dans le splendide parc national de la Gauja. Avec ses forêts denses et ses nombreuses zones humides, le parc national de Ķemeri, au nord de la Courlande, est un autre endroit à découvrir. Le lac Engure et ses îlots, dans le nord de la Courlande, sont le lieu de nidification de 186 espèces (dont 44 sont menacées).

Ski

L'absence de montagnes dignes de ce nom en Lettonie et en Estonie n'a pas été un obstacle pour les stations de ski, qui ont trouvé des solutions locales. Elles ont ainsi construit des pistes avec téléskis sur la moindre petite colline, tandis que les toits des maisons et les monticules de terre font office de pentes verticales. Le climat joue cependant en leur faveur, les températures basses garantissant un sol neigeux pendant au moins quatre mois dans l'année. Si l'on ne peut s'attendre à des pistes très techniques ou à de longues descentes de poudreuse, il faut tout de même admettre que skier en Baltique est tout sauf banal !

Otepää (p. 126), au sud-est de l'Estonie, est probablement la meilleure station de sports d'hiver de la région. Elle offre des descentes de ski variées, une myriade de pistes de ski de fond, un tremplin de ski et une multitude de points de location de matériel. Pour les skieurs, l'intense vie nocturne et l'ambiance montagnarde ajoutent au charme. On peut aussi faire de la luge scandinave, du ski de fond et des excursions en raquettes dans le parc national de Soomaa. La luge scandinave, le ski de fond et les raquettes sont également pratiqués dans le parc national de Soomaa.

En Lettonie, la vallée de la Gauja (p. 262) est le centre névralgique des sports d'hiver. Cēsis possède son lot de descentes courtes mais très correctes, ainsi qu'un grand choix de pistes de ski de fond. Si les douces pentes de Sigulda ne réussissent pas à convaincre les accros d'adrénaline, ceux-ci pourront avoir leur dose en dévalant les 1 200 m de sa piste artificielle de bobsleigh : les engins, d'une capacité de 5 personnes, filent jusqu'à 80 km/h !

En Lituanie, on peut faire du ski alpin à Anykščiai et du ski de fond dans les vastes forêts du parc national d'Aukštaitija. On peut aussi dévaler l'immense piste *indoor* de Druskininkai.

Randonnée équestre

Le rythme moins rapide de l'exploration à cheval vous replongera assurément dans l'atmosphère d'antan de certaines régions des pays baltes. Parmi les endroits les plus bucoliques pour s'épuiser en selle : le parc national de Lahemaa et les îles de Hiimuaa et de Saaremaa en Estonie (les tour-opérateurs y proposent des randonnées combinant côte et campagne, éventuellement sur plusieurs jours). En Lettonie, rendez-vous à Plosti, entre Kandava et Sabile, dans la pittoresque vallée de l'Abava ; dans le **ranch d'Untumi** (☎6463 1255 ; www.untumi.lv), à 7 km au nord-ouest de Rēzekne ; ou dans le ranch bien connu de Klajumi (à proximité de Krāslava, dans la région des lacs du Latgale). En Lituanie, les amateurs d'équitation se retrouvent à Trakai ou au musée du Cheval du village de Niūronys, à proximité d'Anykščiai.

Préparer son voyage

Voyager avec des enfants

Les pays baltes sont tout à fait adaptés aux personnes accompagnées d'enfants – quel que soit leur âge – et proposent quantité de choses plaisantes à faire en famille, y compris lorsque la météo n'est pas spécialement clémente.

Avec des enfants

Estonie

L'Estonie, avec ses longues plages sablonneuses, ses eaux peu profondes et ses parcs aquatiques, ravira les enfants qui aiment la baignade. Vous y trouverez aussi des musées conçus pour un jeune public, des châteaux de contes de fées et des villes médiévales.

Lettonie

Le parc national de la Gauja possède une forêt enchantée : pins majestueux, châteaux féeriques, ogres, bunkers soviétiques secrets, et innombrables activités de plein air telles que les parcours dans les arbres, le "Tarzan Swing" ou le canoë. La côte ouest lettonne est un délicieux méli-mélo de parcs aquatiques et d'étendues de sable.

Lituanie

Fêtes foraines, animations proposées par les restaurants à Palanga et à Šventoji, spectacles marins au musée de la Mer de Klaipėda, bateau et vélo sur l'isthme de Courlande : toute la côte lituanienne est une aire de jeux. À l'intérieur des terres, des forêts sont à explorer à pied ou en canoë. Vilnius est peut-être moins accessible aux enfants, qui seront cependant ravis de grimper sur la tour de télévision, de prendre le funiculaire sur la colline de Gédymin ou de faire trempette dans l'un des parcs aquatiques.

Les pays baltes pour les enfants

S'il était peut-être un peu compliqué de voyager en Estonie, en Lettonie et en Lituanie à l'époque où elles faisaient partie de l'URSS, c'est un vrai plaisir aujourd'hui. Ces trois pays membres de l'UE respectent les mêmes normes que dans le reste de l'Europe, qu'il s'agisse de la nourriture pour bébés ou des sièges auto.

Si les pays baltes ont un passé passionnant qui fascinera la plupart des adultes, la visite de certains musées, en revanche, peut laisser les tout-petits et les ados de marbre. Heureusement, les plus jeunes trouveront de multiples occasions de s'ouvrir à ce qui les entoure de manière ludique et intéressante dans les châteaux, fermes musées, expositions interactives, etc. Presque partout, l'entrée coûte moitié prix pour les enfants en âge scolaire et est gratuite pour les bambins.

Dans ces pays, des circuits organisés – surtout les excursions au départ des capitales – emmènent les visiteurs jusqu'aux principales curiosités proches des grandes villes. Ces circuits ne sont généralement pas adaptés aux plus petits. Si vous voyagez avec de jeunes enfants, veillez plutôt à concocter vos itinéraires vous-mêmes.

À table

Les enfants qui se tiennent bien sont les bienvenus dans la plupart des restaurants, mais les adresses plus décontractées et familiales sont préférables, pour les parents comme pour les enfants. En Lettonie, repérez les self-services de la chaîne LIDO : particulièrement indiqué, l'énorme restaurant de l'Atpūtas Centrs (p. 226), en périphérie de Riga, jouxte un moulin à vent géant et une aire de jeux. En Estonie, tous les restaurants estampillés *kõrts* (taverne) sont de bonnes adresses.

La cuisine traditionnelle balte, roborative et plutôt fade, plaira à la plupart des enfants. Si les harengs au vinaigre et la choucroute les rebutent, les innombrables déclinaisons de porc, de poulet et de pommes de terre leur offriront suffisamment d'alternatives.

Éternelles solutions de remplacement, pizzas et pâtes sont omniprésentes et généralement de bonne qualité. Beaucoup d'établissements proposent des menus enfant aux quantités adaptées. Essayez aussi les *pelmeņi*, sorte de raviolis russes, également bon marché et nourrissants.

Seul bémol, on ne trouve pas beaucoup de chaises hautes dans les restaurants, et les tables à langer sont pratiquement inexistantes.

Autres infos pratiques

Couches et grandes marques d'aliments pour bébés, y compris bio, sont largement disponibles dans les supermarchés des grandes villes.

Toutes les grandes enseignes de location de véhicules doivent pouvoir vous fournir des sièges auto, mais mieux vaut s'en assurer et les réserver bien à l'avance. Si vous possédez votre propre coque pour bébé, n'hésitez pas à l'emporter car elle peut aussi servir de couffin.

À ne pas manquer avec des enfants

L'histoire est un jeu d'enfant

➡ **Vieille ville de Tallinn, Estonie** Tourelles de contes de fées, rues médiévales et membres du personnel des restaurants déguisés en filles et valets de ferme (p. 52).

➡ **Musée et réserve de Turaida, Lettonie** Visitez le château, regardez travailler les forgerons et allez voir les sculptures du jardin des chansons (p. 263).

➡ **Parc Grūtas, Lituanie** Retour à l'époque soviétique avec aire de jeux d'époque et mini-zoo pour les petits (p. 337).

➡ **Château de Rakvere, Estonie** Les plus jeunes peuvent se déguiser en princesses, en chevaliers ou en animaux de la ferme ; les plus grands peuvent hurler dans la salle de torture et regarder des alchimistes faire disparaître des objets (p. 95).

➡ **La Pension, Līgatne, Lettonie** Bunker caché rempli de vestiges de l'époque soviétique – captivant à tout âge (p. 269).

➡ **Château de Hermann, Narva, Estonie** En été, une ville du XVIIe siècle est reconstituée dans la cour du château (p. 99).

➡ **Centre artisanal de Ludza, Lettonie** Les enfants s'y initient au filage de la laine, à la poterie et à la couture (p. 280).

➡ **Maison de l'artisanat, Ventspils, Lettonie** Démonstration d'artisanat dans une école à l'ancienne (p. 242).

Musées amusants

➡ **Centre des sciences AHHAA, Tartu, Estonie** Des expositions basées sur des expériences conçues pour transformer les enfants en scientifiques (p. 111).

➡ **Musée du Jouet de Tartu, Estonie** Jouets à convoiter, jouets pour s'amuser et jouets pour réveiller la nostalgie chez les adultes (p. 107).

➡ **Port des hydravions de Lennusadam, Tallinn, Estonie** De nombreuses présentations interactives, mais aussi un sous-marin, un brise-glace et un détecteur de mines que l'on peut visiter (p. 60).

➡ **Musée du chemin de fer, Anykščiai, Lituanie** Faites un tour sur une draisine ou montez à bord d'un train historique (p. 362).

➡ **Zoo de Tallinn, Estonie** Pour voir de grosses et de petites bêtes et apprendre plein des choses sur elles (p. 68).

➡ **Musée du Cheval, Niūronys, Lituanie** Admirez les voitures anciennes, faites un tour à cheval et préparez vous-même votre pain noir (p. 362).

➡ **Musée-école communale d'Oskar Luts, Palamuse, Estonie** Le seul endroit au monde où les adultes encouragent les enfants à tirer au lance-pierre sur un carreau de fenêtre (p 105).

➡ **Nuku, Tallinn, Estonie** Le musée national des Marionnettes propose des déguisements, des marionnettes à manipuler ou à regarder et des spectacles (p. 69).

➡ **Ilon's Wonderland, Haapsalu, Estonie** Une galerie pour enfants consacrée à l'œuvre de la célèbre illustratrice de livres pour enfants (dont ceux de *Fifi Brindacier*), Ilon Wikland (p. 159).

Activités

➡ **Sigulda, Lettonie** C'est ici que viennent depuis longtemps les amateurs de sensations fortes. Saut à l'élastique et pistes de bobsleigh sont les attractions vedettes, mais on y trouve aussi une foule d'activités plus calmes pour les petits (p. 264).

➡ **Isthme de Courlande, Lituanie** Dunes de sables ondoyantes et plages balayées par les vents en font le meilleur endroit de la Baltique pour bâtir un château de sable (p. 372).

➡ **Ventspils, Lettonie** Une immense aire de jeux (Children's Town), un petit train et de nombreuses choses amusantes à faire sur la plage (p. 241).

➡ **Palanga, Lituanie** Ville balnéaire remplie de distractions adaptées aux enfants : toboggans gonflables, manèges, voitures électriques... (p. 385).

➡ **Pärnu, Estonie** Avec ses parcs arborés, son vaste centre aquatique couvert et sa jolie plage sablonneuse aux eaux peu profondes, cette ville historique constitue un véritable aimant pour les familles (p. 134).

➡ **Otepää, Estonie** Autoproclamée capitale hivernale de l'Estonie, la ville offre toute l'année maintes activités axées sur la nature, notamment un parcours Accrobranche. (p. 126)

➡ **Jurmala, Lettonie** Ville balnéaire, avec une plage Pavillon Bleu, particulièrement adaptée aux familles (p. 234).

➡ **Aqua Park de Druskininkai, Lituanie** Superbe parc aquatique pour les enfants – avec un spa pour les adultes ! (p. 337).

Organisation

Quand partir

Les longues journées et la douceur de l'été en font la période idéale pour visiter les pays baltes avec des enfants – mais l'absence de nuit complète risque de perturber leur rythme de sommeil. C'est l'époque où les activités touristiques de plein air battent leur plein : les villes balnéaires s'animent et des myriades de petites maisons à louer occupent l'arrière-pays. Les pays baltes sont une destination privilégiée par toutes sortes de vacanciers : veillez à réserver hébergements et voitures de location suffisamment tôt (sans oublier de demander une coque ou un siège auto en fonction de l'âge de l'enfant).

À emporter

Ne vous faites pas trop de souci : en cas d'oubli, vous devriez pouvoir acheter facilement ce qui vous manque dans l'une des capitales des pays baltes. Un maillot de bain est indispensable en toute saison car vous trouverez de nombreuses piscines chauffées lorsque le temps ne permet pas d'aller à la plage.

Gardez votre répulsif pour insectes sous la main avant de rejoindre les îles ou les parcs nationaux – les moustiques sont aussi énormes que voraces.

Hébergement

La plupart des hôtels font de leur mieux pour le confort des enfants. Beaucoup proposent des chambres familiales équipées d'un lit double pour les parents et d'un lit individuel ou de couchettes pour les enfants. S'il y a souvent des lits pour bébés, surtout dans les plus grands établissements, mieux vaut toutefois se renseigner à l'avance ; il y a parfois un petit supplément à payer mais, dans la plupart des cas, les tout-petits ne paient pas.

Les pays baltes en un clin d'œil

Les pays baltes : trois petites taches de couleur dans la partie supérieure de la carte de l'Europe. Combien d'entre nous sauraient placer de haut en bas l'Estonie, la Lettonie et la Lituanie sans se tromper ? Pourtant, bien que liés par les événements historiques et la topographie, ces trois pays sont loin de représenter des entités homogènes : les exemples les plus palpables sont la langue, la religion et le tempérament des habitants, qui varient d'un pays à l'autre.

Et que dire des trois capitales baltes ? Si celle de l'Estonie possède un décor digne d'un conte de fées gothique, celle de la Lituanie arbore des fioritures baroques tandis que l'excentrique capitale lettonne se pare d'édifices Art nouveau ornés de dieux, de monstres, de félins et de motifs végétaux.

Tels les différents mouvements d'une même symphonie, les pays baltes peuvent être appréciés séparément ou les uns après les autres, dans un ensemble dont il ne tient qu'à vous de choisir l'ordre et le rythme.

Estonie

Villes historiques
Châteaux
Nature

Héritage hanséatique

De la splendide vieille ville médiévale de Tallinn aux allées et parcs raffinés de Pärnu, en passant par l'université de Tartu, les rues des villes d'Estonie semblent avoir échappé à l'emprise du temps.

Remparts menaçants

Après un millénaire de guerres, l'Estonie a hérité de forteresses évocatrices disséminées dans tout le pays.

Forêts et marécages

La campagne estonienne paraît parfois bien morne par rapport à d'autres contrées plus escarpées du continent, mais sa faible densité de population et ses vastes forêts, marais et marécages en font un havre de paix pour des mammifères de toutes tailles, ainsi qu'une escale de choix pour de nombreux oiseaux migrateurs.

p. 46

Lettonie

Architecture
Châteaux
Nature

Art nouveau à Riga

Nul ne maîtrisait mieux l'Art nouveau que les talentueux architectes du XXe siècle à Riga. Ils ont couvert les façades de la ville de lutins hurlants, de déesses en prière, de plantes grimpantes et de glorieux emblèmes géométriques.

Nobles vestiges

Jadis terrain de jeu féodal de la noblesse allemande, la Lettonie témoigne de vestiges d'une époque fastueuse. Nombre de ces châteaux et manoirs ont été restaurés avec amour et transformés en merveilleuses auberges – l'endroit idéal pour réaliser vos fantasmes de contes de fées.

Paisibles paysages

Au-delà des flèches tarabiscotées et des édifices élancés de Riga, vous trouverez des kilomètres de forêts et de régions paisibles abritant des lacs et des plages de sable clair, où viennent déferler les vagues de la Baltique.

p. 197

Lituanie

Nature
Architecture
Vie nocturne

Paysages préservés

La côte de la Baltique, les dunes de l'isthme de Courlande, les vastes forêts entrecoupées de prés et de lacs… le paysage lituanien est parfaitement préservé. De bonnes infrastructures touristiques permettent de l'explorer à pied, à vélo ou en bateau, à son rythme.

Grandeur et couleur

Dans la vieille ville de Vilnius, l'architecture de la Renaissance côtoie des édifices baroques et néo-classiques. À l'extérieur de la ville, les édifices en bois vous séduiront par leurs couleurs vives et leurs sculptures ornementales.

Vilnius la nuit

Les milliers d'étudiants de Vilnius et Kaunas animent les nuits lituaniennes dans une myriade de cafés, bars, restaurants et clubs. Le cœur de la capitale bat dans la vieille ville, mais vous trouverez de nombreux endroits pour sortir dans toute la ville.

p. 291

Sur la route

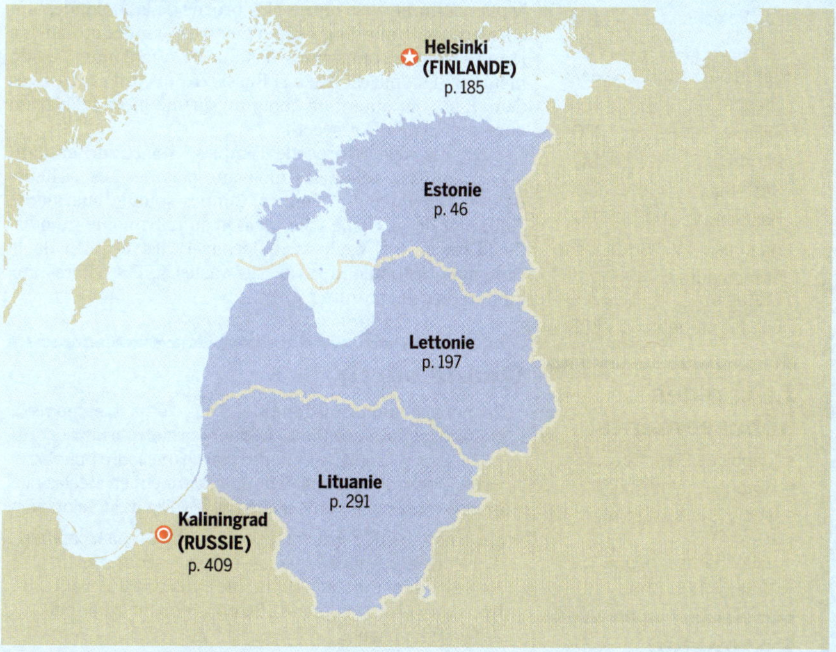

Helsinki
(FINLANDE)
p. 185
Estonie
p. 46
Lettonie
p. 197
Lituanie
p. 291
Kaliningrad
(RUSSIE)
p. 409

Estonie

☎ 372 / 1,3 MILLION D'HABITANTS

Dans ce chapitre ➡

Le top des hébergements

- Manoir de Pädaste (p. 89)
- Hôtel Antonius (p. 113)
- Georg Ots Spa Hotel (p. 153)
- Villa Theresa (p. 96)
- Tabinoya (p. 72)

Le top des restaurants

- Mr Jakob (p. 129)
- Kuur (p. 164)
- Ö (p. 78)
- Rataskaevu 16 (p. 76)
- Retro (p. 153)

Pourquoi y aller

Nul besoin, pour l'Estonie, de chercher à se démarquer : elle est unique en soi. Certes liée, par l'histoire et la géographie, à ses voisines lettonne et lituanienne, elle s'en distingue sur le plan culturel, et se révèle plus proche de la Finlande, tant ethniquement que linguistiquement. Or, cinquante ans de règne soviétique ont séparé l'Estonie et la Finlande. De fait, même si l'Estonie est liée à la Russie depuis trois siècles, ces deux États ont autant en commun qu'une hirondelle et un ours (leur symbole respectif).

L'Estonie s'est libérée de l'emprise soviétique en 1991 et, confiante, a rejoint l'Union européenne. Les visiteurs d'Europe et du monde entier, tombés sous le charme de Tallinn et de sa vieille ville, classée au patrimoine mondial de l'Unesco, ont également découvert les beautés de la campagne estonienne et de ses vastes forêts, chères aux amoureux de la nature.

Quand partir

- De mai à septembre, le temps est plus clément, et même si Tallinn et Pärnu sont très fréquentées (en particulier en juillet et en août), la période reste la meilleure pour les visiter. Presque tous les festivals se tiennent en été, les plus grands rassemblements ayant lieu la veille de la Saint-Jean.
- Les amateurs de ski de fond se plairont à Otepää, capitale d'hiver de décembre à mars. À Tallinn, les marchés de Noël et le sapin, installé sur la place principale suivant une tradition vieille de presque 600 ans, rendent la période de Noël inoubliable.

TALLINN

414.000 HABITANTS

Cette capitale, exempte de la grisaille lié à son passé soviétique et de la fadeur des pièges à touristes, séduit d'emblée. Son charme médiéval, allié à sa modernité, produisent un ensemble très dynamique. Les étroites rues pavées, dominées par des flèches d'églises du XIVe siècle, sont ponctuées de restaurants, de cafés, de centres commerciaux, entre autres discothèques et galeries d'art.

Divisé entre ville haute et ville basse, le vieux Tallinn est tout simplement féerique. Connu comme l'une des belles cités fortifiées d'Europe, l'endroit a eu sa période interlope, lorsque des individus attirés par l'alcool bon marché et la prostitution rampante y affluaient. Les choses ont changé avec les années, et la municipalité mise davantage sur son image. Aujourd'hui, la liste des restaurants haut de gamme et des hôtels de charme ne cesse de s'allonger et les infrastructures touristiques de qualité ne manquent pas.

Entre passé et avenir, Tallinn cultive un certain art de vivre, sans y laisser son âme.

Histoire

Des tribus finno-ougriennes se seraient installées sur le site de Tallinn vers 2500 av. J.-C. Il y eut probablement un poste de commerce estonien à cet endroit vers le IXe siècle, et un fort en bois fut construit sur la colline de Toompea, qui domine Tallinn, au XIe siècle. Les Danois, conduits par Valdemar II (qui conquit le nord de l'Estonie en 1219), rencontrèrent une forte résistance à Tallinn. Ils étaient sur le point de battre en retraite quand, selon la légende, un étendard rouge orné d'une croix blanche tomba du ciel dans les mains de leur évêque. Prenant l'événement pour un signe divin, ils reprirent courage, luttèrent jusqu'à la victoire et l'étendard rouge devint leur drapeau national. Les Danois bâtirent un château fort en bois sur Toompea. Le nom de Tallinn viendrait de *Taani linn* qui signifie "ville danoise" en estonien.

Les chevaliers de l'ordre des Porte-Glaive, créé à Riga, privèrent les Danois de leur conquête en 1227 et édifièrent le premier château fort en pierre sur Toompea. Des marchands allemands, venus de Visby sur l'île suédoise de Gotland, fondèrent une colonie d'environ 200 personnes au pied de la forteresse. En 1238, Tallinn repassa sous domination danoise. Située sur la route commerciale entre Novgorod, Pihkva (Pskov en russe) et l'Ouest, elle rejoignit en 1285 la première Ligue hanséatique, dominée par les Allemands. Fourrures, miel, cuir et graisse de phoque allaient vers l'Ouest ; sel, tissus, harengs et vins partaient à l'Est.

Lorsque les Danois vendirent le nord de l'Estonie aux chevaliers Teutoniques, au milieu du XIVe siècle, Tallinn était une cité marchande prospère d'environ 4 000 âmes. À la suite d'un conflit d'intérêt avec les chevaliers et un évêque de Toompea, les artisans et commerçants de la ville basse, en majorité allemands, bâtirent un mur fortifié pour se séparer de la ville haute. Tallinn continua à se développer et devint l'une des plus grandes cités d'Europe du Nord. Elle garda jusqu'en 1918 son nom allemand de Reval, en même temps que celui, local, de Tallinn.

Sa prospérité déclina au XVIe siècle. La Ligue hanséatique s'était affaiblie et Russes, Suédois, Danois, Polonais et Lituaniens se battaient pour contrôler la région. Tallinn passa sous domination suédoise de 1561 à 1710. Entre 1570 et 1571, la cité résista 29 semaines à un siège du tsar Ivan le Terrible. Ravagée par la peste, Tallinn tomba finalement aux mains de Pierre le Grand, en 1710.

En 1870, le chemin de fer relia Saint-Pétersbourg à Tallinn, qui devint l'un des principaux ports de l'Empire russe. De nombreux serfs affranchis la rejoignirent, faisant passer le pourcentage d'Estoniens dans sa population de 52% en 1867 à 89% en 1897. Au moment de la Première Guerre mondiale, plus de 100 000 personnes y travaillaient, dont bon nombre dans les vastes chantiers navals.

Tallin souffrit énormément au cours de la Seconde Guerre mondiale. Des milliers

L'ESTONIE EN BREF

Monnaie
Euro (€)

Langue
Estonien

Capitale
Tallinn

Superficie
45 339 km^2

À ne pas manquer

1 Une balade dans les ruelles chargées d'histoire de **Tallinn** (p. 47), ponctuée d'arrêts dans de charmants restaurants et des bars bien cachés

2 Une journée au **parc national de Lahemaa** (p. 88) pour en découvrir les forêts, les marais, les plages isolées et le manoir de Palmse

3 Les musées et les bars étudiants de **Tartu** (p. 106), deuxième ville d'Estonie

4 Les moulins à vent de **Saaremaa** (p. 146), ainsi que ses châteaux, églises et falaises

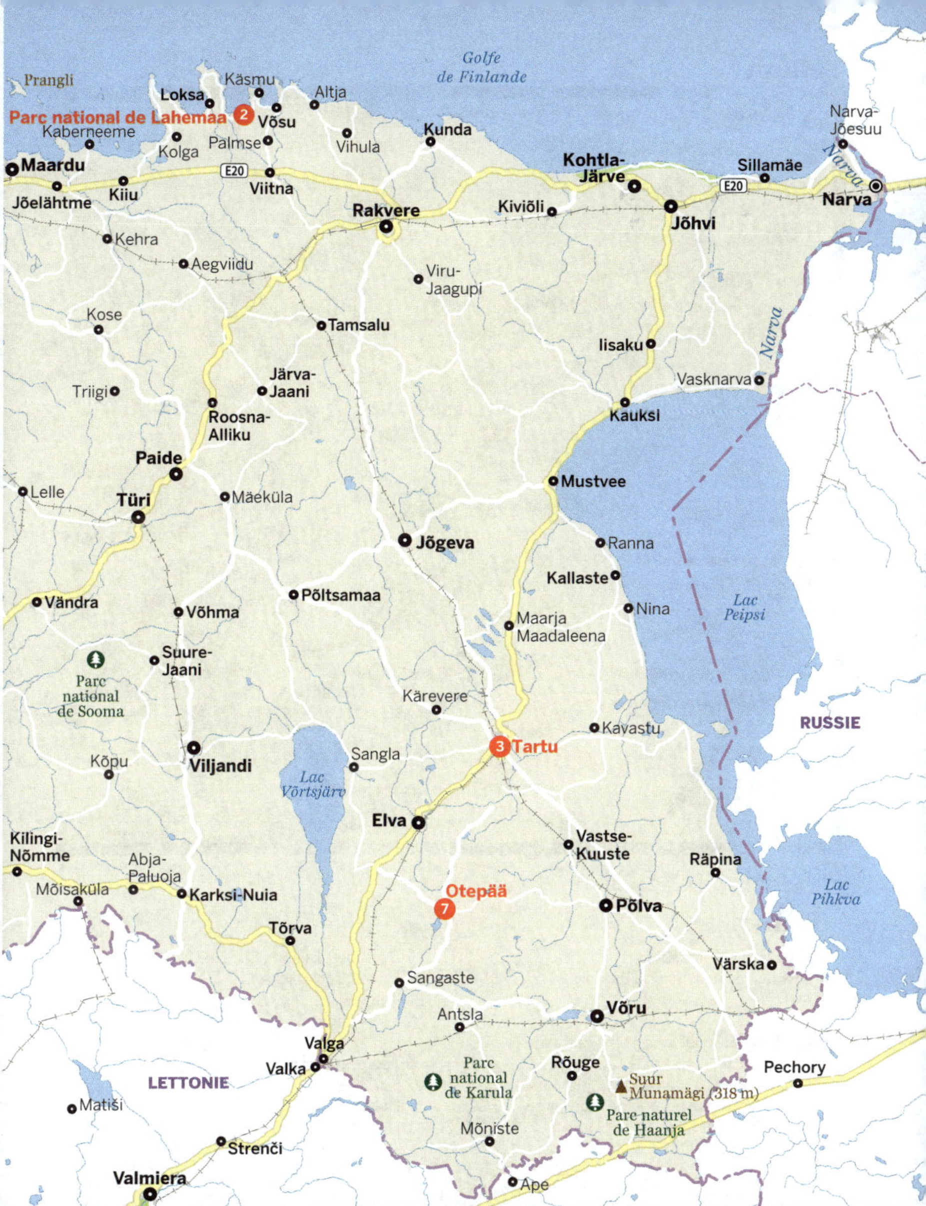

5 Un saut à l'île de **Muhu** (p. 143), à la découverte du village de Koguva, où le temps s'est arrêté, et du restaurant du manoir de Pädaste, pour un intermède gastronomique

6 Les plages au sable doré et les jolies rues de la "capitale d'été" estonienne, **Pärnu** (p. 134)

7 Un retour à la nature à **Otepää** (p. 126), la "capitale d'hiver" estonienne

Tallinn

Tallinn

Les incontournables

1 Musée de plein air d'Estonie A3

À voir

2 Bibliothèque nationale d'Estonie......... D3
3 Palais de Maarjamäe............................F2
4 Écuries du palais de Maarjamäe........... G2
5 Mémorial soviétique de Maarjamäe..... G2
6 Plage de Pirita..G1
7 Couvent Sainte-Brigitte.........................G1
8 Plage de Stroomi.................................. B2
9 Amphithéâtre des festivals de chant.....F2
10 Zoo de Tallinn...................................... A4
11 Telliskivi Creative City D3

Activités

12 Bell-Marine..G1
13 Club 26 ....E3
14 Cours d'été de l'université de Tallinn E3

Où se loger

15 Kreutzwald Hotel Tallinn D3
16 Swissôtel Tallinn E3
17 United Backpackers...............................E3
18 Valge Villa C4
19 Y-residence..D3

Où se restaurer

F-hoone .... (voir 11)
Horisont ....(voir 16)
20 Neh E3

Où prendre un verre et faire la fête

21 Club 69...D3
Pudel .... (voir 11)

Où sortir

22 Stade A. Le Coq.....................................D4
23 Saku Suurhall A4

Achats

24 Marché central E3
25 Stockmann Kaubamaja E3
Marché aux puces de Telliskivi..... (voir 11)

de bâtiments furent détruits en 1944, du fait de bombardements soviétiques. Après la guerre, l'URSS y développa l'industrie et en fit son plus gros port céréalier. La cité s'agrandit. Sa population passa de 175 000 habitants en 1937 à presque 500 000 après guerre. La plupart des nouveaux arrivants venaient d'URSS pour travailler. Ils furent logés dans des quartiers de grands ensembles construits en périphérie.

Parallèlement à l'explosion de ces immeubles soviétiques dans les banlieues, la vie culturelle périclitait dans le centre. Dans les années 1980, la vieille ville était à l'abandon, la plupart des gens préférant vivre en périphérie plutôt que dans les logements exigus du centre. La rénovation commença à la fin des années 1980, la conquête de l'indépendance en 1991 se jouant largement dans ses rues.

Puis, dans les années 1990, Tallinn se transforma. La vieille ville fut restaurée et entourée d'un quartier d'affaires moderne. Le désir de modernité se manifesta par un attrait pour tout ce qui est nouveau. Les entreprises de nouvelles technologies ont ainsi contribué à la renaissance économique de la capitale estonienne et les Tallinnois, friands d'Internet, assurent la prospérité du commerce électronique. Cependant, les banlieues attendent encore le même coup de jeune dont a profité le centre. Ces quartiers déshérités, ignorés des touristes, concentrent pauvreté et chômage.

À voir

La plupart des sites sont regroupés à l'intérieur des remparts qui délimitent la ville médiévale. N'hésitez cependant pas à pousser plus loin : Tallinn est assez compacte et vous ne serez jamais bien loin du centre. Ne manquez pas, notamment, Kadriorg.

TALLINN EN...

Deux jours

Le premier jour, commencez par l'exploration de la **vieille ville**. Le matin, suivez notre **promenade** (p. 58), puis déjeunez dans l'un des nombreux et excellents restaurants du quartier. L'après-midi, visitez un ou deux musées, tels celui de la **ville de Tallinn** (p. 56) et l'annexe du musée d'Histoire de l'Estonie à la **Maison de la Grande Guilde** (p. 55). Plus tard, habillez-vous pour un dîner au **Tchaikovsky** (p. 76), puis finissez la soirée dans l'un des bars de la vieille ville.

Le lendemain, comme les autres touristes, sortez de la vieille ville. Rendez-vous à **Kadriorg** (p. 65) pour une promenade artistique, puis rejoignez **Maarjamäe** (p. 66) afin de découvrir les musées et le mémorial. Le soir, rendez-vous au quartier **Rotermann** (p. 64).

Quatre jours

Vous aurez le temps de découvrir les principaux sites de la ville et de profiter de soirées au restaurant ou dans d'autres lieux festifs. Complétez vos journées avec une visite au **port des hydravions de Lennusadam** (p. 60), au **musée des Occupations** (p. 60), au **musée de plein air d'Estonie** (p. 68) et à la **tour de télévision** (p. 68). Prévoyez un peu de temps pour faire un tour à **Telliskivi Creative City** (p. 64) et explorer le quartier de Kalamaja.

Vieille ville

La vieille ville de Tallin (Vanalinn) est un joyau médiéval de l'Estonie classé au patrimoine mondial de l'Unesco. Une promenade au long de ses ruelles pavées a quelque chose d'une immersion dans un XVe siècle évoqué avec d'autant plus de facilité que la plupart des boutiques jouent le jeu avec leurs employés en costumes d'époque. Attardez-vous devant les vieilles maisons de marchands avant d'explorer de petites cours dissimulées ou de lever le regard vers les clochers élancés, pour finalement gravir les escaliers menant à des panoramas embrassant toute la ville. Cette balade, certes très touristique, n'en est pas moins agréable. Sur presque chaque maison est apposée une plaque, en estonien ou en anglais, détaillant son histoire. La vieille ville ne s'est pas trop embourgeoisée et son charme tient pour une bonne part à son mélange de raffinement et d'aspect brut.

La popularité grandissante de Tallinn a son lot d'inconvénients. En été, jusqu'à six énormes paquebots peuvent y débarquer en même temps leur cargaison de touristes. Si vous en faites partie, mieux vaut vous éclipser et suivre votre propre chemin. La vieille ville est accessible à pied depuis le port. Que les autres se rassurent ! La plupart des bateaux repartent dans l'après-midi et, après 17h, les rues retrouvent un certain calme.

Ville basse

Place de la Liberté PLACE

(Vabaduse väljak ; carte p. 54). Sur cette vaste place pavée, on vient profiter de concerts en été, faire du skateboard, improviser des jeux de ballon ou regarder la version estonienne de "La Nouvelle Star" (*Eesti Otsib Superstaari*) sur le grand écran installé à l'extrémité sud. La place jouxte l'une des anciennes portes de la ville, dont les vestiges sont préservés près de l'angle nord-ouest. Une gigantesque croix de verre à l'extrémité ouest commémore la guerre d'indépendance de l'Estonie (novembre 1918-février 1920).

Bâtie au XIXe siècle, l'**église luthérienne Saint-Jean** domine l'extrémité est de la place. La **stèle** voisine rend hommage à *Solidarnosc*, syndicat qui joua un rôle majeur dans la chute du communisme en Pologne. Ce monument, ainsi que le **banc Chopin** (qui "joue" des concertos du compositeur), à proximité, furent tous deux offerts par l'ambassade polonaise.

Musée de la Photographie MUSÉE

(Fotomuuseum ; carte p. 54 ; www.linnamuuseum.ee ; Raekoja 6 ; tarif plein/enfant 2/1 € ; ⏲ 10h30-17h30 jeu-mar). Ce modeste musée, aménagé dans l'ancienne prison de la ville, présente des appareils et des photos datant des débuts de cet art en Estonie. Il intéressera surtout les passionnés.

♥ Raekoja plats — PLACE

(Place de l'Hôtel-de-Ville ; carte p. 54). Cette place est le centre névralgique de Tallinn depuis que s'y établirent les premiers marchés au XIe siècle. L'hôtel de ville, de style gothique, en occupe un côté, et elle est bordée de ravissants édifices aux tons pastel, construits entre les XVe et XVIIe siècles. Inondée de lumière naturelle ou saupoudrée de neige, elle est photogénique en toute saison.

Tout l'été, les cafés de plein air invitent à s'asseoir pour observer la vie défiler. Noël approchant, on y dresse un énorme sapin, une tradition qui remonte à 1441, lorsque la confrérie des Têtes noires, une guilde locale, installa au centre de la place le premier arbre de Noël public du monde (une primeur vivement contestée par Riga, en Lettonie).

Hôtel de ville de Tallinn — BÂTIMENT HISTORIQUE

(Tallinna Raekoda ; carte p. 54 ; ☎645 7900 ; www.raekoda.tallinn.ee ; Raekoja plats ; tarif plein/étudiant 5/2 € ; ⌚10h-16h lun-sam juil). Cet édifice, achevé en 1404, est le seul hôtel de ville de style gothique à subsister en Europe du Nord. À l'intérieur, on peut découvrir la salle du Commerce, où est conservé un livre d'or aux nombreuses signatures royales, la salle du Conseil, qui comporte les plus anciennes sculptures sur bois d'Estonie (1374), la salle des Citoyens au plafond voûté, le bureau du bourgmestre dallé de jaune et de noir, et une petite cuisine. Le grenier très pentu présente des expositions sur l'architecture et la restauration de l'édifice.

Le bâtiment accueille parfois des expositions d'art itinérantes de premier plan ; il se peut, dès lors, que le prix de l'entrée soit fortement majoré.

Si les enfants ne tiennent plus en place, portez leur attention sur les anciens fers de prisonniers toujours suspendus au mur extérieur donnant sur la place...

Tour de l'hôtel de ville — POINT DE VUE

(Carte p. 54 ; tarif plein/enfant 3/1 € ; ⌚11h-18h juin-août). Le vieux Thomas (Vana Toomas), symbole et gardien de Tallinn, veille sur la ville depuis 1530 perché sur la girouette de l'hôtel de ville (ou tout du moins, sa copie : l'original réside au musée de la ville de Tallinn). Vous aurez presque la même vue que lui si vous grimpez les 115 marches jusqu'au sommet de la **tour.** Cet élégant édifice de 64 m rappelant un minaret s'inspirerait des croquis d'un explorateur revenu d'un voyage en Orient.

Pharmacie du Conseil municipal — BÂTIMENT HISTORIQUE

(Raeapteek ; carte p. 54 ; www.raeapteek.ee ; Raekoja plats 11 ; ⌚10h-18h mar-sam). Si nul ne connaît la date exacte de l'ouverture de cette pharmacie, on sait en revanche qu'en 1422, elle en était déjà à son 3e propriétaire, ce qui en fait la plus ancienne pharmacie d'Europe exploitée en continu. En 1583, Johann Burchardt en prit les rênes et ses descendants s'y succédèrent jusqu'en 1913, soit en tout 10 générations ! Pénétrez dans le bâtiment, pour en admirer les poutres peintes et la petite collection d'objets historiques, voire y faire quelques emplettes.

Église luthérienne du Saint-Esprit — ÉGLISE

(Pühavaimu kirik ; carte p. 54 ; www.eelk.ee/tallinna.puhavaimu/ ; Pühavaimu 2 ; tarif plein/enfant 1/0,50 € ; ⌚12h-14h lun-ven, 10h-16h sam jan à mi-mars, 10h-15h lun-sam mi-mars à avr et oct-déc, 10h-17h lun-sam mai-sept). L'horloge bleu et or qui orne la façade de cette église gothique du XIVe siècle est la plus vieille de Tallinn, et date de 1684. Entrez dans le charmant intérieur tout en bois sculpté et remarquez les panneaux peints, dont un retable de 1483, et la chaire baroque (XIVe siècle). Johann Koell, ancien pasteur du lieu, est considéré comme l'auteur du premier livre estonien,

LANGUE

Bonjour	*Tere*	*té*-ré
Au revoir	*Head aega*	éad *aé*-ga
Oui	*Jah*	ya
Non	*Ei*	héï
Merci	*Tänan*	*ta*-non
De rien	*Palun*	*pa*-loun
Excusez-moi/Pardon	*Vabandage*	*va*-ban-da-gueu
Santé ! (littéralement "À votre santé")	*Terviseks!*	*Ter*-vi-seks

Centre de Tallinn

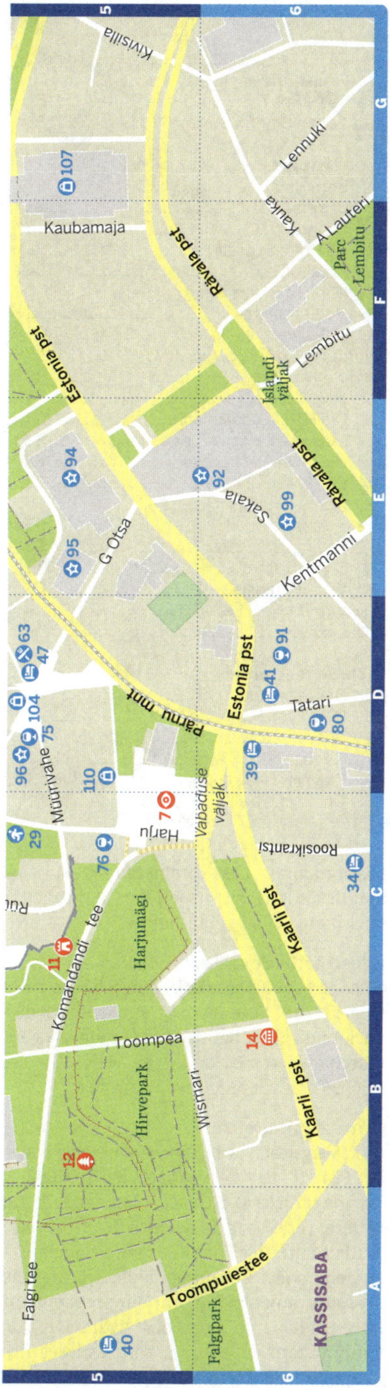

un catéchisme publié en 1535. L'église accueille régulièrement des concerts de musique classique.

Maison de la Grande Guilde MUSÉE

(Suurgildihoone ; carte p. 54 ; www.ajaloomuuseum.ee ; Pikk 17 ; tarif plein/enfant 5/3 € ; ⏲10h-18h, fermé le mer oct-avr). Cette branche du musée d'Histoire de l'Estonie occupe la majestueuse maison de la Grande Guilde (1410), et est consacrée à la psyché estonienne, présentée à travers des installations interactives et de singulières expositions. Les numismates ne manqueront pas les monnaies exposées dans l'ancienne trésorerie, tandis que les passionnés d'histoire militaire descendront au sous-sol, où est en outre retracé le passé de la Grande Guilde.

L'exposition principale pose des questions telles que "Les Estoniens ont-ils été heureux sur leur propre terre ?" (La réponse est non, appuyée par des statistiques suggérant que ce peuple est l'un des moins optimistes d'Europe.)

Draakoni Galerrii GALERIE D'ART

(Carte p. 54 ; www.eaa.ee/draakon ; Pikk 18 ; ⏲11h-18h lun-sam). Située dans une maison de guilde, derrière une jolie façade sculptée, cette galerie accueille parfois de petites expositions d'art contemporain très intéressantes.

Cloître Sainte-Catherine ÉGLISE

(Carte p. 54 ; www.kloostri.ee ; Vene 16 ; tarif plein/enfant 2/1 €). Fondé par des moines dominicains en 1246, ce monastère compte parmi les plus vieux édifices de Tallinn. À son apogée, on y trouvait une brasserie et un hôpital. Une foule de luthériens en colère y mit le feu en 1524 et il fallut attendre 1954 pour que le monastère soit en partie restauré. Aujourd'hui, l'ensemble architectural en ruine comprend le squelette désolé de l'église et un paisible cloître émaillé de pierres tombales ouvragées.

Les heures d'ouverture sont irrégulières, mais l'on peut souvent y accéder par une porte située dans l'entrée de la cathédrale catholique voisine.

Cathédrale Saint-Pierre-et-Saint-Paul ÉGLISE

(Peeter-Paul katedraal ; carte p. 54 ; ☎644 6367 ; www.katoliku.ee ; Vene 18 ; ⏲9h30-13h dim, 17h30-18h30 lun, mar et jeu-sam, 7h45-9h30 mer). Cette belle cathédrale de 1844 est l'œuvre du célèbre Carlo Rossi, à qui l'on doit l'architecture néoclassique de

Centre de Tallinn

Saint-Pétersbourg. Restant l'une des seules églises catholiques de Tallinn, elle est fréquentée par les communautés polonaise et lituanienne. Le paisible parvis est un havre de paix au cœur de l'agitation estivale.

Musée de la ville de Tallinn — MUSÉE

(Linnamuuseum ; carte p. 54 ; www.linnamuuseum.ee ; Vene 17 ; tarif plein/enfant 4/3 € ; 10h30-17h30 mar-dim). Ce musée est réparti sur 10 sites. Celui-ci, aménagé dans une maison de marchand du XIVe siècle, en est la partie principale et retrace le développement de la ville depuis ses origines. Les collections, bien mises en valeur, sont captivantes et assorties de nombreuses explications en anglais (vous pourrez vous passer de l'audioguide si vous lisez cette langue).

L'étage donne un aperçu probablement assez juste de la vie sous le régime soviétique. La vidéo sur les événements ayant entouré la chute du régime, en 1990, est passionnante. Les commentaires sur les manifestations antisoviétiques montrent à quel point ce joug était honni.

Église orthodoxe Saint-Nicolas — ÉGLISE

(Püha piiskop Nikolause kirik ; carte p. 54 ; Vene 24 ; 9h30-17h). Bâtie en 1827 sur le site d'une ancienne église, Saint-Nicolas réunissait les marchands russes de la rue Vene. Elle est célèbre pour sa précieuse iconostase.

Grosse Marguerite — MUSÉE

(Paks Margareeta ; carte p. 54 ; www.meremuuseum.ee ; Pikk 70 ; tarif plein/enfant 5/3 € ; 10h-18h, fermé le lun oct-avr). Accolée à la Grande Porte côtière, cette tour de défense du XVIe siècle gardait autrefois l'un des accès principaux à la vieille ville. Ce musée dédié à la marine possède aujourd'hui un impressionnant frère cadet : le port des hydravions de Lennusadam (p. 60), où sont exposés des maquettes de navires et divers objets liés à

57 Elevant ... D3
58 Enzo ... G2
III Draakon ... (voir 27)
59 Kehrwieder ... D3
60 Kompressor ... C3
61 La Bottega ... D4
62 Leib ... E1
MEKK ... (voir 47)
63 Must Puudel ... D5
64 Ö ... F2
65 Olde Hansa ... D4
66 Pegasus ... D4
Rataskaevu 16 ... (voir 43)
67 Ribe ... D3
68 Rimi ... F3
69 Sfäär ... F3
Tchaikovsky ... (voir 38)
70 V ... C4
71 Vanaema Juures ... C3
72 Vapiano ... G3
Von Krahli Aed ... (voir 100)

Où prendre un verre et faire la fête

73 Beer House ... C4
74 Clazz ... D4
75 Club Hollywood ... D5
76 Club Privé ... C5
77 DM Baar ... C3
78 Drink Bar & Grill ... D4
79 Frank ... D4
80 G-Punkt ... D6
81 Hell Hunt ... D2
82 Kultuuriklubi Kelm ... E2
83 Levist Väljas ... E2
84 Neitsitorn Muuseum Kohvik ... C4
85 Paar Veini ... D4
86 Põrgu ... C4
87 Protest ... F3
88 Scotland Yard ... F3
89 Speakeasy by Põhjala ... B1
90 St Patrick's ... D4
Von Krahli Baar ... (voir 100)
91 X-Baar ... D6

Où sortir

92 Artis ... E6
93 Coca-Cola Plaza ... G3
94 Salle de concert d'Estonie ... E5
95 Théâtre d'art dramatique estonien ... E5
96 Kino Sõprus ... D5
97 Salle de la guilde de Saint-Canut ... D3
98 Théâtre de la Ville ... D2
99 Teater No99 ... E6
100 Théâtre Von Krahli ... C3

Achats

101 Chado ... E3
102 Foorum ... G4
103 Galerii Kaks ... C4
104 Ivo Nikkolo ... D5
105 Kalev ... F3
106 Passage Sainte-Catherine ... E3
107 Kaubamaja ... G5
108 Marché au tricot ... E4
109 Lühikese Jala Galerii ... C4
Cour des Artisans ... (voir 51)
110 Nu Nordik ... D5
Rae Antiik ... (voir 26)
111 Marché de la gare ... B1
112 Viru Keskus ... G4
113 Zizi ... D3

l'histoire maritime, issus de la collection du musée estonien de la Marine. Billets combinés proposés (tarif plein/enfant 16/10 €).

Église Saint-Olaf — ÉGLISE

(Oleviste kirik ; carte p. 54 ; www.oleviste.ee ; Lai 50 ; clocher tarif plein/enfant 2/1 € ; ⏲10h-18h sept-juin, 10h-20h juil-août). De 1549 à 1625, le clocher haut de 159 m de cette église (aujourd'hui baptiste) en faisait un des édifices les plus élevés du monde. Détruit par la foudre, il fut remplacé par un autre de taille respectable (124 m), où un escalier très étroit de 258 marches mène à un belle vue sur Toompea par-delà les toits de la ville basse.

L'église, dont la structure s'est étoffée de nouveaux éléments au fil des siècles, existe depuis le XIIIe siècle. L'intérieur est sobre, et seules quelques pierres sculptées, qui échappèrent aux iconoclastes de la Réforme, ornent le mur extérieur.

Si l'église est dédiée à Olav II de Norvège, qui régna au XIe siècle, elle est aussi associée à un autre Olaf, l'architecte. Ce dernier ignora la prophétie promettant le malheur à celui qui terminerait la construction du clocher. On raconte, de fait, qu'il serait mort en tombant de la tour.

Remparts de la ville basse — REMPARTS

(Linnamüür ; carte p. 54 ; Väike-Kloostri 3 ; tarif plein/enfant 1,50/0,75 € ; ⏲11h-19h juin-août, 11h-17h ven-mer avr, sept et oct, 11h-16h ven-mar nov-mars). Le tronçon le plus photogénique des remparts de Tallinn qui subsiste de nos jours relie 9 tours le long de la limite ouest de la vieille ville. Trois d'entre elles, vides, peuvent être explorées entièrement. N'oubliez pas votre appareil photo pour immortaliser la vue sur les toits rouges de la ville.

Musée Niguliste MUSÉE

(Église Saint-Nicolas ; carte p. 54 ; www.nigulistemuuseum.ee ; Niguliste 3 ; tarif plein/étudiant 5/3 € ; ⏲10h-17h mar-dim mai-sept, mer-dim oct-avr). Datant du XIIIe siècle, l'imposante église Saint-Nicolas (Niguliste kirik) fut gravement endommagée par les bombardiers soviétiques en 1944, puis par un incendie dans les années 1980. Aujourd'hui restaurée, elle a retrouvé toute sa splendeur gothique. Elle abrite la collection d'art religieux du musée d'Art d'Estonie. L'acoustique étant extraordinaire, des récitals d'orgue y sont donnés la plupart des week-ends.

La pièce exposée la plus célèbre est Danse macabre, chef-d'œuvre du XVe siècle signé Berndt Notke. Cette fresque qui met en scène vivants et défunts souligne le fait que la mort touche tout le monde, qu'on soit roi, pape ou jeune oisif. On admirera des retables peints (notamment le remarquable retable, de style cabinet, réalisé pour l'église en 1481 par Herman Rode de Lübeck), des pierres tombales sculptées et des objets en argent remplissant toute une pièce.

Toompea (ville haute)

Sise sur une colline, la citadelle ancienne de Toompea domine la ville basse. À l'époque germanique, elle était le domaine de la noblesse féodale, qui prenait littéralement de haut les marchands et les petites gens en contrebas. Elle est aujourd'hui presque entièrement occupée par des bâtiments administratifs, des églises, des ambassades, ainsi que des boutiques de souvenirs vendant des objets en ambre.

Cathédrale Notre-Dame ÉGLISE

(Tallinna Püha Neitsi Maarja Piiskoplik Toomkirik ; carte p. 58 ; www.toomkirik.ee ; Toom-Kooli 6 ; église/tour 2/5 € ; ⏲9h-17h tlj mai-sept, 10h-16h mar-dim oct-avr). Si la cathédrale de Tallinn (aujourd'hui luthérienne mais à l'origine catholique) date au moins de 1233, sa façade remonte principalement au XVe siècle et sa tour fut achevée en 1779. Cet édifice imposant servait de sépulcre aux riches et aux nobles. Les armoiries sophistiquées des grandes familles d'Estonie ornent d'ailleurs les murs chaulés. Si vous êtes en forme, grimpez jusqu'au sommet de la tour.

Toompea doit son nom à la cathédrale, *toom* en estonien (en allemand *Dom*), raison pour laquelle on l'appelle souvent l'"église du Dôme", bien qu'elle n'en possède pas.

Promenade à pied **Vieille ville de Tallinn**

DÉPART VABADUSE VÄLJAK
ARRIVÉE PORTE DE VIRU
DISTANCE 4 KM ; DURÉE 3 HEURES

Cette promenade qui passe par les ruelles sinueuses de la vieille ville vous plongera dans le passé de Tallinn. Partez de la 1 **Vabaduse väljak** (p. 52), prenez les escaliers, puis continuez jusqu'à la 2 **colline de Linda**, pour contempler le pan médiéval du 3 **château de Toompea**. Revenez sur vos pas et prenez à gauche à la Lossi plats (place du Château), pour avoir vue sur la partie baroque de l'édifice. La 4 **cathédrale orthodoxe Alexandre-Nevski**, coiffée de bulbes, domine la place.

Prenez Toom-Kooli jusqu'à la 5 **cathédrale luthérienne Sainte-Marie** et traversez Kiriku plats (place de l'Église) jusqu'à Rahukohtu, d'où une allée mène à l'époustouflant 6 **point de vue de Patkul** (Patkuli vaateplats), sur la vieille ville et la mer. D'autres allées sinueuses conduisent au 7 **point de vue de la place de la Cour** (Kohtuotsa vaateplats).

Continuez votre promenade en contournant par l'arrière les deux cathédrales et entrez par l'ouverture dans le mur dans le 8 **jardin du Roi danois**, où des artistes dressent leur chevalet l'été. À gauche, par les escaliers, vous entrez dans la 9 **tour "Jambe courte"**, qui serait le lieu le plus hanté de Tallinn – y seraient apparus, entre autres, les fantômes d'un moine crucifié et d'un chien noir aux yeux de braise. Empruntez sur la droite le long chemin qui descend, surnommé "Longue jambe" (Pikk jalg). Il passe sous la 10 **porte de la tour Pikk jalg**, datant de 1380, coiffée de tuiles rouges, et débouche sur la ville basse.

Tournez à gauche, suivez Nunne, puis obliquez à droite dans Väilke-Kloostri, où se trouve la partie la mieux préservée des 11 **remparts de la ville basse** reliant 9 des 26 tours existantes. Passez sous la porte et tournez à droite pour avoir une belle vue sur les remparts qui entouraient jadis la cité. Promenez-vous dans le parc jusqu'à la première petite ouverture dans la muraille et franchissez-la pour rejoindre

Aida. À l'extrémité de cette rue, tournez à gauche dans Lai (rue Large), bordée de maisons hanséatiques. La plupart de celles-ci, comportant 3 ou 4 étages, datent du XVe siècle.

Arrivé au bout de Lai, prenez le petit sentier à droite qui longe le mur jusqu'à 12 la **Grande Porte maritime**, la plus imposante des portes médiévales. Remarquez l'écusson sur le mur extérieur et le crucifix dans la niche côté ville.

Au 59 Pikk (rue Longue) se trouve l' 13 **ancien quartier général du KGB**, dont les fenêtres du rez-de-chaussée ont été murées. Une petite plaque commémorative annonce : "Ce bâtiment abritait les bureaux de l'organe de répression du pouvoir d'occupation soviétique. Ici, commença le chemin de la souffrance pour des milliers d'Estoniens." Les Tallinnois, qui aiment l'humour noir, ironisaient sur le fait que l'édifice possédait les plus belles vues d'Estonie, puisque, de là, on pouvait voir jusqu'en Sibérie !

Plus haut dans la rue s'alignent les maisons de guilde, presque toutes dominées par les Allemands. La première, au n°26, est la 14 **confrérie des Têtes noires** (Mustpeade Maja). Les Têtes noires étaient de jeunes négociants célibataires, qui devaient leur nom à leur patron, saint Maurice (Mauritius), un célèbre soldat romain africain que l'on croit reconnaître sur la façade (1597), entre deux lions, au-dessus d'une porte richement ornée. La maison voisine, la 15 **guilde de Saint-Olav** (Olevi Gildi Hoone), sans doute la première de Tallinn, créée vers le XIIIe siècle, regroupait des artisans et des négociants non allemands aux origines plus humbles.

Puis on découvre la 16 **guilde de Saint-Canut** (p. 82), datant de 1860, ornée de statues en zinc, une de Luther et une de saint Canut. En face, la 17 **maison de la Grande Guilde** (p. 55), à laquelle appartenaient les marchands les plus éminents, remonte à 1410.

Traversez la petite place sur la gauche, passez la jolie 18 **église du Saint-Esprit** et prenez le charmant et étroit passage Saiakang (du "pain blanc", en référence à une boulangerie historique) qui conduit à la 19 **Raekoja plats** (p. 53). Prenez à gauche dans Vene (les "Russes" ; la rue fut baptisée ainsi en raison de la présence de négociants russes) et coupez par l'arche pour rejoindre le 20 **passage Sainte-Catherine** (p. 82). À son extrémité, prenez à droite puis à gauche jusqu'à Viru, l'une des rues les plus animées de la vieille ville. La promenade prend fin à la 21 **porte de Viru**, qui relie la vieille ville au centre commerçant de la ville moderne.

♥ Cathédrale orthodoxe Alexandre-Nevski — ÉGLISE

(Carte p. 54 ; Lossi plats ; ⏱8h-19h). L'emplacement de cette superbe cathédrale orthodoxe russe aux dômes en bulbes, au cœur du principal centre administratif du pays, n'est pas dû au hasard. Achevée en 1900, cette église fait en effet partie des nombreux édifices religieux bâtis à cette époque dans le cadre de la russification des provinces baltes de l'Empire. Les fidèles orthodoxes y viennent encore en nombre, se mêlant aux touristes venus admirer ses superbes icônes et fresques. Les visiteurs respectueux et sobrement vêtus sont les bienvenus, mais pas les appareils photo.

Château de Toompea — BÂTIMENT HISTORIQUE

(Carte p. 54 ; Lossi plats). Des trois tours encore debout du château des chevaliers Porte-Glaive, au sommet de la colline, la Pikk Hermann, datant du XIVe siècle, est la plus belle (meilleure vue depuis l'arrière). Au XVIIIe siècle, la forteresse connut une complète métamorphose entre les mains de la tsarine de Russie Catherine II la Grande, qui la transforma en palais baroque à la façade rose bonbon, où siège aujourd'hui le Riigikogu – le parlement estonien.

Colline de Linda — PARC

(Lindamägi ; carte p. 54 ; Falgi tee). Ombragée par des tilleuls vieux de 250 ans, cette petite butte non loin du sommet de Toompea tient son nom de la femme de Kalev, premier chef héroïque des Estoniens. Selon la légende, Toompea est le tertre funéraire qu'elle lui éleva. Durant l'époque soviétique, la statue de Linda endeuillée devint un mémorial secret aux victimes des déportations et des exécutions ordonnées par Staline.

Kiek in de Kök — CHÂTEAU, MUSÉE

(Carte p. 54 ; ☎644 6686 ; www.linnamuuseum.ee ; Komandandi tee 2 ; tarif plein/enfant 5/3 € ; ⏱10h30-17h30 mar-dim). Bâtie vers 1475, cette forteresse haute et massive est l'une des tours de défense les plus impressionnantes de Tallinn. Son nom signifie en bas allemand "un coup d'œil dans la cuisine", car à l'époque les gardes prétendaient qu'elle était si haute qu'ils pouvaient voir jusque dans les cuisines des maisons en contrebas. Elle abrite aujourd'hui une annexe du musée de la ville de Tallinn, qui illustre le développement du fantastique système défensif de la ville.

La tour fut gravement endommagée durant la guerre de Livonie, mais ne tomba jamais (quatre boulets de canon tirés par les troupes d'Ivan le Terrible sont toujours incrustés dans les murs). Les passionnés d'histoire militaire trouveront leur bonheur dans les étages. Vue imprenable depuis le café au dernier étage.

Souterrains de la forteresse — FORTERESSE

(Bastionikäigud ; carte p. 54 ; ☎644 6686 ; www.linnamuuseum.ee ; Komandandi tee 2 ; tarif plein/enfant 6/3,50 €). Sur réservation, des visites guidées au départ de Kiek in de Kök vous mèneront à travers ces tunnels reliant les tours, creusés au XVIIe siècle par les Suédois. Prévoyez des vêtements chauds et des chaussures adaptées. Des billets combinant visite et tours sont proposés (9 €).

Musée des Occupations — MUSÉE

(Okupatsioonide Muuseum ; carte p. 54 ; www.okupatsioon.ee ; Toompea 8 ; tarif plein/enfant 6/3 € ; ⏱10h-18h mar-dim). Des photos et des objets illustrent les épreuves et les traumatismes de cinq décennies d'occupation, d'abord nazie, brièvement, puis soviétique. Mais ce sont les vidéos (longues et passionnantes) qui impressionnent le plus. La durée de l'occupation soviétique justifie le traitement plus important qui lui est accordé.

Pour en apprendre davantage sur l'occupation nazie, visitez les écuries du palais de Maarjamäe (p. 66).

Kalamaja

Juste au nord-ouest de la vieille ville, cette enclave aux maisons en bois délabrées et aux usines croulantes s'est transformée en un temps record en quartier parmi les plus intéressants de Tallinn. La métamorphose qu'a connue cette partie de la ville est d'autant plus formidable que l'intimidante prison de Patarei semblait y jeter une ombre lugubre. Les grands projets routiers et l'inauguration d'un remarquable musée à Lennusadam ne sont que les éléments les plus visibles d'une révolution amorcée par des jeunes du coin, qui ont ouvert cafés et bars dans des entrepôts abandonnés et des boutiques aux devantures anciennes.

Port des hydravions de Lennusadam — MUSÉE

(www.lennusadam.eu ; Vesilennuki 6 ; tarif plein/enfant 14/7 €, Grosse Marguerite incluse 16/10 € ; ⏱10h-19h mai-sept, mar-dim oct-avr ; P).

Kalamaja

Kalamaja

À voir

1 Musée estonien d'Art contemporain D3
2 Port des hydravions de Lennusadam B1
3 Linnahall D3
4 Patarei B2

Activités

5 Kalma Saun B4

Où se restaurer

6 Boheem A4
Klaus .... (voir 9)
7 Moon C3

Où prendre un verre et faire la fête

8 Tops B3

Achats

9 Estonian Design House C3

Lorsque ce hangar à triple dôme fut achevé en 1917, sa structure en béton armé était unique au monde. Complètement restauré et ouvert au public en 2012 en tant que musée maritime rempli d'installations interactives, ce vaste espace évoque le QG d'un méchant de James Bond. On peut notamment y explorer les étroits couloirs d'un sous-marin militaire des années 1930 et découvrir un brise-glace et des chasseurs de mines amarrés à l'extérieur.

Patarei BÂTIMENT HISTORIQUE

(☎ 504 6536 ; www.patarei.org ; Kalaranna 2 ; tarif plein/enfant 3/2 €, visite 8 € ; ⏲ 12h-19h mai-sept). Cet ancien lieu d'incarcération, de violence et d'oppression est sans aucun doute l'un des édifices les plus sinistres d'Estonie. Une partie du site a été ouverte au public dans le cadre d'un projet artistique excentrique, certaines des cellules abritant aujourd'hui des graffitis et des installations. Sur réservation, des visites guidées permettent

STEFAN CIOATA/GETTY IMAGES ©

IGORSPB/GETTY IMAGES ©

1. Pärnu (p. 134)
La pittoresque "capitale d'été" de l'Estonie

2. Hiiumaa (p. 161)
Une île émaillée de moulins à vent, de phares, de vieux bunkers de l'ère soviétique et de plages désertes

3. Vieille ville de Tallinn (p. 52)
Une balade dans des ruelles pavées moyenâgeuses

4. Parc national de Lahemaa (p. 88)
Les exceptionnels blocs erratiques apportés de Scandinavie par l'activité glaciaire

MART KOPPEL/SHUTTERSTOCK ©

également d'explorer d'autres parties de cet ensemble de 4 ha.

Forteresse maritime construite en 1840 sous l'Empire russe, la Patarei (littéralement "batterie") servait à l'origine de caserne militaire, même si le lieu était déjà à l'époque humide et inconfortable. Utilisée pour la première fois comme prison en 1920 après l'indépendance estonienne, elle acquit cependant sa triste notoriété pendant les occupations soviétique et allemande. Bon nombre de personnes y furent soumises à des interrogatoires musclés et exécutées. À l'entrée sud, une simple stèle rappelle l'assassinat de 250 Juifs français par les nazis.

À l'autre extrémité de cet ensemble, un panneau indique la "salle de pendaison", où la présence d'un crochet, fixé au plafond, et d'une trappe au sol rendent toute explication inutile. Si la dernière exécution y eut lieu en 1991, aux dernières heures de la domination soviétique, la prison resta en activité jusqu'en 2002. Laissée dès lors à l'abandon, elle se détériora rapidement.

L'actuel "parc culturel" est sans doute la tentative de nouvelle affectation du lieu la moins sujette à controverses à ce jour, quoique l'on puisse se demander s'il est de bon goût d'aménager un bar de plage derrière une clôture barbelée.

Musée estonien d'Art contemporain GALERIE D'ART

(Eesti kaasaegse kunsti muuseum ; www.ekkm.ee ; Põhja pst 35 ; 13h-19h mar-dim avr-oct). GRATUIT Malgré son nom pompeux, cette galerie d'art, de bric et de broc, occupe un vieil entrepôt peu reluisant. Les œuvres présentées ici sont souvent plus avant-gardistes et excentriques que celles exposées dans les galeries plus officielles.

Telliskivi Creative City QUARTIER

(Telliskivi Loomelinnak ; carte p. 50 ; www.telliskivi.eu ; Telliskivi 60a ; magasins 8h30-21h lun-sam, 9h-19h dim). Autrefois "du mauvais côté de la voie ferrée", cet ensemble de 10 usines abandonnées est désormais le quartier commerçant et de divertissement le plus alternatif de Tallinn. On trouve ici tous les attributs de la culture hipster : cafés, magasin de vélos, bars de bières artisanales, murs couverts de graffitis, ateliers d'art, *food trucks*, etc. Mais nul besoin de porter la barbe pour apprécier Telliskivi, où l'on peut simplement flâner dans les boutiques de mode et de design, déguster un expresso et chiner au marché aux puces hebdomadaire.

Centre-ville

Hotel Viru-Musée du KGB MUSÉE

(Carte p. 54 ; 680 9300 ; www.viru.ee ; Viru väljak 4 ; visite 10 € ; tlj mai-oct, mar-dim nov-avr). Quand l'hôtel Viru fut construit en 1972, il s'agissait du premier gratte-ciel d'Estonie, mais aussi du seul endroit où pouvaient séjourner les touristes à Tallinn. Réunis en un même lieu, ils étaient plus faciles à surveiller, ainsi que les habitants en contact avec eux. De sa base au 23e étage, le KGB avait tout loisir de les tenir à l'œil. L'hôtel propose d'intéressantes visites de l'établissement en plusieurs langues. Réservation indispensable.

Quartier Rotermann QUARTIER

(Rotermanni Kvartal ; carte p. 54 ; www.rotermann.eu). Reconnaissable à son paysage constitué d'impressionnants édifices contemporains et entrepôts en brique du XIXe siècle, cet ancien complexe industriel est devenu le quartier des boutiques et des restaurants le plus chic en ville.

Musée de l'Architecture MUSÉE

(Arhitektuurimuuseum ; carte p. 54 ; www.arhitektuurimuuseum.ee ; Ahtri 2 ; tarif plein/enfant 4/2 € ; 11h-18h mer-dim). Un entrepôt en pierre calcaire restauré (l'ancien grenier à sel Rotermann) héberge ce modeste musée présentant des maquettes de la ville et de ses bâtiments et, régulièrement, des expositions temporaires.

Kadriorg

Parc de Kadriorg PARC

(Kadrioru park ; www.kadriorupark.ee). Situé à 2 km environ à l'est de la vieille ville, ce vaste parc verdoyant est un lieu de détente toujours très apprécié. Peu après sa conquête de l'Estonie, le tsar Pierre le Grand le commanda en même temps que le palais baroque à son architecte, pour l'offrir à son épouse, la future Catherine Ire (Kadriorg signifie "Vallée de Catherine").

On peut aujourd'hui pique-niquer à l'ombre des chênes, des marronniers et des lilas et se promener parmi les bassins et les jardins classiques, très prisés pour les photos de mariage. L'aire de jeux plaît énormément aux enfants de la ville.

Visitez le **centre d'information** (Kadrioru pargi infopunkt ; Weizenbergi 33 ; 10h-17h mer-dim), lequel occupe une jolie petite maison du XVIIIe siècle près de l'entrée

Kadriorg

principale du parc, pour découvrir une maquette du palais et de son domaine.

Les trams n^os^1 et 3 s'arrêtent juste à l'entrée du parc. Les bus n^os^1A et 34A (entre autres) desservent l'arrêt J Poska sur Narva mnt, en bas du parc, et les bus n^os^31, 67 et 68 vous déposent à l'extrémité du Kumu.

Kadriorg

Les incontournables

1 Musée d'art de Kadriorg C1
2 Kumu D2

À voir

3 Maison de Pierre le Grand D2
4 Parc de Kadriorg C1
5 Musée Mikkel C2
6 Palais présidentiel D2

Où se restaurer

7 NOP A1

♥ Musée d'art de Kadriorg — PALAIS, GALERIE D'ART

(Kardrioru kunstimuuseum ; www.kadriorumuuseum.ee ; A Weizenbergi 37 ; tarif plein/enfant 5,50/3,50 € ; ⌚10h-18h mar et jeu-dim, 10h-20h mer mai-sept, 10h-20h mer, 10h-17h jeu-dim oct-avr). Le château de Catharinenthal (Kadriorg) fut construit par Pierre le Grand entre 1718 et 1736. Dans cette annexe du musée d'Art d'Estonie sont aujourd'hui accrochées des toiles des écoles hollandaise, allemande et italienne du XVIe au XVIIIe siècle, ainsi que des œuvres russes du XVIIIe au début du XXe siècle (ne manquez pas, à l'étage, les porcelaines ornées de motifs communistes). À l'arrière de cet édifice majestueux est aménagé un beau jardin à la française.

Musée Mikkel — GALERIE D'ART

(Mikkeli muuseum ; www.mikkelimuuseum.ekm.ee ; A Weizenbergi 28 ; tarif plein/réduit 3,50/2 € ; ⌚10h-18h mar et jeu-dim, 10h-20h mer mai-sept, 10h-20h mer, 10h-17h jeu-dim oct-avr). Les anciennes cuisines du château de Catharinenthal abritent également des pièces du musée d'Art d'Estonie. S'y tiennent aussi des expositions temporaires. Billet combiné avec le palais 6,50 €.

Palais présidentiel — PALAIS

Rappelant le style architectural du château de Catharinenthal, cet imposant édifice fut érigé en 1938 pour servir de résidence officielle au président estonien, fonction qu'il assume de nouveau aujourd'hui. Il n'est pas ouvert au public, mais on peut apercevoir à travers le portail les soldats de la garde d'honneur.

Hélas, le premier président de l'Estonie, Konstantin Päts, ne profita pas longtemps de sa résidence. Après la prise du pouvoir par les Soviétiques en 1940, il passa le plus clair du reste de sa vie interné dans des établissements psychiatriques : son entêtement à soutenir la légitimité de son mandat était en effet jugé démentiel.

Maison de Pierre le Grand — MUSÉE

(Peeter I Majamuuseum ; www.linnamuuseum.ee ; Mäekalda 2 ; tarif plein/réduit 2/1 € ; ⌚10h-18h mer-dim mai-sept, 10h-17h mer-dim oct-avr). C'est dans cette petite maison au toit rouge que logeait Pierre le Grand lors de ses visites, pendant la construction du château de Catharinenthal. Portraits, meubles et objets divers y sont exposés.

♥ **Kumu** GALERIE D'ART
(www.kumu.ee ; A Weizenbergi 34 ; ttes les collections tarif plein/étudiant 6/4 €, collection permanente seulement 4,50/3 € ; 11h-18h mar et jeu-dim, 11h-20h mer avr-sept, fermé lun-mar oct-avr). Inauguré en 2006, ce musée au style futuriste conçu par l'architecte finnois Pekka Vapaavuori, fait un tabac. Cette spectaculaire construction en pierre calcaire de 7 étages qui mêle verre et cuivre s'intègre harmonieusement dans le paysage. Le Kumu (abréviation pour *kunstimuuseum* ou musée d'Art) présente la plus riche collection d'art estonien et de fréquentes expositions temporaires sur l'art contemporain. La collection permanente est répartie sur 2 niveaux : au 3e étage, vous découvrirez les œuvres du début du XVIIIe siècle jusqu'à la fin de la Seconde Guerre mondiale et au 4e étage, les œuvres de la période soviétique. Les expositions temporaires novatrices occupent le 5e étage. Le musée est accessible en fauteuil roulant. Boutique et café.

Amphithéâtre des festivals de chant AMPHITHÉÂTRE
(Tallinna lauluväljak ; carte p. 50 ; www.lauluvaljak.ee ; Narva mnt 95 ; phare 8h-16h lun-ven). GRATUIT Cet amphithéâtre en plein air accueille les principaux festivals nationaux de chant, ainsi que divers concerts de rock et autres manifestations culturelles. Cette construction soviétique de 1959 surprend par l'élégance de ses courbes. Sa capacité officielle est de 75 000 personnes et la scène peut recevoir jusqu'à 15 000 artistes. Lorsqu'aucun événement n'est programmé, il est possible de monter au sommet du "phare" de 42 m de haut, où est allumée la flamme annonçant le Festival de chant estonien. À l'intérieur, des photos présentent l'histoire du festival.

En septembre 1988, 300 000 Estoniens s'y retrouvèrent pour chanter et exiger l'indépendance. Ce fut la "Révolution chantante". Environ un demi-million de personnes, dont un grand nombre d'Estoniens émigrés, assistèrent en 1990 au 21e Festival de chant, le dernier et le plus grand avant le retour de l'indépendance. Vingt-neuf mille choristes chantèrent alors le répertoire traditionnel estonien sous le drapeau national, pour la première fois depuis 50 ans.

Maarjamäe

Pirita tee est la route côtière qui longe la baie de Tallin vers le nord en passant par Maarjamäe. Appréciée des joggeurs, cyclistes et adeptes du roller, elle offre de splendides couchers de soleil sur la vieille ville. Elle est desservie par les bus nos 1A, 5, 8, 34A et 38.

Palais de Maarjamäe MUSÉE
Maarjamäeloss ; carte p. 50 ; www.ajaloomuuseum.ee ; Pirita tee 56 ; tarif plein/enfant 4/2 € ; 10h-17h mer-dim). Au nord du parc de Kadriorg, Maarjamäe est un manoir néogothique en pierre calcaire bâti en 1874 pour un comte russe. Il abrite aujourd'hui le **musée estonien du Cinéma** et une annexe peu visitée du **musée d'Histoire de l'Estonie**, où les vicissitudes du pays au XXe siècle sont racontées en détail. Ne manquez pas le cimetière des sculptures soviétiques à l'arrière du bâtiment.

Une splendide fresque de style "réalisme socialiste" intitulée *Amitié entre les peuples* couvre les murs de la salle des banquets. Elle figure des ouvriers d'usine, des paysans et des cosmonautes triomphants, auxquels se mêle Lénine parmi des drapeaux rouges. Quand elle fut dévoilée en 1987, personne ne prévoyait les événements qui allaient se dérouler quelques années plus tard.

Lors de notre dernière visite, des projets ambitieux prévoyaient la restauration du palais et la transformation du complexe en musée, avec notamment l'exploitation des sculptures soviétiques démembrées et l'organisation de concerts en plein air et de projections de films. Affaire à suivre.

Écuries du palais de Maarjamäe MUSÉE
(Maarjamäe lossi tallihoone ; carte p. 50 ; www.ajaloomuuseum.ee ; Pirita tee 66 ; tarif plein/enfant 3/2 €, palais inclus 6 € ; 10h-18h mer-dim). Tandis que la longue occupation soviétique de l'Estonie est traitée en détail partout ailleurs, cette annexe du musée d'Histoire de l'Estonie, aménagée dans les écuries de Maarjamäe (XIXe siècle), est entièrement consacrée à la férule allemande (1941-1944). Tantôt poignante, l'exposition permanente intitulée "Un pays sur l'échiquier" met en lumière la vie sous le régime nazi, au moyen notamment d'installations interactives et d'entretiens filmés avec des survivants des camps de concentration.

Après les malheurs de la première occupation soviétique de l'Estonie en 1940, surnommée "année rouge", nombre d'Estoniens accueillirent, dans un premier temps, favorablement l'invasion allemande. On estime aujourd'hui que ce régime exécuta environ 8 000 Estoniens, dont 1 000 juifs (soit presque tous les juifs qui ne s'étaient

UNE ARCHITECTURE GRANDILOQUENTE

Tallinn possède deux gigantesques bâtiments publics, réminiscences de la "période soviétique". Conçus par l'architecte local Raine Karp, on ne peut pas les manquer.

Linnahall (Salle municipale ; www.linnahall.ee ; Mere pst 20). Construit à l'occasion des Jeux olympiques de Moscou de 1980, et baptisé à l'origine palais Lénine de la Culture et du Sport, le Linnahall renferme dans sa coque de béton, effritée et couverte de graffitis, une immense salle de concert. On peut sans risque dire que la ville ne sait plus guère quoi en faire. Dans un état de délabrement avancé depuis sa fermeture en 2009 malgré son statut de patrimoine historique, cette structure qui évoque un temple forme une barrière colossale coupant la vieille ville du port. Récemment, il a été question de transformer l'édifice en centre de conférences. En attendant, des visiteurs perplexes continuent de flâner dans ses allées sur le toit et de prendre force photos de ces réminiscences post-soviétiques.

Bibliothèque nationale d'Estonie (Eesti rahvusraamatukogu ; carte p. 50 ; www.nlib.ee ; Tõnismägi 2 ; ⌚12h-18h lun-ven). Commencé en 1985 mais achevé seulement en 1993, cet excellent exemple de monumentalisme soviétique, qui accorde une place de choix au calcaire dolomitique local, est l'un des premiers édifices publics de l'indépendance de l'Estonie. Il est intéressant de jeter un coup d'œil à son hall d'entrée, ne serait-ce que pour ses chaises rouges. Expositions fréquentes dans les étages.

pas encore enfuis) et de 250 à 500 Roms. De plus, quelque 12 500 juifs étrangers furent déportés dans des camps en Estonie, provenant principalement des autres pays baltes, mais également de France.

Si vous souhaitez approfondir vos connaissances de cette période sombre de l'histoire du pays ou rendre hommage aux victimes, visitez l'exposition en plein air du musée d'Histoire de l'Estonie sur le site du camp de concentration de Klooga, à 38 km au sud-ouest de Tallinn.

Les écuries occupent le dernier grand édifice de l'ensemble, près du monument aux morts.

Mémorial soviétique de Maarjamäe — MONUMENT

(Carte p. 50 ; Pirita tee). Sur le promontoire, près du palais de Maarjamäe, trône ce vaste mémorial soviétique, lequel consiste en un élégant obélisque, dressé au milieu d'une esplanade de béton quelque peu abîmée. Aménagé en 1960 en mémoire des soldats soviétiques morts en 1918, le lieu n'est pas très visité – la guerre s'étant faite contre les Estoniens. Il faut ajouter que tous les monuments aux morts estoniens furent détruits peu après la prise de contrôle soviétique (certains sont aujourd'hui reconstruits).

Le reste de l'ensemble, datant de 1975, compte un autre mémorial dédié aux soldats de l'Armée rouge tombés en combattant les nazis. Il a été construit en partie sur un cimetière de guerre où reposaient, depuis 1941, quelque 2 300 soldats allemands. Reconstruit en 1998, ce dernier est désormais délimité par trois rangs de croix en granit, dans le style typique des cimetières allemands de la Seconde Guerre mondiale que l'on trouve dans toute l'Europe.

Pirita

Juste après Maarjamäe, la rivière Pirita se jette dans la baie de Tallinn. Commence alors la plage la plus prisée de la ville. Pirita est aussi célèbre pour avoir accueilli les régates des Jeux olympiques de Moscou en 1980. Des événements internationaux s'y déroulent encore aujourd'hui.

Les bus n^{os}1A, 8, 34A et 38 relient le centre-ville à Pirita.

Plage de Pirita — PLAGE

(Pirita rand ; carte p. 50). La plage de Tallinn de loin la plus vaste et la plus appréciée, Pirita, n'est située qu'à 6 km de la ville. En été, quantité d'adorateurs du soleil pratiquent leur culte sur le sable, ou s'attablent aux terrasses des cafés proches. Par mauvais temps, l'endroit est désolé et balayé par le vent. Néanmoins, si celui-ci est fort, les kiteboarders assurent le spectacle.

Couvent Sainte-Brigitte — RUINES

(Pirita klooster ; carte p. 50 ; www.piritaklooster.ee ; Kloostri tee ; tarif plein/étudiant 2/1 € ; ⌚10h-18h avr-oct, 12h-16h nov-fév). De ce couvent, achevé en 1436, ne subsistent que les murs gothiques, extrêmement hauts. Le reste fut détruit par Ivan le Terrible durant la guerre de Livonie, en 1577. En 1996, les sœurs brigittines obtinrent le droit de réorganiser leur ordre. Le nouveau couvent se trouve à côté des vestiges, lesquels accueillent des concerts en été.

Kloostrimetsa

Littéralement la "forêt du couvent", ce coin de verdure s'étend sur la rive nord de la rivière Pirita. Il est desservi par les bus n°s34A et 38 qui partent de la ville et passent par la plage de Pirita.

Tour de télévision de Tallinn

POINT DE VUE

(Tallinna teletorn ; www.teletorn.ee ; Kloostrimetsa tee 58a ; tarif plein/enfant 8/5 € ; ⌚10h-19h). Inaugurée juste à temps pour les Jeux olympiques de 1980, cette tour futuriste qui culmine à 314 m offre un magnifique panorama depuis son 22e étage (175 m). Appuyez sur le bouton et le disque de verre sous vos pieds se dévoilera, avec à la clef une vue vertigineuse. Une fois remis de vos émotions, découvrez les expositions interactives dans les nacelles de l'ère spatiale. Si vous n'avez pas froid aux yeux, laissez-vous tenter par la promenade à l'air libre sur le bord de la plateforme (20 €).

Le 20 août 1991, le lendemain de la déclaration officielle de l'indépendance de l'Estonie, les troupes soviétiques tentèrent de prendre la tour d'assaut. Tandis que des habitants leur bloquaient le passage, 4 hommes se barricadèrent dans la salle de commande afin de maintenir la radiodiffusion. Un monument rappelle ces événements sur la place qui s'étend au pied de la tour.

Jardin botanique de Tallinn

JARDINS

(Tallinna botaanikaaed ; www.botaanikaaed.ee ; Kloostrimetsa tee 52 ; tarif plein/enfant 5/2,50 €, tour de télévision incluse 11 € ; ⌚9h-17h oct-avr). S'étendant sur 120 ha donnant sur la Pirita et entouré de bois denses, ce joli jardin compte quelque 8 000 espèces de plantes, réparties dans plusieurs serres et divers jardins et arboretums à thèmes. Emportez un pique-nique et passez-y l'après-midi.

Haabersti

L'arrondissement le plus à l'ouest de Tallinn compte aujourd'hui plus de 43 000 habitants. La population a connu un essor important dans les années 1970, après l'aménagement de Väike-Õismäe ("petite colline de fleurs"), exemple intéressant d'urbanisme soviétique : d'immenses barres d'immeubles formant un ovale géant autour d'une pièce d'eau. On trouve à proximité le deuxième plus grand centre commercial d'Estonie, le Rocca al Mare Kaubanduskeskus.

♥ Musée de plein air d'Estonie

MUSÉE

(Eesti Vabaõhumuuseum ; carte p. 50 ; www.evm.ee ; Vabaõhumuuseumi tee 12, Rocca Al Mare ; tarif plein/enfant mai-sept, 7/3,50 €, oct-avr 5/3 € ; ⌚10h-20h mai-sept, 10h-17h oct-avr). Si les touristes ne vont pas à la campagne, autant la leur apporter ! C'est l'idée à la base de ce vaste ensemble passionnant, où ont été reconstitués des édifices historiques au milieu de grands arbres. En été, le personnel en costumes d'époque vaque à ses occupations dans les fermes en bois et les moulins, vous faisant revivre le passé.

Le site comporte une chapelle (1699) et une vieille taverne en bois, la Kolu Kõrts, où l'on peut déguster une cuisine estonienne traditionnelle. Les enfants adorent les promenades en calèche (tarif plein/enfant 5/3 €) et l'on peut louer des vélos (3 € l'heure). Si vous êtes à Tallinn pour la nuit de la Saint-Jean (23 juin), venez ici assister aux célébrations autour des feux de joie.

Pour vous y rendre depuis le centre, prenez Paldiski mnt. Quand cette route longe la mer, tournez à droite dans Vabaõhumuuseumi tee. Depuis la gare ferroviaire, le bus n°21 (1 bus/heure minimum) s'arrête juste devant. Des billets combinés pour les familles, comprenant le zoo de Tallinn (à 20 min à pied), sont proposés.

Zoo de Tallinn

ZOO

(Tallinna Loomaaed ; carte p. 50 ; www.tallinnzoo.ee ; Paldiski mnt 145, Veskimetsa ; tarif plein/enfant 7/4 € ; ⌚9h-21h mai-août, 9h-19h mars-avr, sept-oct, 9h-17h nov-fév). Fier de sa population de chèvres de montagne et de moutons – la plus riche du monde – et de 350 autres espèces, dont des lions, des léopards, des éléphants d'Afrique, ce vaste zoo transforme peu à peu ses enclos en espaces confortables pour ses résidents. C'est l'endroit idéal pour découvrir les animaux que l'on peut observer dans la région, tels ours, lynx, chouettes et aigles.

Si certains des vieux enclos sont déplorables (les ours font particulièrement peine à voir), les choses s'améliorent petit à petit et votre visite permettra de financer la poursuite des travaux, notamment l'aménagement urgent d'un nouvel enclos pour l'ours polaire.

L'ensemble comprend depuis peu un **parc d'aventure** (tarif plein/enfant 17/6 €), avec parcours dans les arbres. Dernière entrée au zoo 2 heures avant la fermeture et enclos intérieurs fermés le lundi. Le bus n°21 ou le trolleybus n°7, au départ de la gare ferroviaire, est le meilleur moyen de rejoindre le zoo. De Vabaduse väljak (place de la Liberté), le trolleybus n°6 y mène aussi.

Plage de Stroomi PLAGE

(Carte p. 50). Cette plage aux eaux peu profondes se trouve à Pelguranna, quartier où se concentre la communauté russe de Tallinn, à 3 km à l'ouest de la vieille ville (20 min en prenant le bus n°40 à Viru Keskus ou n°48 à Vabaduse Väljak). Avec ses ports et ses barres d'immeubles en toile de fond, l'endroit n'est pas aussi plaisant que Pirita, mais la longue plage de sable attire autant d'héliophiles. Ambiance très locale en été.

Activités

Les Estoniens attribuent toutes sortes de bienfaits à une bonne suée, et un voyage dans ce pays ne saurait être complet sans l'expérience d'un sauna. Or, nul besoin de chercher bien loin : la plupart des hôtels en ont un et Tallinn possède d'excellents saunas publics.

Club 26 SAUNA

(Carte p. 50 ; ☎631 5585 ; www.club26.ee ; Liivalaia 33 ; sauna privé 25-65 €/heure ; ⏲7h-22h). Au dernier étage du Radisson Blu Hotel Olümpia, offrant une vue imprenable, ce sauna est l'un des plus luxueux de Tallinn. Bain et petit balcon dans chacun des deux saunas privés, où l'on peut commander à boire et à manger (prix prévu pour 10 pers).

Solarium, petite salle de sport, salon de massage et piscine de 16 m.

Kalma Saun SAUNA

(☎627 1811 ; www.kalmasaun.ee ; Vana-Kalamaja 9a ; 7,50-10 € ; ⏲11h-23h). Dans un édifice grandiose derrière la gare, le sauna public le plus ancien de Tallinn évoque l'ambiance d'un vieux *bania* (bains russes), où la fustigation avec une branche de bouleau est une pratique courante. Saunas hommes et femmes séparés (légèrement moins cher côté femmes). Sauna privé 20 €/heure (6 pers max).

Kalev Spa PARC AQUATIQUE, SAUNA

(Carte p. 54 ; www.kalevspa.ee ; Aia 18 ; 2 heures 30 tarif plein/enfant 13/10 € ; ⏲6h45-21h30 lun-ven, 8h-21h30 sam-dim). Les nageurs trouveront une piscine olympique couverte, les autres profiteront des toboggans, spas et saunas. Les enfants ont leur propre piscine. Salle de gym, spa à la journée et 3 saunas privés, le plus grand accueillant jusqu'à 15 personnes.

TALLINN AVEC DES ENFANTS

Si vous voyagez avec des enfants, les remparts et les rues médiévales animées de la vieille ville enchanteront les moins de 12 ans, mais les pavés sont une plaie, pour qui s'y aventure avec une poussette ! Les enfants sont les bienvenus presque partout : de nombreux restaurants leur proposent un menu et la plupart des grands hôtels sont dotés d'aires de jeux et de clubs pour enfants.

En plus des sites indiqués ci-dessous, les enfants apprécieront particulièrement le musée de plein air, le zoo, les plages, le Kalev Spa et la patinoire de Harju. Il y a une grande aire de jeux dans le parc de Kadriorg et d'autres dans Hirvepark, au pied de Toompea.

Nuku (carte p. 54 ; ☎679 555 ; www.nuku.ee ; Nunne 8 ; 4,80 € ; ⏲11h-18h mar-dim). Au musée national des Marionnettes, on découvre non seulement de nombreuses marionnettes anciennes exposées dans des vitrines, mais également une "cave des horreurs", hantée de marionnettes terrifiantes (dont un lapin vampirique), une loge, un théâtre d'ombres et des vitres donnant sur les ateliers où ces articles sont fabriqués. Il ne se donne, hélas, aucune représentation en été, mais le reste de l'année, elles sont comprises dans le prix du billet le week-end. Le spectacle est si amusant qu'on en oublie qu'il est en estonien.

Tschu-Tschu (tarif plein/enfant 5/3 €). Très apprécié des bambins et des adultes fatigués, ce petit train touristique décrit une boucle de 20 minutes dans la vieille ville en été.

Bell-Marine CANOTAGE
(Carte p. 50 ; ☎621 2175 ; www.bellmarine.ee ; Kloostri tee 6a ; par heure kayak/canot 10/15 € ; ⏲10h-22h juin-août). La rivière Pirita est idéale pour qui souhaite naviguer tranquillement. Canots et kayaks sont à louer près du pont, non loin du couvent en ruine.

Patinoire de Harju PATINOIRE
(Harju tänava Uisuplats ; carte p. 54 ; ☎610 1035 ; www.uisuplats.ee ; Harju ; par heure adulte/enfant/patins 5/3/2,50 € ; ⏲10h-22h nov-mars). Bien emmitouflé, glissez avec les Tallinnois sur la patinoire extérieure de la vieille ville. Après, rien de tel qu'un bon *hõõgvein* (vin chaud).

Circuits organisés

L'office du tourisme et bon nombre d'agences de voyages organisent des circuits dans diverses langues, menés par un guide privé. Réservation exigée.

Tallinn Traveller Tours CIRCUIT
(☎5837 4800 ; www.traveller.ee). Excellents circuits, notamment une visite à pied de la vieille ville de 2 heures, laquelle part à midi devant l'office du tourisme (en théorie gratuite, mais pourboires encouragés). Sont aussi proposés circuits "hantés" (15 €), tournées des pubs (20 €), visites à vélo (à partir de 19 €) et excursions d'une journée, avec des destinations aussi lointaines que Riga (55 €).

EstAdventures CIRCUIT
(☎5308 3731 ; www.estadventures.ee ; à partir de 19 € ; ⏲mai-sept). Promenades thématiques à Tallinn ("Vieille ville et Kalamaja", "Tallinn hantée"). Parmi les excursions à la journée : le parc national de Lahemaa, Rakvere et Haapsalu.

Estonian Experience CIRCUIT
(☎5346 4060 ; www.estonianexperience.com ; 1/4 pers à partir de 80/96 €). Circuits privés sur divers thèmes ("Légendes et dégustions de bières médiévales" ou "Promenade familiale et atelier de massepain"), dont certains comprennent le transport, les repas et les boissons. Si les voyageurs en solo sont les bienvenus, les prix sont beaucoup plus intéressants si vous intégrez un petit groupe.

City Bike À VÉLO
(Carte p. 54 ; ☎511 1819 ; www.citybike.ee ; Vene 33 ; ⏲10h-19h). Les circuits "Bienvenue à Tallinn" (19 €, 2 heures), comprenant Kadriorg et Pirita, ont lieu toute l'année (départ à 11h). Les circuits "L'autre côté" vous emmènent à Kalamaja et à la plage de Stroomi (à partir de 19 €, 2 heures 30), tandis que les circuits "À vélo dans la campagne et à pied dans la vieille ville" vous font découvrir des sites plus éloignés comme le musée de plein air (à partir de 47 €, 4 heures). Sont également organisés des excursions d'une journée et des itinéraires plus longs.

Tallinn City Tour BUS
(Carte p. 54 ; ☎627 9080 ; www.citytour.ee ; pass 24 heures adulte/réduit 19/16 €). Ces bus rouges à impériale, où l'on peut monter et descendre à volonté, permettent de découvrir tous les grands sites de la ville. Équipés d'audioguides, ils marquent une halte importante à Mere pst, à l'extérieur de la vieille ville. Des billets combinés comprenant les musées, une promenade en bateau ou un vol en ballon sont proposés.

La ligne rouge sillonne le centre et Kadriorg ; la verte rejoint Pirita et les jardins botaniques, la bleue rallie à l'ouest le zoo et le musée de plein air.

Blue Super Segway SEGWAY
(Carte p. 54 ; ☎512 0030 ; www.bluesupersegway.ee ; Viru 7 ; location 30 €/heure, visite guidée en groupe 60 €). Explorez la ville sur cette plateforme à 2 roues, seul ou dans le cadre d'une visite guidée.

Euro Audio Guide À PIED
(www.euroaudioguide.com ; iPod 13 €). Des iPod, avec commentaires préenregistrés sur divers sites de la vieille ville, sont en location auprès de l'office du tourisme. Si vous disposez de votre propre iPod, iPhone ou iPad, vous pourrez télécharger le circuit et un livre numérique moyennant 15 €.

360° Adventures KAYAK
(☎5622 2996 ; www.360.ee). Sorties guidées en kayak dans la baie de Tallinn (3 à 4 heures), chaque mercredi de fin juin à août (33 €). Également, excursions de plusieurs jours en kayak, randonnées dans les tourbières ou en raquettes et sorties dans la nature.

Reimann Retked KAYAK
(☎511 4099 ; www.retked.ee). Excursions en kayak de mer, dont une de 4 heures à l'île d'Aegna (35 €). Autres propositions intéressantes : plongée, rafting, excursions dans les tourbières, raquettes et observation des castors.

Fêtes et festivals

En été, nombre d'événements animent la ville. Pour une liste complète des festivals de Tallinn, consultez www.culture.ee et les pages culturelles sur www.tourism.tallinn.ee.

Jazzkaar MUSIQUE

(www.jazzkaar.ee). Les grands noms du jazz du monde entier convergent à Tallinn à la mi-avril durant 10 jours pour cet excellent festival. Tallinn accueille des manifestations plus modestes en automne et autour de Noël.

Journées de la vieille ville CULTURE

(www.vanalinnapaevad.ee). Fin mai-début juin, ce festival d'une semaine présente chaque jour un thème différent (journée de la Musique, Médievale, des Enfants, etc.). Beaucoup de danses, de concerts, d'artistes costumés et une liesse toute médiévale à presque chaque coin de rue de la vieille ville.

Festival folklorique international Baltica CULTURE

(www. folkloorinoukogu.ee). Ce festival consacré aux musiques, danses et traditions des pays baltes et autres, se partage entre Tallinn, Riga et Vilnius. Tallinn l'accueillera à nouveau en juin 2016, 2019 et 2022.

COURS D'ÉTÉ À TALLINN

École d'été de l'université de Tallinn (carte p. 50 ; ☎640 9218 ; summerschool.tlu.ee ; Narva mnt 25 ; cours 440 €, programme culturel pour étudiants/non-étudiants 350/400 €). L'université de Tallinn propose des cours intensifs d'estonien sur 3 semaines en juillet chaque année et des programmes culturels tels que conférences, visites guidées et excursions à la journée, propices à approfondir sa connaissance de la culture, de l'histoire, de l'art, de la musique et des traditions du pays.

Les cours de langue, dispensés le matin en semaine, et les activités culturelles, proposées l'après-midi et le week-end, peuvent aisément être combinés. Si l'estonien ne vous attire pas, vous pourrez également suivre des sessions de russe ou de mandarin (explications en anglais), ainsi que divers cours techniques et créatifs.

Õllesummer BIÈRE, MUSIQUE

(Été de la bière ; www.ollesummer.ee). Rock, bière et saucisses grillées sont les ingrédients principaux de cette manifestation extrêmement populaire, qui se déroule sur 4 jours début juillet à l'amphithéâtre des festivals de chant. Outre des groupes de reprises et des auteurs-interprètes locaux, s'y produisent généralement quelques têtes d'affiche internationales (Placebo, les Cardigans, les Pet Shop Boys, les Scissor Sisters...).

Fête de la Chanson et de la Danse estoniennes CULTURE, MUSIQUE

(www.laulupidu.ee). Ce grand rendez-vous national, dont le point d'orgue est le cœur traditionnel de 34 000 choristes, a lieu en juillet les 4e et 9e années de chaque décennie. La version "jeune" se tient quant à elle les 2e et 7e années de la décennie.

Festival médiéval CULTURE

(www.folkart.ee). À la mi-juillet, pendant une semaine, la vieille ville accueille une parade, un carnaval et un tournoi de joutes, et la Raekoja plats se couvre d'étals d'artisanat.

Festival international d'orgue de Tallinn MUSIQUE

(www.concert.ee). Fin juillet, 10 jours de concerts d'orgue dans les églises de la ville.

Festival Birgitta MUSIQUE

(www.birgitta.ee). Pendant une semaine, à la mi-août, découvrez au cœur des belles ruines du couvent Sainte-Brigitte, à Pirita, des spectacles mêlant musique et théâtre, entre autres chœurs, opéras, ballets, danses modernes et concerts classiques.

Festival du film Nuits Noires FILM

(www.poff.ee). Plus grand festival du film d'Estonie. Vers la mi-novembre, pendant 2 semaines, la projection de films du monde entier est une bouffée d'oxygène dans les froides nuits hivernales. Sous-festivals dédiés aux films d'animation, étudiants et pour la jeunesse également organisés.

Où se loger

Le charme médiéval de Tallinn n'est plus un secret d'initiés et, en prévision de l'été, il vous faudra réserver bien à l'avance. Les prix augmentent considérablement pendant la haute saison (surtout en juillet et août). Quelle que soit la catégorie d'hôtel, il peut être extrêmement difficile de trouver un lit pour le week-end si vous n'avez pas réservé plusieurs semaines à l'avance.

Tallinn compte un large choix d'options pour tous les budgets. La plupart des établissements sont regroupés dans la vieille ville et ses abords. Même les globe-trotteurs au budget limité pourront se réveiller dans une chambre au cachet historique. Si vous voyagez en voiture, vous trouverez à vous garer gratuitement, mais un peu plus loin.

Vieille ville

Tabinoya AUBERGE DE JEUNESSE €
(Carte p. 54 ; ☎632 0062 ; www.tabinoya.com ; Nunne 1 ; dort/s/d à partir de 15/30/40 € ; @ 📶). Occupant les deux derniers étages d'un charmant bâtiment ancien, la première auberge de jeunesse d'Estonie tenue par des Japonais affiche des dortoirs et un salon commun au niveau supérieur, et de spacieuses chambres privées, une cuisine et un sauna au niveau inférieur. Salles de bains communes. Un peu plus confortable et calme que la plupart des auberges de Tallinn. Réservez.

Red Emperor AUBERGE DE JEUNESSE €
(Carte p. 54 ; ☎615 0035 ; www.redemperorhostel.com ; Aia 10 ; dort/s/d à partir de 12/21/32 € ; @ 📶). Au-dessus d'un bar à concerts délicieusement grunge, le Red Emperor est un incontournable de la scène alternative. Bonnes installations, chambres originales, lits superposés, nombreuses douches et activités organisées tous les jours (karaoké, repas communs, etc.). Si vous avez le sommeil léger, prévoyez de bons bouchons d'oreilles.

Old House Hostel & Guesthouse AUBERGE DE JEUNESSE €
(Carte p. 54 ; ☎641 1281 ; www.oldhouse.ee ; Uus 22 & Uus 26 ; dort/s/d 14/29/48 € ; P @ 📶). Ces deux établissements combinent chacun ambiance de la pension et commodités de l'auberge (dortoirs avec lits non superposés et salles de bains, cuisines et salons communs). Décor rétro (meubles anciens, papier peint, lampes), confort et emplacement plutôt calme dans la vieille ville.

Old Town Backpackers AUBERGE DE JEUNESSE €
(Carte p. 54 ; ☎5351 7266 ; Uus 14 ; dort/s 15/35 € ; @ 📶). Franchissez le seuil de cette maison baroque pour découvrir une vaste pièce avec une demi-douzaine de lits, qui fait aussi fonction de cuisine et de salon. Compte tenu de la promiscuité, l'endroit ne se prête pas aux longues fêtes jusque tard dans la nuit, mais vous ferez connaissance avec les autres voyageurs. Sauna et bain à remous.

Old House Apartments APPARTEMENTS €€
(Carte p. 54 ; ☎641 1464 ; www.oldhouseapartments.ee ; Rataskaevu 16 ; app à partir de 89 € ; P 📶). Cette "vieille maison" – euphémisme pour désigner une splendide demeure de marchands du XIVe siècle – comprend 8 appartements magnifiquement aménagés, dont un avec 2 chambres ornées au plafond de vestiges de peinture médiévale. Vingt et un autres appartements sont dispersés, à travers la vieille ville, dans des édifices semblables. Qualité et équipements divers.

Zinc AUBERGE DE JEUNESSE €€
(Carte p. 54 ; ☎5781 0173 ; www.zinchostel.ee ; Väike-Karja 1 ; lits jum/tr/f 35/50/60 € ; 📶). Cet établissement, qui tient plus d'une pension pour petits budgets que d'une auberge traditionnelle, ne propose pas de dortoirs mais des chambres privatives propres avec salle de bains, cuisine et salon TV communs. Des dessins au pochoir colorés couvrent les couloirs du bâtiment centenaire. Plutôt calme, compte tenu de l'environnement animé.

Bern Hotel HÔTEL €€
(Carte p. 54 ; ☎680 6604 ; www.bern.ee ; Aia 10 ; ch à partir de 63 € ; ❄ 📶). Le Bern Hotel, qui compte parmi les nouveaux établissements apparus autour de la vieille ville, ne paie pas de mine de l'extérieur mais ses petites chambres modernes et climatisées surprennent, à ce prix, par l'attention portée aux détails. Peignoirs, chaussons, minibar et sèche-cheveux à disposition.

Villa Hortensia APPARTEMENTS €€
(Carte p. 54 ; ☎504 6113 ; www.hoov.ee ; Vene 6 ; s/d à partir de 45/65 € ; 📶). Donnant dans la charmante cour pavée des Artisans, la Villa Hortensia propose 4 studios en duplex avec kitchenette et accès à un salon commun, mais surtout 2 appartements spacieux, pleins de cachet et avec balcon. Seuls bémols : la chaleur en été et le bruit du café du dessous, ouvert jusqu'à minuit (prévoyez des bouchons d'oreilles si vous êtes couche-tôt).

Viru Backpackers AUBERGE DE JEUNESSE €€
(Carte p. 54 ; ☎644 6050 ; www.virubackpackers.com ; 3e ét, Viru 5 ; s/d à partir de 28/42 € ; ❄ 📶). Petite annexe du Monk's Bunk (p. 74), aux chambres individuelles douillettes et colorées, avec salle de bains privative pour certaines. Plus calme que l'auberge principale, bien que dans un coin plus bruyant de la ville.

♥ Hotel Cru HÔTEL €€€
(Carte p. 54 ; ☎611 7600 ; www.cruhotel.eu ; Viru 8 ; s/d/ste à partir de 88/110/198 € ; 📶). Derrière sa jolie façade bleu pâle, cet hôtel de charme est un dédale de chambres richement meublées ayant conservé de nombreux éléments du XIVe siècle (poutres et murs de pierre). Les moins chères sont quelque peu exiguës.

Three Sisters HÔTEL €€€
(Carte p. 54 ; ☎630 6300 ; www.threesistershotel.com ; Pikk 71 ; ch/ste 425-975 € ; 📶). Aménagées dans 3 ravissantes maisons de marchands contiguës datant du XIVe siècle, 23 chambres spacieuses grand luxe, chacune personnalisée : baignoires à l'ancienne, lits à baldaquin, poutres apparentes, petits balcons. Les parties communes ne sont pas avares de recoins romantiques. La suite avec piano est un choix royal.

Hotel Telegraaf HÔTEL €€€
(Carte p. 54 ; ☎600 0600 ; www.telegraafhotel.com ; Vene 9 ; s/d/ste à partir de 165/185/605 € ; P ❄ 📶 ≋). Occupant une ancienne station télégraphique du XIXe siècle, cet élégant hôtel ne manque pas de style. Spa, jolie cour, restaurant réputé et service professionnel. Les chambres "supérieures", dans la partie la plus ancienne du bâtiment, comportent de nombreux éléments d'époque. Nous leur préférons cependant les chambres "exécutives", plus grandes, plus modernes et un peu moins chères.

Savoy Boutique Hotel HÔTEL €€€
(Carte p. 54 ; ☎680 6688 ; www.tallinnhotels.ee ; Suur-Karja 17/19 ; s/d/ste à partir de 98/116/278 € ; 📶). Ses tons crème et caramel font de cet hôtel de charme, en retrait de l'une des intersections les plus animées de la vieille ville, une oasis de calme. Demandez une chambre dans les étages supérieurs pour avoir vue sur les toits. Notons d'agréables attentions, comme des fruits à l'arrivée, ainsi que des peignoirs et chaussons dans chaque chambre. Du reste, le personnel est aussi chaleureux que serviable.

Hotel St Petersbourg HÔTEL €€€
(Carte p. 54 ; ☎628 6500 ; www.schlossle hotels.com ; Rataskaevu 7 ; ch/ste à partir de 153/216 € ; ❄ 📶). Cet hôtel où la Russie impériale rencontre le luxe contemporain présente une décoration éclectique : luminaires insolites, commodes surmontées d'un miroir, énormes photos de ballerines, Oscar géant (dans l'entrée), etc. Petit-déjeuner inclus dans les tarifs et sauna gratuit le matin.

Schlössle Hotel HÔTEL €€€
(Carte p. 54 ; ☎699 7700 ; www.schlosslehotels.com ; Pühavaimu 13/15 ; ch/ste à partir de 167/275 € ; ❄ 📶). Consistant en un bel ensemble d'édifices médiévaux rassemblés autour d'une cour, cet hôtel possède un bar plein de cachet dans sa cave voûtée. Les 23 chambres sont de tailles et de styles variés. Les plus petites dégagent une

CHAMBRES ET APPARTEMENTS PRIVÉS

Les appartements loués par l'intermédiaire d'une agence peuvent constituer un excellent choix, notamment pour les voyageurs disposant d'un budget moyen et préférant garder indépendance et intimité. Même si vous ne rencontrerez pas d'autres voyageurs, vous serez plus à l'aise que dans une chambre d'hôtel, et profiterez d'une cuisine équipée, d'un salon et souvent d'une machine à laver. Les réductions sont substantielles en basse saison, ou pour les longs séjours. Old House Apartments (p. 72) propose également un bon choix de logements dans la vieille ville.

Romeo Family Apartments (☎644 4255 ; www.romeofamily.ee ; app 55-110 € ; 📶). Une dizaine d'appartements impeccables à travers la vieille ville, loués par une famille. La plupart sont spacieux et joliment aménagés, avec cuisine et machine à laver ; une excellente option. Moyennant un supplément de 10 €, on viendra vous chercher à l'aéroport.

Goodson & Red (☎666 1650 ; www.redgroup.ee ; app à partir de 49 €). Cette agence gère 22 logements, depuis des studios modernes jusqu'à des appartements de 2 chambres. La plupart sont très bien situés, quelques-uns donnant même sur Raekoja plats. Séjour minimum de 2 nuitées. Supplément de 40 € à régler pour le ménage.

Ites Apartments (☎631 0637 ; www.ites.ee ; app à partir de 80 € ; 📶). Cette équipe, sympathique et efficace, propose plusieurs appartements bien aménagés dans la vieille ville et ses abords. Remises importantes pour les séjours de plus d'une nuitée.

atmosphère d'époque, tandis que certaines des plus grandes manquent un peu de caractère au regard du prix.

Centre-ville

United Backpackers AUBERGE DE JEUNESSE €
(Carte p. 50 ; ☎ 5685 0415 ; www.unitedbackpackers.ee ; Narva mnt 9j ; dort/d à partir de 14/32 € ; @). Accueillante et bien entretenue, cette toute petite auberge cachée parmi les immeubles, en retrait de la route principale, concentre sur un seul étage ses logements à la décoration soignée. Chaque lit dispose de 6 prises électriques ! Nombreuses salles de bains communes, table de billard et bar ouvert 24h/24.

Euphoria AUBERGE DE JEUNESSE €
(Carte p. 54 ; ☎ 5837 3602 ; www.euphoria.ee ; Roosikrantsi 4 ; dort/ch à partir de 11/35 € ; P @). Vous ne trouverez pas plus décontracté que cette auberge de style baba cool et à l'esprit communautaire, juste au sud de la vieille ville. Elle plaira à ceux qui aiment la chicha ou une jam-session tard le soir (bouchons d'oreilles pour les autres).

Monk's Bunk AUBERGE DE JEUNESSE €
(Carte p. 54 ; ☎ 636 3924 ; www.themonksbunk.com ; Tatari 1 ; dort 11-14 €, ch 38 € ; @). Le seul moine qu'on puisse imaginer dans cette auberge dédiée à la fête serait sans doute frère Tuck, personnage de Robin des Bois ! Des activités sont organisées chaque soir, notamment les légendaires tournées des bars. Hauts plafonds et bonnes installations, dont des casiers gratuits et le chauffage au sol dans les salles de bains.

♥ Y-residence APPARTEMENTS €€
(Carte p. 50 ; ☎ 502 1477 ; www.yogaresidence.eu ; Pärnu mnt 32 ; app à partir de 80 € ;). Le "Y" signifie "yoga", ce qui peut paraître étrange, s'agissant d'une résidence aux appartements très modernes, à quelques minutes à pied de la vieille ville. Le personnel est accueillant et vous profiterez de bons équipements, notamment d'une kitchenette et d'un lave-linge. Seconde résidence dans un bâtiment plus ancien, au nord de la vieille ville.

Hotell Palace HÔTEL €€€
(Carte p. 54 ; ☎ 640 7300 ; www.tallinnhotels.ee ; Vabaduse Väljak 3 ; ch/ste à partir de 100/170 € ;). Récemment rénové en profondeur, cet hôtel des années 1930 à l'architecture intéressante loue des chambres confortables et aménagées avec goût, à proximité immédiate de Vabaduse väljak et de la vieille ville. Dans le complexe hôtelier : piscine intérieure, spa, saunas et petite salle de sport, uniquement gratuits si vous séjournez dans une suite ou une chambre supérieure.

Swissôtel Tallinn HÔTEL €€€
(Carte p. 50 ; ☎ 624 0000 ; www.swissotel.com ; Tornimäe 3 ; ch à partir de 158 € ;). À l'extrémité de la ville, cet hôtel met la barre très haut. Ses 238 chambres, réparties sur 30 étages, sont somptueuses, avec des vues extraordinaires. Salles de bains très chics (bronze, carreaux noirs, baignoire sabot et douche séparée) et, si vous en voulez encore plus, direction le spa. Personnel sympathique.

Estoria HÔTEL €€€
(Carte p. 54 ; ☎ 680 9300 ; www.sokoshotels.ee ; Viru väljak 4 ; ch à partir de 134 € ;). L'équipe design des Sokos Hotels a accompli un sacré travail pour éliminer toute trace de l'héritage tenace du KGB dans cet immeuble relié au tristement célèbre Hotel Viru : peignoirs, chaussons et fauteuils vert et orange vif, petit coin salon avec machine à café, bol rempli de chocolats et jeux d'échecs à chaque étage, etc.

Nordic Hotel Forum HÔTEL €€€
(Carte p. 54 ; ☎ 622 2900 ; www.nordichotels.eu ; Viru väljak 3 ; ch/ste à partir de 119/189 € ; P @). Du style et de la personnalité à revendre pour ce vaste hôtel d'affaires. En témoignent les imprimés artistiques sur la façade, la moquette évoquant l'herbe d'un jardin, le verre dépoli aux motifs floraux dans les salles de bains et les arbres sur le toit. Parmi les équipements : saunas, et piscine intérieure panoramique au 8e.

Kassisaba et Kelmiküla

Juste à l'ouest de la vieille ville, au pied de la colline de Toompea, ces deux petits quartiers affichent un bon choix d'hôtels modernes, à prix raisonnable et bien situés près de la gare ferroviaire. Kassisaba (la "queue du chat") est le nom du sentier permettant d'accéder à Toompea par les remparts. Kelmiküla, le "village du débauché", est un nom bien adapté au quartier de la gare.

Go Hotel Schnelli HÔTEL €€
(Carte p. 54 ; ☎ 631 0100 ; www.gohotels.ee ; Toompuiestee 37 ; s/d/app à partir de 56/59/117 € ; P). Chambres propres et confortables, dans un immeuble moderne voisin de la

gare, et à la fois proche de Kalamaja et de la vieille ville. Le parking gratuit en fait un excellent choix pour les voyageurs motorisés. Les chambres donnant sur la rue ont une superbe vue sur Toompea.

L'Ermitage HÔTEL €€
(Carte p. 54 ; ☎ 699 6400 ; www.lermitagehotel.ee ; Toompuiestee 19 ; s/d/ste à partir de 67/76/125 € ; P @ ☎). On adore ou on déteste cet hôtel bardé de métal bâti en 2004 (malgré son aspect des années 1970). Y sont louées des chambres ordinaires, mais confortables et plus calmes à l'arrière. L'intérieur est de style plus contemporain, avec des murs blancs rehaussés de touches de couleurs.

Kreutzwald Hotel Tallinn HÔTEL €€
(Carte p. 50 ; ☎ 666 4800 ; www.kreutzwaldhotel.com ; Endla 23 ; ch à partir de 68 € ; @ ☎). Son alliance de chic scandinave et de minimalisme japonais font de ce lieu une belle option de catégorie moyenne. Plus chères, les doubles "Zen" ont un spa, un ordinateur à écran plat, et un bel éclairage d'ambiance. À 15 minutes à pied de la vieille ville.

Kristiine

Valge Villa PENSION €€
(Carte p. 50 ; ☎ 654 2302 ; www.white-villa.com ; Kännu 26/2 ; s/d 35/45 € ; P ☎). Accueillante et douillette, cette pension de 10 chambres sur 3 étages, sise dans un quartier résidentiel paisible, à 3 km au sud du centre, est un excellent choix, surtout si vous voyagez en voiture. Toutes les chambres sont équipées d'un réfrigérateur, d'une bouilloire et certaines comportent cheminée, balcon, kitchenette et baignoire. Bien reliée à la vieille ville par les transports publics.

Où se restaurer

Contrairement à ce que l'on pourrait attendre d'une ville de l'ex-URSS, Tallinn affiche une étonnante diversité de restaurants originaux et de qualité, à des prix relativement bas (quoiqu'en rapide augmentation), comparé à d'autres capitales européennes. Le service laisse parfois à désirer, mais est en nette voie d'amélioration.

La vieille ville de Tallinn abonde en restaurants d'un bon rapport qualité/prix. L'hiver, on se pelotonne dans de confortables caves voûtées, et, l'été, on s'installe aux terrasses surgies de partout, ornées de fleurs ou de jardinières d'herbes aromatiques.

Et pour un vrai festin, nous avons sélectionné quelques très bons restaurants à Kalamaja, proche de la vieille ville à pied.

Vieille ville

♥ V VÉGÉTALIEN €
(Carte p. 54 ; ☎ 626 9087 ; Rataskaevu 12 ; plats 6-9 € ; ⏲ 12h-23h ; ✎). Les végétaliens auront l'embarras du choix dans ce formidable restaurant. En été, on s'arrache les 4 tables donnant sur la rue, mais l'intérieur est tout aussi charmant. Excellents plats, tels que curry aux cacahuètes et à la patate douce, tofu épicé au quinoa et courgettes farcies.

III Draakon CAFÉ €
(Carte p. 54 ; Raekoja plats ; plats 1-3 € ; ⏲ 9h-minuit). Juste en dessous de l'hôtel de ville, cette minuscule taverne mitonne sur place, et à des prix dérisoires, de la soupe d'élan, des saucisses et des tourtes tout juste sorties du four. Les jeunes femmes costumées participent de l'ambiance moyenâgeuse du lieu.

Chocolats de Pierre CAFÉ €
(Carte p. 54 ; ☎ 641 8061 ; www.pierre.ee ; Vene 6 ; plats 5-13 € ; ⏲ 8h-minuit). Niché dans la pittoresque cour des Artisans, havre de calme après le tohu-bohu de la vieille ville, ce confortable café est réputé pour ses délicieux (mais onéreux) chocolats maison. Il vend aussi des pâtisseries, sandwichs et quiches, parfaits pour un petit-déjeuner ou un déjeuner légers. Plus tard dans la journée, la carte s'enrichit de plats de pâtes.

Kompressor CRÊPES €
(Carte p. 54 ; Rataskaevu 3 ; crêpe 5 € ; ⏲ 11h-tard). On vient ici déguster des crêpes sucrées ou salées, et très nourrissantes. En soirée, l'endroit est plaisant pour prendre un verre ; le cadre n'a rien d'exceptionnel, mais les prix sont très modérés.

Must Puudel CAFÉ €
(Carte p. 54 ; Müürivahe 20 ; plats 6,50-11 € ; ⏲ 9h-23h dim-mer, 9h-2h jeu-sam ; ☎). Mobilier des années 1970, bande-son éclectique, terrasse, excellent café, petits-déjeuners (moins de 5 €), délicieux repas légers, etc. Le nom de ce café, ouvert tard, signifie "caniche noir" et c'est le plus cool de la vieille ville.

Kehrwieder CAFÉ €
(Carte p. 54 ; www.kohvik.ee ; Saiakang 1 ; en-cas 2-6,90 € ; ⏲ 8h-23h dim-jeu, 8h-1h ven-sam). Si ce café, particulièrement agréable, possède une terrasse sur Raekoja plats, c'est dans sa salle

qu'il dévoile tout son charme. On peut s'y étendre sur un canapé, lire à la lumière électrique et... se cogner la tête aux voûtes du plafond ! Seuls sont servis quelques en-cas préparés à l'avance (pâtisseries, gâteaux, chocolats, et autres wraps et salades).

Rimi SUPERMARCHÉ €
(Carte p. 54 ; Aia 7 ; 8h-23h). La vieille ville n'a pas de supérette. Ce petit supermarché bien approvisionné est donc très pratique.

Rataskaevu 16 ESTONIEN €€
(Carte p. 54 ; 642 4025 ; www.facebook.com/Rataskaevu16 ; Rataskaevu 16 ; plats 6,90-15 € ; 12h-23h ;). Si vous avez toujours eu envie de goûter au rôti d'élan braisé, cet endroit est fait pour vous. Bien qu'il ne s'agisse pas vraiment d'un restaurant traditionnel, on trouve des plats estoniens incontournables : des harengs de la Baltique frits au filet de porc grillé, en passant par des fromages locaux. Terminez votre repas par le fameux fondant au chocolat.

Von Krahli Aed EUROPÉEN MODERNE €€
(Carte p. 54 ; 626 9088 ; www.vonkrahl.ee/aed/ ; Rataskaevu 8 ; plats 8,50-17 € ; 12h-minuit ;). Dans ce restaurant rustique rempli de plantes (Aed signifie "jardin"), le vert domine également dans les assiettes. Les ingrédients frais sont bien représentés sur la carte, laquelle, avec ses options végétaliennes, sans gluten, sans lactose et sans œufs, contente le plus grand nombre.

Pegasus EUROPÉEN MODERNE €€
(Carte p. 54 ; 662 3013 ; www.restoranpegasus.ee ; Harju 1 ; plats 7,80-15 € ; 12h-23h ;). Ce restaurant branché occupe 3 niveaux design d'un édifice soviétique très sympathique, doté de fenêtres de style hublot et de murs crépis. Salades, soupes et généreuses portions de légumes accompagnent les plats (Le pain maison est sans doute le meilleur de Tallinn). Personnel charmant.

Vanaema Juures ESTONIEN €€
(Carte p. 54 ; www.vonkrahl.ee/vanaemajuures/ ; Rataskaevu 10/12 ; plats 12-15 € ; 12h-22h). "Chez Grand-Mère", jadis l'un des restaurants les plus huppés de Tallinn (dans les années 1930), propose toujours des plats traditionnels estoniens de première qualité. La salle à manger, meublée à l'ancienne et ornée de photographies, est un peu austère.

Elevant INDIEN €€
(Carte p. 54 ; 631 3132 ; www.elevant.ee ; Vene 5 ; plats 8,50-22 € ; 12h-23h ;). L'arôme des épices assaillera vos narines sitôt que vous vous engagerez dans l'escalier en fer forgé menant à ces salles chaleureuses, où sont servis de délicieux repas d'inspiration indienne. Grand choix de plats végétariens et quelques curiosités (korma d'élan, curry de sanglier, crocodile à la mangue).

Clayhills Gastropub PUB €€
(Carte p. 54 ; www.clayhills.ee ; Pikk 13 ; plats 12-15 € ; 11h-minuit dim-jeu, 11h-2h ven et sam). Notre pub préféré de la vieille ville pour ses musiciens, ses banquettes douillettes, sa salle en pierre à l'étage, sa terrasse en été... et sa cuisine de qualité. Régalez-vous de classiques de pub : porc estonien aux pommes, saucisses-purée, burgers gourmets et assiettes d'en-cas.

La Bottega ITALIEN €€
(Carte p. 54 ; 627 7733 ; www.labottega.ee ; Vene 4 ; plats 10-20 € ; 12h-23h). Dans la salle haute de plafond, un superbe escalier en pin contraste avec les poutres et les piliers de pierre, plantant le décor pour une généreuse cuisine sarde. La carte met l'accent sur les produits de la mer (délicieux calamars farcis), à côté du gibier local (sanglier et lapin).

Tchaikovsky RUSSE, FRANÇAIS €€€
(Carte p. 54 ; 600 0610 ; www.telegraafhotel.com ; Vene 9 ; plats 24-26 € ; 12h-15h et 18h-23h lun-ven, 13h-23h sam-dim). Sis dans un pavillon de verre au cœur de l'Hotel Telegraaf, le Tchaikovsky affiche un décor flamboyant, tout en lustres somptueux, cadres dorés et îlots de verdure. Le service est irréprochable, tout comme les mets franco-russes servis au son d'une musique de chambre.

Leib ESTONIEN MODERNE €€€
(Carte p. 54 ; 611 9026 ; www.leibresto.ee ; Uus 31 ; plats 15-16 € ; 12h-23h). Une porte discrète s'ouvre sur une vaste pelouse flanquée des bustes de Sean Connery et de Robert Burns. Bienvenue dans l'ancien Scottish Club de Tallinn (!), où l'on sert une cuisine savoureuse et authentique, accompagnée de pain maison (*leib*). Viande braisée et poisson grillé exceptionnels.

Dominic EUROPÉEN €€€
(Carte p. 54 ; 641 0400 ; www.restoran.ee ; Vene 10 ; plats 15-17 € ; 12h-minuit lun-sam, 12h-21h dim). Décoré de nappes blanches et éclairé aux chandelles, ce restaurant offre un cadre romantique pour déguster des vins et des mets majoritairement français – canard parfaitement préparé, généreux bœuf

bourguignon agrémenté de roquefort et, pour le dessert, gâteau au chocolat blanc.

Chedi ASIATIQUE €€€
(Carte p. 54 ; 646 1676 ; www.chedi.ee ; Sulevimägi 1 ; plats 12-32 € ; 12h-23h). Cette adresse, marquée d'élégance et de sensualité, concocte des spécialités du chef Alan Yau (des restaurants londoniens Hakkasan et Yauatcha étoilés au Michelin). Remarquable cuisine panasiatique moderne (goûtez l'exquise salade au canard croustillant et les raviolis, très originaux).

Olde Hansa ESTONIEN €€€
(Carte p. 54 ; 627 9020 ; www.oldehansa.ee ; Vana turg 1 ; plats 15-50 € ; 10h-minuit). On vient ici s'offrir un festin médiéval. Dans des salles éclairées aux bougies, des serveurs habillés en paysans évoluent en servant de grands plats de gibier. Les chefs ont mené des recherches afin de proposer de délicieux plats (quoique pas très raffinés) authentiquement d'époque.

MEKK ESTONIEN MODERNE €€€
(Carte p. 54 ; 680 6688 ; www.mekk.ee ; Suur-Karja 17/19 ; plats 17-22 € ; 12h-23h lun-sam). Le nom de ce restaurant au rez-de-chaussée du Savoy Boutique Hotel est une contraction de *Moodne Eesti Köök* (cuisine moderne estonienne) ; tout est dit. Le lieu est idéal pour profiter d'un repas sophistiqué et d'un excellent service, dans un cadre luxueux.

Ribe EUROPÉEN MODERNE €€€
(Carte p. 54 ; 631 3084 ; www.ribe.ee ; Vene 7 ; plats 17-19 € ; 12h-23h). Cuisine à base de produits estoniens frais de saison, servie dans une ambiance formelle (voire quelque peu guindée), au coin de la rue principale des restaurants de la vieille ville. En été, les tables débordent sur le trottoir.

Bocca ITALIEN €€€
(Carte p. 54 ; 611 7290 ; www.bocca.ee ; Olevimägi 9 ; plats 15-22 € ; 12h-23h). Sophistication et style ne nuisent pas à la cuisine savoureuse, à base d'ingrédients frais, de ce restaurant italien renommé. Une bonne carte des vins accompagne les plats créatifs. La "bouche" dispose aussi d'un salon douillet et d'un bar où les VIP de Tallinn viennent savourer leur cocktail vespéral.

Kalamaja

F-hoone PUB €
(Carte p. 50 ; www.fhoone.ee ; Telliskivi 60a ; plats 5,50-8,70 € ; 9h-23h lun-sam, 10h-21h dim ;). Pionnier de l'ultratendance Telliskivi, ce vaste établissement de style chic industriel sert des plats de qualité, notamment pâtes, hamburgers, ragoûts, légumes grillés et falafels, à accompagner d'une des nombreuses bières artisanales proposées.

Boheem CAFÉ €
(Kopli 18 ; plats 5,40-6,50 € ; 9h-23h ;). Dans cette institution locale – port d'attache de la clientèle branchée de Kalamaja –, venez déguster une crêpe, un wrap, une salade, un ragoût, une quiche ou des pâtes (d'un excellent rapport qualité/prix) ou simplement déguster un café ou une bière.

Moon RUSSE €€
(631 4575 ; www.kohvikmoon.ee ; Võrgu 3 ; plats 12-17 € ; 12h-23h lun-sam, 13h-21h dim, fermé en juil). Tirant parti d'une ambiance détendue, le meilleur restaurant de Kalamaja, dont la popularité va croissant, mêle influences russe et occidentale. Gardez de la place pour le dessert.

Klaus CAFÉ €€
(5691 9010 ; www.klauskohvik.ee ; Kalasadama ; plats 9,50-12 € ; 9h-23h ;). Café de style décontracté, épuré et design, à deux pas de la mer. La carte compte un grand nombre de délicieux en-cas et de plats plus consistants tels que keftas d'agneau, pâtes et steaks. Le sandwich au porc à la "cubaine", notre coup de cœur, est savoureux.

Centre-ville

Vapiano ITALIEN €
(Carte p. 54 ; www.vapiano.ee ; Hobujaama 10 ; plats 6-9 € ; 11h-23h ;). Choisissez vos pâtes ou votre salade au comptoir approprié et regardez les employés les préparer. Si vous préférez la pizza, vous recevrez un bipeur qui vous avertira quand elle est prête. Il s'agit certes de restauration rapide, mais fraîche, bon marché et relativement saine. Vaste salle lumineuse et animée. Annexe dans le centre commercial Solaris.

Café Lyon CAFÉ, FRANÇAIS €€
(Carte p. 54 ; 622 9297 ; www.cafelyon.ee ; Viru väljak 4 ; petit-déj 2,80-5,30 €, plats 5,90-13,90 € ; 8h-23h dim-mer, 8h-1h jeu-sam ;). Le présentoir de ce spacieux café du Viru Centre, donnant sur le parc, ploie sous d'appétissantes pâtisseries et viennoiseries à la française. Plats de bistrot au dîner.

Sfäär EUROPÉEN MODERNE €€

(Carte p. 54 ; ☎5699 2200 ; www.sfaar.ee ; Mere pst 6e ; plats 9-15 € ; ⌚8h-22h lun-mer, 8h-minuit jeu-ven, 10h-minuit sam, 10h-22h dim). Le meilleur du terroir estonien est à l'honneur sur la carte innovante de cet établissement chic au cadre de style industriel, évoquant un catalogue de design scandinave. Belle carte de cocktails et de vins. Boutique de mode attenante (prix élevés).

♥ Ö ESTONIEN MODERNE €€€

(Carte p. 54 ; ☎661 6150 ; www.restoran-o.ee ; Mere pst 6e ; menu 4/5/7 plats 46/59/76 € ; ⌚18h-23h lun-sam, fermé en juil). Ce restaurant récompensé, dont le nom se prononce "eu", occupe une place unique dans le monde culinaire de Tallinn. On y propose des menus de dégustation innovants, mettant en avant les produits estoniens de saison. L'influence est clairement "scandinave moderne" et la sobriété de la salle contraste agréablement avec la créativité des assiettes.

Neh ESTONIEN MODERNE €€€

(Carte p. 50 ; ☎602 2222 ; www.neh.ee ; Lootsi 4 ; plats 22-24 € ; ⌚18h-minuit mar-sam mi-sept à fév). Une cuisine qui suit vraiment les saisons puisque, l'été venu, l'équipe du Neh déménage au bord de la mer, au manoir de Pädaste sur l'île de Muhu, où elle gère l'un des meilleurs restaurants d'Estonie. À la basse saison, elle revient en ville, rapportant avec elle les saveurs des îles de la Baltique.

Horisont EUROPÉEN MODERNE €€€

(Carte p. 50 ; ☎624 3000 ; www.horisont-restoran.com ; 30e ét Swissôtel, Tornimäe 3 ; plats 17-29 € ; ⌚6h-22h mar-sam). Excellent service, menu original, décor stylé et panorama splendide (sur presque tout Tallinn, sauf, hélas, la vieille ville) s'associent pour faire d'un dîner dans ce restaurant une expérience mémorable. Pain, sauces, amuse-bouches et sorbets servis en généreuses portions.

Enzo EUROPÉEN €€€

(Carte p. 54 ; ☎607 1150 ; www.enzocafe.ee ; Laeva 2 ; plats 15-24 € ; ⌚12h-23h ; 📶). La Russie, l'Estonie, la France et l'Italie forment une alliance raffinée sur la carte de cet établissement haut de gamme. Si vous parvenez à quitter le café et ses délicieux éclairs, prenez place sous les lustres "feux d'artifice" de la partie restaurant, un peu plus formelle. Amuse-bouches et rafraîchissements servis entre chaque plat.

Kadriorg

NOP CAFÉ €€

(www.nop.ee ; J Köleri 1 ; plats 7-12 € ; ⌚8h-20h ; 👪). Loin des itinéraires touristiques, le NOP est un café-traiteur de quartier qui attire en nombre jeunes mères, hipsters et autres voyageurs gourmands. Tout blanc, parqueté, avec coin enfants, il propose des petits-déjeuners, des soupes, des salades et des wraps. Non loin du parc de Kadriorg.

Pirita

♥ NOA INTERNATIONAL €€€

(☎508 0589 ; www.noaresto.ee ; Ranna tee 3 ; plats 12-18 €, menu 5/7 plats 59/79 € ; ⌚12h-23h ; 🍷). Ouvert en 2014 et classé meilleur restaurant d'Estonie la même année, cet établissement vaut le trajet jusqu'à l'autre bout de Pirita. Il occupe un élégant pavillon donnant sur la baie et la vieille ville de Tallinn. Choisissez entre le restaurant à la carte ou la moins formelle "salle du chef", dévolue aux menus de dégustation.

Où prendre un verre et faire la fête

Depuis l'indépendance, Tallinn a acquis une réputation de ville fêtarde et, si les choses se sont un peu calmées, des hordes de Britanniques enterrant leur vie de garçon et autres jeunes Finlandais soiffards envahissent toujours la capitale, surtout pendant les week-ends d'été. Les pubs irlandais et britanniques, situés dans le coin sud-est de la vieille ville (en gros dans le triangle formé par Viru, Suur-Karja et les remparts) sont alors bondés. Néanmoins, on peut facilement les éviter. Ailleurs, de nombreux bars plus tranquilles vous attendent.

Vieille ville

Voir aussi Bocca (p. 77) pour les cocktails ; Clayhills Gastropub (p. 76) pour des concerts et une atmosphère de pub douillette.

DM Baar BAR

(Carte p. 54 ; www.depechemode.ee ; Voorimehe 4 ; ⌚12h-4h). Les fans de Depeche Mode ont trouvé leur Graal. Les murs sont tapissés de toutes sortes de souvenirs, dont des photos des musiciens lors d'une fête donnée ici. Nul besoin de préciser quelle musique est diffusée...

Kultuuriklubi Kelm BAR
(Carte p. 54 ; Vene 33 ; 17h-2h lun-jeu, 17h-6h ven, 19h-6h sam, 19h-2h dim). Si ce bar rock créatif se qualifie de "culture club", il est peu probable que vous y entendiez "Karma Chameleon". Nombreux concerts, expositions d'art, tournois de tennis de table et projections de films le mercredi soir.

Hell Hunt PUB
(Carte p. 54 ; www.hellhunt.ee ; Pikk 39 ; 12h-2h ;). Se présentant comme le "premier pub" d'Estonie, ce véritable vétéran est fort d'une ambiance agréable et d'un immense choix de bières, locales et importées. Son nom, malgré ses connotations anglaises infernales, signifie "gentil loup". En été, on s'installe sur la petite place en face.

Põrgu PUB
(Carte p. 54 ; www.facebook.com/porgu ; Rüütli 4 ; 12h-minuit lun-jeu, 12h-2h ven et sam). *Põrgu* signifie "enfer". Mais pour les amateurs de bières artisanales, ce monde souterrain s'apparente plutôt à une Arcadie, avec un choix impressionnant de marques locales et importées, notamment 13 bières et 2 cidres à la pression, ainsi que des dizaines d'autres en bouteille. Cuisine également très correcte.

Von Krahli Baar BAR
(Carte p. 54 ; www.vonkrahl.ee ; Rataskaevu 10 ; 10h-minuit ;). Grunge mais confortable, ce bar affiche des tables en terrasse et une salle évoquant une grange, où se produisent de temps à autre DJ et groupes de musique. Idéal pour une collation à prix doux ou une bière dans une ambiance alternative.

Paar Veini BAR À VINS
(Carte p. 54 ; www.paarveini.ee ; Sauna 1 ; 18h-23h lun-mar, 18h-1h mer-jeu, 18h-5h ven-sam). Comme son nom l'indique, on vient y déguster "un ou deux verres de vin". Le cadre, douillet et décontracté, comprend de confortables canapés, des chaises dépareillées et des bougies sur les tables.

Frank BAR
(Carte p. 54 ; www.frankbistro.ee ; Sauna 2 ; 12h-minuit). De tous les bars de la vieille ville, c'est le grand favori des habitants du cru, que ce soit pour avaler un hamburger, savourer un petit-déjeuner cuisiné (même à l'heure du dîner) ou simplement prendre un verre dans une atmosphère décontractée.

Drink Bar & Grill PUB
(Carte p. 54 ; www.facebook.com/Drinkbaarandgrill ; Väike-Karja 8 ; 12h-23h lun-jeu, 12h-2h ven-sam). Le nom du meilleur pub de style britannique de Tallinn pousse à la consommation. La bière et le cidre y sont pris très au sérieux (la devise est "Que du bon à la pression"). Cuisine de pub et happy hours très longs.

GRISERIE ESTONIENNE

Si, pour vous, soirée réussie rime avec libations, les tournées de bars organisées de Tallinn devraient vous plaire.

L'**Epic Bar Crawl** (5624 3088 ; www.ministryofentertainment.ee ; tournée 15 € ; 21h30 mer-sam) affirme proposer la tournée de bars la plus amusante et délirante de Tallinn. Le prix comprend une bière ou un cidre de bienvenue, un verre dans chacun des 3 bars visités et l'entrée en boîte de nuit. Les formules "enterrement de vie de garçon" confinent, en matière d'excès, au paroxysme.

Le Monk's Bunk (p. 74), auberge dédiée à la fête, élève la griserie au rang d'art avec son **Mad Monk Pub Crawl**, lequel comprend bière et cidre à volonté dans son bar, une heure durant, puis un verre gratuit dans deux autres bars et entrée en boîte de nuit ; 12 € pour les clients de l'auberge, 15 € pour les autres.

Levist Väljas BAR
(Carte p. 54 ; www.facebook.com/levistvaljas ; Olevimägi 12 ; 15h-3h dim-jeu, 15h-6h ven et sam). Dans cette cave (où l'on finit souvent la soirée), vous trouverez des meubles rafistolés, de l'alcool pas cher et un mélange rafraîchissant de punks et de jeunes grunge : définitivement hors des itinéraires touristiques balisés.

Clazz BAR
(Carte p. 54 ; www.clazz.ee ; Vana turg 2 ; 12h-minuit dim-lun, 12h-2h mar-sam). Derrière ce nom simplet (contraction de "classy jazz") se cache un bar lounge prisé où se donnent chaque soir des concerts, du jazz à la soul, en passant par le funk, le blues et la musique latino.

Beer House BRASSERIE ARTISANALE
(Carte p. 54 ; www.beerhouse.ee ; Dunkri 5 ; 11h-minuit dim-jeu, 11h-2h ven et sam). Goûtez les 7 bières de cette brasserie artisanale. Le soir, dans la vaste taverne, les flonflons allemands sont assourdissants. À ne pas recommander aux amateurs d'endroits tranquilles.

Neitsitorn Muuseum Kohvik BAR À VINS
(Maiden Tower Museum-Cafe ; carte p. 54 ; www.linnamuuseum.ee/neitsitorn ; Lühike jalg 9a ; entrée 2 € ; 12h-21h). La maigre présentation consacrée à l'histoire de l'industrie estonienne de la confiserie de cette annexe du musée de la ville de Tallinn ne justifie pas le prix d'entrée (pas plus que le café sur place). En revanche, le bar à vins informel au dernier étage de la tour médiévale vaut vraiment le détour, avec ses fauteuils confortables et sa vue sur la vieille ville.

St Patrick's PUB
(Carte p. 54 ; www.patricks.ee ; Suur-Karja 8 ; 11h-2h dim-jeu, 11h-4h ven et sam). L'une des enseignes de cette chaîne qui en compte cinq dans la ville. Le bar confortable et animé attire un grand nombre d'Estoniens. Il est situé en plein dans le "triangle des enterrements de vie de garçon" : attendez-vous à une foule de touristes enivrés le week-end.

Club Privé CLUB
(Carte p. 54 ; www.clubprive.ee ; Harju 6 ; entrée 14 € ; minuit-6h ven et sam). Classé par *DJ Mag* au 23e rang des meilleurs clubs dans le monde en 2011, Privé occupe un ancien théâtre de vaudeville garni de lustres et de miroirs baroques. Les prix sont élevés et le code vestimentaire exigeant, mais c'est le club le plus en vogue d'Estonie, grâce à ses excellents DJ locaux et internationaux.

Club Hollywood CLUB
(Carte p. 54 ; www.club-hollywood.ee ; Vana-Posti 8 ; 23h-5h mer-sam). Des DJ locaux et internationaux attirent les foules dans ce club installé sur plusieurs étages. Quantité de touristes s'y mêlent à la jeunesse festive locale. Durant les *ladies' nights* du mercredi (gratuites pour les femmes), attendez-vous à voir débarquer beaucoup d'hommes... Comme c'est souvent le dernier point de ralliement après les tournées de bars, les fins de soirée risquent d'être un peu agitées.

Kalamaja

La clientèle branchée de Tallinn tend à délaisser la vieille ville, où les bars sont chers et envahis de touristes, en faveur de Kalamaja. Si Telliskivi Creative City (p. 64) en est le cœur animé, en particulier le F-hoone (p. 77), on trouve des bars sympathiques dans tout le quartier.

Speakeasy by Põhjala BAR
(Carte p. 54 ; www.speakeasy.ee ; Kopli 4 ; 18h-2h mer-sam). Ce bar plutôt sommaire mais tendance – murs en aggloméré, mobilier d'occasion et cour entourée de bâtiments délabrés – sert de vitrine à l'une des meilleures microbrasseries d'Estonie. Attendez-vous à y croiser de nombreux barbus en pleine discussion autour de l'India Pale Ale ou de l'Imperial Baltic Porter.

Pudel BAR
(Carte p. 50 ; www.pudel.ee ; Telliskivi 60a ; 16h-minuit dim-ven, 12h-2h sam). Ce lieu à l'ambiance décontractée et intimiste propose 13 bières artisanales à la pression et des en-cas pour les accompagner.

TALLINN GAY ET LESBIEN

C'est à Tallinn que se concentre la scène homosexuelle estonienne, avec quelques établissements regroupés au sud de la vieille ville. Fête régulière majeure, la Baltic Pride est organisée annuellement à tour de rôle par Tallinn, Riga et Vilnius, généralement en juin. Tallinn l'accueillera en 2017 et 2020. La *Gay Map* peut être téléchargée gratuitement sur www.tallinn.gaymap.ee (elle n'est toutefois pas mise à jour fréquemment).

X-Baar (carte p. 54 ; www.xbaar.ee ; Tatari 1 ; 16h-1h dim-jeu, 16h-3h ven et sam). Pierre angulaire de la scène gay et lesbienne, ce bar, fondé de longue date et à l'ambiance décontractée, attire principalement hommes et femmes du coin. On y trouve un beau comptoir et une vaste piste de danse.

G-Punkt (carte p. 54 ; www.gpunkt.ee ; Pärnu mnt 23 ; entrée 5 € ; 18h-1h mar-jeu, 20h-6h ven et sam). Non signalé, et difficile à localiser (on y accède en traversant un parking depuis Tatari), ce sympathique club rappelle le secret qui entourait de tels lieux dans la vieille Europe de l'Est, il y a à peine 15 ans. Prisé des lesbiennes russophones.

Club 69 (Carte p. 50 ; www.club69.ee ; Sakala 24 ; entrée 16 € ; 16h-2h dim-jeu, 16h-19h ven et sam). Sauna gay. Appuyez sur la sonnette près du panneau à l'entrée.

Tops BAR

(www.kohviktops.ee ; Soo 15 ; ⌚16h-23h mar-jeu, 16h-2h ven, 12h-2h sam). Tout ce qu'on peut espérer d'un petit troquet de quartier : banquettes confortables, bon choix de bières et foule hétéroclite de marginaux locaux. L'ambiance monte d'un cran lors des soirées à thème animées par des DJ, aux intitulés tels que *Femme Fatale* ou *Funky Friday*.

Centre-ville

Pour la sophistication, Sfäär (p. 78) et Enzo (p. 78), et pour un cocktail dans les nuages, Horisont (p. 78).

Protest BAR

(Carte p. 54 ; www.protest.ee ; Mere pst 6a ; ⌚14h-tard). Niché au pied d'un vieux bâtiment du quartier clinquant de Rotermann, ce bar faiblement éclairé présente un plafond voûté et des œuvres d'art excentriques sur ses murs dorés. La musique passe joyeusement de Tame Impala à Vanilla Ice, attirant aussi bien les hipsters du coin que les clients de l'auberge voisine.

Scotland Yard BAR

(Carte p. 54 ; www.scotlandyard.ee ; Mere pst 6e ; ⌚9h-23h dim, 11h-23h lun-jeu, 11h-2h ven, 9h-2h sam). Parmi les bars à thème, celui-ci est particulièrement réussi, ayant imité jusqu'aux toilettes de la célèbre maison et habillé son personnel en bobbies. Grand choix de plats de pub servis toute la journée, petite terrasse et banquettes en cuir. L'aquarium, et la chaise électrique dans les toilettes, détonnent, comme les musiciens, mais ajoutent à son charme.

☆ Où sortir

Si Tallinn est une petite capitale au rythme paisible, on ne s'y ennuie pas. Les spectacles à venir y sont aussi bien affichés sur les murs qu'annoncés dans les journaux ou sur des flyers distribués dans les magasins et cafés. Meilleur programme de Tallinn en anglais, le bimestriel *Tallinn in your Pocket* (www.inyourpocket.com) est vendu dans les librairies et à l'office du tourisme (2,50 €). Il est également téléchargeable gratuitement sur Internet. Malgré son nom, le *Tallinn This Week* paraît aussi tous les deux mois. Il est, entre autres, disponible à l'office du tourisme. Pour tous les arts de la scène, consultez www.culture.ee, www.concert.ee et www.teater.ee.

Les billets de concert et des principaux spectacles s'achètent auprès de **Piletilevi** (www.piletilevi.ee), en ligne ou à son bureau dans le centre commercial Viru Keskus.

Musique live

Kultuuriklubi Kelm (p. 79), Clazz (p. 79), Clayhills Gastropub (p. 76) et Scotland Yard accueillent régulièrement des concerts. Les grands artistes internationaux se produisent d'usage à l'amphithéâtre des festivals de chant (p. 66), au stade A. Le Coq ou au Saku Suurhall.

Pour les grands concerts classiques, voir la salle de concert d'Estonie (ci-après). Diverses salles et églises de la ville accueillent de la musique de chambre, des concerts d'orgue et de petites formations

Salle de concert d'Estonie MUSIQUE CLASSIQUE

(Eesti Kontserdisaal ; carte p. 54 ; www.concert.ee ; Estonia pst 4). Les concerts de musique classique les plus importants se tiennent dans ce double édifice, qui abrite la salle de spectacle la plus prestigieuse de la ville. S'y produisent le **Ballet et l'Opéra nationaux** (www.opera.ee), ainsi que l'**Orchestre symphonique national estonien** (www.erso.ee).

Théâtre et danse

La plupart des pièces sont en estonien, parfois en russe.

Théâtre de la Ville THÉÂTRE

(Tallinna Linnateater ; carte p. 54 ; www.linnateater.ee ; Lai 23). La compagnie de théâtre la plus appréciée de Tallinn se produit sur 7 scènes réparties autour de son bâtiment principal de la rue Lai, dont une scène estivale à l'arrière. Billets parfois difficiles à obtenir.

Théâtre d'art dramatique estonien THÉÂTRE

(Eesti Draamateater ; carte p. 54 ; ☎680 5555 ; www.draamateater.ee ; Pärnu mnt 5). Programmation essentiellement classique.

Teater N°99 THÉÂTRE

(Carte p. 54 ; ☎660 5051 ; www.no99.ee ; Sakala 3). Dans la mouvance expérimentale.

Théâtre Von Krahli THÉÂTRE

(Carte p. 54 ; ☎626 9090 ; www.vonkrahl.ee ; Rataskaevu 10). Réputé pour ses productions expérimentales et d'avant-garde.

Salle de la guilde de Saint-Canut DANSE
(Kanuti Gildi Saal ; carte p. 54 ; ☎646 4704 ; www.saal.ee ; Pikk 20). Ce temple de la danse moderne accueille aussi parfois des spectacles de danse classique.

Sport

A. Le Coq Arena FOOTBALL
(Carte p. 50 ; Asula 4c). À 1,5 km au sud-ouest de la ville, ce stade est la base de l'équipe nationale et du **FC Flora**, le club de foot de Tallinn (www.fcflora.ee).

Saku Suurhall BASKET-BALL
(Carte p. 50 ; www.sakusuurhall.ee ; Paldiski mnt 104b). Les Estoniens sont passionnés de basket-ball et les plus grands matchs ont lieu dans ce stade, à l'ouest du centre.

Cinémas

Les films sont le plus souvent projetés en V.O. et sous-titrés en estonien et en russe. Une place coûte entre 4 et 7 €, selon le jour et la séance.

Artis CINÉMA
(Carte p. 54 ; www.kino.ee ; Estonia pst 9). Dans le centre commercial Solaris (mais pas si facile à trouver), ce cinéma d'art et d'essai programme des films estoniens, européens et indépendants.

Kino Sõprus CINÉMA
(Carte p. 54 ; www.kinosoprus.ee ; Vana-Posti 8). Dans un magnifique théâtre de l'époque stalinienne, ce cinéma d'art et d'essai présente d'excellents films locaux, européens et indépendants.

Coca-Cola Plaza CINÉMA
(Carte p. 54 ; www.forumcinemas.ee ; Hobujaama 5). Ce multiplexe moderne de 11 salles projette les dernières productions hollywoodiennes.

Achats

Zone commerçante la plus tape-à-l'œil de la ville, le quartier Rotermann (p. 64) compte des dizaines de petites boutiques où sont vendus toutes sortes d'articles, de la mode urbaine au mobilier scandinave, en passant par des produits gastronomiques et des vins haut de gamme. Les magasins de Telliskivi Creative City (p. 64) sont moins nombreux mais plus éclectiques. Dans la vieille ville se trouvent nombre de boutiques d'artisanat (*käsitöö*). Une multitude de petites enseignes vendent des souvenirs traditionnels fabriqués en Estonie : linge de maison, pulls tricotés main, livres reliés cuir, céramiques, bijoux (notamment en ambre), vitraux et articles ménagers sculptés dans le calcaire ou le bois de genévrier. Quantité de magasins d'antiquités exposent aussi des vieilleries soviétiques (ou leurs copies).

Vous pourrez aussi rapporter une bouteille de Vana Tallinn, la liqueur locale.

Vieille ville

Cour des Artisans ARTISANAT
(Meistrite Hoov ; carte p. 54 ; www.hoov.ee ;Vene 6 ; ⌚10h-18h). Cette cour pavée n'abrite pas seulement un confortable café mais toutes sortes de petites boutiques et ateliers d'artisans proposant des articles de qualité : poteries, verrerie, bijoux, tricots, sculptures sur bois et bougies.

Passage Sainte-Catherine ARTISANAT
(Katariina käik ; carte p. 54 ; en retrait de Vene 12). Dans les ateliers d'artisans de cette charmante allée, où est installée la guilde Katariina, vous pourrez dénicher céramiques, textiles, courtepointes en patchwork, chapeaux, bijoux, vitraux et magnifiques livres reliés cuir.

Ivo Nikkolo MODE
(Carte p. 54 ; www.ivonikkolo.ee ; Suur-Karja 14 ; ⌚10h-19h lun-ven, 11h-16 sam et dim). Vêtements féminins, légers et originaux dans leurs lignes ou d'une sobriété classique, tous dans des matières naturelles de qualité. Boutique dans la vieille ville sur 2 étages (vêtements et accessoires), une autre dans le centre commercial Viru Keskus.

Rae Antiik ANTIQUITÉS
(Carte p. 54 ; www.oldtimes.ee ; Raekoja plats 11 ; ⌚10h-18h lun-ven, 10h-16h sam). On vient chiner des trésors dans cette fabuleuse boutique, laquelle occupe le même bâtiment que la pharmacie du Conseil, sur place ou sur le site. Prix élevés.

Nu Nordik SOUVENIRS, MODE
(Carte p. 54 ; www.nunordik.ee ; Vabaduse väljak 8 ; ⌚10h-18h lun-sam, 12h-18 dim). Des objets très originaux, pour la maison, des vêtements, des sacs, des bijoux, etc.

Galerii Kaks ARTISANAT
(Carte p. 54 ; www.facebook.com/galeriikaks ; Lühike jalg 1 ; ⌚10h-18h). Lühike jalg, ruelle qui mène à Toompea, réunit un bon choix de galeries d'artisanat. La Galerii Kaks, probablement la meilleure d'entre elles, vend

LES MARCHÉS

Vous projetez un pique-nique, vous recherchez un réveil Lénine pas cher ? Allez donc faire un tour sur les marchés de Tallinn.

Marché de la gare (Jaama Turg ; carte p.54 ; Kopli ; ⌚8h-18h). La vieille Russie revit ici, derrière la gare. Certains endroits sont un peu louches (attention à votre sac) mais quel fantastique bazar !

Marché aux puces de Telliskivi (Telliskivi Kirbuturg ; carte p. 50 ; www.kirbuturg24.ee ; Telliskivi 60a ; ⌚10h-15h sam). Les jeunes branchés viennent ici vendre divers objets dont ils veulent se défaire, ou dénicher de nouveaux trésors. Grand choix de vêtements, livres, articles ménagers, etc.

Marché au tricot (carte p. 54 ; Müürivahe). Le long des remparts de la vieille ville, une douzaine de vendeurs proposent écharpes, pulls, gants, chaussettes et bonnets tricotés main.

Marché central (Keskturg ; carte p. 50 ; Keldrimäe 9 ; ⌚8h-18h). Ce marché vend principalement des fruits et légumes, mais l'on peut parfois trouver de petites merveilles de l'ère soviétique dans les obscurs magasins alentour. Prenez le tram n°2 ou n°4 jusqu'à l'arrêt Keskturg.

de superbes céramiques, bijoux, tissus et articles en verre.

Lühikese Jala Galerii ARTISANAT

(Carte p. 54 ; www.hot.ee/lgalerii ; Lühike jalg 6 ; ⌚10h-18h). Cette petite galerie propose nombre de textiles vaporeux, bijoux, œuvres d'art en verre et céramique. Demandez à voir la cascade d'eau de source qui coule sur le mur du fond !

Zizi ARTISANAT

(Carte p. 54 ; www.zizi.ee ; Vene 12 ; ⌚10h-18h lun-sam, 10h-16h dim). Grand choix de serviettes, nappes, napperons et housses de coussin de qualité, fabriqués en Estonie.

Chado THÉ

(Carte p. 54 ; www.chado.ee ; Uus 11 ; ⌚12h-18h lun-ven, 12h-16h sam-dim). Goûtez divers thés et discutez avec des spécialistes passionnés de ce breuvage, qui s'approvisionnent directement en Asie.

Kalamaja

Estonian Design House SOUVENIRS

(Eesti Disaini Maja ; www.estoniandesignhouse.ee ; Kalasadama 8 ; ⌚12h-18h mar-sam). Cette excellente petite boutique présente les œuvres variées de designers estoniens, allant des chaussures aux luminaires. La marque écologique Reet Aus crée des vêtements à partir de chutes de tissu récupérées dans les usines.

Centre-ville

Viru Keskus CENTRE COMMERCIAL

(Carte p. 54 ; www.virukeskus.com ; Viru väljak 4 ; ⌚9h-21h). Le centre commercial phare de Tallinn comprend des boutiques de mode, une excellente librairie (Rahva Raamat) et un comptoir de la billetterie des manifestations Piletilevi. L'arrière du bâtiment est relié au grand magasin Kaubamaja. Gare routière principale des bus locaux au sous-sol.

Kaubamaja GRAND MAGASIN

(Carte p. 54 ; www.kaubamaja.ee ; Gonsiori 2 ; ⌚9h-21h). Établi en 1960, le grand magasin le plus luxueux de Tallinn propose toutes les marques de mode internationales de luxe pour homme et femme (Hugo Boss, Michael Kors, DKNY, etc.), ainsi que des marques de mode locales (Ivo Nikkolo, Bastion, Monton), chaussures, vêtements pour enfants, jouets, articles ménagers et cosmétiques.

Stockmann Kaubamaja GRAND MAGASIN

(Carte p. 50 ; www.stockmann.ee ; Liivalaia 53 ; ⌚9h-21h). L'un des premiers commerces étrangers à avoir ouvert après l'indépendance, ce grand magasin huppé finlandais a contribué à reléguer les pénuries soviétiques dans les manuels d'histoire et a inauguré une nouvelle ère de consumérisme à l'occidentale.

Foorum CENTRE COMMERCIAL

(Carte p. 54 ; www.foorumkeskus.ee ; Narva mnt 5 ; ⌚10h-20h). Avec son unique avenue où s'alignent les boutiques de luxe, le Foorum ressemble plus à une galerie marchande qu'à un centre commercial. Il comprend également une annexe de Tele2, commode si vous cherchez une carte SIM locale pour votre portable.

Kalev CONFISERIES
(Carte p. 54 ; www.kalev.eu ; Roseni 7 ; ⌚10h-20h lun-sam, 11h-18h dim). Cette institution locale produit de délicieux chocolats et autres confiseries depuis 1806. On saurait difficilement trouver meilleur souvenir de Tallinn qu'une boîte de chocolats, dont le couvercle semble avoir inspiré l'aménagement de la vieille ville.

Renseignements

Benu Apteek (www.benu.ee ; Aia 7 ; ⌚8h30-20h30 lun-sam, 10h-18h dim). L'une des nombreuses pharmacies (*apteegid*) bien approvisionnées de la ville.

Clinique dentaire de Tallinn (Tallinna Hambapolikliinik ; ☎1920 ; www.hambapol.ee ; Toompuiestee 4 ; ⌚8h-20h lun-ven, 9h-15h sam et dim).

Hôpital central de Tallinn est (Ida-Tallinna Keskhaigla; ☎620 7002 ; www.itk.ee ; Ravi 18). Tous les services, et urgences 24h/24.

Office du tourisme de Tallinn (carte p. 54 ; ☎645 7777 ; www.visittallinn.ee ; Niguliste 2 ; ⌚9h-19h lun-ven, 9h-17h sam-dim mai-août, 9h-18h lun-ven, 9h-15h sam-dim sept-avr). Brochures, cartes, programme des manifestations et autres infos.

Poste centrale (Carte p. 54 ; Narva mnt 1 ; ⌚8h-20h lun-ven, 10h-16h sam et dim). Accès par Hobujaama.

Tõnismäe Südameapteek (☎644 2282 ; www.sudameapteek.ee ; Tõnismägi 5 ; ⌚24h/24). Pharmacie au sud de la vieille ville, ouverte 24h/24.

Depuis/vers Tallinn

AVION

Aéroport de Tallinn (Tallinna lennujaam ; carte p. 50 ; ☎605 8888 ; www.tallinn-airport.ee ; Tartu mnt 101). Idéalement situé au cœur de Tallinn, à 4 km au sud-est de la vieille ville. Nombre de compagnies aériennes desservent la capitale depuis la région balte (p. 184) et d'autres contrées plus lointaines (p. 429). Vols intérieurs assurés par Avies (îles principales uniquement desservies).

Avies (☎630 1382 ; www.avies.ee). Vols depuis/vers Kärdla (Hiiumaa) au moins une fois par jour et Kuressaare (Saaremaa) pratiquement tous les jours.

BATEAU

Ferries pour Tallinn au départ d'Helsinki (p. 196) et d'autres ports de la Baltique (p. 434).

BUS

Les bus régionaux et internationaux partent de la **gare routière centrale** (Tallinna bussijaam ; carte p. 50 ; ☎12550 ; www.bussijaam.ee ; Lastekodu 46 ; ⌚5h-1h), à 2 km au sud-est de la vieille ville ; desservie par le tram n°2 ou 4. Ces bus desservent la Lettonie (p. 184) et d'autres destinations européennes (p. 431).

Le réseau de bus national est étendu et vous mènera de Tallinn à quasiment toutes les destinations désirées. Toutes les lignes sont indiquées sur le site très pratique T pilet (www.tpilet.ee). Voici quelques destinations :

Haapsalu (4,35-8,50 €, 1 heure 45, au moins 1/heure)

Kuressaare (15-17 €, 4 heures, 11/jour)

Pärnu (6,50-11 €, 2 heures, au moins 1/heure)

Tartu (7-12 €, 2 heures 30, au moins 1/demi-heure)

Viljandi (9,50-11 €, 2 heures 30, 11/jour)

TRAIN

La **gare de la Baltique** (Balti Jaam ; Toompuiestee 35) est à la lisière nord-ouest de la vieille ville. Malgré son nom, il n'y a aucune ligne directe pour les autres pays baltes. **GoRail** (www.gorail.ee) assure une liaison quotidienne avec Saint-Pétersbourg et Moscou avec arrêt à Rakvere (à partir de 6 €, 1 heure 15) et Narva (7,90 €, 3 heures).

Les trains **Elron** (www.elron.ee) desservent les destinations régionales, dont :

Narva (11 €, 2 heures 45, 2/jour)

Pärnu (7,60 €, 2 heures 15, 3/jour)

Rakvere (5,50 €, 1 heure 30, 3/jour)

Tartu (11 €, 2 à 2 heures 30, 8/jour)

Viljandi (8,40 €, 2 heures 15, 4/jour)

VOITURE ET MOTO

Comme pour l'hébergement, il peut être difficile de trouver une voiture à louer en été. Mieux vaut donc réserver. Les grandes compagnies internationales sont toutes représentées à l'aéroport de Tallinn. Si vous n'avez pas réservé, renseignez-vous à l'office du tourisme sur les petites compagnies locales, généralement moins chères.

Advantec (☎520 3003 ; www.advantage.ee). Tarifs estivaux à partir de 39 € la journée (locations longue durée moins chères).

Bulvar (☎503 0222 ; www.bulvar.ee). À partir de 26 € la journée (bons prix pour locations longue durée).

Europcar (☎605 8031 ; www.europcar.ee)

Hansarent (☎655 7155 ; www.hansarent.ee)

Hertz (☎605 8923 ;www.hertz.ee)
R-Rent (☎605 8929 ; www.rrent.ee).
Tarifs à la journée à partir de 32 €.

Comment circuler

DEPUIS/VERS L'AÉROPORT

- Le bus n°2 part à peu près toutes les 20 minutes (de 6h30 à minuit environ) de l'arrêt A. Laikmaa, face au Tallink Hotel, près du Viru Keskus. De l'aéroport, il vous déposera au centre après 6 arrêts, puis au port de passagers. Les billets sont délivrés par le chauffeur à 1,60 € ; la durée du trajet dépend de la circulation mais excède rarement 20 minutes.
- Un taxi de l'aéroport à la ville devrait coûter moins de 10 €. L'aéroport recommande les taxis qui attendent dans la file officielle afin d'éviter les escroqueries. Pour rejoindre l'aéroport depuis votre hébergement, demandez sur place que l'on vous réserve un taxi d'une compagnie fiable.

DEPUIS/VERS LES TERMINAUX DE FERRIES

Il y a 3 embarcadères principaux pour les passagers, tous à moins de 1 km de la vieille ville. La plupart des ferries et paquebots mouillent au port de la vieille ville (Vanasadama) ou en partent. Ferries Eckerö Line, Viking Line et St Peter Line aux **Terminaux A et B** (carte p. 50 ; Sadama) et ferries Tallink au **Terminal D** (carte p. 50 ; Lootsi), en face de la marina. Les ferries Linda Line s'ancrent un peu plus loin à l'ouest dans le gigantesque **Linnahall** (Kalasadama).

Le bus n°2 part toutes les 20-30 minutes de l'arrêt du Terminal A, desservant le Terminal D, le centre-ville, la gare routière centrale et l'aéroport. Si vous souhaitez rejoindre le port à partir du centre, prenez ce bus à l'arrêt A Laikmaa, devant le Tallink Hotel. Du centre également, les trams n[os]1 et 2, et le bus n°3, s'arrêtent à Linnahall (sur Põja pst, près du départ pour Sadama), à 5 minutes à pied de tous les terminaux.

Un taxi entre le centre-ville et chacun des terminaux coûte environ 5 €.

TAXI

Tallinn ne manque pas de taxis mais chaque compagnie applique son propre tarif. Les prix doivent être affichés de manière bien visible. Toutefois, si vous hélez un taxi dans la rue, vous payerez sans doute plus. Autant le commander par téléphone. Les opérateurs parlent anglais ; ils vous indiqueront le numéro d'immatriculation de la voiture et le temps d'attente (généralement de 5 à 10 minutes). Si vous pensez avoir trop payé, demandez un reçu (le chauffeur est légalement obligé de le fournir).

> **TALLINN CARD**
>
> La **Tallinn Card** (www.tallinncard.ee ; 1/2/3 jours adulte 31/39/49 €, enfant 16/19/24 €) vous assure une entrée gratuite dans la plupart des sites de la ville ; des réductions dans les commerces, les restaurants et les lieux de divertissement ; la gratuité dans les transports en commun ; et un circuit organisé gratuit de votre choix. La Tallinn Card est avantageuse si vous avez l'intention de faire un circuit, sinon il faut visiter un grand nombre de sites chaque jour pour l'amortir. En vente en ligne, à l'office du tourisme et dans de nombreux hôtels.

On trouve un peu partout dans la vieille ville des vélos-taxis, uniquement propulsés à la force des mollets et à l'enthousiasme. Ils attendent généralement les clients juste à l'intérieur des remparts, sur Viru.

Krooni Takso (☎1212 ; www.kroonitakso.ee ; forfait 2,50 € puis 0,50 €/km 6h-23h et 0,55 €/km 23h-6h)
Reval Takso (☎1207 ; www.reval-takso.ee ; forfait 2,29 € puis 0,49/km)
Takso24 (☎1224 ; forfait 2,90 € puis 0,58 €/km)
Tallink Takso (☎1921 ; www.tallinktakso.ee ; forfait 3,90 € puis 0,79 €/km 6h-23h et 0,89 €/km 23h-6h). Pour les groupes, réservez un Maksitakso de 8 à 12 places (forfait 5,75 € puis 1,25 €/km).
Tulika Takso (☎1200 ; forfait 3,65 € puis 0,69 €/km 6h-23h et 0,80 €/km 23h-6h)

TRANSPORTS PUBLICS

Tallinn possède un excellent réseau de bus, trams et trolleybus, qui fonctionne de 6h environ à minuit. La **gare routière principale** (carte p. 54 ; Viru Väljak 4) est aménagée au sous-sol du centre commercial Viru Keskus, mais le terminus de certains bus se trouve dans les rues environnantes. Tous les horaires des transports publics sont en ligne sur le site www.tallinn.ee.

Gratuits pour les résidents de Tallinn, les transports publics restent payants pour les visiteurs. Le règlement se fait auprès du chauffeur en espèces (1,60 €/trajet) ou via le système de billetterie électronique. Achetez une carte à puce (2 € de dépôt) et rechargez-la, puis validez-la au début de chaque trajet au moyen des lecteurs de cartes orange. Les tarifs sont de 1,10/3/6 € pour 1 heure/1 jour/5 jours.

La Tallinn Card permet de voyager gratuitement sur le réseau public. Voyager sans un billet validé est passible d'une amende de 40 €.

POUR CIRCULER

- *maantee* – autoroute (souvent abrégé en mnt)
- *puiestee* – avenue/boulevard (souvent abrégé en pst)
- *sild* – pont
- *tänav* – rue (généralement omis sur les cartes et dans les adresses)
- *tee* – route
- *väljak/plats* – place

VÉLO

En plus de proposer des circuits, **City Bike** (p. 70) s'occupe de tout si vous décidez de visiter Tallinn, l'Estonie ou la région balte à vélo (vélo de ville ou de montagne 3/24 heures 7/15 € ; vélo de route ou électrique 15/20 €). Vous pourrez aussi louer paniers, GPS, vélo d'enfant, sièges et remorque. L'agence assure les réparations, fournit cartes et conseils, et permet, pour les voyages plus longs, de laisser le vélo sur place moyennant un supplément.

VOITURE ET MOTO

Conduire dans Tallinn peut être un défi. D'abord, il vous faudra partager la route avec les trams et les trolleybus. Dans les rues où les arrêts de tram sont au milieu, vous devrez vous arrêter jusqu'à ce que les passagers soient descendus et aient traversé la rue.

Dans le centre, le système compliqué de sens uniques et d'interdictions de tourner est frustrant pour le nouveau venu. Ceci étant, on peut rouler presque partout dans la vieille ville, très lentement bien sûr, en entrant par quelques rues seulement. On trouve difficilement à s'y garer, mieux vaut laisser votre voiture dans un parking plus loin pendant tout votre séjour à Tallinn et explorer la ville à pied ou par les transports publics.

Se garer est un casse-tête, même pour les Tallinnois. Souvent, il faut payer via son portable (ce qui est impossible si vous n'avez pas de carte SIM locale). Les panneaux seront sans doute incompréhensibles pour vous, mais attendez-vous à une amende si vous ne les respectez pas. Le personnel de votre hôtel sera de bon conseil : s'il n'a pas de parking (rarement gratuit), il vous indiquera le plus proche.

ENVIRONS DE TALLINN

Avec Tallinn en son centre, le comté de Harju (Harjumaa) couvre environ la moitié de la côte nord de l'Estonie et s'étend également dans l'arrière-pays. Les quelques sites d'intérêt qu'il compte peuvent aisément faire l'objet d'excursions d'une journée au départ de la capitale ou d'une halte sur le chemin de destinations plus éloignées.

Keila-Joa

Château de Fall et chutes de Keila-Joa — CHUTES

(www.schlossfall.com ; château tarif plein/enfant 8/5 € ; ⏲château 10h-18h). Pays plat, l'Estonie n'est pas connue pour ses cascades, et celle-ci, avec ses 6 m, n'a rien de vertigineux. Mais son charme pittoresque est en partie sublimé par un petit manoir néogothique construit en 1833 par le comte Alexander von Benckendorf. Sa tour crénelée n'a nulle prétention autre qu'esthétique. Deux ponts suspendus traversent la campagne luxuriante et mènent en surplomb de la cascade en forme de fer à cheval.

Le tsar Nicolas Ier visita Keila-Joa à deux reprises et en fut si impressionné qu'il confia à son architecte, Andrei Stackenschneider, la construction de plusieurs palais à Saint-Pétersbourg et la rénovation partielle de son palais d'Hiver. Ce fut à la faveur de sa venue de 1833 que fut joué pour la première fois l'hymne de l'Empire russe "Que Dieu protège le tsar !" Un petit musée au sous-sol du château rappelle cet auguste événement (on peut toutefois se demander s'il justifie le prix d'entrée).

L'édifice fut saccagé en 1917, nationalisé en 1920, réquisitionné par l'Armée rouge en 1940, puis par l'armée allemande en 1941, et finalement transformé en base du 572e régiment des forces aériennes soviétiques en 1953. On imagine sans peine le piètre état dans lequel il se trouvait lorsque la fondation du Patrimoine national le reprit pour le restaurer (les sols et les plâtres sont d'ailleurs un peu trop neufs et brillants).

À seulement 30 minutes de route de Tallinn, les chutes se révèlent être un cadre idyllique pour un pique-nique. Pour rejoindre le site depuis la capitale estonienne, roulez vers l'ouest sur Paldiski mnt et, après 12 km (passez le zoo), prenez à droite à Kiia pour vous engager sur la route 410.

Padise

Monastère de Padise — RUINES

(Padise klooster ; www.padisekloostser.ee). GRATUIT Cette magnifique carcasse géante d'un ancien monastère invite à l'exploration.

Empruntez l'escalier qui mène au cœur des ruines, admirez la maçonnerie et grimpez au sommet de la tour pour contempler le paysage plat qui s'étend sur plusieurs kilomètres. L'ancienne église a conservé son toit et ses fenêtres gothiques, et malgré son état de délabrement, on peut aisément se figurer la splendeur passée de l'endroit.

Le terrain fut cédé aux cisterciens en 1220 en reconnaissance de leur rôle dans la conversion des païens estoniens après la conquête chrétienne, mais la construction du monastère ne débuta qu'en 1317. Si l'édifice évoque davantage une forteresse qu'un lieu de culte, c'est à juste raison : les relations avec les Estoniens asservis étaient tendues et, lors de la nuit de la Saint-Georges, les habitants des environs attaquèrent le monastère et le réduisirent en cendres, tuant 28 moines.

L'édifice fut reconstruit pour connaître son apogée en 1480 environ. En 1558, le maître de l'ordre de Livonie s'en empara, chassant les moines, et en renforça les fortifications. Au cours des guerres successives, il changea de main à plusieurs reprises et fut encore fortifié, avant d'être transformé en manoir au XVIIe siècle. En 1766, la foudre s'abattit sur le bâtiment, qui s'en trouva une fois de plus ravagé par les flammes. Il fut finalement abandonné et ses pierres utilisées pour construire le manoir de Padise voisin.

Padise Manor HÔTEL €€

(Padise Mõis ; ☎608 7877 ; www.padisemois.ee ; s/d à partir de 79/84 € ; P 📶). Voisin de la route principale, ce manoir historique n'en a pas moins l'attrait d'un cadre exceptionnel formé de pelouses, d'un lac et des ruines évocatrices du monastère de Padise. Bien aménagées, les chambres dégagent un charme suranné ; un excellent choix pour une escapade champêtre.

Kaberneeme

Perché à l'extrémité d'une langue de terre, à 40 km à l'est du centre de Tallinn, ce village endormi passerait inaperçu s'il n'avait ses deux atouts : une longue étendue de sable déserte bordée de pins et un restaurant étonnamment savoureux. Une plage donne juste à côté de la marina, mais il est préférable de rouler vers le sud-est le long du littoral sur environ 1,5 km pour rejoindre les zones de stationnement désignées au cœur de la pinède.

Activités

Aktiivne Puhkus SPORTS AQUATIQUES

(☎504 6019 ; www.aktiivnepuhkus.ee ; Sadama tee ; ⏲10h-21h mi-juin à août). Dans un cabanon sur le sable près de la marina, "Vacances actives" loue kayaks (10 €/heure), surfbikes (40 €), bateaux à moteur (120 €) et Jet-Skis (120 €).

Où se loger et se restaurer

OKO EUROPÉEN MODERNE €€€

(☎5300 4440 ; www.okoresto.ee ; Sadama tee 1 ; plats 14-19 €, ch 80 € ; ⏲12h-23h). Petit frère du NOA, restaurant estonien de premier ordre de la capitale, l'OKO fait honneur à son emplacement, voisin du petit port de Kaberneeme, avec sa décoration nautique chic, sa terrasse bien exposée et sa carte, où les produits de la mer ont part belle. Si vous n'avez pas le courage de reprendre la route vers Tallinn, d'agréables chambres, avec balcon, sont en location à l'étage (les salles de bains auraient cependant bien besoin d'un rafraîchissement).

Depuis/vers Kaberneeme

Kaberneeme n'est pas desservi par les transports publics. Pour vous y rendre depuis Tallinn en voiture, quittez l'autoroute principale Tallinn-Narva (autoroute 1) à Koogi et suivez les panneaux. Depuis l'est, sortez à Kiiu.

NORD-EST DE L'ESTONIE

Lahemaa, joyau des parcs nationaux estoniens, occupe une grande place dans cette région, au propre comme au figuré. Le Lahemaa associe, à une somptueuse côte merveilleusement déchiquetée, d'épaisses forêts peuplées d'une faune abondante et de paisibles villages baignés par ses lacs, rivières et anses.

Le parc s'étend à environ un tiers de la distance entre Tallinn et la frontière russe. À l'est, le paysage bucolique le cède toutefois bientôt à un décor industriel délabré. Les stigmates de l'ère soviétique ne sont pas entièrement refermés, comme en témoignent les villes de Kunda, où se dresse une cimenterie démesurée, Kohtla-Järve, centre régional de l'extraction très polluante de pétrole de schiste et Sillamäe, qui fut jusque dans les années 1990 le siège de la grande usine estonienne de traitement de l'uranium. En prenant son temps, on trouvera cependant ici quelques sites

Nord-est de l'Estonie

intéressants, notamment la ville dynamique de Rakvere, les pittoresques falaises calcaires autour d'Ontika et l'étrange spectacle qu'offre la ville côtière de Sillamäe, témoin vivant de l'architecture stalinienne. Narva reste toutefois la plus frappante des villes de la région avec son majestueux château du XIIIe siècle.

Le nord-est de l'Estonie est tout indiqué pour qui souhaite s'offrir un avant-goût de la Russie, tout en s'épargnant les tracas bureaucratiques et frontaliers. En effet, une grande majorité des habitants est ici russe, et l'on parle la langue de Pouchkine partout, dans la rue et dans les restaurants. Vous y découvrirez aussi de nombreuses églises orthodoxes, ainsi que des bâtiments hérités de l'ère communiste.

Parc national de Lahemaa

Parc national (*rahvuspark*) le plus vaste du pays, le "pays des Baies" s'étend sur 725 km², et se révèle idéal pour un bol d'air frais à l'écart de la capitale voisine. Microcosme concentrant les charmes de la nature estonienne, il comprend une bande de côte très escarpée avec son lot de péninsules et de baies, quelque 475 km² d'arrière-pays couvert de forêts, de lacs, de rivières et de tourbières ainsi que maints sites culturels et historiques incontournables.

La région est plate ou légèrement vallonnée, son point culminant s'élevant à 115 m au-dessus du niveau de la mer. Champs de pierres, lapiaz (ciselures à la surface des roches calcaires recouvertes d'une fine couche de terre) et gros blocs erratiques (apportés de Scandinavie par l'activité glaciaire) y sont l'illustration de phénomènes géologiques intrinsèquement estoniens.

Environ 840 espèces végétales ont été recensées dans le parc, dont 34 rares. Parmi les 50 espèces de mammifères qui y vivent, citons l'ours brun, le lynx et le loup (tous impossibles à observer sans l'aide de spécialistes). Quelque 222 espèces d'oiseaux vivent ici, notamment le cygne tuberculé, la cigogne noire, le plongeon arctique et la grue, et 24 espèces de poissons ont été répertoriées ; les saumons et les truites frayent dans les rivières, se nourrissant de moustiques, omniprésents en été (il est indispensable de prévoir un répulsif).

En hiver, le parc est un pays des merveilles aux plages enneigées, aux eaux gelées et aux forêts noires étincelantes.

Le visiteur y sera choyé dans de douillettes pensions, manoirs restaurés et autres campings isolés. À pied, à cheval ou à vélo, vous profiterez du dense réseau de sentiers forestiers.

Si, de nos jours, le parc national est surtout une destination balnéaire, sachez que de 1945 à 1991, l'ensemble de son littoral était une frontière gardée par les militaires, avec une clôture de barbelés de 2 m de haut prévenant tout accès à la mer.

Quelque peu délabré, **Loksa**, le village principal du parc, possède une plage de sable prisée. **Võsu**, la deuxième agglomération, possède beaucoup plus de charme. À la haute saison, la longue plage et les bars de ce petit village embroussaillé sont envahis de jeunes fêtards.

VAUT LE DÉTOUR

LA RENAISSANCE DES MANOIRS

Nombre de manoirs jadis majestueux, héritage d'une noblesse germano-balte disparue de longue date, parsèment la campagne estonienne. Si la plupart sont en ruine, détruits pendant la guerre ou laissés à l'abandon, un nombre toujours croissant d'entre eux sont convertis en restaurants ou en hôtels de charme, leur donnant un second souffle. On en trouve de magnifiques entre Tallinn et Tartu, non loin de l'autoroute 2.

Autrefois résidence de l'explorateur du XIXe siècle Otto von Kotzebue, le **manoir de Kau** (644 1411 ; www.kau.ee ; Triigi, commune de Kose ; ch à partir de 130 €, plats 14-19 € ; restaurant 17h-22h mer-ven, 13h-22h sam, 13h-20h dim ; P) a récemment été sauvé de la ruine, transformé en hôtel somptueux et en restaurant renommé. La décoration, tout comme la carte, s'inspire des voyages de von Kotzebue, avec d'immenses œuvres historiques sur les murs et une véritable ménagerie d'animaux empaillés dispersés çà et là.

Les chambres du bâtiment principal sont richement ornées d'antiquités et de tissus d'époque, tandis que celles aménagées dans la remise sont plus sobres, mais tout aussi confortables. Petit-déjeuner, sauna (le matin) et piscine intérieure inclus dans les tarifs.

Le restaurant Kaheksa Jalga – "Huit Jambes" – tient son nom de l'insolite lustre octopoïde de sa salle à manger. Chaque mois, la carte change pour tirer le meilleur parti des produits de saison et afficher des plats inspirés de tel ou tel voyage d'Otto von Kotzebue.

Le manoir de Kau est situé à 50 km au sud-est du centre de Tallinn, à 9 km de l'autoroute Tallinn-Tartu (sortir à Kose).

Le **manoir de Põhjaka** (526 7795 ; www.pohjaka.ee ; Mäeküla, commune de Paide ; plats 12-15 € ; 12h-20h tlj juin-août, mer-dim sept-mai ;), d'aspect vétuste, tient lieu de cadre brut à un merveilleux restaurant, qui fait la part belle aux produits locaux et sublime les roboratifs classiques estoniens (côtes de porc, purée, etc.). Bien indiqué sur l'autoroute Tallinn-Tartu (à 90 km du centre de Tallinn et à 95 km depuis Tartu).

Histoire

À sa création en 1971, le Lahemaa était le premier parc national d'Union soviétique. Certes, il existait déjà des zones protégées, mais les autorités craignaient que l'idée d'un parc national ne fît émerger quelque fibre nationaliste chez le peuple estonien. D'habiles tractations, notamment une référence à un obscur décret de Lénine mentionnant les parcs nationaux comme forme acceptable de protection de la nature, et des années de préparation permirent finalement sa création. La Lettonie et la Lituanie fondèrent respectivement des parcs nationaux en 1973 et 1974, mais il fallut attendre 1983 pour que la Russie les imitât.

À voir

Nous vous recommandons de commencer votre exploration en partant du centre des visiteurs du manoir de Palmse.

Manoir de Palmse BÂTIMENT HISTORIQUE
(www.palmse.ee ; adulte/enfant 7/5 € ; 10h-19h). Entièrement restauré, le manoir constitue aujourd'hui le cœur du parc national, le centre des visiteurs étant installé dans les anciennes écuries. La très jolie maison du manoir (datant de 1720 et reconstruite dans les années 1780) est à présent un musée où sont exposés meubles et vêtements d'époque. D'autres bâtiments de la propriété ont aussi été restaurés et réutilisés : la distillerie abrite un hôtel, la maison du régisseur du domaine une pension, les habitations des laboureurs une taverne.

Ce manoir est un témoin de la richesse des propriétaires terriens et seigneurs allemands. Le lieu, qui compte plus de 20 bâtiments sur 52 ha, abritait un couvent cistercien au XIIIe siècle. En 1677, la propriété passa aux mains d'une famille allemande balte (les von der Pahlen), qui devait la conserver jusqu'en 1923. L'expropriation par l'État est commémorée par le monument à la réforme agraire, en pierre simple, qui se dresse face au manoir de l'autre côté du lac d'agrément et des jardins à la française. Visitez aussi les serres et l'orangerie.

Manoir de Sagadi et musée de la Forêt BÂTIMENT HISTORIQUE
(Sagadi Mois & Metsamuuseum ; 676 7888 ; www.sagadi.ee ; adulte/enfant 3/2 € ; 10h-18h mai-sept, sur réservation oct-avr). Achevée en 1753, cette ravissante demeure baroque rose

Parc national de Lahemaa

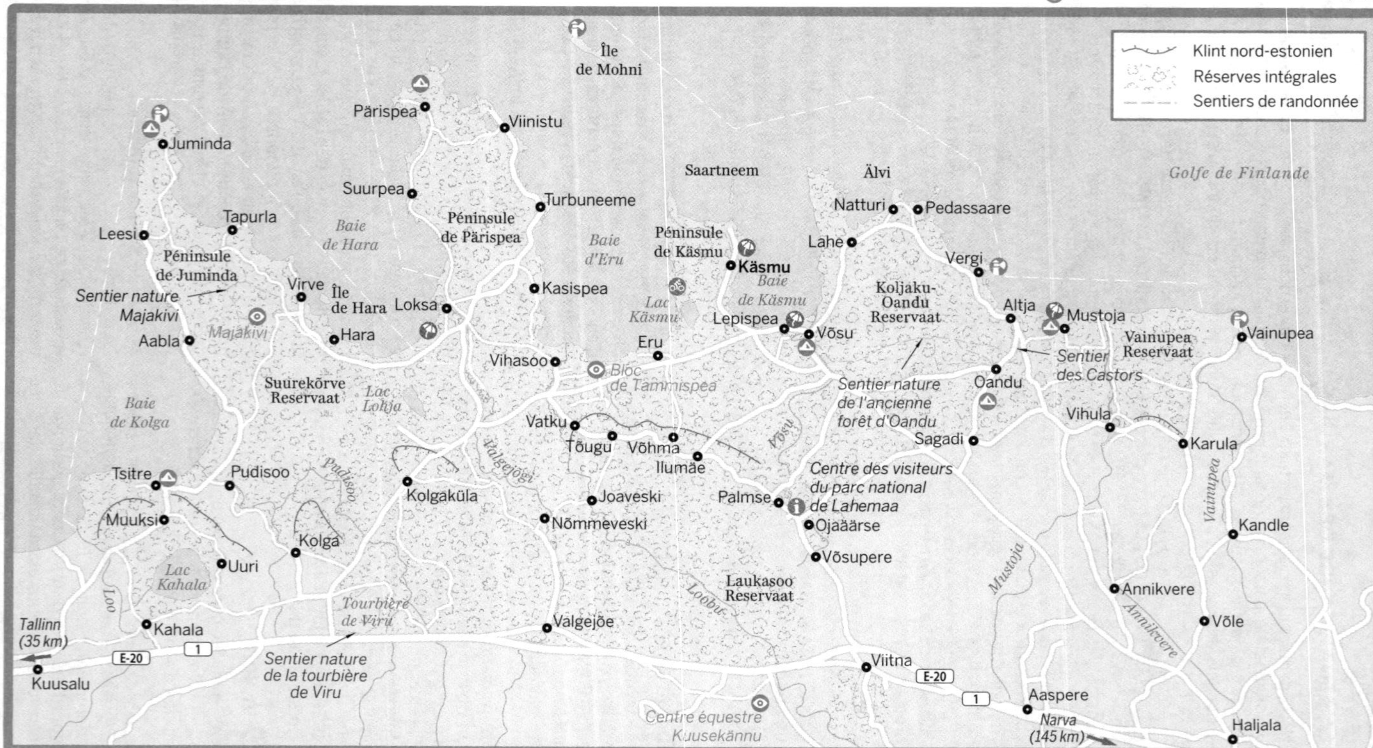

et blanc est entourée d'un superbe jardin (visite gratuite), avec un lac, des sculptures modernes, un arboretum et une vue qui se perd dans une majestueuse avenue bordée d'arbres. Le billet pour le manoir permet également de découvrir le musée de la Forêt voisin, dédié à l'industrie forestière, ainsi qu'à la faune et à la flore du parc.

La propriété Sagadi a été nationalisée lors de la première période d'indépendance de l'Estonie, bien que la famille d'aristocrates qui l'occupait de longue date eût été autorisée à y demeurer jusqu'en 1939. Les dépendances connaissent aujourd'hui une nouvelle vie : elles abritent le Centre national de gestion des forêts (Riigimetsa Majandamise Keskus ; RMK) et son école, un hôtel et une auberge de jeunesse.

Altja VILLAGE

Mentionné pour la première fois en 1465, ce village de pêcheurs compte de nombreux édifices restaurés ou reconstruits, dont une taverne d'allure ancienne, mais en fait bâtie en 1976. La colline aux Balançoires (Kiitemägi) d'Aljja, avec ses balançoires en bois traditionnelles estoniennes accueille depuis longtemps les festivités de la Saint-Jean à Lahemaa. Le **sentier nature et culture d'Altja**, boucle de 3 km, part de Kiitemägi, longe les abris à filets, les maisons de pêcheurs et traverse le champ de pierres surnommé "le musée des rochers en plein air".

On trouve de belles plages entre Altja et Mustoja, plus à l'est. Un magnifique sentier pédestre et cycliste part à l'est en longeant la vieille route entre Altja et Vainupea.

Käsmu VILLAGE

Connue sous le nom de "village des Capitaines", la toute petite bourgade de Käsmu abrita de 1884 à 1931 une école de la marine qui formait maints capitaines, si bien qu'on disait que chaque famille du village en comptait au moins un ! De fait, dans les années 1920, cette localité rassemblait un tiers des navires répertoriés en Estonie.

Käsmu est entourée du champ de pierres fort de la plus grande proportion de blocs erratiques du pays. On peut les admirer depuis les sentiers qui partent de l'extrémité de la route. Long de 4,2 km, le **sentier nature et culture de Käsmu** suit la côte et longe la forêt de pins (comptez 1 heure 30 pour le parcourir). Au départ de la chapelle, un sentier plus long s'étend sur 15 km pour rejoindre le **lac Käsmu** (Käsmu järv).

Musée de la Mer de Käsmu MUSÉE

(Käsmu Meremuuseum ; www.kasmu.ee ; Merekooli 1 ; don à l'entrée). Cette ancienne caserne des gardes-côtes soviétiques tient aujourd'hui lieu de musée éclectique où l'on découvre un bric-à-brac d'objets marins et de cartes savamment présentés. Les propriétaires de ce musée privé habitent sur place (pas d'heures d'ouverture officielles).

Musée d'Art de Viinistu GALERIE D'ART

(Kunstimuuseum ; www.viinistu.ee ; tarif plein/enfant 4/2 € ; ⌚11h-18h mer-dim). Il peut paraître incroyable qu'un obscur village, isolé près de l'extrémité de la péninsule de Pärispea, possède l'une des meilleures galeries du pays. Celle-ci abrite la remarquable collection d'art privée de Jaan Manitski, réputé l'un des hommes les plus riches du pays. Entièrement dédiée à l'art estonien, elle s'enrichit à mesure des ans et met particulièrement l'accent sur la peinture contemporaine, mais comprend également sculptures, eaux-fortes et dessins, ainsi que quelques toiles plus anciennes et d'inspiration traditionnelle.

Manitski, né dans le village de Viinistu (où il ne grandit toutefois pas), doit une part de sa fortune au fait d'avoir été le manager du groupe mythique suédois ABBA. Il transforma le village avec son musée d'Art et son hôtel-restaurant voisin, qui occupe une ancienne usine à poisson sur le front de mer. En été, Viinstu accueille souvent des concerts.

Bloc de Tammispea SITE D'INTÉRÊT

Avec le temps, ce gigantesque bloc erratique s'est brisé en plusieurs morceaux, mais, avec ses 7,8 m de haut, il reste impressionnant, niché au cœur d'un joli groupe d'arbres. Pour le découvrir, quittez la route côtière principale, traversez le village de Tammispea et continuez sur la route non bitumée. Vous verrez un panneau peu après avoir passé la maison aux sculptures d'ours polaires.

Manoir et musée de Kolga MUSÉE

(www.kuusalu.ee ; tarif plein/enfant 2/1 € ; ⌚10h-18h mi-mai à mi-sept, 9h-16h lun-ven le reste de l'année). GRATUIT Le classique manoir de Kolga, délabré mais photogénique, date de 1642 mais fut en partie reconstruit en 1768 et 1820. Il est de nouveau entre les mains de la famille Stenbock, qui en fut propriétaire entre le XVIIe siècle et le début du XXe siècle. Les projets de restauration sont actuellement au point mort en raison d'un manque de moyens. Le petit musée d'histoire locale, aménagé dans une bâtisse voisine, donne peu d'informations en anglais mais comprend une exposition intéressante sur les sépultures de l'âge du bronze du lac Kahala, tout proche.

Activités

Randonnée

De superbes chemins de randonnée sillonnent les divers paysages du parc. Cartes et informations sont disponibles au centre des visiteurs.

Le **sentier nature de l'ancienne forêt d'Oandu** s'étire sur 4,7 km, à 3 km au nord de Sagadi. C'est certainement le plus intéressant du parc. Les arbres portent les marques laissées par les sangliers et les ours, leur écorce dévorée par les élans ou meurtries par le gemmage (incision destinée à recueillir la résine).

Joli chemin de 1 km entre Oandu et Altja, le **sentier des Castors** (Koprarada) passe devant des digues de castors sur la rivière Altja, mais ces animaux, prudents et de mœurs nocturnes, sont difficiles à apercevoir.

Le **sentier nature de la tourbière de Viru** traverse cette dernière sur 3,5 km, partant du km 1 sur la route de Loksa (près de Kolga), qui quitte l'axe routier principal Tallin-Narva. Ouvrez l'œil : il y a des dionées, ou attrape-mouche de Vénus, la plante carnivore favorite de Darwin.

Les 7 km du **sentier nature Majakivi** commencent sur la route Loksa-Leesi, non loin de Virve, village côtier au charme désuet, et passent près du Majakivi (rocher-maison) de 7 m de haut qui, avec ses 584 m², constitue le plus gros bloc erratique du Lahemaa.

Randonnée équestre

Centre équestre de Kuusekännu RANDONNÉE ÉQUESTRE

(Kuusekännu Ratsatalu ; ☎325 2942 ; www.kuusekannuratsatalu.ee ; 20 €/heure). En bordure du parc national, près de Viitna, ce centre équestre organise des sorties dans le Lahemaa. Les excursions sur 2 jours comprennent les repas et l'hébergement à Käsmu (295 €). Pour les sorties sur 3 jours, première nuit à Käsmu et seconde nuit à Atlja ou Sagadi (à partir de 390 €). Appelez avant et regardez comment y aller sur le site Internet (en anglais).

Vélo

Les petites routes ombragées de Lahemaa sont très agréables à parcourir à vélo et nombre d'établissements proposent des vélos à la location (environ 10 €/jour), notamment Lepispea Caravan & Camping, Merekalda, Sagadi Manor, Toomarahva Turismitalu et Uustula B&B.

Meilleur itinéraire hors route, la **piste cyclable de Käsmu**, de 11,6 km, forme pour l'essentiel une boucle, avec 2 longs sentiers secondaires. Elle part de la fin de la route de Käsmu, sillonne la forêt en direction du bloc erratique Matsikivi, puis continue jusqu'à l'extrémité de la péninsule, redescend vers le lac, avant de bifurquer pour revenir au village, près de l'église (carte disponible dans la section Lahemaa du site www.loodusegakoos.ee).

City Bike (p. 70) organise des excursions libres d'une journée dans le parc au départ de Tallinn (à partir de 29 €, location de vélo comprise, mais trajet en train depuis - et vers - Kadrina non inclus).

Circuits organisés

Tallinn Traveller Tours (p. 70) et EstAdventures (p. 70) proposent des excursions au Lahemaa depuis Tallinn à partir de 55 € environ. Pour le même itinéraire, les circuits privés organisés par Estonian Experience (p. 70) coûtent de 320 € pour 1 personne à 460 € pour 4 personnes.

Où se loger

Käsmu, située sur un littoral rocheux, ne manque pas de pensions toutes simples. Pour plus d'animations, visez Võsu, très appréciée des étudiants estoniens en été. De nombreuses autres pensions sont disséminées dans la région (liste disponible au centre des visiteurs de Palmse). Beaucoup de petites pensions ont des (gros) chiens ; pensez-y avant de sauter par-dessus une clôture.

Le Lahemaa se prête merveilleusement au camping. Le RMK gère nombre de terrains, rudimentaires mais gratuits, près de Tsitre, dans la baie de Kolga, à la pointe nord des péninsules de Juminda et Pärispea, juste au sud de Võsu et au bord de la route entre Sagadi et Altja, 300 m au sud du sentier d'Oandu. Pour trouver ces campings, suivez bien les petits panneaux de bois marqués "RMK". Tous les campings (ceux du RMK, gratuits, et les privés) figurent sur l'excellente carte du *Lahemaa Rahvuspark*, disponible au centre des visiteurs (1,90 €).

Lepispea Caravan & Camping CAMPING €

(☎ 5450 1522 ; www.lepispea.eu ; Lepispea 3 ; empl 5 €/pers, camping-car 15 € ; ⏲ mai-sept ; P 📶 🐾). Ce camping de Lepispea, à 1 km à l'ouest de Võsu, occupe un grand champ bordé d'arbres, donnant sur une petite plage où s'alignent les roseaux. Bonnes installations, dont un sauna proposé à la location. Vélos à louer (10 €/jour).

Uustula B&B & Campsite PENSION, CAMPING €

(☎ 325 2965 ; www.uustalu.planet.ee ; Neeme tee 78a, Kasmu ; empl 4 €/pers, camping-car 10 €, s/d 30/45 € ; P). Au bout de la route de Käsmu, cet ensemble loue des chambres sobres mais agréables sur le front de mer. Supplément de 6 € pour le petit-déjeuner. On peut planter sa tente sur l'herbe. Douches (3 €). Vélos à louer (8 €/jour).

♥ Merekalda PENSION, APPARTEMENTS €€

(☎ 323 8451 ; www.merekalda.ee ; Neeme tee 2, Käsmu ; bungalow/ch 20/45 €, app 69-99 € ; ⏲ mai-sept ; P 📶). Cette paisible retraite est aménagée autour d'un beau et grand jardin, dans la baie, à l'entrée de Käsmu. Réservez si vous souhaitez un appartement avec terrasse et vue sur la mer. Les voyageurs à petit budget opteront pour les bungalows au bord de l'eau, sommaires mais romantiques. Barques et vélos à louer.

♥ Toomarahva Turismitalu PENSION, CAMPING €€

(☎ 505 0850 ; www.toomarahva.ee ; Altja ; tente/foin 3/5 € par pers, camping-car 10 €, s/d 25/50 €, app 80-110 € ; 📶). Cette ferme pleine de cachet comprend des bâtisses de bois au toit de chaume et un jardin fleuri orné de sculptures. On a le choix entre deux jolies et confortables chambres, qui se partagent une salle de bains, et un appartement, lequel peut être loué avec une ou deux chambres. En été, vous aurez en outre la possibilité de dormir sur le foin. Sauna traditionnel proposé à la location.

Manoir de Sagadi HÔTEL, AUBERGE DE JEUNESSE €€

(☎ 676 7888 ; www.sagadi.ee ; Sagadi ; dort 15 €, s/d à partir de 60/80 € ; @ 📶). Se réveiller dans les exceptionnels confins de cette propriété aux jolis jardins est une merveilleuse expérience. L'auberge, bien entretenue, de 31 lits, occupe l'ancienne demeure du régisseur du domaine, alors que les écuries chaulées, de l'autre côté des pelouses, abritent l'hôtel et ses chambres, fraîches et confortables.

Pension Palmse PENSION €€

(☎ 5386 6266 ; www.palmse.ee ; manoir de Palmse ; s/d salle de bains commune 25/50 €, ste 76-96 € ; P 📶). Aménagé dans l'ancienne maison (1820) du régisseur du domaine, cet établissement a plus de charme que le Park Hotel Palmse. Petit bémol : seules les suites et suites junior possèdent leur propre salle de bains.

L'ESTONIE À POILS ET À PLUMES

L'Estonie compte quelque 64 espèces de mammifères terrestres répertoriées, et certains animaux ayant ailleurs disparu ont survécu dans l'immense forêt estonienne. Alors que ces plantigrades étaient menacés d'extinction à l'aube du XXe siècle, on recense aujourd'hui plus de 600 ours bruns dans le pays. Le castor européen, quasi exterminé, a été réintroduit avec succès dans les années 1950 et compte à ce jour une population de plus de 20 000 individus. Bien que le chevreuil et le sanglier restent présents par milliers, leur population décroît. D'aucuns imputent le phénomène aux prédateurs ; or ces animaux sont chassés et se trouvent au menu de restaurants haut de gamme (tout comme l'élan et l'ours). L'Estonie compte encore des loups gris (environ 135), des lynx (plus de 700) et de magnifiques chats au pelage épais et aux énormes pattes adaptées à la neige. Lynx, ours, loups et castors font partie des animaux chassés chaque année malgré un système de quotas visant à stabiliser leurs populations.

L'Estonie compte aussi pléthore d'oiseaux, avec 363 espèces recensées. Du fait des rudes hivers, la plupart des oiseaux sont ici migrateurs. Bien qu'on la trouve presque partout dans le monde, l'hirondelle rustique, oiseau national, jouit d'un statut quasi royal et revient après l'hiver en avril ou en mai. La cigogne est aussi très importante en Estonie. En déclin dans le reste de l'Europe, les cigognes blanches sont ici de plus en plus nombreuses, souvent perchées sur les lampadaires dans leurs grands nids circulaires. À l'inverse, les cigognes noires voient leur nombre diminuer.

Hôtel Viinistu HÔTEL €€

(☎5373 6446 ; www.viinistu.ee ; Viinistu ; s/d/f 40/50/70 €). La décoration de ce lumineux hôtel en front de mer, voisin du musée d'Art privé de Jaan Manitski, évoque la fraîcheur marine. Les chambres familiales, beaucoup plus grandes, disposent de kitchenettes. Préférez les chambres face à la mer avec balcon.

Manoir de Vihula HÔTEL €€€

(☎326 4100 ; www.vihulamanor.com ; Vihula ; ch/ste à partir de 94/164 € ; P 📶 🏊). Ce manoir et les bâtiments historiques qui l'entourent ont été transformés en chambres d'hôtes, restaurants et spa de jour. Les chambres de la maison principale sont particulièrement belles et élégantes, dotées de somptueuses baignoires. Louez une barque pour une promenade sur le lac.

Où se restaurer et prendre un verre

Ravitaillez-vous chez **Meie** (www.meietoidukaubad.ee ; Mere 67 ; ⏲10h-20h) à Võsu (DAB à l'intérieur) ou à **Loksa Kauplus** (Tallinna 36 ; ⏲9h-22h), bien plus grand, à Loksa.

♥ **Altja Kõrts** ESTONIEN €

(www.palmse.ee ; Altja ; plats 6-8 € ; ⏲12h-20h). Aménagé dans une bâtisse au toit de chaume, ce restaurant ultrarustique possède une terrasse spacieuse et des tables en bois éclairées à la bougie. Y sont servies de délicieuses spécialités traditionnelles (entre autres, rôti de porc à la choucroute). L'expérience est aussi singulière que plaisante.

Restaurant Viinistu EUROPÉEN €

(☎5558 6984 ; www.viinistu.ee ; Viinistu ; plats 8 € ; ⏲12h-21h ; 📶). Cet élégant bar-restaurant, où l'accent est mis sur les produits de saison, affiche une carte succincte mais alléchante, avec des mets tels que des pâtes à l'encre de seiche et des salades fraîches. Si la météo ne vous permet pas de profiter de l'agréable terrasse, sachez que la vue sur la mer est tout aussi belle à travers les grandes baies vitrées de la salle.

Viitna Kõrts ESTONIEN €

(☎520 9156 ; www.viitna.eu ; Viitna ; plats 6-13 € ; ⏲11h-22h ; 📶). Cette reconstruction d'une taverne du XVIIIe siècle est une halte prisée des familles sur la route de Tallinn à Narva. La longue carte comprend nombre de plats traditionnels appétissants tels que rôti de porc au miel ou hareng au fromage blanc. À côté, un café tout simple, ouvert dès 7h, sert les incontournables (café, sandwichs, etc.). Également, un stand de kebabs sur place.

Palmse Kõrts ESTONIEN €€

(www.palmse.ee ; Palmse ; plats 7,50-13 € ; ⏲11h-21h). Tout proche du manoir, au sud, dans les anciennes habitations des laboureurs datant de 1831, cette taverne rustique aux airs d'antan, avec ses poutres apparentes, affiche un menu simple de classiques estoniens. Salade crémeuse de pommes de terre et d'œufs délicieuse mais bourrative, tout comme le "gâteau de grand-mère".

La Bohème EUROPÉEN €€€

(☎326 4100 ; www.vihulamanor.com ; Manoir de Vihula ; plats 18-22 € ; P 📶). Vous pourrez, certes, dîner sur un balcon ou dans le jardin, mais ce serait se priver de la salle de bal du manoir de Vihula. La carte met le poisson et le gibier de la région à l'honneur. Excellent service. Gardez de la place pour le dessert.

O Kõrts PUB

(Jõe 3, Võsu ; plats 5-10 € ; ⏲11h-minuit dim-jeu, 11h-4h ven et sam). Cette taverne a le double attrait d'un intérieur chaleureux, où domine le bois, et d'une terrasse fleurie, idéale pour profiter du soleil en fin de journée. On s'y restaurera d'amuse-gueules accompagnant une bière, ou de porc, de steaks et de saumon. Musique live et DJ lors des longues soirées d'été.

Renseignements

Centre des visiteurs du parc national de Lahemaa (☎329 5555 ; www.loodusegakoos.ee ; manoir de Palmse ; ⏲9h-17h tlj mai-oct, lun-ven oct-avr). Cet excellent centre fournit la carte essentielle du Lahemaa (1,90 €), ainsi que des informations sur les sentiers de randonnée, les hébergements et les services de guide. Nous vous recommandons de commencer votre visite du parc en regardant le film de 17 minutes *Lahemaa – Nature and Man*.

Comment s'y rendre et circuler

Mieux vaut visiter le Lahemaa en voiture ou à vélo, les lignes de bus étant réduites au sein du parc. Voici les principales lignes de bus traversant le parc :

- De Tallinn à Altja (6,50 €, 1 heure 45, tlj) via Loksa, Käsmu, Lepispea et Võsu
- De Rakvere à Sagadi (1,55-1,95 €, 45 min, 1 à 4/jour), Palmse (1,75-2 €, 50 min, 1/jour), **Altja** (1,90-2,25 €, 1 heure, plusieurs/jours), **Võsu** (1,95-2,55 €, 1 heure, 6/jours) et **Käsmu** (2,20-2,55 €, 1 heure, 4/jour).

Rakvere

15,300 HABITANTS

À mi-chemin entre Tallinn et Narva, Rakvere est une escale très agréable pour quelques jours ou une nuit. À la différence de Narva, l'atmosphère y est branchée, jeune et moderne.

La ville clame haut et fort son lien avec un célèbre Estonien, le compositeur Arvo Pärt, qui s'installa ici enfant. Rakvere est aussi connue pour sa tradition musicale originale, qui s'exprime lors du **Festival de la chanson punk d'Estonie** (www.punklaulupidu.ee). Réaction, à l'origine, au conservatisme du festival national, il a lieu tous les trois ou quatre ans – la dernière édition a eu lieu en août 2015. Entendre *Anarchy in the UK* chanté par un chœur de jeunes coiffés de crêtes est tout sauf banal !

À voir et à faire

Château de Rakvere CHÂTEAU

(Rakvere Linnus ; ☎ 507 6183 ; www.rakverelinnus.ee ; Vallikraavi ; adulte/enfant 7/5 € ; ⏰10h-19h mai-sept, 10h-16h mer-dim oct-avr). Le monument phare de Rakvere se distingue des autres ruines car des divertissements médiévaux interactifs y sont organisés. Si la plupart d'entre eux s'adressent aux enfants (costumes, zoo), les adultes seront ravis de s'essayer au maniement d'épées (factices), au tir à l'arc ou à la joute, et de déguster bières et victuailles dans l'auberge. Le prix d'entrée comprend démonstrations d'alchimie, spectacle de tirs au canon et visites de la salle de torture, bien que le château n'en ait jamais eue (au programme : éclairage rougeâtre, faux squelettes et cercueils).

Cette colline est le site des premières fortifications érigées en Estonie, aux Ve et VIe siècles. Construit au XIVe siècle par les Danois, le château passa tour à tour aux mains de l'ordre de Livonie (chevaliers Porte-glaive), des Russes, des Suédois et des Polonais. Gravement endommagé lors d'un affrontement opposant Suédois et Polonais, en 1605, il fut transformé en un manoir raffiné à la fin du XVIIe siècle.

En été, le château accueille concerts et pièces de théâtre. Renseignez-vous à l'office du tourisme.

Statue de Tarvas MONUMENT

Se dressant non loin du château, cette statue imposante pèse 7 tonnes et mesure 3,5 m de haut pour 7,1 m de long. Elle fut réalisée par l'artiste estonien Tauno Kangro pour célébrer le 700e anniversaire de la ville en 2002. Il représente en fait un aurochs, une espèce de bœuf sauvage à longues cornes disparue au XVIIe siècle.

Les *Chroniques de Livonie* de 1226 contiennent une description de l'ancien château, en bois, planté sur la colline de Rakvere, appelé Tarvanpea. Or en estonien, le terme signifie "la tête de l'aurochs", d'où la statue.

Chênaie de Rakvere FORÊT

(Rakvere tammik). Cette forêt de vieux chênes et de tilleuls, qui couvre la colline voisine du château sur 23 ha, constitue un cadre merveilleux pour une promenade au cœur de la végétation. Le site comprenait probablement jadis une chênaie sacrée, mais la forêt fut rasée à plusieurs reprises (la dernière fois vers 1800).

Sur une étendue de gazon près de l'extrémité sud, l'**Okaskroon** (couronne d'épines) est un monument en hommage aux habitants des environs déportés en Sibérie sous le joug soviétique. Plus loin dans la forêt, des croix groupées par trois entre les arbres indiquent un petit **cimetière militaire allemand**.

Musée-maison des Citoyens MUSÉE

(Linnakodaniku Majamuuseum ; www.svm.ee ; Pikk 50 ; adulte/enfant 1,60/1 € ; ⏰11h-17h mar-sam mai-sept, 11h-17h mar-ven 11h-15h sam oct-avr). La rue Pikk compte de nombreux bâtiments historiques en bois et en pierre, dont cette maison du XVIIIe siècle décorée principalement façon début du XXe siècle. On y trouve, en particulier, un atelier de cordonnier, des jouets et un piano ayant appartenu à Arvo Pärt.

Église de la Trinité ÉGLISE

(Kolmainu kirik ; www.kolmainu.ee ; Pikk 17 ; ⏰10h-18h lun-sam, 10h-12h30 dim juin-août). Endommagée et restaurée plusieurs fois, cette jolie église luthérienne du début du XVe siècle arbore un clocher de 62 m, un pupitre gravé orné de panneaux peints (1690) et quelques toiles aussi grandes qu'impressionnantes. Elle accueille chaque année, le 16 septembre, un concert pour célébrer l'anniversaire d'Arvo Pärt.

Turuplats PLACE

(Place du Marché ; Lai, Laada et F.G. Adoffi). Même si elle date de l'ère soviétique, la vaste place principale de Rakvere est plutôt jolie, avec ses grands lampadaires jaunes en acier courbés au-dessus de cercles de cailloux et de fontaines. On y voit également une statue fantaisiste du compositeur Arvo Pärt, représenté enfant tenant son vélo. Vous trouverez, autour de la place, des cafés et l'office du tourisme.

Église de la Nativité-de-la-Mère-de-Dieu ÉGLISE
(Jumalaema Sündimise kirik ; Tallinna 17 ; ⏲10h-16h). Lors de notre visite, les élégants bulbes de cette ravissante église orthodoxe du XIXe siècle étaient en cours de dorure, conférant à l'édifice encore plus d'éclat. Celui-ci contient les reliques de Sergius Florinsky, prêtre local abattu en 1918 par des communistes de la région, et aujourd'hui considéré comme un saint de l'Église orthodoxe russe.

Parc aquatique et saunas Aqva PISCINES, SAUNAS
(www.aqvahotels.ee ; Parkali 4 ; 2 heures 30 9-13 €, saunas inclus 12-18 € ; ⏲9h-22h). Véritablement incontournable, cet ensemble de piscines et de saunas est l'un des meilleurs en son genre du pays. Les nageurs entraînés pourront enchaîner les longueurs dans la piscine couverte de 25 m, pendant que les plus petits barboteront dans la piscine à vagues ou dévaleront le toboggan. Le site comprend aussi une pataugeoire, populaire auprès des moins de 5 ans, ainsi qu'une petite piscine et une terrasse bien exposée.

Chaque vestiaire possède un sauna, mais il vaut la peine d'investir dans le billet plus cher pour essayer les différents saunas et bains de vapeur du centre, notamment celui au sel, particulièrement délassant.

Où se loger

♥ Villa Theresa HÔTEL €€
(☎322 3699 ; www.villatheresa.ee ; Tammiku 9 ; s/d 55/65 € ; P ❄ ᯤ). Dans un coin boisé en périphérie de la ville, à 1,5 km au sud de la place principale, ce superbe hôtel de charme cumule les bons points : tranquillité, confort, excellente cuisine et prix raisonnables. Un cachet classique imprègne l'ensemble de l'établissement, de la vieille maison en bois à l'avant aux chambres dans l'extension moderne.

Art Hotell HÔTEL €€€
(☎323 2060 ; www.arthotell.ee ; Lai 18 ; s/d 38/60 € ; P ᯤ). Sous la même gérance que l'élégant café d'en face, ce petit hôtel simple et raffiné n'a plus rien de la maison close qu'il était au début du XIXe siècle. Chambres mansardées, TV écran plat et salle de bains avec mur en verre dépoli.

Hôtel et spa Aqva HÔTEL €€€
(☎326 0000 ; www.aqvahotels.ee ; Parkali 4 ; s/d/ste 93/105/215 € ; ≋ ᯤ). Cet hôtel à la singulière architecture, formé d'un spa et d'un parc aquatique couvert, est plébiscité par les familles finlandaises. La décoration joue la carte de l'eau : tapis violet, aquarium et mur d'eau dans le hall. Chambres standards petites mais modernes et élégantes.

Où se restaurer et prendre un verre

Art Café CAFÉ €
(www.artcafe.ee ; Lai 13 ; plats 5,50-12 € ; ⏲11h-23h lun-sam, 11h-21h dim ; ᯤ). Fort de ses airs très urbains, de son jardin et de sa clientèle éclectique, ce café est idéal pour manger un morceau et boire un verre en fin de soirée. Le personnel, chaleureux mais un peu lent, vous aidera à choisir parmi les salades, soupes, crêpes, pâtes et autres plats très créatifs.

Inglise Pubi PUB €
(www.inglisepubi.ee ; Tallinna 27 ; plats 6,50-9,90 € ; ⏲11h-minuit ; ᯤ). Avec son papier peint à l'ancienne, ses poutres sombres et ses équipements de bar en laiton, cet établissement est une bonne imitation de pub anglais, et on se plaît à siroter une pinte dans le *beer garden*. La carte, simple et sans surprise (escalopes panées, côtelettes de porc, saumon grillé), ajoute au crédit du lieu.

Villa Theresa EUROPÉEN €€€
(☎322 3699 ; www.villatheresa.ee ; Tammiku 9 ; plats 15-19 € ; ⏲12h-22h). Pour une ambiance plus formelle et haut de gamme, optez pour le restaurant de l'hôtel Villa Theresa. À la carte, pâtes crémeuses et nombre de plats d'influence française, délicieusement riches.

Renseignements

Office du tourisme (☎324 2734 ; www.rakvere.ee ; Laada 14 ; ⏲9h-17h lun-ven toute l'année, plus 9h-15h sam-dim mi-mai à mi-sept). Votre première étape à Rakvere, pour trouver un plan de la ville et une brochure sur les balades. Personnel serviable.

Depuis/vers Rakvere

BUS

La gare routière se trouve à l'angle de Laada et de Vilde, un pâté de maisons au sud de l'office du tourisme.

Lignes principales :
Narva (5-9 €, 2 heures, 10/jour)
Pärnu (9-11 €, 2 heures 45 à 4 heures, 3/jour)
Tallinn (3,50-7 €, 1 heure 30, 19/jour)
Tartu (7-9 €, 3 heures, 8/jour)
Võsu (1,95-2,55 €, 1 heure, 6/jour)

TRAIN

- Au départ de Rakvere, Elron propose 3 trains quotidiens pour Tallinn (5,50 €, 1 heure 30) et 2 pour Narva (5,60 €, 1 heure 30).
- Des trains GoRail de Moscow et Saint-Pétersbourg s'arrêtent à Rakvere 2 fois/jour. Arrêts également à Narva (4,30 €, 1 heure 30) et à Tallinn (à partir de 6 €, 1 heure 15).
- La gare se trouve dans Jaama psl, à 1,2 km au nord-est de la place principale.

Réserve paysagère d'Ontika

Située entre la mer et une étroite route côtière, à peu près à mi-chemin entre Rakvere et Narva, cette petite réserve protège une partie du Klint de la Baltique, où la terre s'abîme dans les eaux, formant des falaises calcaires pouvant atteindre 54 m de haut. Le Klint s'étend sur 1 200 km (dont 500 km sous l'eau), de la Suède jusqu'au lac Ladoga en Russie.

Seule localité importante sur cette partie de la côte, **Toila** est une petite station thermale et balnéaire nichée entre les deux réserves.

À voir

Valaste juga CHUTES D'EAU
À Valaste, une plateforme d'observation et un escalier métallique font face aux plus hautes chutes d'Estonie (entre 26 et 30 m), qui, selon le mois de l'année, passent du torrent à la magnifique cascade de glace ou au petit filet d'eau.

Réserve paysagère du parc d'Oru PARC
(Oru Pargi Maastikukaitseala). Le majestueux château d'Oru fut érigé en 1899 par l'illustre homme d'affaires pétersbourgeois Grigory Yeliseyev, l'un des marchands les plus riches de Russie. En 1935, il devint la résidence d'été du président estonien, mais fut hélas complètement détruit pendant la guerre. S'il ne reste plus rien de l'édifice, le parc environnant est toujours l'un des plus beaux du pays.

Une avenue bordée de vieux arbres conduit aux jardins paysagers à la française et à la terrasse donnant sur la mer, seul vestige du château. Les chemins qui serpentent à travers cette réserve de 75 ha mènent à une grotte avec source d'eau douce, à une tour d'observation, à un cimetière de la Seconde Guerre mondiale et à la plage.

Où se loger et se restaurer

Manoir de Saka HÔTEL, CAMPING €€
(☎336 4900 ; www.saka.ee ; empl 3,20 €/pers, hôtel s/d à partir de 60/80 €, manoir d/ste à partir de 110/230 € ; P 📶 🏊). Perché sur une falaise, ce paisible domaine, signalé à l'écart de l'autoroute juste à l'est de Varia, comprend un camping, un modeste hôtel spa et un manoir italianisant (1864), dans lequel sont aménagés des chambres et, au sous-sol, un restaurant (plats 8-16 €). escalier métallique relie la falaise à la plage en contrebas.

Valaste Puhkeküla PENSION, CAMPING €€
(☎332 8200 ; www.valaste.eu ; Valaste ; empl/bungalow 4/17 €/pers, s/d 30/40 €). Près des chutes de Valaste, cette petite pension colorée met à disposition une vaste cuisine, des salles de bains communes bien entretenues et un grand terrain de camping. La réception se trouve au café, où sont servis de riches en-cas 24h/24.

Toila Spa Hotell et camping Männisalu HÔTEL, CAMPING €€
(☎334 2900 ; www.toilaspa.ee ; Ranna 12, Toila ; empl 5 €/pers, bungalow 45-70 €, s/d à partir de 53/78 € ; P 📶 🏊). S'adressant aussi bien aux jeunes familles qu'aux vacanciers seniors, cet hôtel de milieu de gamme possède un grand parc aquatique, un spa, une aire de jeux pour enfants, une salle de sport et des restaurants. Chambres modestes mais bien entretenues. Ouvert de mai à septembre, le camping au milieu des pins est également une bonne option, avec des emplacements pour tentes et camping-cars, ainsi que des bungalows en bois simples.

Depuis/vers Ontika

Aucun bus direct ne dessert Ontika depuis Tallinn ou Narva. Il vous faudra changer à Jõhvi ou Kohtla-Järve.

Sillamäe

14,000 HABITANTS

Peut-être destinée à rester perpétuellement coincée entre les limbes de l'ex-URSS et l'Estonie moderne, Sillamäe, ville côtière, demeure une énigme et un musée à ciel ouvert pour amateurs de néoclassique stalinien. Pensée par les architectes de Leningrad, la ville compte de grands édifices, notamment l'**hôtel de ville**, semblable à une église luthérienne. Dans le parc en face, trône une magnifique **statue** d'époque, représentant un ouvrier musculeux brandissant, à bout de bras, un atome magnifié.

Le destin de la région a été scellé après la Seconde Guerre mondiale lorsque l'on découvrit que le schiste bitumineux contenait de petites quantités d'uranium extractible. La tristement célèbre usine de traitement de l'uranium et des produits nucléaires fut rapidement construite par 5 000 prisonniers politiques russes, et le centre-ville par 3 800 captifs de guerre baltes (enrôlés dans l'armée allemande pendant le conflit). En 1946, la ville, inaccessible aux visiteurs, avait différents noms de code (Leningrad 1, Moscou 400) et n'apparaissait sur presque aucune des cartes de l'ère soviétique. Et pourtant, pour les ouvriers qui vivaient là, la vie était dans l'ensemble meilleure ici qu'ailleurs en République socialiste soviétique d'Estonie.

L'usine ne traitait que l'uranium brut, même si les bâtiments rapidement désertés sur la bordure ouest de la ville témoignent de la volonté soviétique d'en traiter de plus pur destiné à alimenter des réacteurs nucléaires. La chute de l'URSS a empêché ce projet. Le traitement de l'uranium cessa en 1989 et les déchets radioactifs sont aujourd'hui coulés dans le béton près de la mer. Les risques de fuites dans la mer Baltique ont alerté les écologistes et des fonds de l'UE servent à assurer la stabilité et la sécurité de ces déchets, moyennant un coût gigantesque.

De nos jours, l'usine de Sillamäe, privatisée, est le principal producteur mondial de niobium et de tantale, métaux rares, entre autres utilisés dans la fabrication de matériel médical et électronique.

À voir

Musée de Sillamäe MUSÉE

(www.sillamae-muuseum.ee ; Kajaka 17a ; tarif plein/réduit 2/1 € ; 10h-18h lun-jeu, 10h-16h ven). Jusqu'à très récemment, ce petit musée présentait nombre de fascinants vestiges de l'ère soviétique tels que drapeaux, uniformes et grands portraits de Lénine et de Staline. Aujourd'hui, Lénine et ses camarades ont été exilés dans une annexe, le **Centre culturel de Sillamäe** (Kesk 24), et des poupées et autres ours en peluche ont pris leur place. L'excellente exposition de minerais est cependant toujours là, aux côtés d'une présentation plutôt fade de l'industrie extractive locale, moins intéressante que la salle reproduisant un appartement des années 1950.

Quelque peu difficile à trouver, le bâtiment du musée se trouve entre les rues Kajaka et Majakovski, à un pâté de maisons de la mer.

Depuis/vers Sillamäe

Des bus de Saint-Pétersbourg s'arrêtent à Sillamäe, mais les principales destinations en Estonie sont les suivantes :

Narva (1,47-4 €, 45 min, au moins 1/heure)
Pärnu (15 €, 4 heures 15, tous les jours)
Rakvere (5-7 €, 1 heure 30, 9/jour)
Tallinn (7-12 €, 3 heures, 21/jour)
Tartu (7-12 €, 2 heures 45, 7/jour)

Narva

58 400 HABITANTS

Presque uniquement peuplée de Russes, la ville la plus orientale d'Estonie est séparée d'Ivangorod, en Russie, par la Narva. Il s'agit littéralement d'une ville frontalière : le pont au bout de la grande rue constitue le lien principal du pays avec la Russie, et le no man's land arrive à la limite du parc municipal. Hormis le magnifique château et la mairie, de style baroque, la plupart des somptueux édifices de Narva ont été détruits pendant la Seconde Guerre mondiale. La ville reconstruite, en sus d'inspirer à certains une sombre mélancolie, ne profite manifestement pas de la prospérité que l'on trouve ailleurs en Estonie. Malgré tout, cette cité, la troisièment du pays, reste un endroit unique, étonnant et même assez plaisant pour une petite escale.

Histoire

Peuplée depuis l'âge de pierre, Narva se trouve sur une importante route commerciale. Après la conquête chrétienne, la ville s'est retrouvée prise entre deux civilisations : l'Occident, avec l'Église catholique d'un côté, et l'Orient, avec l'Église orthodoxe de l'autre. Assez logiquement, elle a subi conflits frontaliers et guerres au cours des siècles. En témoignent les deux châteaux de part et d'autre de la Narva, le château de Hermann et celui d'Ivangorod, érigé en 1492 par Ivan III de Moscovie. La ville passa plusieurs fois des mains russes aux mains suédoises aux XVIe et XVIIe siècles pour finalement revenir à la Russie en 1704.

Pendant la Seconde Guerre mondiale, Narva, bombardée par les Allemands et les Russes, fut presque complètement rasée en 1944 lors de sa reprise par l'Armée rouge. Elle fut ensuite intégrée à la zone industrielle du nord-est de l'Estonie pour devenir l'une des villes les plus polluées d'Europe. Les émissions ont nettement diminué aujourd'hui, du fait d'investissements dans des énergies plus propres.

À voir

Château de Hermann CHÂTEAU
(Peterburi 2). Construit par les Danois à la fin du XIIIe siècle, et renforcé par la suite, cet imposant château, en face de la forteresse d'Ivangorod, sur l'autre rive, en Russie, constitue un ensemble architectural unique en Europe. Les murs d'enceinte encerclent la **cour du château**, grande étendue de pelouse ouverte au public, où trône ce qui est sans doute l'une des dernières statues publiques de Lénine en Estonie. Restaurée après la Seconde Guerre mondiale, la tour de Hermann abrite le musée de Narva.

Le plus beau point de vue sur le pittoresque face-à-face entre les deux forteresses est certainement depuis la populaire plage sur la rive, juste au sud des châteaux.

Musée de Narva MUSÉE
(www.narvamuuseum.ee ; Narva Hermann Castle, Peterburi 2 ; adulte/enfant 6/3 € ; ⏲10h-18h ; fermé lun et mar sept-mai). Le billet d'entrée donne droit à gravir les marches de la tour de Hermann, lesquelles mènent au chemin de ronde en bois, et à découvrir, à chaque étage, diverses expositions (plus ou moins dignes d'intérêt et exemptes, pour certaines, d'explications en anglais). La plus digne d'attention présente des photos de la ville avant et après la guerre, ce qui donne idée de l'ampleur des destructions. En été, la **cour nord** est aménagée en enclave urbaine du XVIIe siècle, avec son apothicaire, son forgeron, son potier et ses ateliers de dentelle. L'accès à ladite cour est compris dans le billet d'entrée.

Vieille ville QUARTIER
Les vestiges de la vieille ville rasée par les bombardements se trouvent dans le quartier au nord du château. Le plus impressionnant reste l'**ancien hôtel de ville** (Raekoja plats 1) baroque, construit entre 1668 et 1671. Le **collège de Narva de l'université de Tartu** occupe le remarquable édifice voisin. Une grande extension moderne coiffe à la manière d'une casquette la partie inférieure du bâtiment, une reconstruction de l'ancien édifice baroque de la Bourse qui s'y trouvait.

Comme à Tallinn et Tartu, les Suédois ont entouré la vieille ville de bastions en forme d'étoiles et la plupart des remparts de

À NE PAS MANQUER

KUREMÄE

Perché sur une colline à 20 km au sud-est de Jõhvi, le paisible village de Kuremäe est le site d'un ancien lieu de culte païen où se dresse aujourd'hui un splendide couvent orthodoxe russe. Selon la légende locale, la Vierge Marie serait apparue à un berger du XVIe siècle dans un bosquet de chênes des environs (faisant ainsi écho aux croyances estoniennes préchrétiennes invoquant des êtres divins peuplant les bois sacrés). Une icône de la Dormition de la Mère de Dieu fut par la suite trouvée sous l'un de ces chênes. Elle appartient aujourd'hui au couvent, devenu un lieu de pèlerinage pour les croyants. Une "source sacrée" à proximité, qui, dit-on, ne gèle jamais, est aussi objet de dévotion.

Deux bus directs hebdomadaires desservent Kuremäe depuis Tallinn (8,60 €, 3 heures 30) et Rakvere (6,70 €, 2 heures). Autrement, il faut généralement changer de bus à Jõhvi ou Kohtla-Järve.

Couvent de Pühtitsa (☎337 0715 ; www.orthodox.ee ; ⏲7h-19h). Les cinq tours coiffées de bulbes verts de l'impressionnante église principale du couvent, datant de 1885-1895, sont visibles à des kilomètres à la ronde. Les fresques de part et d'autre de la porte du couvent représentent la Vierge Marie, à qui le grand ensemble est dédié. Les nonnes de la communauté orthodoxe russe autosuffisante travaillent la terre et font visiter les lieux aux touristes, en échange d'un don modique. Il est également possible de découvrir seul l'église, à condition d'arborer une tenue sobre.

terre sont encore visibles. Le **parc Sombre** (Pimeaed), sur le bastion Victoria, permet d'admirer la rivière à l'ombre des arbres.

Kunstigalerii GALERIE
(www.narvamuuseum.ee ; Vestervalli 21 ; tarif plein/enfant 2/1 €, musée inclus 7/3,50 € ; 10h-18h). Répartie sur les 3 niveaux d'une poudrière du XIXe siècle, dans le bastion Gloria, la galerie d'art de Narva accueille une intéressante collection, dont les pièces les plus mémorables remontent à la période précédant la Seconde Guerre mondiale.

Église Saint-Alexandre ÉGLISE
(Aleksandri kirik ; www.narvakirik.ee ; Kiriku 9). Plus grand édifice religieux du pays, cette église doit son nom au tsar russe assassiné tandis qu'elle se trouvait encore en construction (1881-1884). Elle fut gravement endommagée au cours des deux guerres mondiales et son massif clocher octogonal ne fut reconstruit qu'après le retour de l'Estonie au rang de nation indépendante. L'église fait aujourd'hui office de cathédrale luthérienne de Narva.

Cathédrale orthodoxe de la Résurrection ÉGLISE
(Voskresensky Sobor ; www.narvasobor.ee ; Bastrakovi 4). Bien cachée au milieu de bâtiments défraîchis au nord-ouest de la gare, comme le voulait l'urbanisme soviétique athée, cette cathédrale de 1896 arbore un bel extérieur en briques rouges et un intérieur scintillant. À l'intérieur, admirez les fresques du dôme et la magnifique iconostase sculptée.

Où se loger et se restaurer

King Hotel HÔTEL €€
(357 2404 ; www.hotelking.ee ; Lavretsovi 9 ; s/d 28/36 € ; plats 5-17 € ;). Dans la vieille ville, non loin du château, le King loue des chambres modernes et confortables dans un édifice de 1681. Excellent restaurant avec lumière tamisée et terrasse ombragée. Spécialité locale à tenter : la lamproie pêchée dans la Narva.

Elektra Külalistemaja PENSION €€
(716 6651 ; elektra.nev.ee ; Kerese 11 ; s/d 40/45 € ; P). Que cette petite pension étrange, adossée à une imposante centrale électrique délabrée, soit l'un des meilleurs endroits de la ville où séjourner en dit long sur Narva. Propres et dotées d'une kitchenette, les chambres peuvent cependant devenir étouffantes en été et les rideaux sont hideux. Point positif : le sauna et le bain à remous de l'établissement.

100% China House CHINOIS €
(357 5099 ; www.chinahouse.ee ; Tallinna mnt 6b ; plats 5-13 € ; 12h-23h). Ce restaurant chinois n'a rien d'exceptionnel mais c'est probablement le meilleur que l'on puisse trouver en Estonie. Occupant une grande maison jaune en retrait de la route principale, il propose une longue carte illustrée, laquelle comprend quelques entrées coréennes. Intérieur kitsch à la chinoise.

Antalya Kebab House TURC €
(Aleksander Puškini 15 ; plats 4-8 € ; 11h30-23h). Ce n'est certes pas de la cuisine raffinée, mais si vous avez envie d'une délicieuse *pide* (pizza turque), d'un kebab, de chachliks (brochettes) ou d'un café bien noir, cette modeste adresse fera votre bonheur. Au coin de la rue, en face de l'office du tourisme.

Achats

Magasin d'antiquités Aleksandr ANTIQUITÉS
(Aleksander Puškini 13; 11h-18h mar-ven, 11h-15h sam). Boutique de souvenirs russes : bustes de Lénine, médailles, bijoux et icônes. Pas mal de bibelots modernes également.

Renseignements

Office du tourisme (359 9087 ; tourism.narva.ee ; Peetri plats 3 ; 10h-17h30). Plans et informations sur la ville, ainsi que présentations interactives intéressantes. Le personnel, aimable et compétent, parle anglais.

Depuis/vers Narva

Les gares ferroviaire et routière sont toutes les deux au niveau de Vaksali 2, à l'extrémité sud de la rue principale, Aleksandr Puškini.

BUS

Des bus relient Narva à Riga et à Saint-Pétersbourg. Parmi les lignes intérieures :

Narva-Jõesuu (2 €, 30 min, toutes les heures environ)
Pärnu (15 €, 4 heures 45, tous les jours)
Sillamäe (1,47-4 €, 45 min, au moins 1/heure)
Tallinn (7-13 €, 3 heures 45, toutes les heures environ)
Tartu (7-12 €, 3 heures, 9/jour)

TRAIN

Elron propose des liaisons intérieures depuis/vers Tallinn (11 €, 2 heures 45) et Rakvere (5,60 €, 1 heure 30) 2 fois/jour. Les trains GoRail de Moscou et de Saint-Pétersbourg (p. 431) s'arrêtent également à Narva 2 fois/jour et continuent vers Rakvere (4,30 €, 1 heure 30) et Tallinn (7,90 €, 3 heures).

Narva-Jõesuu

2 630 HABITANTS

À environ 13 km au nord de Narva, la ville de Narva-Jõesuu (littéralement "bouche de la Narva") est une station balnéaire jolie mais délabrée, très appréciée depuis le XIXe siècle pour sa longue plage de sable à la lisière d'une forêt de pins. De splendides maisons et villas de bois du début du XXe siècle parsèment les alentours, ainsi que quelques hôtels et spas – ce qui en fait une bonne base pour visiter Narva. De nombreuses activités se développent, visant surtout à accueillir les clients russes. L'endroit le plus vivant reste le quartier autour du Meresuu Spa & Hotel.

Où se loger

Meresuu Spa & Hotel RESORT €€
(357 9600 ; www.meresuu.ee ; Aia 48a ; ch/d/ste 88/99/176 € ; P). Cet hôtel de 11 étages peut se prévaloir d'un personnel très souriant. À cela s'ajoute une longue liste d'atouts : belles chambres, vue sur la mer, "complexe aquatique" (7 piscines !), saunas, centre de bien-être et de gym, salle de jeux pour enfants, location de vélo et de bateau, et excellent restaurant (buffet et carte).

Noorus Spa Hotel RESORT €€€
(356 7100 ; www.noorusspahotel.com ; L Koidula 19 ; s/d/ste à partir de 132/149/229 € ; P@). Avec un nom signifiant "jeunesse" et un nombre impressionnant d'excellentes infrastructures – piscines intérieure et extérieure, spa avec 8 types de saunas, salle de sport, restaurant, bar et même bowling –, difficile de dire si ce vaste et nouveau complexe cible les jeunes ou les accros à la variété. Chambres modernes et confortables.

Depuis/vers Narva-Jõesuu

Le bus n°31 relie environ toutes les heures Narva à Narva-Jõesuu (2 €, 30 min). Également liaisons directes avec Tallinn (7-14 €, 4 heures 15, 3/jour), Rakvere (7-9,40 €, 3 heures, 2/jour) et Sillamäe (3-3,60 €, 1 heure, 3/jour).

SUD-EST DE L'ESTONIE

Avec ses vallons, ses lacs et ses immenses étendues boisées, le sud-est de l'Estonie regroupe certaines des plus belles régions rurales du pays, mais aussi l'une de ses principales villes, le très vivant centre universitaire de Tartu.

Depuis Tartu, quelle que soit la direction que l'on prenne, on arrive à quelque beau paysage. Au sud, les villes d'Otepää et de Võru s'ouvrent aux activités de plein air comme la marche, la nage dans les lacs en été et le ski de fond en hiver. D'autres villes, tout aussi pittoresques, caressées par de tranquilles rivières ou bien nichées dans de superbes vallées ajoutent à la splendeur des lieux. Les innombrables lacs émaillant les collines du parc naturel de Haanja ou du parc national de Karula raviront les amateurs de forêt.

À l'est s'étendent le lac Peïpous, parmi les plus grands d'Europe, ses plages de sable somptueuses et sa côte peu développée. La baignade, la pêche, la navigation ou le plaisir de s'imprégner du paysage figurent au nombre des réjouissances. On peut aussi rejoindre la rive occidentale en faisant escale dans de petits restaurants ou de minuscules villages.

C'est l'une des régions les plus étonnantes de l'Estonie et aussi la moins visitée. Dans l'extrême sud-est, cloîtrés dans des villages près du lac Pihkva, vivent les Setus, descendants de tribus balto-finnoises venues s'installer ici au premier millénaire.

S'agissant d'un bref passage dans la région, le bus conviendra parfaitement, mais, pour une exploration plus en profondeur, notamment vers le parc naturel de Haanja, le Setumaa et le lac Peïpous, les transports étant rares, mieux vaut louer une voiture.

Lac Peïpous

Frontière naturelle entre l'Estonie et la Russie, le lac Peïpous (ou lac des Tchoudes, Tchoudskoe Ozero en russe, Peipsi en estonien) est le cinquième lac d'Europe par la taille (3 555 km²), bien qu'il ne fasse au maximum que 15 m de profondeur. Sa rive nord sablonneuse, longue de 42 km, compte d'excellentes plages, de surcroît peu fréquentées. Les stations balnéaires, autrefois prisées, qu'alignait la région aux temps soviétiques, ont été abandonnées et très peu de nouvelles constructions les ont remplacées.

À la pointe nord-est du lac se trouve **Vasknarva**, village de pêche isolé d'environ 100 âmes dont le monastère orthodoxe aurait, selon certains, abrité le centre de surveillance radio du KGB. La Narva naît ici, à partir du lac pour former la frontière avec la Russie avant de se jeter dans la mer Baltique. Toujours à Vasknarva, sur les rives du lac, se dressent aussi les derniers vestiges d'un château de l'ordre Teutonique, datant de 1349.

À **Alajõe** se trouve la principale église orthodoxe de la région. Au nord, là où la route principale Narva-Jõhvi-Tartu rejoint le lac s'étend la plage la plus belle et la plus populaire : **Kauksi.**

Avec une population de 1 320 âmes, **Mustvee** est la localité la plus importante de celles des bords du lac. Elle comprend un petit port et une plage de sable. Un peu plus au sud près de la rive, la Vierge endeuillée, sinistre monument de 1973, rend hommage, la tête baissée, aux 264 soldats de l'Armée rouge morts pendant la Seconde Guerre mondiale et enterrés là dans une fosse commune. À proximité, on peut également admirer une jolie église des vieux-croyants datant de 1927.

Aux XVIIIe et XIXe siècles, les vieux-croyants russes (*Starovyery*), groupe d'orthodoxes persécuté pour avoir refusé de suivre les réformes liturgiques de 1666, trouvèrent refuge sur les rives occidentales du lac. Cette singulière communauté survit dans plusieurs villages côtiers qu'elle a fondés, **Kallaste** étant le plus important.

Les vieux-croyants se sont installés à Kallaste dès 1720, lorsque les lieux portaient le nom de Montagnes rouges (Krasniye Gori), du fait des falaises de grès rouge pouvant atteindre 11 m de haut qui entourent la cité. Plus de 819 habitants sont russophones. Ne ratez pas le cimetière de vieux-croyants à l'extrémité ouest de la ville et une plage de sable avec de petites grottes.

Kolkja est un village de vieux-croyants russes de Kolkja, avec une belle église en bois verte et un minuscule musée des Vieux-Croyants dans ce qui semble être une habitation privée. Parmi les autres lieux où s'installèrent les vieux-croyants, citons Kasepää, Varnja et l'île de Piirissaar.

À voir et à faire

Château d'Alatskivi BÂTIMENT HISTORIQUE

(Alatskivi loss ; ☎ 5303 2485 ; www.alatskiviloss.ee ; adulte/enfant 5/3 € ; ⏲ 11h-17h tlj juin-août, 11h-18h mer-dim mai, sept et oct, 10h-16h lun-ven nov-avr). Indiqué depuis la route principale entre Kallaste et Tartu, le château d'Alatskivi évoque les Highlands écossais dans un écrin verdoyant d'Estonie : tourelles blanches et toiture de style baronnial inspirées de la demeure favorite de la reine d'Angleterre, le château de Balmoral. À l'étage, 5 chambres sont dédiées à la vie d'Eduard Tubin (1905-1982), grand compositeur et chef d'orchestre estonien (explications en estonien uniquement). La propriété s'étend sur 130 ha de parc (ouvert au public), hérissé de chênes, frênes, érables, aulnes, et parcouru par une allée bordée de tilleuls.

Le lieu fut un manoir pendant des siècles, mais l'élément central actuel néogothique date de 1885. Après sa nationalisation en 1919, le bâtiment servit d'école, de caserne de cavalerie, d'exploitation agricole d'État, de bureaux administratifs, de cinéma et de bibliothèque avant d'être restauré et de retrouver sa grandeur originelle en se basant sur des photos fournies par les descendants des premiers occupants aristocrates.

Outre le musée Tubin, l'édifice comprend un restaurant et un ensemble de 4 suites hôtelières (80 € la nuitée, petit-déjeuner inclus).

Musée Liiv MUSÉE

(www.muusa.ee ; Rupsi ; adulte/enfant 2/1 € ; ⏲ 10h-18h juin-août, 10h-16h mar-sam sept-mai). Musée dédié à Juhan Liiv (1864-1923),

LES VIEUX-CROYANTS RUSSES

Entre 1652 et 1666, le patriarche Nikon réforma la doctrine de l'Église orthodoxe russe pour l'aligner sur celle de l'Église orthodoxe grecque. Aujourd'hui, ces réformes liturgiques peuvent sembler triviales (notamment le changement de sens pour le signe de croix, la direction d'une procession, le nombre d'"alléluias"), mais beaucoup de croyants leur attribuaient une importance vitale. Ceux qui rejetèrent ces réformes se virent torturés ou exécutés, et de nombreuses maisons et églises furent détruites.

Au cours des siècles suivants, des milliers de personnes s'enfuirent vers la rive ouest du lac Peïpous où de nouveaux villages et lieux de culte sortirent de terre. Même s'ils avaient fui la persécution, les vieux-croyants restaient gouvernés par la Russie des tsars et n'étaient pas autorisés à pratiquer ouvertement leur religion, jusqu'à l'indépendance du pays en 1918. Aujourd'hui, l'Estonie compte environ 2 600 vieux-croyants russes qui vivent dans 11 congrégations, principalement sur les rives du lac Peïpous.

Sud-est de l'Estonie

écrivain, poète et nationaliste. Même sans en avoir entendu parler (ce qui est probable si l'on n'est pas estonien), le cadre rural est agréable et les bâtiments de la ferme du XIXe siècle où vécut la famille Liiv sont intéressants en eux-mêmes. Le musée accueille parfois concerts et concours de poésie.

Musée des Vieux-Croyants MUSÉE

(www.hot.ee/k/kolkjamuuseum/ ; Kolkja ; adulte/enfant 3/1 € ; ⏲11h-18h mer-dim avr-sept, 11h-17h sam et dim oct-mars). On trouve peu de choses dans ce petit musée privé du village de Kolkja, mais il est édifiant de prendre connaissance des terribles suites qu'eut l'application de changements liturgiques anondins aux yeux profanes. L'endroit n'est pas simple à trouver : prenez à gauche au drapeau estonien, passez près du restaurant à la façade bleue et tournez à droite au lac.

Peipsirent BATEAU, VÉLO

(☎5041067 ; www.peipsirent.eu ; Narva 9c, Mustvee). Cette agence basée à l'hôtel Kalamesteemaja, à Mustvee, loue des bateaux à moteur (35-120 €/jour) et des vélos (10 €/jour). En hiver, elle propose des sorties sur le lac, en traîneau tiré par une motoneige.

Où se loger

N'oubliez pas votre produit antimoustique si vous séjournez près du lac.

Hostel Laguun AUBERGE DE JEUNESSE €
(☎505 8551 ; www.hostel-laguun.ee ; Liiva 1a, Kallaste ; empl/ch 4/17 € par pers). Idéalement située près du lac à Kallaste, la petite (10 lits) auberge Laguun dispose de chambres simples avec salles de bains communes et d'emplacements pour les campeurs. Grand jardin, barbecues et cuisine commune. Choisissez une chambre avec vue sur le lac.

Kuru Puhkemajad CAMPING €
(☎529 5088 ; www.kurupuhkemajad.ee ; Kuru; s/d 12/24 €, bungalow 30-48 €, caravane 10 €/pers ; P). À Kuru, quelques kilomètres à l'est de Kauksi (à l'écart de la route allant du lac à Iisaku), ce camping compte des chambres aménagées dans des granges et des bungalows de bois, tous partageant une cuisine et des salles de bains communes. Joli terrain avec aires de jeux pour les enfants, barbecues. Location de vélos (2 €/heure) ou de bateaux à moteur (100 €/heure).

Aarde Villa B&B €€
(☎518 3617 ; www.aardevilla.ee ; Sääritsa ; empl 5 €/pers, s/d/ste 26/52/56 € ; P ☎). À mi-chemin entre Mustvee et Kallaste, cette adresse en bord de lac loue de confortables chambres avec salle de bains, aménagées dans une bâtisse en pierre datant de 1711, donnant

BLEU, NOIR, BLANC

Le drapeau tricolore estonien date de 1881. Cette année-là, Jaan Bergmaan, étudiant en théologie, évoqua dans un poème un magnifique drapeau flottant au-dessus de l'Estonie. Or, ce pavillon n'existait pas en réalité, quand bien même le pays se trouvait en plein renouveau et que l'idée d'indépendance était présente dans tous les esprits.

Ainsi, en septembre 1881, 20 étudiants et un diplômé se réunirent-ils à l'Association des étudiants estoniens de Tartu pour mettre en commun leurs idées. Tous convinrent que les couleurs de ce drapeau devraient traduire le caractère de la nation, en refléter le paysage et les couleurs des costumes folkloriques. Au terme de longues discussions, les étudiants se décidèrent pour le bleu, le noir et le blanc. Selon une interprétation, le bleu symbolisait l'espoir en l'avenir et la loyauté ; le noir renvoyait au passé sombre auquel l'Estonie avait tourné le dos, ainsi qu'à la terre noire du pays ; et le blanc marquait l'aspiration de tout Estonien aux lumières et à l'instruction – sans oublier la neige en hiver, les claires nuits estivales et l'écorce du bouleau.

Il fallut toutefois attendre plusieurs années avant de voir le premier drapeau. Trois jeunes militantes, Émilie, Paula et Miina Beermann, se mirent à la tâche et en confectionnèrent un grand, en soie. En 1884, une procession fut organisée de Tartu à Otepää, un lieu à l'écart de l'œil omniprésent du gouvernement russe. Le pavillon fut hissé sur le presbytère en présence de tous les membres de l'Association des étudiants. Suite à cela, il fut trempé dans les eaux sacrées du lac de Pühajärv et celé, bien à l'abri, dans les archives des étudiants.

Bien que cette consécration du drapeau eût été un événement mineur, on commença à évoquer son existence et bientôt, on en vit apparaître de semblables dans les associations et les chœurs, et sur les toits des fermes du pays. À la toute fin du XIXe siècle, il était présent dans les soirées et les cérémonies de mariage, mais son emploi dans un cadre politique remonte à 1917, lorsque des milliers d'Estoniens marchèrent sur Saint-Pétersbourg pour demander l'indépendance. En 1918, celle-ci fut déclarée, et le drapeau hissé sur la tour Pikk Hermann, dans la vieille ville de Tallinn. Il y resta jusqu'en 1940, date de la prise du pouvoir par l'Union soviétique.

Interdit sous le joug soviétique, le drapeau retourna à la clandestinité. Or, lui garder secrète allégeance resta, pour les Estoniens, une manière de marquer leur espérance en un avenir meilleur. Ainsi, en cachait-on sous les planchers, ou en décousait-on les bandes pour les dissimuler dans des livres évidés. Ceux qui étaient pris en possession de drapeaux risquaient de lourdes sanctions, voire la condamnation au goulag. Bien entendu, ces pavois ressortirent au grand jour dès les premiers signes d'effondrement du régime. Et, en février 1989, l'indépendance retrouvée fut marquée par leur retour sur Pikk Hermann.

sur sa propre plage. C'est un bel et paisible endroit, avec pléthore d'activités dont le sauna, la voile (avec matériel de pêche) et la location de vélos. Camping possible à l'ombre des arbres.

Où se restaurer

L'une des spécialités de la région, qui justifie à elle seule le détour, est le poisson pêché localement (truite ou saumon), puis fumé. On en trouve dans tous les stands de *suitsu-kala* (poisson fumé) tout le long de la route principale autour du lac. Il y a des supermarchés à Mustvee et Kallaste et un *pood* (épicerie) à Kuru.

Kivi Kõrts ESTONIEN €
(☎745 3872 ; www.kivikorts.ee ; Tartu mnt 2, Alatskivi ; plats 2,70-7,90 € ; ⏲10h-20h lun-mer, 10h-22h jeu-dim). Une excellente adresse où manger copieusement sans dépenser trop. Lumière tamisée et décoration digne d'une brocante – beaucoup de ce que l'on voit est à vendre. La carte, dont la traduction anglaise laisse à désirer, met fortement l'accent sur le porc, mais compte aussi quelques plats de poisson et de poulet.

Restaurant de poissons et d'oignons RUSSE €
(Kala-Sibula Restoran ; ☎745 3445 ; www.hot.ee/k/kolkjarestoran ; Kolkja ; plats 6-8 € ;⏲12h-18h tlj, sur réservation en hiver). Restaurant simple, peint en bleu. Vous y goûterez à la cuisine des vieux-croyants, principalement à base de poissons du lac et d'oignons cultivés dans les jardins des villageois. Si vous parlez russe, mieux vaut appeler avant pour vérifier les horaires d'ouverture.

Renseignements

Office de tourisme de Kallaste (☎745 2705 ; www.kallaste.ee ; Oja 22 ; ⏲10h-18h lun-ven, 10h-16h sam et dim juin-août)

Depuis/vers le lac Peïpous

Il est difficile de rejoindre et d'explorer la région si vous ne disposez pas de votre propre véhicule. Au départ de Mustvee, des bus desservent les destinations suivantes :

Alatskivi (3,40 €, 40 min, 1/jour)
Kallaste (2,80 €, 30 min, 2/jour)
Narva (5 €, 2 heures, 5/jour)
Tallinn (13 €, 3 heures, 1/jour)
Tartu (4-5 €, 1 heure, 10/jour)

Palamuse

Cette petite ville endormie, à 35 km au nord de Tartu, doit son extrême popularité auprès des touristes estoniens au roman *Printemps* (*Kevade*), dont elle est le cadre. De plus, c'est à Palamuse que fut tournée en 1969 l'adaptation cinématographique de cette œuvre d'Oskar Luts, laquelle a pour thème le passage à l'âge adulte. Rediffusé chaque année en période de Noël, *Printemps* est sans conteste le film familial favori du pays. Indépendamment de cette renommée littéraire, Palamuse a tout d'une agréable escale rurale.

À voir

O musée-école communale Luts MUSÉE
(O Lutsu kihelkonnakoolimuuseum ; www.palmuseum.ee ; Köstri allee 3 ; entrée 1,50 €, fronde 0,90 € ; ⏲10h-18h mai-sept, 10h-17h lun-ven oct-avr). Le romancier Oskar Luts fréquenta cette école rustique de 1895 à 1899, expérience qu'il immortalisa dans *Printemps*, son livre le plus célèbre. L'adaptation cinématographique de cette œuvre fut par la suite tournée ici. L'édifice abrite aujourd'hui des expositions consacrées au film, à l'œuvre et à l'auteur.

Même si l'on ne connaît pas le film – du reste difficile à trouver en version sous-titrée –, il est amusant d'explorer la salle de classe, le dortoir et la chambre du professeur recréés, et d'en découvrir les images en noir et blanc et les photos de tournage.

Nous avons gardé le meilleur pour la fin : on peut louer une fronde et tenter, comme dans une scène du film, de briser une fenêtre du bâtiment voisin. Le personnel du musée affirme que le taux de succès est beaucoup plus élevé chez les enfants que chez les adultes. Quoi qu'il en soit, toute fenêtre brisée est promptement remplacée.

Église luthérienne Saint-Barthélemy ÉGLISE
(Püha Bartholomeuse kirik ; Köstri allee 2 ; ⏲10h-17h mai-sept). Autre haut lieu de l'adaptation cinématographique de *Printemps*, cette charmante église gothique remonte au XIIIe siècle, mais fut considérablement transformée au fil du temps. Sa pièce maîtresse en est la chaire en bois sculpté de 1696, ornée d'anges et de saints.

Renseignements

Office du tourisme du comté de Jõgeva (776 8520 ; www.visitjogeva.com ; Köstri allee 1 ; 10h-17h lun-ven, 10h-15h sam-dim mi-mai à mi-sept, 10h-17h lun-ven le reste de l'année)

Depuis/vers Palamuse

Les transports publics sont limités ; un seul bus par jour vers et depuis Tartu (1 heure).

Tartu

98 000 HABITANTS

Tartu se proclame volontiers "capitale spirituelle de l'Estonie", et ses habitants décrivent son *vaim* (esprit) comme hors du temps avec ses maisons en bois, ses édifices imposants, ses parcs de toute beauté et ses berges.

Petite et provinciale, traversée par la paisible Emajõgi, Tartu est la plus importante ville universitaire du pays (les étudiants représentent presque un septième de la population), ce qui vaut à ce centre historique verdoyant un dynamisme étonnant pour une agglomération de cette taille. Durant les longues soirées d'été, les étudiants n'ayant pas abandonné la ville pour la plage se retrouvent sur la colline derrière la mairie pour flirter et boire.

Berceau du "Réveil national" estonien au XIXe siècle, Tartu a nettement moins souffert de l'urbanisme soviétique que Tallinn. Son joli centre est ponctué d'édifices classiques du XVIIIe siècle, dont beaucoup ont été reconvertis de façon originale. Ne manquant pas d'atouts propres – parmi lesquels des galeries d'art et des musées –, la ville constitue aussi une bonne base pour explorer le sud du pays.

Histoire

Vers le VIe siècle, une citadelle estonienne était implantée à Tartu. En 1030, Iaroslav le Sage, prince de Kiev, y aurait fondé une forteresse appelée Iouriev. Les Estoniens en reprirent le contrôle mais furent vaincus en 1224 par les chevaliers Porte-Glaive, qui érigèrent un château, une cathédrale et un évêché sur ce qui sera par la suite connu sous le nom de Toomemägi (colline de la cathédrale). La ville environnante fut appelée Dorpat – son nom allemand – jusqu'à la fin du XIXe siècle.

Au cours des XVIe et XVIIe siècles, Dorpat subit des assauts incessants, passant tour à tour sous la domination de la Russie, de la Suède et de l'Union polono-lituanienne qui se disputaient la région. C'est sous le pouvoir suédois qu'elle connut une ère de calme et que fut fondée, en 1632, l'université. Cet heureux intermède prit fin en 1704, avec le déclenchement de la guerre du Nord, et l'annexion de la ville par Pierre le Grand. En 1708, l'armée du tsar détruisit la ville et la majorité de sa population fut déportée en Russie.

Vers le milieu du XIXe siècle, Tartu devint le foyer du "Réveil national" estonien. Deux étapes importantes du mouvement y eurent lieu : le premier festival de chant estonien, en 1869, et la publication du premier journal en langue estonienne. C'est à Tartu que le traité de paix accordant l'indépendance à l'Estonie (pour la première fois dans l'histoire) fut signé entre la Russie soviétique et cette petite nation, le 2 février 1920. La ville fut lourdement endommagée en 1941 par les troupes soviétiques, qui firent sauter dans leur retraite le majestueux pont en pierre Kivisild (édifié en 1784), puis de nouveau en 1944, lorsqu'elles la reprirent aux nazis. Un monument se dresse aujourd'hui à Lemmatsi, sur la route de Valga, à l'endroit où les nazis massacrèrent 12 000 personnes.

À voir

Tartu, dépositaire de l'héritage culturel estonien, compte maints musées, dédiés aux sujets les plus divers. Si votre intérêt se porte tout particulièrement sur, disons, l'outillage agricole, l'office du tourisme sera à même de vous aiguiller.

Vieille ville

Place de l'Hôtel-de-Ville PLACE

(Raekoja plats). La place principale de Tartu est encadrée de somptueux édifices et résonne du bruit des verres et des assiettes en été. L'hôtel de ville en constitue l'élément central. Devant lui se dresse une sculpture d'étudiants s'embrassant sous un parapluie d'où jaillit de l'eau. L'édifice a été dessiné par un architecte allemand, JHB Walter, qui s'est inspiré des hôtels de ville typiquement néerlandais. Sur le côté sud de la place, au numéro 5, subsiste un bas-relief représentant une faucille et un marteau.

Hôtel de ville BÂTIMENT HISTORIQUE

(Raekoja plats). Bâti entre 1782 et 1789, cet élégant édifice a été dessiné par l'architecte allemand JHB Walter, qui s'est inspiré d'un hôtel de ville typiquement néerlandais.

Il est surmonté d'un beffroi et d'une girouette. Une horloge y a été rajoutée pour inciter les étudiants à être à l'heure en cours. Outre l'administration communale, le bâtiment abrite l'office du tourisme et une pharmacie.

Musée d'Art de Tartu GALERIE D'ART
(Tartu Kunstimuuseum ; www.tartmus.ee ; Raekoja plats 18 ; tarif plein/étudiant 4/3 € ; ⏲11h-18h mer et ven-dim, 11h-21h jeu). Au sortir de l'un des bars de la place, vous serez peut-être surpris en apercevant cet édifice, dont les fondations reposent partiellement sur d'anciens remparts. Rassurez-vous, il est véritablement incliné. Il s'agit de l'ancienne demeure du colonel Barclay de Tolly (1761-1818), un Écossais en exil qui s'était distingué en 1812 lors de la campagne de l'armée russe lancée contre Napoléon. La maison abrite aujourd'hui une superbe galerie répartie sur trois niveaux, le premier étant dévolu aux expositions temporaires.

Les expositions permanentes sont principalement composées de tableaux, mais comptent aussi des sculptures, photos, vidéos et combinaisons de différents médias, notamment de magnifiques portraits du XXe siècle.

Université de Tartu UNIVERSITÉ
(Tartu Ülikool ; www.ut.ee ; Ülikooli 18). Avec ses six colonnes doriques en façade, l'impressionnant bâtiment principal de l'université de Tartu fut érigé entre 1803 et 1809. L'université fut, elle, fondée en 1632 par le roi de Suède Gustave II Adolphe (Gustavus Adolphus) pour former le clergé luthérien et les fonctionnaires. Son architecture s'inspire de l'université d'Uppsala, en Suède.

Fermée durant la guerre du Nord, en 1710, puis rouverte en 1802, elle devint l'un des centres pédagogiques les plus éminents de l'Empire russe. Les sciences y tenaient une place prépondérante, et de grands érudits y étudièrent au XIXe siècle, notamment le pionnier de la chimie physique et Prix Nobel de chimie, Wilhelm Ostwald, le physicien Heinrich Lenz, et le père de l'embryologie, le scientifique Karl Ernst von Baer.

Musée d'Art de l'université de Tartu MUSÉE
(Tartu Ülikooli kunstimuuseum ; www.kunstimuuseum.ut.ee ; Ülikooli 18 ; tarif plein/réduit 3/2 € ; ⏲10h-18h lun-sam mai-sept, 11h-17 lun-ven oct-avr). Dans le bâtiment principal de l'université, cette collection regroupe principalement des moulages en plâtre d'anciennes sculptures grecques faites en Europe dans les années 1860 et 1870, ainsi qu'une momie égyptienne. Le reste, évacué vers la Russie en 1915, n'en revint jamais. Le billet d'entrée donne accès à la **cellule** mansardée aux murs couverts de graffitis, où les étudiants étaient isolés pour diverses infractions.

Au XIXe siècle, rendre un livre en retard à la bibliothèque coûtait 2 jours d'enfermement, insulter une femme, quatre, insulter un gardien, cinq, et se battre en duel, jusqu'à trois semaines de geôle.

Église luthérienne Saint-Jean ÉGLISE
(Jaani kirik ; www.jaanikirik.ee ; Jaani 5 ; clocher tarif plein/enfant 2/1,50 € ; ⏲10h-19h lun-sam juin-août, 10h-18h mar-sam sept-mai). Remontant au bas mot à 1323, cette imposante église de briques rouges est unique pour ses statues de terre cuite placées dans des niches à l'extérieur et à l'intérieur (levez les yeux). En ruine après les bombardements soviétiques de 1944, elle fut laissée à l'abandon jusqu'à sa restauration compète en 2005. Montez les 135 marches du clocher de 30 m pour avoir une vue panoramique sur la ville.

Musée du Jouet de Tartu MUSÉE
(Tartu mänguasjamuuseum ; www.mm.ee ; Lutsu 8 ; tarif plein/enfant 5/4 € ; ⏲11h-18h mer-dim). Incontournable pour les enfants de moins de 8 ans (voire pour certains adultes), cet excellent musée constitue l'escale parfaite pour échapper à la pluie, durant quelques heures. Occupant un édifice de la fin du XVIIIe siècle, il rassemble des poupées, des trains miniatures, des chevaux à bascule, des petits soldats et des tonnes d'autres jouets d'antan. L'ensemble est joyeusement interactif, avec des présentations à tiroirs et une salle de jeux pour enfants.

Dans la maison à cour adjacente, on découvre des personnages et des accessoires de films d'animation et d'émissions de télévision nationaux. Le prix d'entrée comprend également le petit musée aménagé dans le sous-sol du théâtre, deux maisons plus bas, où sont exposées des marionnettes.

Musée de la Maison du citoyen MUSÉE
(Linnakodaniku Muuseum ; linnamuuseum.tartu.ee ; Jaani 16 ; adulte/enfant 2/1 € ; ⏲11h-17h mer-sam, 11h-15h dim avr-oct, 10h-15h mer-dim nov-mars). Aménagé dans une vieille maison en bois, ce musée donne idée de ce qu'était la vie dans les années 1830. Il n'y a que quelques pièces mais le tout ne s'en révèle pas moins intéressant.

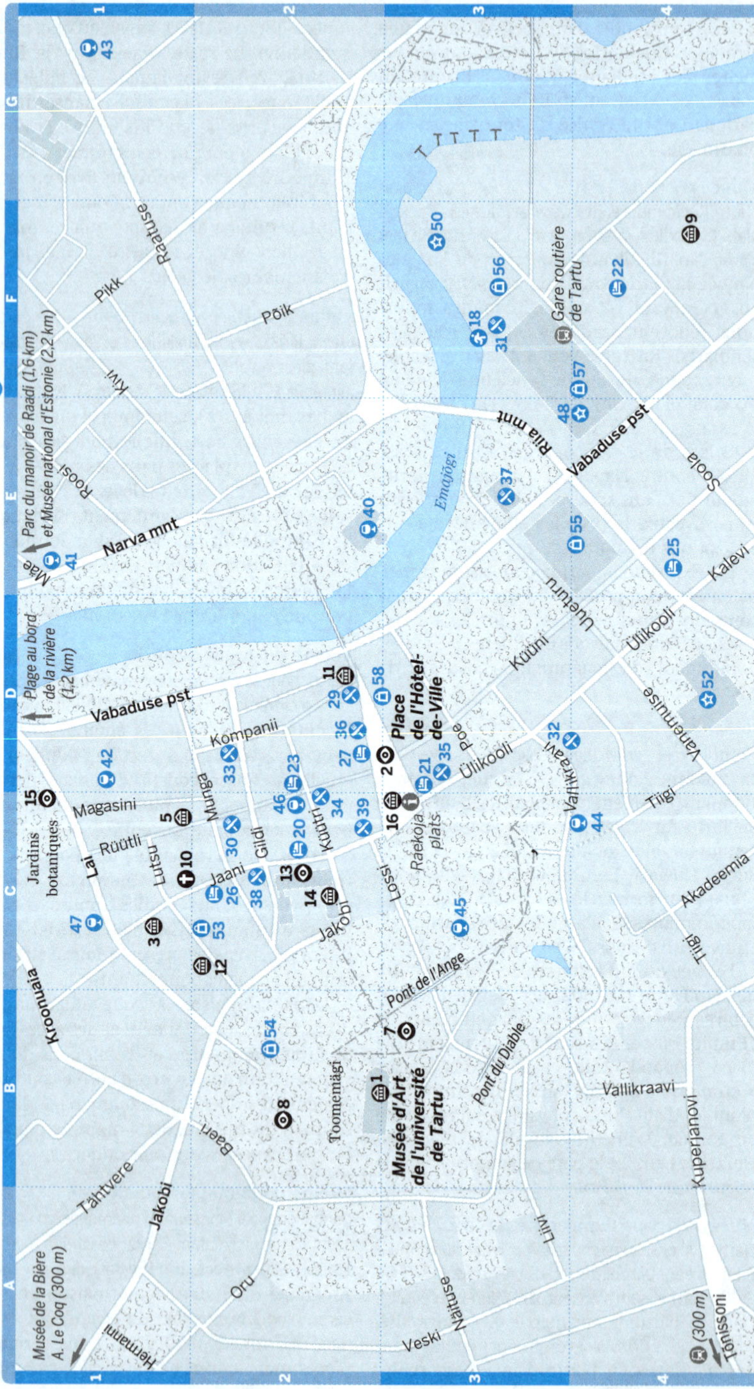
Tartu
400 m
Musée de la Bière A. Le Coq (300 m)
Plage au bord de la rivière (1,2 km)
Parc du manoir de Raadi (1,6 km) et Musée national d'Estonie (2,2 km)
(300 m)
Jardins botaniques
Musée d'Art de l'université de Tartu
Place de l'Hôtel-de-Ville
Raekoja plats
Pont de l'Ange
Pont du Diable
Toomemägi
Gare routière de Tartu
Emajõgi
Vabaduse pst
Narva mnt
Riia mnt
Vabaduse pst
Pikk
Raatuse
Põik
Kivi
Roosi
Mäe
Kroonuaia
Magasini
Lai
Rüütli
Lutsu
Munga
Jaani
Gildi
Kompanii
Küütri
Jakobi
Lossi
Ülikooli
Poe
Küüni
Uueturu
Soola
Kalevi
Ülikooli
Vanemuise
Vallikraavi
Tiigi
Akadeemia
Tiigi
Baeri
Tähtvere
Jakobi
Oru
Hermanni
Veski
Naituse
Liivi
Vallikraavi
Kuperjanovi
Tõnissoni

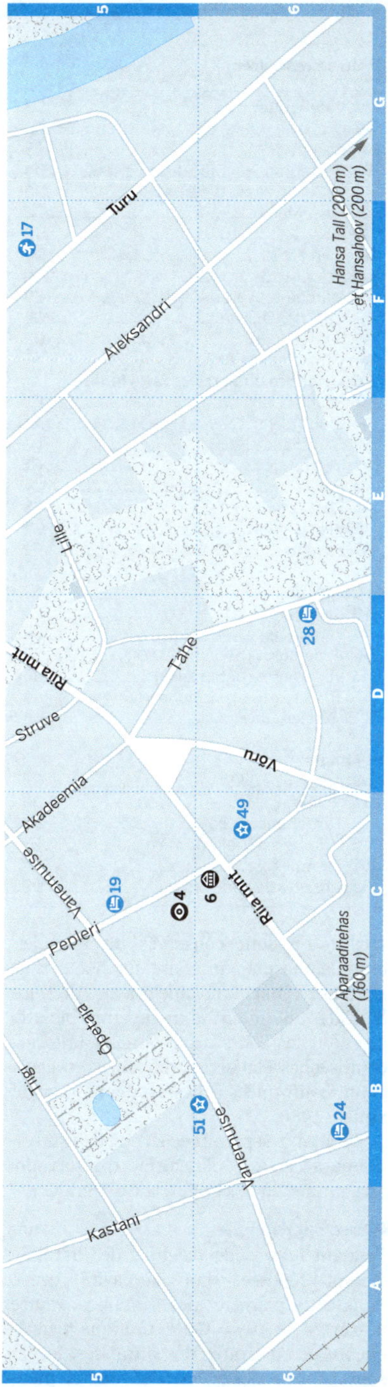

Jardins botaniques de l'université JARDINS
(Tartu Ülikooli botaanikaaed ; ☎737 6180 ; www.botaanikaaed.ut.ee ; Lai 38 ; serres tarif plein/réduit 3/2 € ; ⏲jardins 7h-19h, 7h-21h juin-août ; serres 10h-17h). GRATUIT Créés en 1803, les jardins de l'Université (ouverts jusqu'à 21h en été) rassemblent 6 500 espèces de plantes et une multitude de palmiers dans la gigantesque serre. En été, ils sont remplis de familles du coin flânant sur les chemins et autour de la pièce d'eau.

Musée estonien des Sports MUSÉE
(Eesti Spordimuuseum ; www.spordimuuseum.ee ; Rüütli 15 ; tarif plein/réduit 2,30/1,60 € ; ⏲11h-18h mer-dim). Allant au-delà d'une simple présentation de l'excellence sportive estonienne – dont des médailles font ici rappel –, ce musée décalé est particulièrement amusant. De fait, le sérieux affiché des culturistes du début du XXe siècle prenant la pause contraste avec l'endroit. Si vous vous sentez pousser des ailes, dépensez-vous sur l'un des vélos d'exercice ou testez votre force au jeu de tir à la corde interactif.

Musée de la Poste MUSÉE
(Postimuuseum ; www.erm.ee ; Rüütli 15 ; entrée 1,20 € ; ⏲11h-18h mer-dim). Dans le même bâtiment que le musée des Sports, ce musée est plus sérieux mais très intéressant. L'exposition de timbres enseigne beaucoup sur l'histoire récente du pays, avec des croix gammées apparaissant dès 1941 pour céder la place à la faucille et au marteau en 1945.

Toomemägi

Toomemägi (la colline de la Cathédrale), à l'ouest de l'hôtel de ville, est à l'origine de l'existence de Tartu, faisant office de bastion depuis environ le Ve ou le VIe siècle. C'est aujourd'hui un parc paisible avec ses allées serpentant entre les arbres et sa jolie **rotonde** qui sert de café d'été.

En venant de Raekoja plats, on emprunte Lossi, qui passe sous le **pont de l'Ange** (Inglisild), construit entre 1836 et 1838. La tradition veut que la première fois qu'on le traverse on retienne son souffle et on fasse un vœu. Un peu plus loin se trouve le **pont du Diable** (Kuradisild).

♥ Musée de l'Histoire de l'université MUSÉE
(Tartu Ülikool muuseum ; www.muuseum.ut.ee ; Lossi 25 ; tarif plein/enfant 4/3 € ; ⏲10h-18h mar-dim mai-sept, 11h-17h mer-dim oct-avr). Les ruines d'une cathédrale gothique construite

Tartu

Les incontournables

1 Musée de l'Histoire de l'université........ B2
2 Place de l'Hôtel-de-Ville D3

À voir

3 Musée de la Maison du citoyen............. C1
4 Monument au Bleuet............................ C5
5 Musée estonien des Sports.................. C1
6 Musée des Cellules du KGB.................. C6
Musée de la Poste......................... (voir 5)
7 Rotonde.. B3
8 Pierre sacrificielle................................ B2
9 Centre des sciences AHHAA................. F4
10 Église luthérienne Saint-Jean.............. C1
11 Musée d'Art de Tartu........................... D2
12 Musée du Jouet de Tartu...................... C2
13 Université de Tartu.............................. C2
14 Musée d'Art de l'université de Tartu..... C2
15 Jardins botaniques
de l'université..................................... C1
16 Hôtel de ville.. C3

Activités

17 Aura Veekeskus.................................... F5
18 Pegasus.. F3

Où se loger

19 Academus Hostel C5
20 Antonius Hotel C2
21 Domus Dorpatensis.............................. D3
22 Hotel Tartu F4
23 London Hotell....................................... D2
24 Looming B6
25 Pallas Hotell E4
26 Tampere Maja....................................... C2
27 Terviseks.. D2
28 Villa Margaretha D6
Wilde Guest Apartments............. (voir 32)

Où se restaurer

Antonius.. (voir 20)
29 Cafe Truffe.. D2
30 Crepp C2
31 Dorpat F3
32 Restaurant et café Eduard Vilde.......... D4
33 La Dolce Vita....................................... D2
34 Meat Market C2
35 Noir... D3
36 Pierre.. D2
Polpo .... (voir 23)
37 Marché couvert de Tartu...................... E3
38 Café de l'Université............................. C2
39 Werner C2

Où prendre un verre et faire la fête

40 Atlantis E2
41 Club Tallinn E1
42 Genialistide Klubi D1
43 Illusion.. G1
44 Naiiv... C4
45 Püssirohukelder C3
46 Vein ja Vine C2
47 Zavood C1

Où sortir

48 Cinamon.. E4
49 Ekraan C6
50 Vanemuine (Sadamateater)................. F3
51 Vanemuine (petite salle)...................... B6
52 Théâtre et salle de concert
Vanemuine.. D4

Achats

53 Antoniuse Gild C2
54 Nukumaja.. B2
55 Tartu Kaubamaja E4
56 Marché extérieur de Tartu................... F3
57 Tasku.. F4
58 Librairie de l'Université D2

par les chevaliers germaniques au XIIIe siècle coiffent le sommet de Toomemägi. L'édifice fut reconstruit au XVe siècle, pillé pendant la Réforme de 1525, converti en écuries, et partiellement reconstruit entre 1804 et 1809 pour accueillir la bibliothèque universitaire. Il abrite désormais le musée de l'Histoire de l'université. À l'intérieur, différentes expositions relatent la vie estudiantine.

Mieux vaut commencer par le haut, en prenant l'ascenseur datant des années 1920, et poursuivre en descendant. La **salle Morgenstern**, qui conserve l'apparence de la bibliothèque historique, est bordée de statues des muses grecques antiques. Les enfants adoreront le **laboratoire du savant fou**, où ils pourront participer à des expériences scientifiques. Le musée comprend aussi la magnifique **salle blanche** et le **trésor**, où sont conservés divers objets, dont le masque funéraire du poète russe Alexandre Pouchkine, une gravure de Dürer de 1504, une main humaine autrefois utilisée pour les cours d'anatomie et une série d'antisèches élaborées, repliables en accordéon, confisquées à des étudiants dans les années 1980.

De mai à septembre, le billet du musée donne accès à la plateforme d'observation au sommet du clocher de la cathédrale.

Pierre sacrificielle — AUTEL

Pendant la période païenne, des offrandes étaient déposées dans la cavité creusée dans cette pierre et des centaines d'autres à travers le pays. Cette pratique persiste encore et on trouve des offrandes, le plus souvent des pièces ou des fleurs, même sur les pierres maintenant entrées dans les musées. Sur celle-ci, les étudiants viennent déposer les cendres de leurs notes prises en cours.

Près d'ici se trouve un parapet naturel plus connu sous le nom de colline aux Baisers, où les jeunes mariés russes fixent un cadenas avec leurs noms gravés dessus.

Centre-ville

Centre des sciences AHHAA MUSÉE

(Teaduskeskus AHHAA ; www.ahhaa.ee ; Sadama 1 ; tarif plein/enfant 12/9 €, planétarium 4 €, simulateur de vol 1 €, cinéma 4D 2 € ; 10h-19h). Les excellentes installations interactives qu'abrite ce dôme sont susceptibles de réveiller le savant fou qui sommeille chez l'enfant et même chez l'adulte, avec d'innombrables boutons, poignées et jeux aquatiques (prévoyez au moins 2 heures). À ne pas manquer : le bac de limaille magnétisé "dansant" au rythme de *Smalltown Boy* de Bronski Beat ! À l'étage, repose une collection cauchemardesque d'organes et de fœtus déformés conservés dans le formol, cadeaux de la faculté de médecine de l'université.

Musée des Cellules du KGB MUSÉE

(KGB Kongide Muuseum ; linnamuuseum.tartu.ee ; Riia mnt 15b, entrée dans Pepleri ; tarif plein/enfant 4/2 € ; 11h-16h mar-sam). Qu'auriez-vous fait si votre maison vous avait été restituée avec des cellules dans le sous-sol et une réputation lugubre ? Ici, la famille propriétaire a préféré en faire don au Musée municipal de Tartu, qui en a fait un musée sombre et passionnant. Parfois effrayante, l'exposition retrace la déportation, la vie dans les goulags, la résistance estonienne et les événements qui se sont déroulés dans cette "maison grise", ancien siège du KGB.

Monument au Bleuet MÉMORIAL

Ce monument métallique – qui aurait bien besoin d'entretien – fut érigé en 1990 à proximité de l'ancien siège du KGB en hommage aux victimes de la répression soviétique. Le bleuet est la fleur nationale de l'Estonie.

Karlova et Vaksali

Aparaaditehas QUARTIER

(www.aparaaditehas.ee ; Kastani 42). Encore en partie à l'abandon et en partie en chantier lors de notre dernière visite, ce vieux complexe industriel mérite qu'on en suive l'évolution. En effet, les projets en cours prévoient d'en faire un grand ensemble branché associant culture, boutiques, restaurants et bars, à l'image de l'extrêmement populaire Telliskivi Creative City (p. 64) de Tallinn.

Tähtvere

Musée de la Bière A. Le Coq MUSÉE

(744 9726 ; www.alecoq.ee ; Laulupeo 15 ; tarif plein/enfant 5/2 € ; visites 14h jeu, 10h, 12h et 14h sam). Aménagé dans la célèbre brasserie,

LES SCULPTURES DE TARTU

Cachées dans les parcs, fièrement exhibées sur les places et bordant des allées, les sculptures de Tartu sont volontiers surprenantes, voire bizarres. Voici les plus marquantes :

- **La préférée du public :** les étudiants enlacés devant l'hôtel de ville.
- **La plus improbable :** Oscar Wilde et Eduard Vilde qui partagent un patronyme et un banc dans un parc devant Vallikraavi 4. En réalité, ils ne se sont jamais rencontrés.
- **La plus dérangeante :** le bébé nu de la taille d'un homme tenant la main d'un homme nu de la taille d'un bébé dans Küüni. Il s'agit d'un autoportrait de l'artiste avec son fils.
- **La plus habile :** la fontaine à l'angle de Vanemuise et Struve, amas de tubes métalliques au premier abord, qui devient une caricature de l'illustre sémioticien Iouri Lotman (1922-1993) lorsqu'on la regarde sous certains angles.
- **La plus susceptible de vous prendre aux tripes :** le porc perché sur un tonneau devant le marché, dont le flanc porte les marques de découpe. Inutile de préciser que l'histoire se termine mal pour ce petit cochon-là.
- **La meilleure évocation des années 1970 :** *Les Femmes de la campagne* devant la galerie d'art. Le jean à pattes d'éléphant et l'absence évidente de soutien-gorge de la jeune femme permettraient de dater cette œuvre de 1978 même si aucune plaque ne l'indiquait.

le musée est consacré aux techniques et équipements utilisés par A. Le Coq pour fabriquer cette boisson depuis 1879. L'histoire du brassage est effleurée. Dégustation gratuite en fin de visite.

Raadi-Kruusamäe

Musée national d'Estonie — MUSÉE

(Eesti rahva muuseum ; www.erm.ee ; Narva mnt 177). Lors de notre dernière visite, l'immense ouvrage d'architecte – tout en longueur – bâti pour accueillir le musée national estonien n'avait pas encore ouvert ses portes. Aménagé sur un ancien aérodrome soviétique, sur le domaine du Manoir de Raadi (lequel abritait le musée avant la guerre), le nouvel édifice, avec une superficie de près de 34 000 m², comprendra un café, un restaurant et des expositions permanentes autour de thèmes solennels tels que "dialogues estoniens" et "écho de l'Oural". Plus d'informations sur le site Internet.

Parc du Manoir de Raadi — PARC

(Raadi Mõisapark ; www.erm.ee ; Narva mnt 177 ; 7h-22h) GRATUIT Faisant partie du musée national d'Estonie, cette propriété borde la route principale qui quitte la ville par le nord. Le manoir accueillait autrefois le musée entier, mais les bombardements de la guerre n'ont laissé que la carcasse de ce magnifique édifice néo-Renaissance. Au XIXe siècle, le parc était considéré comme l'un des plus beaux d'Estonie et bien que son âge d'or soit loin derrière lui, les habitants viennent toujours s'y promener et se baigner dans le lac.

Activités

Pegasus — CROISIÈRE

(733 7182 ; www.dorpat.ee ; tarif plein/enfant 8/6 € ; 12h et 14h mar-dim, plus 16h sam). Croisières d'une heure et demie, depuis le quai près de l'hôtel Dorpat.

Plages — PLAGE

Si le soleil est brûlant et que vous ne pouvez pas aller jusqu'à Pärnu, optez pour les jolies plages situées sur la rive opposée de l'Emajõgi, à 1 km au nord-ouest du pont Kroonuaia.

Aura Veekeskus — PARC AQUATIQUE

(www.aurakeskus.ee ; Turu 10 ; piscine 3-6 €, parc aquatique 6-8 € ; 10h-22h lun-ven, fermé en juillet). Piscine intérieure de 50 m et parc aquatique familial avec toboggans et autres.

Fêtes et festivals

Tartu se met régulièrement sur son trente et un. Consultez www.kultuuriaken.tartu.ee pour en savoir plus.

Journées de l'Étudiant — FÊTE

(Tartu Tudengipäevad ; www.studentdays.ee). Fin avril, les étudiants investissent les rues pour célébrer la fin du semestre (et l'arrivée du printemps) de toutes les manières imaginables. Une autre fête étudiante, plus discrète, a lieu en octobre.

Jours de la Hanse — FESTIVAL

(Hansapäevad ; www.hansapaevad.ee). L'appartenance de Tartu à la Ligue hanséatique au Moyen Âge est célébrée sur un week-end à la mi-juillet, avec au programme ateliers d'artisanat, marchés, spectacles pour toute la famille et parade dans les rues.

tARTuFF — CINÉMA

(www.tartuff.ee). Une semaine en août, un immense cinéma en plein air s'installe sur Raekoja plats. Les projections sont gratuites (tendance art et essai). Documentaires, lectures de poésie et concerts également.

Ville de Noël de Tartu — NOËL

(Jõululinn Tartu ; www.joululinntartu.ee). Les chorales entonnent leurs chants tandis que les bougies de l'Avent sont allumées sur Raekoja plats... Une cérémonie qui se répète les quatre dimanches précédant Noël, à 16h ; l'occasion de voir la place à l'apogée de sa beauté, saupoudrée de neige, décorée de sapins et illuminée en prévision de la Nativité.

Où se loger

Vieille ville

Terviseks — AUBERGE DE JEUNESSE €

(565 5382 ; www.terviseksbbb.com ; dernier ét, Raekoja plats 10 ; dort 15-17 €, s/d 22/44 € ; @). Occupant un bâtiment historique sur la place principale, cet excellent "B&B pour routards" – dont le nom festif signifie "À la vôtre !" – loue des dortoirs (4 lits maximum, pas de lits superposés), des chambres privatives, une cuisine complète et dispense des informations à jour sur les endroits en vue.

Domus Dorpatensis — APPARTEMENTS €€

(733 1345 ; www.dorpatensis.ee ; Raekoja plats 1 ; s 40-69 €, d 55-84 € ;). Emplacement imbattable et excellent rapport qualité/prix pour ces 10 appartements gérés par une fondation

universitaire. De tailles diverses, ils sont tous équipés d'un bureau et d'une kitchenette. Personnel très serviable (conseils pour se garer et indications pour la laverie commune). Entrée dans Ülikooli.

Tampere Maja PENSION €€
(☎738 6300 ; www.tamperemaja.ee ; Jaani 4 ; s/d/tr/qua 48/79/99/132 € ; P ❄ @ ᯤ). Cette agréable pension aux liens forts avec la ville finnoise de Tampere (jumelée avec Tartu) comprend 6 chambres distinctes par la taille, mais toutes lumineuses et chaleureuses. Petit-déjeuner compris et accès à une cuisine. La touche finnoise : un authentique sauna (1-4 pers 13 € ; ouvert à tous).

Wilde Guest Apartments APPARTEMENTS €€
(☎511 3876 ; www.wildeapartments.ee ; Vallikraavi 4 ; app 60-90 €). Les personnes qui tiennent le restaurant Eduard Vilde louent par ailleurs 5 beaux appartements indépendants. Quatre sont situés non loin de l'établissement, sur Vallikraavi ou Ülikooli, tandis que le dernier est aménagé dans le remarquable gratte-ciel au bord de la rivière. Tous comprennent une chambre séparée et un salon avec canapé-lit.

♥ **Hôtel Antonius** HÔTEL €€€
(☎737 0377 ; www.hotelantonius.ee ; Ülikooli 15 ; s/d/ste à partir de 88/108/196 € ; ❄ ᯤ). Quantité d'antiquités et d'éléments d'époque agrémentent ce splendide hôtel de charme de 18 chambres, juste en face du bâtiment principal de l'université. Le petit-déjeuner est servi dans la cave voûtée du XVIIIe siècle, laquelle, le soir venu, se transforme en excellent restaurant.

London Hotell HÔTEL €€€
(☎730 5555 ; www.londonhotel.ee ; Rüütli 9 ; s/d 79/99 € ; P @ ᯤ). Si le hall de cet hôtel haut de gamme respire le raffinement, avec ses éléments en laiton et ses jeux d'eau, les chambres sont, elles, un peu décevantes. Emplacement on ne peut plus central.

Centre-ville

Academus Hostel AUBERGE DE JEUNESSE €
(☎5306 6620 ; www.academus.ee ; Pepleri 14 ; s/lits jum/f 30/40/50 € ; P ᯤ). Seule des 3 auberges gérées par l'université ouverte aux non-étudiants, toute l'année. Chambres propres, lumineuses et relativement grandes, avec salle de bains et kitchenette privatives. Cette adresse, au caractère un brin institutionnel, ne s'en révèle pas moins d'un excellent rapport qualité/prix. Réservations indispensables.

Hotel Tartu HÔTEL €€
(☎731 4300 ; www.tartuhotell.ee ; Soola 3 ; s/d 49/68 €, sans salle de bains 33/44 € ; P ❄ @ ᯤ). Situation commode en face de la gare routière et du centre commercial Tasku. Les chambres sont de style Ikea : simples, propres et contemporaines. Outre des chambres standards, d'autres, moins chères et avec salles de bains communes, sont disponibles dans la petite aile "auberge". Sauna (25 €/heure).

Pallas Hotell HÔTEL €€
(☎730 1200 ; www.pallas.ee ; Riia mnt 4 ; s/d 60-80 € ; P @ ᯤ). Le Pallas occupe une ancienne école des beaux-arts, et a tenté d'en conserver l'esprit créatif dans sa décoration. Les chambres sont claires et fraîches. Celles du 3e étage, avec vue sur la ville, sont plus vastes et décorées d'œuvres d'art. Semblant sortir du côté de l'édifice, le Big Ben Pub, de thème britannique, occupe une structure indépendante en verre.

Karlova et Vaksali

Looming AUBERGE DE JEUNESSE €
(☎5699 4398 ; www.loominghostel.ee ; Kastani 38 ; dort 15-17 €, s/d 32/39 € ; @ ᯤ). Tenu par des écolos urbains férus de recyclage et autres pratiques durables, le Looming ("création" en estonien) propose d'élégants dortoirs (lits non superposés) et des chambres privatives dans un ancien bâtiment industriel Art nouveau. Charmant toit-terrasse et vélos à louer (10 €/jour).

Villa Margaretha HÔTEL €€
(☎731 1820 ; www.margaretha.ee ; Tähe 11/13 ; s/d/ste 50/60/150 € ; P ᯤ). Semblant sortir d'un conte de fées, cette magnifique maison de bois Art nouveau, reconnaissable à sa mignonne tourelle, loue des chambres romantiques, avec beaux lits de bois massif et drapés. Les chambres moins chères de l'extension moderne à l'arrière sont fades, en comparaison. Un peu excentrée, mais accessible à pied depuis la vieille ville.

Où se restaurer

Vieille ville

Werner CAFÉ €
(www.werner.ee ; Ülikooli 11 ; quiches 2-3 € ; ⏲7h30-23h lun-jeu, 8h-1h ven-sam, 9h-21h dim). On trouve

à l'étage un restaurant servant plats de pâtes et de viande, mais nous lui préférons le café animé du dessous, fort d'un immense choix de quiches et de gâteaux appétissants, ainsi que d'une ravissante cour à l'arrière.

Noir EUROPÉEN €
(☎744 0055 ; www.cafenoir.ee ; Ülikooli 7 ; plats 7-8 € ; ⏲11h-23h lun-sam, 11h-18h dim ; ♿). Cet élégant restaurant-vinothèque aux murs noirs est le lieu idéal pour un verre, un repas, une pause détente ou encore un rendez-vous galant. Blotti dans une cour en retrait d'Ülikooli, avec des tables en terrasse. Salades et pâtes à prix raisonnable.

Crepp CRÊPERIE €
(www.crepp.ee ; Rüütli 16 ; plats 4,50-8,50 € ; ⏲11h-23h). Les habitants aiment cet endroit, non tant pour sa décoration, chaleureuse et accueillante, que pour ses crêpes salées ou sucrées, à prix imbattable. Excellentes associations telles que chocolat à la cerise et amandes. Délicieuses salades également.

Cafe Truffe EUROPÉEN MODERNE €€
(☎742 8840 ; www.truffe.ee ; Raekoja plats 16 ; plats 7,50-15 € ; ⏲11h-23h dim-jeu, 11h-1h ven-sam). S'il se présente comme un café, ce lieu ressemble davantage à un bar haut de gamme, avec une cuisine digne d'un restaurant. C'est sans conteste la meilleure adresse de la Raekoja plats, voire de Tartu. En été, installez-vous sur la vaste terrasse et savourez un steak agrémenté de sauce à la truffe ou un magret de canard délicatement fumé.

Polpo EUROPÉEN MODERNE €€
(☎730 5566 ; www.polpo.ee ; Rüütli 9 ; plats 9,50-17 € ; ⏲11h-23h lun-sam ; 📶). Légèrement plus basse que le niveau de la rue, cette salle voûtée, aménagée sous le London Hotell, est étonnamment lumineuse et moderne. Malgré le nom de l'établissement, la carte n'est pas particulièrement italienne et comprend, outre quelques spécialités de pâtes et de risottos simples mais créatifs, de généreux plats de joue de bœuf, de rôti d'agneau et de porc fumé.

La Dolce Vita ITALIEN €€
(☎740 7545 ; www.ladolcevita.ee ; Kompanii 10 ; plats 7-15 € ; ⏲11h30-23h). Outre des pizzas à pâte fine cuites au feu de bois, on trouve sur la carte bien fournie de cette accueillante pizzeria familiale des bruschettas, des pâtes, des grillades et autres. Décoration simple et classique (nappes à carreaux, affiches de Fellini).

Pierre CAFÉ €€
(☎730 4680 ; www.pierre.ee ; Raekoja plats 12 ; plats 6,50-18 € ; ⏲8h-23h lun-jeu, 8h-1h ven, 10h-1h sam, 10h-22h dim). Le chocolatier favori de Tallinn s'est installé sur la place principale de Tartu pour y proposer les mêmes exquises truffes. Idéal pour boire un café accompagné d'une friandise au chocolat dans un cadre d'époque raffiné. Également, grand choix de plats de bistrot.

Restaurant et café Eduard Vilde EUROPÉEN MODERNE €€
(☎734 3400 ; www.vilde.ee ; Vallikraavi 4 ; plats 8-19 € ; ⏲11h30-21h lun-mer, 11h30-23h jeu, 12h-1h ven et sam, 12h-17h dim). Asseyez-vous dans le café à la carte saine en bas ou, mieux encore, montez au restaurant pour déguster des pâtes, une côtelette d'élan ou une salade César, ou simplement prendre un verre sur la très agréable terrasse.

Café de l'Université CAFÉ €€
(Ülikooli Kohvik ; ☎737 5405 ; www.kohvik.ut.ee ; Ülikooli 20 ; plats 7-16 € ; ⏲11h30-221h lun-mer, 11h30-minuit jeu-sam). Cette illustre institution au dédale de pièces à la fois grandioses et douillettes rassasie même les étudiants les plus voraces. Le soir, le Tartu Jazz Club investit le niveau inférieur.

Antonius EUROPÉEN €€€
(☎737 0377 ; www.hotelantonius.ee ; Ülikooli 15 ; plats 18-24 € ; ⏲18h-23h). Le fin du fin des restaurants de Tartu se niche dans la romantique cave voûtée éclairée à la chandelle de l'Hotel Antonius. Si le bâtiment est du XIXe siècle, la cave est bien plus ancienne. La courte carte de viandes conjugue les meilleurs produits d'Estonie et les techniques françaises.

Meat Market GRILLADES €€€
(☎653 3455 ; www.meatmarket.ee ; Küütri 3 ; plats 15-22 € ; ⏲12h-23h lun-jeu, 12h-1h ven et sam, 12h-21h dim). Comme le suggère le nom de l'établissement, la viande est à l'honneur : carpaccio d'élan, bœuf de Livonie sous toutes ses formes, chachliks à l'azérie (brochettes de viande servies à table encore en flammes), etc. Accompagnements de légumes également excellents. Cocktails servis jusque tard.

Centre-ville

Dorpat BUFFET €
(www.dorpat.ee ; Soola 6 ; buffet 4-6,50 € ; ⏲12h-14h lun-ven). Si le beau restaurant de l'hôtel

Dorpat affiche une carte intéressante, son buffet de midi, en semaine, vaut tout particulièrement le détour. Pour 4 €, régalez-vous d'un énorme bol de soupe ou de salade de votre choix et pour 6,5 € au total, vous aurez aussi droit au buffet de plats chauds.

Marché couvert de Tartu MARCHÉ €
(Tartu Turuhoone ; www.tartuturg.ee ; Vabaduse pst 1 ; 7h30-17h lun-ven, 7h30-15h sam-dim). En bord de rivière, ce marché est principalement dédié à la viande mais on y trouve aussi des étals de fruits et légumes, de fromages et de produits de boulangerie. Une partie – très odorante – est réservée aux poissonniers.

Karlova et Vaksali

Hansa Tall ESTONIEN €€
(www.hansahotell.ee ; Alexandri 46 ; plats 9,50-16 € ; 7h-22h dim-jeu, 8h-minuit ven et sam ;). Pour un dîner authentiquement estonien, rendez-vous dans cette taverne aux accents très rustiques, au sud-est du centre. Inutile d'aller jusqu'à commander les oreilles de porc fumées pour apprécier les plats généreux, les concerts de musique et la joie de vivre des Estoniens.

Où prendre un verre et faire la fête

En été, les bars sont déserts, sauf s'ils possèdent une terrasse. La plupart des étudiants se donnent alors rendez-vous pour boire sur la colline derrière l'hôtel de ville. Pendant l'année scolaire, le mercredi est le jour traditionnel des soirées étudiantes.

Genialistide Klubi BAR, CLUB
(www.genklubi.ee ; Magasini 5 ; 12h-3h lun-sam). "Établissement de la culture underground" polyvalent – à la fois bar, café, discothèque alternative, salle de concert, cinéma, magasin de CD spécialisé en musique estonienne –, ce "Club des Génialistes" est tout naturellement devenu l'adresse la plus tendance de Tartu.

Naiiv BAR
(www.naiiv.ee ; Vallikraavi 6 ; 18h-1h mar-jeu, 18h-3h ven-sam). Ce bar à cocktails et à bières artisanales branché a pour mascotte un chat blanc. Demandez conseil au personnel expert pour faire votre choix parmi les nombreuses bières locales proposées, puis installez-vous dans l'un des canapés confortables ou rejoignez la petite cour arrière.

Püssirohukelder PUB
(www.pyss.ee ; Lossi 28 ; plats 7-17 € ; 12h-2h lun-sam, 12h-minuit dim). Un pub animé, installé dans une magnifique poudrière datant du XVIIIe siècle sous une voûte de 10 m de haut. La bière coule à flots, accompagnant des plats de viandes. Concerts de musique réguliers, et tables en plein air.

Vein ja vine BAR À VINS
(www.veinjavine.ee ; Rüütli 8 ; 17h-1h mar- sam). Une clientèle un peu plus âgée se presse ici, envahissant la rue, pour déguster du vin en grignotant de délicieux en-cas.

Zavood PUB
(www.zavood.ee ; Lai 30 ; 19h-5h). Avec ses boissons bon marché, ce bar sans prétention, aménagé dans un sous-sol vétuste, attire une foule alternative pragmatique. Des groupes d'étudiants s'y produisent parfois.

Club Tallinn CLUB
(www.facebook.com/ClubTallinn ; Narva mnt 27 ; 5-7 € ; 23h-3h mer-sam). Le meilleur club de Tartu, avec pistes de danse sur plusieurs étages et nombreux recoins. Excellents DJ, prisés d'une clientèle jeune et branchée.

Illusion CLUB
(www.illusion.ee ; Raatuse 97 ; 3-6 € ; 23h-4h mer, ven et sam). Dans cet ancien cinéma de l'ère soviétique, au nord de la rivière, une clientèle bling-bling se presse dans un décor luxueux. Fermé en été pendant les vacances universitaires.

Atlantis CLUB
(www.atlantis.ee ; Narva mnt 2 ; 3-6 € ; 23h-4h mar-sam). Lieu prisé surplombant l'Emajõgi, l'Atlantis n'est vraiment pas à la pointe de la mode – ce qui peut vous valoir une bonne soirée si vous êtes d'humeur. Quoi qu'il en soit, le cadre en bord de rivière est agréable.

Où sortir

Pour les concerts de musique classique, consultez le site www.concert.ee.

Théâtre et salle de concert Vanemuine THÉÂTRE
(744 0165 ; www.vanemuine.ee ; Vanemuise 6). Portant le nom d'un ancien ténor local, ce théâtre accueille des représentations théâtrales et musicales. D'autres spectacles ont lieu dans la **petite salle** (Vanemuise 45) et au **Sadamateater** (Théâtre du Port ; Soola 5b). Ce dernier, sur les rives de l'Emajõgi, programme des productions plutôt modernes et alternatives.

Hansahoov MUSIQUE LIVE

(☎737 1802 ; www.hansahoov.ee ; Aleksandri 46). Concerts et pièces de théâtre se tiennent régulièrement dans la grande cour rustique de la taverne Hansa Tall.

Cinamon CINÉMA

(www.cinamon.ee ; Turu 2). Ce multiplexe, au dernier étage du centre commercial Tasku, propose des blockbusters hollywoodiens.

Ekraan CINÉMA

(www.forumcinemas.ee ; Riia 14). Multiplexe plus modeste, avec à la fois de grosses productions et des films indépendants.

Achats

Antoniuse Gild ARTISANAT

(Lutsu 5 ; 12h-18h mar-ven). Le lieu rassemble 16 ateliers d'artisans autour de la cour Saint-Antoine. Céramiques, vitraux, bijoux, tissus, gravures sur bois, poupées et autres articles méritent le détour.

Tartu Kaubamaja CENTRE COMMERCIAL

(www.kaubamaja.ee ; Riia 1 ; 9h-21h lun-sam, 10h-19h dim). Ce centre commercial, le plus vaste et le plus ostentatoire de Tartu, a pour principal locataire une annexe du grand magasin Kaubamaja de Tallinn. De la mode, et plus encore.

Tasku CENTRE COMMERCIAL

(www.tasku.ee ; Turu 2 ; 10h-21h lun-ven, 10h-18h dim). Un centre commercial, grand et clinquant, avec un supermarché Rimi au niveau inférieur, un multiplexe tout en haut et une excellente librairie de la chaîne Rahva Raamat.

Nukumaja JOUETS

(www.facebook.com/Nukumaja ; Lai 1a ; 11h-17h jeu et ven, 11h-15h sam). À Toomemägi, à côté de la maison de la Famille Addams locale, ce mignon petit magasin vend des poupées et des jouets, fabriqués à la main pour des petits et grands enfants.

Marché extérieur de Tartu MARCHÉ

(Tartu avaturg ; www.tartuturg.ee ; Soola 10 ; 7h-17h, 7h-15h sam-dim). Près de la gare routière. Fleurs fraîches, vêtements bon marché, lunettes de soleil sans marque et autres bonnes affaires.

Librairie de l'Université LIVRES

(Ülikooli raamatupood ; Raekoja plats 11 ; 10h-18h lun-ven). Bon choix de livres, ainsi que tee-shirts, cravates, écharpes et mugs sur le thème de l'université.

Renseignements

Office du tourisme (☎744 2111 ; www.visittartu.com ; hôtel de ville, Raekoja plats ; 9h-18h mi-mai à mi-sept, 9h-17h lun-ven, 10h-14h sam-dim le reste de l'année). Nombreuses cartes et brochures, réservation d'hébergements et de guides, connexion Internet gratuite.

Raekoja Apteek (☎742 3560 ; www.apotheka.ee ; Raekoja plats 1a ; 24h/24). Pharmacie à l'intérieur de l'hôtel de ville, ouverte 24h/24.

Depuis/vers Tartu

AVION

Aéroport de Tartu (TAY ; ☎605 8888 ; www.tartu-airport.ee ; Lennu tn 44, Reola küla). À 9 km au sud du centre-ville. Les seuls vols réguliers sont les liaisons Finnair quotidiennes avec Helsinki (p. 184).

BUS

Des bus régionaux et internationaux (p. 184) partent de la **gare routière de Tartu** (Tartu Autobussijaam ; ☎12550 ; Turu 2 ; entrée par Soola; 6h-21h), attenante au centre commercial Tasku.

LES LANGUES DU SUD DE L'ESTONIE

Outre l'estonien, les visiteurs entendront peut-être, aux confins du sud-est de l'Estonie, une langue différente, plus hachée. Jusqu'à la fin du XIXe siècle, les langues du Nord et du Sud ont évolué indépendamment l'une de l'autre. Puis, pour souder la nation, une politique prônant l'unité du pays et de la langue fut menée. L'estonien du Nord, dominant, devint alors la langue principale du pays.

Il existe plusieurs groupes linguistiques distincts dans la partie méridionale de l'Estonie, dont le võro est de loin le plus important, avec environ 75 000 locuteurs natifs, qui vivent pour la plupart dans le comté de Võru (Võrumaa). Cette langue s'apparente étroitement au setu, fort de 12 600 locuteurs. D'autres variantes comprennent les dialectes mulgi et de Tartu, parlés respectivement par 9 700 et 4 100 personnes.

Pour en apprendre davantage sur cette langue particulière qu'est le võro, contactez l'**Institut du võro** (www.wi.ee).

Principales lignes intérieures :

Kuressaare (18 €, 5 heures 30, 2/jour)

Otepää (2-3,50 €, 1 heure, 10/jour)

Pärnu (9,60-12 €, 2 heures 45, 12/jour)

Tallinn (7-12 €, 2 heures 30, au moins toutes les 30 min)

Viljandi (5,80 €, 1 heure 15, 14/jour)

TRAIN

Magnifiquement restaurée, la **gare ferroviaire** (☎673 7400 ; www.elron.ee ; Vaksali 6) en bois, construite en 1877, est située à 1,5 km au sud-ouest de la vieille ville, au bout de la rue Kuperjanovi. Quatre trains express (11 €, 2 heures 30) et 4 trains standards (11 €, 2 heures) desservent chaque jour Tallinn. Également 3 trains quotidiens pour Sangaste (3,70 €, 1 heure) et Valga (4,40 €, 1 heure 10).

VOITURE ET MOTO

L'office du tourisme propose une liste à jour des agences de location et de leurs tarifs.

Avis (☎744 0360 ; www.avis.ee ; aéroport de Tartu)

Budget (☎605 8600 ; www.budget.ee ; aéroport de Tartu)

City Car (☎523 9669 ; www.citycar.ee ; gare routière de Tartu)

Europcar (☎605 8031 ; www.europcar.ee ; aéroport de Tartu)

Hertz (☎506 9065 ; www.hertz.ee ; gare routière de Tartu)

ℹ Comment circuler

DEPUIS/VERS L'AÉROPORT

Tartaline (☎505 4342 ; www.tartaline.ee ; 5 €). Une navette qui part du terminal 10 minutes après chaque arrivée d'avion, et de l'entrée de Tartu Kaubamaja 1 heure 20 avant chaque vol. Sur demande préalable, on pourra venir vous chercher à l'hôtel. Comptez environ 10 € en taxi.

BUS

Tartu s'explore facilement à pied, mais il y a aussi un réseau de bus. Les tickets à l'unité s'achètent dans tous les kiosques (0,83 €) ou auprès du chauffeur (1 €). Validez votre billet dès la montée pour éviter une amende. Les kiosques vendent aussi des cartes à la journée (2,50 €).

TAXI

Les compagnies locales sont **Takso Üks** (☎742 0000 ; www.taksod.ee ; forfait 2,80 € puis 0,60 €/km) et **Tartu Taksopark** (☎742 0000 ; www.gotaksopark.ee ; forfait 2,95 € puis 0,69 €/km).

VÉLO

Vous pourrez louer des vélos à **Jalgratas** (☎742 1731 ; www.kauplusjalgratas.ee ; Laulupeo 19 ; 14 €/j ; ⏲10h-18h lun-ven, 10h-15h sam) ou à l'auberge de jeunesse Looming (p. 113).

VOITURE

Le parking en ville est payant de 8h à 18h, du lundi au vendredi, ainsi que le week-end en juillet. Achetez une carte à la journée sur www.parkimine.ee (7,50 €) ou payez à l'heure à l'automate (0,50-1,60 €). Parking gratuit à côté de l'Atlantis, au niveau de Narva mnt 2.

Setumaa

À l'extrême sud-est du pays, cette région, non reconnue officiellement, qui se prolonge en Russie, est caractérisée par une culture très différente de celle du reste de l'Estonie. Cela en fait une destination intéressante, le temps d'une brève escale.

Värska, la plus grande agglomération du Setumaa estonien (1 170 âmes), est habitée depuis 5 000 ans. Elle est connue pour son eau minérale, vendue dans tout le pays, et ses boues curatives. L'endroit a son charme champêtre, avec notamment sa pittoresque église en pierre de 1907, entourée d'un cimetière verdoyant.

Le village de **Podmotsa**, à l'extrémité d'une péninsule au nord-est de Värska, était autrefois étroitement lié au village setu de Kulje, sis sur l'autre rive et aujourd'hui en Russie. La magnifique église orthodoxe de Kulje, jadis église paroissiale de Podmotsa, est bien visible du rivage, tout comme la tour de guet des gardes-frontières. De fait, porter son regard au-delà du bras de mer, entouré par la Russie sur trois côtés, en se demandant si l'on est observé, a quelque chose d'un brin irréel. Le cimetière du Podmotsa compte trois croix de pierre anciennes. À l'époque païenne, un bois sacré se dressait tout près.

Quelques kilomètres au nord de Värska, sur la rive ouest de la baie de Värska, on découvre ces deux villages setus traditionnels. Peu de choses à voir, mais de jolies balades à vélo à faire dans les petites rues. À **Võpolsova**, un monument rend hommage à la chanteuse folklorique Anne Vabarna, qui connaissait 100 000 vers par cœur. Les habitations typiques de Võpolsova sont disposées en cercle autour d'une cour intérieure. Dans le village voisin de **Tonja**, les maisons regardent vers le lac, qui fait vivre le village.

Le village d'**Obinitsa** représente une agréable halte déjeuner. Une statue de la "Mère du Chant" setu veille solennellement sur le petit lac d'Obinitsa, doté d'un barrage à une extrémité et d'une plateforme pour la baignade.

À voir et à faire

Musée setu de la Ferme — MUSÉE

(Seto Talumuuseum ; www.setomuuseum.ee ; Pikk 56 ; Värska ; tarif plein/enfant 2/1 € ; 10h-18h mar-dim juin-août, 10h-16h mar-sam sept -mai). Sous le regard d'un dieu-roi Peko en bois, le musée est la reconstitution d'une exploitation fermière du XIXe siècle, avec étables, grenier à grain et anciens ateliers de métallurgie et de céramique. Ne manquez pas le charmant restaurant et la boutique de souvenirs (la plus belle de Setumaa), vendant gants, chaussettes, chapeaux, poupées, tapisseries, tous faits main, ainsi que des livres et de la musique setu.

Grottes de Piusa — MINE

(Piusa Koopad ; www.piusa.ee ; 11h-18h tlj mai à mi-sept, 12h-16h sam-dim le reste de l'année). Sur une formation de grès de près de 500 m d'épaisseur, Piusa était une grande carrière, en service de 1922 à 1966. On avait remarqué que sa pierre riche de 99% de quartz, était parfaite pour l'industrie verrière. Aujourd'hui, il en reste un réseau de 22 km de grottes creusées à la main, évoquant une cathédrale. La visite de l'entrée des grottes est comprise dans le tarif d'entrée au centre des visiteurs.

Reconnaissable à son toit recouvert de gazon, ce centre projette des films sur l'histoire et l'écosystème du site et vous permettra d'en explorer les profondeurs au moyen d'une simulation informatique. Un immense pendule, que l'on peut mettre en mouvement, dessine des motifs délicats sur du sable répandu au sol. Il y a également un café et une aire de jeux.

Les grottes forment le plus grand refuge hivernal de chauves-souris de toute la région balte, notamment quelques espèces rares. Entre octobre et mai, elles sont environ 3 500 à se rassembler ici, venant d'un rayon de 100 km. La visite ne mène qu'à l'entrée de la grotte principale, et non dans les salles elles-mêmes, autant pour des raisons de sécurité que pour ne pas déranger les chauves-souris. Sous terre, la température reste à 4 ou 5 degrés tout au long de l'année : habillez-vous chaudement.

C'est également le point de départ du **sentier nature de Piusa**, une paisible boucle de 1,4 km à travers la forêt de pins, et les tranchées de la Seconde Guerre mondiale. Des étangs ont été aménagés pour offrir un logis au très rare triton crêté.

Si vous allez vers le sud, de Piusa à Obinitsa, la route des grottes est indiquée sur la gauche, près du pont du chemin de fer.

Musée de l'Habitat setu — MUSÉE

(Obinitsa Seto muuseumitarõ ; 785 4190 ; www.obinitsamuuseum.ee ; tarif plein/enfant 2/1 € ; 11h-18h tlj mi-mai à mi-sept, 11h-16h lun-ven le reste de l'année). La salle unique présente quelques costumes traditionnels, tapisseries, ustensiles de cuisine et photos anciennes, sans aucune explication en anglais. Brochures touristiques disponibles.

Colline de Meremäe — POINT DE VUE

Dans un pays aussi plat, même une petite colline de 204 m devient un sommet. Celle-ci possède une tour d'observation en bois de quatre étages. Tout près de la ferme touristique du Setumaa se trouve un ensemble de conférence et d'hébergement de groupes, souvent réservé en totalité pour les mariages.

Château épiscopal de Vastseliina — CHÂTEAU

(Vastseliina piiskopilinnus ; www.vastseliina.ee/linnus ; Vana-Vastseliina ; musée et château tarif plein/enfant 4/3 €, château seulement 1 € ; 10h-18h tlj juin-août, mer-dim sept). Perchées sur une falaise dominant la rivière Piusa, juste à la lisière du Setumaa, ces magnifiques ruines relèvent d'un singulier spectacle. Du château d'origine, il ne subsiste qu'un pan de mur et trois tours délabrées, où nidifient désormais des cigognes. Une taverne du XVIIe siècle a été transformée en musée consacré à l'histoire du château et aux préoccupations majeures de l'époque médiévale (pèlerinages, torture, exécutions, alchimie, chirurgie, mort, etc.).

Érigé en 1342 par les chevaliers Porte-Glaive à la frontière avec la Russie d'alors, Vastseliina (ou Neuhausen, nom qu'il portait à l'époque) était autrefois le château le plus fort de la Livonie ancienne. Lieu de pèlerinage important du fait de la présence d'une croix blanche miraculeuse, réputée être apparue spontanément dans la chapelle, il prospéra également grâce à son emplacement sur l'axe commercial Pihkva-Riga. Le château fut finalement détruit après être tombé aux mains des Russes en 1700, au début de la Grande Guerre du Nord.

LES SETUS

La culture des Setus, peuple autochtone du Setumaa, intègre traditions estoniennes et russes anciennes. D'origine finno-ougrienne, comme les Estoniens, ils embrassèrent l'orthodoxie, et non le luthérianisme, car leur territoire, sous la coupe de Novgorod, puis de Pihkva (Pskov en russe), ne fut jamais dominé par les barons germaniques, au contraire du reste de l'Estonie.

Ils n'assimilèrent jamais complètement la culture russe et conservèrent leur langue à travers les siècles. Dans sa structure, cette dernière se rapproche d'ailleurs plus de l'estonien ancien que de l'estonien moderne (*setu* est l'orthographe utilisée dans le nord du pays ; dans la langue locale, on écrit *seto*). De même, la culture setu a conservé certaines traditions païennes : ainsi dépose-t-on des aliments sur la tombe des parents défunts, coutume qui était couramment pratiquée en Estonie avant l'introduction forcée du christianisme par les croisés germaniques.

Entre 1920 et 1940, l'Estonie indépendante englobait tout le territoire du Setumaa, mais la plus grande part appartient désormais à la Russie. Considérée comme la capitale du Setumaa, la ville russe de Petchory (Petseri en estonien), à 2 km de la frontière, est célèbre pour son magnifique monastère du XVe siècle, un des plus beaux de Russie, de l'avis de beaucoup.

Aujourd'hui, la culture setu disparaît lentement. Si des efforts sont faits pour en enseigner et préserver la langue et promouvoir, par le biais de festivals, les traditions, la jeune génération se fond rapidement dans la culture estonienne. L'inviolable frontière russe qui divise la communauté depuis 1991 l'a détruite un peu plus.

Quelques 12 600 locuteurs setus vivent en Estonie, parmi lesquels seuls 3 000 environ habitent toujours dans le Setumaa estonien. Les Setus du côté russe de la frontière étaient installés sur un territoire qui appartenait à l'Estonie avant l'ère soviétique, ce qui leur donna droit à la citoyenneté estonienne, que l'immense majorité d'entre eux choisit le moment venu (on estime que moins de 200 Setus vivent encore du côté russe). Rançon de ce choix : ils doivent désormais demander un passeport pour se recueillir sur la tombe de leurs ancêtres.

Un rapide regard sur l'environnement setu rend évident le caractère exceptionnel de cette culture. Les villages, notamment, sont construits comme des châteaux, avec des groupes de maisons, souvent entourés d'une barrière, dont les habitations se font face. Cette organisation contraste énormément avec les villages estoniens typiques, où les fermes sont les plus isolées possible. Ici, la tradition orthodoxe a profondément ancré l'idée de communauté et de sociabilité.

Outre le grand plastron d'argent qui orne le costume traditionnel féminin, les Setus sont connus pour leur chant. Les chanteuses traditionnelles du Setumaa improvisent en effet leurs paroles à mesure que leur voix s'élève. Les chants polyphoniques setus, appelés *leelo*, se caractérisent par des couplets scandés par une seule voix, suivis par un refrain repris par plusieurs chanteuses. Ce chant a cappella est incroyablement immersif.

Le culte de Peko, dieu païen des Récoltes, que les Setus ont tendance à voir comme une figure royale, s'est perpétué en marge de la religion orthodoxe. Le chant épique *Pekolanõ*, qui raconte en 8 000 vers l'histoire du dieu Peko, date de 1927. Juste après avoir entendu toute l'histoire, Anne Vabarna, la plus célèbre chanteuse traditionnelle de l'époque, se mit à déclamer son chant d'une traite, s'arrêtant à peine pour reprendre son souffle jusqu'au dernier vers (le 8 000e !).

Informations sur la région sur www.setomaa.ee et www.visitsetomaa.ee.

Le billet du musée donne aussi accès au site du château, où l'on peut escalader les ruines et explorer l'une des tours. Vous pourrez également visiter une petite chapelle devant l'enceinte du château. En face du musée, un **magasin d'artisanat** partage une vieille bâtisse en pierre avec un petit **café** qui sert uniquement de la soupe, du gâteau et des crêpes.

Le château épiscopal de Vastseliina est le point de départ d'un **sentier de randonnée** de 15 km, lequel traverse la campagne en direction du village de Lindora.

Des bus pour Vana-Vastseliina partent de Võru (1,70 €, 1 heure, 4/jour) et d'Obinitsa (0,80 €, 20 min, 3/jour).

Fêtes et festivals

Jour du royaume setu CULTURE

(www.visitsetomaa.ee). Selon la légende, le dieu-roi setu, Peko, dort nuit et jour dans sa grotte de sable près de Petchory. Le Jour du royaume setu – annoncé le premier samedi d'août –, le peuple setu se rassemble chaque année dans une partie différente de son territoire pour élire un *ülemtsootska* (représentant) ; un événement coloré, aussi fascinant qu'excentrique.

Les candidats, qui doivent pouvoir s'exprimer couramment en setu, sont désignés par dix de leurs pairs et présentés par ces derniers au moyen d'un *leelo*, ou chant traditionnel polyphonique. Ils doivent ensuite se tenir debout sur une souche, tandis que leurs compatriotes s'alignent en face de leur favori.

La perpétuation des activités populaires traditionnelles setus est tout aussi importante que le choix de cet "ambassadeur culturel". Ainsi, des concours sont organisés pour élire les meilleures tricoteuses de gants et de ceintures, ainsi que les meilleurs boulangers, brasseurs, vignerons et fromagers. Une compétition pour élire l'homme le plus fort se tient également.

La cour royale est ainsi formée. Au programme des réjouissances de la journée, chants et danses traditionnels setus et échanges des vœux d'usage. Les femmes portent le costume traditionnel setu, composé de dentelle, d'un plastron et d'un collier, tous deux en argent et pesant pas moins de 3 kg chacun. Plus tard dans la journée, on rend hommage aux défunts et tout le monde participe à la parade de l'"armée setu", brandissant outils agricoles et autres.

Fête de la Transfiguration RELIGION

Chaque 19 août, des centaines de Setus se rassemblent à Obinitsa pour couvrir, en procession, la distance séparant l'église du cimetière voisin, lieu de sépulture depuis plus de 1 800 ans (bien avant la conquête chrétienne). La fête se termine par un pique-nique dans le cimetière public, avec, à l'honneur, des pommes et du miel. De la nourriture est laissée sur les tombes, à l'attention des défunts.

Où se loger et se restaurer

Centre de vacances Hirvemäe PENSION, €€

(Hirvemäe Puhkekeskus ; ☎797 6105 ; www.hirvemae.ee ; Silla 6 ; s/d 33/57 € ; P ; wi-fi). Au bord d'un joli lac, près du pont qui mène à Värska, une charmante pension aux chambres confortables et parquetées. Camping également envisageable. Le vaste terrain comprend une minuscule plage, des courts de tennis, un minigolf, un sauna et une aire de jeux. La carte du café est courte, simple et bon marché (soupes, salades, viande... bref, les incontournables).

Salon de thé setu CUISINE SETU €

(Seto Tsäimaja ; www.setomuuseum.ee ; Pikk 56, Värska ; plats 4,70-7 € ; 11h-19h mar-sam, 11h-17h mi-mai à mi-sept, 11h-17h le reste de l'année ; wi-fi). Juste à côté du musée de la Ferme setu, cette cabane en rondins chaleureuse est l'endroit rêvé pour un repas traditionnel. Tout simple qu'il soit (soupe setu froide, porc fumé ou en ragoût, hareng à la crème aigre, poulet sauté), le menu est un véritable régal.

Taarka Tarõ Köögikõnõ CUISINE SETU €

(www.taarkatare.com ; Obinitsa ; plats 2-2,50 € ; 10h-20h mai-sept ; wi-fi). Occupant le centre communautaire setu d'Obinitsa, ce restaurant informel sert divers plats traditionnels

LA FRONTIÈRE RUSSE

Dans la région, le point officiel de passage de la frontière russe est à Koidula, juste au nord de Petchory (Petseri en estonien). Mais le Setumaa est jonché de points de contrôle abandonnés, de barrières de bois apparemment sans surveillance et de sinistres culs-de-sac aux panneaux de plastique. Une route, reliant Värska à Saatse, traverse même la frontière en zigzag sur 2 km ; il est interdit de s'arrêter sur ce tronçon.

Attention, traverser la frontière en un point non officiel (même avec un visa russe) est illégal et peut vous valoir une arrestation. C'est dans ces environs qu'un agent de la sécurité estonien a été arrêté par les troupes russes fin 2014 et condamné à 15 ans de prison pour espionnage. L'affaire est source de tensions, les Estoniens affirmant qu'il a été enlevé de leur côté de la frontière, tandis que les Russes soutiennent qu'il a été arrêté du côté russe. Dans ce contexte, mieux vaut jouer de prudence.

setus, dont la soupe froide au lait, aux tomates, aux cornichons, à la laitue et au concombre (vraiment excellente). Le personnel parle peu anglais.

Renseignements

Office du tourisme de Värska (☎ 512 5075 ; www.verska.ee ; Pikk 12 ; 11h-17h mar-ven, 11h-16h sam-dim mi-mai à mi-sept, 11h-17h lun-ven le reste de l'année)

Depuis/vers le Setumaa

Voici encore une région qu'il vaut mieux explorer en voiture ou à vélo. Des bus desservent Värska depuis Tartu (6,60 €, 1 heure 45, 8/jour) et Tallinn (14 €, 4 heures 15, 2/semaine). Depuis Võru, 3 à 7 bus partent quotidiennement pour Obinitsa (2 €, 1 heure, 4/jour) et Meremäe (2 €, 1 heure, 3/jour).

Võru

12 500 HABITANTS

Au bord du lac Tamula, Võru tient d'un mélange de bâtiments de bois du XIXe siècle (dont nombre sont décrépits) et de quelques-uns, affreux, de l'époque soviétique. Les berges de sable, le plus bel atout de la ville agrémenté d'une nouvelle promenade, attirent les baigneurs en été.

Võru a été fondée en 1784 sur un décret spécial de Catherine la Grande, mais les découvertes archéologiques font remonter l'occupation des lieux à plusieurs milliers d'années. Son plus célèbre habitant ne fut toutefois ni un homme préhistorique ni une tsarine mais l'écrivain Friedrich Reinhold Kreutzwald (1803-1882), père de la littérature estonienne, connu pour son épopée nationale, *Kalevipoeg* (*Fils de Kalev*).

À voir

Musée-mémorial du Dr F. R. Kreutzwald — MUSÉE

(Dr Fr R Kreutzwaldi memoriaalmuuseum ; www.lauluisa.ee ; Kreutzwaldi 31 ; tarif plein/enfant 2/1 € ; 10h-17h mer-dim). Voici la demeure où le grand homme vécut et exerça la médecine de 1833 à 1877. Bâtie en 1793, elle est l'une des plus anciennes maisons de la bourgade, et son plus intéressant musée. Elle comprend un joli jardin à l'arrière. Les présentations couvrent la vie et la carrière du médecin, l'accent étant naturellement mis sur sa réalisation la plus marquante : la publication de *Kalevipoeg*, œuvre épique basée sur des recherches approfondies, préalables à une structuration par écrit des contes populaires estoniens.

L'une des dépendances est consacrée aux éditions de *Kalevipoeg*, publié dans un nombre incroyable de langues (dont le mandarin et l'hindi). On y découvre aussi des illustrations du livre et d'autres œuvres artistiques inspirées de l'histoire.

Dans le parc près du lac, au bout de Katariina allee, on peut voir un monument à la mémoire de l'auteur.

Musée du comté de Võru — MUSÉE

(Võrumaa muuseum ; Katariina allee 11 ; tarif plein/enfant 1,30/0,70 € ; 11h-17h mer-dim). Dans l'un des plus bâtiments les moins attrayants de la ville, des expositions quelconques sur l'histoire et la culture régionales.

Église luthérienne Sainte-Catherine — ÉGLISE

(Katariina kirik ; Jüri 9). Dédiée à Catherine, martyre chrétienne, mais consacrée sous ce nom en l'honneur de la tsarine Catherine la Grande, l'église luthérienne principale de Võru fut achevée en 1793, seulement 9 ans après la fondation de la ville. La pyramide qui en surmonte le linteau symbolise la Sainte-Trinité. Sur la place voisine, un monument en granit rend hommage aux 17 personnes de la ville qui périrent dans le naufrage du ferry *Estonia* en 1994 (p. 168).

Église orthodoxe Sainte-Catherine — ÉGLISE

(Ekaterina kirik ; Lembitu 1a ; 16h-19h sam, 7h-11h dim mai-sept). Comme pour sa cousine luthérienne, l'église orthodoxe principale de Võru fut consacrée à Sainte-Catherine en hommage à la fondatrice de la ville, Catherine la Grande. Achevée en 1804, elle relève d'une élégante architecture néoclassique, et est coiffée de flèches arrondies d'influence clairement russe. À l'intérieur, on trouve une magnifique iconostase et les reliques de Nikolai Bežanitski, un prêtre tué par les bolcheviques, révéré tel un saint par l'Église orthodoxe russe.

Fêtes et festivals

Festival folklorique de Võru — CULTURE

(Võru folkloorifestival ; www.vorufolkloor.ee). L'événement local le plus important et le plus festif a lieu à la mi-juillet : danseurs, chanteurs et musiciens se parent des costumes traditionnels colorés pendant 5 jours.

Où se loger et se restaurer

Kubija HÔTEL €€
(☎786 6000 ; www.kubija.ee ; Männiku 43a ; s/d/ste 69/79/129 € ; P 📶 🏊). Niché sur les rives boisées du lac, sur la lisière sud de Võru, cet hôtel ancien garde, vu de l'extérieur, quelques menues disgrâces soviétiques, mais les chambres en ont été rafraîchies et le spa, rénové, est l'un des meilleurs d'Estonie. Les plus hardis s'assemblent dans les saunas extérieurs avant d'aller prendre un bain revigorant dans le lac.

Rändur PENSION, PUB €€
(☎786 8050 ; www.randur.ee ; Jüri 36 ; s/d 45-55 € ; plats 6-9 € ; ⌚pub 8h-minuit ; P 📶). Au-dessus de ce pub rustique lambrissé, sont louées 10 jolies chambres, toutes décorées différemment (styles japonais, égyptien, russe, etc.). C'est par ailleurs l'une des meilleures adresses de Võru pour un repas simple mais copieux, avec de nombreux plats de porc et de poulet.

Spring Cafe CAFÉ €
(www.springcafe.ee ; Petseri 20 ; plats 6-13 € ; ⌚11h-21h lun-sam). Voilà une adresse qui ressemble un peu plus à un café-bar, et un peu moins à un pub. Jolie terrasse, salle à manger en brique et bois, et salon décontracté à l'étage avec de grandes baies vitrées. Sur l'appétissante carte, la spécialité – grillades de porc et de poulet – côtoie salades et classiques de bistrot.

Où prendre un verre et sortir

Õlle 17 PUB
(www.olle17.ee ; Jüri 17 ; ⌚11h-minuit dim-jeu, 11h-2h ven et sam). Ce pub sportif convivial est un point de rendez-vous apprécié des habitants. Billard, écran géant, terrasse à l'arrière et carte complète.

Voru Kannel THÉÂTRE, CINÉMA
(www.vorukannel.ee ; Liiva 13). Le jardin à l'arrière du centre culturel accueille parfois des concerts et des festivals folkloriques, tandis que le centre lui-même tient lieu de cinéma et de théâtre municipal. Demandez à l'office du tourisme la programmation concomitante à votre séjour.

Achats

Karma ANTIQUITÉS
(www.antiques.ee ; L Koidula 14 ; ⌚ 10h30-18h mar-ven, 10h-16h sam). L'une des meilleures adresses d'antiquités d'Estonie : casques de la Seconde Guerre mondiale, faux, cloches de traîneaux, pochettes d'allumettes soviétiques et chopes de bière en bois.

Renseignements

Office du tourisme (☎782 1881 ; www.visitvoru.ee ; Jüri 12, entrée dans Koidula ; ⌚10h-17h lun-sam mi-mai à mi-sept, lun-ven le reste de l'année). Parfait pour se procurer une carte et des informations sur les festivals, curiosités et fermes touristiques de Võru.

Depuis/vers Võru

Principales lignes de bus desservant la **gare routière de Võru** (Võru bussijaam ; ☎782 1018 ; Vilja 2) :

Pärnu (14 €, 2 heures 45, 1/jour)
Rõuge (0,75-3 €, 25 min, 8/jour)
Tallinn (10-14 €, 4 heures, 10/jour)
Tartu (2-5,60 €, 1 heure 30, 16/jour)
Valga (4,50 €, 2 heures, 2/jour)

Parc naturel de Haanja

Sur 169 km² de forêt dense, de lacs miroitants et de rivières sinueuses, cet espace protégé au sud de Võru est riche de quelques-uns des plus beaux paysages du pays.

Rõuge est un charmant village installé au cœur de collines ondulantes, au bout des douces pentes de l'Ööbikuorg (vallée du Rossignol), qui doit son nom aux oiseaux qui s'y rassemblent au printemps. Cet ancien lit de rivière est ponctué de sept petits lacs dont le plus profond lac d'Estonie, le Suurjärv (Grand Lac, 38 m). Situé au milieu du village, ce dernier aurait des vertus curatives. Linnamägi, colline près du lac Linnjärv, fut une place forte de l'Estonie du VIIIe au XIe siècle. Au XIIIe siècle, les malades venaient de loin pour y voir un guérisseur nommé Rougetaja. On a une belle vue sur la vallée depuis la colline (accès depuis l'arrière du centre des visiteurs de l'Ööbikuorg, la "vallée du Rossignol").

Des cartes et renseignements, sur les multiples possibilités de randonnée et de ski de fond, sont disponibles auprès du centre des visiteurs de l'Ööbikuorg, à Rõuge, ou des offices du tourisme de Võru, Otepää ou Tartu.

À voir et à faire

Suur Munamägi POINT DE VUE
(www.suurmunamagi.ee ; escalier tarif plein/enfant 4/3 €, ascenseur 6 € ; ⌚tour 10h-20h avr-août, 10h-17h sept-oct, 12h-15h sam-dim nov-mars). Suur

Munamägi (colline du Grand Œuf), à 17 km au sud de Võru, est le plus haut point des pays baltes, culminant à 318 m. Il est recouvert d'arbres, et vous le raterez facilement si vous ne le cherchez pas. Par temps dégagé, on aperçoit depuis sa tour d'observation de 29 m les tours de la télévision de Tartu, les bulbes de la ville russe de Pihkva (Pskov) et des forêts luxuriantes à perte de vue.

On trouve un agréable café avec terrasse au rez-de-chaussée, et un autre, qui propose hamburgers et caramels mous, sur la route principale.

Des marches mènent au sommet de la colline depuis la route Võru-Ruusmäe, à environ 1 km au sud du village de Hanta (lui-même à 13 km au sud de Võru), sans grand intérêt par ailleurs.

Église luthérienne Sainte-Marie ÉGLISE
(Maarja kirik ; Haanja mnt 10, Rõuge ; 9h-15h jeu-dim juin-août). L'église en pierre chaulée de Rõuge fut érigée en 1730, sur le site d'une église du XVIe siècle détruite pendant la Grande Guerre du Nord. À l'intérieur, l'élément majeur est le retable *Le Christ sur la croix* (1854), encadré par un bas-relief néoclassique. Face à l'édifice se dresse un monument érigé pour les habitants morts durant la guerre d'Indépendance entre 1918 et 1920. Pour lui épargner la destruction, on l'enterra dans un jardin privé pendant la période soviétique.

Réserve naturelle de Luhasoo RÉSERVE NATURELLE
(Luhasoo Maastikukaitseala). Cette réserve, un marécage intact à la frontière lituanienne (à l'extérieur du parc naturel de Haanja), tient d'un fascinant aperçu de l'Estonie primitive. Le long du sentier bien balisé de 4,5 km traversant plusieurs tourbières et longeant un lac de velours noir, vous verrez des dionées (attrape-mouches de Vénus), des nénuphars et des buissons appréciés des herbivores : élans et cerfs sont ainsi plus facilement repérables que les loups, ours et lynx.

Empruntez la route de Krabi depuis Rõuge et tournez à gauche après l'arrêt de bus de Pärlijõe en direction de Kellamäe.

Randonnées Haanja ACTIVITÉS DE PLEIN AIR
(Haanjamatkad ; 511 4179 ; www.haanjamatkad.ee ; vélo/canoë 10/32 € par jour). Cette équipe basée à Võru loue des canoës et des bicyclettes et organise des sorties de canoë (3 à 6 heures, adulte/enfant 20/10 €) et de rafting (4 à 6 heures, raft de 10 personnes 200 €), ou des circuits vélo ou randonnée de 2 jours.

À NE PAS MANQUER

LE PARC NATIONAL DE KARULA

Les 123 km² de collines boisées, de petits lacs et de tumulus de pierres du parc national de Karula seraient peuplés de fées, de revenants et de sorcières. En son centre, **Ähijärv** est un magnifique lac bordé d'arbres et de roseaux, considéré comme sacré depuis des millénaires.

Au bord du lac, le **centre des visiteurs** (786 8360 ; www.keskkonnaamet.ee ; Ähijärve ; 10h-18h mi-mai à mi-sept) fournit des cartes et des renseignements sur les divers sentiers de randonnée. Comptez 1 heure 30 environ pour parcourir le charmant **sentier d'Ähijärv** de 4 km, qui décrit une boucle le long de la rive nord du lac et passe à travers prairies et forêts (ouvrez l'œil pour apercevoir des piverts et des orchidées endémiques).

On accède au parc par une route en partie non bitumée reliant le village de Mõniste, au sud, à la ville d'Antsla, au nord.

Où se loger et se restaurer

Si vous souhaitez séjourner directement dans le parc, Rõuge est le meilleur choix. Les possibilités de restauration y sont certes limitées mais on trouve un petit supermarché dans le village, et le centre des visiteurs de l'Ööbikuorg vend de délicieuses pâtisseries et autres produits traditionnels.

Ööbikuoru Puhkekeskus CAMPING €
(509 0372 ; www.visit.ee ; Ööbikuoru 5, Rõuge ; empl par adulte/enfant 4/2 €, bungalows 9-15 €/pers, maisons 115 €). Bel emplacement dominant la vallée du Rossignol, où l'on peut louer des logements simples : bungalows en bois et cottages indépendants (jusqu'à 6 pers). Location de barques (4 €/heure), canoës (4 €) et vélos (2 €). Sauna (30 € pour 2 heures). À 600 m de la route principale, indiqué quand vous allez vers le sud.

Ööbikuoru Villa HÔTEL, CAFÉ €€
(509 9666 ; www.oruvilla.ee ; Tiida küla ; ch à partir de 58 €, plats 8-12 € ; P). Notre adresse coup de cœur à Rõuge, aussi bien pour le vivre que pour le couvert. Malgré son mobilier de style résolument ancien,

cet établissement - réparti dans deux bâtiments voisins donnant sur un petit lac - est quasi flambant neuf, et les chambres, confortables et modernes à souhait. En bas, le Cafe Andreas sert de savoureux plats de bistrot pour le déjeuner et pour le dîner.

Rõuge Suurjärve Külalistemaja PENSION €€
(☎524 3028 ; www.maremajutus.ee ; Metsa 5, Rõuge ; s/d 25/35 €, sans salle de bains 11/22 € ; P). Idéale pour se détendre dans un joli cadre, cette grande pension familiale peinte en jaune a vue sur la vallée depuis son charmant jardin. Grand choix de chambres sans chichis (la plupart avec salle de bains, certaines avec TV, quelques-unes avec balcon). Tournez en face de l'église Sainte-Marie pour rejoindre la pension. On y parle peu anglais.

Renseignements

Centre des visiteurs de l'Ööbikuorg
(Ööbikuorg Keskus ; ☎785 9245 ; ⏲10h-18h mi-mai à août). Indiqué à environ 1,5 km à l'est de l'église de Rõuge, sur la route de Haanja, cet excellent centre comprend un bureau d'information sur les sentiers de randonnée de la région, un magasin d'artisanat, ainsi qu'une boutique vendant des produits alimentaires locaux (en-cas 1,50 €).

Depuis/vers Haanja

Des bus relient Võru au village de Haanja (0,70-1,40 €, 25 minutes, 5/jour) et Rõuge (0,75-3,25 €, 25 minutes, 8/jour).

Valga

12 400 HABITANTS

Si le passage de la frontière au centre de la ville de Narva vous a paru étrange, vous n'avez encore rien vu. Cette région est la seule à avoir fait l'objet d'un désaccord sérieux entre l'Estonie et la Lettonie après la Première Guerre mondiale. Un médiateur britannique, appelé pour résoudre le conflit, a proposé la frontière actuelle, coupant la ville en deux. Ainsi, lorsque vous vous baladez dans le centre, vous passez de Valga en Estonie à Valka en Lettonie. Heureusement, les points de contrôle n'existent plus (merci Schengen !), mais il est toujours conseillé de prendre avec soi son passeport. Les autorités locales coopèrent pour certains services importants comme les informations touristiques et les bus.

Valga s'embourgeoise lentement mais sûrement, toutefois ses anciennes maisons de bois et ses parcs sont toujours entourés de tristes zones industrielles. Son passé sanglant durant la guerre en fait un lieu intéressant à visiter avant de repartir. Si la partie lettonne comporte de vastes bunkers et des cimetières militaires, la plupart des sites d'intérêt se trouvent du côté estonien de la frontière.

À voir

Musée de Valga MUSÉE
(www.valgamuuseum.ee ; Vabaduse 8 ; musée tarif plein/enfant 2/1 €, galerie adulte/enfant 1/0,50 € ; ⏲11h-18h mer-ven, 10h-15h sam-dim). Aménagé dans un bâtiment Art nouveau qui abritait autrefois un théâtre et une banque, ce musée est principalement dédié à la région, avec des présentations sur l'histoire naturelle, l'archéologie, les déportations et la vie quotidienne sous l'ère soviétique, et le héros local Alfred Neuland, médaillé d'or d'haltérophilie aux Jeux olympiques de 1920. La plupart des légendes sont en estonien, mais des brochures avec traductions en anglais sont disponibles. Avant de visiter la galerie attenante, il vaut la peine de jeter un coup d'œil à travers les fenêtres, côté rue, pour voir si l'exposition est à votre goût.

Église luthérienne Saint-Jean ÉGLISE
(Jaani Kirik ; Kesk 23). Près de l'office du tourisme, cette église datant de 1816 est la seule de forme ovale en Estonie. Son orgue, d'un type rare, du XIXe siècle, est également digne d'intérêt.

Vestiges de la Seconde Guerre mondiale MÉMORIAL
(Roheline). Environ 29 000 Russes sont morts dans le Stalag-351, un camp de prisonniers de guerre nazi installé dans d'anciennes étables à Priimetsa, en bordure de Valga. La plupart d'entre eux succombèrent à la faim, au froid ou à la maladie. Il ne reste rien du camp, mais un monument simple et émouvant, *La Mère endeuillée*, se dresse non loin. Les Soviétiques reprirent le camp et y installèrent leurs captifs allemands, dont 300 sont enterrés sous les sapins.

Où se loger et se restaurer

Metsis HÔTEL €€
(☎766 6050 ; www.hotellmetsis.com ; Kuperjanovi 63 ; s/d 53/65 €, plats 8,50-13 € ; P 📶). Avec ses chambres agréables, dotées pour certaines d'un sauna et d'un bain à

remous, et son excellent restaurant (décoré de trophées de chasse), cet hôtel de 1912 entouré de vastes pelouses est la meilleure adresse de Valga.

Voorimehe Pubi PUB €
(☎767 9627 ; www.voorimehepubi.ee ; J Kuperjanovi 57 ; plats 6-8,50 €). Ce pub chaleureux recouvert de bois sombre sert en portions copieuses saumon, escalopes panées, porc, etc. DJ le week-end.

Renseignements

Office du tourisme (☎766 1699 ; www.valgamaa.ee ; Kesk 11 ; ⌚10h-17h tlj mi-mai à mi-sept, 10h-17h lun-ven, 10h-14h sam-dim le reste de l'année). Cartes et renseignements sur les deux parties de la ville.

Depuis/vers Valga

La **gare routière et ferroviaire de Valga** (☎512 0295 ; Jaama pst 10) est à deux pâtés de maisons au sud-est du centre-ville.

BUS

Des bus internationaux en provenance de Russie et de Lettonie s'arrêtent à Valga. Principales lignes intérieures :

Otepää (3,30 €, 1 heure, 4/jour)
Pärnu (10 €, 2 heures 30, 1/jour)
Tallinn (14 €, 4 heures, 6/jour)
Tartu (5,50-7 €, 1 heure 45, 5/jour)
Viljandi (6,50-7,20 €, 1 heure 45, 6/jour)

TRAIN

Valga est le terminus des réseaux ferroviaires estonien et letton ; ainsi il vous faudra changer de train ici si vous allez de Tartu à Riga, par exemple (p. 184). Côté estonien, liaisons directes avec Tartu (4,40 €, 1 heure 10, 3/jour).

Sangaste

228 HABITANTS

Il y a deux bonnes raisons de faire halte dans ce petit village sur la route entre Valga et Otepää, et toutes deux sont en lien avec le seigle. En effet, Sangaste est surnommée la "capitale estonienne du seigle", titre plus qu'honorifique dans un pays de grands consommateurs de cette céréale. On doit cet état de choses pour bonne part à Friedrich Georg Magnus von Berg (1854-1938), noble allemand balte local connu comme le "comte du seigle" pour en avoir développé une variété aujourd'hui cultivée à travers le monde.

À voir

Château de Sangaste BÂTIMENT HISTORIQUE
(Sangaste Loss ; www.sangasteloss.com ; tarif plein/enfant 3/2 € ; ⌚10h-18h). Ce majestueux manoir en brique rouge, dont l'architecture est clairement inspirée du château de Windsor, en Angleterre, fut achevé en 1881 pour servir de résidence au "comte du seigle" Friedrich von Berg. Il est considéré comme l'un des meilleurs exemples de l'architecture néogothique balte. L'histoire ne l'a pas épargné mais les visiteurs peuvent en explorer l'impressionnante salle de bal octogonale et emprunter une série de marches délabrées pour accéder au toit de la tour.

Alors que la plupart des manoirs furent nationalisés au cours de la première période d'indépendance du pays, le très apprécié comte – qui abandonna la particule "von" de son nom – fut autorisé à continuer à vivre dans sa résidence jusqu'à sa mort, à l'âge de 93 ans. Par la suite, l'édifice servit successivement de caserne de l'Armée rouge, d'hôpital de l'armée allemande et, après la guerre, de cinéma et de camp pour jeunes pionniers soviétiques. Si le bâtiment, aujourd'hui occupé par un hôtel et un café, dégage toujours une atmosphère institutionnelle, il est néanmoins petit à petit restauré, en fonction des fonds disponibles.

Le château de Sangaste est situé à Lossiküla ("village du château"), à 3,5 km au sud-est du village principal de Sangaste.

Église luthérienne Saint-André ÉGLISE
(⌚12h-13h30 dim mai-août). On pense que le nom "Sangaste" provient de l'expression latine Sanguis Christi (Sang du Christ), en référence à une relique conservée dans l'église originelle du XIIIe siècle. L'actuelle date de 1742 et sa tour baroque à pignon fut ajoutée en 1873. Si l'intérieur est plutôt ordinaire, remarquez le ciel étoilé qui domine le sanctuaire, et la scène de Crucifixion au-dessus de l'autel, peinture réalisée à Munich en 1883.

Où se loger et se restaurer

Maison du Seigle de Sangaste ESTONIEN €
(Sangaste Rukki Maja ; ☎7669323 ; www.rukkimaja.ee ; Valga mnt 13 ; plats 7-8 €, s/d 35/45 € ; P❄📶👪). Sangaste est la "capitale estonienne du seigle" et la carte de cet accueillant restaurant fait la part belle à cette céréale. Outre du délicieux pain de seigle, on y déguste un surprenant choix de soupes traditionnelles et de plats de porc, saumon et poulet. L'endroit compte

également des chambres modernes à l'étage, à des prix très raisonnables

Depuis/vers Sangaste

Le village ne possède pas de gare routière mais des bus en provenance et à destination des villes suivantes s'y arrêtent :

Otepää (1,70 €, 30 min, 6/jour)
Tallinn (13 €, 4 heures, 1/jour)
Tartu (5 €, 1 heures 15, 3/jour)
Valga (2,20 €, 35 minutes, 7/jour)

Otepää

1 900 HABITANTS

La petite ville d'Otepää, 44 km au sud de Tartu, est perchée sur une colline au cœur d'une pittoresque région de forêts, lacs et rivières. Les Estoniens viennent y profiter de la nature : randonnée, vélo et natation en été, ski de fond en hiver. Les week-ends d'hiver sont animés dans la "capitale d'hiver de l'Estonie", comme on la surnomme parfois. Certains parlent même de la région comme des "Alpes estoniennes", en référence non à ses sommets mais à ses excellentes pistes de ski. Le départ du marathon de ski de Tartu (63 km) y est donné tous les ans en février, mais même en été, on peut voir des professionnels et des mordus de glisse se dépenser en skis à roulettes.

Otepää est principalement concentrée à l'intersection de Tartu mnt, Võru mnt et Valga mnt, où se trouvent la place principale, des commerces et quelques rues résidentielles. Une petite bande boisée la sépare d'un village plus petit installé sur le lac, à 2 km au sud-ouest.

À voir

Pühajärv LAC

(Lac sacré). La légende raconte que ce lac de 3,5 km de long et de 8,5 m de profondeur serait né des larmes des mères ayant perdu leurs fils dans une bataille narrée dans l'épopée du *Kalevipoeg* (*Fils de Kalev*). Ses cinq îles seraient leurs tumulus. Des croyances païennes subsistent et d'importantes festivités y sont organisées tous les étés. La populaire **plage de sable** (Ranna tee), sur la rive nord-est, comprend des toboggans, un ponton de baignade, un café, et des maîtres nageurs y officient en été.

Le lac a reçu la bénédiction du dalaï-lama lors de sa visite à Tartu en 1991, commémorée par un **monument** en forme de roue près de la plage.

Beaucoup plus intéressant que le sentier de 13 km qui contourne le lac en suivant en grande partie la route, le **sentier de randonnée de Murrumetsa**, long de 3,5 km, débute à proximité du Pühajärve Spa Hotel et forme une boucle dans le sens inverse des aiguilles d'une montre le long des rives du lac. Il traverse d'abord un champ marécageux, puis une sublime étendue couverte de bouleaux, d'aulnes et d'épicéas.

Colonne d'énergie MONUMENT

(Energiasammas ; Mäe). Si vous manquez d'énergie après la balade au lac, rechargez vos batteries à cet étrange totem surmonté d'un ours, érigé en 1992 en écho aux croyances fermement ancrées des médiums en l'énergie positive dégagée par les lieux.

Musée des Sports d'hiver d'Otepää MUSÉE

(Otepää talispordimuuseum ; www.spordimuuseum.ee ; stade Tehvandi ; Valga mnt 12 ; adulte/enfant 1,50/1 € ; 11h-16h mer-dim). Immense et tape-à-l'œil, le stade Tehvandi accueille les matchs de football et les compétitions de ski et témoigne de la passion d'Otepää pour le sport. Les deux pièces de ce musée contiennent l'équipement, les vêtements et les médailles d'athlètes estoniens célèbres. Si la visite vous donne des envies de sport, louez un frisbee à l'accueil (4 €) pour une partie de disc golf sur le parcours voisin.

Linnamägi RUINES

La jolie colline boisée au sud de l'église fut une place forte estonienne pendant presque 800 ans avant qu'un château épiscopal ne prenne sa place au XIIIe siècle. Otepää tire son nom de cette colline, surnommée "tête d'ours" (*oti pää*). Des vestiges des fortifications sont toujours visibles au sommet, d'où la vue sur les vallées alentour est superbe. Le château fut en grande partie détruit en 1396 dans une bataille entre l'évêque de Tartu et l'ordre de Livonie.

Église luthérienne Sainte-Marie ÉGLISE

(Maarja Luteri Kirik ; Võru mnt ; 10h-19h jeu-sam mi-mai à mi-sept). L'église gothique d'Otepää, perchée sur la colline, remonte à 1671, mais fut en partie reconstruite en 1890. L'intérieur recèle des boiseries, des lustres bas et une impressionnante scène de Crucifixion (1880) au-dessus de l'autel. C'est ici qu'en 1884, l'Association des étudiants estoniens consacra son nouveau drapeau bleu, noir et blanc, qui devint par la suite le drapeau

Otepää

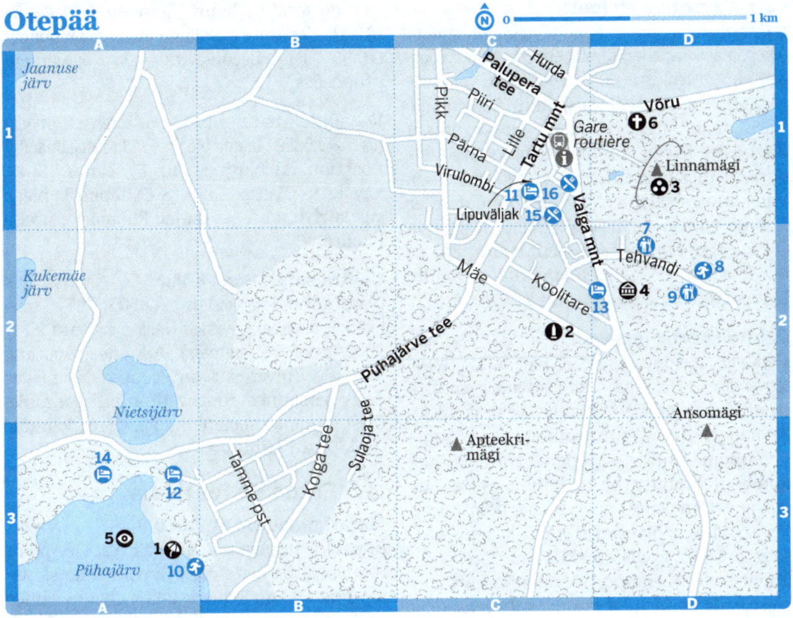

Otepää

À voir

1 Plage A3
2 Colonne d'énergie C2
3 Linnamägi D1
4 Musée des Sports d'hiver d'Otepää D2
5 Pühajärv A3
6 Église luthérienne Sainte-Marie D1

Activités

7 Fan-Sport D2
8 Parc d'aventure en forêt d'Otepää D2
9 Centre sportif Tehvandi D2
10 Veesõidukite Laenutus A3

Où se loger

11 Edgari Külalistemaja C1
12 GMP Clubhotel A3
13 Murakas D2
14 Pühajärve Spa & Holiday Resort A3

Où se restaurer

Edgari Pood .... (voir 11)
15 l.u.m.i C1
16 Oti Pubi C1
Pühajärve Pub .... (voir 14)
Pühajärve Restaurant .... (voir 12)

de l'Estonie indépendante. À l'extérieur, des bas-reliefs de chaque côté de la porte commémorent cet événement. Réalisés en 1934, ils ont été détruits pendant l'ère soviétique puis rétablis en 1989.

Face à l'entrée principale se dressent un petit tumulus et un monument aux morts de la guerre d'Indépendance de 1918-1920. On en enterra la partie haute de 1950 à 1989 pour lui épargner la destruction.

Activités

L'office du tourisme fournit cartes et informations sur les sentiers de randonnée pédestre, à vélo ou à skis, allant des courtes balades pour enfants au parcours de 20 km. Le personnel vous renseignera aussi sur les nombreuses activités possibles dans la région, entre autres randonnées équestres, golf, disc golf, snowtube, promenades en traîneau et safaris en scooter des neiges.

La piste de ski de fond la plus proche démarre à l'extrémité de la ville, près du centre sportif Tehvandi. Les environs du lac Kääriku comptent aussi de belles pistes.

Si vous envisagez une sortie en canoë ou en rafting, appelez au moins un ou deux jours à l'avance. Les organisateurs viendront vous chercher à votre hôtel et vous y ramèneront.

Parc d'aventure en forêt d'Otepää SPORTS D'AVENTURE
(Otepää seikluspark ; ☎504 9783 ; www.seikluspark.ee ; Tehvandi 3 ; ⏲10h-19h mai-oct). Explorez la canopée suspendu à un câble (tarif plein/enfant 20/10 €) ou un massif d'arbustes sur le parcours enfants (lesquels doivent mesurer entre 90 et 120 cm, 5 €). Vous aurez également la possibilité de filer à toute vitesse sur une tyrolienne jusqu'à la colline Linnamägi (tarif plein/enfant 8/6 €) ou de rejoindre les airs dans une catapulte inversée (*reverse bungee* ; 6 €).

Centre sportif Tehvandi SKI, VÉLO
(Tehvandi spordikeskus ; ☎766 9500 ; www.tehvandi.ee ; Tehvandi ; piste d'entraînement à skis 6 €/jour, saut à skis inclus 12 €, tir 12 €). Ancien centre d'entraînement de l'équipe olympique d'hiver soviétique, cet hôtel aux allures de grand trou de hobbit couvert de gazon est un centre névralgique pour toutes les activités d'hiver et d'été : ski nordique, saut à ski, tir, cyclisme, ski à roulettes, patin à glace, etc. Il comporte également un mur d'escalade et une plateforme d'observation à 34 m de haut, partie intégrante de la tour du tremplin (accès par ascenseur/escalier 2/3 €).

Station Kuutsemäe SKI
(☎766 9007 ; www.kuutsemae.ee ; forfait remontées 1 journée lun-ven 17 €, sam-dim 20 €). Si le ski de fond est l'intérêt majeur de la région, cette station propose six modestes pistes de descente de 214 à 476 m de long. Situé à 14 km à l'ouest d'Otepää, à Kuutsemägi, c'est le centre le plus développé des environs, avec une taverne, des logements et une école de ski et de snowboard.

VeeTee CANOË, RAFTING
(☎506 0987 ; www.veetee.ee). Propose différentes sorties en canoë et rafting sur les rivières Ahja et Võhandu et sur les petits lacs de la vallée de la Kooraste (20 €/pers). Location et leçons de ski et de snowboard également.

Toonus Pluss CANOË, SKI
(☎505 5702 ; www.toonuspluss.ee). Spécialiste des sorties en canoë à travers la vallée de l'Ahja. Excursions sur mesure combinant canoë, randonnée et VTT possibles. Location de skis et leçons de ski.

Fan-Sport SPORTS D'HIVER
(☎507 7537 ; www.fansport.ee ; Tehvandi). Basé au Karupesa Hotel (en hiver). Location de skis de fond (3 heures/journée 7/13 €), de skis de descente (10/13 €) et de snowboards (10/13 €). Leçons de ski également proposées.

Veesôidukite Laenutus ACTIVTÉS NAUTIQUES
(☎5343 6359 ; Ranna tee 5 ; ⏲10h-19h juin-août). Location de barques (10 €), canoë (8 €), kayaks (8 €) et pédalos (8 €) depuis la plage sur la rive nord-est du lac Pühajärv ; prix à l'heure.

Centre safari Paap Kõlar SPORTS D'HIVER
(Paap Kõlari Safarikeskus ; ☎505 1015 ; safarikeskus.paap.ee/ ; village Nüpli ; initiation 25 €, 90 €/heure ; ⏲jan-mars). Adonnez-vous aux joies de l'hiver sur un scooter des neiges deux personnes. Réservation indispensable. C'est la même société qui gère Surf Paradiis (p. 166) sur Hiiumaa.

Fêtes et festivals

Marathon de ski de Tartu SPORTS
(www.tartumaraton.ee). Otepää est le point de départ de cette célèbre course de ski de fond de 63 km, laquelle a lieu chaque année en février (arrivée à Elva), et attire quelque 10 000 participants. Parmi les autres événements sportifs du même organisateur : des courses cyclistes, de VTT, à pied, dans (et autour) de Tartu, toute l'année.

Où se loger

Pendant la saison basse, d'avril à mai et de septembre à novembre, les hôtels baissent leurs prix de 10 à 15%. Les tarifs sont plus élevés les week-ends de saison haute.

Murakas HÔTEL €€
(☎731 1410 ; www.murakas.ee ; Valga mnt 23A ; s/d 45/50 € ; P ᯤ). C'est plus une grande pension qu'un hôtel, avec seulement une dizaine de chambres fraîches : tapis rayés, bois blond, balcons. Salle de petit-déjeuner bien aérée en bas.

Spa et complexe Pühajärve RESORT €€
(☎766 5500 ; www.pyhajarve.com ; Pühajärve tee ; s/d/ste à partir de 60/75/125 € ; P @ ᯤ). Le premier atout de ce grand complexe hôtelier blanc est son emplacement, au bord du lac, sur une vaste étendue de pelouse. En deuxième position vient la splendide piscine vitrée donnant sur le lac. Pour le reste, le lieu est toujours imprégné d'une subtile atmosphère soviétique et les chambres, quoique plutôt grandes, sont quelque peu spartiates.

Chez Edgar PENSION €€
(☎766 6550 ; edgari.otepäält.ee ; Lipuväljak 3 ; s/d/tr 20/40/60 € ; P). Dans les étages d'un beau bâtiment en brique, en plein centre-ville, les chambres sont d'un très bon rapport qualité/prix. Café-restaurant en bas. Pour le même prix, certaines chambres sont minuscules, tandis que d'autres sont plus grandes et dotées d'un balcon : demandez l'une de ces dernières au moment de la réservation.

GMP Clubhotel APPARTEMENTS €€€
(☎799 7000 ; www.clubhotel.ee ; Tennisevälja 1 ; app à partir de 120 € ; P wifi). Une sublime résidence en bord de lac, décorée d'immenses photos et de mobilier branché. Logements avec kitchenette et lits confortables. Cerise sur le gâteau : les deux saunas non mixtes de luxe au dernier étage sont ouverts le soir pour une suée au soleil couchant.

Où se restaurer et prendre un verre

I.u.m.i CAFÉ €
(☎742 4020 ; www.lumikohvik.ee ; Mumamäe 8 ; plats 5,50-13 € ; ⏲12h-20h lun-jeu, 12h-23h ven-sam, 12h-18h30 dim). Après le petit laïus expliquant que *lumi* signifie neige et le discours sur les énergies positives, le menu affiche un choix plutôt classique de poisson, pâtes, porc, agneau et poulet. Bonne ambiance, ameublement dépareillé et amusants abat-jour ornés de couverts pour cette excellente adresse.

Edgari Pood BOULANGERIE, TRAITEUR €
(edgari.otepäält.ee ; Lipuväljak 3 ; pâtisseries 0,80 € ; ⏲8h-18h lun-ven, 9h-15h sam). Faites le plein de viande tranchée et de vodka, ou choisissez quelques pâtisseries pour un petit-déjeuner bon marché.

Oti Pubi PUB €€
(www.otipubi.ee ; Lipuväljak 26 ; plats 7-13 € ; ⏲10h-minuit ; wifi). Installé dans un bâtiment octogonal dans le centre de la ville, ce "Pub des Ours", à la décoration dédiée au ski, peut compter sur une fidèle clientèle locale. Un endroit sympathique pour prendre un verre et manger un morceau (la carte est toutefois on ne peut plus ordinaire, avec notamment soupes, pâtes, pizzas, grillades).

Restaurant Pühajärve EUROPÉEN MODERNE €€
(☎799 7000 ; www.clubhotel.ee ; Tennisevälja 1 ; plats 9-18 € ; ⏲12h-22h). Ce restaurant, le plus connu de la région des années 1960 aux années 1980, a périclité avec l'Union soviétique. Heureusement, l'ouverture de l'hôtel-club attenant a donné un second souffle au Pühajärve, qui sert aujourd'hui des plats inventifs sur une terrasse surplombant le lac du même nom.

Pub Pühajärve PUB €€
(☎766 5500 ; www.pyhajarve.com ; Pühajärve tee ; plats 6-19 € ; ⏲11h-23h dim-jeu, 11h-1h ven-sam). Le pub de cet hôtel en bord de lac dispose d'une carte pour tous les goûts (enfants, végétariens, etc.). La terrasse extérieure ensoleillée est fantastique, mais l'intérieur en brique, avec ses billards et son feu de cheminée est accueillant les jours de pluie.

♥ **Mr Jakob** ESTONIEN MODERNE €€€
(☎5375 3307 ; www.otepaagolf.ee ; Mäha küla ; plats 14-18 € ; ⏲12h-21h ; wifi). Le meilleur restaurant d'Otepää se cache dans le club de golf, à 4 km à l'ouest du Pühajärv. La décoration en est originale et contemporaine, tout comme la carte, qui revisite de la plus remarquable des manières les vieux classiques estoniens tels que la côte de porc et le filet de hareng mariné. Et pour ne rien gâcher, le service est charmant et la vue sur le parcours et les champs environnants, magnifique.

Renseignements

Office du tourisme d'Otepää (☎766 1200 ; www.otepaa.ee ; Tartu mnt 1 ; ⏲10h-17h lun-ven, 10h-15h sam et dim mi-mai à mi-sept, 10h-17h mar-ven, 10h-15h sam le reste de l'année). Le personnel bien informé distribue cartes et brochures et recommande activités, service de guide et logement dans les environs.

Depuis/vers Otepää

La **gare routière** (Tartu mnt 1) est à côté de l'office du tourisme. Parmi les destinations desservies :

Narva (10 €, 4 heures 15, 2/sem)
Sangaste (1,70 €, 30 min, 6/jour)
Tallinn (13 €, 3 heures 30, 1/jour)
Tartu (2-3,50 €, 1 heure, 10/jour)
Valga (3,30 €, 1 heure, 4/jour)

SUD-OUEST DE L'ESTONIE

Son front de plage est le grand atout de cette partie du pays. Posée sur une vaste étendue de sable, Pärnu est prise d'assaut par les vacanciers durant l'été. Venus de Tallinn et de Tartu, des jeunes y font la fête, tandis que des bus entiers déposent des citadins plus âgés venus y chercher spas et bains de boue.

Sud-ouest de l'Estonie

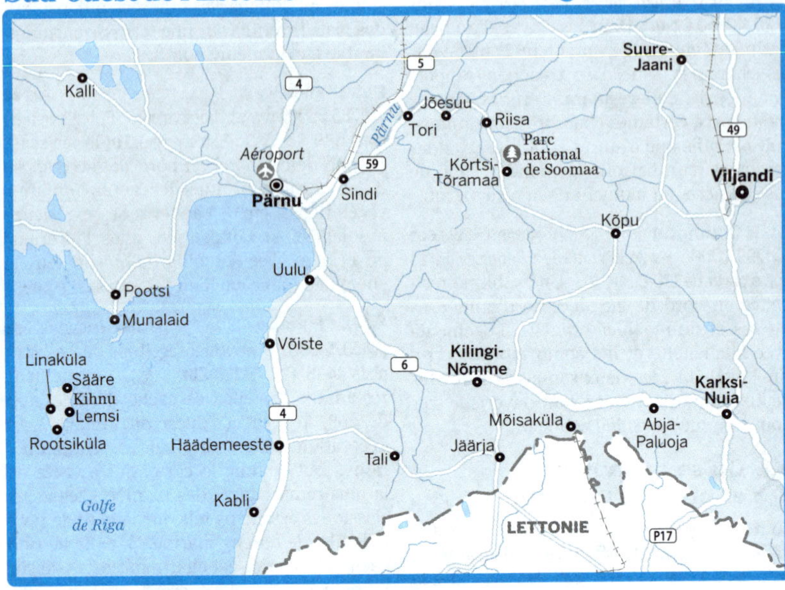

À l'est de Pärnu, les prairies et les marécages sinueux du parc national de Soomaa abritent une riche biodiversité. Juste après Soomaa, Viljandi est une ville régionale décontractée, réputée auprès des amateurs de culture traditionnelle, et en particulier de musique.

Viljandi

17 600 HABITANTS

Surplombant une vallée pittoresque et le calme lac éponyme, Viljandi est l'une des plus charmantes villes d'Estonie. Les chevaliers Porte-Glaive fondèrent ici un château au XIIIe siècle, puis la ville alentour rejoignit la Hanse teutonique, avant de subir tout à tour les conquêtes suédoise, polonaise et russe. C'est aujourd'hui un endroit tranquille pour remonter le temps en visitant les ruines du château, les bâtiments historiques et les nombreux coins de nature.

Si vous voulez venir fin juillet, réservez votre hébergement : le Festival de musique traditionnelle de Viljandi est le grand rendez-vous musical annuel du pays.

À voir

La vieille ville, formée des quelques rues au nord du château, est parsemée de beaux bâtiments de bois finement ouvragés, mais l'ensemble devient plus hétéroclite à mesure que l'on s'en éloigne.

Château de l'ordre Teutonique de Viljandi — CHÂTEAU

(Viljandi ordulinnus ; Lossimäed). GRATUIT Juchées au sommet de la colline, au cœur d'un parc luxuriant fort d'une vue panoramique sur la vallée et le lac en contrebas, les maigres ruines du château de Viljandi forment un ensemble pittoresque. L'édifice fut érigé en 1224 par les chevaliers Porte-Glaive sur trois petites collines séparées par des ravins, à l'emplacement d'une forteresse estonienne datant du IXe siècle. Il tomba en ruine au XVIIe siècle, suite aux guerres polono-suédoises.

Il n'en subsiste aujourd'hui que de modestes pans de murs et des fondations délabrées, mais d'intéressants panneaux montrent sur place le plan du château. L'une des voies d'accès à la forteresse enjambe une élégante passerelle suspendue de 50 m, construite en 1879 pour un autre ensemble de ruines à Tarvastu et seulement déplacée sur ce site en 1931.

Dans le petit cimetière à l'arrière du parc reposent les Allemands morts au combat pendant la Seconde Guerre mondiale.

Église luthérienne Saint-Jean ÉGLISE

(Jaani Kirik ; Pikk 6 ; 11h-18h lun-sam, 9h-18h dim mi-mai à mi-sept). Après avoir servi de dépôt de meubles pendant la période soviétique, cette église luthérienne semble avoir connu une aube nouvelle, avec ses murs gris clair et son autel de pierre. Elle appartenait à l'origine à une abbaye franciscaine du XVe siècle (d'où le vitrail représentant le saint à droite de l'autel) et, en observant attentivement, on aperçoit des restes de fresques datant d'avant la Réforme, au-dessus de l'arche reliant le porche à l'intérieur de l'église.

Centre Kondas GALERIE D'ART

(Kondase Keskus ; www.kondas.ee ; Pikk 8 ; tarif plein/réduit 2/1 € ; 10h-17h mer-sam jan-mars, mer-dim avr-sept-déc, 11h-18h tlj mai-août). La seule galerie d'Estonie dédiée à l'art naïf et étranger expose des œuvres de Paul Kondas (1900-1985), un peintre local, et d'autres artistes autodidactes un peu décalés. Vous la trouverez facilement : référence aux *Mangeurs de fraises*, de Kondas (1965), la queue de toutes les fraises géantes dispersées dans la ville pointe vers la galerie.

Musée de Viljandi MUSÉE

(433 3316 ; www.muuseum.viljandimaa.ee ; Laidoneri plats 10 ; adulte/enfant 2/1 € ; 10h-17h mar-sam avr et sept-déc, 11h-18h tlj mai-août). En face de l'ancienne place du marché, ce modeste musée sur 2 niveaux présente des expositions retraçant l'histoire de Viljandi de l'âge de pierre à la moitié du XXe siècle : costumes traditionnels, animaux empaillés, photos de la ville en noir et blanc, bijoux de l'ère viking et maquette montrant ce à quoi le château d'origine devait ressembler. Peu de traductions en anglais.

Ancien château d'eau BELVÉDÈRE

(Vana Veetorn ; www.sakalakeskus.ee ; Laidoneri plats 5 ; tarif plein/enfant 2/1 € ; 11h-16h mai-août ; 10h-17h mar-sam sept). Surmontée d'une structure en bois hexagonale avec une belle vue sur la campagne, cette étrange tour en brique rouge de 30 m est l'un des monuments emblématiques de Vijlandi.

Viljandi järv LAC

Empruntez le sentier escarpé qui part de la rue Pikk pour accéder à ce lac où il fait bon nager en été. On y trouve les activités classiques des plages estoniennes : terrain de volley, cafés, bateaux à louer, ainsi qu'une plateforme de baignade non loin de la berge. La Saint-Jean venue, le site accueille les principales fêtes locales.

> **BILLETS POUR TROIS SITES DE VILJANDI**
>
> Des billets combinés (tarif plein/enfant 5/3 €) sont proposés, comprenant le musée de Viljandi, le centre Kondas et l'ancien château d'eau.

Église luthérienne Saint-Paul ÉGLISE

(Pauluse Kirik ; Kiriku 5 ; 10h-15h mar-ven, 10h-13h dim juin-août). En pierre et brique, cette imposante église luthérienne de style gothique Tudor de 1866 ressemble à un château. L'intérieur comporte une chaire et une galerie de bois ainsi qu'une scène de la Crucifixion au-dessus de l'autel.

Circuits organisés

Visite à pied de la ville CIRCUIT PÉDESTRE

(Tarif plein/enfant 1/0,50 € ; 13h juin-août). Visite guidée d'une heure à prix modique, tous les jours en été. Départ devant l'office du tourisme (paiement à l'office). Commentaires en anglais et en estonien.

Fêtes et festivals

Fêtes hanséatiques CULTURE

(www.hansa.viljandi.ee ; Hansapäevad). Célébration du passé de la ville sur un week-end prolongé début juin.

Festival de musique ancienne de Viljandi MUSIQUE

(Viljandi vanamuusika festival ; www.vivamu.ee). Musique et instruments anciens à l'honneur pendant une semaine à la mi-juillet, dans les églises et salles de concert de la ville.

Festival de musique traditionnelle de Viljandi MUSIQUE

(Viljandi pärimusmuusika festival ; www.folk.ee). Ce festival musical de 4 jours est le plus grand événement de l'année. Réputé pour son ambiance décontractée et sa programmation internationale impressionnante, il attire plus de 20 000 personnes à plus de 100 concerts, doublant la population de Viljandi autour du dernier week-end de juillet.

Où se loger

Hostel Ingeri AUBERGE DE JEUNESSE €

(433 4414 ; www.hostelingeri.ee ; Pikk 2c ; s/d 29/40-45 € ; P). Donnant dans l'une des plus jolies rues de Viljandi, une bonne adresse, aux 6 chambres confortables avec

Viljandi

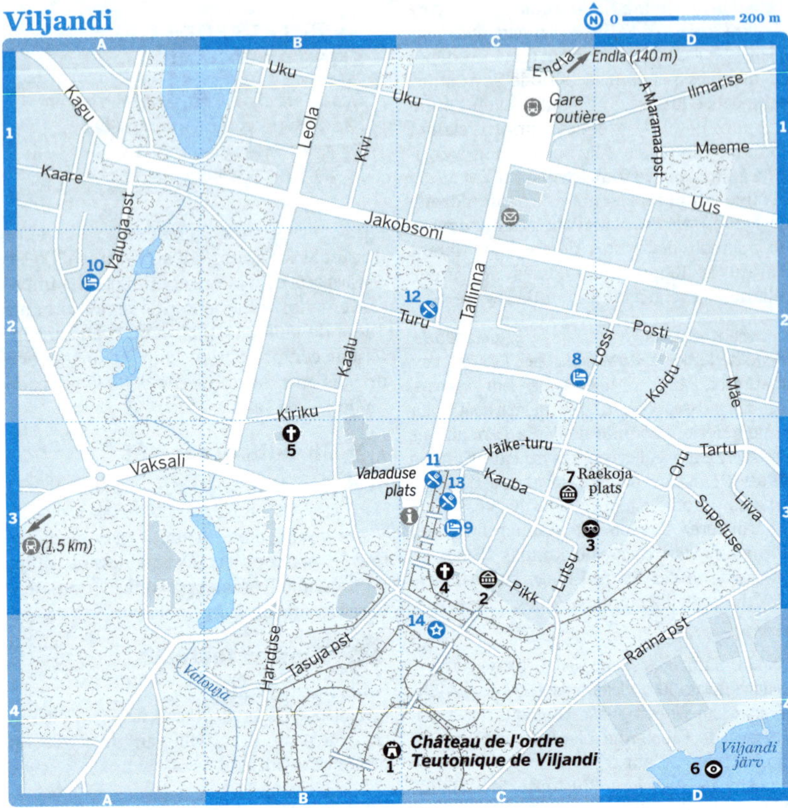

TV, salle de bains et plantes vertes. Cuisine à disposition, et parking juste à côté.

Grand Hotel Viljandi HÔTEL €€
(☎435 5800 ; www.ghv.ee ; Tartu 11 ; s/d 76/98 € ; 📶). Au cœur de la vieille ville, cet hôtel, moins formel qu'il paraît, loue des chambres Art déco aux finitions de bois sombre, avec fauteuils soyeux, grandes fenêtres et tapis à motifs bigarrés. Devant, agréable café l'été et restaurant chic à la carte. Cherchez le panneau "EVE", le nom du bâtiment de 1938 abritant l'hôtel.

Villa Hilda PENSION €€
(☎433 3710 ; www.hildavilla.ee ; Valuoja pst 7 ; ch 46-84 € ; 📶). Si l'extérieur est plutôt quelconque, cette pension accueillante cache une déco des années 1930 : parquets en bois ciré, antiquités et meubles fabuleux. Elle ne compte que 3 chambres, dont l'une dispose d'un balcon surplombant le parc.

Endla PENSION €€
(☎433 5302 ; www.reinup.ee ; Endla 9 ; s/d 30/35 € ; @📶). Sise dans une rue tranquille au nord de la gare routière, cette petite pension a un vague air suisse. Des chambres simples mais judicieusement meublées et impeccables.

Où se restaurer et prendre un verre

Pour une ville de cette taille, Viljandi affiche peu d'établissements où manger mais compte quelques pubs sympathiques.

Aida CAFÉ €
(☎434 2066 ; www.aidakohvik.ee ; Tasuja pst 6 ; plats 7,80-9,60 € ; ⌚11h-23h lun-sam, 11h-19h dim). Depuis ses immenses baies vitrées et sa terrasse sur le toit surplombant le parc du château, l'excellent café du Centre de musique traditionnelle a pour atout la meilleure vue sur la ville qui soit. Outre des mets estoniens copieux et raffinés, la carte

Viljandi

Les incontournables
1 Château de l'ordre Teutonique de Viljandi B4

À voir
2 Centre Kondas C3
3 Ancien château d'eau C3
4 Église Saint-Jean C3
5 Église luthérienne Saint-Paul B3
6 Viljandi järv D4
7 Musée de Viljandi C3

Où se loger
8 Grand Hotel Viljandi C2
9 Hostel Ingeri C3
10 Villa Hilda A2

Où se restaurer
Aida .... (voir 14)
11 Fellin C3
12 Suur Vend C2
13 Tegelaste Tuba C3

Où sortir
14 Centre de musique traditionnelle C4

comprend pâtes, légumes sautés à l'asiatique et diverses salades.

Suur Vend PUB €
(www.suurvend.ee ; Turu 4 ; plats 4,50-9 € ; 12h-22h dim-lun, 12h-minuit mar-mer, 12h-3h jeu-sam ;). Entre service aimable, plats copieux, billard et juke-box, ce pub chaleureux ne manque pas d'ambiance, que l'on s'y installe à l'intérieur ou en terrasse. Carte variée mais classique, avec un grand choix d'en-cas pour accompagner quelques bières. Des soirées disco et karaoké assurent l'animation jusque tard dans la nuit.

Tegelaste Tuba PUB €
(www.facebook.com/TegelasteTuba ; Pikk 2b ; plats 3,50-9 €; 11h-minuit dim-jeu, 11h-2h ven et sam ;). Cette taverne arbore une belle terrasse donnant sur le parc, ainsi qu'une salle confortable pour les jours froids et pluvieux, décorée d'artisanat estonien. Une clientèle hétéroclite vient y profiter d'un large choix de soupes, salades et plats roboratifs russes et estoniens (des raviolis et beaucoup de porc et de poulet).

Fellin CAFÉ €€
(435 9795 ; www.kohvikfellin.ee ; Kauba 2 ; plats 9-16 € ; 11h-20h dim-lun, 11h-22h mar-sam). "Cuisine locale" et "musique live" sont les maîtres mots dans ce café-bar très sympathique, de loin la meilleure adresse de Viljandi pour prendre un verre et se restaurer. La carte va des petits en-cas, salades et soupes aux repas plus nourrissants (magret de canard, porc fumé, poisson cuit à la vapeur). On peut aussi simplement y déguster un verre de vin en écoutant ce qui se joue.

Où sortir

Centre de musique traditionnelle MUSIQUE LIVE
(Pärimusmuusika ait ; www.folk.ee ; Tasuja pst 6). Avec l'ouverture de ce centre très contemporain en 2007, Viljandi s'est forgé une réputation de capitale de la musique populaire estonienne. Outre des salles de cours, l'endroit compte un café haut de gamme et deux salles de concert ultramodernes (demandez le programme sur place ou à l'office du tourisme).

Renseignements

Office du tourisme (433 0442 ; www.visitestonia.com ; Vabaduse plats 6 ; 10h-18h lun-ven, 10h-15h sam et dim mi-mai à mi-sept, 10h-17h lun-ven le reste de l'année). Des cartes et des renseignements sur Viljandi et ses environs en différentes langues. Informations sur le parc national de Soomaa.

Depuis/vers Viljandi et comment circuler

VÉLO

Location et services chez **Jaan Joosepi Jalgrattapood** (434 5757 ; www.jalgrattad.eu ; Kaalu 9 ; 4,50 €/jour, 10 €/jour ; 9h-18h lun-ven, 9h-15h sam)

BUS

La **gare routière** (Bussijaam ; 433 3680 ; www.bussireisid.ee ; Ilmarise 1 ; 6h15-20h lun-sam, 8h-20h dim) est à 500 m au nord de l'office du tourisme. Principaux itinéraires :

Kuressaare (18 €, 5 heures, 2/jour)
Pärnu (6-6,80 €, 1 heure 30, 11/jour)
Tallinn (9,50-11 €, 2 heures 30, 11/jour)
Tartu (5,80 €, 1 heure 15, 14/jour)
Valga (6,50-7,20 €, 1 heure 45, 6/jour)

TRAIN

La **gare ferroviaire** (Raudteejaam ; 434 9425 ; www. elron.ee ; Vaksali 44) est à 1,6 km au sud-ouest de l'office du tourisme. Quatre trains circulent quotidiennement depuis/vers Tallinn (8,40 €, 2 heures 15).

Parc national de Soomaa

Ce parc de 390 km² est la plus grande étendue de marais, de prairies et de forêts riveraines (Soomaa signifie "tourbières") d'Estonie. Il tient pour l'essentiel en 4 tourbières (Valgeraba, Öördi, Kikepera et Kuresoo), dont la couche de tourbe peut atteindre 7 m par endroits. Lesdites tourbières sont séparées par des affluents de la rivière Pärnu, dont les crues en mars et avril forment une "5e saison" pour les habitants, lorsque l'eau monte jusqu'à 5 m.

Les forêts alentour accueillent jusqu'à 43 espèces de mammifères, dont le loup, le lynx, l'ours brun, l'élan, le sanglier et la loutre. Des milliers d'oiseaux (180 espèces observées) migrent vers Soomaa chaque année. La meilleure saison pour voir la faune et la flore sauvages va de septembre à mai ; vous pourrez au moins apercevoir des empreintes dans la neige et éviter la colonie d'insectes qui s'y installe l'été.

Le canoë ou le *haabjas*, pirogue traditionnelle finno-ougrienne taillée dans un tronc de tremble, employée des siècles durant pour pêcher, chasser, transporter le foin et se déplacer, sont de bons moyens pour explorer le parc et ses méandres.

Au fil de l'histoire, les tourbières ont à la fois isolé et protégé les Estoniens. On racontait que des sorcières y habitaient, et certaines guérisseuses étaient parfois taxées de sorcellerie. D'après le folklore, ce sont les feux follets facétieux qui attirent les gens jusqu'aux tourbières, où ils sont forcés de rester jusqu'à ce que les gaz prennent feu, et que le petit peuple des marais leur apparaisse. Plus concrètement, l'endroit servait de refuge aux résistants fuyant les envahisseurs, ces derniers répugnant à s'y aventurer.

Activités et circuits organisés

Le **sentier des Castors** (1,8 km) part du centre des visiteurs du parc et longe les barrages des castors. Autre parcours facile et agréable, le **sentier de Riisa** (4,8 km) forme une boucle à travers le marais de Riisa sur des planches de bois bien entretenues (dont 1,2 km est actuellement accessible en fauteuil roulant). Avant de partir, mieux vaut prévenir le centre de votre itinéraire, par e-mail ou en personne, tout particulièrement en hiver.

Soomaa.com ACTIVITÉS DE PLEIN AIR
(☎506 1896 ; www.soomaa.com). L'offre d'activités est très large : sorties en canoë guidées ou non, observation des castors en canoë, balades dans les marais et cueillette de champignons, et l'hiver, trottinette des neiges, ski de fond et raquettes de neige. Le circuit d'une journée **Wilderness Experience** comprend balades dans les marais et canoë (50 €/pers, minimum 2 pers, de mai à septembre ; plus 20 € avec transfert depuis Pärnu).

Où se loger

Il existe 10 campings gratuits et rudimentaires dans le parc, dont un près du centre, avec toilettes, emplacement pour le feu et (habituellement) du bois, mais pas d'eau courante.

Renseignements

Centre des visiteurs de Soomaa (☎435 7164 ; www.keskkonnaamet.ee ; ⏲10h-18h mi-avr à mi-sept, 10h-16h lun-ven le reste de l'année). Renseignements sur le parc au centre de Kõrtsi-Tõramaal. Il fournit des cartes de randonnée et des contacts d'hébergement et de guide (joignez le centre à l'avance).

Depuis/vers le parc national de Soomaa

BUS

Un bus relie quotidiennement Pärnu à Riisa (2,20 €, 1 heure), à 6 km du centre des visiteurs.

VOITURE ET MOTO

Le plus simple est d'accéder au parc côté Pärnu (ouest), en traversant Tori et Jõesuu. Viljandi est plus proche, mais une grande partie des 23 km reliant le village de Kõpu au centre des visiteurs n'est pas bitumée.

Pärnu

39 800 HABITANTS

En Estonie, Pärnu (prononcer pèr-nou) est synonyme de soleil et de loisirs. Familles locales, jeunes fêtards et vacanciers finlandais, allemands et suédois viennent chercher le soleil sur les plages de sable, dans les vastes parcs et le pittoresque centre historique de la première station balnéaire du pays. Un habitant nous l'a même décrite comme la "Miami d'Estonie", mais elle est d'usage plus sobrement appelée "capitale d'été" du pays.

LES FRÈRES DE LA FORÊT

Aujourd'hui, les marais tranquilles et les bois d'Estonie sont un paradis pour la faune et la flore. Mais, entre 1944 et 1956, une grande partie de ce qui est à présent le parc national et la réserve naturelle était la place forte du mouvement indépendantiste Metsavennad ou Metsavendlus, les Frères de la forêt. Ces derniers ont farouchement résisté à l'occupation soviétique. Beaucoup ont décidé de vivre à l'abri des bois ; certains y sont même restés des années. Ils connaissaient bien le terrain, qu'ils utilisèrent à leur avantage pour survivre et combattre pour la République.

En vertu des accords du pacte germano-soviétique de 1939, l'Allemagne céda l'Estonie (et les autres pays baltes) à l'URSS. Après trois ans d'occupation difficile, les Allemands se retirèrent, et les Soviétiques s'approprièrent l'Estonie et marchèrent sur Tallinn en 1944. Les premiers résistants, croyant que cette nouvelle occupation ne serait pas tolérée, conformément à la charte de l'Atlantique signée en 1941 entre la Grande-Bretagne et les États-Unis (reconnaissant que toute souveraineté ôtée par la force devait être restaurée), trouvèrent un soutien pour cette nouvelle guerre qui s'annonçait. Cependant, l'opinion internationale ne se mobilisa pas, et leur lutte resta une affaire interne à l'Estonie.

L'action de la résistance commença par des attaques isolées contre l'Armée rouge, qui y perdit quelque 3 000 soldats. Grâce à une stratégie éprouvée et à des réseaux de renseignements solides, les offensives contre des sites soviétiques firent mouche. Au plus fort de la résistance, les Frères de la forêt et leurs sympathisants comptèrent plus de 30 000 personnes, dont des femmes, des personnes âgées, des jeunes et un réseau de "Frères urbains". On retrouve des traces des actes de résistance dans les archives soviétiques de l'époque, détaillant le sabotage des infrastructures (chemin de fer, routes) qui empêchèrent les premières tentatives de faire de l'Estonie un nouvel État soviétique.

Durant les années qui suivirent, les Metsavennad déplorèrent de lourdes pertes et firent face à une opposition variée et grandissante. Le NKVD/KGB (police secrète soviétique) promit des récompenses aux Estoniens qui infiltreraient la résistance. Les Soviétiques organisèrent la déportation massive de ceux qu'ils suspectaient d'être des sympathisants de la résistance, et certains partisans des Metsavennad furent forcés d'agir contre le mouvement. En 1947, 15 000 combattants avaient déjà été arrêtés ou tués. Le coup le plus dur fut porté en 1949 avec la déportation de 20 000 malheureux, essentiellement des femmes, des enfants et des personnes âgées, accusés d'avoir soutenu et couvert la résistance.

Le mouvement perdura quelques années, mais fut largement entravé par la puissance soviétique et la perte du soutien local, provoqué par les déportations successives et l'évacuation des fermes en vue de leur collectivisation. Certains Frères de la forêt qui échappèrent à l'exécution ou la prison fuirent en Scandinavie ou au Canada.

Les Metsavennad comptèrent bien des héros, dont la plupart connurent une fin tragique. Kalev Arro et Ants Kaljurand (ou *Hirmus Ants*, "Ants le Terrible", pour les Soviétiques) s'illustrèrent par leur art du déguisement et l'humour avec lequel ils se jouèrent des Soviétiques. Ce ne fut qu'en 1980 que le dernier des Frères encore actif, Oskar Lillenurm, fut retrouvé et exécuté dans le comté de Lääne.

Un travail de grande ampleur a été mené pour retracer l'histoire du mouvement à partir des témoignages des habitants. Les survivants sont considérés comme des héros nationaux et ont droit aux plus grands honneurs. Pour plus d'infos sur la résistance, *War in the Woods: Estonia's Struggle for Survival, 1944-1956* ("La Guerre dans les bois : la lutte de l'Estonie pour survivre, 1944-1956", non traduit en français) de Mart Laar, ancien Premier ministre (et historien) estonien, est une bonne référence. Les Frères de la forêt sont également au centre du roman *Purge* de Sofi Oksanen (Stock, 2010).

De fait, une grande partie de Pärnu est plutôt sage, avec des rues verdoyantes où alternent grands parcs et jolies villas du début du XXe siècle, témoignant du passé d'une station balnéaire autrefois prisée par la bonne société. Des vacanciers seniors, de Finlande et de l'ancienne Union soviétique la fréquentent toujours ; ils viennent s'y reposer et redécouvrir ses fameux bains de boue.

Pärnu

Histoire

Avant l'arrivée des croisés germaniques, Pärnu était un comptoir commercial, mais la ville n'est entrée dans l'histoire qu'en 1234, lorsque la rivière Pärnu fut choisie pour marquer la frontière entre l'évêché d'Ösel-Wiek (ouest et nord) et les terres des chevaliers de Livonie (est et sud). La ville, reliée par voie fluviale à Viljandi, Tartu et au lac Peïpous, devint le port hanséatique de Pernau au XIVe siècle (la baisse du niveau des eaux a depuis fait disparaître cette liaison).

Jusqu'au XVIIIe siècle au moins, Pernau/Pärnu comptait une population de marchands allemands originaires de Lübeck. La ville résista aux guerres, aux incendies, aux épidémies de peste et aux dominations allemande, polonaise, suédoise et russe successives, et prospéra au XVIIe siècle sous tutelle suédoise, jusqu'à ce que son commerce soit ruiné par les blocus européens des guerres napoléoniennes.

À partir de 1838, ses bains de boue et sa plage lui valurent un retour de prospérité. Seule la zone touristique fut épargnée lorsque les Soviétiques eurent chassé les nazis, en 1944, mais la vieille ville a en grande partie été restaurée depuis.

Pärnu

À voir

Pärnu est établie sur l'embouchure de la rivière Pärnu, qui se jette dans la baie du même nom. La rive sud concentre la plupart des curiosités, dont la vieille ville et la plage. Rüütli, bordée de splendides bâtiments du XVIIe siècle, est la principale artère du centre historique.

Plage de Pärnu — PLAGE

La longue et large plage de sable fin de Pärnu, ponctuée de terrains de volley, de cafés et de minuscules cabines, est de loin le principal attrait de la ville. Une promenade longe la plage, agrémentée de fontaines et de bancs, idéals pour s'arrêter regarder les gens. Des bâtiments du début du XXe siècle s'égrènent le long de Ranna pst, l'avenue parallèle à la plage. De l'autre côté de la route, les jardins du **Rannapark** se prêtent parfaitement à un pique-nique.

Musée d'Art moderne — MUSÉE

(Uue kunstimuuseum ; ☎ 443 0772 ; www.mona.ee ; Esplanaadi 10 ; tarif plein/enfant 3/1,50 € ; ⏲ 9h-21h). L'ancien quartier général du Parti communiste de Pärnu abrite aujourd'hui l'une des galeries les plus avant-gardistes du pays. Avec "ouverture culturelle" comme leitmotiv, le lieu accueille chaque été une exposition internationale consacrée au nu. La galerie fut fondée par le réalisateur Mark Soosaar, et chaque année s'y tient également le Festival international du film de Pärnu.

Sur place, on trouve une excellente petite boutique de souvenirs et un café avec borne Internet (2 €/heure).

Porte de Tallinn — PORTE

(Tallinna Värav). On repère facilement les remparts suédois en étoile du XVIIe siècle sur une carte en couleur, car les extrémités des anciennes branches sont presque toutes des parcs. La seule section intacte, encore pourvue de douves, est à l'ouest du centre. À l'endroit où le rempart rejoint l'extrémité ouest de Kuninga, il est percé de cette porte en forme de tunnel qui défendait jadis la route principale menant au bateau traversant la rivière, puis à Tallinn.

Église luthérienne Sainte-Élisabeth — ÉGLISE

(Eliisabeti Kirik ; www.eliisabet.ee ; Nikolai 22 ; ⏲ 12h-18h mar-sam, 9h-12h dim juin-août). Cette église baroque porte le nom de la mère de Jean le Baptiste, mais aussi de l'impératrice russe régnant à l'époque de sa construction (1747). Lustres bas, chaire en bois sculpté de style gothique et magnifique retable de la Résurrection provenant de Rotterdam (1854).

Église orthodoxe Sainte-Catherine ÉGLISE
(Ekatarina Kirik ; Vee 8). Datant de 1768, une superbe église baroque portant le nom d'une autre impératrice russe, Catherine II, elle-même baptisée d'après la martyre chrétienne.

Hôtel de ville BÂTIMENT HISTORIQUE
(Nikolai 3). Cet édifice néoclassique de 1797 abrite aujourd'hui l'office du tourisme et un petit espace d'exposition d'art. De l'autre côté de la rue Nikolai, un peu plus bas, remarquez la maison à colombages datant de 1740.

Musée de Pärnu MUSÉE
(☎443 3231 ; www.parnumuuseum.ee ; Aida 3 ; tarif plein/enfant 4/2 € ; 11h-18h mar-dim). Sont retracés ici 11 000 ans d'histoire régionale, avec aussi bien des trouvailles archéologiques préhistoriques que la reconstruction d'un appartement de l'ère soviétique. La pièce maîtresse, la "Madone de l'âge de pierre", vieille de 8 000 ans, fait la fierté du musée.

Musée Koidula MUSÉE
(www.parnumuuseum.ee ; Jannseni 37 ; tarif plein/enfant 2/1 € ; 10h-18h mar-dim juin-août, 10h-17h mar-sam sept-mai). La mémoire de Lydia Koidula (1843-1886) est maintenue vivace dans les six pièces de ce modeste musée, ancienne demeure et école de cette grande poétesse estonienne. L'ancienne salle de classe, la pièce à vivre et les chambres, pleines d'antiquités, sont plutôt intéressantes, même pour qui n'est guère féru de renaissance culturelle estonienne.

Activités

Hedon Spa SPA
(☎449 9011 ; www.hedonspa.com ; Ranna pst 1 ; soins à partir de 25 € ; 9h-19h lun-sam, 9h-17h dim). Construit en 1927 pour abriter les célèbres bains de boue de Pärnu, ce joli bâtiment néoclassique récemment rénové a rouvert ses portes en tant que spa de jour. Y sont dispensés toutes sortes de soins relaxants, dont quelques-uns seulement ont recours à la boue.

Tervise Paradiis Veekeskus PARC AQUATIQUE
(www.terviseparadiis.ee ; Side 14 ; tarif plein/enfant 3 heures 13/9 €, journée 20/15 € ; 10h-22h). À l'extrémité de la plage, le plus grand parc aquatique d'Estonie comprend piscines, toboggans, chambres à air et autres joies de la glisse. Il attire beaucoup de familles, surtout par mauvais temps. Soins en spa, cours d'aérobic et bowling sont également proposés au cœur de ce vaste complexe.

Fêtes et festivals

L'office du tourisme distribue *Pärnu This Week*, qui recense les événements organisés en ville.

Festival gastronomique Grillfest CUISINE
(Hea Toidu Festival ; www.grillfest.ee). Le deuxième week-end de juin, une foule de quelque 45 000 personnes se presse autour des 200 stands de nourriture, installés dans le parc Vallikäär, pour profiter du meilleur de la cuisine estonienne.

Fêtes hanséatiques de Pärnu CULTURE
(Pärnu Hansapäevad ; hansa.parnu.ee). Pendant une semaine, à la fin du mois de juin, Pärnu revit le Moyen Âge, avec au programme tournois de chevalerie, marchés, spectacles ainsi que foire du bétail et de la volaille.

Festival du film de Pärnu DOCUMENTAIRES
(Pärnu Filmifestival ; www.chaplin.ee). Gagnant chaque année en prestige, ce festival international met à l'honneur les documentaires depuis 1987. Il a lieu début juillet pendant 2 semaines au musée d'Art moderne et d'autres endroits en ville.

Où se loger

Il faut s'y prendre à l'avance en été, surtout le week-end. En dehors de la saison haute, vous pourrez trouver de bonnes affaires, jusqu'à 50% des tarifs donnés ici.

Motel et camping Konse CAMPING €
(☎5343 5092 ; www.konse.ee ; Suur-Jõe 44a ; empl 9-15 €, ch avec/sans salle de bains à partir de 52/40 € ; P@). Tout près de la rivière, à environ 1 km du centre, Konse propose des emplacements et diverses chambres avec accès cuisine. Aucun charme spécial, mais un sauna (15 €/heure), des vélos (10 €/jour) et des barques (10 €/heure) à louer.

Embrace PENSION, APPARTEMENTS €€
(☎5887 3404 ; www.embrace.ee ; Pardi 30 ; ch à partir de 75 € ; P). Un savant mélange d'ancien et de contemporain vous attend dans les chambres aménagées dans cette agréable vieille bâtisse en bois, dans une rue de la banlieue, à proximité de la plage et du parc aquatique. Dans l'annexe voisine, 4 appartements indépendants modernes.

Inge Villa PENSION €€

(☎443 8510 ; www.ingevilla.ee ; Kaarli 20 ; s/d/ste 56/70/82 € ; ❄ 📶). Dans ce pâté de maisons chics, près de la plage, cette "villa-hôtel suédo-estonienne" décontractée compte 11 chambres au minimalisme nordique. Jardin, lounge et sauna complètent le tout.

Villa Johanna PENSION €€

(☎443 8370 ; www.villa-johanna.ee ; Suvituse 6 ; s/d/ste 50/80/100 € ; P 📶). De confortables chambres lambrissées de pin (dont une avec balcon), dans une ravissante maison en bois à l'ancienne, décorée de jardinières et de pots de fleurs suspendus, dans une rue calme près de la plage.

Hotell Legend HÔTEL €€

(☎442 5606 ; www.legend.ee ; Lehe 3 ; s/d/ste 50/70/90 € ; P @ 📶 🐾). Lampes de style Tiffany, maquettes de bateaux et panneaux de bois donnent un air rétro au hall d'entrée, que l'on ne retrouve ni à l'extérieur ni dans les chambres. Sa proximité de la plage, son personnel charmant et ses chambres bien entretenues font de cet établissement un bon choix de milieu de gamme.

Hommiku Hostel AUBERGE DE JEUNESSE €€

(☎445 1122 ; www.hommikuhostel.ee ; Hommiku 17 ; s/d 25/35 € ; P 📶). Emplacement central de choix pour Hommiku, qui tient davantage de l'hôtel petits budgets que de l'auberge de jeunesse. Salles de bains privatives, TV et kitchenettes, parfois même poutres apparentes.

Ammende Villa HÔTEL €€€

(☎447 3888 ; www.ammende.ee ; Mere pst 7 ; s/d/ste à partir de 165/210/400 € ; P ❄ 📶). Ce manoir Art nouveau de 1904 rénové, trônant sur une propriété magnifiquement entretenue, affiche un luxe indéniable. La façade, superbe, est à l'aune du hall et des chambres, toutes décorées différemment. Celles de la maison du jardinier sont plus abordables, mais moins impressionnantes.

Frost Boutique Hotel HÔTEL €€€

(☎5303 0424 ; www.frosthotel.ee ; Kuninga 11 ; ch/ste à partir de 140/210 € ; P 📶). Cet ensemble de chambres étonnamment raffinées arbore, et de loin, la décoration la plus originale de Pärnu : cloisons en bois rustique, lustres, carrelage de sanitaires aux reflets métalliques, couvre-lits en fourrure, poufs en cuir de vache, ours en peluche, etc. Supplément petit-déjeuner 12 €.

Tervise Paradiis RESORT €€€

(☎445 1600 ; www.terviseparadiis.ee ; Side 14 ; s/d/ste à partir de 91/104/153 € ; P 📶 🏊). Grand (120 chambres environ) et extrêmement fréquenté en été, ce complexe hôtelier proche de la mer loue des chambres simples, avec balcon et vue sur les flots (demandez à être assez haut). Ici, on mise sur les infrastructures de loisir : bowling, aire de jeux pour enfants, spa, fitness, parc aquatique, restaurants, bar. L'établissement rencontre un franc succès auprès des Suédois et des Finlandais ; réservez en haute saison.

Où se restaurer

♥ Piccadilly CAFÉ, VÉGÉTARIEN €

(www.wine.kohvila.com ; Pühavaimu 15 ; plats 4,50-7,50 € ; ⏲9h-23h lun-sam, 10h-20h dim ; 🥬). Dans ce havre de paix, apprécié des végétariens comme des œnophiles, on sert divers thés et infusions, de délicieux plats tels que salades, sandwichs et omelettes, mais surtout de remarquables desserts, dont de divins cheese-cakes et chocolats artisanaux.

Steffani PIZZERIA €

(www.steffani.ee ; Nikolai 24 ; plats €6.10-8.30; ⏲11h-minuit dim-jeu, 11h-2h ven-sam ; 👪). La file d'attente en dit long : une adresse prisée où déguster des pizzas, surtout l'été, pour sa grande terrasse fleurie. Large choix de pâtes et, bizarrement, de burritos. Autre adresse sur la plage l'été, au Rann pst 1 ; plats 7,10-9,90 €).

Port Artur Toidukaubad SUPERMARCHÉ €

(Lai mnt 11 ; ⏲9h-22h). Le supermarché le mieux placé est dans le centre commercial Port Artur.

Vieux marché MARCHÉ €

(Vana Turg ; Suur-Sepa 18 ; ⏲7h-16h30 mar-sam, 7h-15h dim). Marché couvert, parfait pour les fruits et légumes.

Piparmünt EUROPÉEN MODERNE €€

(☎442 5736 ; www.kurgovilla.ee ; Papli 13 ; plats 11-17 € ; ⏲12h-23h). Discret et excentré (attenant à un petit hôtel, dans une rue secondaire près de la plage), le Piparmünt est pourtant l'un des meilleurs restaurants de Pärnu. La carte change constamment, mais raffinement, originalité et saveur y sont toujours au rendez-vous.

Supelsaksad CAFÉ €€

((☎442 2448 ; www.supelsaksad.ee ; Nikolai 32 ; plats 10-18 € ; ⏲8h-22h dim-jeu, 9h-minut ven et sam). Un fabuleux café un rien fantasque (rose bonbon, rayures et imprimés) qui sert un assortiment de salades, pâtes et des plats de viande. Gardez de la place pour les alléchants gâteaux en vitrine.

Mahedik CAFÉ €€
(☎442 5393 ; www.mahedik.ee ; Pühavaimu 20 ; petit-déjeuner 5-6 €, plats 8-15 € ; ⏲10h-19h dim, 9h-21h lun-jeu, 10h-23h ven et sam). Cet agréable café ouvert toute la journée, dont le nom se traduit approximativement par "plutôt bio", met l'accent sur les produits locaux de saison. Petits-déjeuners cuisinés, plats de poisson pêché dans la région et grand choix de délicieuses pâtisseries.

♥ **Lime Lounge** INTERNATIONAL €€€
(☎449 2190 ; www.limelounge.ee ; Hommiku 17 ; plats 12-21 € ; ⏲12h-minuit lun-sam, 12h-21h dim ;). Si cet endroit lumineux et aux couleurs acidulées évoque davantage un bar à cocktails qu'un restaurant, la cuisine n'en est pas moins excellente. La carte sans frontières voyage de la Russie (borchtch) à l'Italie (délicieuses pâtes) en passant par la France (magret de canard), avant de s'envoler vers la Thaïlande (soupe *tom kha gai*).

Raimond EUROPÉEN MODERNE €€€
(☎5556 2686 ; www.hedonspa.com ; Ranna pst 1 ; déj 8 €, dîner 19-25 € ; ⏲13h-minuit). Sur la grande terrasse de ce restaurant donnant sur l'eau, à l'arrière de l'Heddon Spa & Hotel, une foule de vacanciers vient déguster des plats légers tels que soupes, salades ou encore le réputé tartare de bœuf. Le soir, des dîneurs tirés à quatre épingles gagnent la luxueuse salle pour des mets plus consistants : surlonge de chevreuil, filet de bœuf, poisson frais, etc.

Trahter Postipoiss RUSSE €€€
(☎446 4864 ; www.trahterpostipoiss.ee ; Vee 12 ; plats 13-22 € ; ⏲12h-23h). Installée dans un bâtiment de la poste de 1834, cette taverne rustique sert d'excellents plats russes (allant de simples à sophistiqués) à une clientèle conviviale, sous l'œil attentif de portraits impériaux. Grande cour ouverte l'été et musique live le week-end.

Où prendre un verre et faire la fête

Veerev Õlu PUB
(Uus 3a ; ⏲11h-1h lun-sam, 13h-1h dim). Baptisé en l'honneur des Rolling Stones, le "Rolling Beer", minuscule établissement avec bonne ambiance, bières bon marché et musique folk live occasionnelle (avec danse sur les tables) remporte haut la main le prix du pub le plus chaleureux.

Sweet Rosie PUB
(www.sweetrosie.eu ; Munga 2 ; ⏲11h-minuit dim-jeu, 11h-2h ven-sam). Avec son immense choix de bières, ses savoureuses spécialités de bistrot et ses concerts ponctuels, ce sympathique pub irlandais, aménagé de bois sombre, attire en nombre les fêtards en quête de bons moments animés.

Puhvet APTEK BAR, CLUB
(www.aptek.ee ; Rüütli 40 ; ⏲22h-2h mer-jeu, 22h-4h ven-sam). Franchissez le seuil de cette ancienne pharmacie des années 1930 pour découvrir sa judicieuse transformation en agréable point de ralliement des clubbeurs. Autant que les cocktails et les DJ, on y apprécie le fabuleux cadre, avec ses armoires, fioles et autres reliquats de la pharmacie d'origine.

Pärnu Kuursaal PUB
(www.kuur.ee ; Mere pst 22 ; plats 3,50-5,50 € ; ⏲12h-22h dim-mer, 12h-minuit jeu, 12h-4h ven-sam). Cette salle de danse de la fin du XIXe siècle est désormais un pub rustique avec une grande terrasse à l'arrière. Touristes et habitants viennent y boire une pression, écouter les concerts de rock et profiter de la carte des bières et des en-cas.

Citi PUB
(Hommiku 8; plats 5-13 € ; ⏲10h-23h lun-sam, 11h-21h dim). Par beau temps, la terrasse de ce café-pub animé est prise d'assaut par les visiteurs et les habitants. L'intérieur est à l'image de la carte simple d'en-cas et de plats bon marché (filet de saumon, poulet grillé, rôti de porc). Le propriétaire est un personnage haut en couleur.

Romantic Bar BAR
(www.terviseparadiis.ee ; 8e ét Tervise Paradiis, Side 14 ; ⏲14h-minuit). La superbe vue sur la mer fait oublier le nom mièvre et l'ambiance de bar d'hôtel de cet endroit. On vient y prendre un cocktail au crépuscule, à l'intérieur ou sur la petite terrasse.

Sunset Club CLUB
(www.sunset.ee ; Ranna pst 3 ; ⏲23h-6h ven et sam juin-août). La plus grande discothèque d'été de Pärnu en est également la plus fameuse, et dispose d'une terrasse sur la plage, de plusieurs étages et de recoins pratiques lorsque la piste se remplit. DJ et groupes étrangers, ainsi qu'une foule de jeunes gens s'y déchaînent jusqu'au petit matin.

Rock Club Volume CLUB
(www.rockclubvolume.ee ; Mere pst 22 ; entrée 7-12 € ; horaires variables). Attenant au pub Kuursaal, ce club de hard rock attire une foule passionnée de jeunes métalleux avec un mélange de soirées live et DJ.

Où sortir

L'été, des concerts se donnent en des lieux dédiés, tels l'auditorium et le Kuursaal, mais aussi dans les parcs, l'hôtel de ville, les églises et les jardins de la magnifique Ammende Villa.

Auditorium de Pärnu MUSIQUE CLASSIQUE
(Pärnu Konserdimaja ; 445 5810 ; www.concert.ee ; Aida 4). Tout de verre et d'acier et sis au bord de l'eau, cet étonnant auditorium, à la remarquable acoustique, est considéré comme la meilleure salle d'Estonie.

Théâtre Endla THÉÂTRE
(442 0667 ; www.endla.ee ; Keskväljak 1 ; fermé en juin). Le meilleur théâtre de Pärnu programme un large choix de pièces (généralement en estonien). Il abrite aussi une galerie d'art, un club de jazz et un café extérieur.

Achats

Guilde Maarja-Magdaleena ARTISANAT
(www.maarjamagdaleenagild.ee ; Uus 5 ; 10h-18h lun-ven, 10h-15h sam). Les artisans affiliés à cette guilde locale vendent leurs produits (cuir, verre, papier, tissu, feutre, bijoux, céramique) dans la boutique principale du rez-de-chaussée et leurs divers petits ateliers disséminés dans l'ensemble du bâtiment.

Renseignements

Bibliothèque centrale de Pärnu (Pärnu keskraamatukogu ; www.pkr.ee ; Akadeemia tänav 3 ; 10h-19h lun-ven, 10h-15h sam). Internet gratuit dans cette bibliothèque moderne et élégante.

Office du tourisme de Pärnu (447 3000 ; www.visitparnu.com ; Uus 4 ; 9h-18h mi-mai à mi-sept, 9h-17h lun-ven et 10h-14h sam-dim le reste de l'année). Nombreuses cartes et brochures, réservation de chambres et de voitures (moyennant des frais modiques), bagagerie (2 €/jour). Petite galerie, toilettes et douches attenantes.

Depuis/vers Pärnu

AVION

Aéroport de Pärnu (Pärnu Lennujaam ; EPU ; 447 5000 ; www.parnu-airport.ee ; Lennujaama tee, Eametsa). À l'extrémité nord de la ville, à l'ouest de la route de Tallinn, à 4 km du centre. Il n'est utilisé que par une petite compagnie aérienne, Luftverkehr Friesland-Harle (LFH), pour des vols à destination des îles de Kihnu et de Ruhnu, et ce uniquement en hiver, lorsque la mer est impraticable. Le bus n°23 y va depuis la gare routière (15 min), et le taxi ne devrait pas coûter plus de 3 €.

BATEAU

Pärnu Yacht Club (Pärnu Jahtklubi ; 447 1750 ; www.jahtklubi.ee ; Lootsi 6). Possède une marina avec un poste de douanes, un restaurant et des chambres.

BUS

Les bus s'arrêtent à l'angle de Pikk et Ringi, mais la **billeterie de la gare routière** (Ringi 3 ; 6h30-19h30) est à 100 m, de l'autre côté de Ringi (repérez l'enseigne rouge "bussijaam"). De là, des bus internationaux se rendent jusqu'à Saint-Pétersbourg et Vilnius (p. 178). Les principales destinations intérieures comprennent :

Haapsalu (5,05 €, 2 heures 30, 1/jour)

Kuressaare (13 €, 3heures 30, 4/jour)

Tallinn (6,50-11 €, deux heures, au moins 1/heure)

Tartu (9,60-12 €, 2 heures 45, 12/jour)

Viljandi (6-6,80 €, 1 heure 30, 11/jour)

TRAIN

Trois trains relient quotidiennement Pärnu à Tallinn (7,60 €, 2 heures 15), mais ce n'est pas très pratique étant donné que la **gare ferroviaire de Pärnu** (Liivi tee) est à 5 km à l'est du centre, à un endroit difficile à rallier et à trouver, sur une route principale. Pas de guichet, les billets s'achètent à bord. Si vous venez de Tallinn, assurez-vous de monter dans les bonnes voitures, car à Lelle, une partie du train se décroche et met le cap sur Viljandi.

VOITURE ET MOTO

Possibilité de location chez **Avis** (667 1515 ; www.avis.ee ; Rüütli 44), à l'Hotel Victoria.

Comment circuler

BUS

Il existe des bus locaux, mais comme toutes les curiosités sont accessibles à pied, ils ne sont pas indispensables. Le ticket coûte 0,64 € en prévente ou 1 € auprès du chauffeur.

TAXI

Les taxis attendent près de la gare routière sur Ringi. Les compagnies locales comprennent **E-Takso** (443 1111 ; www.etakso.ee ; forfait 2,90 € puis 0,96 €/km) et **Pärnu Takso** (443 9222 ; www.parnutakso.ee ; forfait 2,88 € puis 0,96 €/km).

VÉLO

En été, **Tõruke Rattarent** (☎ 502 8269 ; www.bicyclerentalparnu.eu ; Ranna pst 1a ; vélo 2,50/10/43 € par heure/jour/semaine ; ⌚ 9h-19h juin-août) loue des bicyclettes sur un stand près de la plage, à l'angle de Ranna pst et Supeluse. Ou bien faites-vous livrer, moyennant 1 € de supplément.

Kihnu

502 HABITANTS

L'île de Kihnu, à 40 km au sud-ouest de Pärnu dans le golfe de Riga, est un musée vivant de la culture estonienne. De fait, bon nombre de femmes y portent encore la jupe bayadère. L'île, longue de 7 km, compte quatre villages. La côte ouest étire de longues plages tranquilles.

En décembre 2003, l'Unesco a inscrit l'espace culturel de Kihnu sur la Liste du patrimoine culturel immatériel de l'humanité, rendant hommage à ses riches traditions culturelles : chant, danse, fêtes religieuses traditionnelles et artisanat. C'est en partie grâce à son isolement que l'île a pu conserver ses coutumes pendant si longtemps.

Il y a plus de six siècles, la plupart des premiers habitants de l'île étaient des criminels et des exilés du continent. Les hommes de Kihnu vivaient de la pêche et de la chasse au phoque, tandis que les femmes géraient l'île en leur absence. Parmi les habitants célèbres, le capitaine Enn Uuetoa (plus connu sous le nom de Kihnu Jõnn) aurait navigué sur tous les océans du monde. Il sombra en 1913 avec son navire au large du Danemark lors de ce qui devait être son dernier voyage avant la retraite. Il fut enterré dans la ville danoise d'Oksby, mais, en 1992, ses restes furent rapatriés à Kihnu.

Après la Seconde Guerre mondiale, une pêcherie coopérative y fut implantée, et la pêche et l'élevage restent les principales sources de revenus sur Kihnu.

À voir

Musée de Kihnu MUSÉE
(☎ 446 9983 ; www.kihnu.ee ; Linaküla ; tarif plein/enfant 3/1,50 € ; ⌚ 10h-17h mai-août, 10h-14h mar-ven sept, 10h-14h mar-ven oct-avr). Vous en apprendrez plus sur Kihnu Jõnn et la vie sur l'île dans ce musée voisin de l'église orthodoxe, à Linaküla.

Église orthodoxe Saint-Nicolas ÉGLISE
(Nikolaose kirik ; Linaküla ; ⌚ 10h-15h mai-sept). Les insulaires font partie des minorités estoniennes qui suivent la religion orthodoxe russe. Cette jolie petite église, au centre de l'île, date de 1786 (certains éléments y furent ajoutés en 1862).

Phare de Kihnu PHARE
(Kihnu Tuletorn ; tarif plein/enfant 3/1,50 € ; ⌚ 10h-18h juin-août, 10h-15h sam-dim mai-sept). Construit à partir de pièces expédiées d'Angleterre en 1864, ce phare de 29 m de haut brille au passage des navires à l'extrémité sud de l'île. En été, on peut monter à son sommet pour profiter de la vue.

Où se loger et se restaurer

Très prisés, les séjours chez l'habitant permettent d'échanger avec lui et de goûter une cuisine authentiquement maison. Consultez www.visitestonia.com (il est possible que vos hôtes ne parlent pas anglais).

Rock City PENSION €
(☎ 446 9956 ; www.rockcity.ee ; Sääre ; empl tente 4 €, s/d à partir de 15/30 € ; ⌚ mai-août). Encore plus proche du port, des chambres simples au parquet de bois avec salle de bains commune. Location de vélos, sauna, excursions et un restaurant servant de copieux plats.

Ferme touristique Tolli PENSION €€
(☎ 527 7380 ; www.kihnukallas.ee ; Sääre ; empl tente 6 €/pers, ch 32-40 € ; ⌚ mai-sept). À 2 km au nord du port, Tolli loue des chambres dans le corps de ferme, la grange ou une cabane en rondins. On peut aussi planter sa tente. Sauna et excursions en bateau. Repas sur commande, et l'on peut venir vous chercher en bateau sur le continent.

Renseignements

Agence de voyages Kihnurand (☎ 525 5172 ; www.kihnurand.ee ; Sääre). Excursions et circuits à la journée.

Depuis/vers Kihnu

AVION

En hiver (généralement à partir de décembre), **LFH** (☎ 512 4013 ; www.lendame.ee) s'envole depuis/vers Pärnu.

BATEAU

➜ Tant que les conditions météo le permettent (au moins de mi-mai à fin octobre), des ferries de la compagnie **Veeteed** (☎443 1069 ; www.veeteed.com) appareillent de Munalaid (adulte/enfant/voiture/vélo 3/1,50/12/1,50 €, 50 minutes, 2 à 4/jour), à 40 km au sud-ouest de Pärnu.

- En théorie, les horaires des bus en provenance de Pärnu sont ajustés sur ceux des ferries.
- Au moment de la rédaction de ce guide, des ferries partaient également du centre de Pärnu (tarif plein/enfant/voiture/vélo 5/2,50/15 €/ gratuit, 2 heures 30, jeu-dim uniquement). Toutefois, ces lignes étaient reconsidérées et il se peut qu'elles aient été supprimées définitivement. Même en prenant le bus, le trajet est beaucoup plus rapide depuis Munalaid.
- Billets en vente dans tous les ports.
- L'office du tourisme de Pärnu dispose des horaires actualisés.
- À Kihnu, le ferry est à mi-chemin entre Sääre et Lemsi.

Comment circuler

Le vélo est le meilleur moyen de visiter l'île. Location de vélos à différents endroits, notamment dans les hôtels, pensions et auberges de jeunesse.

OUEST DE L'ESTONIE ET ÎLES

La côte ouest de l'Estonie, l'une des plus attrayantes régions de la Baltique, compte des îles recouvertes de forêts, des campagnes verdoyantes et des villages côtiers assoupis à l'ombre de châteaux médiévaux.

Saaremaa et Hiiumaa, les plus grandes îles d'Estonie, sont couvertes de pinèdes et de bosquets de genévriers et sillonnées de routes poussiéreuses. Leurs rivages sont assez sauvages, peu de signes de développement y sont visibles, outre des phares du XIXe siècle et d'anciens moulins de bois, deux emblèmes des îles. Elles invitent à la détente : qu'il s'agisse de randonnée, de balades équestres ou de promenades à la recherche d'églises de pierre cachées et de forteresses en ruine, abandonnées par les guerriers païens estoniens, les chevaliers germaniques et l'armée russe.

Saaremaa, la plus grande et la plus visitée, comporte des centres thermaux, un splendide château et une jolie "capitale" qui s'anime les mois d'été. C'est aussi le point de départ pour les îles du parc national de Vilsandi et leur riche vie sauvage.

Sur le continent, Haapsalu est une ville défraîchie mais séduisante, qui fut au XIXe siècle une station balnéaire appréciée des aristocrates russes. Le joyau de sa vieille ville est le château de l'évêque, du XIVe siècle, qui accueille aujourd'hui festivals en plein air et concerts en été.

Muhu

1 560 HABITANTS

Reliée à Saaremaa par une chaussée de 2,5 km, l'île de Muhu souffre de la réputation non méritée de "paillasson" de sa grande sœur. De fait, nombre de gens y passent en descendant du ferry, mais peu s'arrêtent. Or la troisième île d'Estonie compte bien des raisons d'y faire escale, parmi lesquelles le meilleur restaurant du pays et quelques excellents hébergements. Pas d'office du tourisme sur place, mais un site Internet très complet : www.muhu.info (en anglais).

À voir et à faire

Musée de Muhu MUSÉE
(www.muhumuuseum.ee ; Koguva ; tarif plein/réduit 3/2 € ; ⏲9h-18h mi-mai à mi-sept, 10h-17h mar-sam le reste de l'année). Koguva, à 6 km de la route principale, à l'extrémité ouest de Muhu, est un village insulaire ancien superbement préservé, aujourd'hui musée à ciel ouvert protégé. Un ticket unique permet de visiter une ancienne école, une maison où sont exposés de beaux textiles de la région, notamment des costumes traditionnels au travail très détaillé, et une ferme, autrefois demeure ancestrale de l'écrivain Juhan Smuul (1922-1971). On peut explorer divers bâtiments agricoles, dont un qui abrite une collection de machines à coudre Singer.

Le village est toujours très vivant, notamme du fait des familles installées là depuis des générations. Afin de respecter leur vie privée, cantonnez-vous aux zones dévolues aux visiteurs.

Koguva Kunstitall GALERIE D'ART
(Koguva ; ⏲12h-17h juin-août). GRATUIT À Koguva, ne manquez pas de découvrir cette charmante galerie d'art moderne, pourvue d'un café.

Eemu Tuulik MOULIN À VENT
(Tarif plein/enfant 1/0,50 € ; ⏲10h-18h mer-dim mi-avr à sept). Sur la route principale à Nautse, ce moulin en état de marche expose et vend le pain confectionné avec sa farine.

Forteresse de Muhu FORTERESSE
(Muhu Maalinn). Au sud-ouest du moulin, cet anneau de terre recouvert de végétation

Ouest de l'Estonie et îles

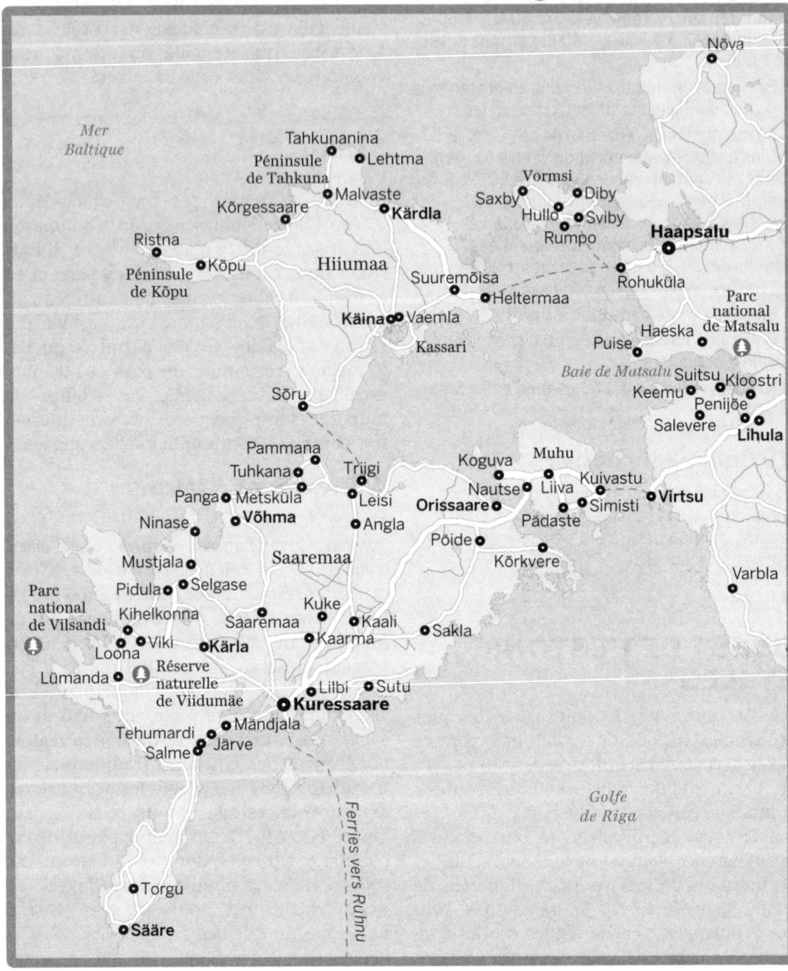

marque le dernier bastion de résistance des Estoniens païens. Opposés, en 1227, aux 20 000 hommes menés par les chevaliers Porte-Glaive, ils se rendirent après 6 jours de combat. Un obélisque de pierre commémore le massacre de ces 2 500 guerriers, consécutif à leur reddition.

Élevage d'autruches de Muhu FERME
(Muhu Jaanalinnufarm ; www.jaanalind.ee ; tarif plein/enfant 3,50/2,50 € ; ⏲10h-18h mi-mai à mi-sept). Les excentriques propriétaires aiment à parler de leurs animaux et vous laisseront les nourrir (attention aux doigts). Vous verrez également ici une miniménagerie de kangourous, wallabies, émeus et poneys (les enfants sont autorisés à monter ces derniers). Une petite boutique vend des plumes, des œufs, des porte-monnaie et des chaussures en cuir d'autruche. Suivez le panneau à 200 m à l'est du moulin d'Eemu (qui n'a aucun lien avec la ferme).

Itinéraires à vélo VÉLO
(www.muhu.ee/Activities-on-Muhu/). Avec ses petites routes paisibles, Muthu se prête parfaitement à l'exploration en deux-roues. Deux parcours proposés : l'itinéraire nord (52,5 km) et l'itinéraire sud (26 km). L'un et l'autre partent du débarcadère des ferries, et

se terminent à la chaussée qui mène à Saaremaa ; ils peuvent ainsi être combinés pour former une seule et grande boucle. Carte disponible sur Internet.

Cours

Nami Namaste CUISINE
(www.naminamaste.com ; Simisti ; 245 €/pers ; mai-sept). Sikke Sumari, personnalité de la télévision finlandaise, propose des cours de cuisine sur mesure, des repas et l'hébergement dans sa ferme rustique-chic du sud de Muhu. Ingrédients de saison et locaux (beaucoup sont cultivés sur place). Cours dispensés en plusieurs langues, dont l'anglais. Il est possible de séjourner ou de dîner sur place sans suivre les cours, mais les places sont limitées.

Où se loger

Vanatoa Turismitalu PENSION €€
(454 8884 ; www.vanatoa.ee ; Koguva ; s/d à partir de 30/60 € ; P). À la lisière de Koguva, village où le temps semble s'être arrêté, cette pension familiale, établie dans une ferme au toit de chaume, loue des chambres rénovées avec jolie petite salle de bains (chauffage au sol !). Les spécialités estoniennes – filet de porc, hareng, etc. – servies dans le restaurant attenant ne sont certes pas des plus raffinées, mais se révèlent on ne peut plus nourrissantes. Le lieu est souvent réquisitionné pour des mariages ou autres sorties scolaires ; réservez.

Manoir de Pädaste HÔTEL €€€
(454 8800 ; www.padaste.ee ; Pädaste ; ch/ste à partir de 159/265 € ; mars-oct ; P). Voici une excellente adresse pour qui en a les moyens. Ce domaine soigné donnant sur une baie, comprend un manoir restauré (14 chambres et un restaurant gastronomique), une remise à attelages en pierre (aménagée en 9 chambres et un spa) et une brasserie séparée, bâtie du même matériau et baptisée la "maison de la mer". L'attention a été portée sur les moindres détails, des téléviseurs escamotables aux meubles anciens et broderies de Muhu.

Où se restaurer

Muhu Kalakohvik POISSON, ESTONIEN €
(454 8551 ; Liiva ; plats 5,50-7,50 € ; 12h-20h en été). Légèrement en retrait de la route principale à Liiva, ce "café de poisson" sans prétention sert des plats de poisson de premier choix dans ce qui tient d'une salle à manger familiale. Nous restons vagues sur les horaires d'ouverture, à cause de leur caractère aléatoire. Appelez pour savoir si l'on vous accueillera, ou tentez votre chance si vous passez par là.

Alexander EUROPÉEN MODERNE €€€
(454 8800 ; Pädaste ; 3/5/7/9 services 67/80/103/119 € ; 13h-14h30 mars-mai et sept, 19h-22h30 mars à mi-oct). Préparez-vous à une aventure culinaire. Un dîner à 3 services est proposé, mais l'endroit est avant tout connu pour ses menus de dégustation à multiples services : nouvelle cuisine nordique de premier choix, avec éléments de gastronomie moléculaire et profusion de produits fins de l'île. De juin à août, un déjeuner plus léger est servi sur la terrasse de la "maison de la mer".

Depuis/vers Muhu

BATEAU

- Les car-ferries de **SLK** (4524 4444 ; www.tuulelaevad.ee ; tarif plein/enfant/voiture 2,60/1,30/7,40 €) relient Virtsu, sur le continent, à Kuivastu, sur l'île de Muhu, en 25 min (entre 5h35 et minuit environ, avec au moins une ou deux traversées jusqu'à 22h15).
- Pour les ferries à destination de l'île après 13h le vendredi et au départ de l'île après 13h le dimanche, un supplément véhicule de 50% est facturé.
- Près de 70% des places sur chaque ferry sont réservées sur le site Internet (un indicateur en temps réel montre quel pourcentage de places a déjà été vendu). Les 30% restants sont exclusivement vendus sur place aux passagers avec véhicule par ordre d'arrivée. Il est vivement recommandé de réserver en ligne aux périodes d'affluence, en particulier les week-ends d'été.
- Les billets achetés en ligne devront être imprimés ou téléchargés sur votre smartphone.
- Si vous manquez le ferry réservé, votre billet restera valide pendant 48 heures sur les ferries suivants (il vous faudra toutefois faire la queue).

BUS

Les bus prennent le ferry depuis le continent et continuent jusqu'à Saaremaa par la chaussée (arrêts le long de la route principale). Certains bus reliant Kuressaare à Kuivastu font un détour par Koguva et Pädaste le week-end. Destinations principales :

Kuressaare (5-5,60 €, 1 heure, 18/jour)
Pärnu (8,80 €, 2 heures 30, 4/jour)
Tallinn (12-14 €, 3 heures, 11/jour)
Tartu (17 €, 5 heures, 2/jour)
Viljandi (15 €, 4 heures, 2/jour)

Saaremaa

31 600 HABITANTS

Pour les Estoniens, Saaremaa (littéralement "région de l'île") est synonyme d'espace, d'épicéas, de grand air, de bonne bière, d'eau et de vodka. La plus grande île du pays (d'une superficie à l'aune de celle du Luxembourg) est toujours en grande partie recouverte de pins, d'épicéas et de genévriers, tandis que ses moulins, phares et minuscules villages semblent ignorer le temps qui passe.

Pendant la période soviétique, toute l'île était interdite (un système de radar et une base de missiles y étaient installés) même aux Estoniens du continent, qui devaient obtenir un permis pour s'y rendre. Paradoxalement, le charme rural de l'île (dont il était hors de question qu'elle fît l'objet d'un développement urbain ou industriel) s'en est trouvé préservé.

Cet endroit unique est peuplé de fiers insulaires, dont le farouche esprit d'indépendance valut à Saaremaa d'être invariablement le dernier bastion estonien à céder aux envahisseurs. Ce peuple a ses propres coutumes, chansons et tenues traditionnelles. Il ne glorifie pas la légendaire

Saaremaa et Muhu

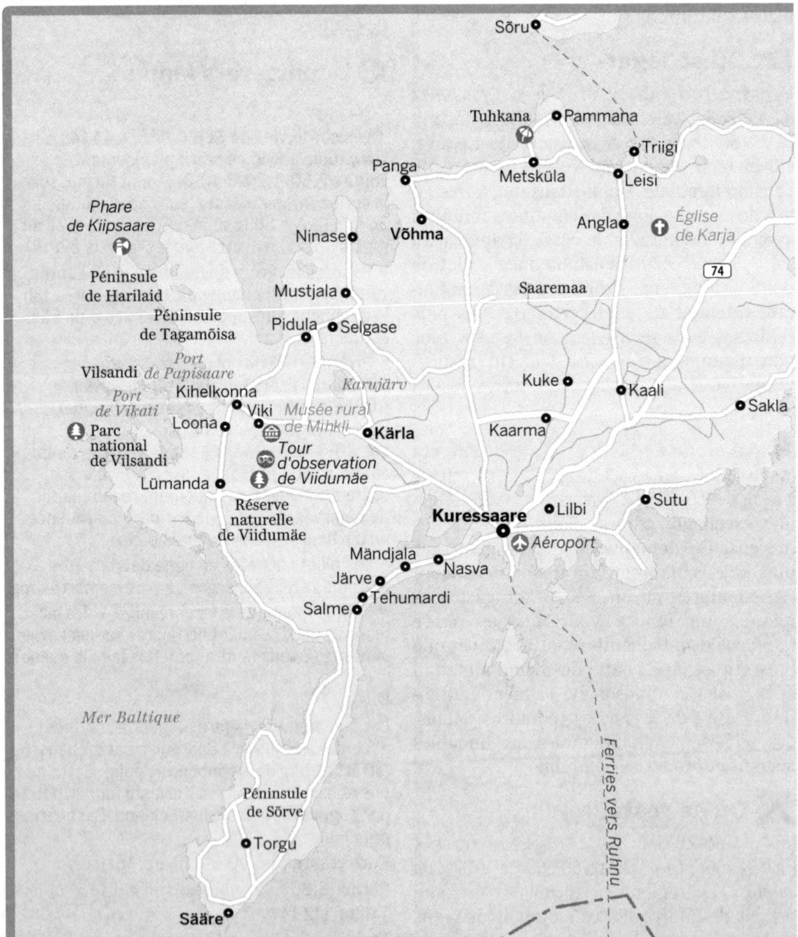

Kalevipoeg, comme sur le continent, mais a son propre héros, Suur Tõll, qui combattit de nombreux démons sur l'île.

Kuressaare, chef-lieu de Saaremaa, se situe sur la côte sud (à 75 km du débarcadère des ferries de Muhu) et constitue une halte naturelle pour les visiteurs. C'est parmi les hôtels de luxe que vous comprendrez d'où vient le surnom de l'île, "Spa-remaa". Avec les jours qui rallongent, Finlandais et Suédois débarquent sur les plages et dans les saunas, tout comme les Estoniens fuyant la ville.

Plus d'informations sur www.saaremaa.ee.

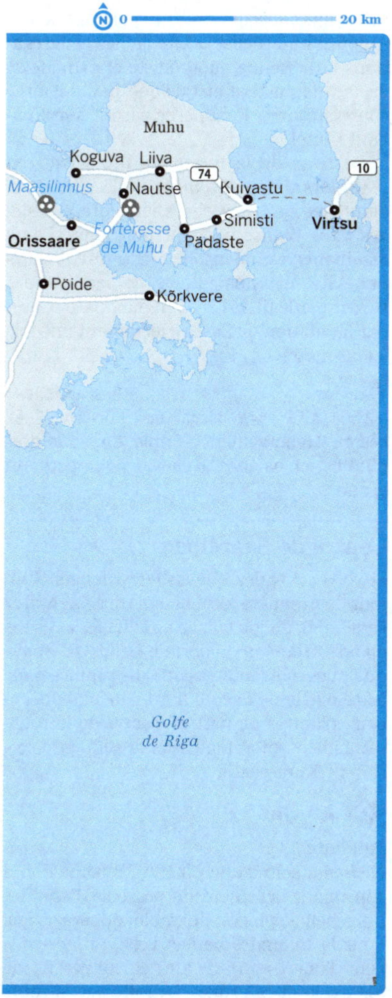

Histoire

Les premiers sites côtiers de Saaremaa (IVe millénaire av. J.-C.) sont à présent au centre de l'île, la terre s'étant surélevée de 15 m environ ces 5 000 dernières années. Du Xe au XIIe siècle, Saaremaa et Muhu furent les endroits les plus densément peuplés d'Estonie. Le Danemark tenta de conquérir Saaremaa au début du XIIIe siècle, mais ce furent les chevaliers Porte-Glaive qui s'en emparèrent en 1227. L'île fut morcelée entre les chevaliers, qui prirent Muhu et l'est et le nord-ouest de Saaremaa, et l'évêque d'Ösel-Wiek, installé à Haapsalu, qui fit de Kuressaare sa place forte.

Saaremaa s'insurgea à plusieurs reprises contre la domination germanique entre 1236 et 1343 lorsque le château des chevaliers fut détruit et les Teutons, chassés, mais leurs efforts firent toujours long feu et en 1345, les Allemands reprirent l'île.

Au XVIe siècle, Saaremaa devint possession danoise pendant la guerre de Livonie, puis revint à la Suède en 1645 selon les termes du traité de Brömsebro. La Russie prit le relais en 1710 pendant la guerre du Nord, et Saaremaa fut rattachée à la province russe de Livonie, gouvernée par Riga.

ℹ Depuis/vers Saaremaa

La plupart des voyageurs prennent le ferry de Virtsu à Muhu (voir p. 145), puis traversent la chaussée de 2,5 km reliant les deux îles.

AVION

Aéroport de Kuressaare (Kuressaare Lennujaam ; ☎453 0313 ; www.kuressaare-airport.ee ; Roomassaare tee 1). À Roomassaare, à 3 km au sud-est du centre-ville.

Les bus nos 2 et 12 s'y rendent depuis la gare routière de Kuressaare.

Deux vols Avies quotidiens depuis/vers Tallinn (p. 84) en semaine et un seul le dimanche.

BATEAU

Outre le ferry de Muhu, **SLK Ferries** (☎4524 4444 ; www.tuulelaevad.ee) propose 2 ferries/jour entre Sõru, sur l'île de Hiiumaa, et Triigi, sur la côte nord de Saaremaa (tarif plein/enfant/voiture 2,60/1,30/7,40 €, 1 heure et 5 min) ; de mi-septembre à mi-mai, aucun ferry les mardis, jeudis et samedis. Billets en vente au port et en ligne (vous devrez imprimer votre billet à l'avance).

Saaremaa attire de nombreux voiliers. La **marina de Kuressaare** (☎503 1953 ; www.kuressaare.ee/sadam/en ; Tori 4) possède les meilleures infrastructures. Plus d'informations sur celle-ci et d'autres ports de Saaremaa sur www.sadamaregister.ee.

BUS

Depuis le continent, les bus prennent le ferry de Muhu et poursuivent vers Saaremaa par la chaussée jusqu'à Kuressaare. Les principaux itinéraires sont :

Île Muhu (5-5,60 €, 1 heure, 18/jour)
Pärnu (13 €, 3 heures 30, 4/jour)
Tallinn (15-17 €, 4 heures, 11/jour)
Tartu (18 €, 5 heures 30, 2/jour)
Viljandi (18 €, 5 heures, 2/jour)

Comment circuler

Saaremaa compte plus de 400 km de route bitumée et beaucoup de routes de terre. L'auto-stop est envisageable sur les routes principales, mais il ne faut pas être pressé ; peu de trafic sur les routes secondaires.

BUS

Des bus locaux sillonnent l'île, mais pas très souvent. La **gare routière de Kuressaare** (Kuressaare Bussijaam ; ☎453 1661 ; Pihtla tee 2) est le principal terminus. Calcul d'itinéraire en ligne sur www.bussipilet.ee.

VÉLO

Le vélo est un excellent moyen de visiter Saaremaa, pauvre en relief. En dehors de l'autoroute principale reliant Muhu à Kuressaare, la plupart des routes sont peu fréquentées et on trouve nombre de petites routes à explorer.

De nombreux hébergements louent des vélos. À Kuressaare, **Bivarix** (☎455 7118 ; www.bivarix.ee ; Tallinna mnt 26 ; vélo 4/6/10 € pour 1h/4h/journée ; ⏲10h-18h lun-ven, 10h-14h sam) loue vélos et matériels tels que remorques pour enfants ou bagages. Conseils d'itinéraires également fournis.

Est de Saaremaa

Mis à part la bourgade d'Orissaare, sise au bord du canal qui sépare l'île de celle de Muhu, l'extrémité est de Saaremaa est peu peuplée et agréablement rurale.

À voir et à faire

Chêne d'Orissaare — CURIOSITÉ

(Kuivastu mnt). Même dans un pays où il est encore coutumier de déposer des offrandes dans les bois sacrés, la curiosité phare d'Orissaare apparaît quelque peu singulière. Élu "Arbre européen de l'année" en 2015, ce chêne vieux de 150 ans trône au beau milieu d'un terrain de football. Celui-ci fut aménagé autour de l'arbre en 1951 – lorsque les tracteurs vinrent pour déraciner le chêne, la tâche se révéla trop ardue et l'arbre resta en place (il en garde aujourd'hui des stigmates). Lors des matchs, les joueurs se contentent simplement de le contourner.

Maasilinnus — CHÂTEAU

GRATUIT Les chevaliers Porte-Glaive édifièrent ce château, à 4 km au nord d'Orissaare, du XIVe au XVIe siècle. Détruit par les Danois en 1578 pour empêcher qu'il tombe en mains suédoises, il n'en reste qu'un amas de pierres au bord d'un littoral hérissé de roseaux. Explorez-en la salle souterraine, restaurée.

Église Sainte-Marie — ÉGLISE

Pöide, à 3 km au sud de la route principale, fut le quartier général des chevaliers Porte-Glaive de Saaremaa, et cette église, construite aux XIIIe et XIVe siècles, reste un symbole imposant de leur influence. Aujourd'hui, l'église accueille des congrégations luthérienne, méthodiste et orthodoxe. Sa façade austère et quelque peu délabrée contraste avec le superbe vitrail surplombant l'autel.

Le reste de la forteresse fut détruit en 1343, lors du soulèvement de la nuit de la Saint-Georges. Les chevaliers furent assiégés dans l'église pendant huit jours. Leurs assaillants estoniens leur assurèrent alors que s'ils se rendaient, ils ne seraient pas passés par le fil de l'épée. Tenant parole, c'est par lapidation qu'ils les exécutèrent une fois à leur merci.

Tika Talu — BALADES À CHEVAL

(☎504 4169 ; www.tikatalu.ee ; Kõrkvere 12 €/heure). Hébergement simple en chambres d'hôtes, et balades à cheval pour petits et grands.

Centre de Saaremaa

Si vous rejoignez l'île en ferry depuis Hiiumaa, la première localité que vous atteindrez sera **Leisi**, un joli village aux vieilles maisons en bois, à 3,5 km du port de Triigi. On trouve quelques sites intéressants disséminés dans cette partie de la côte nord, ainsi que beaucoup d'autres de part et d'autre de la route principale qui s'étend vers le sud, en direction de Kuressaare.

À voir

Tuhkana — PLAGE

Niché au sein d'une pinède, Tuhkana doit à son relatif isolement de posséder l'une des plus belles plages de sable de Saaremaa. Pour la rejoindre depuis Leisi, dirigez-vous vers l'ouest sur 11 km en direction de Metsküla et bifurquez à droite sur la route non goudronnée. Après environ 3 km, repérez l'aire de stationnement sur votre gauche.

Panga Pank BELVÉDÈRE

Les plus hautes falaises de Saaremaa découpent la côte nord près de Panga sur 3 km. Le point culminant (21,3 m) était un lieu sacré où des sacrifices étaient offerts aux dieux de la mer. Aujourd'hui encore, il n'est pas rare d'y trouver présents, fleurs, pièces de monnaie, vodka ou bière. Beau point de vue sur la mer agitée en bas.

Moulins à vent d'Angla MOULINS À VENT

(Angla Tuulikumägi ; tarif plein/enfant 3,50/1,50 € ; 9h-20h mai-août, 9h-17h sept-avr). Cet ensemble de moulins à vent en bois est le plus grand et le plus photogénique des îles. Dès le début du XVIe siècle, on dénombrait déjà neuf moulins sur cette colline. Il en reste aujourd'hui quatre petits, principalement du XIXe siècle, et un grand, de style hollandais, construit en 1927. On les voit très bien depuis la route, mais le prix de l'entrée vous permettra d'en visiter l'intérieur.

Également une collection de vieux tracteurs et charrues, et une excellente taverne où le personnel, en tenue paysanne, sert pains, gâteaux et bières maison.

Église luthérienne Sainte-Catherine de Karja ÉGLISE

(Karja Katariina kirik ; Linnaka village ; 10h-17h30 lun-sam, 12h30-17h30 dim mi-mai à mi-sept). Paganisme et christianisme se rencontrent dans cette église austère du XIVe siècle. À l'extérieur, un panneau intéressant, consacré aux symboles préchrétiens, fournit des détails sur certaines des pierres tombales trapézoïdales datant des XIIIe et XIVe siècles retrouvées ici. À l'intérieur, jetez un œil aux colonnes aux chapiteaux ornés de feuilles de chêne et aux symboles peints sur les murs.

À l'extérieur, au-dessus de la porte latérale droite, une Crucifixion sculptée figure Jésus entre les deux larrons ; l'âme du bon voleur (représentée par un personnage miniature) sort de sa bouche pour rejoindre les bras d'un ange, prêt à le guider vers le paradis, tandis qu'un démon attend de saisir celle de l'autre brigand.

Cratère de Kaali LAC

Peut-être faut-il y voir une preuve de son attraction irrésistible : l'Estonie affiche la plus grande concentration au monde de cratères de météorites répertoriés. À Kaali, à 18 km au nord de Kuressaare, un lac étonnamment circulaire de 100 m de diamètre et de 22 m de profondeur a été formé par l'impact d'une météorite, il y a 4 000 ans. On dénombre pas moins de huit cratères collatéraux dans les environs, mesurant de 12 à 40 m de diamètre, formés par des fragments de la même météorite. Dans la mythologie scandinave, ce site est le tombeau du soleil.

Un village touristique est sorti de terre ici. Il compte un petit **musée** (www.kaali.kylastuskeskus.ee ; adulte/enfant 1,50/0,70 € ; 9h-19h), des boutiques d'artisanat, un hôtel et une taverne à l'ancienne proposant des plats estoniens et des bières locales.

GoodKaarma FERME

(5348 4006 ; goodkaarma.com ; Kuke ; 10h-18h juin-août, autres horaires sur RDV). Géré par un coupe anglo-estonien, qui possède une ferme à l'extérieur du village de Kaarma, à environ 15 km au nord de Kuressaare, GoodKaarma fabrique des savons biologiques à partir d'ingrédients locaux, tels que le genévrier, le pin et l'argousier. Possibilité de participer à un atelier de fabrication du savon d'une durée de 1 heure 15 (7,50/4 € par adulte/enfant, minimum de 4 pers).

Sur place, on trouve une jolie terrasse dans le jardin et un café-bar servant des en-cas maison, des thés bio, des bières locales, etc. Outre les savons, la boutique vend des œuvres d'art et de l'artisanat local.

BIÈRES INSULAIRES

Saaremaa tire renom d'une tradition séculaire de brasserie, et même ses productions industrielles ont bonne réputation. Tuulik, avec son moulin à vent sur l'étiquette, est la plus populaire, mais n'allez pas dire qu'elle est aujourd'hui brassée à Tartu ! (La vodka de Saaremaa, très appréciée elle aussi et ayant également un moulin pour logo, n'est pas distillée sur place non plus.)

Pour une bière plus raffinée, essayez la Pöide (surtout la brune), produite dans une microbrasserie du village du même nom. Elle est disponible dans les bars de Kuressaare et auprès des revendeurs de bières artisanales de tout le pays.

Amateurs de bière, ne manquez pas une occasion de goûter aux bières artisanales. Brassée suivant une tradition de longue date sur l'île, la bière se révèle un peu acide. Légère et rafraîchissante, elle se déguste par temps chaud, dans une chope en bois.

Renseignements

Office du tourisme de Leisi (457 3073 ; 13h-19h juin-août ;). Si vous arrivez de Hiiumaa par le ferry Sõru-Triigi, passez prendre des cartes et des informations sur Saaremaa au petit office du tourisme de Leisi à l'intérieur du charmant restaurant Sassimaja, couvert de vigne vierge.

Kuressaare

13 000 HABITANTS

Localité vedette de l'île, Kuressaare est une petite cité pittoresque et arborée. Au centre, son splendide château est entouré d'un dédale d'habitations et de boutiques. Sa réputation de ville thermale remonte au XIXe siècle, quand on découvrit les propriétés curatives des boues de son littoral et que le premier centre de soins ouvrit ses portes. Aujourd'hui, ces centres sont légion, allant du sanatorium à la soviétique aux spas chics.

Raison d'être de Kuressaare, le château fut édifié au XIIIe siècle comme forteresse de l'évêque d'Ösel-Wiek sur la partie insulaire de son diocèse, dont le centre était Haapsalu. Kuressaare devint le principal centre commerçant de Saaremaa et se développa rapidement, après être passée aux mains des Suédois en 1645. De 1952 à 1988, Kuressaare fut rebaptisée Kingisseppa, en l'honneur de Viktor Kingissepp, communiste estonien des années 1920.

Hormis le château, les plus beaux édifices anciens de Kuressaare se regroupent autour de la place centrale, Keskväljak. L'office du tourisme occupe l'hôtel de ville (1670), un bâtiment baroque gardé par deux superbes lions en pierre. Juste en face, le pub Vaekoja est aménagé dans un ancien bureau de pesage, également du XVIIe siècle.

À voir

Château de Kuressaare CHÂTEAU

Majestueux, le château de Kuressaare se dresse face à la mer, à l'extrémité sud de la ville, sur une île artificielle entourée de douves. C'est le château le mieux conservé des pays baltes et la seule citadelle médiévale en pierre demeurée intacte dans la région. Le domaine est ouvert au public à toute heure, mais pour visiter le donjon, il vous faudra acheter un billet au musée de Saaremaa.

Un château fut édifié ici dans les années 1260, mais l'imposante forteresse en dolomie visible aujourd'hui date du XIVe siècle. Certains remparts furent ajoutés entre le XVe et le XVIIIe siècle. Le château était conçu pour servir de centre administratif aussi bien que de forteresse. La plus élancée de ses deux tours d'angle, Pikk Hermann, à l'est, est séparée du reste du château par une escarpe munie d'un pont-levis, de telle sorte qu'elle servait de dernier refuge en cas d'attaque.

Tout l'été, des concerts sont donnés dans la cour du château, où vous pourrez vous essayer au tir à l'arc. Sur le mur est, un **mémorial** rend hommage aux 90 personnes tuées dans le château par l'Armée rouge en 1941. Au-delà du mur du château, sur l'un des remparts de l'île, un grand **mémorial** est également dédié aux 300 personnes victimes de l'occupant nazi.

Le parc ombragé qui entoure les douves du château fut aménagé en 1861. Plusieurs élégants établissements thermaux en bois sont éparpillés à l'intérieur et dans les environs du parc, notamment le **centre thermal** (Kuursaal) de 1899, aujourd'hui un restaurant, et le kiosque à musique voisin, datant de 1920. Si la météo s'y prête, louez une barque (10 €/heure) ou un vélo (4 €/heure) au centre thermal.

Musée de Saaremaa MUSÉE

(www.saaremaamuuseum.ee ; tarif plein/réduit 5/2,50 € ; 10h-19h mai-août, 11h-18h mer-dim sept-avr). Aménagé dans le donjon du château de Kuressaare, ce musée est consacré à l'histoire et à la nature de l'île. L'intérêt principal de la visite consiste à explorer les enfilades de chambres, salles, passages et escaliers, en une véritable immersion au cœur du Moyen Âge. Selon la légende, les prisonniers condamnés étaient livrés à des lions affamés par une petite salle donnant sur un donjon en contrebas, près de la chambre de l'évêque (des enregistrements de rugissements renforcent l'effet dramatique).

On raconte aussi que le corps d'un chevalier fut retrouvé au XVIIIe siècle, dans une pièce emmurée de briques, ce qui fit naître diverses conjectures quant à l'identité et au sort du malheureux. Son corps serait tombé en poussière au moment de la découverte.

Le musée proprement dit comporte peu d'explications en anglais, sauf lorsqu'on arrive à la section consacrée à l'après-Seconde Guerre mondiale. À partir de cette période, les légendes passent de l'estonien/russe à l'anglais/russe. La vie quotidienne en URSS y est bien décrite, avec, notamment, un appartement reconstitué, mais certaines vignettes semblent assez peu objectives.

Kuressaare

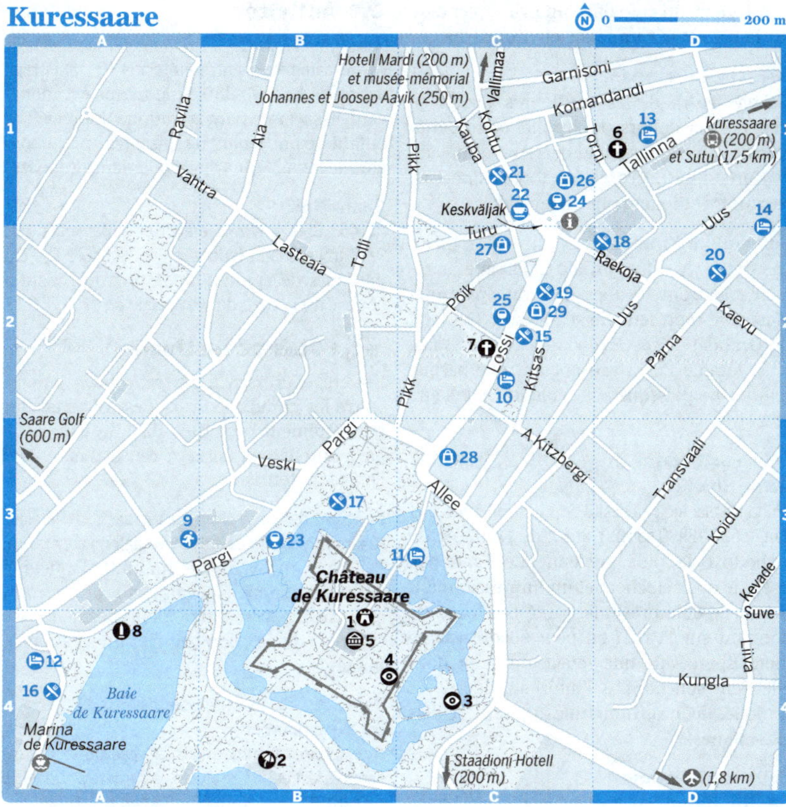

Kuressaare

Les incontournables

1 Château de Kuressaare B4

À voir

2 Plage de Kuressaare B4
3 Mémorial dédié aux victimes des nazis.. C4
4 Mémorial dédié aux victimes de l'Armée rouge B4
5 Musée de Saaremaa B4
6 Église luthérienne Saint-Laurent D1
7 Église orthodoxe Saint-Nicolas C2
8 Suur Töll & Piret A4

Activités

9 Spa Hotel Rüütli A3

Où se loger

10 Arensburg C2
11 Ekesparre C3
12 Georg Ots Spa Hotel A4
13 Grand Rose Spa Hotel D1
14 Karluti Hostel D2

Où se restaurer

15 Classic Cafe C2
16 Gospa Restaurant A4
17 Ku Kuu B3
18 Rae Konsum D2
19 Retro C2
20 Saaremaa Trahter D2
21 Vanalinna C1

Où prendre un verre et faire la fête

22 Chameleon C1
23 John Bull B3
24 Vaekoja Pubi C1
25 Vinoteek Prelude C2

Achats

26 Marché central C1
27 GoodKaarma C2
28 Lossi Antiik C3
29 Saaremaa Kunstistuudio C2

À l'étage, un café offre une vue splendide sur la baie et la campagne environnante.

Plage de Kuressaare PLAGE

(Raiekivi tee 1). Si les meilleures plages se trouvent en dehors de la ville, cette petite baie de sable, qui s'étend derrière le château de Kuressaare attire, en été, force baigneurs, pagayeurs et joueurs de volley-ball.

Suur Töll et Piret STATUE

La statue la plus joviale d'Estonie agrémente le front de mer près du Spa Hotel Meri. Elle représente le géant Suur Töll (Töll "le Grand"), héros légendaire de Saaremaa, et sa femme Piret transportant une barque remplie de poissons à la seule force de leurs bras.

Église orthodoxe Saint-Nicolas ÉGLISE

(Püha Nikolai kirik ; Lossi 8 ; 10h-13h lun-ven et dim, 16h30-18h30 sam). Datant de 1790, l'église orthodoxe la plus ancienne de Saaremaa possède deux clochers et un impressionnant portail en dolomite et fer forgé. Sur la façade donnant sur la rue, on peut encore vaguement apercevoir une image du saint dont elle tient son nom. À l'intérieur, découvrez de jolies icônes, dont une figurant l'église elle-même.

Église luthérienne Saint-Laurent ÉGLISE

(Laurentiuse kirik ; Tallinna 13 ; 10h-17h mar-ven, 10h-14h sam juin-août). Si cette grande église ne date que de 1836, son attrait phare est beaucoup plus ancien : il s'agit de fonts baptismaux médiévaux en pierre, probablement du début du XVe siècle, ornés de créatures sculptées évoquant des dragons. Remarquez également les bancs fermés en bois gris, les lustres bas et le ravissant plafond voûté au-dessus du sanctuaire peint en trompe l'œil.

Musée-mémorial Johannes et Joosep Aavik MUSÉE

(Johannes & Joosep Aaviku majamuuseum ; www.saaremaamuuseum.ee ; Vallimaa 7 ; tarif plein/enfant 1/0,50 € ; 11h-17h mer-dim). La demeure de la famille Aavik abrite aujourd'hui un petit musée consacré à la vie et à l'œuvre du linguiste Johannes Aavik (1880-1973), qui appliqua d'importantes réformes à la langue estonienne, et à son cousin, Joosep Aavik (1899-1989), musicien de talent.

Activités

Spa Hotel Rüütli PARC AQUATIQUE

(www.saaremaaspahotels.eu ; Pargi 16 ; tarif plein/enfant 7/4 € ; 7h-21h). Si le temps est menaçant, essayez ce parc aquatique apprécié des enfants, comprenant des piscines et un toboggan de 52 m. Soins spa également proposés.

Saare Golf GOLF

(453 3502 ; www.saaregolf.ee ; Merikotka 35 ; 9/18 trous 35/60 €, location de clubs 20 €). Un parcours de championnat 18 trous, juste à l'ouest du centre de Kuressaare.

Fêtes et festivals

En été, Kuressaare ne se repose jamais. Outre les grands festivals, des concerts sont régulièrement organisés dans la cour et le parc du château en été ; renseignez-vous à l'office du tourisme.

Festival d'opéra de Saaremaa MUSIQUE

(Saaremaa ooperipäevad ; www.saaremaaopera.eu). Pendant une semaine fin juillet, quelque 2 000 personnes envahissent la cour du château de Kuressaare pour découvrir les œuvres d'une compagnie internationale invitée.

Journées de la musique de chambre de Kuressaare MUSIQUE

(Kuressaare kammermuusika päevad ; www.kammerfest.ee). Concerts à travers la ville durant 5 jours fin juillet/début août.

Festival maritime de Kuressaare CULTURE

(Kuressaare merepaevad ; www.merepaevad.ee). Spectacles et stands de nourriture, boissons et artisanat sur la plage derrière le château. Sur un week-end début août.

Où se loger

L'office du tourisme pourra vous trouver un hébergement en appartement privé ou dans une ferme de l'île. Les prix indiqués ci-après sont ceux pratiqués en été (50% inférieurs de septembre à avril). Les spas sont accessibles même sans loger à l'hôtel.

Hotell Mardi AUBERGE DE JEUNESSE, HÔTEL €

(452 4633 ; www.hotelmardi.eu ; Vallimaa 5a ; auberge de jeunesse s/lits jum 20/30 €, hôtel s/d à partir de 44/67 € ; P). Chambres sans prétention, dépendant d'une université. Auberge avec lits superposés et salles de bains communes. Le lieu a un petit côté institutionnel, mais c'est certainement l'option la moins chère de Kuressaare.

Georg Ots Spa Hotel HÔTEL €€
(Gospa ; ☎455 0000 ; www.gospa.ee ; Tori 2 ; ch/app/ste à partir de 75/149/194 € ; P ❄ 📶 ≋). Cet hôtel, qui porte le nom d'un chanteur d'opéra estonien de renom, propose des logements modernes avec moquette rayée, énormes lits king-size, décoration épurée mais chaleureuse, et, pour la plupart, un balcon. Profitez aussi sur place de la salle de sport et de l'excellent spa, comprenant piscine et multiples saunas. "Résidences" indépendantes également disponibles ; les familles apprécieront.

Staadioni Hotell HÔTEL €€
(☎453 3556 ; www.staadionihotell.ee ; Staadioni 4 ; s/d 44/56 € ; ⏲mi-mai à début sept ; P @ 📶). Au sud du château, au milieu de parcs et d'installations sportives, une adresse au calme avec des chambres spacieuses, lumineuses et d'un bon rapport qualité/prix. Location de vélos (8 €/jour) et sauna.

Pension Karluti PENSION €€
(☎501 4390 ; www.karluti.ee ; Pärna 23 ; lits jum/tr sans salle de bains 38/55 € ; @ 📶). Un charmant couple d'âge mûr gère cette pension chaleureuse, avec un grand jardin dans une rue résidentielle près du centre. Terrain de volley et cuisine accessible aux clients. Les chambres, lumineuses et immaculées, sont peu nombreuses : réservation indispensable, surtout l'été.

Ekesparre BOUTIQUE-HÔTEL €€€
(☎453 3633 ; www.ekesparre.ee ; Lossi 27 ; ch à partir de 125 € ; P 📶). Emplacement imbattable dans la cour du château. Dix chambres élégantes décorées dans le plus pur style Art nouveau, avec papier peint et tapis d'époque, lampes Tiffany et une débauche d'orchidées, le tout composant une atmosphère feutrée. Le salon du 3e étage est un petit bijou. Prestations à l'aune du prix.

Arensburg BOUTIQUE-HÔTEL €€€
(☎452 4700 ; www.arensburg.ee ; Lossi 15 ; s 115 €, d 130-185 €, ste 250 € ; P 📶 ≋). Pratiquement deux hôtels en un, où se confrontent l'ancien et le moderne. Notre préférence va aux chambres anthracite glamour et de caractère de la jolie extension de 2007 (chambres standards de l'aile ancienne correctes mais sans plus). Également appréciables : le spa et les 2 restaurants sur place.

Grand Rose Spa Hotel HÔTEL €€€
(☎666 7000 ; www.grandrose.ee ; Tallinna 15 ; s/d/ste à partir de 130/135/205 € ; 📶 ≋). Un hôtel sur le thème des fleurs et des froufrous, depuis les fauteuils en velours, les chandeliers et les jeux d'eau du hall, jusqu'aux tapis roses omniprésents. Malgré leur balcon, leurs baignoire et douche séparées et leur literie excellente, les chambres de catégorie supérieure paraissent plus exiguës que les standards. Le spa et le restaurant sont tous deux excellents.

Où se restaurer

Retro CAFÉ €
(☎5683 8400 ; www.kohvikretro.ee ; Lossi 5 ; plats 7,50-8,50 € ; ⏲12h-22h lun-jeu, 12h-minuit ven-sam, 12h-20h dim ; 📶 👪). Si la carte de ce petit café-bar branché peut paraître simple de prime abord (pâtes, hamburgers, steaks, poisson grillé), il faut savoir que les pâtes et les petits pains pour hamburgers sont faits maison, et qu'il y est tiré parti des meilleurs produits frais de la région. Également délicieux desserts et grand choix de bières artisanales estoniennes, à déguster sur la vaste terrasse arrière.

Vanalinna BOULANGERIE, CAFÉ €
(☎455 5309 ; www.vanalinna.ee ; Kauba 8 ; en-cas 1-2 € ; ⏲7h30-19h lun-sam, 8h-16h dim). Bois, pierre, photos noir et blanc, et murs orange composent le cadre agréable de ce café-boulangerie. Grand choix appétissant de sandwichs, salades, pâtisseries et glaces.

Rae Konsum SUPERMARCHÉ €
(Raekoja 10 ; ⏲9h-21h). Derrière l'office du tourisme.

Ku Kuu EUROPÉEN MODERNE €€
(☎453 9749 ; www.kuressaarekuursaal.ee ; Lossipark 1 ; plats 6-15 € ; ⏲11h-minuit mai à mi-sept ; 📶). Ce restaurant, le plus charmant de Saaremaa, occupe un élégant centre thermal, auquel il doit son nom ("Ku Kuu" est l'abréviation de "Kuressaare Kuursaal"). Dans une magnifique salle ornée de boiseries et de carreaux de verre coloré, on savoure d'exquis plats de la mer préparés "à la française" à partir de produits locaux.

Saaremaa Trahter ESTONIEN €€
(☎453 3776 ; www.saaremaaveski.ee ; Pärna 19 ; plats 9-12 € ; ⏲11h-22h dim-jeu, 11h-minuit ven et sam ; 👪). Cette bonne adresse, aménagée dans un moulin à vent du XIXe siècle, sans toutefois être trop touristique, sert des spécialités locales (ragoût de sanglier, soupe de betterave, fromage de Saaremaa). Ambiance agréable.

Classic Cafe CAFÉ, PIZZERIA €€
(Lossi 9 ; plats 5-16 € ; 9h-22h). Aux plats de viande de style bistrot, préférez les salades fraîches, soupes, pâtes ou, mieux encore, les pizzas. Si la décoration est raffinée, l'atmosphère, elle, est plutôt décontractée.

Gospa Restaurant EUROPÉEN €€
(455 0000 ; www.gospa.ee ; Tori 2 ; plats 12-20 € ; 12h-23h). La salle de l'hôtel Gospa est lumineuse, avec une baie vitrée donnant sur la marina. La cuisine, légère, fraîche et créative, fait la part belle aux produits du cru.

Où prendre un verre et faire la fête

Vinoteek Prelude BAR À VINS
(453 3407 ; www.prelude.ee ; Lossi 4 ; plats 11-12 € ; 16h-minuit ;). Une sculpture en forme de grappe de raisin marque l'entrée de cet agréable bar à l'éclairage tamisé, aménagé dans un bâtiment du XVIIIe siècle. Installez-vous sur un canapé à l'étage, mansardé, et parcourez la carte des vins du monde entier (beaucoup au verre), d'en-cas à grignoter et de plats de bistrot.

John Bull PUB
(Lossipark 4 ; 11h-22h). Ce "pub", établi dans le parc du château, n'a rien de très britannique. Il affiche plutôt un air soviétique avec son bar fabriqué à partir d'un vieux bus russe et son "coin rouge", décoré de portaits de Lénine. Depuis la terrasse, vue imprenable sur les douves du château.

Chameleon CAFÉ-BAR
(www.chameleon.ee ; Kauba 2 ; plats 7,50-14 € ; 11h-23h dim-jeu, 11h-1h ven et sam ;). À la tombée de la nuit, ce café devient un excellent bar à cocktails. La salle de jeux pour enfants atténue le côté urbain chic que confère le décor noir et gris (et l'éclairage rose).

Vaekoja Pubi PUB
(www.vaekoda.ee ; Tallinna 3 ; 10h30-23h dim-mer, 10h30-5h jeu, 10h30-6h30 ven-sam ;). Ce pub du "bureau de pesage" occupe l'un des édifices anciens les plus importants de Kuressaare, bâti en 1663 : les marchandises y étaient pesées pour être taxées. De nos jours, ce bar simple et décontracté, dont les tables débordent sur la rue, sert de point de chute aux solides buveurs du coin.

Achats

Lossi Antiik ANTIQUITÉS
(www.lossiantiik.eu ; Lossi 19 ; 10h-16h lun-sam). Petit magasin voisin du château, et rempli de vieilleries de toutes sortes, allant des outils agricoles du XIXe siècle aux souvenirs soviétiques. On se plaît à y fureter.

Marché central MARCHÉ
(Tallinna 5 ; 9h-17h). Dans ce marché en plein air, en retrait dans le même pâté de maisons que le pub Vaekoja, on trouve bocaux en dolomie, pulls en laine, miel, fraises et bien d'autres produits de Saaremaa.

Saaremaa Kunstistuudio ART
(453 3748 ; www.kunstistuudio.ee ; Lossi 5 ; 11h-19h lun-ven, 12h-17h sam). Cette belle galerie expose des œuvres d'artistes estoniens, notamment de magnifiques textiles, céramiques, sculptures et peintures.

GoodKaarma SAVON
(www.goodkaarma.com ; Kauba 3 ; 10h-18h lun-sam). Si vous ne poussez pas jusqu'à la ferme (voir p. 149), vous pourrez acheter ici les savons de GoodKaarma.

Renseignements

Office du tourisme de Kuressaare (453 3120 ; www.kuressaare.ee ; Tallinna 2 ; 9h-18h lun-ven, 10h-16h sam et dim mi-mai à mi-sept, 9h-17h lun-ven le reste de l'année). Dans l'ancien hôtel de ville, l'office vend des cartes et des guides, organise votre hébergement et vous renseigne sur les sorties en bateau et les circuits dans l'île.

Comment s'y rendre et circuler

Kuressaare Takso (453 0000 ; www.kuressaaretakso.ee ; forfait jour/nuit 2,20/2,40 € puis 0,80/0,95 €/km) est une compagnie de taxis locale fiable.

Côte sud-ouest

La vaste étendue de sable plantée de pins entre **Mändjala** et **Järve**, à l'ouest de Kuressaare, est la destination balnéaire majeure de Saaremaa. La plage aux eaux peu profondes décrit une courbe langoureuse vers le sud, où elle cède la place à la **péninsule de Sõrve**. Longue de 32 km, cette magnifique langue de terre peu peuplée se termine en apothéose à **Sääre** avec un phare et une étroite pointe de sable qui s'avance dans la mer.

Théâtre de violents combats pendant la Seconde Guerre mondiale, la péninsule en garde encore les stigmates. On peut toujours y voir divers bunkers et fortifications à l'abandon, ainsi que les vestiges des lignes de défense antichars Lõme-Kaimri.

À voir

Monument en mémoire de la bataille nocturne de Tehumardi MÉMORIAL

Dans la nuit du 8 octobre 1944, une terrible bataille s'engagea dans le village côtier de Tehumardi entre des soldats allemands qui battaient en retraite et une division d'infanterie estonienne soviétique. Les combats furent d'une violence inimaginable, l'un et l'autre camp tirant au jugé, ou débusquant l'ennemi à tâtons. Ce grand monument de l'ère soviétique prend la forme d'une épée d'où émergent des visages stylisés. Les victimes estoniennes gisent dans des tombeaux doubles, à proximité.

Musée militaire et musée d'Histoire naturelle de Sõrve MUSÉE

(Sõrve militaarmuuseum & loodusmuuseum ; Sääre ; tarif plein/enfant 4/2 € ; 9h-20h juin-août, 10h-17h sept-mai). Occupant l'ancienne caserne des gardes-frontières soviétiques, ce musée délabré présente des reliques militaires, dont une grande partie provient d'un champ de bataille voisin. Sans doute plus édifiant en soi que la collection elle-même, le jardin comprend les vestiges d'une grande redoute d'artillerie et divers restants de constructions. Le même billet vous permettra de découvrir, dans une petite maison à proximité, insectes, papillons, plumes, crânes, mousses et animaux empaillés.

Centre des visiteurs de Sõrve MUSÉE

(Sõrve külastuskeskus ; www.sorvekeskus.ee ; Sääre ; tarif plein/enfant 4/2 € ; 10h-19h tlj mai-août, 11h-18h jeu-dim sept-avr). Si l'aménagement de ce splendide centre, dans l'ancienne résidence du gardien de phare de Sääre, a dû coûter une fortune, ce qui s'y trouve présenté n'est pas particulièrement intéressant, du moins pour qui ne comprend pas l'estonien. Réparti sur plusieurs niveaux, le musée comprend trois parties, respectivement consacrées au phare, à la nature et à la mer (thème : naufrages et service de sauvetage). Salle de jeux prévue pour les enfants. Le premier phare fut érigé ici en 1646, mais l'édifice actuel, peint en noir, date seulement de 1960.

Où se loger et se restaurer

Camping de Tehumardi CAMPING €

(457 1666 ; www.tehumardi.ee ; Tehumardi ; empl tente/camping-car 5/15 €, ch et bungalows 50 € ; P). Ce camping, le meilleur sur l'étendue de sable, a l'attrait d'un cadre verdoyant, aux rives d'un petit lac. Y sont proposés bungalows en bois sommaires pour 4 personnes, petites chambres de type hôtelier avec salle de bains, ainsi que maisons et dortoirs pouvant accueillir familles et groupes.

Piibutopsu APPARTEMENT €€

(5693 0288 ; www.piibutopsu.ee ; Ülejõe 19a, Nasva ; d/tr/qua 60/90/120 € ; P). Quatre appartements de vacances, bien équipés, occupent ce nouveau bâtiment spécialement aménagé sur la vaste pelouse d'une résidence privée, dans une petite rue de Nasva (première localité à l'ouest de Kuressaare). Logements regroupés autour d'un salon central avec poêle et petit spa disponible sur place. Excellente option.

Sääre Paargu PRODUITS DE LA MER €€

(5624 5585 ; www.saarepaargu.ee ; Sääre ; plats 9-13 € ; 10h-22h dim-jeu, 10h-4h ven-sam mai-sept ;). Non loin de la pointe de la péninsule de Sõrve, ce ravissant petit pavillon, dont le nom signifie "maison d'été", n'ouvre de fait ses portes qu'aux beaux jours. La carte met à l'honneur le poisson grillé, fraîchement attrapé par les pêcheurs locaux. Dans la soirée, le hard rock résonne plus fort et l'endroit prend des allures de pub.

Ouest de Saaremaa

Même en été, on échappe aisément à l'affluence touristique en rejoignant cette partie de l'île. Principale localité, la paisible Kihelkonna, qui ressemble plus à un grand village qu'à une ville, est le point d'accès à Vilsandi, le parc national estonien le plus isolé.

À voir

Réserve naturelle de Viidumäe RÉSERVE NATURELLE

(Viidumäe looduskaitseala). Fondée en 1957, la réserve naturelle de Viidumäe couvre une superficie de 26 km². Une **tour d'observation** de 22 m de haut s'élève sur le point culminant de Saaremaa (54 m). La tour (desservie par une route de terre, à environ 2 km du croisement avec la route Kuressaare-Lümanda à Viidu) offre une vue imprenable sur la forêt et la nature de l'île. Le paysage est particulièrement magnifique au coucher du soleil. Deux **sentiers nature** (2,2 km et 1,5 km) vous font découvrir les différents habitats de la zone.

Viidumäe est une réserve botanique ; des espèces de plantes rares doivent à son climat doux d'y prospérer. Visitez la petite exposition au siège de la réserve, près de la tour.

Musée rural de Mihkli FERME
(Talumuuseum ; www.saaremaamuuseum.ee ; Viki ; tarif plein/enfant 1,50/1 € ; 10h-18h tlj mi-mai à août, mer-dim début mai et sept à mi-oct). Riche de son joli cadre, au sud-est de Kihelkonna, cette ferme du début du XVIIIe siècle entièrement préservée comprend des bâtiments en bois au toit de chaume, un sauna (30 €/heure), un moulin à vent et une balançoire de village traditionnelle.

Église luthérienne Saint-Michel ÉGLISE
(Mihkli kirik ; Kiriku 4 ; 10h-17h mai-août). L'église haute et sobre de Kihelkonna remonte au début de l'époque germanique, avant 1280. L'intérieur est sombre et lugubre, notamment à cause de la charpente en bois qui soutient la toiture, mais le triptyque Renaissance représentant la Cène (1591) au-dessus de l'autel et la chaire ouvragée (1604) méritent le coup d'œil. Le clocher de l'église ne fut ajouté qu'en 1899. Avant cela, les cloches étaient sonnées dans un **beffroi** (1638) séparé, à environ 100 m de là. Il s'agit du seul édifice de ce type, autrefois répandu, que l'on trouve encore en Estonie.

Péninsule de Tagamõisa RÉGION
Une bonne partie de la côte ouest de la péninsule de Tagamõisa, magnifique et souvent oubliée des touristes, est comprise dans le parc national protégé de Vilsandi, dont la péninsule de Harilaid. À la pointe nord-ouest (accessible uniquement à pied) s'élève le superbe **phare de Kiipsaare**. Du fait de l'érosion de la plage, ce dernier se dresse aujourd'hui à quelque 30 m au large et s'est mis à pencher (ce déséquilibre se corrige sporadiquement de lui-même par l'effet du glissement du sable).

Où se loger et se restaurer

Manoir Loona PENSION €€
(454 6510 ; www.loonamanor.ee ; Loona ; empl tente 5 €/pers, ch/ste 75/85 € ; avr-oct ; P). Dans ce manoir du XVIe siècle sont louées des chambres simples et propres, ainsi que de grandes suites. Le centre des visiteurs du parc national de Vilsandi se trouve dans son parc. Location de vélos (10 €/jour), canoës deux places (26 €), bateaux gonflables (32 €/4 heures) et skis (7 €).

Söögimaja ESTONIEN €
(457 6493 ; www.soogimaja.planet.ee ; Lümanda ; plats 5-11 € ; 10h-22h). Cette ferme-auberge sur la route principale de Lümanda, jouxtant l'église, donne lieu de goûter à la vraie vie de l'île. Au menu, des plats locaux ancestraux : soupe au poisson, pot-au-feu de porc aux navets et carottes, chou farci.

Parc national de Matsalu

Paradis des ornithologues, le parc national de Matsalu (Matsalu Rahvuspark), sur le continent, est un important site de nidification des oiseaux migrateurs, à l'échelle de la région balte et de l'Europe. Quelque 282 espèces d'oiseaux différentes y ont été répertoriées. D'une superficie de 486 km² de zone humide (incluant la baie de Matsalu de 20 km de long, la plus profonde crique de la côte ouest), le parc était protégé comme réserve naturelle depuis 1957, avant d'être classé parc national en 2004.

La migration printanière est à son apogée en avril/mai, mais les cygnes arrivent dès mars. En automne, la migration commence en juillet et peut durer jusqu'en novembre. Des **tours d'observation**, dévoilant de vastes panoramas sur les différentes aires de repos, sont érigées à Keemu, Suitsu, Penijõe, Kloostri et Rannajõe. Il existe deux **sentiers nature** balisés, à Penijõe (3,2 à 7 km), à Salevere (1,5 km) et à Suitsu (1 km). Enfilez de bonnes chaussures, car le sol est spongieux et boueux.

Installé dans un manoir du début du XVIIIe siècle près de Lihula, le siège du parc est à 3 km au nord de la route Tallinn-Virtsu, à Penijõe. Vous y trouverez un **centre d'information sur la nature** (472 4236 ; www.loodusegakoos.ee ; 9h-17h tlj mi-avr à sept, lun-ven le reste de l'année), une exposition permanente et une projection gratuite d'un film de 20 minutes. Pour peu qu'on le lui ait demandé d'avance, le centre pourra vous mettre en contact avec des guides proposant différents types d'excursion dans le parc (de 2 heures en canoë le long des roseaux à plusieurs jours d'observation des oiseaux). Le centre pourra également vous recommander des hébergements dans la région.

Estonian Nature Tours (5349 6695 ; www.naturetours.ee), agence installée dans la ville voisine de Lihula, emploie des guides

VAUT LE DÉTOUR

VILSANDI

Vilsandi, à l'ouest de Kihelkonna, est la plus vaste des 161 îles et îlots de la côte ouest de Saaremaa. L'île, protégée, fait partie du parc national de Vilsandi (qui comprend certaines parties de Saaremaa, notamment la péninsule de Harilaid). Le parc, couvrant 238 km² (163 km² de mer et 75 km² de terre), est une zone de recherches écologiques approfondies. Les habitudes de reproduction de l'eider à duvet et de migration de la bernache nonnette ont été décrites précisément ici. On y croise aussi des phoques annelés pendant leur période de reproduction, et 32 espèces d'orchidées fleurissent dans le parc.

De 6 km de long et jusqu'à 3 km de large, Vilsandi est une île boisée peu élevée. Les petits îlots qui l'entourent abondent de groseilliers et de genévriers. Environ 250 espèces d'oiseaux peuvent y être observées, notamment de nombreux oiseaux migrateurs au printemps et à l'automne : jusqu'à 10 000 bernaches nonnettes s'y arrêtent mi-mai. Le pygargue à queue blanche et le balbuzard pêcheur y ont aussi été aperçus.

Le **centre des visiteurs du parc national** (☎ 5301 2772 ; www.loodusegakoos.ee ; ⏲ 10h-18h tlj juin-août, 9h-17h lun-ven le reste de l'année) se trouve sur Saaremaa, au manoir de Loona. Le personnel fournit des informations sur les 4 campings gratuits du parc et les 2 "fermes touristiques" privées, qui proposent hébergement et transferts par bateau.

Islander (☎ 5667 1555 ; www.islander.ee ; ⏲ mai-sept) peut organiser des transferts vers l'île en bateau à moteur, des sorties de plongée, de ski nautique et de bouée tractée, ainsi que des excursions d'observation de phoques.

naturalistes, incollables sur la grande diversité de plantes, de mammifères et d'oiseaux que compte Matsalu. Calendrier des circuits spécialisés sur le site Internet.

Haapsalu

10 200 HABITANTS

Sur une péninsule en forme de fourche qui s'avance dans la baie de Haapsalu, cette paisible ville thermale (à 100 km de Tallinn) est un endroit agréable où s'attarder avant de rejoindre les îles. Ne comptant que quelques musées et galeries, ainsi que de rares et modestes hôtels thermaux, Haapsalu se distingue surtout par son château qui trône en son centre. Assez décrépite, la vieille ville se révèle plus rustique qu'urbaine, avec ses vieilles maisons en bois nichées dans des ruelles étroites, sa petite promenade longeant la baie et ses innombrables recoins d'où admirer le coucher du soleil.

Les amateurs de bains de boue et de thalassothérapie pourront choisir Haapsalu plutôt que Pärnu ou Kuressaare, même si les centres y sont un peu moins chics. Toutefois, Haapsalu se flatte de posséder des boues de meilleure qualité, utilisées dans toute l'Estonie.

Histoire

À l'instar du reste du pays, Haapsalu a changé plusieurs fois de maîtres depuis sa fondation. Après la conquête de la région par les chevaliers Porte-Glaive en 1224, Haapsalu devint un évêché et se dota rapidement d'une forteresse et d'une cathédrale. Pendant la guerre de Livonie (vers 1559), la ville passa sous domination danoise, avant de tomber aux mains des Suédois, au XVIIe siècle. Les Russes en prirent le contrôle durant la Guerre du Nord, au XVIIIe siècle.

Sous le règne des tsars, Haapsalu prospéra, se transformant en station thermale dès la découverte des propriétés curatives des boues de son littoral, au XIXe siècle. Le compositeur russe Tchaïkovski et des membres de la famille impériale y séjournèrent pour profiter des bains. La voie ferrée venant directement de Saint-Pétersbourg fut achevée en 1907. Sous le régime soviétique, Haapsulu était interdite aux étrangers.

À voir et à faire

Château épiscopal CHÂTEAU

(Haapsalu piiskopilinnus ; www.haapsalulinnus.ee ; Lossiplats 3 ; adulte/enfant 4/3 € ; ⏲ 10h-18h mai-sept, 11h-16h ven-dim oct-avr). Joyau de Haapsalu à la beauté brute, le château de l'évêque, qui connut son âge d'or du XIIIe au XVIe siècle, est aujourd'hui un pittoresque ensemble de ruines. N'en subsistent qu'une tour et les tourelles, la presque totalité du mur extérieur et une portion des douves. Le parc est gratuit toute l'année, mais il faut

Haapsalu

acheter un ticket pour entrer dans le château proprement dit, où un **musée** retrace son histoire. Vous y verrez notamment des tunnels lugubres et des armes médiévales superbement présentées.

Depuis le musée, on accède à la magnifique **église aux coupoles** (cathédrale Saint-Nicolas de son nom officiel) alliant les styles roman et gothique et dotée de trois coupoles intérieures. C'est l'édifice de ce type le plus grand des pays baltes. Son acoustique est excellente, des concerts y sont donnés régulièrement. À l'intérieur, restez attentif, car la Dame blanche pourrait bien faire une apparition.

En été, le parc dans l'enceinte du château accueille des concerts. On trouve aussi sur place une excellente **aire de jeux** pour enfants, avec un bateau pirate. L'une des tours abrite un **belvédère**. Vous pourrez vous essayer au tir à l'arc juste devant l'entrée principale (5 €).

Musée de l'Hôtel-de-Ville MUSÉE

(Raekoda muusem ; www.salm.ee ; Kooli 2 ; tarif plein/enfant 3/2 € ; ⌚10h-18h mai-août, 11h-17h mer-dim sept-avr). Construit en 1775, l'ancien hôtel de ville de Haapsalu abrite aujourd'hui un charmant petit musée qui présente l'histoire de la station balnéaire et de la région, une pharmacie reconstituée et le bureau du maire, bien préservé.

Ilon's Wonderland GALERIE D'ART

(Iloni Imedemaa ; www.ilon.ee ; Kooli 5 ; 6 € ; ⌚11h-18h mai-août, 11h-17h mer-dim sept-avr). Exposant les œuvres de l'illustratrice suédo-estonienne Ilon Wikland, ayant grandi à Haapsalu et célèbre pour ses illustrations de Fifi Brindacier, la galerie est pensée pour les enfants, avec de nombreux tableaux accrochés à leur hauteur.

Église luthérienne Saint-Jean ÉGLISE

(Jaani Kirik ; Kooli 4 ; ⌚10h-14h ven-sam, 13h-16h dim mi-mai à août). Si l'histoire de cette église chaulée remonte au XVIe siècle, elle doit en grande partie sa façade actuelle aux rénovations réalisées en 1858. À l'intérieur, admirez les bas-reliefs sculptés au-dessus de l'autel (1630) et la chaire ouvragée.

Tour d'observation des oiseaux POINT DE VUE

La baie de Haapsalu est un habitat très important en Estonie pour les oiseaux aquatiques migrateurs. Elle est même classée **zone humide d'importance internationale par la convention Ramsar** (www.ramsar.org). Au cours de leur migration au printemps et à l'automne, environ 20 000 oiseaux y font halte. Les férus d'ornithologie pourront grimper à la tour d'observation des oiseaux, au sud de la plage d'Afrique. Vous pourrez peut-être apercevoir un grand aigle des mers décrivant des cercles dans le ciel.

Plage d'Afrique PLAGE

(Aafrikarand). On peut se baigner à la toute petite plage malgré les eaux troubles et envahies d'algues. La plage doit son nom aux statues d'animaux sauvages qui ornaient le littoral (malheureusement utilisées comme bois de chauffage par les soldats russes dans les années 1940). On y trouve une excellente aire de jeux pour les enfants.

Promenaadi FRONT DE MER

Les aristocrates russes du XIXe siècle, tout comme leurs homologues de l'Angleterre victorienne ou du Paris de la Belle Époque, n'aimaient rien mieux que se promener, pour voir et être vus, de préférence en bord de mer. Des sculptures datant de la grande époque de Haapsalu jalonnent la promenade, notamment un cadran solaire et un buste rendant hommage au Dr. Karl Abraham Hunnius, père des cures thermales, et le **banc dédié à Tchaïkovski**, de 1940.

Haapsalu Kuursaal BÂTIMENT HISTORIQUE

(www.haapsalukuursaal.com ; Promenadi 1 ; ⌚12h-20h mai à mi-sept). En bois peint en vert pâle et blanc, ce bâtiment de conte de fées surplombe le front de mer et est entouré de roseraies. L'intérieur du vaste centre thermal (1897) révèle un raffinement suranné, avec une petite scène à une extrémité (qui accueille des concerts) et à l'autre, un restaurant d'été. Le lieu mérite le détour, même si la cuisine n'est pas à l'aune du cadre.

Musée des Suédois d'Estonie MUSÉE

(Rannarootsi Muuseum ; www.aiboland.ee ; Sadama 32 ; tarif plein/enfant 2/1,50 € ; ⌚10h-16h dim et lun, 10h-18h mar-sam). Ce musée original présente reliques, photos, anciens filets de pêche et une merveilleuse tapisserie retraçant l'histoire des Suédois en Estonie depuis les années 1200 jusqu'à leur retraite à bord du *Triina* en 1944.

Musée du Chemin de fer estonien MUSÉE

(Eesti Raudteemuuseum Haapsalus ; www.jaam.ee ; Raudtee 2 ; tarif plein /enfant 3/2 € ; ⌚10h-18h mai-août ; 11h-16h ven-dim sept-avr). L'ancienne gare de Haapsalu, colorée, avec ses ornements en bois découpé et ses colonnades, a ouvert en 1907 pour acheminer la noblesse russe vers les centres thermaux. Conçue pour permettre aux aristocrates de rester au sec, sa plate-forme couverte de 214 m de long était réputée pour être, à l'époque, la plus longue de l'Empire russe. Ce minuscule musée relate les beaux jours du chemin de fer. Non loin, on peut visiter des locomotives. En été, un petit train touristique relie le musée à la vieille ville (2 €).

Parc forestier de Paralepa PLAGE, FORÊT

(☎5660 3144 ; Ranna tee ; location de canots 8 €/heure). À la limite ouest de la ville, après la gare ferroviaire, ce parc possède une jolie plage. Bien qu'un peu boueuse, elle attire les baigneurs en nombre. L'été, café et kiosque de location de canots. Pour rejoindre la plage, suivez les panneaux pour Fra Mare Thalasso Spa, puis continuez dans la même direction.

Fra Mare Thalasso Spa SPA

(☎472 4600 ; www.framare.ee ; Ranna tee 2 ; soins boue 37 €/20 min). Pour qui souhaite expérimenter les vertus de la boue de Haapsalu, le spa propose des soins (massage, bains, etc.), piscine, sauna et salle de gym.

Fêtes et festivals

Haapsalu organise d'innombrables concerts et festivals, principalement entre juin et août.

Festival du film d'horreur et du film fantastique de Haapsalu CINÉMA

(Haapsalu õudus-ja fantaasiafilmide festival ; www.hoff.ee). Les zombies envahissent la ville lors de ce festival loufoque de 4 jours qui se tient à la pleine lune en avril.

Festival de musique ancienne de Haapsalu MUSIQUE

(Haapsalu vanamuusika festival ; www.haapsalu.ee). Début juillet, ce festival tire parti de la magnifique acoustique de l'église aux coupoles.

August Blues MUSIQUE

(Augustibluus ; www.augustibluus.ee). Sur 2 jours début août, le plus grand festival de blues d'Estonie.

Fête de la Dame blanche CULTURE

(Valge daami päevad ; www.valgedaam.ee). Une grande manifestation de 3 jours en août sous le signe du surnaturel.

Où se loger

Lahe Maja PENSION €€

(☎516 3023 ; www.lahemaja.com ; Lahe 7 ; ch/bungalow/maison à partir de 70/130/700 € ; P 📶). Cette ravissante "maison de la baie" en bois bleu pâle est installée sur une jolie pelouse au bord de l'eau. Quatre chambres doubles et une chambre familiale pour 4 personnes dans le grand bâtiment principal, et un bungalow séparé de 2 chambres à l'arrière.

Kongo Hotell HÔTEL €€

(☎472 4800 ; www.kongohotel.ee ; Kalda 19 ; s/d/ste à partir de 68/87/150 € ; 📶). Derrière une façade discrète se cache un hôtel tout en raffinement scandinave, avec murs crème, linge de maison de couleur neutre et parquet clair. Grandes chambres avec kitchenette disponibles. L'hôtel tient son nom du troquet qui se tenait à cet endroit auparavant, surnommé "Congo" car des bagarres y éclataient souvent, comme au Congo, qui traversait alors une guerre civile.

Endla Hostel AUBERGE DE JEUNESSE €€

(☎473 7999 ; www.endlahostel.ee ; Endla 5 ; s/d 30/40 € ; 📶). On parle ici très peu anglais et un parfum institutionnel flotte dans l'air, mais les prix sont modérés, les logements corrects et l'emplacement paisible, dans une rue calme. Chambres petites mais lumineuses, salles de bains dans le couloir et cuisine commune. Pas de dortoir.

Où se restaurer et prendre un verre

Si vous préparez vos propres repas, vous trouverez plusieurs supermarchés dans la partie nouvelle de la ville, près de l'intersection de l'autoroute et de la rue Posti. Pour fruits et légumes frais, rendez-vous au marché extérieur de la rue Jaama, à quelques rues à l'est de la gare routière. On y vend des fraises fraîches en été.

Müüriääre Kohvik CAFÉ €

(☎473 7527 ; www.muuriaare.ee ; Karja 7 ; plats 3-8 € ; ⏲10h-22h). Ce beau café, dont le nom signifie "à côté des murs", est le favori en ville. On s'y presse pour son décor chaleureux, sa jolie terrasse à l'arrière, sa pyramide de gâteaux et ses plats frais, légers (salades, pâtes, quiches, etc.).

Hapsal Dietrich CAFÉ €€

(☎509 4549 ; www.dietrich.ee ; Karja 10 ; plats 7-14 € ; ⏲9h30-22h). Ce café plaisant et animé ne manque pas d'atouts : service charmant, grand choix de pâtisseries alléchantes et excellente carte internationale qui fait le grand écart entre le risotto à l'ail des ours et la soupe thaïlandaise *tom yum*.

Bar-bistrot Herman BAR

(www.hermanhaapsalu.ee ; Karja 1a ; plats 3-8 € ; 📶). Dans ce bar aux couleurs vives et à l'ambiance chaleureuse, sont servis cocktails, sandwichs et repas plus consistants. Également agréable le temps d'une simple bière.

LE MYSTÈRE DE LA DAME BLANCHE

À Haapsalu, la manifestation la plus importante de l'année, la **fête de la Dame blanche** (p. 160), a lieu en août, le jour de la pleine lune. La journée commence par des divertissements – lecture d'histoires pour les enfants, théâtre pour les adultes – et s'achève par une apparition... Lors de la pleine lune, en août et en février, la lumière traverse l'un des vitraux de la cathédrale sous un angle particulier, et forme une ombre fantomatique. Selon la légende, il s'agirait de l'esprit d'une jeune fille du XIVe siècle qui aurait été emmurée vivante. L'archevêque aurait proclamé ce châtiment pour la punir d'avoir passé des habits de moine pour rejoindre son amant, qui en était un. Aujourd'hui, la foule vient au château assister à une pièce racontant cette histoire, avant de se regrouper près de la fenêtre en espérant voir une apparition.

Renseignements

Bibliothèque (Posti 3 ; 10h-18h mar-ven, 10h-15h sam). Au sein du remarquable ensemble de fer et de calcaire qui abrite la galerie d'art de la ville (Linnagalerii). Internet gratuit.

Office du tourisme de Haapsalu (473 3248 ; www.visithaapsalu.com ; Karja 15 ; 9h-17h tlj mi-mai à mi-sept, 10h-17h lun-ven mi-sept à mi-mai ;). Un office accueillant, débordant d'informations sur Haapsalu et les environs.

Depuis/vers Haapsalu

La **gare routière** (Jaama 1) est installée dans la gare ferroviaire, belle mais désaffectée. Les principales destinations sont Tallinn (4,35-8,50 €, 1 heure 45, au moins 1/heure), Tartu (12 €, 4 heures 30, 1/jour) et Pärnu (5,05 €, 2 heures 30, 1/jour). Pour l'île de Hiiumaa, il y a aussi deux bus par jour pour Kärdla (2 heures 45), mais seulement 1 par semaine pour Käina (2 heures 15).

Les ferries pour Hiiumaa et Vormsi partent de Rohuküla, à 9 km à l'ouest de Haapsalu.

Comment circuler

➡ Vous pourrez louer des vélos chez **Vaba Aeg Rattad** (521 2796 ; Karja 22 ; heure/jour/24h 2,50/10/16 €). Le bus n°1 circule entre Lossi plats, la gare routière et Rohuküla (le débarcadère du ferry, à 9 km à l'ouest). Les horaires sont affichés à Lossi plats et dans la gare routière.

Hiiumaa

8 590 HABITANTS

Deuxième île estonienne par sa superficie (1 000 km²), la paisible et peu peuplée Hiiumaa a l'attrait de son littoral ravissant et d'un arrière-pays couvert de forêts. Le tourisme y est bien moins développé qu'à Saaremaa, et les hébergements et restaurants, beaucoup plus rares. Moins de choses à faire également, mais la plupart des visiteurs viennent ici pour respirer le bon air marin et se détendre.

L'île est ponctuée de phares, de bunkers de l'ère soviétique et de plages désertes. La réserve naturelle abrite plus de 100 différentes espèces d'oiseaux. Les plus sportifs pourront faire des randonnées, des balades équestres ou même des sports nautiques. Et, cerise sur le gâteau, grâce au microclimat de l'île, les températures y sont bien plus clémentes que sur le continent, à 22 km de là.

Isolés du continent, les insulaires ont développé un mode de vie bien à eux. Outre leurs traditions propres, ils entretiennent un folklore riche de héros légendaires, tels que Leiger, sans point commun avec les *Fils de Kalev* (héros de l'Estonie continentale). Quiconque emménage sur l'île devient un *isehakanud hiidlane* ("insulaire en devenir") pour dix ans avant d'être considéré comme un véritable résident. Hiiumaa serait également un refuge pour les fées et les elfes, ancêtres légendaires des natifs de l'île. Cependant, les Hiiumites actuels discutent rarement de cette ascendance de peur de fâcher leurs parents invisibles.

Pour plus d'informations sur l'île, consultez www.hiiumaa.ee.

Depuis/vers l'île de Hiiumaa

AVION

Avies (p. 83) propose 2 vols quotidiens entre l'**aéroport de Kärdla** (Kärdla Lennujaam ; 463 1381 ; www.kardla-airport.ee ; Hiiessaare) et Tallinn en semaine et un seul le week-end. Aéroport à 5 km à l'est du centre de Kärdla ; horaires des bus en fonction des vols (1 €).

BATEAU

➡ La plupart des visiteurs arrivent à Hiiumaa sur les liaisons assurées par **SLK Ferries**

Hiiumaa et Vormsi

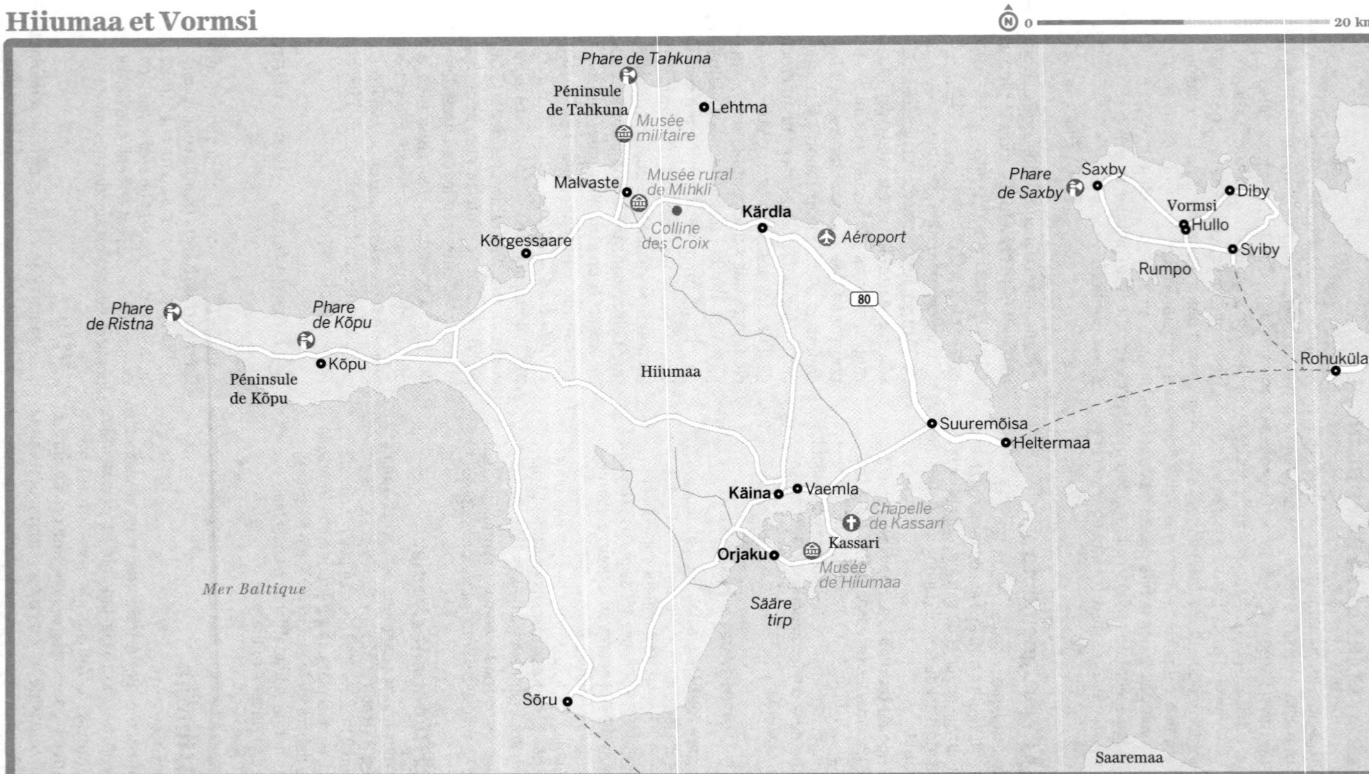

(☎452 4444 ; www.tuulelaevad.ee) entre Rohuküla et Heltermaa (tarif plein/enfant/véhicule/vélo 3/1,50/8,80/3,70 €, 1 heure 30, 7 à 9/jour).

➡ Les bateaux qui connaissent la plus grande affluence sont ceux à destination de Hiiumaa le vendredi et de retour le dimanche après-midi, après 13h. Pour ces trajets, un supplément véhicule de 50% est facturé.

➡ Près de 70% des places sur chaque ferry sont réservées sur le site Internet (un indicateur en temps réel montre quel pourcentage de places a déjà été vendu). Les 30% restants sont exclusivement vendus sur place aux passagers avec véhicule, par ordre d'arrivée. Il est vivement recommandé de réserver en ligne aux périodes d'affluence, surtout les week-ends d'été.

➡ Les billets achetés en ligne doivent être imprimés ou téléchargés sur votre smartphone.

➡ Si vous manquez le ferry réservé, votre billet restera valide pendant 48 heures (il vous faudra faire la queue pour un des ferries suivants).

➡ Ferries également disponibles entre Hiiumaa et Saaremaa (p. 145).

BUS

Des bus circulent entre Kärdla et Tallinn (13 €, 3 heures 45) et entre Käina et Tallinn (12 €, 2 heures). Tous desservent Suuremõisa, Heltermaa, Rohuküla et Haapsalu.

Comment circuler

Des routes bitumées font le tour de Hiiumaa, parmi lesquelles quelques voies secondaires ; les autres sont des pistes en terre. Comme tant d'autres coins de la campagne estonienne, Hiiumaa se prête à l'exploration à vélo : l'île est relativement plate et ses routes ne sont pas particulièrement fréquentées, si ce n'est à l'arrivée des ferries.

Kärdla et Käina disposent de stations-service. Bon nombre d'hébergements peuvent vous louer des voitures ou des vélos, comme **Jaanus Jesmin** (☎511 2225 ; www.carrent.hiiumaa.ee) à Kärdla, qui propose des voitures pour 20 €/jour.

Des bus – partant presque tous de Kärdla, quelques-uns de Käina – sillonnent la majeure partie de l'île, mais leur fréquence est faible. Les horaires sont affichés dans la gare routière de Kärdla et en ligne sur www.peatus.eu.

Suuremõisa

Le village de Suuremõisa, dont le nom signifie "grand domaine", s'étend autour d'un **château** (Suuremõisa loss) massif du XVIIIe siècle ayant appartenu à la riche famille de barons Ungern-Sternberg. Bien que son âge d'or soit manifestement révolu (il est mal entretenu, et plusieurs de ses fenêtres sont condamnées), son parc verdoyant a un côté sauvage agréable.

Plus intéressante, l'**église luthérienne Saint-Laurent**, dans le village voisin de Pühalepa, remonte au XIIIe siècle, ce qui en fait l'édifice le plus ancien de l'île. Les vitraux, qui datent du XXe siècle, rehaussent la structure simple, blanchie à la chaux. Si les tombes ne vous rebutent pas, de rares croix circulaires sont à découvrir dans le cimetière.

Kärdla

3 009 HABITANTS

Le chef-lieu de Hiiumaa s'est développé autour d'une fabrique de tissus fondée en 1829 et détruite durant la Seconde Guerre mondiale. Ville verte à l'atmosphère assoupie, Kärdla offre de rares animations, mais demeure le centre de tous les services disponibles sur l'île. Elle compte plusieurs supermarchés où se ravitailler.

La ville est juste au bord du "cratère de météorite paléozoïque le mieux préservé au monde". Il est vrai qu'il faut le savoir, car, malgré ses 4 km de diamètre, il est à peine visible. L'impact, qui s'est produit il y a 455 millions d'années, a dû être d'une rare violence.

À voir

Pikk Maja MUSÉE
(www.muuseum.hiiumaa.ee ; Vabrikuväljak 8 ; tarif plein/enfant 3/2 € ; 10h-18h mai-sept, 10h-17h lun-ven oct-avr). Autrefois siège de la direction de la fabrique de tissu, la "longue maison" présente aujourd'hui une exposition dédiée à la manufacture, avec notamment une petite maison d'ouvrier reconstruite, ainsi que des œuvres d'artistes locaux. À l'étage, une collection de médailles d'Estonie pour service civil ou militaire méritoire.

Plage de Kärdla PLAGE
(Lubjaahju). Loin d'être exceptionnelle, cette plage aux eaux peu profondes ne s'en révèle pas moins agréable. Elle est bordée par Rannapark, une étendue de prairie et de forêt recouvrant en partie l'ancien site d'un cimetière suédois.

Où se loger

Kivijüri Külalistemaja CHAMBRES D'HÔTES €€
(☎526 9915 ; www.kivijuri.ee ; Kõrgessaare mnt 1 ; s/d 40/55 € ; P Wi-Fi). Une jolie maison campagnarde en bardages rouges. Quatre chambres agréables, toutes avec TV et salle

de bains. Petit-déjeuner vraiment excellent, terrasse couverte et pelouse pour se délasser. Possibilité d'y planter sa tente, et les affables propriétaires multilingues peuvent vous aider à louer un vélo ou une voiture. Très bonne adresse.

Padu Hotell HÔTEL €€
(☎463 3037 ; www.paduhotell.ee ; Heltermaa mnt 22 ; s/d/app 40/55/65 € ; P 📶). Décorées tout en pin (murs, sols, plafonds, portes, meubles), les chambres sont correctes et ont toutes un balcon. Les appartements un peu plus grands ont, pour certains, un sauna. Sauna commun. Petit café dans l'hôtel.

Où se restaurer et prendre un verre

Gahwa Cafe CAFÉ €
(Põllu 3 ; en-cas 1-2 € ; ⏲10h-18h lun-ven, 10h-15h sam-dim ; 📶). Halte agréable, ce café avec terrasse sert soupes, quiches et autres repas légers. Gardez une petite place pour le divin gâteau au chocolat.

Linnumäe Puhkekeskus EUROPÉEN €
(☎462 9244 ; www.linnumae.ee ; Heltermaa mnt ; plats 5,50-13 € ; ⏲11h30-19h ; 📶). Un restaurant-bar à la terrasse bien agréable pour siroter une bière en fin de journée. À l'intérieur, le restaurant sert une cuisine sans surprise, mais honorable, généreuse et à bon prix. Goûtez la truite à la béarnaise. Un peu excentré, à 500 m du Padu Hotell.

♥ **Kuur** EUROPÉEN MODERNE €€
(www.restokuur.ee ; Sadama 28 ; plats 11-12 € ; ⏲11h-23h mai-sept ; 👪). Kuur signifie "cabane", un euphémisme pour qualifier cet établissement d'été installé dans le port, vitré sur deux côtés et doté d'une paroi constituée de bûchettes de stère savamment empilées et maçonnées. Et la cuisine est exceptionnelle ! Seulement trois entrées et plats, mais tout est inventif, joliment présenté et absolument délicieux. Ajoutez à cela l'excellent service et l'agréable terrasse et vous obtenez de loin le meilleur restaurant de Hiiumaa.

Rannapaargu CLUB
(www.rannapaargu.ee ; Lubjaahju 3 ; ⏲22h-4h ven-sam). Surplombant la plage, ce restaurant possède une terrasse en extérieur. La cuisine n'est pas formidable, mais le week-end, quelque 300 personnes viennent ici faire la fête, attirées par les meilleurs DJ de l'île et autres groupes de passage. L'ambiance ne décolle qu'après minuit.

Renseignements

Office du tourisme de Kärdla (☎462 2232 ; www.hiiumaa.eu ; Hiiu 1 ; ⏲10h-17h lun-ven toute l'année, plus 10h-14h sam et dim mi-mai à mi-sept). Accueillant, ce centre distribue des cartes et vous aidera à trouver un hébergement et un guide. Il vend également *Lighthouse Tour*, un guide de 40 pages pour visiter l'île en voiture (3 €, en anglais). L'office du tourisme est situé dans une ancienne tour de guet anti-incendie.

Ouest de l'île de Hiiumaa

La moitié ouest de l'île est faiblement peuplée, même pour l'Estonie. La **péninsule de Tahkuna** fut le théâtre d'une bataille sanglante entre les armées allemande et russe pendant la Seconde Guerre mondiale. Sur la route menant au phare, les bases militaires soviétiques, désertes, ainsi qu'un bunker souterrain, peuvent se visiter (apportez une lampe torche).

L'île s'achève avec l'étroite **péninsule de Kõpu**, laquelle s'étire vers l'ouest à la manière d'un index pointant vers Stockholm. Si vous pensez qu'il n'est pas possible de surfer sur une plage estonienne, vous serez surpris. À Ristna, où la péninsule rencontre les courants de la Baltique, des vagues de 10 m de haut ont déjà été observées. La zone est dangereuse, et les courants auraient tôt fait de vous repousser jusqu'en Finlande ; mais, pour des surfeurs expérimentés, c'est sensationnel.

Sõru, d'où partent les ferries pour Saaremaa, est magnifique, avec son littoral boisé et bordé de roseaux.

À voir et à faire

Colline des Croix MÉMORIAL
(Ristimägi). La population du nord de Hiiumaa était composée de fermiers suédois libres jusqu'à la fin du XVIIIe siècle, époque où ils furent chassés sur ordre de Catherine la Grande. Beaucoup s'enfuirent en Ukraine, avec l'espoir chimérique d'une vie meilleure. À 7 km à l'ouest de Kärdla s'élève près de la route une petite colline hérissée de croix artisanales qui marquent l'endroit où les derniers des 1 000 habitants suédois firent une ultime prière avant d'embarquer, en 1781.

Depuis, il est de tradition que les personnes visitant l'île pour la première fois viennent y accrocher une croix.

Musée rural de Mihkli FERME

(Mihkli talumuuseum ; www.muuseum.hiiumaa.ee ; tarif plein/enfant 2/1,50 € ; ⏲10h-18h jeu-sam mi-juin à mi-août). Dans la forêt de Malvaste, à quelque 2 km au nord de la route Kärdla-Kõrgessaare, cette ferme autrefois suédoise propose une plongée authentique dans la vie rurale d'autrefois. Vous pourrez notamment y louer un sauna "à fumée" (90 €, 10 pers maximum). Cette expérience à l'ancienne est fantastique, mais peut irriter les yeux sensibles. N'oubliez pas de réserver ; réchauffer le sauna prend une journée.

Musée militaire de Hiiumaa MUSÉE

(Hiiumaa Militaarmuuseum ; www.militaarmuuseum.ee ; tarif plein/enfant 3/1,50 € ; ⏲10h-18h mi-mai à mi-sept). Malgré le manque d'explications en anglais, ce petit musée, occupant l'ancien poste de gardes-frontières soviétique de la péninsule de Tahkuna, est captivant. Après avoir déambulé, à l'extérieur, entre les gros équipements militaires, on découvre, une fois entré, uniformes, photos, affiches, armes et médailles.

Phare de Tahkuna PHARE

(Tahkuna Teletorn ; tarif plein/enfant 2/1 € ; ⏲10h-19h mar-dim mai à mi-sept). Datant de 1875, ce phare de 43 m de hauteur veille sur la pointe nord-ouest de la péninsule de Tahkuna. Derrière le phare se trouve le **mémorial** aux victimes du naufrage de l'*Estonia*. Regardant la mer, un cadre de 12 m de haut entoure une immense croix, au bas de laquelle est suspendue une cloche sculptée de visages d'enfants. Elle ne sonne que quand le vent souffle à la même vitesse et dans la même direction que lors de cette nuit funeste de septembre 1994.

Entre le mémorial et le phare, remarquez le curieux **labyrinthe de pierre**, au sol. Il s'agit d'une réplique d'un labyrinthe antique découvert sur l'île : il faut suivre le sentier entre les pierres et en profiter pour méditer.

Selon la version soviétique officielle concernant la bataille qui fit rage ici, lors de l'invasion nazie de 1941, les soldats russes se battirent courageusement jusqu'à leur dernier souffle et le dernier homme monta au sommet du phare, d'où il se jeta dans le vide, sans cesser de tirer sur les Allemands. Si vous voulez grimper au sommet des trois phares de l'île, achetez un billet combiné, à 5 €.

Phare de Kõpu PHARE

(Kõpu Tuletorn ; tarif plein/enfant 2/1 € ; ⏲10h-20h mai à mi-sept). Monument le plus célèbre de Hiiumaa, le phare de Kõpu, à l'intérieur des terres, serait, au dire de certains, le plus vieux au monde toujours en activité. Érigé sur un promontoire, à l'emplacement d'un phare de 1531, l'édifice actuel en calcaire blanc date de 1845. Haut de 37 m, il est visible à 55 km à la ronde.

Le café voisin (délicieuses pâtisseries mais piètre café) est ouvert aux mêmes horaires. Concerts en plein air l'été.

Phare de Ristna PHARE

(Ristna Tuletorn ; tarif plein/enfant 2/1 € ; ⏲10h-19h mar-dim mai à mi-sept). Ce deuxième phare rouge vif trône à la pointe ouest de la péninsule de Kõpu (Stockholm n'est qu'à 200 km à l'ouest). En 1874, il fut transporté sur Hiiumaa par cargo depuis Paris, où il fut construit, en même temps que le phare de Tahkuna. Un petit bar sert boissons et en-cas.

L'ARTISANAT DE HIIUMAA

Les mordus d'artisanat seront aux anges à Hiiumaa, où ces arts traditionnels connaissent un petit regain d'intérêt. L'un des meilleurs magasins est la boutique du musée de Kassari (voir p. 166), où sont notamment vendus des tapis de laine tissée de grande qualité. D'autres adresses intéressantes :

Maison de l'artisanant de Heltermaa (Heltermaa Käsitöömaja ; www.heltermaakasitoomaja.voog.com ; Heltermaa ; ⏲10h30-19h lun-ven, 10h30-17h30 sam juin-août). Pour patienter en attendant le ferry, venez flâner ici en quête de chaussettes en tricot, de miel, de couverts à salade en bois, sans oublier bien sûr les tapis de laine.

Atelier de laine (Hiiu villavabrik ; www.hiiuvill.ee ; Vaemla ; ⏲9h-18h lun-sam, 10h-16h dim mi-mai à août, 9h-18h lun-ven, 10h-16h sam le reste de l'année). Dans ce petit moulin, à 4 km à l'est de Käina, les métiers à tisser et à filer du XIXe siècle sont toujours utilisés pour élaborer les articles en laine. Vous pourrez rapporter un pull ou des moufles, à moins que vous n'optiez pour de la laine à tricoter. Joli café d'été.

LE GRAND CHELEM DES PHARES

Si vous comptez faire l'ascension des trois phares de Hiiumaa, un billet combiné est disponible (tarif plein/enfant 5/2 €). Achetez-le dans le premier phare que vous visiterez.

Musée de Sõru MUSÉE

(Tarif plein/enfant 2/1 € ; 11h-17h mer-dim juin-août, 11h-16h mer-ven sept-mai). Si vous avez du temps à tuer avant d'embarquer pour Saaremaa, ce petit musée local est idéal. Au rez-de-chaussée, œuvres artistiques d'écoliers du village ou artisanat local en feutre, et à l'étage, exposition permanente où s'alternent photos en noir et blanc classiques de pêcheurs et d'agriculteurs, et vieux filets et outils. Au tout dernier étage, de robustes jumelles de gardes-frontières soviétiques vous permettent de scruter l'horizon.

Surf Paradiis SPORTS NAUTIQUES

(505 1015 ; surfparadiis.paap.ee/ ; tarif plein/enfant 40/20 € ; mai-nov). Sur une plage de sable accessible par une route extrêmement cahoteuse à environ 1 km de Ristna (bifurquez juste avant le phare), cette agence propose d'innombrables activités aquatiques et d'aventure. Un forfait journalier pour le "parc aquatique" donne accès aux surfs, bodyboards, trampolines aquatiques, kayaks, barques, masques et tubas, sauna et chaises longues, le tout souvent sur fond de musique live.

Les activités hors forfait comprennent planche à voile, Jet-Ski, bateau banane, pêche et tir à l'arc. Hébergement également proposé.

Mieux vaut appeler à l'avance, toutes les activités étant dépendantes de la météo et toutes les places étant parfois réservées par des groupes.

Ristna est un spot de surf étonnamment exigeant. Ne tentez pas d'y surfer seul sans en avoir averti le centre, qui gère par ailleurs un service de sauvetage.

Käina

1 880 HABITANTS

Deuxième bourgade de Hiiumaa, Käina se révèle d'un intérêt mineur, sauf si l'on s'y rend pour voir les imposantes ruines de l'**église Saint-Martin** (vers 1500), bombardée pendant la Seconde Guerre mondiale.

À voir

Musée Rudolf Tobias MUSÉE

(Rudolf Tobiase Majamuuseum ; www.muuseum.hiiumaa.ee ; Hiiu mnt ; tarif plein/enfant 2/1,50 € ; 10h-17h mer-dim mi-mai à mi-août). À la lisière ouest de Käina, cette modeste maison de bois au toit de chaume, datant de 1840, fut la résidence de Rudolf Tobias (1873-1918), compositeur de certaines des premières œuvres orchestrales d'Estonie. Elle est désormais un musée à sa mémoire. Peu de légendes en anglais, mais le personnel fera de son mieux pour vous renseigner. Un moulin se dresse à l'arrière.

Où se loger

Hotell Liilia HÔTEL €€

(463 6146 ; www.liiliahotell.ee ; Hiiu mnt 22 ; s/d 42/48 € ;). À côté de l'église en ruine, un petit hôtel aux chambres propres avec sols et plafonds de bois clair. Grand restaurant avec agréable terrasse au rez-de-chaussée, ouvert en fonction de la demande.

Kassari

300 HABITANTS

Jolie île de 8 km le long, recouverte d'une forêt dense et révélant de superbes paysages côtiers. Elle est reliée à Hiiumaa par deux digues, enclavant pratiquement la baie de Käina. La baie est une importante réserve ornithologique, où nichent environ 70 espèces différentes. Observez les oiseaux depuis la **tour d'observation** au nord d'Orjaku, d'où part également un petit sentier de randonnée. Pendant les mois d'été, une grande partie de la baie s'assèche et devient un grand champ de vase.

À voir et à faire

Musée de Hiiumaa MUSÉE

(www.muuseum.hiiumaa.ee ; tarif plein/enfant 3/2 € ; 10h-18h mai-sept, 10h-17h mer-dim oct-avr). À l'intérieur des terres, à deux pas à l'ouest du carrefour de Sääretirp, ce petit musée abrite une collection d'objets et des expositions sur l'histoire et la biodiversité de Hiiumaa. Parmi les curiosités figurent un téléviseur russe de 1955, le prisme de 1874 du phare de Tahkuna et un loup naturalisé, qui aurait terrorisé l'île jusqu'à ce qu'il soit abattu en 1971. Beaux objets d'artisanat et timbres mettant l'île à l'honneur en vente sur place.

Sääretirp
RÉGION

Le sud de l'île se rétrécit jusqu'à un promontoire doté d'une végétation inhabituelle et s'achève par une bande de terre étroite de 3 km de long qui se jette dans la mer. L'endroit, magnifique, est idéal pour une promenade. En chemin, vous croiserez une petite plage bordée de roseaux, étonnamment fréquentée.

D'après la légende, il s'agirait des vestiges d'un pont inachevé que le héros local Leiger aurait commencé à construire pour rejoindre Saaremaa, de manière à permettre à Suur Tõll, son frère, héros de Saaremaa, de se joindre plus facilement à ses aventures. À l'embranchement pour Sääretirp, remarquez la statue de Leiger, portant un rocher sur ses épaules.

Chapelle luthérienne de Kassari
ÉGLISE

(Kassari kabel ; ⌚11h-16h mi-juin à août). Dans cette ravissante chapelle chaulée de 1801, au toit de chaume, à l'extrémité est de l'île de Kassari, l'office est toujours célébré à la lueur des bougies (l'édifice n'est pas raccordé à l'électricité), ce qui confère au lieu et au moment une teneur enchanteresse. L'intérieur se distingue par une chaire qui domine l'autel, ce qui est peu commun. Excellente destination pour une promenade à pied, à vélo ou en voiture. Un panneau vous y conduit par un chemin de terre depuis l'extrémité est de la route asphaltée.

Depuis la chapelle, un sentier d'environ 2 km continue jusqu'à une petite baie, à l'extrémité nord-est de l'île.

Kassari Ratsamatkad
RANDONNÉE ÉQUESTRE

(☎5342 3346 ; www.kassari.ee ; balade à cheval 13/40 € par heure/jour). En chemin vers la chapelle de Kassari, vous croiserez le plus grand haras de Hiiumaa, qui organise diverses excursions équestres (notamment sur plusieurs jours) à travers les forêts ou le long du littoral sauvage.

Où se loger et se restaurer

Dagen Haus
PENSION €€

(☎518 2555 ; www.dagen.ee ; Orjaku ; ch 65-89 € ; P 📶). Voici l'une des plus belles adresses de Hiiumaa : une ancienne grange restaurée, avec pierres et poutres apparentes, 5 chambres modernes, le tout dans un jardin verdoyant. Les parties communes, magnifiques, donnent envie de n'en point partir. Les propriétaires louent aussi de superbes maisons de vacances, logeant jusqu'à 12 personnes (de 99 à 219 €). Réservez bien à l'avance.

Kassari Puhkekeskus
HÔTEL €€

(☎469 7169 ; www.kassarikeskus.ee ; village de Kassari ; d 70 €, app 85-105 € ; P 📶). Les usines abandonnées sont légion en Estonie, mais peu ont été aussi bien reconverties. La décoration est agréable et moderne, et même les chambres standards possèdent un four à micro-ondes et un petit balcon revêtu de gazon synthétique. Les appartements, chacun doté d'un salon séparé et d'une kitchenette, s'ouvrent sur une vaste terrasse commune avec bain à remous.

Restaurant de grillades Lest & Lammas
ESTONIEN €

(☎469 7169 ; www.kassarikeskus.ee ; village de Kassari ; plats 7,50-11 € ; ⌚12h-21h juin-août ; 📶). Le restaurant, dont le nom signifie "limande et mouton" met à l'honneur le poisson grillé et l'agneau, délicieusement mariné, sans oublier les saucisses grillées, le porc et le poulet. Parfait aussi pour prendre un verre sous une pergola de chaume, en terrasse ou au jardin. L'endroit fait partie du complexe hôtelier Kassari Puhkekeskus.

Vetsi Tall
ESTONIEN €

(☎462 2550 ; www.vetsitall.ee ; plats 4,50-6 €, empl 4 €/pers, bungalow s/d/tr 30/40/55 €, app 100 € ; ⌚10h-23h juin-août ; P). Sur la route principale entre Orjaku et Kassari, cette charmante taverne peu éclairée, datant de 1843, sert de généreuses portions d'une cuisine simple mais excellente. Petits bungalows en bois en forme de barriques disséminés parmi les pommiers et possibilités de camping (avec salles de bains sommaires – un tuyau d'arrosage fait notamment office de douche). Un appartement de 2 chambres est aussi proposé au-dessus de la taverne.

Vormsi

277 HABITANTS

Quatrième île d'Estonie par sa taille (93 km²), Vormsi est sortie des eaux il y a environ 3 000 ans, et continue de s'élever au rythme de 3 mm annuels (son point culminant, à 13 m d'altitude, est tenu pour un repaire de trolls). Si ce n'est de moustiques voraces, l'île n'a jamais été très peuplée. Ses forêts, ses prairies littorales et ses plaines boisées sont donc restées en grande partie sauvages. Les Suédois, arrivés au XIIIe siècle,

NAUFRAGE DE L'ESTONIA : LA THÉORIE DU COMPLOT

À environ 30 milles au nord-ouest de la péninsule de Tahkuna gît l'épave du ferry *Estonia*, qui sombra pendant une tempête, le 28 septembre 1994, juste après minuit, alors qu'il naviguait de Tallinn à Stockholm. Seuls 137 passagers survécurent à cette tragédie qui fit 852 morts. C'est l'une des pires catastrophes maritimes à s'être produites en Europe.

Toujours très controversées, les causes de ce naufrage font en outre l'objet d'une théorie du complot. En 1997, le rapport final de la commission d'enquête des gouvernements estonien, suédois et finlandais conclut que la conception du ferry était en cause, et que l'équipage était sans doute sous-qualifié pour assurer les procédures d'urgence. D'après ce rapport, l'étrave mobile était inadaptée aux conditions de navigation difficile. Avec l'orage, l'étrave se serait détachée du ferry et aurait entraîné la rampe d'accès qui fermait le pont-garage, ouvrant une voie d'eau qui fit sombrer le navire en moins d'une heure. On estime que les 989 passagers n'eurent qu'une quinzaine de minutes pour s'échapper, mais la plupart n'ont pas eu accès aux canots de sauvetage, en raison de la soudaineté de la gîte et de l'immersion du navire. Et ceux qui parvinrent à sortir ne survécurent que quelques minutes dans l'eau glacée.

L'intégrité du rapport fut mise en doute après la découverte de désaccords au sein même de la commission. En 2000, une expédition de plongée américano-allemande et de nouvelles analyses de l'étrave de l'*Estonia*, sortie des eaux, furent à l'origine d'une théorie impliquant une explosion. Les partisans de la théorie du complot affirment que l'*Estonia* transportait une cargaison illégale d'armes, un trafic qui était sur le point d'être anéanti après l'entrée en vigueur d'une loi sur les exportations. Cette hypothèse fut étayée par la disparition supposée de huit membres de l'équipage, à l'origine sur la liste des survivants.

L'interdiction inexpliquée d'approcher l'épave décrétée par le gouvernement suédois ainsi que le largage de sable ordonné par les autorités suédoises pour stabiliser le navire en 2000 ont encore alimenté cette théorie, relançant les demandes en faveur d'une nouvelle enquête. Les gouvernements estonien, finlandais et suédois sont résolus à ne pas déplacer le ferry, et à lui conserver son caractère de sépulture marine. On estime que 700 corps y gisent.

en représentèrent l'essentiel de la population jusqu'à la Seconde Guerre mondiale (2 500 habitants à l'époque). Pendant le conflit, la plupart se réfugièrent en Suède et n'en revinrent jamais.

S'étendant sur 16 km d'est en ouest et 6 km du nord au sud, Vormsi est idéale pour se promener à vélo. Elle compte 10 km de routes asphaltées. Depuis le ferry, il y a 1,5 km jusqu'au village de **Sviby**. **Hullo**, à 3 km de là, est le plus grand village de Vormsi. En chemin, vous découvrirez les vestiges d'une église russe orthodoxe au sein d'un ancien kolkhoze, à hauteur de l'embranchement pour Hullo. Deux kilomètres plus au sud, le minuscule village de **Rumpo** est posé sur une jolie péninsule couverte de genévrier qui s'avance dans la baie de Hullo. La majeure partie de l'île, y compris les 30 îlots de la baie de Hullo, est classée **réserve paysagère de Vormsi** (Vormsi Maastikukaitseala). Elle est le refuge d'oiseaux côtiers et de lichens rares, ainsi que de grands mammifères tels que chevreuils, élans, lynx et sangliers.

À voir

L'île ne possède pas d'office du tourisme, mais des informations sont affichées sur les panneaux près du débarcadère.

Musée de la ferme de Vormsi FERME
(Vormsi talumuuseum ; www.talumuuseum.vormsi.ee ; Sviby ; tarif plein/enfant 2,50/1 € ; ⌚10h-17h mer-dim juin-août). L'histoire suédoise de l'île est toujours bien vivante dans cette ferme restaurée, où est notamment présenté le goût vestimentaire des habitants. Ainsi, les femmes portaient de grosses chaussettes rouges pour mettre en valeur leurs chevilles, car des jambes robustes représentaient un critère de beauté essentiel, aucun homme ne voulant d'une femme inapte aux travaux de force.

Église luthérienne Saint-Olaf ÉGLISE
(Püha Olavi kirik ; ⌚10h30-12h30 dim mai-sept). Depuis sa niche au-dessus de la porte, une

petite statue colorée du saint, sa fidèle hache à la main, veille sur cette église massive du XIVe siècle, blanchie à la chaux, à la sortie de Hullo. Elle recèle une belle chaire baroque peinte (1660) et des peintures médiévales au plafond.

Phare Saxby PHARE

Érigé en 1864, ce phare de 24 m s'élève tout à l'ouest de l'île, non loin de Saxby, lui-même à 7 km de Hullo.

Rocher-église ROCHER

(Kirikukivi). Bloc erratique de 5,8 m de hauteur, près de Diby au nord-est.

Où se loger et se restaurer

Retrouvez d'autres adresses en ligne (www.vormsi.ee) ou à l'office du tourisme de Haapsalu. Les pensions Rumpo Mäe Puhketalu et Elle-Malle Külalistemaja, ci-après, louent vélos et bateaux, et le petit-déjeuner est inclus dans le prix de leurs chambres. Le **Kõrts Krog No14**, une toute nouvelle taverne en périphérie de Hullo, est le seul endroit où se restaurer sur l'île.

Rumpo Mäe Puhketalu PENSION €€

(☎ 5342 9926 ; www.rumpomae.ee ; d/tr 55/75 € ; wifi). Supplément pour les séjours d'une seule nuit. À deux pas de la côte de Rumpo, cette jolie ferme au toit de chaume a été aménagée de chambres au charme désuet. Des logements plus rudimentaires sont proposés dans un sauna rustique séparé (par pers/sauna entier 45/220 €) et une "petite maison" de 8 lits (maison entière 135-205 €). Terrain de camping par ailleurs disponible. Supplément pour les séjours d'une seule nuit.

Elle-Malle Külalistemaja PENSION €€

(☎ 5467 2854 ; ellemalle@gmail.com ; Hullo ; 24 €/pers). Havre de paix entre Hullo et l'église luthérienne Saint-Olaf, cette accueillante pension loue des chambres impeccables parées de lambris de pin dans le bâtiment principal et une double romantique avec lit en mezzanine dans un chalet en bois séparé (salle de bains privative au niveau inférieur). Repas préparés sur demande (dîner 3 plats 9 €) et petit choix d'antiquités locales de qualité en vente auprès du propriétaire.

Hullo Kauplus ÉPICERIE

(Hullo ; ⌚10h-20h lun-sam, 10h-17h dim ; wifi). Faites vos emplettes à la supérette de Hullo. Poste et accès Internet à côté.

Depuis/vers Vormsi

Vormsi est à seulement 3 km du continent. Un ferry **SLK Ferries** (☎ 4524 4444 ; www.tuulelaevad.ee) couvre les 10 km entre Rohuküla et Sviby trois à cinq fois par jour (aller-retour par adulte/enfant/voiture/vélo 6,40/3,20/14/2 €, 45 min). Un supplément de 50% est facturé pour les bateaux au départ de Rohuküla après 13h le vendredi et au départ de Sviby après 13h le dimanche. Pour emmener votre voiture en été, réservez en ligne (supplément de 1,60 €).

À côté du débarcadère, **Sviby Bike & Boat Rental** (☎ 517 8722 ; www.vormsi.ee/sviby ; ⌚ fin mai-sept) loue des vélos (5/10/15 € pour 30 min/8/24 heures) et des barques (5 €/heure), et assure un service de bateaux-taxis ainsi que des visites de l'île. Généralement, les gérants d'hébergement proposent aussi ces services.

COMPRENDRE L'ESTONIE

L'Estonie aujourd'hui

L'Estonie a depuis longtemps enterré les mornes jours de l'occupation soviétique et ceux qui visitent pour la première fois ce petit pays ne peuvent qu'être frappés par l'enthousiasme avec lequel s'est faite la transition capitaliste. Depuis 1991, l'économie s'est considérablement diversifiée.

L'Estonie brille tout particulièrement dans le domaine numérique, ce qui lui a valu le surnom de "e-stonie" dans l'univers des nouvelles technologies. On doit diverses innovations à des concepteurs estoniens, en particulier Skype, logiciel permettant de passer gratuitement des appels téléphoniques et vidéo via Internet. Les citoyens estoniens peuvent voter, déposer leur déclaration d'impôts et signer des documents en ligne, et en 2014, l'Estonie est devenue le premier pays à proposer aux non-résidents la "e-résidence", le statut de "résident numérique".

La réussite économique de l'Estonie a fait du "tigre balte", la "success story" de l'ancien bloc soviétique. Intégré à l'Union européenne, à l'OTAN et à l'OCDE, le pays a rejoint en 2011 la zone euro.

Totalement sortie de l'ère soviétique, tant sur les plans économique que politique, l'Estonie regarde résolument vers l'ouest et vers le nord. Ses habitants se sentent en effet plus proches de la Finlande que de la Lettonie et de la Lituanie, et ce en termes linguistiques et culturels. Pour les Estoniens, les "pays baltes" sont tout au plus une réalité géographique. Emblématique de cette tendance, le projet d'un tunnel sous le golfe de Finlande reliant les deux pays risque pourtant ne pas voir le jour, faute de fonds.

Les affinités de cette petite nation balte ont beau être clairement occidentales, elle n'en garde pas moins à l'œil son grand voisin à l'est. L'annexion de la Crimée par la Russie et le conflit armé en Ukraine (fomentés par le Kremlin, de l'avis général en Estonie) inquiète en effet beaucoup ce pays de fraîche indépendance. La mentalité collective reste en effet marquée par la brève expérience de liberté de l'entre-deux-guerres et son terme brutal.

Dans le cadre de la crise ukrainienne, l'Estonie a soutenu avec fermeté les sanctions contre la Russie, tout en renforçant ses liens avec l'OTAN. Le président Toomas Ilves a d'ailleurs demandé qu'une base permanente de l'OTAN soit établie sur le sol estonien.

La tension avec la Russie est montée d'un cran en 2015 lorsqu'un agent de la sécurité estonien a été condamné par un tribunal russe à 15 ans de prison pour espionnage. Les Russes soutiennent qu'il a été arrêté de leur côté de la frontière, tandis que les Estoniens (et l'UE) affirment qu'il a été enlevé du côté estonien. L'Estonie a annoncé prévoir l'installation d'une clôture de 2,5 m de haut sur 110 km de sa frontière terrestre avec la Russie (une grande partie du reste de la frontière passe par le lac Peïpous et le fleuve Narva).

Dans le même temps, le gouvernement local prend conscience de la nécessité d'améliorer ses relations avec sa propre minorité russe, dont une part importante n'a toujours pas obtenu la citoyenneté estonienne (p. 175). Si le niveau de vie moyen de ses membres est supérieur à celui de leurs homologues de Russie, il reste en-deçà de celui des Estoniens. Un rapport d'Amnesty International de 2015 a révélé que les minorités ethniques en Estonie, dont les Russes forment de loin la plus importante, sont parmi les plus touchés par le chômage et la pauvreté.

En traversant les villes délabrées du Nord-Est, où le travail et l'espoir sont plus que rares, on comprend mieux le calvaire des Russes. Les russophones sont surreprésentés, tant en matière de séropositivité que de consommation de drogues, ou dans la population carcérale. Les problèmes sociaux qui en résultent pour la communauté russe alimentent un stéréotype négatif sérieusement ancré.

Les tensions entre l'Estonie qui embrasse l'Ouest et la Russie, son grand voisin à l'Est, persistent et s'incarnent dans la désunion de la population estonienne et de la minorité russe du pays. En 2007, le gouvernement estonien fit déplacer la statue d'un soldat en uniforme soviétique du centre-ville de Tallinn au grand soulagement de nombreux Estoniens qui y voyaient un symbole de l'occupation soviétique et de la répression. La minorité russe qui y voyait au contraire un hommage aux soldats du front de l'Est qui périrent en luttant contre les nazis se sentit agressée. Dans le cadre de sa stratégie visant à limiter l'influence des médias russes sur son territoire national, l'Estonie fait la promotion de services d'informations locaux en langue russe.

Histoire

Aux origines

Les premières traces de présence humaine dans la région remontent à 10 000 ans. On a retrouvé des outils datant de l'âge de pierre près de l'actuelle Pärnu. Des tribus finno-ougriennes venues de l'Est (probablement de l'Oural) arrivèrent des siècles plus tard, autour de 3 500 av. J.-C. Elles se mêlèrent aux populations néolithiques des actuelles Estonie, Finlande et Hongrie. Elles semblèrent apprécier le pays et y restèrent, abandonnant peu à peu le nomadisme qui caractérisait alors la plupart des peuples européens.

La conquête chrétienne

Aux IXe et Xe siècles de notre ère, les Estoniens connaissaient bien les Vikings – qui cherchaient davantage à établir des routes commerciales vers Kiev ou Constantinople qu'à conquérir ce bout de terre. La première véritable menace vint du Sud et de la christianisation.

Obéissant aux appels à la croisade du pape Innocent III, les troupes danoises et les chevaliers teutoniques envahirent l'Estonie et s'emparèrent en 1208 du château d'Otepää, au sud du pays. Mais les habitants de la région opposèrent une ferme résistance et il fallut pas moins de 30 ans aux croisés pour conquérir tout le pays. Vers 1250, l'Estonie avait été ainsi divisée entre Danois au Nord et ordre Teutonique au Sud. Désireux de pousser vers l'Est, l'ordre se heurta cependant à la résistance d'Alexandre Nevski, prince de Novgorod, sur les glaces du lac Peïpous. Le film d'Eisenstein *Alexandre Nevski* retrace merveilleusement bien cette bataille.

Les conquérants s'installèrent dans diverses villes et déléguèrent une bonne partie du pouvoir aux évêques. À la fin du XIIIe siècle, les flèches des cathédrales s'élevaient au-dessus de Tallinn et Tartu, tandis que les ordres cistercien et dominicain fondaient des monastères pour porter la bonne parole aux autochtones et (tenter de) les baptiser. Les Estoniens, refusant de céder, gardèrent leur esprit frondeur.

La plus grande révolte eut lieu en 1343, la nuit de la Saint-Georges (23 avril). Elle commença dans le nord du pays, alors contrôlé par les Danois. Les Estoniens pillèrent le monastère cistercien de Padise et en tuèrent tous les moines. Ils assiégèrent ensuite Tallinn et le château de l'évêque de Haapsalu avant de demander de l'aide aux Suédois. Ceux-ci envoyèrent des renforts par bateaux, mais ils arrivèrent trop tard et durent rentrer en Suède. Malgré la détermination sans faille des Estoniens, la révolte fut écrasée en 1345. Les Danois, affaiblis, revendirent l'Estonie aux chevaliers Porte-Glaive qui avaient rejoint l'ordre Teutonique en 1237.

Les premières guildes et associations de marchands se créèrent au XIVe siècle, et de nombreuses villes – parmi lesquelles Tallinn, Tartu, Viljandi et Pärnu – devinrent membres de la Hanse teutonique (aussi appelée Hanse ou Ligue hanséatique) – une association de villes marchandes – et prospérèrent. Cependant, c'étaient principalement les marchands germaniques qui vivaient dans ces villes, tandis que les Estoniens étaient condamnés à travailler dur à la campagne.

Les Estoniens continuèrent de pratiquer le culte de la nature et d'accomplir des rites païens lors des mariages et des enterrements. Au XVe siècle, ces rites s'intégrèrent peu à peu au christianisme et les prénoms chrétiens devinrent monnaie courante. À la même époque, les droits des paysans disparurent et le servage devint finalement la règle au début du XVIe siècle.

La Réforme, partie d'Allemagne, atteignit l'Estonie dans les années 1520. Au milieu du XVIe siècle, l'Église fut réorganisée : les monastères fermèrent et les églises passèrent sous autorité protestante.

La guerre de Livonie

Tout au long du XVIe siècle, la principale menace qui pesait sur la Livonie (la région qui comprend aujourd'hui le sud de l'Estonie et le nord de la Lettonie) venait de l'Est. Ivan le Terrible, qui s'était autocouronné premier tsar de Russie en 1547, voulait étendre son pouvoir à l'Ouest. Les troupes russes, entraînées par une féroce cavalerie tatare, attaquèrent en 1558 la région de Tartu. La lutte fut particulièrement rude, les envahisseurs semant la destruction sur leur passage. Pologne, Danemark et Suède se jetèrent dans la mêlée, les combats continuèrent pendant presque tout le XVIIe siècle et se terminèrent par la victoire de la Suède.

Comme dans toutes les guerres, les habitants payèrent un lourd tribut. De 1552 à 1629, la moitié de la population rurale périt et les trois quarts des fermes furent désertées. Les épidémies (de peste notamment), les mauvaises récoltes et les famines qui s'ensuivirent vinrent ajouter leurs victimes à celles de la guerre. À l'exception de Tallinn, la moindre ville fortifiée et le moindre château du pays furent mis à sac, voire détruits. Le château de Viljandi, pourtant l'un des forts les plus impressionnants d'Europe, n'échappa pas à ce sort. Certaines villes furent purement et simplement rayées de la carte.

La parenthèse suédoise

Après la guerre, l'Estonie connut une période de paix et de prospérité sous la domination suédoise. Si le sort des paysans ne s'améliora guère, les villes prospérèrent et grandirent grâce au commerce. L'économie se remit ainsi rapidement des ravages du conflit. Pour la première fois de son histoire, le pays tout entier fut uni sous un seul maître. Cette période est généralement considérée comme une éclaircie, certes toute relative, dans une histoire marquée d'oppression étrangère.

Le roi de Suède accorda à l'aristocratie germano-balte une certaine autonomie et lui offrit les terres que les guerres avaient vidées de leurs habitants. Les premiers livres en estonien datent de 1535, mais l'activité littéraire décolla plutôt dans les années 1630, à la faveur de la fondation, par le clergé suédois, des premières écoles de village, où l'on enseignait la lecture et l'écriture aux paysans. La création de l'université de Tartu, en 1632, marqua un grand pas dans l'affirmation culturelle.

LA NAISSANCE DE L'EESTI

Au premier siècle de notre ère, l'historien romain Tacite décrivit un peuple qu'il appela les "Aestii". Essentiellement occupés selon lui à adorer des statues de déesses et à chasser les sangliers au gourdin ou avec des armes en fer, ces peuplades vendaient également de l'ambre. Si le terme "Aestii" utilisé par Tacite faisait référence aux ancêtres des Lettons et des Lituaniens, il finit cependant par désigner exclusivement les Estoniens, qui se nomment toujours Eesti.

À la moitié du XVIIe siècle, une épidémie de peste, puis la Grande Famine (1695-1697) tuèrent quelque 80 000 personnes – soit 20% de la population. Les paysans, qui avaient retrouvé un temps une plus grande liberté de mouvement, reperdirent à peu près tout. Charles XI, roi de la Suède, où les paysans étaient libres, entendait abolir le servage en Estonie mais l'aristocratie germano-balte défendit âprement ses privilèges.

La Grande Guerre du Nord

La Suède dut bientôt faire face à une coalition menée par la Russie qui s'était alliée à la Pologne et au Danemark pour reconquérir les terres perdues lors de la guerre de Livonie. La Grande Guerre du Nord éclata en 1700 et malgré quelques victoires (dont celle contre les Russes à Narva), les Suédois, attaqués sur plusieurs fronts, faiblirent rapidement. En 1708, Tartu n'était plus qu'un champ de ruines déserté par ses habitants, envoyés en Russie. En 1710, Tallinn capitula et la Suède fut vaincue.

Les Lumières

La domination russe fut pour la population paysanne, déjà décimée par la guerre puis par l'épidémie de peste de 1710, synonyme de régression. Pierre Ier le Grand supprima les réformes progressistes suédoises, annihilant tout espoir de liberté pour les serfs qui avaient survécu. Ce n'est qu'à l'époque des Lumières, à la fin du XVIIIe siècle, que le conservatisme dont faisaient montre les élites à leur endroit commença de s'infléchir.

Catherine II de Russie (1762-1796), très influencée par les idées des Lumières, limita les privilèges des puissants et instaura des réformes d'inspiration démocratique. Mais ce ne fut qu'en 1816 que les paysans virent la fin du servage. Ils gagnèrent également à cette époque le droit de porter un nom de famille, de disposer d'une certaine liberté de mouvement et même un accès restreint aux gouvernements locaux. À partir des années 1850, les paysans commencèrent à racheter les fermes et à gagner leur vie en cultivant des pommes de terre et du lin.

Le Réveil national

La fin du XIXe siècle fut marquée par le Réveil national, mouvement initié par une nouvelle élite locale. Le pays s'éveilla alors au sentiment national et *Perno Postimees,* le premier journal en estonien, vit le jour en 1857. Johann Voldemar Jannsen, son rédacteur en chef, fut également l'un des premiers à parler d'Estoniens au lieu de *maarahvas* (habitants des campagnes). Carl Robert Jakobson, un autre penseur influent de l'époque, lutta pour l'égalité des droits politiques pour les Estoniens et fonda *Sakala,* le premier journal politique du pays.

De nombreuses associations estoniennes furent créées et le premier festival de chant choral eut lieu en 1869. La riche culture traditionnelle estonienne surgit de l'ombre à la faveur de la publication de *Kalevipoeg,* poème épique de Friedrich Reinhold Kreutzwald, qui mêle des centaines de légendes et de contes du pays. Nombreux furent alors les poètes qui, à l'instar de Lydia Koidula (voir p. 178), construisirent une conscience nationale imprégnée du souvenir de sept siècles d'esclavage.

Insurrection et Première Guerre mondiale

La fin du XIXe siècle fut marquée par une industrialisation massive : les lignes de chemin de fer sillonnèrent le pays, le reliant à la Russie ; les grandes usines se multiplièrent. Pétrie de socialisme, influencée par les révoltes des travailleurs russes, lassée des conditions de travail déplorables, la classe ouvrière fit grève et manifesta. La situation en Estonie évolua parallèlement à celle de la Russie. En janvier 1905, une insurrection armée à laquelle se joignirent les ouvriers estoniens se développa de l'autre côté de la frontière. Les tensions s'exacerbèrent jusqu'à l'automne, où une grève rassembla 20 000 ouvriers. Les troupes tsaristes ripostèrent et firent environ 200 morts et blessés.

Cette réponse du tsar Nicolas II attisa la révolte estonienne. La Russie envoya alors des milliers de soldats pour éteindre le conflit. Quelque 600 Estoniens furent exécutés, tandis que des centaines d'autres étaient envoyés en Sibérie. Syndicats, journaux et associations progressistes furent dissous. Les leaders politiques fuirent le pays.

D'autres mesures visant à calmer les ardeurs révolutionnaires du pays, tel l'envoi de milliers de paysans russes pour le coloniser, ne furent jamais mises en œuvre. Le tsar avait en effet une autre priorité : la Première Guerre mondiale. L'Estonie paya très cher l'engagement de la Russie dans le conflit : 100 000 hommes furent enrôlés, parmi lesquels 10 000 moururent au combat. Les Estoniens partaient au combat dans l'espoir de se voir accorder l'indépendance par la Russie, ce qui n'était en aucun cas dans les projets du tsar. Nicolas II dut abdiquer en 1917 et les bolcheviques s'emparèrent du pouvoir. L'Estonie profita de la confusion qui régnait en Russie pour déclarer son indépendance le 24 février 1918.

La guerre d'indépendance

La nouvelle nation se retrouva vite menacée par les forces russes et les réactionnaires germano-baltes. La guerre éclata et l'Armée rouge avança rapidement dans le pays – en janvier 1919, elle en avait reconquis la moitié. L'Estonie opposa une farouche résistance, laquelle, soutenue par les vaisseaux britanniques et finlandais, ainsi que par les troupes danoises et suédoises, fit ployer l'ennemi séculaire. En décembre, la Russie conclut une trêve et signa le 2 février 1920 le traité de Tartu, par lequel elle renonçait à toute souveraineté sur le territoire estonien. Pour la première fois de son histoire, le pays était totalement indépendant.

Une indépendance éphémère

Sous bien des aspects, l'indépendance signa l'âge d'or de l'Estonie. La noblesse, majoritairement d'origine allemande, bénéficia d'une période de quelques années pour régler ses affaires avant la nationalisation de ses manoirs et la redistribution de ses terres aux Estoniens. Pour la première fois, les fermiers possédèrent enfin la terre qu'ils travaillaient.

L'économie se développa rapidement suite à l'arrivée de capitaux étrangers qui permirent d'exploiter les ressources naturelles du pays. L'université de Tartu se tourna vers les étudiants estoniens, et l'estonien, devenu *lingua franca*, commença à être utilisé dans tous les aspects de la vie publique. L'éducation secondaire fit alors de gros progrès et le pourcentage d'étudiants dans la population dépassa celui de la plupart des autres pays européens. L'édition explosa et 25 000 titres furent publiés entre 1918 et 1940, faisant de l'Estonie l'un des pays d'Europe où le nombre de livres par habitant était le plus haut.

L'indépendance ne vint pas sans quelques difficultés, notamment sur le plan politique. La peur de la montée du communisme dans le pays, renforcée par le coup d'État bolchevique manqué en 1924, fit pencher le gouvernement vers la droite. En 1934, le chef du gouvernement de transition et le général en chef de l'armée estonienne, Konstantin Päts et Johan Laidoner, violèrent la Constitution et s'emparèrent du pouvoir au prétexte de protéger la démocratie des factions extrémistes. Ce fut le début de l'"ère du silence", une période d'autoritarisme qui bâillonna la république naissante jusqu'à la Seconde Guerre mondiale.

L'invasion soviétique et la Seconde Guerre mondiale

Le pacte germano-soviétique vint sceller le destin de l'Estonie. Pacte secret de non-agression, il partageait l'Europe de l'Est en deux sphères d'influences, soviétique et nazie, et stipulait que l'Estonie relevait de l'URSS. Au début de la Seconde Guerre

LE HÉROS TCHÉTCHÈNE DE TALLINN

En janvier 1991, le commandant des troupes basées en Estonie désobéit aux ordres de Moscou et refusa de prendre possession des bâtiments stratégiques de Tallinn, comme l'Armée rouge l'avait fait à Vilnius et à Riga. Il n'ouvrit pas non plus le feu sur la foule et promit de défendre l'Estonie de toute tentative d'invasion soviétique. Cet homme courageux était Djokhar Doudaev, futur président de la Tchétchénie, qui s'efforça de mener son peuple à l'indépendance. Il fut assassiné par l'armée russe en 1995, mais il reste très aimé en Estonie pour avoir aidé le pays à reconquérir son indépendance.

DU SAUMON CONTRE LES INÉGALITÉS SALARIALES

D'après Eurostat, les Estoniens gagnent en moyenne 30% de plus que les Estoniennes. Pour "protester" contre cet écart (*lõhe*), le plus important au sein de l'UE, certains cafés et restaurants appliquent lors de la Journée de l'égalité salariale un supplément de 30% à leurs sandwichs au saumon (qui se dit également *lõhe* en estonien) lorsqu'il est servi avec de l'aneth (*till* signifiant à la fois aneth et pénis en estonien).

mondiale, Tallinn proclama sa neutralité avant que Moscou ne la forçât à signer un pacte d'assistance mutuelle. Des milliers de soldats russes arrivèrent alors sur le territoire estonien et y bâtirent des bases militaires. Le Parti communiste estonien organisa une fausse révolution au cours de laquelle le "peuple" demanda à rejoindre l'URSS. Päts, toujours président, le général Laidoner et d'autres hauts responsables estoniens furent envoyés dans des camps de prisonniers russes. Un gouvernement fantoche fut alors mis en place. Le 6 août 1940, le Soviet suprême accepta la prétendue requête estonienne qui rejoignit alors l'URSS.

Les déportations et la Seconde Guerre mondiale dévastèrent le pays. Des dizaines de milliers d'Estoniens furent enrôlés et envoyés, non au front, mais dans des camps de travail du nord de la Russie où ils moururent en masse. Des milliers de femmes et d'enfants furent envoyés au goulag.

En 1941, lorsque l'Armée rouge dut fuir devant l'avancée allemande, de nombreux Estoniens accueillirent les nazis comme des libérateurs et 55 000 d'entre eux les rejoignirent. Les nazis considéraient l'Estonie comme un territoire occupé par les Soviétiques et refusaient d'y voir un pays. Lorsque les nazis exécutèrent 7 000 communistes et les quelque 1 000 juifs qui n'avaient pas fui le pays, l'opinion publique perdit toute foi en l'avenir. Nombreux furent les Estoniens (on estime leur nombre à 40 000) qui rejoignirent le régiment estonien de l'armée finlandaise, pour éviter l'enrôlement de force dans l'armée allemande.

L'Armée rouge bombarda Tallinn, Narva, Tartu et d'autres villes au début de l'année 1944, détruisant la vieille ville baroque de Narva. En septembre 1944, les nazis furent mis en déroute. De nombreux Estoniens fuirent l'avance de l'Armée rouge. À la fin de la guerre, 70 000 d'entre eux étaient passés à l'Ouest et 1 Estonien sur 10 vivait à l'étranger. Le pays perdit plus d'un quart de sa population (280 000 personnes). En plus de ceux qui étaient partis à l'étranger, 30 000 avaient péri au combat ; les autres furent exécutés, envoyés au goulag ou exterminés dans des camps de concentration.

La période soviétique

Après la guerre, l'URSS reprit immédiatement le contrôle de l'Estonie. La répression stalinienne qui faisait alors rage envoya plusieurs milliers de personnes dans les camps de prisonniers. 19 000 Estoniens furent exécutés, la collectivisation des terres entra en vigueur et nombre d'immigrants arrivèrent d'autres régions de l'Union soviétique. Entre 1945 et 1989, le pourcentage d'Estoniens passa de 97% de la population à 62%.

La résistance prit la forme d'un grand mouvement de guérilla baptisé Metsavennad, soit "Frères de la forêt". Quelque 14 000 Estoniens s'armèrent et entrèrent dans la clandestinité pour opérer en petits groupes à travers le pays. La guérilla que menait ce mouvement n'avait que peu de chances face à l'armée russe, qui en triompha totalement en 1956.

La période soviétique connut cependant quelques éclaircies. Ainsi, la période de dégel qui eut lieu sous Khrouchtchev permit-elle de dénoncer officiellement les crimes commis par Staline. Néanmoins, il fallut attendre les années 1980, la perestroïka (reconstruction) et la glasnost (transparence) voulues par Gorbatchev pour envisager de réels changements.

Le mouvement contestataire en Estonie prit de l'importance au point que l'anniversaire du pacte germano-soviétique fut l'occasion d'un grand rassemblement militant à Tallinn. Au cours des mois qui suivirent, les manifestations se firent de plus en plus fréquentes, les Estoniens exigeant d'être à nouveau reconnus comme une nation à part entière. Les festivals de chant choral furent alors les lieux privilégiés de la contestation. En 1988, lors du plus grand d'entre eux (p. 66), 300 000 Estoniens se rassemblèrent, attirant l'attention de la communauté internationale sur la situation des pays baltes.

Le 23 août 1989, pour le 50e anniversaire du pacte germano-soviétique, une chaîne humaine longue de 560 km relia Tallinn, Riga et Vilnius. En novembre, le Soviet suprême d'Estonie requalifia les événements de 1940 en agression militaire – et en déclara donc illégaux les effets. La décision fut entérinée en décembre à Moscou par la Douma. Contre l'avis de Moscou cependant, Tallinn organisa des élections libres en 1990 et regagna son indépendance en 1991.

Le retour à l'indépendance

Les premières élections conformes à la nouvelle Constitution eurent lieu en 1992. Quantité de nouveaux partis y participèrent : l'Union Pro Patria (pour la patrie) gagna de peu après avoir fait campagne sur le thème du grand nettoyage en promettant de destituer tous ceux qui avaient collaboré avec les soviétiques. Le meneur de Pro Patria, l'historien Mart Laar, devint Premier ministre à 32 ans.

Laar se mit rapidement au travail : il amorça la transition vers l'économie de marché, mit en place une monnaie nationale, la couronne estonienne, et négocia le retrait complet des troupes russes. Le départ des derniers soldats, en 1994, fut un grand soulagement pour tout le pays. Malgré ses nombreuses réussites, Laar avait la réputation d'être une tête brûlée et le Riigikogu (Conseil national) le poussa vers la sortie en refusant de lui voter sa confiance en 1994.

Il retrouva son poste en 1999 pour un second mandat, durant lequel il appliqua une action économique efficace qui relança la croissance et permit l'ouverture de négociations en vue de l'intégration à l'UE. Mais en 2001, c'est un ancien communiste et leader indépendantiste, Arnold Rüütel qui remporta les élections grâce à un programme plus social.

En septembre 2003, 60% des Estoniens votèrent pour l'adhésion à l'Union européenne. Au printemps suivant, le pays rejoignit également l'OTAN. En décembre 2010, il devint membre de l'OCDE et au début de 2011, la jeune couronne estonienne laissa la place à l'euro.

Depuis ces dernières années, la vie politique estonienne est marquée par les questions économiques, les inégalités salariales et les tensions avec la Russie, en particulier avec la minorité russophone du pays.

La société estonienne

Malgré, ou peut-être devrait-on dire, grâce à des siècles d'occupation successive des Danois, des Suédois, des Allemands et des Russes, les Estoniens ont développé un fort patriotisme et demeurent farouchement et

LA NATIONALITÉ ESTONIENNE

Quand l'Estonie redevint indépendante en 1991, tous les habitants du pays n'obtinrent pas automatiquement la nationalité estonienne. Elle ne fut d'emblée accordée qu'à tous les citoyens de la Ire République (avant 1940) et à leurs descendants. Les immigrés venus pendant l'occupation soviétique – en majorité russophones et qui ne parlaient pas estonien – durent, pour être naturalisés, passer des tests de langue et de connaissances en histoire du pays. Ils avaient deux autres possibilités : demander la nationalité russe, à laquelle tous les habitants de l'ex-URSS pouvaient prétendre, ou rester en Estonie en tant que résidents permanents. Dans ce cas, ils ne pouvaient pas voter aux élections nationales.

Le processus de naturalisation et le niveau du test de langue furent l'objet de vives protestations internationales. L'Union européenne et des associations de défense des droits humains (dont Amnesty International) affirmèrent que cette politique déniait aux russophones leurs droits civils et politiques élémentaires. Le niveau de maîtrise linguistique exigé baissa alors un peu et le nombre d'apatrides est depuis en diminution. En 1992, 32% des résidents n'avaient aucune nationalité. Aujourd'hui, le HCR estime que leur nombre est tombé à environ 6,7% de la population.

Une conséquence de cette politique est que seulement 84% de la population de l'Estonie détient la citoyenneté estonienne. Presque 9% des habitants du pays sont donc étrangers – souvent Russes, Ukrainiens ou Finlandais, et environ 84% d'entre eux ont la nationalité estonienne.

LE KIIKING

Sorti du cerveau d'Estoniens en manque de sensations fortes en 1997, le *kiiking* consiste à se tenir debout sur une sorte de balançoire, les pieds attachés sur le siège et les mains aux cordes. Il s'agit alors de faire un tour complet au-dessus de la barre. L'inventeur de ce sport, Ado Kosk, a remarqué que plus les cordes étaient longues, plus il était difficile de relever le défi. Il a alors conçu des cordes étirables. Le record actuel est d'un peu plus de 7 mètres. Si cette description vous laisse perplexe, allez sur le site www.kiiking.ee pour voir par vous-même les exploits des plus audacieux.

résolument attachés à leur histoire, leurs traditions et leurs chants. Le Musée littéraire de Tartu possède le deuxième fonds au monde, derrière l'Irlande, de chants traditionnels (plus de 1,3 million de pages). L'Estonie continue à produire des films pour l'un des publics les plus restreints au monde (le deuxième après l'Islande).

Selon certains stéréotypes, les Estoniens – et plus particulièrement les hommes – seraient froids et distants. Le climat et les longues nuits pousseraient en effet à l'introspection. Les marques d'affection en public et autres comportements exubérants sont clairement mal vus ici en dehors des périodes de fête. Comme pour la Saint-Jean (Jaanipäev), par exemple, où amis, parents et connaissances se rassemblent à la campagne, dansent et font la fête, sans se soucier des excès.

Les Estoniens ont la réputation d'être durs à la tâche et quand ils ne sont pas au travail, ils filent dans leur maison de campagne où ils s'adonnent en famille ou entre amis à la cueillette de champignons ou de fruits sauvages, marchent dans les bois ou laissent passer le temps. Une maison de campagne équipée d'un sauna est le rêve de tout Estonien qui se respecte.

L'Estonie compte 1,3 million d'habitants. 69% sont d'origine estonienne, 26% d'origine russe, 2% d'origine ukrainienne, 1% d'origine biélorusse et 1% d'origine finlandaise. Les russophones se concentrent dans les villes industrielles du nord-est du pays, comme à Narva, où ils représentent la majeure partie de la population. Ils forment également une importante minorité à Tallinn (37%). En 1934, les habitants d'origine estonienne représentaient 90% de la population. Une immigration de masse fut organisée par l'URSS entre 1945 et 1955. Durant les trois décennies suivantes, l'Estonie eut le plus fort taux d'immigration de toutes les républiques soviétiques, ce qui a grandement changé la donne.

Les Setus sont l'un des groupes autochtones d'Estonie les plus oubliés. Ils comptent près de 15 000 personnes vivant dans le sud-est du pays et en Russie.

Un sondage Gallup de 2009 plaçait l'Estonie au rang de pays le moins religieux du monde (une place que lui ravit plus tard la Chine), et cela même si nombre d'Estoniens vivent une spiritualité ancrée dans la nature. Depuis le début du XVIIe siècle, les chrétiens estoniens sont en majorité luthériens. L'Église orthodoxe, implantée dans le pays à l'époque de l'Empire russe, a toutefois connu un retour de vigueur ces dernières années. Aujourd'hui, une minorité d'Estoniens seulement se déclarent croyants : 16% se disant orthodoxes et 10% luthériens, les autres religions ne dépassent pas 1% de la population.

Le judaïsme s'est implanté en Estonie au XIVe siècle. Au début des années 1930, on comptait 4 300 juifs dans tout le pays. Les trois quarts ont fui avant l'occupation nazie et le quart restant a été exterminé dans sa quasi-totalité. La communauté juive compte aujourd'hui environ 2 000 membres. En 2007, la première synagogue construite depuis la Shoah, un bâtiment moderne et audacieux, a été inaugurée au n°16 de la rue Karu, à Tallinn.

Arts et culture

Musique

La musique classique reste le seul domaine dans lequel l'Estonie jouit d'un rayonnement international. Le compositeur estonien le plus célèbre, Arvo Pärt (né en 1935), est le maître incontesté de la mélodie envoûtante et austère – que l'on qualifie souvent, à tort, de minimaliste. Pärt émigra en Allemagne durant l'occupation soviétique. *Misererie Litany, Te Deum* et *Tabula Rasa*, sont les morceaux les plus connus d'une œuvre où la noirceur dramatique le dispute à une touchante majesté et à des silences nuancés. Arvo Pärt est aujourd'hui le compositeur de musique classique vivant le plus joué au monde.

Les plus grands compositeurs estoniens du XXe siècle restent très populaires. Rudolf Tobias (1873-1918) est l'auteur de concertos, d'œuvres chorales et symphoniques ainsi que de fantaisies tirées d'airs traditionnels. Mart Saar (1882-1963) fut l'élève de Rimski-Korsakov à Saint-Pétersbourg, mais rien dans ses compositions, des chansons et des suites pour piano qui ont compté parmi les pièces les plus jouées dans l'entre-deux-guerres estonien, ne le laisse cependant deviner. Eduard Tubin (1905-1982) est, quant à lui, connu pour ses 10 symphonies. Erkki-Sven Tüür (né en 1959) est un compositeur contemporain qui s'inspire de la nature de son île natale, Hiiumaa.

Les chefs d'orchestre estoniens Tõnu Kaljuste (lauréat d'un Grammy Awards en 2014 pour l'enregistrement d'une œuvre de Pärt), Anu Tali et Paavo Järvi remplissent les salles de concert du monde entier.

Hortus Musicus, qui joue avant tout de la musique du Moyen Âge et de la Renaissance, est l'ensemble le plus célèbre du pays. Rondellus est une formation qui s'est produite dans de nombreux festivals de musique, mais qui ne craint pas les expérimentations. Leur album *Sabbatum* (2002), qui a connu un franc succès, rend hommage au groupe de heavy metal Black Sabbath, dont il ne se différencie que par l'emploi d'instruments médiévaux et du latin pour les textes.

Le rock et le punk ne sont pas en reste dans un pays où des groupes comme Vennaskond. Metsatöll est également très connu ; ses morceaux de metal puisent à loisir dans le folklore estonien. Ultima Thule et Smilers, davantage tournés vers le grand public, comptent parmi les groupes les plus populaires et les plus anciens du pays.

La musique pop et la dance ont leurs fans inconditionnels comme en témoignent les prestations des Estoniens à l'Eurovision. Tanel Padar est ainsi entré dans la légende en 2001 en donnant pour la première fois la victoire à une ancienne république soviétique. Au début du millénaire, le groupe de filles de caractère Vanilla Ninja connut un grand succès à travers l'Europe centrale avec divers morceaux en anglais. En 2015, Stig Rästa, du groupe estonien phare Outloudz, fit équipe avec Elina Born, candidate de télé-réalité, pour représenter l'Estonie à l'Eurovision avec la chanson *Goodbye To Yesterday*, qui se classa ensuite parmi les meilleures ventes dans 10 pays.

L'excentrique diva de la musique électronique Kerli Kõiv, plus connue sous son seul prénom, a occupé deux fois le haut du classement Billboard US Dance depuis 2011. Autre artiste à surveiller, le jeune DJ et producteur Rauno Roosnurm (alias Mord Fustang) s'est constitué avec ses remix un groupe de fans internationaux.

Le site www.estmusic.com est une bonne ressource pour découvrir les musiques estoniennes dans leur diversité.

Littérature

Malgré la publication en 1637 d'une grammaire et d'un dictionnaire destinés aux Germano-Baltes, ce n'est qu'à la fin du XIXe siècle, lors du Réveil national, que livres, poèmes et journaux en estonien devinrent monnaie courante, faisant ainsi passer l'estonien du statut de langue orale à celui d'une langue dotée d'un réel potentiel littéraire.

Les œuvres d'un jeune diplômé de l'université de Tartu, Kristjan Jaak Peterson, un linguiste talentueux qui mourut à 21 ans en 1822, sont souvent considérées comme les premières de la littérature moderne estonienne. Ses vers "Se peut-il que la langue de cette terre/portée par le chant des vents/ne s'élève pas vers les cieux/en quête d'éternité ?" sont gravés sur un monument qui lui

VOYELLE, VOYELLE, VOYELLE...

L'estonien vous titille ? Vous vous sentez l'âme d'un linguiste ? Sachez que cette langue compte 14 cas particuliers, qu'elle ignore le futur et les articles. Pour une séance d'entraînement, essayez-vous à la prononciation des mots suivants :

- *jäääär* – bord de la glace
- *töööö* – travail de nuit (öötöö existe également)
- *kuuuurija* – chercheur spécialiste de la lune
- *kuuüür* – loyer mensuel

Et lancez-vous : "*Kuuuurijate töööö jäääärel*", qui signifie : "un chercheur spécialiste de la Lune travaille la nuit au bord de la glace" !

est dédié, à Tartu. Le 14 mars, jour de son anniversaire, on célèbre la journée de la langue maternelle.

Jusqu'à la moitié du XIXe siècle, la culture estonienne se transmettait de bouche à oreille, entre paysans. Le poème épique patriote *Kalevipoeg* (*Fils de Kalev*), que rédigea Friedrich Reinhold Kreutzwald (1803-1882) entre 1857 et 1861, puise dans cette tradition orale et s'inspire du *Kalevala* finlandais – une épopée alors vieille de quelques décennies. *Kalevipoeg* entremêle des centaines de contes et de légendes estoniennes et raconte l'histoire du fils de Kalev. Elle s'achève à sa mort et à la conquête de son pays par des étrangers, mais non sans promettre le retour de la liberté. L'épopée eut une importance considérable au XIXe siècle, lors du Réveil national. Cette œuvre a été traduite en français : *Kalevipoeg : épopée nationale estonienne* a été publiée chez Gallimard en 2004.

Première femme de lettres du pays, Lydia Koidula (1843-1886) est la poète emblématique du Réveil national estonien. Anton Hansen Tammsaare (1878-1940) est le grand nom du roman estonien dont l'œuvre majeure est *Vérité et justice* (*Tõde ja Õigus*). Écrite entre 1926 et 1933, cette saga en cinq tomes plonge le lecteur dans les problèmes sociaux, politiques et philosophiques de l'Estonie de l'époque. Il a été retraduit en français en 2009 et publié aux éditions Gaïa.

x (1865-1933) est un influent romancier et dramaturge du début du XXe siècle. Une de ses pièces, qui devait faire l'ouverture du Nouveau Théâtre d'Estonie en 1913 fut remplacée par *Hamlet*, car la critique que faisait l'auteur de l'intelligentsia de l'époque était par trop dérangeante. La plupart de ses pièces et de ses romans évoquent avec une verve toute ironique la course folle de l'Estonie pour faire partie de l'Europe. Pour Vilde, l'autonomie était la seule véritable indépendance.

Paul-Eerik Rummo (né en 1942) est l'un des poètes et dramaturges contemporains les plus importants du pays. Surnommé le “Dylan Thomas” estonien il s'attache à montrer les problèmes d'identité de ses contemporains, sans se départir d'une vision patriotique. Mati Unt (1944-2005), a joué un rôle important dans le renforcement de la place des intellectuels estoniens dans la société. À partir des années 1960, il a publié des romans cyniques (*Sügisball*, en 1979, est le plus connu), des pièces de théâtre et des articles sur la vie contemporaine en Estonie.

Jaan Kross (1920-2007) avait pour prédilection le roman historique et la critique du soviétisme. *Le Fou du tzar* (paru en français chez Robert Laffont) narre l'histoire d'un baron estonien du XIXe siècle qui tombe amoureux d'une paysanne et finit en prison. Inspiré d'une histoire vraie, le roman s'attache avant tout à dénoncer l'autoritarisme.

L'Estonie compte de nombreux poètes contemporains. Un recueil de poèmes de Jaan Kaplinski (né en 1941) a été publié en français. *Le Désir de la poussière* est paru aux éditions Riveneuve en 2003. Il y décrit la vie à l'estonienne dans un style superbe. Kross et Kaplinski ont tous deux été pressentis pour le prix Nobel de littérature.

Un recueil de poèmes de Jaan Kaplinski (né en 1941) a été publié en français. *Le Désir de la poussière* est paru aux éditions Riveneuve en 2003. Il y décrit la vie à l'estonienne dans un style superbe. Kross et Kaplinski ont tous deux été pressentis pour le prix Nobel de littérature.

Tõnu Õnnepalu a connu la gloire avec *Pays frontière* (Gallimard, 1997), publié sous le pseudonyme d'Emil Tode. On y suit l'histoire d'un jeune homosexuel estonien qui sillonne l'Europe. Il se retrouvera entretenu par un homme riche et âgé et se lancera alors sur le chemin tortueux de la découverte de lui-même. Plus qu'une confession, ce récit est une critique fine et intéressante des valeurs modernes estoniennes. Kaur Kender a de son côté connu un succès retentissant en narrant les aventures de jeunes entrepreneurs ambitieux dans la période suivant l'indépendance du pays (*Iseseisvuspäev*, 1998).

Purge (*Puhastus*, 2008 ; paru en français en 2010 chez Stock) de Sofi Oksanen (née en 1977) est sans conteste le dernier succès littéraire estonien. Ce récit poignant, qui met en scène une tragédie familiale datant de l'occupation soviétique et dont on mesure encore les conséquences aujourd'hui, éclaire admirablement le destin de l'Estonie et de ses habitants. Lauréat de 6 grands prix littéraires, dont le Fémina étranger en 2010, le livre a été traduit en 36 langues. Pièce de théâtre à l'origine, l'œuvre a par la suite été adaptée au cinéma et à l'opéra.

Cinéma

Les premières projections de films eurent lieu à Tallinn en 1896 et le premier cinéma ouvrit ses portes en 1908. Si la production estonienne n'a jamais été à proprement parler pléthorique, elle a connu quelques succès et est remarquable en ce qu'elle s'adresse à un des publics les plus restreints au monde – encore plus que ceux des autres pays baltes – qui se tourne massivement vers les productions locales (les films estoniens représentent 14% du marché du pays).

Le Printemps d'Arvo Kruusement (*Kevade,* 1969) est le film préféré des Estoniens. Adaptation de la saga d'Oskar Luts, il a été suivi d'*Été* (*Suvi*, 1976), film populaire moins réussi. *La Dernière Relique* (*Viimne Reliikvia*, 1969) de Grigori Kromanov est un film qui dénonce avec courage le soviétisme ; il a été projeté dans 60 pays.

Dernièrement, deux films ont fait la tournée des festivals internationaux. Il s'agit du très lyrique *Georgica* (1998) de Sulev Keedus, qui évoque tout à la fois l'enfance, la guerre et la vie dans les îles estoniennes et de *La Révolution des cochons* (*Sigade Revolutsioon*, 2004), de Jaak Kilmi qui relate la révolte antisoviétique d'un camp de vacances d'adolescents. En 2007, Veiko Õunpuu a adapté un roman de Mati Unt. Son *Sügisball* lui valut sept prix dans divers festivals, de Bruxelles à Bratislava.

En 2014, *Mandarines* (*Mandariinid*), coproduction entre l'Estonie et la Géorgie, est le premier film estonien sélectionné pour l'Oscar du meilleur film en langue étrangère. Il raconte l'histoire de deux agriculteurs estoniens pris entre les tirs croisés de la guerre d'Abkhazie en Géorgie.

Un des films estoniens les plus populaires dans son pays est sans conteste *Gravé dans le marbre* (*Nimed Marmortahvlil*, 2002). Elmo Nüganen, metteur en scène de théâtre, adapte le roman d'Albert Kivikas – interdit à l'époque de l'URSS – qui narre l'histoire d'un groupe de camarades de classes qui décident de prendre part à la guerre d'indépendance mené contre l'Armée rouge de 1918 à 1920.

Théâtre

De nombreux théâtres estoniens ont été construits grâce à des souscriptions publiques. Ce simple fait prouve l'importance de cet art dans la vie culturelle du pays. Les statistiques de fréquentation des théâtres à l'échelle de l'UE révèlent également la popularité de ce genre artistique en Estonie : en 2013, le pays est arrivé troisième dans le sondage Eurobaromètre sur la participation culturelle (derrière la Suède et les Pays-Bas). Les résultats montrent que 45% des Estoniens vont au théâtre au moins une fois par année (la moyenne européenne est de 28%). Les visiteurs auront cependant du mal à apprécier l'offre théâtrale locale sans connaissance de la langue estonienne.

La cuisine estonienne

En un mot, Tallinn ravira les gastronomes. Toutes les cuisines du monde y sont représentées à des prix généralement bien plus bas que dans les autres capitales européennes. Nombre de restaurants sont fortement influencés par la "nouvelle cuisine nordique", une tendance culinaire mettant en avant les saveurs naturelles et de saison du Nord, dont la figure de proue est le Noma de Copenhague, restaurant de renommée internationale.

Le reste du pays commence enfin à rattraper la capitale avec d'excellents restaurants apparus en nombre ces dernières années à Pärnu, Tartu, Otepää et dans divers manoirs à travers le pays.

Toutefois, dans une grande partie du pays, le visiteur affamé aura encore peu de choix, si ce n'est celui de la viande qui accompagnera ses pommes de terre. En effet, l'Estonie a longtemps été une nation agricole, et les paysans avaient besoin d'une nourriture roborative pour supporter les longues et dures journées de travail. Ils se nourrissaient de mets simples fabriqués à partir de tout ce qui se laissait élever, cultiver ou cueillir. Bouillie d'orge, caillé de fromage et pommes de terre bouillies composaient l'ordinaire. La viande ne faisait son apparition que les jours de fête et pour les grandes occasions. À proximité des côtes, on se nourrissait également des produits de la mer, principalement de morue et de hareng. Pour passer l'hiver, on séchait, fumait ou salait le poisson.

Aujourd'hui, les restaurateurs ont su tourner à leur avantage ces humbles traditions alliées à leurs implantations dans les quartiers historiques. On trouve de plus en

PRIX DES REPAS

Les fourchettes suivantes correspondent au prix d'un plat standard.

€ moins de 10 €

€€ de 10 à 15 €

€€€ plus de 15 €

LES MOTS À LA BOUCHE

Vous ne sauriez expliquer la différence entre *kana et kala*, entre *maasikas* et *marjad* ? Le petit lexique suivant vous sera d'une grande utilité.

Quelques expressions utiles

Puis-je voir le menu ?	*Kas ma saaksin menüü?*	*kas* ma *saak*·sine *ménou*
J'aimerais ...	*Ma sooviksin ...*	ma *so*·vik·sine ...
L'addition, s'il vous plaît.	*Palun arve.*	*pa*·loune *arr* vè
Je suis végétarien.	*Ma olen taimetoitlane.*	ma *o*·lène *tai*·mè·toït·la·ne
Bon appétit !	*Head isu!*	hèd *i*·sou
À la vôtre ! (Santé !)	*Terviseks!*	*ter*·vi·seks
petit-déjeuner	*hommikusöök*	*hom*·mi·kou·serrk
déjeuner	*lõuna*	*lyou*·na
dîner	*õhtusöök*	*er*·tou·serrk

Pour décrypter le menu

baies	*marjad*	*marr*-yad
caviar	*kaaviar, kalamari*	*kaa*-vi-a, ka-la-*ma*-rri
champignons	*seened*	sè-ned
chou	*kapsas*	*kap*-sas
côtelettes grillées	*karbonaad*	*ka*-bo-noad
crêpe	*pannkook*	*pan*-kok
fromage	*juust*	youst
fruit	*puuviljad*	*pou*-vil-yad
hareng	*räim, heeringas*	rraim, *hè*-rrin-gas
légumes	*köögivili*	*keug*-vi-li
pain blanc	*sai*	sè
pain de seigle	*leib*	layb
poisson	*kala*	*ka*-la
pommes de terre	*kartul*	*karr*-toul
porc	*sealiha*	*sè*-li-a
poulet	*kana*	*ka*-na
saucisse	*vorst*	vorrst
saumon	*lõhe*	*leu*-è
sprat	*kilud*	*ki*-loud
viande rouge	*liha*	*li*-a

plus de tavernes à l'ancienne, où les serveurs sont habillés comme au Moyen Âge, telle l'Olde Hansa à Tallinn.

Spécialités culinaires

La cuisine balte a placé le bétail et le gibier au cœur de ses traditions culinaires. En Estonie, le porc (*sealiha*), les viandes rouges, le poulet (*kana*), la saucisse (*vurst*) et le chou (*kapsa*) constituent les bases de l'alimentation. Les pommes de terre viennent compléter une cuisine souvent décrite comme lourde et fade. La crème aigre accompagne tout ce qui se mange ou se boit – à l'exception notable du café.

Le poisson (*kala*) (hareng, *heeringas* ; truite, *forell* ; ou saumon, *lõhe*), se consomme en entrée, fumé ou salé. Les alentours du lac Peïpous regorgent de bonnes adresses pour déguster du poisson fumé (*suitsukala*)

– la plupart du temps, il s'agit de simples étals au bord de la route. Plus particulier, le *kilu*, sprat de la Baltique mariné, agrémente souvent les sandwichs et les petits-déjeuners buffets.

Autre spécialité incontournable, le *kama* est une sorte de milk-shake épais à base de pois, de seigle, d'orge et de blé bouillis, grillés et réduits en poudre, à laquelle on ajoute du babeurre ou du kéfir (lait fermenté). Il est souvent servi au dessert, avec du sucre et des fruits rouges.

Le boudin (*verivorst*) se déguste à Noël, de même que les *verikäkk* (boulettes de sang et de gras de porc roulés dans de la farine et de l'œuf battu) et le pain au sang (*verileib*) que l'on trouve toute l'année dans la plupart des restaurants traditionnels. La viande en gelée (*sült*) constitue un autre mets de choix.

La cuisine estonienne varie énormément en fonction des saisons. À l'arrivée du printemps, l'ail des ours, la rhubarbe, l'oseille, le fromage de chèvre et la viande d'agneau font leur apparition sur les tables. L'été, d'autres légumes et herbes aromatiques prennent le relais. C'est également la période où les Estoniens se font cueilleurs : baies, fruits à coques et champignons abondent dans les bois – et dans les assiettes. Les marchés (*turg*) débordent de fraises délicieuses.

En dépit des quotas de chasse, viandes de cerf, de sanglier, d'élan et d'ours garnissent les plats toute l'année. L'hiver, il s'agit de stocker des calories et les Estoniens excellent dans les ragoûts, les soupes, les viandes rôties et le chou en saumure.

Le pain occupe également une place de choix dans l'alimentation estonienne. Le pain de seigle est le meilleur : moelleux, dense et délicieux quand il est frais, il est servi avec n'importe quel plat au restaurant.

Terviseks !

Littéralement "À votre santé". La bière est la boisson phare du pays et la production locale est remarquable. Les différentes bières des marques Saku et A. Le Coq dominent le marché en termes de qualité. Ces dernières années, la révolution de la bière artisanale qui s'est étendue à travers le monde a trouvé un terreau fertile en Estonie, qui compte aujourd'hui des dizaines de microbrasseries aux excellentes bières, dont beaucoup possèdent un degré d'alcool étonnamment élevé (les bières Põhjala sont particulièrement bonnes). Sur les îles de Saaremaa et de Hiiumaa, les bières microbrassées enchantent les papilles. Peu pétillantes, elles rafraîchissent divinement quand il fait chaud. L'hiver, le vin chaud réchauffe les cœurs.

Les liens de l'Estonie avec la Russie expliquent la place de choix dont jouit la vodka dans le pays. La Viru Valge est probablement la meilleure marque. Elle est déclinée en plusieurs parfums. Les Estoniens la mélangent avec des jus de fruits – essayez la vodka à la vanille mélangée à du jus de pomme !

Le Vana Tallinn est hors compétition. Si aucun Estonien ne saurait nommer les ingrédients de cet alcool sirupeux, tous apprécient son goût sucré, mais puissant, et son arrière-goût. On le déguste seul, dilué dans du café, sur des glaçons avec du lait, sur une glace, avec du champagne ou du vin blanc sec.

L'absence de vignoble local n'empêche pas les Estoniens d'apprécier le bon vin. Les bars à vins rencontrent un vif succès – plus particulièrement dans les grandes villes, mais peu proposent une vaste gamme au verre. La capitale se vante également d'héberger les plus grandes caves de la Baltique.

À table

Restoran (restaurant), *kohvik* (café), *pubi* (pub), *kõrts* (auberge) et *trahter* (taverne) servent tous des repas. Toutes les villes dignes de ce nom ont leur propre *turg* (marché) où abondent fruits et légumes frais, viandes et poissons.

Les habitudes culinaires des Estoniens ne diffèrent guère de celles des autres pays du nord de l'Europe. C'est à midi ou le soir que l'on fait le repas le plus important de la journée. De nombreux cafés servent des pâtisseries et des gâteaux toute la journée. Les pourboires sont plutôt habituels dans les grands restaurants, mais pas obligatoires (comptez 10%) ; www.eestimaitsed.com (en anglais) est un site de critiques gastronomiques reconnu.

Invité à manger chez des Estoniens, sachez que l'hospitalité n'est ici pas un vain mot – les portions seront généreuses et l'accueil chaleureux. Offrir un bouquet de fleurs est alors bienvenu (veillez toutefois à en offrir un nombre impair, les nombres pairs étant réservés aux enterrements).

ESTONIE PRATIQUE

Carnet pratique

ACCÈS INTERNET

L'"E-stonie" est un pays très branché. On y trouve des centaines de bornes de connexion (hotspots) dans tout le pays – la plupart des hôtels, auberges de jeunesse, restaurants, cafés, pubs, centres commerciaux, ports et stations essence en sont équipés. Plus surprenant, les bus longue distance et les réserves naturelles sont aussi connectés. Guettez les endroits signalés par des autocollants orange et noirs. La connexion est la plupart du temps gratuite.

Sachez également que la démocratisation des ordinateurs portables a fait du cybercafé une espèce rare. Les hôtels disposent parfois d'un poste réservé à leurs clients et quelques cybercafés offrent une connexion rapide. Les bibliothèques sont équipées d'ordinateurs connectés – accessibles gratuitement la plupart du temps (vous aurez peut-être besoin d'une carte d'identité avec photo). Les villes plus petites sont généralement équipées d'une borne Wi-Fi bien indiquée – à l'épicerie bien souvent.

AMBASSADES ET CONSULATS ESTONIENS À L'ÉTRANGER

Le ministère des Affaires étrangères estonien (www.vm.ee) publie une liste complète des représentations diplomatiques estoniennes. Quelques ambassades à l'étranger :

Ambassade en France (☎ 01 56 62 22 00 ; www.est-emb.fr ; 17 rue de la Baume, 75008 Paris)

Ambassade en Belgique (☎ 2 779 07 55 ; www.estemb.be ; rue Guimard 11/13, B-1040 Bruxelles)

Ambassade au Canada (☎ 613 789 4222 ; www.estemb.ca ; 260 rue Dalhousie, suite 210, Ottawa, Ontario K1N 7E4)

AMBASSADES ET CONSULATS ÉTRANGERS EN ESTONIE

Ambassade de Finlande (☎ 610 3200 ; www.finland.ee ; Kohtu 4, Toompea, Tallinn)

Ambassade de France (☎ 616 1610 ; www.ambafrance-ee.org ; Toom-Kuninga 20, Uus Maailm, Tallinn)

Ambassade de Lettonie (☎ 627 7850 ; www.mfa.gov.lv; Tõnismägi 10, Tõnismägi, Tallinn)

Ambassade de Lituanie (☎ 616 4991 ; ee.mfa.lt ; Uus 15, Tallinn)

Ambassade de Russie (☎ 646 4175 ; www.rusemb.ee ; Pikk 19, Tallinn)

Bureau de l'ambassade du Canada (☎ 627 3311 ; www.canada.ee ; Toom-Kooli 13, Toompea, Tallinn). Une antenne de l'ambassade balte du Canada à Riga (Lettonie).

Consulat de Lituanie (☎ 737 5225 ; ee.mfa.lt ; Jakobi 2-434, Tartu)

Consulat de Russie (☎ 356 0652 ; www.rusemb.ee ; Kiriku 8, Narva)

Consulat de Russie (☎ 740 3024 ; www.rusemb.ee ; Ülikooli 1, Tartu)

ARGENT

L'Estonie fait partie de la zone euro depuis le 1er janvier 2011, date qui a donc marqué la disparition, après une courte vie, de la monnaie nationale, la couronne. Les distributeurs ne manquent pas et la plupart des magasins acceptent les cartes de paiement. Les chèques de voyage sont aujourd'hui complètement dépassés ; la plupart des banques les acceptent néanmoins toujours mais il faudra vous attendre à des frais élevés. Laisser un pourboire au restaurant est devenu la norme (arrondissez le montant pour une majoration de 10% ou un peu moins).

CARTES ET PLANS

Si vous comptez visiter les grandes villes et les parcs nationaux, les cartes que distribuent les offices du tourisme et accueils des parcs seront amplement suffisantes. Si vous souhaitez vous lancer dans l'exploration du pays et découvrir des zones reculées, un bon atlas vous sera utile. **Regio** (www.regio.ee) édite un atlas routier très bien conçu

> **WWOOF : SÉJOUR EN FERME BIO**
>
> Si vous n'avez pas peur de mettre la main à la pâte, il existe un moyen économique et enrichissant de découvrir l'Estonie : le bénévolat dans des exploitations agricoles biologiques, dans le cadre du programme **Worldwide Opportunities on Organic Farms** (www.wwoof.ee). Devenir membre de cette organisation internationale bien établie (présente dans le monde entier) vous donnera accès au portail Internet du WWOOF Estonie, lequel, au moment de nos recherches, recensait 50 fermes biologiques et autres entreprises rurales respectueuses de l'environnement dans le pays. En échange d'un certain nombre d'heures de travail par jour sur la ferme, les propriétaires vous fournissent le gîte et le couvert, et partagent leur expérience de l'agriculture biologique. Consultez le site Web pour plus de renseignements.

– les plans des villes principales sont très détaillés. **EO Map** (www.eomap.ee) vend des cartes dépliantes de toutes les régions du pays, des plans des villes et un bon atlas routier.

DOUANE

Si vous n'arrivez pas de l'Union européenne, les restrictions d'usage s'appliquent. Vous trouverez sur www.emta.ee les quantités maximales de tabac et d'alcool que vous pourrez importer.

HÉBERGEMENT

Si vous aimez l'improvisation, un séjour en Estonie en juillet ou en août risque fort de vous poser problème. Les meilleurs hôtels sont souvent pleins et se loger à Tallinn, surtout en fin de semaine, peut être un vrai casse-tête. Réservez un mois à l'avance si vous voyagez entre mai et septembre.

L'été est la haute saison en Estonie. Le reste de l'année, les tarifs baissent sensiblement – à l'exception d'Otepää qui est également très touristique l'hiver.

HOMOSEXUALITÉ

Les Estoniens sont relativement tolérants envers les gays et les lesbiennes – bien plus en tout cas que les citoyens des pays voisins. Cette tolérance ne s'est malheureusement pas traduite par l'ouverture de bars et de boîtes dans tout le pays et seule Tallinn compte des lieux gays et lesbiens. L'homosexualité a été dépénalisée en 1992 et depuis 2001, la majorité sexuelle est fixée à 14 ans pour tous. En 2014, l'Estonie est devenue la première ex-République soviétique à adopter une loi reconnaissant les partenariats enregistrés de même sexe (entrée en vigueur en 2016).

JOURS FÉRIÉS

Nouvel An (Uusaasta) 1er janvier

Fête de l'Indépendance (Iseseisvuspäev) 24 février ; anniversaire de la déclaration de 1918

Vendredi saint (Suur reede) mars/avril

Fête du Travail (Kevadpüha) 1er mai

Pentecôte (Nelipühade) mai/juin ; 7 semaines après Pâques

Jour de la Victoire (Võidupüha) 23 juin ; commémore l'anniversaire de la bataille de Võnnu (1919)

Saint-Jean (Jaanipäev) 24 juin ; la fête de la Victoire et la Saint-Jean sont l'occasion de prendre un week-end prolongé pour beaucoup d'Estoniens

Fête de la Restauration de l'Indépendance (Taasiseseisvumispäev) 20 août ; pour fêter la deuxième indépendance, en 1991

Veille de Noël (Jõululaupäev) 24 décembre

Noël (Jõulupüha) 25 et 26 décembre

PRIX DES HÉBERGEMENTS

Les fourchettes suivantes correspondent au prix d'une chambre double en haute saison (mais pas nécessairement aux périodes de très forte affluence).

€ moins de 35 €

€€ de 35 à 100 €

€€€ plus de 100 €

OFFICES DU TOURISME

Le site de l'**office national du tourisme** (www.visitestonia.com) ne manque pas d'informations en plusieurs langues, mais malheureusement pas en français. Des offices du tourisme sont installés dans la plupart des grandes villes ainsi que dans les réserves naturelles. Ils distribuent des brochures gratuites et leurs employés parlent généralement anglais.

TÉLÉPHONE

Pour appeler l'étranger depuis l'Estonie, composez le ☎00, puis l'indicatif du pays (☎33 pour la France, ☎32 pour la Belgique, ☎41 pour la Suisse et ☎1 pour le Canada), suivi du numéro désiré.

Pour appeler l'Estonie depuis l'étranger, composez le ☎00, puis l'indicatif de l'Estonie, ☎372 et enfin le numéro de votre correspondant.

L'Estonie est dépourvue d'indicatifs régionaux. Pour appeler d'une ville à l'autre, il suffit de taper le numéro indiqué dans ce guide. Les lignes de téléphone fixe ont 7 chiffres ; les numéros de téléphones portables peuvent en compter 7 ou 8 et commencent par 5. L'indicatif de l'Estonie est le ☎372. Pour les appels en PCV, faites le ☎16116, avant de composer le numéro. Le réseau mobile couvre presque l'ensemble du territoire et tous les Estoniens sont équipés d'un téléphone portable. Pour éviter les frais d'utilisation à l'étranger, il est possible d'acheter un kit complet dans un bureau de poste, un supermarché ou un kiosque. Pour 3 €, vous aurez votre numéro estonien, une carte SIM à introduire dans votre téléphone et environ 5 € de conversation sur une carte prépayée. Les appels entrants sont gratuits.

Les cabines téléphoniques sont à carte (que l'on trouve dans les postes, les hôtels et la plupart des kiosques). Pour appeler l'étranger, investissez dans une carte à code PIN (disponible dans de nombreux kiosques et supermarchés). Elles fonctionnent depuis les téléphones fixes uniquement.

Depuis/vers l'Estonie

VOIE AÉRIENNE

Onze compagnies aériennes européennes proposent des vols réguliers pour Tallinn toute l'année. Lignes et compagnies aériennes supplémentaires en été (voir p. 429).

Les principales compagnies baltes sont les suivantes :

airBaltic (www.airbaltic.com). Plusieurs vols quotidiens entre Tallinn et Riga.

Finnair (www.finnair.ee). 4-6 vols/jour entre Helsinki et Tallinn, et plusieurs vols quotidiens entre Helsinki et Tartu.

VOIE TERRESTRE

Bus

Les compagnies suivantes proposent des bus entre l'Estonie et les autres pays baltes :

Ecolines (☎ 606 2217 ; www.ecolines.net) Lignes principales : 7 bus/jour Tallinn-Pärnu-Riga, dont 2 continuent jusqu'à Vilnius ; 4 bus/jour Tallinn-Saint-Pétersbourg ; bus quotidiens Tartu-Valga-Riga et Vilnius-Riga-Tartu-Narva-Saint-Pétersbourg.

Lux Express et Simple Express (☎ 680 0909 ; www.luxexpress.eu) Lignes principales : 10-12 bus/jour Tallinn-Pärnu-Riga, dont 6 continuent jusqu'à Panevėžys et Vilnius ; 6-9 bus/jour Tallinn-Rakvere-Sillamäe-Narva-Saint-Pétersbourg ; bus quotidiens Tallinn-Tartu-Võru-Moscou ; 9-10 bus/jour Riga-Valmiera-Tartu-Sillamäe-Narva-Saint-Pétersbourg.

UAB Toks (www2.toks.lt) 2 bus/jour Tallinn-Pärnu-Riga-Panevėžys-Vilnius, dont un continue jusqu'à Kaunas et Varsovie.

Train

Valga est la dernière gare des lignes estoniennes et lettonnes. Il n'existe cependant aucune interconnexion entre celles-ci. Au départ de Valga, les trains estoniens **Elron** (www.elron.ee) desservent Tartu, tandis que les trains lettons **Pasažieru vilciens** (www.pv.lv) s'arrêtent à Valmiera, Cēsis, Sigulda et Riga. Par ailleurs, des trains directs relient Saint-Pétersbourg et Moscou à Tallinn (p. 431).

Voiture et moto

Les trois États baltes font partie de l'espace Schengen. Il n'y a donc aucun contrôle aux frontières. Vous pourrez en principe traverser sans problème les frontières avec une voiture de location, mais il vous faudra prévenir la compagnie de location que vous comptez changer de pays ; certaines compagnies facturent un supplément.

Comment circuler

BUS

- Le réseau national couvre l'ensemble du territoire. Les grandes villes sont très bien reliées entre elles et dans leurs environs. Le site de **T pilet** (www.tpilet.ee) liste l'ensemble des trajets.
- Les chauffeurs parlent très rarement anglais.
- Tarifs réduits pour enfants et seniors.

TRAIN

Les services ferroviaires n'ont cessé de s'améliorer ces dernières années. Les lignes intérieures sont gérées par **Elron** (www.elron.ee). Les liaisons à destination de la Russie, proposées par **GoRail** (www.gorail.ee), circulent également entre Tallinn, Rakvere et Narva.

Lignes intérieures principales :

Tallinn-Rakvere (3/jour), dont 2 continuent jusqu'à Narva

Tallinn-Tartu (8/jour)

Tallinn-Viljandi (4/jour)

Tallinn-Pärnu (3/jour)

Tartu-Sangaste-Valga (3/jour)

VÉLO, VOITURE ET MOTO

- Les routes estoniennes sont très bien entretenues, ce qui rend la circulation aisée.
- Les amateurs de randonnées cyclistes apprécieront la quasi-absence de dénivelé dans le pays. Dans les campagnes et plus particulièrement sur les îles, certaines routes ne sont pas goudronnées. Elles sont cependant en bon état.
- L'hiver, les conditions météorologiques imposent d'avoir une expérience de la conduite sur neige et sur glace.
- Dans les grandes villes, les agences de location de vélos ou de voitures ne manquent pas.

Excursion à Helsinki

☎358 / 1 MILLION D'HABITANTS

Dans ce chapitre ➡

Le top des hébergements

- Hotelli Helka (p. 191)
- Hotel GLO (p. 191)
- Hotel Finn (p. 191)
- Hostel Academica (p. 189)

Le top des restaurants

- Olo (p. 192)
- A21 Dining (p. 193)
- Skiffer (p. 192)

Pourquoi y aller

À la jonction du golfe de Finlande (en forme de bouteille), deux capitales, Helsinki et Tallinn, se contemplent comme deux vieilles amies qui se suffisent à elles-mêmes. On peut franchir en 2 heures seulement les quelque 90 km qui séparent les deux villes et une armada de bateaux peut vous aider à accomplir ce trajet qui n'a rien d'une odyssée.

Tout aussi balte, par maints aspects, que Vilnius, Riga ou Tallinn, Helsinki jouit d'un cadre qui sort de l'ordinaire. Où que l'on se trouve dans cette ville archipel, on peut apercevoir la mer Baltique. Cette mégalopole moderne, obsédée par le design, est classée parmi les villes du monde offrant la meilleure qualité de vie.

Sa visite permet aussi une intéressante comparaison historique : la Finlande, qui avait toutes les chances de connaître le même sort que les pays baltes, a réussi à repousser l'invasion soviétique en 1939 et elle a pu rester libre. Les visiteurs peuvent aujourd'hui mesurer les différences existant entre ces pays voisins.

Quand partir

- Il se passe toujours quelque chose à Helsinki.
- L'été fait son entrée en juin, quand les terrasses poussent devant le moindre café et le plus petit bar, et que les soirées semblent ne jamais finir.
- En juillet, les Finlandais partent vers leur maison de campagne, d'où une légère accalmie, mais la capitale se repeuple en août en offrant une foule d'activités.
- Si vous souhaitez voir le visage hivernal de la ville, allez-y en décembre : vous pourrez y faire du patin à glace et vous imprégner de l'ambiance de Noël, avant que les températures ne deviennent trop extrêmes.

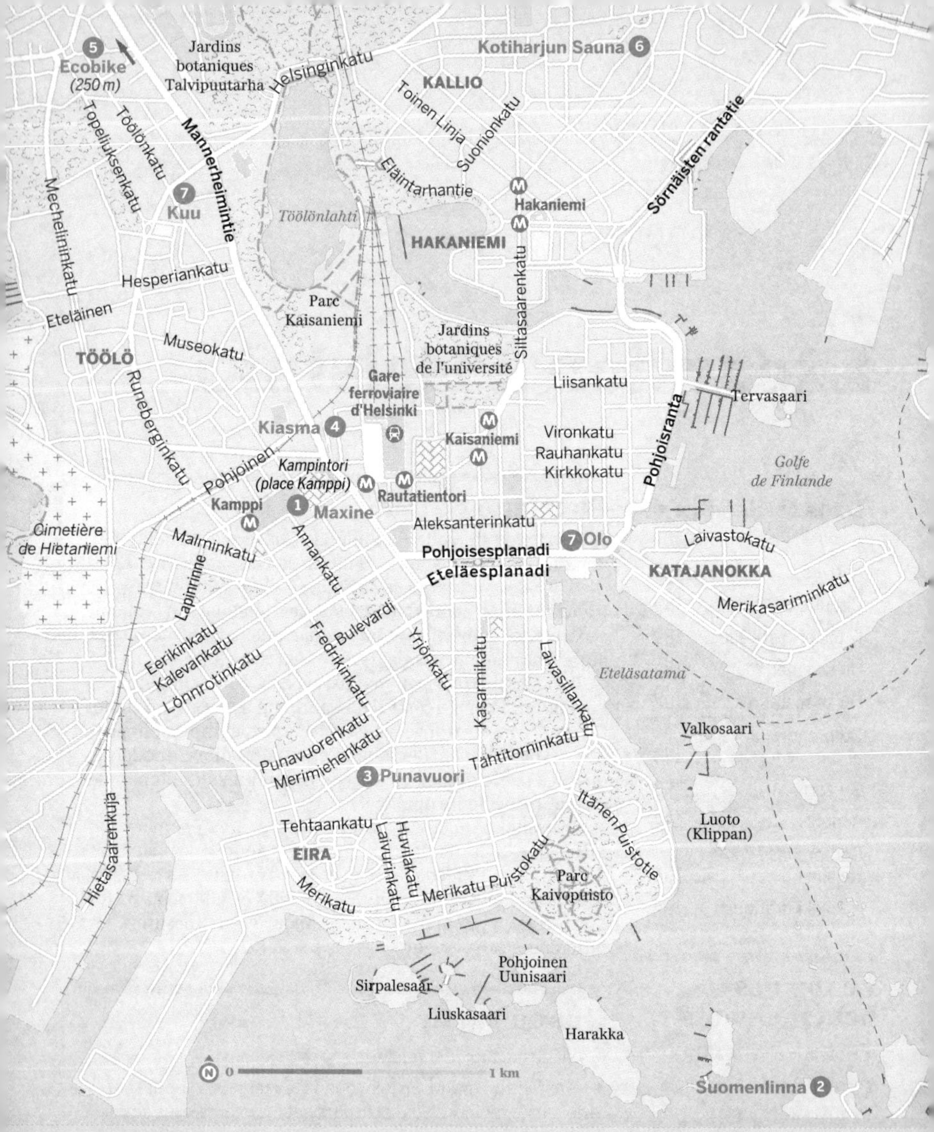

À ne pas manquer

❶ Le week-end, après un verre au **Maxine** (p. 193), une plongée dans le maelström nocturne des pubs et bars d'Helsinki

❷ Un pique-nique sur l'île forteresse de **Suomenlinna** (p. 187), ancienne gardienne du port d'Helsinki

❸ La kyrielle de boutiques de design de **Punavuori** (p. 194)

❹ L'art contemporain dans l'un des innombrables musées et galeries de la ville, tel le **Kiasma** (p. 187)

❺ La découverte de la ville à vélo grâce à **Ecobike** (p. 196) et au réseau de pistes cyclables

❻ Douceur, tradition et charme pittoresque au **sauna Kotiharjun** (p. 196)

❼ Les spécialités traditionnelles, comme les boulettes de viande ou le foie accompagné de purée, ou bien la cuisine finlandaise moderne chez **Olo** (p. 192) ou **Kuu** (p. 192)

À voir

La Kauppatori (place du marché) est le cœur d'Helsinki. C'est là que les ferries débarquent et que l'on trouve poisson frais, baies et souvenirs.

Helsinki possède plus de 50 musées, parmi lesquels figurent plusieurs bonnes galeries. Pour une liste exhaustive, procurez-vous la brochure gratuite *Museums* à l'office du tourisme.

HELSINKI EN BREF

Monnaie euro (€)

Langues officielles finnois, suédois

Superficie 745 km² (agglomération)

Taxe de départ aucune

Visa la Finlande fait partie de l'espace Schengen. Les Français, les Belges et les Suisses n'ont donc pas besoin de visa, mais doivent avoir une carte d'identité ou un passeport valide. Les Canadiens, quant à eux, n'ont pas besoin de visa pour un séjour de moins de 90 jours et doivent présenter un passeport valide.

Suomenlinna — FORTERESSE

(Sveaborg ; www.suomenlinna.fi). À seulement 15 minutes de ferry de la Kauppatori, la Suomenlinna, "forteresse de la Finlande", est un monument incontournable d'Helsinki. Sis sur une poignée d'îles reliées entre elles par des ponts, ce site inscrit au patrimoine mondial de l'Unesco fut construit au milieu du XVIIIe siècle par les Suédois, qui le baptisèrent Sveaborg.

Tuomiokirkko — CATHÉDRALE

(Cathédrale luthérienne ; www.helsinginseurakunnat.fi ; Unioninkatu 29 ; 9h-18h sept-mai, 9h-minuit juin-août). GRATUIT Œuvre majeure de Carl Ludwig Engel, cette cathédrale luthérienne néoclassique couleur craie domine Senaatintori (la place du Sénat). Créé pour rappeler la suprématie divine, son escalier imposant sert aujourd'hui de lieu de rendez-vous pour les couples amoureux. L'intérieur est dépouillé : il y a peu d'ornements sous la vaste coupole hormis le tableau du retable et trois statues austères des réformateurs Luther, Mélanchthon et Mikael Agricola, qui vous regardent d'un air désapprobateur.

Uspenskin Katedraali — CATHÉDRALE

(Cathédrale Uspenski ; www.hos.fi/uspenskin-katedraali ; Kanavakatu 1 ; 9h30-16h mar-ven, 10h-15h sam, 12h-15h dim). GRATUIT Sur l'île proche de Katajanokka, la cathédrale Uspenski en brique rouge est tout aussi impressionnante que la cathédrale luthérienne, à laquelle elle fait face. Église orthodoxe russe à sa construction en 1868, elle arbore en guise de dômes des bulbes classiques et dépend aujourd'hui de la congrégation orthodoxe de Finlande. L'intérieur, haut et carré, abrite une somptueuse iconostase, où les évangélistes encadrent des panneaux représentant la Cène et l'Ascension.

Kiasma — MUSÉE

(www.kiasma.fi ; Mannerheiminaukio 2 ; adulte/enfant 10 €/gratuit ; 10h-17h dim et jeu, 10h-20h30 mer-ven, 10h-18h sam). Achevé en 1998, ce bâtiment novateur de l'Américain Steven Holl, aux belles formes métalliques, reste un symbole de la modernisation de la ville, même s'il se fond aujourd'hui dans un ensemble d'élégants immeubles contemporains. Le Kiasma possède une collection éclectique d'art moderne finlandais et international, et ses expositions contemporaines sont captivantes. L'intérieur, présentant des courbes et des perspectives inattendues, est aussi stimulant que l'extérieur.

Ateneum — MUSÉE

(www.ateneum.fi ; Kaivokatu 2 ; adulte/enfant 12 €/gratuit ; 10h-18h mar et ven, 9h-20h mer-jeu, 10h-17h sam-dim). Le dernier étage de la principale galerie d'art du pays, avec ses tableaux et sculptures finlandaises de l'"âge d'or" (de la fin du XIXe siècle aux années 1950), est idéal pour un cours intensif d'art national. On y trouve des œuvres d'Albert Edelfelt, d'Hugo Simberg, d'Helene Schjerfbeck, des frères Von Wright et de Pekka Halonen. La vedette du lieu est le triptyque d'Akseli Gallen-Kallela inspiré de l'épopée du *Kalevala*, montrant Väinämöinen poursuivant la jeune Aino. On y trouve également une collection d'art international du XIXe siècle et du début du XXe, modeste mais intéressante.

Kansallismuseo — MUSÉE

(www.kansallismuseo.fi ; Mannerheimintie 34 ; adulte/enfant 8 €/gratuit ; 11h-18 mar-dim). Avec sa puissante maçonnerie et sa haute tour, cet impressionnant musée de style "romantique national", construit en 1916, ressemble à une

HELSINKI EN...

Un jour

Les Finlandais sont les plus gros buveurs de café au monde. Première destination, donc : n'importe quel **café** du centre-ville, pour une dose de caféine accompagnée d'un *pulla* (pain brioché à la cardamome). Ensuite, direction la **Kauppatori**, et la **Kauppahalli** (halle du marché) attenante. N'hésitez pas à vous préparer un pique-nique avant de lever les amarres pour la forteresse de **Suomenlinna**. De retour en ville, visitez la **cathédrale luthérienne** sur la Senaatintori (place du Sénat) et la **cathédrale orthodoxe Uspenski** voisine. Prenez ensuite le métro pour une bonne suée au légendaire **sauna Kotiharjun**, avant un dîner finlandais traditionnel au **Kuu** ou au **Olo**.

Deux jours

Le deuxième jour, profitez-en pour explorer la scène artistique et design. Pour l'âge d'or de la peinture finlandaise, rendez-vous à l'**Ateneum**, avant d'admirer les œuvres contemporaines à l'emblématique musée **Kiasma**. Un petit coup de mou ? Prenez le **tram n°3** pour faire le tour des curiostiés, avant de parcourir les **boutiques de design** à Punavuori. En soirée, allez passer une soirée chic au **A21 Cocktail Lounge** ou un moment plus déjanté au café **Mockba** des frères Kaurismäki.

église gothique. Principal musée du genre du pays, il est divisé en salles qui traitent des différents aspects de l'histoire finlandaise – préhistoire et découvertes archéologiques, reliques, ethnographie et expositions culturelles temporaires... Un musée à la fois sérieux et classique – les enfants risquent de ne pas trop apprécier –, qui fournit néanmoins une vue d'ensemble complète.

Helsingin Kaupunginmuseo MUSÉES
(Musée de la Ville d'Helsinki ; www.helsinkicitymuseum.fi ; Sofiankatu 4 ; ⌚ 9h-17h lun-ven, 9h-19h jeu, 11h-17h sam-dim). GRATUIT Un ensemble de musées gratuits dispersés dans la ville, chacun consacré à un aspect de l'histoire d'Helsinki par le biais d'expositions permanentes et temporaires.

À ne pas manquer : le **musée de la Ville d'Helsinki**, tout près de Senaatintori. Des informations amusantes sur l'histoire de la ville viennent compléter son excellente collection de pièces historiques et de photos, reconstituant le passage entre la domination suédoise et la domination russe, et l'accès d'Helsinki à l'indépendance.

♥ **Temppeliaukion Kirkko** ÉGLISE
(☎ 09-2340 6320 ; www.helsinginseurakunnat.fi ; Lutherinkatu 3 ; ⌚ 10h-17h45 lun-sam, 11h45-17h45 dim juin-août, 11h45-17h sept-mai). Conçue par les frères Timo et Tuomo Suomalainen en 1969, l'église Temppeliaukio reste l'une des principales curiosités de la ville. Taillée dans la roche, elle se rapproche d'un idéal finlandais où se mêleraient spiritualité et nature. Sans le superbe plafond de 24 m de diamètre recouvert de 22 km de lames de cuivre, on se croirait dans une clairière rocheuse. Des concerts, avec une très bonne acoustique, y sont donnés régulièrement. Les heures d'ouverture sont variables – appelez ou consultez les mises à jour sur Facebook. Les groupes sont moins nombreux en semaine.

♥ **Seurasaaren Ulkomuseo** MUSÉE
(Musée en plein air de Seurasaari ; www.seurasaari.fi ; adulte/enfant 8 €/2,50 ; ⌚ 11h-17h juin-août, 9h-15h lun-ven, 11h-17h sam-dim fin mai et début sept). Situé à l'ouest du centre-ville, ce musée aménagé sur une île présente une collection d'édifices historiques en bois venus de toute la Finlande. On y trouve aussi bien des greniers à foin qu'une belle demeure, un presbytère et une église, mais aussi les superbes bateaux à rames qui servaient à transporter les villageois jusqu'à l'église. Tarifs et horaires concernent l'accès aux bâtiments, où des guides en costume traditionnel proposent des démonstrations de danse et d'artisanat. Autrement, on peut se balader librement sur cette île pittoresque et boisée où sont installés plusieurs cafés.

Activités

L'une des joies d'Helsinki consiste à se balader à vélo sur son long front de mer, dans ses nombreux parcs et sur son vaste réseau de pistes cyclables.

Finnair Sky Wheel GRANDE ROUE
(www.finnair-skywheel.com ; Katajanokanlaituri 2 ; adulte/enfant 12/9 € ; 10h-22h lun-jeu, 10h-23h ven-sam, 10h-20h dim). Cette grande roue qui s'élève au-dessus du port offre une belle perspective sur l'animation du centre d'Helsinki. La cabine VIP avec plancher en verre, sièges en cuir et champagne, est à vous pour la somme rondelette de 195 €.

Sauna Kotiharjun SAUNA
(www.kotiharjunsauna.fi ; Harjutorinkatu 1 ; adulte/enfant 12/6 € ; 14h-20h mar-dim, sauna seulement jusqu'à 21h30). À quelques pas de la station de métro Sörnäinen, ce sauna public traditionnel de Kallio chauffé au bois date de 1928. Ce type d'endroit a largement disparu avec l'arrivée des saunas communs dans les immeubles d'habitation. L'expérience est typique. Également proposés : gommage et massages. On peut apporter sa serviette ou en louer une (3 €). Saunas non mixtes. Fermé le dimanche de juin à mi-août.

Yrjönkadun Uimahalli PISCINE
(www.hel.fi ; Yrjönkatu 21 ; piscine 5-5,40 €, piscine et sauna 14 € ; ouvert de sept à mai, hommes 6h30-20h mar et jeu, 8h-20h sam, femmes 12h-20h dim et lun, 6h30-20h mer et ven). Ces piscines et saunas Art déco, mêlant l'élégance nordique et la tradition romaine, sont une institution. Horaires différents pour hommes et pour femmes. La nudité est obligatoire dans le sauna ; le maillot de bain est facultatif dans la piscine.

Croisières BATEAU, BATEAU-BUS
De nombreuses croisières partent de la Kauppatori. Comptez entre 17 et 20 € pour une excursion de 1 heure 30. Dîners-croisières, croisières "coucher du soleil" et combinaisons bateau-bus sont également proposés. La plupart passent, entre autres îles, par Suomenlinna. Nul besoin de réserver : il suffit de monter dans le premier bateau. Ces services fonctionnent de mai à septembre.

Circuits organisés

Les trams n^os^2 et 3 sont une excellente solution pour les petits budgets : la brochure gratuite *Sightseeing on 3T/3B* vous guidera dans le centre-ville et jusqu'à Kallio.

Natura Viva KAYAK
(010-292 4030 ; www.naturaviva.fi ; Ramsinniementie 14 ; juin-août). Installée à l'hôtel Rantapuisto dans le quartier de Vuosaari, à l'est du centre-ville, cette agence propose tous les jours des excursions de 3 heures dans l'archipel d'Helsinki. Elles sont adaptées aux débutants et l'on vient vous chercher au centre-ville. On peut aussi louer des kayaks à la boutique (ouverte en mai et une grande partie du mois de septembre).

Happy Guide Helsinki MARCHE, VÉLO
(0445 020066 ; www.happyguidehelsinki.com). Balades à pied ou à vélo, pleines d'humour et instructives, dans Helsinki. Le choix est vaste : consultez le site Internet.

Fêtes et festivals

Helsinki Päivä FÊTE DE LA VILLE
(Fête d'Helsinki ; www.helsinkipaiva.fi). Pour l'anniversaire de la capitale, de nombreux événements gratuits ont lieu sur l'Esplanadi le 12 juin.

Helsingin Juhlaviikot ART DE LA SCÈNE
(Helsinki Festival ; www.helsinginjuhlaviikot.fi). Festival de musique de chambre, de jazz, de théâtre, d'opéra, etc. De fin août à début septembre.

Flow Festival MUSIQUE
(www.flowfestival.com). Le temps d'un week-end en août, indé, hip-hop, musiques électro et expérimentale réveillent la banlieue de Suvilahti.

Baltic Herring Fair CUISINE
(www.portofhelsinki.fi). La première semaine d'octobre, pêcheurs et chefs de cuisine se rassemblent sur la Kauppatori pour proposer de délicieux harengs salés et marinés – et ce depuis 1743.

Où se loger

Se loger à Helsinki revient cher. Il est fortement recommandé de réserver entre la mi-mai et la mi-août.

Hostel Academica AUBERGE DE JEUNESSE €
(09-1311 4334 ; www.hostelacademica.fi ; Hietaniemenkatu 14 ; dort/s/d 28,50/63/75 € ; juin-août ; P @). La population

PRIX DES HÉBERGEMENTS

Ces fourchettes de prix correspondent à une chambre double.

€ moins de 70 €

€€ 70-160 €

€€€ plus de 160 €

Helsinki

N 0 500 m

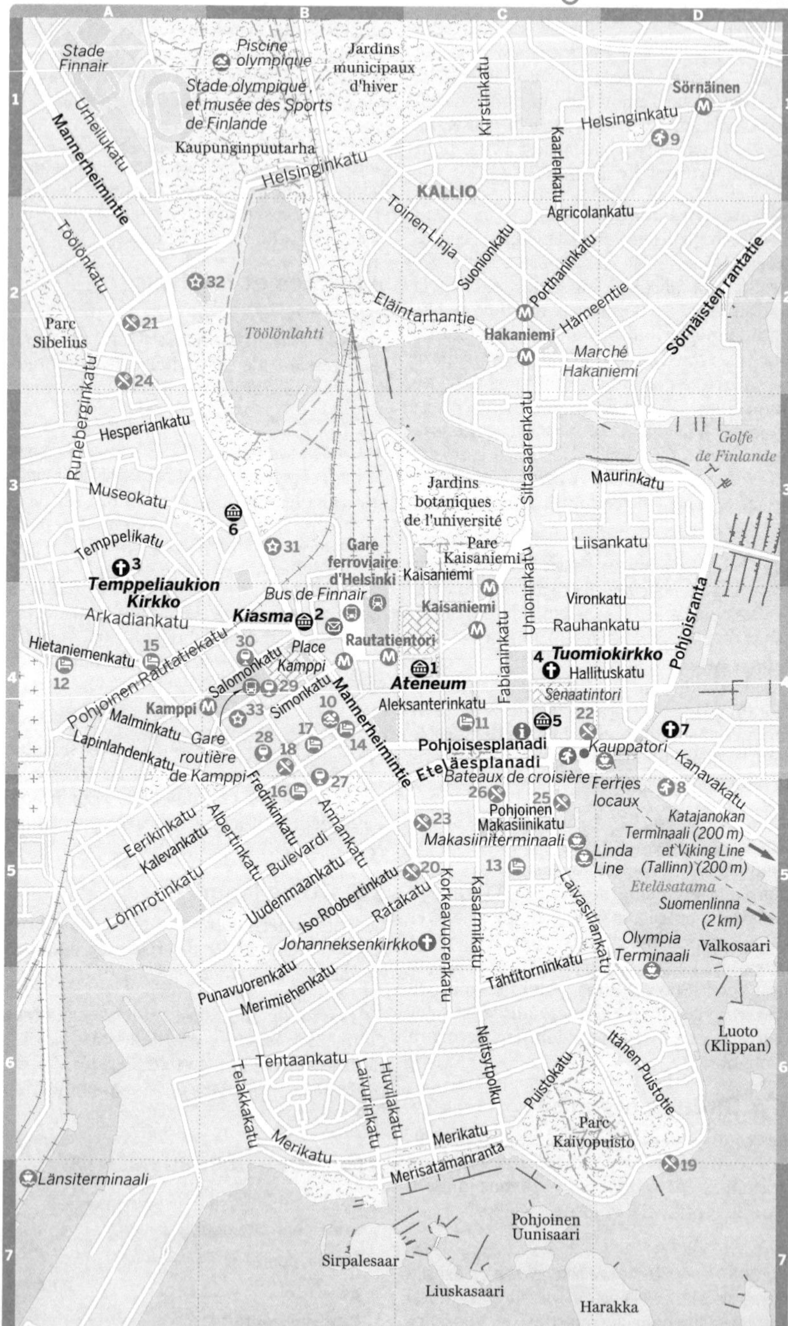

Helsinki

Les incontournables
1 Ateneum ... C4
2 Kiasma ... B4
3 Temppeliaukion Kirkko ... A3
4 Tuomiokirkko ... C4

À voir
5 Helsingin Kaupunginmuseo ... C4
6 Kansallismuseo ... B3
7 Uspenskin Katedraali ... D4

Activités
8 Finnair Sky Wheel ... D5
9 Sauna Kotiharjun ... D1
10 Yrjönkadun Uimahalli ... B4

Où se loger
11 GLO Hotel Kluuvi ... C4
12 Hostel Academica ... A4
13 Hotel Fabian ... C5
14 Hotel Finn ... B4
15 Hotelli Helka ... A4
16 Omenahotelli Lönnrotinkatu ... B5
17 Omenahotelli Yrjönkatu ... B4

Où se restaurer
18 A21 Dining ... B4
19 Café Ursula ... D7
20 Fafa's ... C5
21 Kuu ... A2
22 Olo ... C4
23 Skiffer ... C5
24 Tin Tin Tango ... A2
25 Vanha Kauppahalli ... C5
26 Zucchini ... C5

Où prendre un verre et faire la fête
A21 Cocktail Lounge ... (voir 27)
27 Bar Loose ... B5
28 Corona Baari & Kafe Mockba ... B4
29 Maxine ... B4
30 Teerenpeli ... B4

Où sortir
31 Musiikkitalo ... B3
32 Oopperatalo ... A2
33 Tavastia ... B4

étudiante est bien lotie en Finlande. L'été, profitez de cette résidence, adresse animée et propre bien équipée (piscine et sauna) et dotée d'un personnel avenant. Les belles chambres, modernes, disposent toutes d'un réfrigérateur et d'une salle de bains. Les dortoirs, équipés seulement de 2 ou 3 couchettes, ne sont pas surpeuplés, et l'auberge est respectueuse de l'environnement. Petit-déjeuner en option. Remise HI (Hostelling International).

Hotelli Helka HÔTEL €€

(☎ 09-613 580 ; www.helka.fi ; Pohjoinen Rautatiekatu 23A ; s 110-132 €, d 142-162 € ; P @ 📶). L'un des meilleurs hôtels de catégorie moyenne du centre. Personnel compétent et accueillant, très bons équipements et une place de stationnement gratuite selon disponibilité. Mais le mieux, ce sont les chambres avec leur mobilier Artek, leurs lampes de chevet en forme de bloc de glace et leur gravure rétro-éclairée représentant une scène rurale suomi au-dessus du lit. Ambiance garantie !

Hotel Finn HÔTEL €€

(☎ 09-684 4360 ; www.hotellifinn.fi ; Kalevankatu 3 ; s 59-119 €, d 109-199 € ; P 📶). Perché sur 2 niveaux dans un immeuble du centre-ville, cet hôtel accueillant dispose de couloirs décorés dans des teintes chocolat et rouge sombres et ornés d'œuvres de jeunes photographes finlandais. Les chambres, toutes différentes, sont lumineuses, avec papier-peint tendance et petites salles de bains. Certaines sont décorées avec des matériaux recyclés. Le personnel est serviable. Comme les tarifs varient énormément – on fait parfois d'excellentes affaires.

Omenahotelli HÔTEL €€

(☎ 0600 18018 ; www.omenahotels.com ; ch 70-130 € ; 📶). Deux de ces hôtels de chaîne sans personnel et d'un bon rapport qualité/prix sont bien situés à Helsinki : **Lönnrotinkatu** (Lönnrotinkatu 13) et **Yrjönkatu** (Yrjönkatu 30). Les chambres, avec lit double et fauteuils d'appoint (où peuvent coucher 2 personnes supp), sont équipées d'un micro-ondes et d'un miniréfrigérateur. Les fenêtres ne s'ouvrant pas, l'air y est parfois étouffant les jours de chaleur. La réservation se fait sur Internet ou depuis le terminal du hall d'entrée.

Hotel Fabian HÔTEL €€€

(☎ 09-6128 2000 ; www.hotelfabian.fi ; Fabianinkatu 7 ; ch 200-270 € ; ❄ @ 📶). Central, mais situé dans un quartier plus calme que les autres hôtels design, cet hôtel n'a que des bons côtés. Les élégantes chambres standards, dotées de luminaires fantaisistes et d'un mobilier sobre, sont extrêmement confortables et de taille variable. La gamme supérieure offre des équipements supplémentaires, comme une kitchenette. Le personnel est particulièrement serviable.

GLO Hotel Kluuvi HÔTEL €€€

(☎ 010-344 4400 ; www.glohotels.fi ; Kluuvikatu 4 ; s 234-269 €, d 249-284 € ; ❄ @ 📶). Pas de

PRIX DES REPAS

Les prix ci-dessous correspondent à un plat principal.

€ moins de 5 €

€€ 5-25 €

€€€ plus de 25 €

costume empesé à la réception de cet hôtel design. Une décontraction que l'on retrouve dans les parties communes, tendance mais confortables, et les chambres. Les literies sont accueillantes, les équipements dernier cri, et gratuits pour la plupart. Situé dans une rue piétonne en plein centre.

Où se restaurer

Helsinki dispose de restaurants proposant aussi bien des classiques finlandais qu'une cuisine suomi moderne ou internationale. Les restaurants sont plutôt chers, mais les cafés proposent de bonnes choses à manger le midi. On trouve toujours un endroit pour prendre une pâtisserie et un café, breuvage dont les Helsinkiens raffolent.

Vous pourrez localiser les restaurants grâce au site Internet www.eat.fi.

Zucchini VÉGÉTARIEN **€**

(Fabianinkatu 4 ; déj 8-12 € ; 11h-16h lun-ven ;). Ce café végétarien, l'un des rares de la ville, est un endroit de choix pour déjeuner. Il est fréquent de devoir faire la queue. En hiver, ses soupes bien chaudes chassent les coups de froid ; et en été, déguster une quiche tout juste sortie du four sur une terrasse est un vrai plaisir. À midi, on peut prendre une soupe ou une salade et un plat chaud.

Skiffer PIZZA **€€**

(www.skiffer.fi ; Erottajankatu 11 ; pizzas 12-17 € ; 11h-21h30 lun-jeu, 11h-23h ven, 14h-23h sam, 14h-20h dim ;). Pâte croustillante et ingrédients frais et pleins de saveur s'allient pour vous régaler dans cette pizzeria prisée. Des œuvres d'art sur le thème maritime illuminent l'intérieur un peu sombre. C'est un lieu où l'on se donne volontiers rendez-vous ; prévoyez un peu d'attente pour obtenir une table.

Fafa's KEBAB **€€**

(www.fafas.fi ; Iso Roobertinkatu 2 ; repas 7-11 € ; 11h-21h lun-mer, 11h-4h jeu-ven, 12h-4h sam). Un cran au-dessus de la moyenne des restaurants de kebabs, celui-ci sert de délicieux falafels jusque tard dans la nuit. Les heures d'ouverture dépendent un peu du débit de la journée.

Tin Tin Tango CAFÉ **€€**

(www.tintintango.info ; Töölöntorinkatu 7 ; repas léger 7-10 € ; 7h-minuit lun-ven, 9h-minuit sam, 10h-minuit dim ;). Ce café de quartier animé décoré de planches de Tintin propose des prestations variées : outre une laverie et un sauna, on y sert des déjeuners et des brunchs. On peut s'asseoir confortablement à table pour prendre un verre ou faire main basse sur de délicieux petits pains très bien garnis. Le véritable atout de ce café est son ambiance accueillante et discrètement bohème.

Café Ursula CAFÉ **€€**

(www.ursula.fi ; Ehrenströmintie 3 ; midi 10-16 € ; 9h-21h dim-mar, 9h-22h mer-sam ;). Ce café offrant une vue majestueuse sur la mer donne sur l'archipel d'Helsinki et dispose d'une superbe terrasse. En hiver, la salle moderne, et confortable, permet de voir la glace flotter sur la mer. Cet endroit chic propose à midi des plats du jour excellents quoique un peu chers, des tartines, des pâtisseries et des verres de boissons à bulles. Il reste ouvert jusqu'à minuit l'été, période où il sert un superbe brunch dominical (22 €).

Kuu FINLANDAIS **€€€**

(09-2709 0973 ; www.ravintolakuu.info ; Töölönkatu 27 ; plats 19-30 € ; 11h30-minuit lun-ven, 14h-minuit sam, 14h-22h dim). Niché derrière l'hôtel Crowne Plaza dans Mannerheimintie, ce restaurant est recommandé pour sa cuisine traditionnelle, mais aussi pour sa cuisine finlandaise moderne. La carte, succincte, promet innovation et présentation raffinée pour sa gamme de plats contemporains, et ingrédients de qualité et saveurs pour tous les plats. Les vins sont onéreux, mais on trouve des crus intéressants.

Olo FINLANDAIS MODERNE **€€€**

(010-320 6250 ; olo-ravintola.fi ; Pohjoisesplanadi 5 ; midi 53 €, dégustation 89-137 €, avec boissons 224-292 € ; 11h30-15h lun, 11h30-15h et 18h-minuit mar-ven, 18h-minuit sam). Beaucoup tiennent ce restaurant au décor élégant, aménagé dans une belle demeure du XIXe siècle sur le port, pour le meilleur d'Helsinki. Les succulents menus dégustation de ce chef de file de la scène culinaire finlandaise déclinent des produits d'exception mélangés à un zest de cuisine moléculaire.

Le menu "Journey" est somptueux. Réservez plusieurs semaines à l'avance.

A21 Dining FINLANDAIS MODERNE €€€
(040-171 1117 ; www.a21.fi ; Kalevankatu 17 ; menu 5/7 plats 65/79 €, assortiment cocktails 49-63 € ; 17h-minuit mar-sam). Une expérience hors du commun vous attend dans cet intérieur d'un blanc immaculé où chaque plat du menu dégustation fait l'objet d'une présentation spéciale. Le but est de vous faire voyager dans l'univers naturel de la Finlande – et c'est un succès, grâce à d'étonnantes combinaisons de saveurs et à des cocktails originaux.

Où prendre un verre et faire la fête

La vie nocturne d'Helsinki est l'une des plus diversifiées de Scandinavie. Les Finlandais se retrouvent volontiers dans des bars cosy en hiver ou sur les terrasses qui poussent comme des champignons en été.

Dans le centre, bars et clubs ne manquent pas. Pour des adresses alternatives et branchées, cap sur le secteur de la rue Iso-Roobertinkatu, à Punavuori.

Les discothèques sont nombreuses et changent souvent à Helsinki. Certaines exigent un âge minimum (souvent 20 ans) ; consultez leur site Internet avant de sortir.

Teerenpeli PUB
(www.teerenpeli.com ; Olavinkatu 2 ; 12h-2h lun-jeu, 12h-3h ven-sam, 15h-minuit dim ;). Dans cet excellent pub sur 2 niveaux, vous pourrez savourer les bières ambrées et brunes et le cidre aux fruits des bois produits dans une microbrasserie de Lahti. Lumière tamisée, tables intimes et patio fumeurs. Tout près de la gare routière de Kamppi.

A21 Cocktail Lounge BAR À COCKTAILS
(www.a21.fi ; Annankatu 21 ; 18h-minuit mer, 18h-1h jeu, 18h-2h ven-sam). Pour côtoyer les bobos à Helsinki, il faut sonner à la porte de ce club très chic. L'intérieur doré est superbe, mais le vrai luxe se cache dans les cocktails, et en particulier dans les recettes finlandaises à base de liqueur de plaquebière et de rhubarbe.

Bar Loose CLUB
(www.barloose.com ; Annankatu 21 ; 16h-2h mar, 16h-4h mer-sam, 18h-4h dim ;). Le décor rouge sang et les sièges confortables paraissent bien élégants pour un bar rock, mais les portraits de guitaristes qui ornent l'un des murs et la faune éclectique dans les 2 salles au rez-de-chaussée et à l'étage ne laissent planer aucun doute. Une discothèque occupe le niveau inférieur ; il y a de la musique live presque tous les soirs et des DJ qui mixent aussi bien du métal que des classiques modernes ou rétro.

Corona Baari & Kafe Mockba BAR
(www.andorra.fi ; Eerikinkatu 11-15 ; Corona 11h-2h lun-jeu, 11h-3h ven-sam, 12h-2h dim, Kafe Mockba 18h-2h lun-jeu, 18h-3h ven-sam ;). Les frères Kaurismäki ont encore frappé avec ces deux cafés. Le Corona est une adresse assez conventionnelle, sans videur, avec tables de billard, bar en îlot et clientèle décontractée ; le Mockba, en revanche, vous ramène au temps de l'ancienne URSS avec son samovar et son vinyle soviétique. À la fermeture, on vide l'établissement en diffusant des discours de Brejnev.

Au sous-sol du Corona, le Dubrovnik Lounge et le Lobby programment manifestations culturelles, projections de films et lancements d'albums.

Maxine BAR, CLUB
(www.maxine.fi ; 6e ét, Kamppi ; 3,50 € ; 16h-4h mar-sam, horaires restreints l'hiver ;). Au dernier étage du centre commercial Kamppi, cette adresse rénovée tire le meilleur parti d'une vue magnifique. Divisé en trois, le Maxine comprend un bar – idéal pour prendre un verre au coucher du soleil – et deux pistes de danse, dont une (baptisée Kirjasto, "la bibliothèque") plus tranquille, pour une clientèle plus mûre.

Où sortir

Helsinki offre ce qui se fait de mieux en Finlande en termes de culture et de vie nocturne. La musique y tient une place de choix, des clubs de métal à l'opéra. Les événements à venir sont annoncés dans *Helsinki This Week*, disponible dans les offices du tourisme et les centres commerciaux, à l'aéroport, à la gare ferroviaire et au terminal des ferries.

Pour les concerts et spectacles, renseignez-vous auprès de l'office du tourisme, consultez *Helsinki This Week* ou le site de la billetterie **Lippupiste** (0600 900 900 ; www.lippu.fi).

Musiikkitalo SALLE DE CONCERT
(www.musiikkitalo.fi ; Mannerheimintie 13). Ultra-tendance, cette salle de concert originale et moderne est une nouveauté dans le centre d'Helsinki. L'intérieur du bâtiment

LA VIEILLE HALLE DU MARCHÉ

En été, on trouve des produits frais et des baies (assez chères) sur la Kauppatori, mais pour de vrais pique-niques, c'est la toute proche **Vanha Kauppahalli** (www.vanhakauppahalli.fi ; Eteläranta 1 ; 8h-18h lun- sam ;) qu'il vous faut. Construite en 1889, elle est plutôt touristique (un kebab de renne vous tente ?), mais a gardé son authenticité : on y achète sandwichs, fromage, pain, poisson, en-cas typiques et mets raffinés. Le bar **Soppakeittiö** (www.soppakeittio.fi ; soupes 8-10 € ; 11h-15h30 lun-ven, 11h-15h sam) prépare de succulentes soupes.

ne déçoit pas : l'auditorium principal, visible depuis le foyer, offre une acoustique formidable. Des concerts classiques y ont lieu fréquemment et les tarifs sont raisonnables (généralement autour de 20 €). Le bar n'est pas mal pour prendre un verre.

Oopperatalo OPÉRA, BALLET

(Opéra national ; 09-4030 2211 ; www.opera.fi ; Helsinginkatu 58 ; billets à partir de 14 €). Opéras, ballets et concerts classiques sont donnés ici, sauf en été. Les représentations du Finnish National Opera sont surtitrées en finnois.

Tavastia MUSIQUE LIVE

(www.tavastiaklubi.fi ; Urho Kekkosenkatu 4 ; 20h-1h dim-jeu, 20h-3h ven, 20h-4h sam). Chaque soir, cette adresse légendaire de la scène rock accueille autant les artistes prometteurs de la région que des groupes internationaux plus connus. Jetez également un coup d'œil à la programmation du Semifinal, plus petit, juste à côté.

Achats

Ville d'art et de design, Helsinki est un épicentre du cool nordique, de la mode aux derniers meubles et articles de maison. Plus on s'éloigne de Pohjoisesplanadi, la principale artère touristique, plus les prix baissent. Le quartier branché par excellence est Punavuori, avec sa kyrielle de jolies boutiques et de galeries d'art. Environ 200 de ses boutiques et studios de design font partie du **Design District Helsinki** (www.designdistrict.fi), dont le très précieux plan est disponible à l'office du tourisme.

Renseignements

Vous avez votre téléphone ? Rendez-vous sur www.helsinki.mobi, version allégée du site de l'office du tourisme d'Helsinki conçue pour les téléphones mobiles.

L'accès à Internet est gratuit dans plusieurs bibliothèques municipales et le Wi-Fi gratuit dans une grande partie du centre-ville, y compris les bars et les cafés – certains ont même des ordinateurs à disposition de la clientèle. Les téléphones publics sont inexistants.

HSL/HRT (www.hsl.fi). Renseignements sur les transports publics et planificateur d'itinéraires.

Office du tourisme (09-3101 3300 ; www.visithelsinki.fi ; Pohjoisesplanadi 19 ; 9h-20h lun-ven, 9h-18h sam-dim mi-mai à mi-sept, 9h-18h lun-ven, 10h-16h sam et dim mi-sept à mi-mai). Office très fréquenté offrant une foule de renseignements dans plusieurs langues. Autre bureau à l'aéroport (www.visithelsinki.fi ; Terminal 2, aéroport Helsinki-Vantaa ; 10h-20h mai-sept, 10h-18h oct-avr).

Ville d'Helsinki (www.hel.fi). Site Web de la ville.

Visit Helsinki (www.visithelsinki.fi). Une mine d'informations pour les touristes.

Urgences générales (112)

COMPRENDRE HELSINKI

Helsinki aujourd'hui

Régulièrement classée parmi les premières villes du monde où il fait bon vivre, Helsinki a, depuis longtemps, cessé d'être une timide ville de province pour devenir une icône mondiale de l'art de vivre. Si l'économie finlandaise connaît des hauts et des bas comme le reste de la zone euro, Helsinki donne globalement l'impression d'être une ville aussi stable et confiante que la Suisse – comme le confirment les tarifs dignes de Zurich. Comme dans le reste de l'Europe, le débat politique tourne autour de l'immigration, des réfugiés et de la part de souveraineté à sacrifier à Bruxelles. Le parti eurosceptique finlandais – qui s'appelle simplement Finns – a gagné beaucoup de voix lors des élections de 2011 et a rejoint la coalition gouvernementale après être devenu le deuxième parti du pays lors des élections de 2015.

La Russie est un autre sujet de préoccupation. Depuis 20 ans, Helsinki tirait avantage de la proximité de Saint-Pétersbourg puisque les Russes fortunés et la classe moyenne russe venaient faire des achats le week-end (tandis que les Finlandais allaient acheter de la bière bon marché en Russie). Mais la détérioration des relations entre le Kremlin et l'Europe de l'Ouest a ravivé le débat sur la neutralité finlandaise, tabou politique depuis la fin de la Seconde Guerre mondiale. Si de plus en plus de Finlandais sont favorables à l'entrée de leur pays dans l'OTAN, ils sont encore loin de constituer une majorité.

Histoire

Pour concurrencer la ville hanséatique de Tallinn, le roi de Suède Gustave Ier Vasa fonda Helsinki en 1550. Victime des invasions russes, la ville resta isolée pendant plus de 200 ans, jusqu'à ce que les Suédois construisent la forteresse maritime de Sveaborg (ancien nom de Suomenlinna) en 1748, pour protéger cette zone orientale de leur empire. Les Russes ayant pris le contrôle de la Finlande en 1809, il leur fallait une capitale plus proche de Saint-Pétersbourg pour pouvoir garder un œil sur la politique locale. Helsinki fut choisie en 1821 – en grande partie pour sa forteresse située juste derrière le port – au détriment de Turku, longtemps capitale de la Finlande et ville de premier plan.

Au cours du XIXe siècle et au début du XXe, Helsinki connut une croissance exponentielle. On fit appel à l'architecte allemand Carl Ludwig Engel pour magnifier le centre-ville, ce qui aboutit à la néoclassique Senaatintoti (place du Sénat). La ville subit des bombardements russes massifs durant la Seconde Guerre mondiale, mais se reconstruisit pendant l'après-guerre, pour accueillir les Jeux olympiques d'été de 1952.

Aujourd'hui, la capitale est le centre névralgique de la Finlande, à tel point que son passé d'obscure ville marchande est complètement occulté.

HELSINKI PRATIQUE

Depuis/vers Helsinki

AVION

À 19 km au nord d'Helsinki, à Vantaa, l'**aéroport** (www.helsinki-vantaa.fi) d'Helsinki accueille un nombre croissant de vols directs en provenance d'Europe, d'Amérique et d'Asie, ainsi que diverses compagnies européennes à bas prix, dont Ryanair, airBaltic et Blue1. Vols directs pour Tallinn, Rīga, Vilnius et Tartu. La plupart des autres vols s'effectuent avec Finnair ou Scandinavian Airlines (SAS).

BATEAU

Des ferries internationaux relient Helsinki à Stockholm (Suède), Tallinn (Estonie), Saint-Pétersbourg (Russie) et d'autres destinations en Allemagne et en Pologne. Vente de billets au terminal, dans les agences des compagnies (souvent aussi sur leur site Web) et parfois auprès de l'office du tourisme de la ville. Réservez longtemps à l'avance pendant la haute saison (de fin juin à mi-août) et les week-ends. Il existe aussi des liaisons régulières en catamaran et en hydrofoil depuis Tallinn.

Il y a 5 terminaux principaux, dont 3 près du centre :

Terminal Katajanokka desservi par le bus n°13 et les trams n^os^2, 2V et 4.

Terminaux Olympia et Makasiini desservis par les trams n^os^3B et 3T.

Länsiterminaali (**terminal ouest**) desservi par le bus n°15.

Hansaterminaali (**Vuosaari**) plus loin, desservi par le bus n°90A.

BUS

Vente de tickets longue distance et express à la **gare routière Kamppi** (www.matkahuolto.fi) ou directement dans le bus. C'est aussi depuis cette gare que les bus longue distance desservent toute la Finlande.

TRAIN

À quelques pas de la gare routière et accessible en métro (arrêt Rautatientori), la **gare ferroviaire** (Rautatieasema ; www.vr.fi) d'Helsinki est centrale et l'on s'y repère facilement.

Le train est le moyen le plus rapide et le moins cher pour se rendre dans les principales villes

> **HELSINKI CARD**
>
> Si vous envisagez de visiter de nombreux monuments, la **Helsinki Card** (www.helsinkiexpert.com ; tarif plein 24/48/72 heures 36/46/56 €, enfant 15/18/21 €) vous offrira la gratuité des transports et l'accès à plus de 50 sites dans Helsinki et aux alentours, ainsi que des réductions sur les visites d'une journée. L'achat en ligne revient moins cher. Sinon, on peut se la procurer à l'office du tourisme, ainsi que dans les hôtels, les nombreux R-kioskis et les terminaux de transport.

LES FERRIES POUR TALLINN

Eckerö Line (☎0600 4300 ; www.eckeroline.fi ; Mannerheimintie 10). Départs quotidiens toute l'année (tarif plein/voiture à partir de 19 €, 2 heures 30) depuis le Länsiterminaali.

Linda Line (☎0600 066 8970 ; www.lindaline.fi ; Makasiiniterminaali ; ⌚avr-oct). Les embarcations les plus rapides. Une petite compagnie d'hydrofoils pour passagers uniquement qui fend les eaux vers Tallinn au départ du terminal de Makasiini (à partir de 19 €, 1 heure 30) 8 fois par jour quand la mer n'est pas gelée.

Tallink/Silja (☎0600-15700 ; www.tallinksilja.com ; Erottajankatu 19). Effectue au moins 8 liaisons (aller simple adulte 26-44 €, véhicule à partir de 25 €, 2 heures) au départ du Länsiterminaali.

Viking Line (☎0600 41577 ; www.vikingline.fi ; Katajanokan Terminaali). Propose des car-ferries (tarif plein 21-39 €, véhicule plus 2 passagers 60-100 €, 2 heures 30) depuis le terminal Katajanokka.

de Finlande. On trouve également des liaisons quotidiennes vers les villes russes de Vyborg, Saint-Pétersbourg et Moscou (vente de billets au guichet international).

Comment circuler

DEPUIS/VERS L'AÉROPORT

La gare ferroviaire de l'aéroport était toujours en construction au moment de la rédaction de ce guide, mais elle est déjà reliée au terminal. On peut donc se rendre à l'aéroport en train. Le trajet jusqu'à la gare ferroviaire d'Helsinki dure 30 minutes et coûte 5 € si vous achetez votre ticket aux distributeurs installés sur le quai.

Le bon vieux bus n°615, qui transporte les voyageurs entre l'aéroport et la ville, suit désormais un itinéraire plus long (45 min) avec une fréquence moindre. Consultez les itinéraires et les tarifs.

Des **taxis de l'aéroport** (☎0600-555 555 ; www.airporttaxi.fi ; 2/4 passagers 29,50/39,50 €) font des trajets porte à porte. Si vous allez à l'aéroport (27 €/1-2 pers), il faut les réserver la veille avant 18h. Sinon, une course normale coûte généralement entre 45 et 65 €.

Gratuits, les "vélos municipaux" verts, faciles à reconnaître, peuvent circuler dans un rayon de 2 km depuis la Kauppatori. Il faut insérer 2 € dans le point d'attache ; vous récupérerez votre pièce au moment de remettre votre vélo dans n'importe quel point.

Plus raffinés, les vélos d'**Ecobike** (☎040-084 4358 ; www.ecobike.fi ; Savilankatu 1b ; ⌚13h-18h lun-jeu) sont à vous à partir de 10 € la journée.

TAXI

Hélez les taxis dans la rue ou faites la queue à l'une des stations de taxis de la gare ferroviaire, de la gare routière ou sur la Senaatintori. Possibilité d'appeler un taxi au ☎010-00700.

TRANSPORTS PUBLICS

L'**HSL** (www.hsl.fi), organisme de transports publics d'Helsinki, gère les bus, le métro et les trains locaux, les trams et un ferry en direction de Suomenlinna. Valable sur tous les moyens de transport de l'HSL, le ticket forfaitaire (2,50 € acheté à l'avance ; 3 € à bord) doit être composté lors de la première montée et permet un nombre illimité de correspondances. Un ticket unique de tram coûte 2,20 € (plein tarif). Pays de Nokia oblige, il est possible de commander tous ces billets pour le même prix avec votre téléphone mobile en envoyant "A1" par SMS au ☎16355. Pour un séjour bref, nous vous recommandons de prendre un ticket à la journée ou pour plusieurs jours (jusqu'à 7) – 24/48/72 heures 7/10,5/14 €.

VÉLO

Avec un centre-ville plat et des pistes cyclables bien balisées, Helsinki est idéale pour les vélos. Des cartes sont disponibles à l'office du tourisme.

Lettonie

☎ 371 / 2,2 MILLIONS D'HABITANTS

Dans ce chapitre ➡

Le top des restaurants

- ➡ Istaba (p. 226)
- ➡ Aragats (p. 226)
- ➡ 36.Line (p. 237)
- ➡ 3 Pavaru (p. 225)
- ➡ Fazenda Bazārs (p. 226)

Le top des hébergements

- ➡ Rumene Manor (p. 249)
- ➡ Hotel Bergs (p. 223)
- ➡ Kārlamūiža (p. 270)
- ➡ Art Hotel Laine (p. 221)
- ➡ Fontaine Royal (p. 247)

Pourquoi y aller

Patchwork de mer, de lacs et de forêts, la Lettonie ressemble à un gigantesque parc doté d'une seule vraie grande ville : Riga, sa capitale cosmopolite. De taille modeste, le pays offre pourtant de l'intimité à profusion. On arrive toujours à trouver un coin de nature paisible, que ce soit pour faire de la randonnée, du vélo ou rêvasser sur une plage de sable blanc parmi des dunes couvertes de pins. Après avoir été envahie par toutes les grandes puissances de cette région du monde, la Lettonie présente plus de strates culturelles et une population moins homogène que ses deux voisines. Ses habitants estiment être les moins pragmatiques et les plus créatifs des pays baltes. Ils le démontrent à travers d'innombrables fêtes et festivals, et par leur attitude joyeuse et insouciante – avec une modération toute nordique, s'entend.

Quand partir

- ➡ Passez les vacances au pays de l'arbre de Noël et essayez-vous au bobsleigh pendant les mois de décembre et de janvier.
- ➡ En juin, le solstice d'été annonce les mois les plus chauds et les Lettons se rendent dans leur maison sur la côte pour profiter de la plage et du soleil de minuit.
- ➡ Refusant de voir s'enfuir l'été, à Riga, lorsque revient la fraîcheur de septembre, on sirote un *latte* (café crème) sous les lampes chauffantes des dernières terrasses ouvertes.

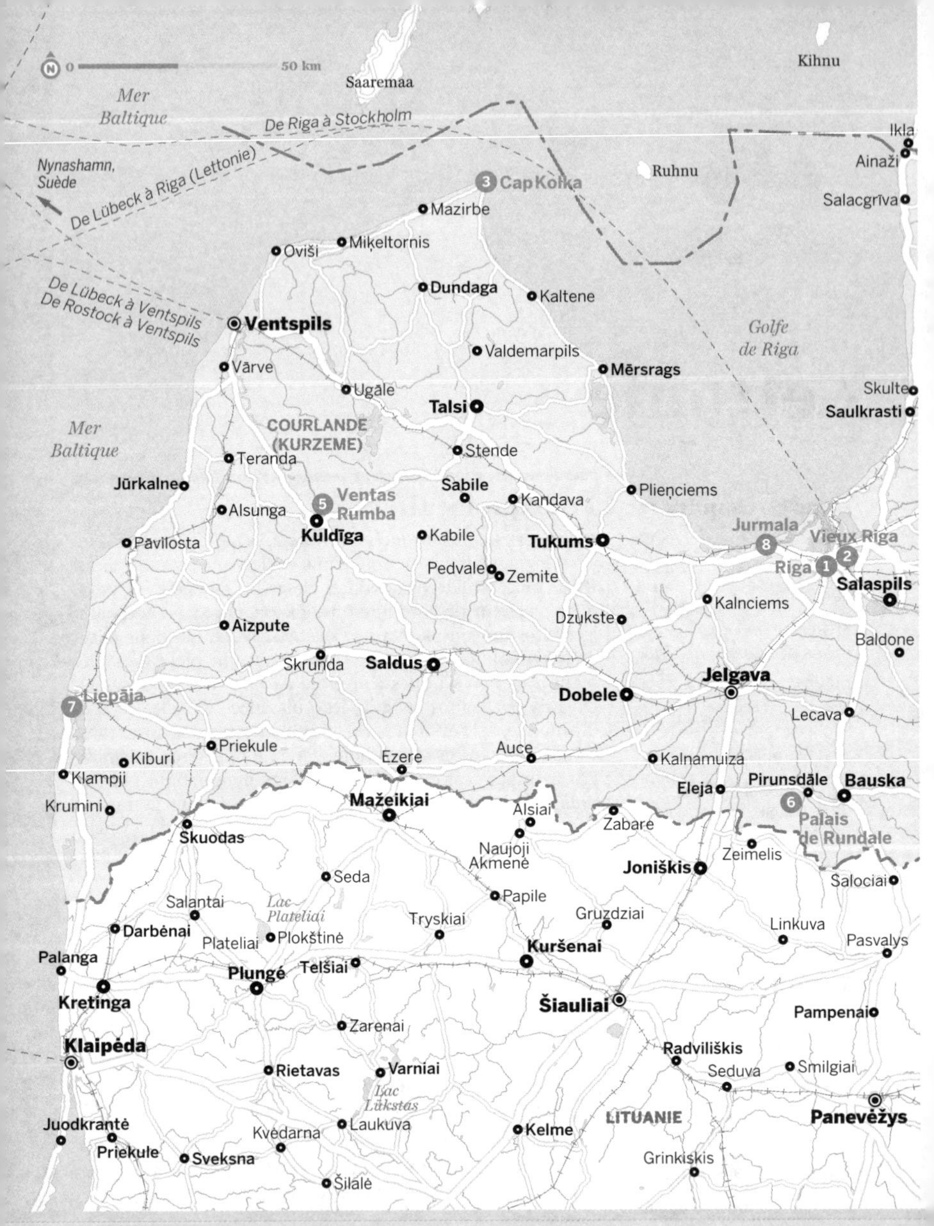

À ne pas manquer

1 Les gargouilles, animaux mythiques, déesses en prière et vignes entrelacées qui ornent l'architecture Art nouveau de **Riga** (p. 200)

2 Une promenade pour se perdre dans le dédale de rues pavées, de clochers d'églises et de moulures en dentelle de bois qui composent le **vieux Riga** (p. 201), classé au patrimoine de l'Unesco

3 Le bruit des vagues qui déferlent sur le **cap Kolka** (p. 253), un site reculé qui domine la côte désolée de la Courlande

4 L'aventure dans le **parc national de la Gauja** (p. 262) depuis le château de **Cēsis** (p. 270)

5 Les poissons qui remontent **Ventas Rumba** (p. 251), les chutes d'eau les plus larges (et probablement les plus petites !) d'Europe

6 Le charme aristocratique du **palais de Rundale** (p. 256)

7 La découverte des immeubles soviétiques et des cathédrales du quartier délabré de Karosta, dans la ville de **Liepāja** (p. 245)

8 La jet-set russe au cœur du luxueux univers thermal de **Jurmala** (p. 234)

RIGA

703 500 HABITANTS

Si les flèches gothiques qui la dominent peuvent évoquent une certaine austérité, c'est la flamboyance de l'Art nouveau qui fait l'âme de Riga (Rīga), ville animée et cosmopolite, et plus grande capitale des pays baltes. Comme toute ville du Nord, elle offre une apparence calme et réservée, mais un véritable bouillonnement est à l'œuvre dans ses bars tendance, ses centres d'art moderne et les cuisines de ses restaurants expérimentaux. Installée au bord d'un golfe qui porte son nom, Riga est à courte distance en voiture de la station balnéaire jet-set de Jurmala, dotée d'une éblouissante plage de sable blanc. Si vous cherchez en revanche solitude, nature intacte, dunes et forêts regorgeant de myrtilles, vous les trouverez aussitôt franchies les limites de la capitale.

Histoire

Si Riga était une personne, elle posséderait une collection de passeports périmés délivrés par une bonne douzaine d'États et d'empires différents !

Elle serait née allemande en 1201. L'évêque Albert von Buxhoeveden fonda Riga pour servir de tête de pont à la croisade contre les païens du Nord, à savoir les peuples baltes, slaves et finno-ougriens. C'est ainsi que Riga devint le bastion des chevaliers Porte-Glaive et le nouveau carrefour commercial entre la Proto-Russie et l'Occident. Lorsque la Suède s'empara de la ville en 1621, cette dernière devint la plus importante possession de l'Empire suédois (plus grande encore que Stockholm !). Puis les Russes prirent la Lettonie aux Suédois et ajoutèrent un caractère industriel à cette ville animée. Dans les années 1860, Riga était le plus grand port au monde pour le commerce du bois et la troisième ville russe, après Moscou et Saint-Pétersbourg. Le XXe siècle vit aussi l'éclosion des cafés, des salons, des dancings et d'une vie intellectuelle florissante qui prit une saveur toute lettonne avec l'indépendance du pays en 1918. Tout cela se solda par l'occupation soviétique en 1940, suivie de la Seconde Guerre mondiale, qui laissa la ville dévastée par les bombardements et privée de ses deux grandes communautés : les Allemands, déplacés en Allemagne, et les juifs, décimés par l'Holocauste. Toutefois, Riga, de nature résolument internationale, a su renaître de ses cendres et, même à l'époque soviétique, elle se démarquait par ses vues progressistes et sa vigueur culturelle.

Aujourd'hui, le passé cosmopolite de Riga lui permet de s'ajuster aisément au climat de la mondialisation. Aussi, elle n'est pas seulement la capitale lettonne, mais également la pierre angulaire de la Baltique.

À voir

Riga est située sur les rives du fleuve de la Dvina occidentale (Daugava), qui se jette à 15 km au nord dans le golfe de Riga. Le vieux Riga (Vecrīga), cœur historique de la ville, s'étend sur une largeur de 1 km le long du côté est du fleuve et sur une profondeur de 600 m depuis les berges. Cette partie médiévale de la ville, majoritairement piétonne, est un dédale sinueux de rues et de ruelles pavées.

En s'éloignant du fleuve, la rue Kaļķu prend le nom de Brīvības bulvāris (boulevard de la Liberté) à partir de l'étroit et pittoresque parc tout en courbes qui protège le centre médiéval du damier des grands boulevards. Surmonté d'une figure en cuivre, le monument de la Liberté, dressé au milieu du boulevard Brīvības, est la porte d'accès non officielle au centre de Riga (Centrs). Cette partie de la ville, construite aux XIXe et XXe siècles, arbore de larges avenues, de luxueux immeubles et une architecture Art nouveau. Aux extrémités du centre-ville, la grandeur européenne se transforme en blocs d'habitations soviétiques et *microrajons* ("microrégions" ou banlieues).

LANGUE

Bonjour (bonne journée)	Labdien	*lab-di-in*
Salut (informel)	Sveiki	*sféï-ki*
Comment allez-vous ?	Kā jums klājas	*ka youms kla-yeus*
Merci	Paldies	*pal-di-ess*
S'il vous plaît/de rien	Lūdzu	*lououd-zo*

Vieux Riga (Vecrīga)

C'est en marchant au hasard que l'on découvre le mieux les rues pavées et tortueuses du cœur médiéval de Riga. Perdu au milieu des toits à pignons, clochers d'églises et ruelles sinueuses, vous découvrirez une vieille ville éblouissante – classée au Patrimoine mondial – que se partagent de hautes cathédrales, de vastes places et les murs d'enceinte délabrés d'un château.

Rātslaukums

La place Rātslaukums est parfaite pour se lancer à la découverte de la vieille ville. La maison des Têtes noires abrite un office du tourisme (p. 232), qui fournit une multitude de brochures et de cartes.

Maison des Têtes noires BÂTIMENT HISTORIQUE

(Melngalvju nams ; carte p. 204 ; www.melngalvjunams.lv ; Rātslaukums 7). Sur cette place touristique se tient la superbe maison des Têtes noires, construite en 1344 pour la guilde des Têtes noires, composée de marchands allemands célibataires. La maison d'origine fut détruite en 1941, puis rasée par les Soviétiques 7 ans plus tard. Le plan original ayant été mystérieusement sauvegardé, une réplique exacte de ce superbe édifice à la décoration très ornementée fut achevée en 2001 pour le 800e anniversaire de Riga.

À l'époque de nos recherches, elle servait de résidence provisoire au président letton et était donc interdite aux visiteurs, hormis l'office du tourisme situé à l'intérieur.

Hôtel de ville BÂTIMENT HISTORIQUE

(Carte p. 204 ; Rātslaukums). Détruit durant la Seconde Guerre mondiale, l'hôtel de ville historique de Riga fut entièrement reconstruit en 2003. Une **statue de saint Roland**, patron de la ville, occupe l'emplacement d'honneur sur la place située devant. C'est également une réplique, l'original érigé en 1897 se trouvant désormais dans l'église Saint-Pierre. On peut entrer dans l'hôtel de ville, ne serait-ce que pour voir la collection de cadeaux offerts par les délégations des villes jumelées lors de leurs visites.

Monument des Tirailleurs lettons MONUMENT

(Latviešu Strēlnieku laukums ; carte p. 204). Tout près du musée de l'Occupation, la place des Tirailleurs lettons accueillait autrefois le marché central de Riga. Cette place est aujourd'hui dominée par la sculpture controversée en hommage aux tirailleurs lettons, qui formaient la base de l'Armée rouge en 1918. Certains servirent de gardes du corps à Lénine. La plupart regagnèrent la Lettonie dès l'indépendance.

LA LETTONIE EN BREF

Monnaie
Euro (€)

Langue
Letton, russe (non officielle)

Capitale
Riga

Superficie
64 589 km²

Mentzendorff's House BÂTIMENT HISTORIQUE

(Mencendorfa nams ; carte p. 204 ; ☎67212951 ; www.mencendorfanams.com ; Grēcinieku iela 18 ; adulte/enfant 2,85/1,14 € ; ⏲10h-17h tlj mai-sept, 11h-17h mer-dim oct-avr). Ancienne maison d'un riche vitrier allemand construite en 1695, cette demeure chichement meublée vous plonge dans la vie quotidienne d'un marchand prospère de Riga. Le rez-de-chaussée abrite une exposition d'œuvres contemporaines en verre et des expositions temporaires ont lieu sous les combles.

Pēterbaznīca laukums

Église luthérienne Saint-Pierre ÉGLISE

(Sv Pētera baznīca ; carte p. 204 ; www.peterbaznica.lv ; Skārņu iela 19 ; adulte/enfant moins de 7 ans 9 €/gratuit ; ⏲10h-18h mar-sam, 12h-18h dim). Point de repère central de Riga, cette église gothique aurait environ 800 ans, ce qui en fait l'un des plus vieux édifices médiévaux de la Baltique. L'intérieur élancé, en brique rouge, est relativement dépouillé, hormis les écus blasonnés accrochés aux piliers. Les expositions installées dans les collatéraux offrent un contraste coloré. À l'arrière de l'église, un ascenseur conduit les visiteurs jusqu'à une plateforme d'observation perchée à 72 m dans le clocher.

L'aspect austère de l'édifice est adouci par des sculptures baroques ajoutées au XVIIe siècle, tout comme la flèche, qui devint aussitôt un élément emblématique de la silhouette urbaine de Riga. Elle fut détruite par les flammes en 1721, bien que Pierre Ier de Russie en personne se fût précipité sur les lieux pour éteindre l'incendie. Selon la légende, lors de sa reconstruction en 1746,

RIGA EN...

Deux jours

Démarrez votre aventure au cœur de la ville en passant par la superbe **maison des Têtes noires**, sur la place Rātslaukums. À l'intérieur, l'office du tourisme distribue des brochures très pratiques. Le reste de la matinée, baladez-vous dans les rues pavées et sinueuses de la **vieille ville** médiévale. Après le déjeuner, poussez l'exploration au-delà des anciennes fortifications, vous passerez devant le **monument de la Liberté** en vous dirigeant vers les grands boulevards qui partent du château, au centre de la ville. La **ville nouvelle** abrite certains des plus beaux exemples d'architecture Art nouveau de Riga. Ne manquez pas le **musée d'Art nouveau de Riga**.

Le deuxième jour, aiguisez votre sens des affaires lors d'une visite au **marché central**, où l'on trouve de tout, des fruits sauvages aux tee-shirts de contrefaçon. Après une balade dans le petit quartier **Spīķeri**, embarquez pour une **croisière** relaxante sur la Dvina occidentale et les canaux de la ville. Baladez-vous dans le quartier Art nouveau jusqu'à **Miera iela** pour prendre un déjeuner tardif parmi les cafés branchés et les effluves de la chocolaterie Laima. Le soir, si c'est la saison de l'opéra, laissez-vous tenter par certains des meilleurs ensembles de musique classique d'Europe.

Quatre jours

Après l'itinéraire de deux jours proposé ci-dessus, enfilez votre maillot de bain pour passer le troisième jour sur le sable fin de **Jurmala**, ravissante station balnéaire. Dans l'après-midi, louez un vélo pour vous balader parmi les jolies maisons en bois, près de la mer. Terminez la journée par un soin dans un spa, puis rentrez à Riga pour passer la nuit dans l'un des clubs les plus renommés de la ville.

Votre quatrième jour est dédié à la découverte des lieux moins touristiques de Riga, ou bien à l'exploration du **parc national de la Gauja** pour une journée bien remplie, entre sports d'aventure et visite de châteaux. Démarrez à **Sigulda** pour un frisson sur la piste olympique de bobsleigh, faites un détour à **Turaida** avant de vous rendre au bunker soviétique dissimulé de **Līgatne**, puis terminez la journée dans les ruines de la forteresse de **Cēsis** avant de rejoindre la capitale.

les maçons auraient jeté un morceau de verre depuis le sommet pour voir si la flèche allait durer longtemps, des éclats de verre nombreux augurant une grande longévité. Le verre atterrit sur un tas de paille, se brisa seulement en deux... et la flèche fut à nouveau détruite durant la Seconde Guerre mondiale. Lors de sa reconstruction, on renouvela le rituel du verre, qui éclata cette fois en plusieurs morceaux.

Musée des Arts décoratifs et appliqués MUSÉE

(Dekoratīvi lietišķās mākslas muzejs ; carte p. 204 ; ☎ 6722 7833 ; www.lnmm.lv ; Skārņu iela 10/20 ; adulte/enfant 4,27/2,13 € ; ⏲ 11h-17h mar et jeu-dim, 11h-19h mer). L'ancienne église Saint-Georges abrite désormais un musée dédié aux arts appliqués, de l'Art nouveau à nos jours, qui conserve une imposante collection de mobilier, gravures, tapisseries et céramiques. Les fondations de l'édifice remontent à 1207, date à laquelle les chevaliers Porte-Glaive firent construire un château à cet emplacement. Le reste de l'édifice ayant été rasé lors d'une révolte des citoyens à la fin de ce même siècle, c'est le seul bâtiment intact remontant à la fondation de Riga.

Musée de la Porcelaine de Riga MUSÉE

(Carte p. 204 ; ☎ 6750 3769 ; www.porcelanamuzejs.riga.lv ; Kalēju iela 9/11 ; adulte/réduit 2,50/1 € ; ⏲ 11h-18h mar-dim). Ce musée excentrique abrite la collection de porcelaine réunie, à l'époque soviétique, par la manufacture de porcelaine et de faïence de Riga, aujourd'hui disparue, héritière des deux manufactures existant avant la Seconde Guerre mondiale. L'une était dirigée par des Russes venus de la célèbre manufacture de Gzhel, près de Moscou, et l'autre par des Allemands de Lettonie. Le style des porcelaines de Riga est une fusion de ces deux écoles.

Église Saint-Jean ÉGLISE

(Jāņa baznīca ; Skārņu iela 24 ; carte p. 204). Amalgame des styles gothique et baroque, cette église fut construite du XIIIe au XIXe siècle. On en parla pour la première fois lorsque les citoyens installèrent des catapultes sur son toit et dispersèrent les chevaliers livoniens. D'abord tenue par des dominicains, elle fut pillée pendant la Réforme. Après avoir servi un temps d'écurie et de grenier à grain, elle fut remise aux luthériens, qui la dirigent actuellement. Juste à côté, un passage voûté mène au **Jāņa sēta** (jardin de Saint-Jean), contenant les vestiges du mur du monastère du XIIIe siècle.

C'est ici qu'élit domicile l'évêque Albert von Buxhoeveden, fondateur de Riga en 1201. C'est un peu le berceau de la ville. Remarquez les courbes au-dessus du portail en brique rouge – on dit qu'elles imitent le dos de l'âne sur lequel Jésus entra dans Jérusalem.

Kalēju iela et Mārstaļu iela

Les rues Kalēju et Mārstaļu, sinueuses, sont jalonnées de témoignages poignants de l'époque où la ville était un centre marchand prospère de l'Europe du Nord. Plusieurs anciennes demeures de marchands ont été converties en musées.

Musée du Front populaire de Lettonie — MUSÉE

(Latvijas tautas frontes muzejs ; carte p. 204 ; ☎6722 4502 ; Vecpilsētas iela 13-15 ; ⌚14-19h mar, 12h-17h mer-ven, 12h-16h sam). GRATUIT Antenne du musée d'Histoire de la Lettonie, cette exposition réalisée à l'aide de dispositifs multimédias interactifs couvre la période du 3e Atmoda (Réveil national) – la lutte pour l'indépendance pendant la perestroïka soviétique, à la fin les années 1980. Conduit par le militant écologiste Dainis Ivans, le collectif Front populaire letton réunissait des forces prodémocratiques et fut à l'origine d'actions émouvantes comme la Voie balte, une chaîne humaine formée par des Lettons, des Estoniens et des Lituaniens à travers leur pays respectif (voir p. 283).

Musée letton de la Photographie — MUSÉE

(Latvijas fotogrāfijas muzejs ; carte p. 204 ; ☎6722 2713 ; www.fotomuzejs.lv ; Mārstaļu iela 8 ; adulte/enfant 3,55/1,42 € ; ⌚10h-17h mer et ven-dim, 12h-19h jeu). Installé dans une demeure historique ayant appartenu à un marchand, ce petit musée présente de vieilles photos de Riga et des expositions temporaires de photo contemporaine. Il y a aussi une chambre noire et une exposition intéressante sur Valters Caps (1905-2003), enfant du pays et inventeur de l'appareil photo miniature Minox, tant apprécié des espions durant la guerre froide.

Synagogue de Riga — SYNAGOGUE

(www.jews.lv/en ; Peitavas iela 6/8 ; carte p. 204). Construite en 1905, cette synagogue Art nouveau fut la seule à survivre à l'occupation nazie – dans le quartier très dense de la vieille ville, l'incendier aurait été trop dangereux pour les édifices voisins. Réouverte au culte pendant l'ère soviétique, puis endommagée après l'indépendance par des bombes posées par des néonazis en 1995 et 1998, elle ne fut entièrement restaurée qu'en 2009, grâce à des fonds de l'UE.

Livu laukums

Située près de l'entrée la plus animée du vieux Riga, le long de Kaļķu iela, la place Livu accueille des *beer gardens* l'été. La place est bordée de superbes bâtiments du XVIIIe siècle, dont la plupart ont été transformés en restaurants.

Maison du Chat — BÂTIMENT HISTORIQUE

(Kaķu māja ; Miestaru iela 10/12 ; carte p. 204). Le chat au dos rond juché sur l'une des tourelles de ce bâtiment d'influence Art nouveau (1909) est devenu un symbole de Riga. La légende raconte que le propriétaire, après s'être vu refuser l'accès à la Grande Guilde, située de l'autre côté de la rue, se vengea en plaçant au sommet de la

L'ARBRE DE NOËL, UNE INVENTION LETTONNE !

La maison des Têtes noires était réputée pour ses folles soirées ; c'était, après tout, une confrérie de marchands célibataires. En 1510, à la veille de Noël, un groupe de célibataires, tout à l'esprit de la fête – et des spiriteux –, traîna un grand pin jusqu'à la confrérie et le couvrit de fleurs. À la fin de la soirée, l'arbre fut réduit en cendres après un impressionnant embrasement. Depuis, la décoration de l'"arbre de Noël" est devenue une tradition annuelle, qui a fini par se diffuser dans le monde entier.

Une plaque, de forme octogonale, incrustée dans les pavés de Rātslaukums, indique l'endroit où fut dressé le premier arbre.

Vieux Riga (Vecrīga)

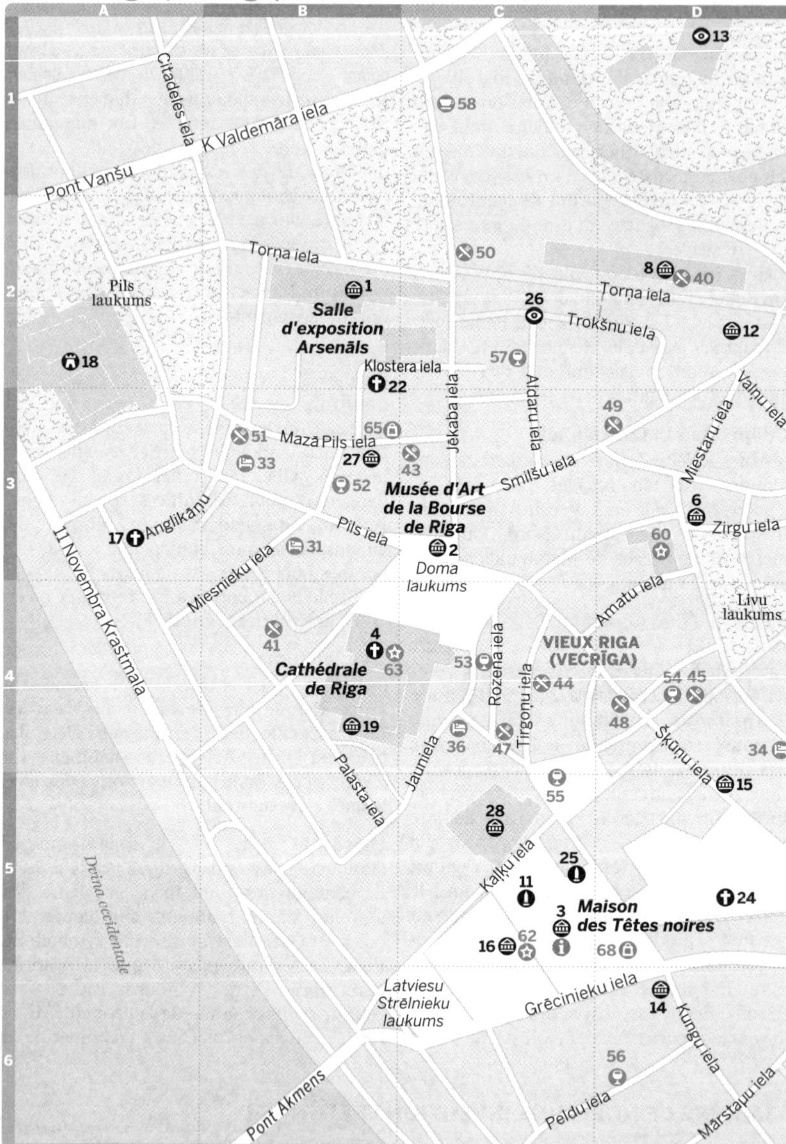

tourelle des chats noirs – postérieurs tournés vers la prestigieuse guilde. Scandalisés, les membres de la guilde, après une longue bataille judiciaire, admirent le marchand à condition que les chats soient tournés de l'autre côté !

Doma laukums

♥ **Cathédrale de Riga** CATHÉDRALE

(Rīgas Doms ; carte p. 204 ; ☎6721 3213 ; www.doms.lv ; Doma laukums 1 ; 3 € ; ⊙9h-17h). Fondée en 1211 pour servir de siège épiscopal au diocèse de Riga, cette immense cathédrale

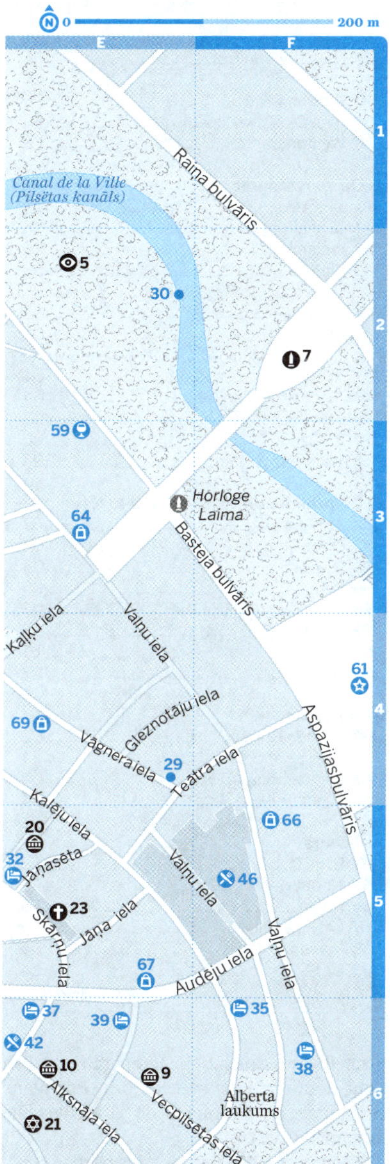

(autrefois catholique et aujourd'hui évangélique luthérienne) est la plus grande église médiévale de la Baltique. Elle est constituée d'un assemblage de styles architecturaux couvrant une période allant du XIIIe au XVIIIe siècle : l'extrémité orientale, la plus ancienne, présente des éléments romans ; la tour du XVIIIe siècle est de style baroque ; et une grande partie du reste date d'une reconstruction gothique du XVe siècle.

Les offices étaient interdits à l'époque soviétique, mais le bâtiment et son orgue de 6 768 tuyaux (1884) ont subi une rénovation minutieuse. Il servait pour des concerts de musique classique, fonction qu'il remplit toujours (p. 230), même si les offices ont repris depuis que l'archevêque luthérien de Lettonie s'y est installé.

Sur le sol et les murs de l'immense intérieur, on aperçoit d'anciennes tombes de pierre – les symboles gravés indiquent le rang ou la fonction du défunt. Les éminents citoyens payaient pour être enterrés le plus près possible de l'autel. En 1709, l'épidémie de choléra et de typhoïde, qui tua un tiers de la population de la ville, fut attribuée à une inondation ayant atteint les tombes, à la suite de quoi les nouvelles inhumations furent interdites.

♥ Musée d'Art de la Bourse de Riga MUSÉE

(Mākslas muzejs Rīgas Birža ; carte p. 204 ; www.lnmm.lv ; Doma laukums 6 ; adulte/enfant 6,40/2,85 € ; ⌚10h-18h mar-jeu, sam-dim, 10h-20h ven). Le bâtiment magnifiquement restauré de la Bourse de Riga offre son bel écrin aux trésors artistiques de la ville. Sa façade ornementée présente une ribambelle de divinités dansant entre les fenêtres tandis qu'à l'intérieur, des lustres dorés étincellent sous les plafonds aux moulures richement sculptées. La partie consacrée à l'Orient comprend de belles céramiques chinoises et japonaises ainsi qu'une momie égyptienne ; les salles principales sont consacrées à l'art occidental (vous y trouverez un tableau de Monet et un moulage miniature du *Baiser* de Rodin).

Musée d'Histoire de Riga et de la Navigation MUSÉE

(Rīgas vēstures un kuģniecības muzejs ; carte p. 204 ; www.rigamuz.lv ; Palasta iela 4 ; adulte/enfant 4,27/0,71 € ; ⌚10h-17h tlj mai-sept, 11h-17h mer-dim oct-avr). Fondé en 1773, le plus ancien musée de la Baltique occupe le monastère de la vieille cathédrale de Riga. Les collections permanentes comprennent des objets allant de l'âge du bronze à la Seconde Guerre mondiale, et des bijoux de l'époque préchrétienne à des mains momifiées coupées à de faux-monnayeurs du Moyen Âge. La somptueuse salle néoclassique dite de la Colonne, édifiée lorsque la Lettonie

Vieux Riga (Vecrīga)

Les incontournables
1 Salle d'exposition Arsenāls.................. B2
2 Musée d'Art de la Bourse de Riga......... C3
3 Maison des Têtes noires........................ C5
4 Cathédrale de Riga.............................. B4

À voir
5 Colline du Bastion...................................E2
6 Maison du Chat...................................... D3
7 Monument de la Liberté.........................F2
8 Casernes de Jacob................................ D2
9 Musée du Front populaire de Lettonie...E6
10 Musée letton de la Photographie...........E6
11 Monument des Tirailleurs lettons......... C5
12 Musée letton de la Guerre..................... D2
13 Mémorial aux Victimes du 20 janvier 1991..............................D1
14 Mentzendorff's House........................... D6
15 Musée des Arts décoratifs et appliqués.. D5
16 Musée de l'Occupation de la Lettonie.. C5
17 Église anglicane de Riga........................ A3
18 Château de Riga..................................... A2
19 Musée d'Histoire de Riga et de la Navigation.............................. B4
20 Musée de la Porcelaine de Riga............E5
21 Synagogue de Riga.................................E6
22 Cathédrale Saint-Jacques...................... B2
23 Église Saint-Jean E5
24 Église luthérienne Saint-Pierre............. D5
25 Statue de saint Roland.......................... C5
26 Porte suédoise....................................... C2
27 Trois Frères.. B3
28 Hôtel de ville.. C5

Activités
29 Rīga Bike Tours.......................................E4
30 Rīga By Canal..E2

Où se loger
31 Dome Hotel B3
32 Ekes Konvents E5
33 Grand Palace Hotel................................. B3
34 Konventa Sēta D4
35 Naughty Squirrel F6
36 Neiburgs C4
37 Radi un Draugi E6
38 Rīga Old Town Hostel.............................. F6
39 Wellton Centra... E6

Où se restaurer
40 3 Pavaru D2
41 Gutenbergs...B4
42 Indian Raja E6
43 Ķiploku Krogs C3
Le Dome Fish Restaurant ....(voir 31)
44 LIDO Alus Sēta C4
45 Pelmeņi XL..D4
46 Rimi F5
47 Rozengrāls...C4
48 Šefpavārs Vilhelms D4
49 Tēvocis Vaņa D3
50 V Ķuze C2
51 Vecmeita ar kaki...B3

Où prendre un verre et faire la fête
52 Aptieka B3
53 Cuba Cafe C4
54 DJ Bar..D4
55 Egle..C5
56 Folksklub Ala Pagrabs D6
57 I Love You C2
58 Kama Tea Hub.. C1
59 Nabaklab... E3

Où sortir
60 Grande Guilde...D3
61 Opéra national... F4
62 Look at Riga C5
63 Cathédrale de Riga...B4

Achats
64 Elina Dobele E3
65 Hobbywool...B3
66 Kafka F5
67 Latvijas Balzāms E5
68 Pienene D5
69 Upe E4

faisait partie de l'Empire russe, est remplie de souvenirs de cette époque.

Trois Frères BÂTIMENTS HISTORIQUES

(Trīs brāļi ; Mazā Pils iela 17, 19 et 21 ; carte p. 204). Si Tallinn a ses Trois Sœurs (le prestigieux hôtel Three Sisters), Riga, pour ne pas être en reste, a baptisé cet ensemble de trois vieilles maisons en pierre les Trois Frères. Ces merveilles architecturales qui s'alignent avec une grâce toute photogénique représentent bien les divers styles du vieux Riga. Au n°17, la plus ancienne maison de la ville a plus de 600 ans. Sa voisine du XVIIe siècle accueille des expositions temporaires et l'on peut admirer dans sa cour des ornements provenant de bâtiments de la vieille ville aujourd'hui détruits.

Les minuscules fenêtres des parties supérieures témoignent d'une époque où les impôts fonciers dépendaient de la taille des fenêtres.

Cathédrale Saint-Jacques CATHÉDRALE

(Sv Jēkaba katedrāle ; carte p. 204 ; Klostera iela ; 7h-18h, 7h-19h été). Construite en 1225, cette église tantôt catholique, tantôt protestante, a connu des communautés diverses, dont les

Allemands, les Suédois, les Polonais et les Estoniens. C'est surtout ici que les Lettons vinrent entendre une messe dite dans leur langue en 1523, pendant la période luthérienne de l'édifice. Tout juste 400 ans plus tard, elle fut remise aux catholiques qui en firent leur cathédrale.

Pils laukums

Château de Riga CHÂTEAU

(Rīgas pils ; carte p. 204 ; Pils laukums 3). Construit en 1330 pour servir de quartier général au grand maître de l'ordre de Livonie, ce bâtiment a bien changé au fil des ans et n'a plus l'air d'un château que par endroits. Résidence officielle du président letton jusqu'à l'incendie qui l'a gravement endommagé en 2013, il reprendra cette fonction après les travaux de restauration.

Salle d'exposition Arsenāls GALERIE D'ART

(Izstāžu zāle Arsenāls ; carte p. 204 ; www.lnmm.lv ; Torņa iela 1 ; adulte/enfant 3,56/2,13 € ; 12h-17h mar, mer et ven-dim, 12h-20h jeu). Derrière sa rangée de sinistres têtes en granit représentant les plus grands artistes lettons, cet arsenal impérial construit en 1832 pour stocker l'armement de l'armée du tsar accueille aujourd'hui des expositions majeures, parfois internationales. Découvrez l'imposant escalier en bois situé à l'arrière du bâtiment – sa géométrie à la fois simple et originale préfigure l'architecture moderne.

Torņa iela

Depuis la place Pils, la jolie rue Torņa continue tout droit en direction du canal de la Ville (Pilsētas kanāls) de l'autre côté du vieux Riga. Presque toute la partie nord de la rue est bordée par les **casernes de Jacob** (Jēkaba Kazarmas ; Torna iela 4), couleur moutarde, construites au XVIe siècle sous la forme d'un énorme entrepôt. Le bâtiment rénové abrite désormais des cafés et des boutiques touristiques.

Porte suédoise PORTE

(Zviedru vārti ; carte p. 204 ; Torņa iela 11). Édifiée dans les remparts médiévaux en 1698 sous la domination suédoise, la seule porte du vieux Riga parvenue jusqu'à nous se trouve à l'intérieur de la plus grande portion des remparts encore existante. Elle donne dans Trokšņu iela, la rue la plus étroite et la plus pittoresque de la vieille ville.

Musée letton de la Guerre MUSÉE

(Latvijas kara muzejs ; carte p. 204 ; www.karamuzejs.lv ; Smilšu iela 20 ; 10h-18h avr-oct, 10h-17h nov-mars). GRATUIT Érigée au XIVe siècle, cette tour cylindrique (Pulvertornis) est l'unique rescapée des 18 tours qui ponctuaient l'enceinte de la vieille ville. Neuf boulets de canon russes provenant d'assauts aux XVIIe et XVIIIe siècles sont encastrés dans les murs. Après avoir servi de magasin de poudre, de prison, de salle de torture et de lieu de réunion pour une confrérie, elle abrite aujourd'hui le musée de la Guerre. L'histoire politique et militaire du pays y est détaillée du Moyen Âge à nos jours.

Centre de Riga (Centrs)

En quittant l'ensemble de tours et tourelles, Kaļķu iela devient Brīvības bulvāris (boulevard de la Liberté), et coupe la ville en deux parties égales. Une ceinture de parcs luxuriants sépare l'enceinte médiévale des grands boulevards. Parmi les nombreux sites mémorables du centre de Riga, on compte le superbe quartier Art nouveau, un vaste marché installé dans de grands hangars de ballons dirigeables et l'emblématique monument de la Liberté.

Le long du canal de la Ville

Pilsētas Kanāls (canal de la Ville) PARC

(Carte p. 210). Le canal Pilsētas, anciennes douves de la ville, protégeait autrefois la ville médiévale contre les envahisseurs. Aujourd'hui, ce ravin tortueux fait partie d'une étroite ceinture de parcs boisés séparant le vieux Riga du centre. L'imposant Raiņa bulvāris, qui longe le cours d'eau du côté nord, était le quartier des ambassades pendant l'indépendance de la Lettonie, entre les deux guerres mondiales.

Le boulevard Raiņa a retrouvé ce digne statut, la bannière étoilée flottant au n°7 et le drapeau français au n°9. D'autres bâtiments diplomatiques font face au parc central et aux douves sur les boulevards Kronvalda et Kalpaka.

La petite **colline du Bastion** (Bastejkalns), située sur les rives du canal Pilsētas près de Brīvības, est le dernier vestige des fortifications de sable médiévales de Riga. En contrebas de Bastejkalns, cinq dalles rouges forment le **mémorial aux Victimes du 20 janvier 1991** (qui furent tuées à cet endroit lorsque les troupes soviétiques attaquèrent le ministère de l'Intérieur voisin).

Le 18 novembre 1918, l'indépendance de la Lettonie fut proclamée au **Théâtre national** (Nacionālais teātris ; carte p. 210), édifice baroque situé à la jonction du canal et de K Valdemāra iela. De l'autre côté du parc, près de K Barona iela, on trouve l'Opéra national (p. 230), qui ressemble au Bolchoï de Moscou.

Monument de la Liberté MONUMENT

(Brīvības bulvāris ; carte p. 204). Surnommé "Milda", le monument de la Liberté de Riga se dresse entre le vieux Riga et le centre-ville. Financé par des dons publics, le monument a été conçu par le sculpteur Kārlis Zāle et érigé en 1935, à l'endroit où se tenait autrefois une statue de Pierre le Grand.

Sa base porte l'inscription "Tēvzemei un Brīvībai" (Patrie et Liberté), ainsi que des frises en granit où figurent des Lettons chantant et combattant pour leur liberté. Parmi ces personnages, vous reconnaîtrez peut-être Lāčplēsis, mi-homme, mi-ours, et symbole du combat des Lettons pour l'indépendance (p. 228).

Une Liberté en cuivre tenant dans ses mains trois étoiles d'or couronne ce haut monument. Ces trois étoiles représentent les trois régions lettonnes et leurs cultures : la Courlande (Kurzeme), la Livonie (Vidzeme) et le Latgale (Zemgale, la quatrième, est considérée comme faisant partie de la Courlande).

Chose surprenante, lors de l'occupation soviétique, le monument de la Liberté n'a jamais été démoli. Il faut dire que l'un de ses créateurs, Ernests Štālbergs, conçut la principale statue de Lénine à Riga, qui dépassait en taille le monument de la Liberté jusqu'à ce qu'elle soit démontée en 1991. Durant la période soviétique, il était toutefois interdit de s'approcher de Milda et toute personne surprise en train d'y déposer des fleurs était persécutée.

Deux soldats y montent la garde le jour ; une modeste relève de la garde a lieu à l'heure pile, de 9h à 18h.

Centre de Riga

Esplanāde PARC

(Carte p. 210). Ce vaste parc est jalonné de hauts arbres, de bancs de bois et de cafés en plein air. Le musée national des Beaux-Arts en orne un côté tandis que les coupoles de la cathédrale orthodoxe russe s'élèvent de l'autre. Ce parc recelait autrefois de nombreuses statues soviétiques ; le **monument à Jānis Rainis**, le plus célèbre écrivain letton, est le seul vestige de cette époque.

Deux militaires lui tiennent désormais compagnie. Le **mémorial d'Oskar Kalpak** rend hommage à celui qui, en 1918, rassembla le noyau de ce qui allait devenir l'armée lettonne et combattit les tirailleurs probolchéviques lettons. Le bronze représentant un homme en bicorne près de la cathédrale est le **monument à Michael Barklay de Tolli**. Natif de Riga et issu d'une famille germanophone d'origine écossaise, il conduisit l'armée russe contre Napoléon et inventa la politique de la terre brûlée qui valut aux Russes la victoire finale.

Musée national des Beaux-Arts MUSÉE

(Latvian National Museum of Art ; Latvijas nacionālā mākslas muzeja ; carte p. 210 ; www.lnmm.lv ; K Valdemāra iela 10a). Principal musée letton, sa réouverture au printemps 2016, après une restauration poussée, a fait grand bruit. Ses œuvres lettonnes et russes, dont une majorité réalisées avant la Seconde Guerre mondiale, ont retrouvé une place de choix dans les collections nationales. Installé dans le cadre verdoyant de l'Esplanāde, cet imposant bâtiment de style baroque fut construit en 1905 pour le musée. Consultez les horaires et les tarifs en ligne.

Cathédrale de la Nativité du Christ CATHÉDRALE

(Kristus Piedzimšanas katedrāle ; carte p. 210 ; www.pravoslavie.lv ; Brīvības bulvāris 23 ; ⏲7h-19h). Pointant à travers les arbres, les coupoles dorées de cette cathédrale orthodoxe de style byzantin (1883) ajoutent une éclatante touche de fantaisie russe au paysage. Après avoir servi de planétarium à l'époque soviétique, elle a recouvré sa fonction première. Tenue correcte exigée : pas de short ; on demande aux femmes de se couvrir la tête.

Vērmanes dārzs (jardins Vērmanes) PARC

(Carte p. 210). Depuis le boulevard Brīvības, passez devant le **marché aux fleurs** (p. 231), ouvert 24h/24 le long de la rue Tērbatas, pour atteindre les accueillants jardins Vērmanes, très appréciés des habitants. En été, des groupes locaux jouent dans le petit **amphithéâtre extérieur** et des artisans s'installent le long des allées pavées.

Ville nouvelle

Vous pensiez peut-être que la vieille ville était le plus beau quartier de Riga, mais l'audacieux quartier Art nouveau (concentré autour des rues Alberta, Strēlnieku et Elizabetes) est un digne concurrent. Riga compte plus de 750 édifices Art nouveau, faisant d'elle la ville à la plus grande concentration d'Art nouveau au monde (voir p. 215).

♥ Alberta iela — ARCHITECTURE

On peut se balader pendant des heures dans cette rue en essayant d'en apercevoir les détails les plus captivants. Ce n'est pourtant qu'une rue plutôt fonctionnelle avec ses maisons d'habitation, ses restaurants et ses boutiques. De style Art nouveau (ou Jugendstil), la presque totalité des bâtiments de la rue est l'œuvre de l'architecte Mikhail Eisenstein (père du réalisateur Sergeï Eisenstein), qui en fit cadeau à Riga pour son 700e anniversaire. Elle tient son nom du fondateur de la ville, l'évêque Albert von Buxhoeveden.

Au **Alberta iela 2a**, construit en 1906, des visages sereins surmontés de casques de chevaliers montent la garde au sommet de la façade, qui dépasse largement le toit du bâtiment, à l'arrière. Des masques à la bouche ouverte et de vilains lutins ornent les parties inférieures au milieu de lignes épurées et d'étranges formes semblables à des robots. Deux femmes sphinx en pierre sont postées à l'entrée. Le bâtiment à côté arbore une façade dans un bien meilleur état. Les trois têtes du **Alberta iela 4**, à deux portes du 2a, attireront votre attention. En regardant attentivement, on aperçoit des serpents qui se tordent autour des têtes, rappelant Méduse. Les six yeux semblent pétrifiés par une scène d'horreur invisible, mais seuls deux des visages expriment la peur. Près de l'entrée, deux reliefs travaillés présentent de majestueux griffons, et des lions féroces dont la queue se dresse tel un poing, surveillent le toit. Plus loin, la faculté de droit de Riga, au **Alberta iela 13**, illustre le souci du détail du Jugendstil. Paons, branches mêlées et héroïnes à la poitrine découverte abondent tandis que de joyeuses scènes pastorales sont représentées en relief au-dessus de plantureux turbans surmontant des têtes géantes à la bouche ouverte. Le sommet triangulaire est composé d'un mélange d'images cauchemardesques : des têtes de lions se rétrécissent pour former des queues de serpents (comme une chimère), des visages pleurent de douleur et une tête étrange et futuriste fixe stoïquement la ville depuis le sommet.

Centre d'Art nouveau de Riga — MUSÉE

(Rīgas jūgemdstila muzejs ; carte p. 210 ; www.jugendstils.riga.lv ; Alberta iela 12 ; adulte/enfant mai-sept 6/4 €, oct-avr 3,50/2,50 € ; ⏲ 10h-18h mer-dim). Si les secrets des façades Art nouveau pleines d'imagination de Riga vous intéressent, la visite vaut le détour. Ancien logis de Konstantīns Pēkšēns (architecte letton ayant conçu plus de 250 bâtiments à Riga), l'intérieur a été complètement restauré afin d'évoquer un appartement de la classe moyenne des années 1920. L'entrée se fait Strēlnieku iela, en sonnant au n°12.

Remarquez l'escalier spectaculaire, les motifs géométriques au pochoir, le mobilier courbe, les vitraux d'époque dans la salle à manger et la cuisinière toujours en état de marche dans la cuisine. Une vidéo gratuite de 10 minutes détaille l'architecture singulière de la ville.

Consultez le site Web pour connaître les itinéraires pédestres sur le thème de l'Art nouveau en ville.

RIGA AVEC DES ENFANTS

Les rues du vieux Riga, classées au patrimoine de l'Unesco, peuvent faire l'effet d'un retour magique dans le passé pour les moins de 12 ans. En été, les enfants peuvent visiter le **zoo** (p. 215) de Mežaparks ou se rafraîchir sur la plage de Jurmala, non loin. Entre les jeux dans les vagues et les constructions de châteaux de sable, vous trouverez au **Līvu Akvaparks** (p. 235), plus grand parc aquatique couvert de Lettonie, une piscine à vagues et une multitude de toboggans.

Musée Janis Rozentāls et Rūdolfs Blaumanis — MUSÉE

(Carte p. 210 ; ☎ 6733 1641 ; Alberta iela 12 ; 1,42 € ; ⏲ 11h-18h mer-dim). Empruntez le magnifique escalier jusqu'au 5e étage pour découvrir l'ancien appartement où Janis Rozentāls, un des plus célèbres peintres lettons, vécut avec sa femme, Elli Forssell (chanteuse finlandaise renommée), et son ami Rūdolfs Blaumanis (grand écrivain letton). L'entrée se fait dans Strēlnieku iela, en sonnant au n°9.

Musée juif de Lettonie — MUSÉE

(Carte p. 210 ; don à l'entrée ; ⏲ 11h-17h dim-jeu). Ce petit espace plutôt informel retrace brièvement l'histoire des juifs de la ville jusqu'en 1945, à l'aide d'objets et de photographies. La population juive de Riga (à la différence de celle de Vilnius) était très bien intégrée au reste de la société. Le minuscule café casher du sous-sol (entrée dans Dzirnavu iela) sert une cuisine traditionnelle tels le pain *challah* et le *gefilte fish* (boulettes de poisson).

Centre de Riga (Centrs)

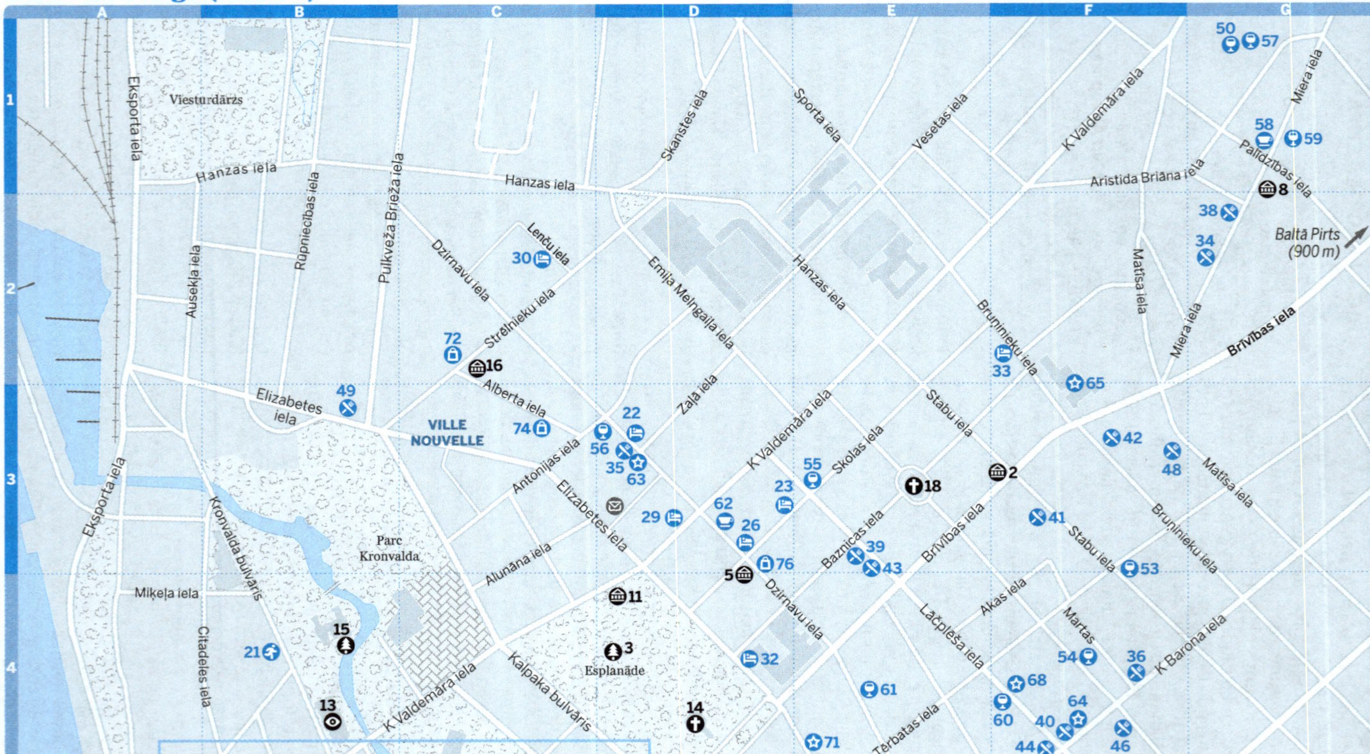

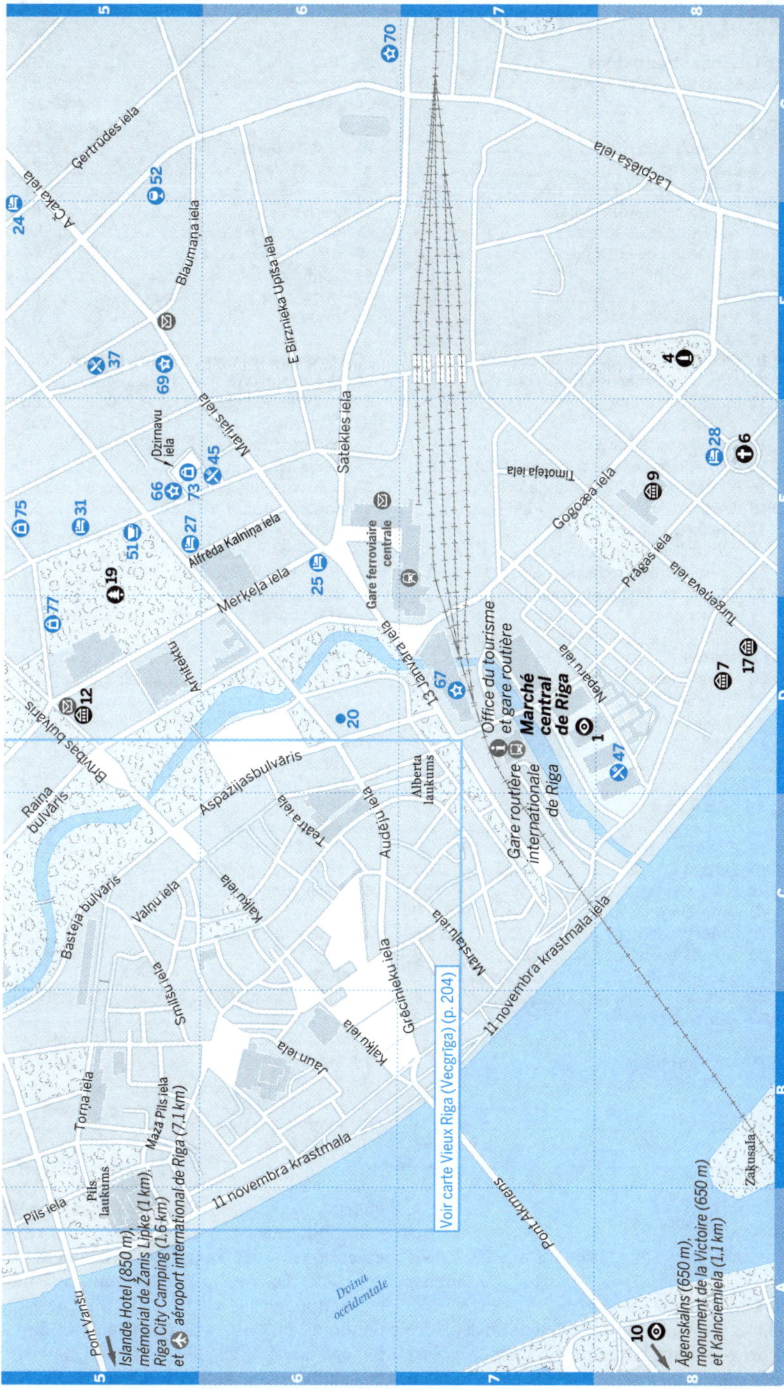
Gertrūdes iela
A Čaka iela
Blaumaņa iela
E Birznieka Upīša iela
Satekles iela
Marijas iela
Dzirnavu iela
Alfrēda Kalniņa iela
Merķeļa iela
Gare ferroviaire centrale
13 Janvāra iela
Timoteja iela
Gogoļa iela
Prāgas iela
Turgeņeva iela
Nēģu iela
Lāčplēša iela
Office du tourisme et gare routière
Marché central de Riga
Gare routière internationale de Riga
Brīvības bulvāris
Raiņa bulvāris
Aspazijas bulvāris
Arhitektu
Teātra iela
Audēju iela
Alberta laukums
Basteja bulvāris
Vaļņu iela
Kaļķu iela
Smilšu iela
Grēcinieku iela
Mārstaļu iela
Jauņ iela
Torņa iela
Mazā Pils iela
Pils iela
Pils laukums
11 novembra krastmala
11 novembra krastmala iela
Voir carte Vieux Riga (Vecrīga) (p. 204)
Pont Akmens
Pont Vanšu
Daugava occidentale
Zaķusala
Islande Hotel (850 m), mémorial de Žanis Lipke (1 km), Riga City Camping (1,6 km) et aéroport international de Riga (7,1 km)
Āgenskalns (650 m), monument de la Victoire (650 m) et Kalnciema iela (1,1 km)

Centre de Riga (Centrs)

Les incontournables
1 Marché central de Riga D7

À voir
2 Immeuble du KGB F3
3 Esplanāde D4
4 Mémorial de l'Holocauste F8
Musée Janis Rozentāls et Rūdolfs Blaumanis .... (voir 16)
5 Musée juif de Lettonie D4
6 Jēzus baznīca E8
7 Kim? D8
8 Musée du Chocolat Laima G1
9 Académie des Sciences E8
10 Bibliothèque nationale de Lettonie A8
11 Musée national des Beaux-Arts D4
12 Musée national d'Histoire D5
13 Théâtre national B4
14 Cathédrale de la Nativité du Christ D4
15 Pilsētas Kanāls (canal de la Ville) B4
16 Centre d'Art nouveau de Riga C2
17 Musée du Ghetto de Riga et de l'Holocauste letton D8
18 Église Sainte-Gertrude E3
19 Vērmanes dārzs (jardins Vērmanes) E5

Activités
20 Retro Tram D6
21 Taka Spa B4

Où se loger
22 Albert Hotel D3
23 Art Hotel Laine D3
24 B&B Rīga F5
25 Cinnamon Sally E6
26 Edvards D3
27 Europa Royale E5
28 Hanza Hotel E8
Hotel Bergs .... (voir 73)
29 Hotel Valdemārs D3
30 Jakob Lenz C2
31 Radisson Blu Elizabete Hotel E5
32 Radisson Blu Hotel Latvija D4
33 Teater City Hotel F2

Où se restaurer
34 Aragats G2
35 Arbooz D3
36 Austra F4
37 Charlestons F5
38 DAD G2
39 Fazenda Bazārs E3
Index .... (voir 12)
40 Istaba F4
41 Kasha Gourmet F3
42 Lauvas Nams F3
43 Miit E3
44 Osīriss F4
45 Restaurant Bergs E6
46 Rimi F4
47 Siļķītes un Dillītes D8
48 Telpa F3
49 Vincents B3

Où prendre un verre et faire la fête
50 Alus darbnīca Labietis G1
51 Apsara E5
52 Chomsky G5
Garage .... (voir 73)
53 Gauja F3
54 Golden F4
55 Kaņepes Kultūras Centrs E3
56 Left Door Bar D3
57 Piens G1
58 Rocket Bean Roastery G1
Skyline Bar .... (voir 32)
Star Lounge Bar Riga .... (voir 22)
59 Taka G1
60 Teātra Bārs F4
61 Terrace Riga E4
62 Trusis Kafe D3

Où sortir
63 Bites Blues Club D3
64 Daile F4
65 Théâtre Daile F3
66 K Suns E5
67 Kino Citadele D7
68 New Rīga Theatre F4
69 Palladium F5
70 Sapņu Fabrika G6
71 Splendid Palace E4

Achats
72 Art Nouveau Rīga C2
73 Berga Bazārs E5
Jāņa Sēta .... (voir 73)
74 Madam Bonbon C3
75 Riija E5
76 Robert's Books D3
77 Marché aux fleurs Sakta D5

Immeuble du KGB — MUSÉE

(Corner House ; Stūra Māja ; carte p. 210 ; www.okupacijasmuzejs.lv/en/kgb-building ; Brīvības iela 69 ; tarif plein/étudiant 5/2 € ; 10h-17h30 lun, mar, jeu-ven, 12-19h mer, 10h-16h sam-dim). Cet impressionnant bâtiment fin de siècle reste pour des générations de Lettons l'ancien quartier général du KGB, la police secrète soviétique. Arrestations arbitraires, torture, exécutions – ses murs ont tristement vu de tout. Aujourd'hui, elle renferme une exposition sur les victimes de la répression politique de 1940-1941, qui concerna directement quelque 26 000 Lettons. Une visite en anglais des sinistres cachots où l'on pratiquait la torture a lieu le mercredi à midi et tous les autres jours à 10h30.

La cour accueille souvent des expositions ; l'une d'elle a déclenché une controverse en 2015, une installation comprenant une représentation de Vladimir Poutine crucifiée ayant été vandalisée par des supporters locaux du président russe.

Musée national d'Histoire MUSÉE

(Latvijas Nacionālais vēstures muzejs ; carte p. 210 ; ☎ 6722 1357 ; www.lnvm.lv ; Brīvības bulvāris 32 ; tarif plein/étudiant 3/1,50 € ; ⏲ 10h-17h mar-dim). Si vous voulez mieux comprendre l'histoire de la Lettonie, ce musée la retrace depuis l'âge de pierre jusqu'à l'âge des hipsters.

Église Sainte-Gertrude ÉGLISE

(Svētās Ģertrūdes baznīca ; carte p. 210 ; Ģertrūdes iela 8). Cette gracieuse église néogothique en brique rouge vous réserve un accueil spécial puisque sainte Gertrude répond aux prières des voyageurs. C'est pourquoi l'église qui lui est dédiée se trouve non loin de la route qui permettait jadis de sortir de la ville. Désormais entourée d'édifices Art nouveau, c'est l'un des principaux points de rendez-vous de Riga. Elle est très appréciée des photographes au coucher du soleil en été.

Comme la cathédrale de Riga, Sainte-Gertrude est à la fois lieu de culte et salle de concert. Son orgue construit en 1906 est l'un des meilleurs de la ville et des concerts classiques s'y tiennent toute l'année.

Miera iela

L'odorat s'éveille dans la rue Miera, zone industrielle où se trouve la fabrique de chocolat Laima, juste derrière les éblouissantes façades Art nouveau de la ville nouvelle. Parcourez la rue pour y découvrir d'agréables cafés, boutiques d'artisans et librairies. Elle rejoint Aristida Briāna iela, où l'on trouve plusieurs bars et discothèques très appréciés.

Musée du Chocolat Laima MUSÉE

(Carte p. 210 ; www.laimasokoladesmuzejs.lv ; Miera iela 22 ; tarif plein/étudiant/enfant 7/5/3 € ; ⏲ 10h-19h mar-dim). Vous saurez que vous êtes sur le bon chemin plusieurs pâtés de maisons avant d'arriver à cette chocolaterie historique car l'odeur du cacao imprègne tout le quartier. Fondée en 1921 par Vilhelms Kuze, la chocolaterie Laima convertit irrémédiablement les Lettons au chocolat. Elle comprend un modeste musée surtout destiné aux enfants, qui peuvent découvrir la fabrication du chocolat avant d'entraîner leurs parents dans la boutique attenante.

Maskavas Forštate

Séparée de la vieille ville par la gare ferroviaire centrale, la "petite Moscou" est l'un des plus vieux quartiers de Riga même si, contrairement au reste du centre, il semble ne s'être jamais remis des difficultés économiques des années 1990. Son aspect de quartier "hanté" vient aussi de son passé sombre : c'est là qu'était situé le ghetto juif pendant l'occupation nazie. C'est aujourd'hui l'adresse du ravissant marché central de Riga et le premier espace industriel de la ville à s'être embourgeoisé.

Académie des Sciences BÂTIMENT HISTORIQUE

(Latvijas Zinātņu Akadēmija ; carte p. 210 ; www.panoramariga.lv ; Akadēmijas laukums 1 ; panorama 4 € ; ⏲ 8h-22h). Dominant la petite Moscou, cette tour stalinienne est un cadeau empoisonné de Moscou, qui possède 7 tours similaires, en plus grand. La construction de ce monument surnommé "gâteau d'anniversaire de Staline" débuta en 1951 pour ne s'achever qu'en 1961 – alors que Staline n'avait plus besoin de fêter son anniversaire. Les yeux les plus perçants distingueront des marteaux et des faucilles sur la façade alambiquée. La terrasse du 17e étage constitue le meilleur point de vue de Riga.

♥ **Marché central de Riga** MARCHÉ

(Rīgas Centrāltirgus ; carte p. 210 ; Nēģu iela 7 ; ⏲ 8h-17h). Marchandez vos myrtilles dans ce vaste marché installé dans des hangars à dirigeables (zeppelins) de la Seconde Guerre mondiale et débordant à l'extérieur. Cet endroit typique de Riga est l'occasion d'observer les badauds tout en achetant de quoi pique-niquer. Si le nombre de vendeurs a diminué ces dernières années, les hangars réservés respectivement aux produits laitiers et au poisson possèdent de nombreux stands.

En activité depuis 1570, ce marché en bordure de rivière a prospéré au milieu du XVIIe siècle, lorsque Riga dépassa Stockholm et devint la plus grande place forte de l'Empire suédois. Les bateaux chargés de marchandises qui descendaient la Dvina et ceux qui traversaient la Baltique se livraient à des échanges mutuels profitables.

En 1930, le marché fut déplacé sur son actuel emplacement, à la limite du centre de Riga et du quartier de Maskavas (la "petite Moscou") pour pouvoir utiliser le chemin de fer, qui était devenu la principale voie d'acheminement. Confrontées à l'accroissement constant de ce marché, les autorités décidèrent de faire venir cinq hangars à zeppelins allemands depuis Vainode, dans l'ouest de la Lettonie. Ces hangars hauts de 35 m ont permis d'accroître l'espace de vente de 57 000 m^2, et à 1 250 marchands supplémentaires de vendre leurs produits.

Spīķeri QUARTIER

(www.spikeri.lv). Le chantier naval situé derrière le marché central est le dernier quartier à s'être embourgeoisé. Les usines de briques délabrées, qui abritaient autrefois des stocks de viande, ont laissé leur place aux cafés branchés et aux start-up. Faites un tour en journée au **Kim?** (carte p. 210 ; ☎6722 3321 ; www.kim.lv ; Maskavas iela 12/1 ; 3 € ; ⊙12h-20h mar, 12h-18h mer-dim), un espace artistique mêlant l'expérimental aux médias contemporains, ou allez-y le soir pour profiter des produits de la ferme au **marché nocturne**.

Musée du Ghetto de Riga et de l'Holocauste letton MUSÉE

(Carte p. 210 ; www.rgm.lv ; Maskavas iela 14A ; ⊙10h-18h dim-ven). GRATUIT La pièce maîtresse de ce musée plutôt modeste est une maison en bois contenant un logement reconstitué, semblable à ceux dans lesquels les juifs durent s'installer en 1941 quand les nazis créèrent un ghetto dans cette partie de Riga. Des maquettes des synagogues qui existaient dans toutes les grandes villes lettonnes sont exposées au rez-de-chaussée. À l'extérieur, une exposition photographique retrace l'Holocauste en Lettonie.

Jēzus baznīca ÉGLISE

(Carte p. 210 ; www.jezusdraudze.lv ; Elijas iela 18). Ce pourrait être une église luthérienne comme les autres si elle n'était pas faite entièrement en bois, ce qui en fait un joyau architectural unique en son genre. Dominant une très jolie place, elle vaut le détour, ne serait-ce que pour le plaisir esthétique.

Mémorial de l'Holocauste MONUMENT

(Carte p. 210). L'émouvant mémorial de l'Holocauste est situé non loin d'Akadēmijas laukums, dans un jardin paisible. Une grande synagogue occupait jadis ce coin de rue jusqu'à ce qu'elle brûle entièrement pendant la Seconde Guerre mondiale, la congrégation entière piégée à l'intérieur. Personne ne survécut au drame. Aujourd'hui, le monument en béton qui se tient à sa place est dédié aux courageux Lettons qui risquèrent leur vie pour aider les juifs pendant la guerre.

Quartiers périphériques

Ceux qui s'aventureront au-delà des rues pavées et du quartier Art nouveau découvriront une culture artistique florissante, quelques excellents musées et une poignée de quartiers qui reflètent l'aspect cosmopolite de la capitale.

Pārdaugava

Au-delà du canal, la ville est nettement plus calme et les constructions sont moins hautes ; de vieilles maisons en bois côtoient leurs homologues en pierre, plus récentes.

Bibliothèque nationale de Lettonie BIBLIOTHÈQUE

(Château de lumière ; carte p. 210 ; ☎22022920 ; www.lnb.lv ; Mūkusalas iela 3 ; ⊙9h-20h lun-ven, 10h-17h sam-dim). Ce monument emblématique de Riga, et conçu par l'architecte Gunnars Bikkerts en 2014, est de fait la réalisation d'une prophétie. Présent dans la littérature et le folklore lettons, le Château de lumière fut englouti à l'âge des ténèbres, mais doit s'élever hors des eaux de la Dvina lorsque adviendra un nouvel âge de lumière et de liberté. Cette bibliothèque moderne accueille aujourd'hui des montagnes de livres et de périodiques, dans de nombreuses langues.

Kalnciema Kvartāls QUARTIER

(www.kalnciemaiela.lv ; Kalnciema iela 35). Ce jardin restauré et ses nombreuses constructions en bois accueillent un marché du week-end très prisé, où les habitants de Riga viennent chercher des produits locaux – viande, fromage, légumes et spiritueux. Des concerts, spectacles et expositions sont organisés en dehors des jours de marché et, même lorsqu'il ne s'y passe rien, on passe un bon moment installé dans un café, à savourer l'atmosphère d'un vieux faubourg de Riga.

Consultez le site Web pour connaître les prochaines manifestations.

Monument à la Victoire MÉMORIAL

Un vaste espace vert (qui sert surtout de terrain de foot) entoure ce monument érigé par les Soviétiques en hommage à l'héroïsme de leurs soldats durant la Seconde Guerre mondiale. Ce monument divise la population : les membres de la communauté russe s'y rassemblent par dizaines de milliers le 9 mai pour célébrer la victoire sur l'Allemagne nazie mais, pour la plupart des Lettons de souche, il demeure le symbole de l'occupation soviétique.

L'ART NOUVEAU À RIGA

Tous les Rigois vous le diront, il suffit de lever la tête pour pouvoir admirer une architecture Art nouveau réputée dans le monde entier. Plus de 750 bâtiments à Riga (plus que dans n'importe quelle autre ville européenne) arborent ce style ; et la multitude de projets de restauration continue d'en augmenter le nombre. L'Art nouveau est également appelé Jugendstil, un terme signifiant "style jeune" et employé pour la première fois dans la revue munichoise *Die Jugend*, qui aida à rendre ce style populaire.

La première source d'inspiration de l'Art nouveau fut l'estampe japonaise, qui se répandit dans toute l'Europe occidentale à la fin du XIXe siècle. Cependant, alors que le mouvement prenait son essor, le style devint plus ostentatoire et sans forme imposée – apparurent alors des animaux mythiques, des masques à la bouche béante, des fleurs entrelacées, des déesses et des lutins. Le tournant du XXe siècle marqua l'apogée du mouvement Art nouveau, qui s'imposa dans toutes les plus grandes villes d'Europe, de Porto à Saint-Pétersbourg.

À Riga, le mouvement a connu trois phases distinctes. La première, que l'on nomme "Art nouveau décoratif éclectique" se développa durant les cinq premières années du XXe siècle. L'objectif principal était alors porté sur la façade plutôt que sur l'intérieur du bâtiment – des motifs très fleuris étaient alors importés d'Allemagne par les architectes lettons qui y faisaient leurs études. Les sculptures, complexes, étaient également produites sur place, principalement par August Volz, qui fit également son apprentissage en Allemagne. Cette première phase est particulièrement visible dans le centre de Riga car l'arrivée du style coïncida avec l'ouverture d'une faculté d'architecture.

Après la révolution de 1905, cette tendance de l'Art nouveau fut toutefois rapidement évincée, dans la mesure où les architectes du cru voulurent y introduire une touche locale. Né de cette idée, le "romantisme national" utilisa des motifs ethnographiques lettons. Un goût pour les matériaux naturels s'affirma et on choisit de ne pas peindre les façades urbaines afin de laisser apparaître les gris et marron des éléments de construction. Les façades devaient également refléter l'agencement intérieur du bâtiment. Même s'il ne fut populaire que pendant quatre ans, ce style original prospéra au même moment que l'essor de la richesse commerciale de la ville, et il figure par conséquent encore aujourd'hui sur de nombreuses façades.

La dernière phase, connue sous le nom d'"Art nouveau perpendiculaire" s'épanouit entre 1908 et 1912. Ce fut une conception hybride à mi-chemin entre les caractéristiques existantes de l'Art nouveau et un retour aux motifs classiques (présentés de manière très travaillée). L'accent fut mis sur la verticalité, ainsi que sur les balcons et les fenêtres en saillie.

L'architecte Art nouveau le plus célèbre de Riga est Mikhail Eisenstein, qui se fit la main dans **Alberta iela** (p. 209).

Mežaparks

Mežaparks (littéralement "parc de la Forêt"), sur les bords du lac Ķīšezers, à 7 km au nord du centre-ville, est la plus vieille banlieue planifiée d'Europe. Réalisée par les Allemands au XXe siècle, cette "cité-jardin", nommée Kaiserwald à l'origine, était le quartier fréquenté par les riches marchands souhaitant s'évader du cœur industriel de Riga. L'atmosphère n'a pas beaucoup changé en un siècle – on y trouve toujours d'élégantes maisons de campagne, de splendides façades Art nouveau et de paisibles bateaux qui glissent sur le lac.

Le parc lui-même est une immense étendue boisée, sillonnée de pistes cyclables et entourant un grand lac invitant à se baigner ou à paresser sur la plage. On trouve des vendeurs de *shashlyk* (brochettes de viande à la caucasienne) et de *chebureky* (friands tartares à la viande) un peu partout et de jolis restaurants en bordure du lac.

Pour se rendre à Mežaparks, prenez le tram n°11 dans K Barona iela jusqu'à l'arrêt "Mežaparks" ; descendez à "Brāļu Kapi" pour le cimetière des Frères.

Zoo national de Riga ZOO

(Zoologiskais dārz ; ☎ 6751 8669 ; www.rigazoo.lv ; Meža prospekts 1 ; adulte/enfant 2/1,50 € ; ⌚ 10h-16h). Installé sur une colline de Mežaparks couverte de pins, le zoo de Riga accueille les espèces les plus diverses, dont de nouveaux spécimens de la faune tropicale.

Ķīpsala

À seulement 10 minutes à pied en empruntant le pont Vanšu vers l'ouest, la paisible Ķīpsala est la rive gauche de Riga. L'île s'est légèrement embourgeoisée durant les cinq dernières années – les maisons de bois ont été restaurées, et les usines abandonnées converties en appartements. La rive boisée est l'endroit idéal pour réaliser quelques clichés du centre-ville, situé de l'autre côté du fleuve. Tout en vous baladant, essayez de repérer le kangourou en bronze placé près d'une maison en bois récemment rénovée par des propriétaires aux accointances australiennes.

Mémorial de Žanis Lipke MUSÉE
(www.lipke.lv ; Mazais Balasta dambis 8 ; ⏲12h-18h mar-sam). Peu d'endroits en Lettonie racontent une histoire aussi poignante que ce labyrinthe. Žanis Lipke était un homme au grand cœur et à la fibre aventureuse. Pendant l'occupation nazie, il trouva un travail dans l'aviation allemande qui lui permit de faire sortir 56 personnes du ghetto de Riga sous le prétexte d'en faire ses ouvriers. Il les cacha à son domicile, à l'emplacement duquel est construit ce mémorial.

Lipke opérait avec l'aide de sa femme et de tout un réseau de bénévoles, dont certains risquèrent leur vie en pénétrant dans le ghetto pour prendre la place des fugitifs lors des recensements. Un arbre à la mémoire de Lipke est planté juste à côté de celui d'Oscar Schindler dans le Jardin des Justes, au mémorial de l'Holocauste de Jérusalem.

Quartiers nord

Le musée de l'Automobile et le Musée ethnographique en plein air sont à quelques kilomètres du centre de Riga.

Musée ethnographique en plein air de Lettonie MUSÉE
(Latvījas etnogrāfiskais brīvdabas muzejs ; www.brivdabasmuzejs.lv ; Brīvības gatve 440 ; adulte/enfant mai-oct 4,27/1,42 €, nov-avr 2,13/0,71 € ; ⏲10h-17h). Si vous n'avez pas le temps d'explorer la campagne lettonne, une visite dans ce musée vaut vraiment la peine. Sur les rives du lac Jugla, juste au nord-est des limites de la ville, cette portion de forêt renferme plus de 100 maisons en bois (églises, moulins à vent, fermes, etc.) provenant de chacune des quatre régions lettonnes. Prenez le bus n°1 à l'angle de Merķeļa iela et Tērbatas iela jusqu'à l'arrêt "Brīvdabas muzejs".

Promenade à pied d'Albert à Alberta

DÉPART MONUMENT DE LA LIBERTÉ
ARRIVÉE ALBERTA IELA
DISTANCE 3 KM ; 2 HEURES

L'évêque Albert von Buxhoeveden fonda Riga en 1201 ; la rue Alberta iela porte son prénom. Sept siècles séparent le point de départ du point d'arrivée de cette balade à effectuer selon son propre rythme.

Partez du ❶ **monument de la Liberté** (p. 208), la grandiose Milda ; traversez les lignes de tram pour rejoindre la vieille ville et tournez à gauche dans Vaļņu iela. C'est une rue commerçante bordée de boutiques, mais vous échapperez bientôt au tumulte de la modernité en vous glissant dans Gleznotāju iela, petite rue pavée.

Vous voilà dans le Riga médiéval. Rejoignez Kalēju iela et tournez à gauche. Une trentaine de mètres plus loin, vous approchez d'un mur en brique rouge muni d'un portail. Il donne dans ❷ **Jāņa sēta** (p. 203), le cloître de l'église Saint-Jean, où l'évêque Albert élut domicile lorsqu'il fonda la ville en 1201.

Ici commence une sorte de jeu de piste. Un passage étroit, sur votre droite lorsque vous franchissez le portail, conduit à un autre cloître médiéval – ❸ **Konventa Sēta** (p. 221), dominé par un hôtel éponyme, ancienne maison de retraite pour les veuves des riches marchands.

Suivez ensuite la flèche bleue indiquant Georga zale. Du côté gauche de cette petite rue, vous découvrirez le mur de l'ancienne ❹ **église Saint-Georges** (p. 202), seul édifice de Riga resté en grande partie intact depuis la naissance de la ville au XIIIe siècle.

Tournez à droite pour déboucher dans une petite rue parallèle et anonyme donnant accès au bar touristique ❺ **Black Magic**. À ce point de la balade, vous aurez peut-être envie d'un verre de Balzām noir avant d'affronter l'animation de Kaļķu iela, face au bar. Sinon, vous pouvez emprunter un passage peint en vert sur votre gauche.

Tournez dans Šķūņu iela et rejoignez Doma laukums. La ❻ **cathédrale de Riga** (p. 204) est, naturellement, un édifice dont l'évêque Albert entama

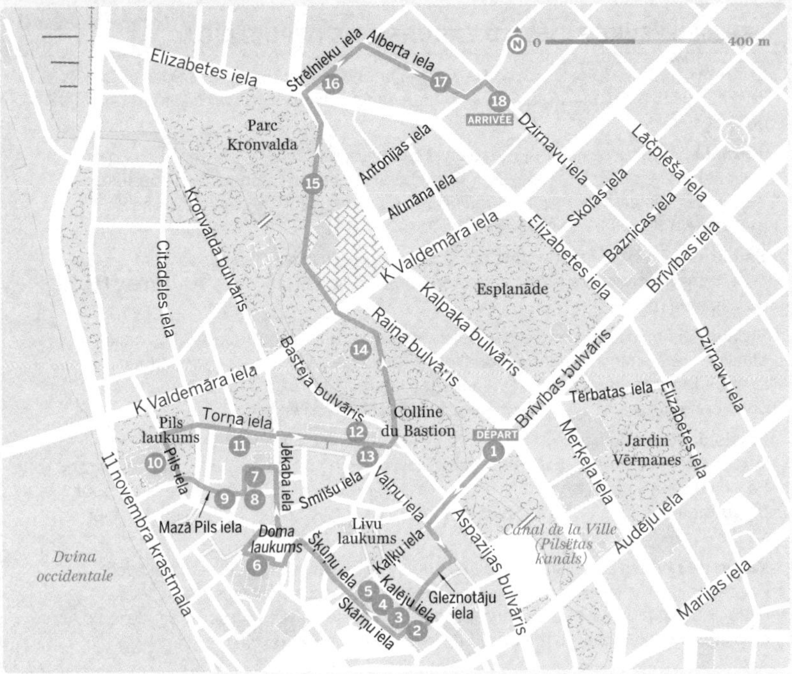

la construction dès son arrivée. Suivez Jēkaba iela jusqu'à la 7 **cathédrale Saint-Jacques** (p. 206). C'est ici que les protestants célébrèrent le premier office luthérien en 1523, lançant ainsi la Réforme.

Dénichez le petit passage à gauche de l'église pour aller faire un tour chez 8 **Hobbywool** (p. 231), véritable caverne d'Ali Baba remplie de merveilles tricotées – châles, bonnets, chaussettes – avant de ressortir dans Mazā Pils iela.

Ici, vous avez rendez-vous avec les 9 **Trois Frères** (p. 206). Ces trois adorables maisons anciennes vous font voyager du XVe au XVIIe siècle ; la plus ancienne ayant précédé la plus jeune de 200 ans. Au cours de cette période, les Polonais puis les Suédois ont succédé aux chevaliers allemands.

Continuez dans Mazā Pils iela jusqu'au 10 **château de Riga** (p. 207). S'il doit son aspect actuel aux Polonais et aux Suédois, vous découvrirez dès que vous aurez tourné dans Torņa iela un legs des Russes, qui entamèrent des constructions majeures dès qu'ils prirent la ville en 1710. Passez devant l' 11 **Arsenāls** (p. 207 ; aujourd'hui un centre artistique) et les 12 **casernes de Jacob** (p. 207 ; aujourd'hui des restaurants), construites sur ordre du tsar Pierre le Grand.

Saluez la 13 **tour cylindrique** (p. 207 ; de l'époque suédoise), puis franchissez les lignes de tram et le pont du canal, généralement gardé par des musiciens de rue. Le 14 **monument à l'écrivain Rūdolfs Blaumanis** vous attend à l'autre bout.

Traversez Krišjāņa Valdemāra iela pour rejoindre l'agréable 15 **parc Kronvalda**, sans perdre de temps sur la place soviétique située en chemin. Le quartier Art nouveau est à deux pas ; le bâtiment richement orné de l' 16 **école d'économie de Stockholm** (Strēlnieku iela 4a) vous servant d'introduction. Nous voici dans les années 1900.

Une enfilade de chefs-d'œuvre vous attend à l'angle d' 17 **Alberta iela** (p. 209). Après avoir traversé cette rue admirable, tournez dans Dzirnavu iela et entrez à l'Albert Hotel. Prenez l'ascenseur jusqu'au 18 **Star Lounge Rīga Bar** (p. 229), tout en haut. Commandez un verre et admirez depuis le balcon la vue plongeante sur Riga, que vous connaissez si bien mainteant.

LES MEILLEURES IDÉES D'EXCURSIONS DEPUIS RIGA

Quittez l'Art nouveau et les clochers de Riga pour découvrir d'autres perles lettonnes : littoraux de sable blanc, grands palais, charmants villages de province et forêts ombragées.

Jurmala L'élite russe est toujours bien présente dans l'ancienne station balnéaire soviétique. Depuis Riga, prenez le train de banlieue en direction de Skola ou Tukums, descendez à la gare de Majōri et vous serez au beau milieu du pays des spas en exactement 30 minutes (p. 234).

Saulkrasti Si vous cherchez une plage paisible où les célébrités ne viennent pas se faire bronzer, rendez-vous dans la pittoresque Saulkrasti, à 1 heure de train sur la côte du Vidzeme (p. 259).

Sigulda Difficile de ne pas s'émerveiller devant le château de Turaida, dissimulé dans la forêt de pins du parc national de la Gauja. Les amateurs de sensations fortes apprécieront la multitude d'activités – bobsleigh, saut à l'élastique depuis un téléphérique, etc. Sigulda est à 1 heure 15 en train ou en bus (p. 262).

Palais de Rundale Composée de 138 pièces, cette version lettonne miniature de Versailles (la foule en moins) est un éblouissant hommage à l'excentricité aristocratique. Participez à une visite organisée en bus (à partir de 25 €) ou louez une voiture pour parcourir les 75 km ; en bus public, changez à Bauska pour les 12 derniers kilomètres (p. 256).

Vallée de l'Abava La paisible vallée où coule l'Abava offre un contraste net avec l'agitation urbaine de Riga. Vous parcourrez de minuscules villages et une ferme biologique, et pique-niquerez sous les imposantes sculptures du superbe musée d'Art en plein air de Pedvāle. Le mieux est de louer une voiture (p. 248).

Musée de l'Automobile de Riga — MUSÉE

(Rīgas Motormuzejs ; ☎6709 7170 ; www.motormuzejs.lv ; Eizenšteina iela 6 ; ⊙10h-18h). Les stars de la collection dans ce superbe musée récemment restauré sont sans conteste les véhicules ayant appartenu à des sommités soviétiques telles que Gorki, Staline, Khrouchtchev et Brejnev, représentés par des mannequins incongrus. Staline, le visage grêlé, est assis royalement à l'arrière de sa limousine blindée 6 005 cm^3, pesant 7 tonnes. Un placage de 1,5 cm recouvre l'ensemble du véhicule, à l'exception des fenêtres, épaisses de 8 cm. L'engin consommait 1 l/2,5 km.

Vous trouverez le musée à 8 km de la ville en suivant Brīvības iela, puis à 2 km vers le sud jusqu'au quartier Mežciems. Prenez le bus n°21 devant la cathédrale orthodoxe russe jusqu'à l'arrêt Pansionāts dans Šmerļa iela.

Activités

Pour des activités fortes en sensations, comme le saut à l'élastique, le bobsleigh, le VTT et le saut en parachute, rendez-vous à Sigulda (p. 262), dans le parc national de la Gauja. Les amateurs de sports aquatiques passeront la journée à Jurmala (p. 234). Les cyclistes seront ravis d'apprendre qu'il existe des dizaines d'itinéraires autour de Riga et qu'on peut louer des vélos (p. 234) dans une bonne vingtaine d'endroits en ville et quatre autres à Jurmala.

Quant aux soins en spa, nul besoin d'aller jusqu'à Jurmala. On trouve à Riga d'excellents endroits pour se faire chouchouter dignement selon la tradition lettonne : se faire fouetter par des branches de bouleau tout en suant à des températures supérieures à 40°C ; relaxant, n'est-ce pas ?

Baltā Pirts — SPA

(☎6727 1733 ; www.baltapirts.lv ; Tallinas iela 71 ; sauna à partir de 10 € ; ⊙8h-20h mer-dim). Principalement fréquenté par les habitants, Baltā Pirts allie les techniques traditionnelles lettonnes de relaxation (l'enseigne signifie "bouleau blanc") à un cadre aux touches orientales. Prenez le tramway dans A Čaka en direction du nord, jusqu'à Tallinas iela.

Taka Spa — SPA

(Carte p. 210 ; ☎6732 3150 ; www.takaspa.lv ; Kronvalda bulvāris 3a ; soins à partir de 28 € ; ⊙10h-21h lun-ven, 10h-19h sam et dim). Ce spa haut de gamme propose massages, enveloppements, gommages et sauna. L'"opening ritual" permet de passer des saunas aux bassins en savourant un thé aux herbes.

Circuits organisés

De nombreuses agences proposent des circuits dans Riga et des excursions d'une journée vers les sites d'intérêt alentour.

Amber Way CIRCUIT EN BUS OU À PIED
(☎6727 1915 ; www.sightseeing.lv ; circuits à partir de 15 €). Multiples circuits dans la ville, en bus ou à pied. Les visites démarrent à 11h, 12h, 13h et 15h. Il existe une formule combinant circuit pédestre, bus et déjeuner pour 29 €. Les excursions à la journée partent à 11h à l'Opéra pour le palais de Rundale (tous les samedis), pour Sigulda (les vendredis) et pour Jurmala (les dimanches). Possibilité de réserver ces circuits dans la plupart des hôtels de catégories moyenne et supérieure.

Rīga Bike Tours CIRCUIT À VÉLO
(☎28225773 ; www.rigabikerent.com ; Riharda Vagnera iela 14 ; 10h-18h). Cette agence organise des circuits quotidiens de 3 heures à Riga (15 €, 10 € avec votre propre vélo) et des circuits plus longs en Lettonie. Elle est affiliée au Rīga Explorers Club.

E.A.T. Rīga CIRCUIT À PIED
(☎22469888 ; www.eatriga.lv ; visite à partir de 12 €). Sous ce sigle signifiant "Experience Alternative Tours" sont regroupés des circuits thématiques hors des sentiers battus (vieux Riga, Art nouveau, Riga alternatif, Riga rétro). Il existe aussi un circuit Riga dégustation – ainsi qu'une balade à Jurmala à vélo.

Riga Culture Free Tour CIRCUIT CULTUREL
(☎20338877 ; www.rigaculturefreetour.lv). GRATUIT Visite quotidienne en anglais, animée par des spécialistes de la culture lettonne. Elle dure 2 heures et part du monument à Jānis Rainis, dans le parc Esplanāde.

Retro Tram CIRCUIT CULTUREL
(Carte p. 210 ; ☎6710 4817 ; www.rigassatiksme.lv/en/services/retro-tram ; tickets 2 €). Deux itinéraires, à bord d'un tramway rénové, conduisent dans le quartier Art nouveau et jusqu'à Mežaparks. Le week-end et les jours fériés, des visites guidées gratuites du quartier Art nouveau partent 5 fois par jour à l'arrêt du tramway Ausekļa.

Rīga By Canal CIRCUIT EN BATEAU
(☎25911523 ; www.kmk.lv ; adulte/enfant 18/9 € ; 10h-20h). Découvrez la ville sous un angle différent à bord du *Darling*, une charmante péniche centenaire qui appartint à la famille de Stig Anderson, producteur d'ABBA, et accueillit jadis tout le groupe de musique. La flotte compte trois autres bateaux effectuant la même boucle sur le canal de la Ville et la Dvina.

Rīga City Tour CIRCUIT EN BUS
(☎26655405 ; www.citytour.lv ; circuits 15 €). Un bus à impériale, où l'on peut monter et descendre à sa guise, parcourt la ville en marquant 15 arrêts sur les deux rives de la Dvina occidentale. Les bus partent de Rātslaukums à l'heure juste entre 10h et 15h.

Fêtes et festivals

À Riga, tous les prétextes sont bons pour faire la fête, en particulier l'été. Consultez le site www.rigatourism.lv pour connaître la liste des événements locaux.

Festival international du ballet balte DANSE
(www.ballet-festival.lv). Ce festival de 3 semaines débute fin avril et accueille des compagnies internationales et lettonnes.

Festival d'opéra de Riga MUSIQUE
(Rīgas Operas festivāls ; www.opera.lv). L'Opéra national de Lettonie accueille cette manifestation pendant 2 semaines en juin, et reçoit des artistes de renom du monde entier.

Fête de la Saint-Jean CULTUREL
Le 23 juin, les Lettons retournent à leurs racines païennes en célébrant le solstice d'été. La foule se rassemble sur les berges et les transports publics sont gratuits.

Rīgas Ritmi MUSIQUE
(www.rigasritmi.lv). Le festival international de musique de la capitale, les "rythmes de Riga", se tient début juillet.

Summer Sound MUSIQUE
(www.summersound.lv). La capitale lettonne de la musique organise en juillet ce festival accueillant le meilleur de la pop lettonne et des grands noms de la musique mondiale.

Piens Fest MUSIQUE
(www.piens.nu). La meilleure discothèque de Riga organise son propre festival en août. Numéros de cirque, poésie, lectures et... de la musique à profusion.

MUSÉE DE L'OCCUPATION DE LA LETTONIE

Cette petite **exposition multimédia** (www.okupacijasmuzejs.lv ; Raiņa bulvāris 7 ; ⌚11h-18h mai-sept, 11h-17h oct-avr) GRATUIT retrace l'histoire des occupations nazie et soviétique en Lettonie de 1940 à 1991 – une visite essentielle pour comprendre la Lettonie moderne. Cette exposition se substitue au musée, fermé pour rénovation jusqu'en 2017, au plus tôt.

Future Shorts FILM

Ce festival des courts-métrages documentaires signés par des réalisateurs lettons et étrangers se tient au Kalnciema Kvartāls (p. 214) en août.

Baltā Nakts ART

(www. baltanakts.lv). Financée par le Latvian Centre for Contemporary Art, cette "Nuit Blanche" organisée en septembre permet, comme celle de Paris, d'aller à la rencontre des artistes et de la culture dans divers endroits de la ville toute une nuit durant.

Survival Kit ART

Cet événement annuel organisé en septembre présente quelques-uns des meilleurs artistes contemporains lettons et des invités originaires de l'UE et de pays de l'ex-URSS.

Festival Arēna de musique nouvelle MUSIQUE

(www.arenafest.lv). Ce festival de musique contemporaine se tient dans plusieurs lieux de Riga pendant les deux dernières semaines d'octobre.

Festival de la lumière ILLUMINATIONS

(www.staroriga.lv). Organisé en novembre aux alentours de la fête nationale, ce festival de lumière égaie les esprits alors que Riga s'apprête à affronter un long hiver. Quantité de bâtiments municipaux et monuments publics sont éclairés toute la nuit.

Parcours de l'arbre de Noël TRADITION

Riga affirme être à l'origine de la tradition de l'arbre de Noël (p. 203). Chaque année à Noël, les habitants décorent un sapin sur Rātslaukums dans une ambiance festive.

Où se loger

La vieille ville et le centre de Riga constituent deux excellents choix pour se loger. La ville se parcourant aisément à pied, vous ne serez donc pas limité en séjournant dans l'un ou l'autre de ces deux quartiers. Si vous ne restez qu'une journée, il est préférable de loger dans la vieille ville, car vous serez à deux pas des principales curiosités. Choisissez le centre de Riga si vous séjournez plus longtemps. Les prix y sont légèrement plus bas et vous vous sentirez un peu comme un Rigois. En outre, la vieille ville est parfois bruyante en été, à cause des groupes de musique qui jouent dans les rues tard le soir et des fêtards un peu bruyants.

Il y a foule pendant l'été, alors quel que soit votre choix, réservez bien à l'avance pour un séjour entre juin et août.

À Riga, les auberges de jeunesse dominent les offres d'hébergement pour petits budgets. Ces établissements destinés aux globe-trotteurs évoluent constamment en raison de la forte augmentation des prix de l'immobilier – certains ferment l'hiver et ne rouvrent qu'à l'arrivée des beaux jours. Presque toutes les auberges proposent l'accès à Internet et le Wi-Fi gratuit ; prévoyez une augmentation des tarifs le week-end.

Quant aux offres haut de gamme, elles se divisent en deux groupes : les superbes hommages au passé aristocratique (magnifiques meubles anciens et draperies) et les joyaux avant-gardistes qui paraissent sortis tout droit du dernier magazine scandinave de décoration intérieure.

Vieux Riga (Vecrīga)

Rīga Old Town Hostel AUBERGE DE JEUNESSE €

(☎6722 3406 ; www.rigaoldtownhostel.lv ; Valņu iela 43 ; dort à partir de 17 € ; ❄📶). Le pub australien du rez-de-chaussée sert d'espace commun à l'auberge. Si vous arrivez à franchir avec votre valise la porte en trompe l'œil (dépeignant une bibliothèque) et l'escalier tortueux, vous découvrirez des dortoirs spacieux ornés de lustres ainsi qu'une belle lumière naturelle.

♥ **Naughty Squirrel** AUBERGE DE JEUNESSE €

(☎6722 0073 ; www.thenaughtysquirrel.com ; Kalēju iela 50 ; dort à partir de 18 € ; ❄@📶). Des taches de peinture et des graffitis représentant des dessins animés éclairent cette reine des auberges de jeunesse bourdonnante de voyageurs jouant au baby-foot ou se relaxant dans la salle de télévision.

Inscrivez-vous aux tournées des pubs, barbecues estivaux ou sorties à la campagne axées sur les sensations fortes.

Radi un Draugi HÔTEL €€
(☎6782 0200 ; www.draugi.lv ; Mārstaļu iela 1 ; s/d à partir de 50/60 € ; @📶). Initialement construit pour accueillir les émigrés lettons à leur retour d'exil, cet hôtel fiable (et insonorisé) se trouve au cœur de la vie nocturne dans la vieille ville. Décoration un peu terne, mais à l'élégance discrète.

♥ **Ekes Konvents** HÔTEL €€
(☎6735 8393 ; www.ekeskonvents.lv ; Skārņu iela 22 ; ch à partir de 60 € ; 📶). Cet hôtel vieux de 600 ans, à ne pas confondre avec le Konventa Sēta à côté, garde un charme médiéval. Les alcôves de pierre à chaque palier sont idéales pour la lecture. Petit-déjeuner servi dans un café moderne, situé non loin.

Konventa Sēta HÔTEL €€
(☎27087501 ; www.konventa.lv ; Kalēju iela 9/11 ; s/d à partir de 71/76 € ; P📶). Le cadre – un couvent du XVe siècle au cœur du Riga médiéval – est incomparable. Les chambres (hébergeant des nonnes jusqu'au départ des dernières religieuses en 1938) sont petites mais impeccables.

Rixwell Centra Hotel HÔTEL €€€
(☎6722 6441 ; www.rixwell.com/lv ; Audēju iela 1 ; ch à partir de 86 € ; @📶). Le Centra est un établissement confortable au cœur du vieux Riga, avec des chambres spacieuses et élégantes. Celles des derniers étages sont basses de plafond, mais offrent une meilleure vue sur les rues médiévales en contrebas.

♥ **Neiburgs** HÔTEL €€€
(☎6711 5522 ; www.neiburgs.com ; Jauniela 25/27 ; s/d à partir de 170/185 € ; ❄📶). Aménagé dans l'un des plus beaux édifices Art nouveau du vieux Riga, ce boutique-hôtel tire son chic des détails d'époque mêlés à des touches contemporaines. Les chambres aux derniers étages donnent sur l'enchevêtrement de toits à pignon et de clochers médiévaux.

Grand Palace Hotel HÔTEL HISTORIQUE €€€
(☎6704 4000 ; www.grandpalaceriga.com ; Pils iela 12 ; s/d à partir de 195/209 € ; @📶). Le somptueux Grand Palace est l'endroit idéal pour se faire dorloter. Élégant mobilier d'époque dans les chambres. Personnel amical. Diverses personnalités – stars de cinéma ou groupes de musique – y ont séjourné, même si l'endroit semble a priori mieux convenir à des clients princiers qu'à des rock stars.

♥ **Dome Hotel** HÔTEL €€€
(☎6750 9010 ; www.domehotel.lv ; Miesnieku iela 4 ; ch à partir de 237 € ; 📶). Difficile d'imaginer que cet édifice centenaire faisait jadis partie d'une allée constituée de boucheries. Un superbe escalier en bois conduit aux chambres, toutes différentes, dotées d'avant-toit, de lambris, de mobilier capitonné et de baies vitrées donnant sur la ville.

Centre de Riga (Centrs)

♥ **Cinnamon Sally** AUBERGE DE JEUNESSE €
(Carte p. 210 ; ☎22042280 ; www.cinnamonsally.com ; Merķela iela 1 ; dort à partir de 12 €, ch à partir de 45 € ; @📶). Bien placée par rapport aux gares routière et ferroviaire, on y trouve des chambres d'une propreté parfaite, un personnel serviable et un espace commun plaisant. Si l'on vous demande de vous déchausser à la réception, c'est pour mieux contribuer à l'ambiance douillette.

Riga City Camping CAMPING €
(☎6706 5000 ; www.rigacamping.lv ; Ķīpsalas iela 8 ; empl par adulte/enfant/tente 3/1,5/6 € ; ⏲mi-mai à mi-sept ; @🐾). Situé sur Ķīpsala, sur la rive opposée au vieux Riga, ce grand camping-caravaning est étonnamment proche du centre-ville. Rabais possible pour un séjour supérieur à 3 nuits.

Albert Hotel HÔTEL €€
(Carte p. 210 ; ☎6733 1717 ; www.alberthotel.lv ; Dzirnavu iela 33 ; s/d 74/79 € ; P❄@📶). La façade métallique contraste avec les gargouilles Art nouveau alentour, mais la décoration intérieure tendance rend hommage à l'homonyme de l'hôtel, Albert Einstein. Sur la moquette figure le symbole de l'énergie atomique et "Je pense" remplace l'habituel "Ne pas déranger" sur les portes.

Hanza Hotel HÔTEL €€
(Carte p. 210 ; ☎6779 6040 ; www.hanzahotel.lv ; Elijas iela 7 ; s/d à partir de 46,5/52 € ; @📶). Juste après le marché central, ce nouvel établissement aménagé dans un ancien immeuble d'habitation dispose sur 6 niveaux de chambres bien tenues, dont beaucoup donnent sur la Jēzus baznīca.

♥ **Art Hotel Laine** HÔTEL €€
(Carte p. 210 ; ☎6728 8816 ; www.laine.lv ; Skolas iela 11 ; s/d à partir de 34/44 € ; P📶). L'hôtel est installé dans un immeuble d'habitation

et un ascenseur ancien vous conduit à la réception, au 3e étage. On s'y sent vraiment chez soi, et les murs vert foncé, fauteuils en velours, baignoire et mobilier d'antan renforcent encore cette impression.

Edvards HÔTEL €€

(Carte p. 210 ; ☎ 6743 9960 ; www.hoteledvards.lv ; Dzirnavu iela 45/47 ; s/d 65/75 € ; 📶). Niché dans une cour tranquille au cœur du centre commerçant de Riga, cet hôtel est proche des principales curiosités et à deux pas de certains des meilleurs cafés et restaurants. La décoration des chambres est à l'image de l'élégance franche et sobre du bâtiment, construit en 1890.

Hotel Valdemārs HÔTEL €€

(Carte p. 210 ; ☎ 6733 4462 ; K Valdemāra iela 23 ; s/d à partir de 59/67 € ; ❄📶). Caché dans un immeuble Art nouveau, cet hôtel Clarion Collection est tout indiqué pour qui fait passer les prix raisonnables avant le luxe. La clientèle se voit proposer petit-déjeuner, en-cas l'après-midi et dîner-buffet le soir.

Islande Hotel HÔTEL €€

(☎ 6760 8000 ; www.islandehotel.lv ; Ķīpsalas iela 20 ; s/d à partir de 74/80 € ; @📶). Si l'île de Ķīpsala offre un cadre presque rural, la vue sur la vieille ville, de l'autre côté de la Dvina à seulement 20 minutes de marche, est incomparable. Parfait pour éviter le bruit la nuit.

Jakob Lenz AUBERGE €€

(Carte p. 210; ☎ 6733 3343 ; www.guesthouselenz.lv ; Lenču iela 2 ; s/tr à partir de 55/64 €, avec salle de bains commune 40/45 € ; @📶). Située dans une petite rue aux abords du quartier

UN MAIRE SO BRITISH

En vous baladant près de l'Opéra de Riga, vous tomberez peut-être sur un couple retro en bronze promenant un chow-chow, également en bronze. À première vue, il pourrait s'agir d'un couple banal sculpté pour rappeler aux Rigois d'aujourd'hui leurs arrière-grands-parents. En réalité, le couple et son chien ont non seulement existé, mais ils furent suffisamment importants pour que la reine Élisabeth II vienne inaugurer ce monument en 2006.

Tout cela parce que la statue représente George Armitstead, maire de Riga à la Belle Époque (1901-1912), période où la ville acquit son élégance cosmopolite. Eh oui, le maire rigois le plus populaire du XXe siècle était britannique : il était issu d'une famille de marchands de jute originaire du Yorkshire.

Qu'a donc légué Armitstead à la ville ? Pratiquement tout ce qui a été bâti hors de la vieille ville a vu le jour sous son mandat, à commencer par les 680 édifices Art nouveau qui forment le visage architectural de la capitale lettonne. Mais aussi le grandiose musée national des Beaux-Arts, l'aspect moderne de Brīvības bulvāris, l'artère principale, les parcs entourant la vieille ville, le tram électrique, le système d'adduction d'eau (toujours en fonction), le marché central et des dizaines d'autres constructions encore.

C'est sous son mandat que Riga a pris cette ambiance de mégalopole excentrique, ouverte à la modernité et soucieuse de son passé.

Tout en choisissant leurs épouses dans l'aristocratie allemande de la Baltique et en s'efforçant d'être de loyaux citoyens de l'Empire russe, les Armitstead restèrent fermement britanniques. C'est leur clan qui fit construire l'**église anglicane** (www.anglicanriga.lv ; Anglikāņu iela 2) de Riga ; et l'architecture de la maison de campagne de George Armitstead, le château de Jaunmoku (p. 239), traduit la nostalgie de la terre de ses ancêtres. L'amour pour les chiens, que cultivait cette famille, était aussi considéré comme une particularité britannique à l'époque.

Mais qui est l'actuel maire de Riga ? Encore un personnage multiculturel d'envergure. L'ancien journaliste Nils Ushakovs est le seul individu d'origine russe à la tête d'une capitale de l'UE. Bilingue, il séduit les Russes comme les Lettons dans cette ville où ces deux communautés ethniques vivent toujours de façon séparée.

Peut-on le voir promener son chien ? Non, Ushakovs est un homme à chats. Il en a au moins trois, que l'on voit parfois se balader dans l'hôtel de ville. Hum ! Cela augure-t-il quelque chose de fâcheux pour Riga ? Non, il faut l'espérer. Même si les relations interethniques ne sont pas toujours évidentes, les Rigois sont bien loin d'être comme... chien et chat.

Art nouveau, cette belle auberge propose 25 adorables chambres et un excellent petit-déjeuner.

Teater City Hotel HÔTEL €€
(Carte p. 210 ; ☎6731 5140 ; www.cityhotel.lv ; Bruņinieku iela 6 ; ch à partir de 60 € ; 📶). En plein cœur du quartier Art nouveau, cet hôtel a pour hall une élégante cour couverte ; la salle du petit-déjeuner, au dernier étage, donne sur l'hôpital Stradinš, aux allures de palais Art nouveau. Les chambres sont grandes et confortables.

B&B Rīga APPARTEMENTS €€
(Carte p. 210 ; ☎6727 8505 ; www.bb-riga.lv ; Ģertrūdes iela 43 ; ch à partir de 55 € ; P📶). Des appartements douillets de diverses configurations (les suites avec chambre en mezzanine sont charmantes) sont disséminés dans un quartier résidentiel. Dommage que les lits et les oreillers ne soient pas plus confortables.

♥ **Europa Royale** HÔTEL €€€
(Carte p. 210 ; ☎6707 9444 ; www.europaroyale.com ; K Barona iela 12 ; ch à partir de 85 € ; ❄@📶). Ancienne adresse du magnat des médias Emīlija Benjamiņa (l'Anna Wintour lettonne), ce presbytère raffiné a gardé une bonne partie de son opulence du XIXe siècle – grand escalier, plafonds hauts, salle du petit-déjeuner et bar majestueux. Les chambres ne sont pas toutes aussi grandioses, mais celles disposant d'une baie vitrée ne vous décevront pas.

Hotel Bergs HÔTEL €€€
(Carte p. 210 ; ☎6777 0900 ; www.hotelbergs.lv ; Elizabetes iela 83/85 ; ste à partir de 187 € ; P❄📶). Dans un immeuble du XIXe siècle rénové et possédant une annexe au chic scandinave, le Bergs est l'incarnation du luxe. Ses suites spacieuses sont équipées d'un somptueux mobilier monochrome et certaines disposent d'une cuisine. Une "carte des oreillers" permet de choisir entre différentes matières et textures.

Radisson Blu Elizabete Hotel HÔTEL €€€
(Carte p. 210 ; ☎6778 5555 ; www.radissonblu.com/elizabetehotel-riga ; Elizabetes iela 73 ; ch à partir de 109 € ; P❄📶). Radisson est une adresse luxueuse conçue par un cabinet d'architectes londonien prometteur. Mélange de chrome, acier et grandes plaques de verre, la façade attire l'œil. L'intérieur impressionne tout autant, avec son élégant mobilier et l'agencement ingénieux de ses chambres.

Radisson Blu Hotel Latvija HÔTEL €€€
(Carte p. 210 ; ☎6777 2222 ; www.radissonblu.com/latvijahotel-riga ; Elizabetes iela 55 ; ch à partir de 120 € ; P❄📶🏊). À l'apogée du

MANGER ET BOIRE COMME UN LETTON

Voici les piliers de la scène culinaire de la Lettonie :

Balzām noir Goethe le surnommait l'"élixir de vie". Cette concoction, noire à 45%, est une recette secrète composée de plus d'une dizaine d'ingrédients tout droit sortis d'un conte de fées, telles l'écorce de chêne, l'absinthe ou les fleurs de tilleul. D'après la plupart des Lettons ayant atteint un âge vénérable, un verre par jour éloigne le médecin pour toujours ! Essayez-le, mélangé à du Coca et des glaçons pour l'adoucir.

Champignons Produit phare en Lettonie. La récolte a lieu dans tout le pays au moment des premières averses d'automne.

Alus Dans ce petit pays, l'*alus* (bière) ne manque pas – les grandes villes ont toutes la leur. L'Užavas de Ventspils est une valeur sûre.

Poisson fumé Des dizaines de cabanons de poisson jalonnent la côte de la Courlande – on les repère à la fumée qui s'élève au-dessus des arbres. Emportez-en ; c'est un en-cas idéal pour l'après-midi.

Kvass Le *kvass* est une boisson très appréciée, faite à partir de pain de seigle fermenté, et étonnamment populaire auprès des enfants !

Pain de seigle Les Lettons sont très attachés à leur pain de seigle noir, à forte valeur nutritive.

Baies Les cultures de mûres et les marais à canneberge occupent une bonne partie de la surface du pays. On vend des baies sur tous les marchés lettons : inutile de vous aventurer dans les bois pour les récolter vous-même.

régime soviétique, l'Hotel Latvija était une énorme construction terne où plusieurs étages étaient consacrés à la surveillance des activités des clients. Aujourd'hui, après une rénovation amplement méritée, l'ère de l'espionnage est révolue, et tout n'est plus qu'œuvres d'art et service souriant. Ne manquez pas la vue depuis le Skyline Bar du 26e étage (p. 229).

Où se restaurer

Pendant des siècles, en Lettonie, la nourriture était essentiellement destinée à subvenir aux besoins des paysans qui travaillaient dans les champs et à les réchauffer pendant les hivers glaciaux. Aujourd'hui, on retrouve beaucoup moins de pommes de terre bouillies et de tendons de porc dans les assiettes et la nourriture et devenue une expérience sensorielle. La scène culinaire s'est d'ailleurs largement améliorée ces dix dernières années. Attention, toutefois, au taux de renouvellement fréquent (en particulier en période économique incertaine) ; nombre d'établissements naissent et disparaissent avec les saisons.

Récemment, le mouvement Slow Food s'est emparé des établissements haut de gamme. Des menus de saison, préparés avec soin dans le respect de l'environnement, incluent des produits bio, qui poussent sur les vastes terres agricoles lettonnes. Au-delà des lieux branchés, la plupart des restaurants locaux appliquent de manière littérale le terme "slow food" en proposant un service plutôt... lent.

Sous l'influence d'autres cultures, le pourboire (*apkalpošana*) autrefois habituel devient peu à peu obligatoire. Un pourboire de 10% est d'usage dans la capitale et de nombreux restaurants l'ajoutent désormais à la note.

Vieux Riga (Vecrīga)

Si vous cuisinez, vous trouverez un supermarché **Rimi** (www.rimi.lv ; Audēju iela 16 ; 8h-22h), appartenant à une chaîne réputée, dans le centre commercial Galerija Centrs du vieux Riga.

Šefpavārs Vilhelms RESTAURATION RAPIDE €
(Šķūņu iela 6 ; crèpes 0,60-0,90 € ; 9h-21h). Faites la queue pour remplir votre assiette de crêpes, fourrées ou non, et vous servir de sauces. Bon petit-déjeuner rapide et simple pour les routards.

LIDO Alus Sēta LETTON €
(www.lido.lv ; Tirgoņu iela 6 ; plats 5 € environ ; wi-fi). Fleuron de la chaîne de buffets LIDO (omniprésente à Riga), on se croirait dans une vieille brasserie lettonne. Prisé des habitants comme des touristes ; la cuisine traditionnelle est économique, mais savoureuse, et la bière, maison. On peut s'installer en terrasse aux beaux jours.

V Ķuze CAFÉ €
(www.kuze.lv ; Jēkaba iela 20/22 ; en-cas 4 € ; 10h-21h ; wi-fi). Retour aux années 1930 dans cet adorable petit café où le comptoir croule sous le poids des pâtisseries et des truffes au chocolat. Il porte le nom du chocolatier Vilhelms Ķuze, qui ne survécut pas à sa déportation en Sibérie après la Seconde Guerre mondiale. Les chocolats Ķuze ont repris du poil de la bête depuis.

Pelmeņi XL RUSSE €
(Kaļķu iela 7 ; plats 2,50 € environ ; 9h-4h). Institution rigoise pour baroudeurs et couche-tard, cet immense self-service reste ouvert une partie de la nuit. On y trouve de savoureux *pelmeņi* (sorte de raviolis à la viande russes) dans un décor fantasque. On paye au poids, mais même une grande assiette ne vous ruinera pas.

Index SANDWICHS €
(Carte p. 210 ; www.indexcafe.lv ; Brīvības iela 32; sandwichs et salades 2,80 € ; 7h-22h lun-ven, 10h-22h sam et dim). Plutôt branché, l'Index sert des sandwichs un cran au-dessus des sandwichs tout prêts du supermarché. Des motifs au pochoir colorent les murs et de grandes baies vitrées donnent sur Brīvības – très animée et idéale pour observer les passants. Une version (un peu plus douillette) se trouve au cœur du vieux Riga (Šķūņu iela 16).

Vecmeita ar kaki INTERNATIONAL €€
(La Vieille Fille au Chat ; Mazā Pils iela 1 ; plats 5-12 € ; 11h-23h ; menu). En face du château de Riga, ce restaurant en sous-sol est spécialisé dans les plats roboratifs à prix doux. Aux beaux jours, on peut manger dehors sur d'antiques machines à coudre reconverties en tables.

Ķiploku Krogs EUROPÉEN €€
(Pub de l'Ail ; www.kiplokukrogs.lv ; Jēkaba iela 3/5 ; plats 7-14 € ; 12h-23h). Vampires, attention : tout ici contient de l'ail, même les glaces. La carte est un peu hasardeuse ; essayez d'éviter le pesto à tartiner – votre haleine s'en

souviendrait pendant des jours (vous pouvez nous croire). Entrée dans Mazā Pils.

3 Pavaru EUROPÉEN MODERNE €€€
(☎20370537 ; www.3pavari.lv ; Torņa iela 4 ; plats 23-27 € ; ⏰12h-23h). Les trois chefs d'élite qui mènent la danse ont une approche jazzy de leur art : l'improvisation est la clef de leur carte, succincte et renouvelée fréquemment. Leur cuisine est surtout expérimentale (un cabillaud au four avec ragoût de queue de bœuf vous tente ?) et la présentation dans l'assiette force l'admiration.

Le Dome Fish Restaurant PRODUITS DE LA MER €€€
(☎6755 9884 ; www.zivjurestorans.lv ; Miesnieku iela 4 ; plats 22-30 € ; ⏰8h-23h ; 📶). Le restaurant du Dome Hotel rappelle qu'on pêche de délicieux poissons dans le cours d'eau voisin. Le service est impeccable et les plats (y compris carnés ou végétariens), préparés de main de maître, reflètent l'éclectisme de la grammaire culinaire lettonne moderne.

Indian Raja INDIEN €€€
(Sue's Indian Raja ; ☎6722 3240 ; www.indianraja.lv ; Skārņu iela 7 ; plats 12-17 €). On trouve d'excellents restaurants indiens, même dans les pays baltes ! Dans une allée médiévale, ces mets relevés changent des plats lettons : ici, les savoureux curries sont composés d'épices provenant directement du sous-continent.

Gutenbergs LETTON €€€
(Doma laukums 1 ; plats 15-20 € ; ⏰mai-oct). Quoi de mieux qu'un dîner au cœur de la vieille ville ? La terrasse sur le toit de l'hôtel Gutenbergs est perchée entre les clochers et les moulures en dentelle de bois. Plantes, statues d'angelots et fontaines contribuent à l'atmosphère résolument florentine du lieu, bien que la carte présente essentiellement des mets locaux.

Tēvocis Vaņa RUSSE €€€
(Oncle Vania ; ☎27886963 ; www.unclevanya.lv ; Smilšu iela 16 ; plats 14-21 € ; ⏰11h-23h). Ce pittoresque restaurant russe propose un extraordinaire assortiment de *bliny* (blinis), *pelmeņi* (raviolis) et *kholodets* – viande en gelée indissociable, avec les légumes en saumure, d'une authentique dégustation de *samogon* (vodka artisanale).

Rozengrāls LETTON €€€
(☎25769877 ; www.rozengrals.lv ; Rozena iela 1 ; plats 15-27 € ; ⏰12h-minuit). Eh oui, il y a 500 ans, les pommes de terre n'étaient pas au cœur de la cuisine lettonne ! Éclairé à la bougie, ce restaurant nous ramène quelques siècles en arrière. Son personnel costumé sert les plats de gibier comme au Moyen Âge (sans pommes de terre, donc).

Centre de Riga (Centrs)

On peut faire des provisions chez **Rimi** (carte p. 210 ; www.rimi.lv ; K Barona iela 46 ; ⏰8h-23h), dans le centre commercial Barona, ou au marché central (p. 213).

Miit CAFÉ €
(Carte p. 210 ; www.miit.lv ; Lāčplēša iela 10 ; plats 5 € ; ⏰7h-21h lun, 7h-23h mar-mer, 7h-1h jeu, 7h-3h ven, 9h-1h sam, 10h-18h dlm). Les jeunes hipsters de Riga viennent déguster ici des expressos tout en bloguant sur Nietzsche, assis sur des canapés confortables parmi des pièces disparates de vélos. Le menu de 2 plats à midi est une excellente affaire – il comprend souvent une soupe et un plat pour moins de 5 € (les plats changent chaque jour).

Arbooz DESSERTS €
(Carte p. 210 ; www.facebook.com/arbooz.lv ; Dzirnavu iela 34a ; macarons 2 €, cupcakes 3,85 € ; ⏰10h-20h lun-ven, 11h-18h sam). Un endroit au décor plaisant, agrémenté de cupcakes fruités et aériens, et de meringues. Si vous n'arrivez pas à obtenir l'une des 4 tables, emportez vos achats dans leur joli emballage et allez déguster vos desserts et votre café sur un banc du parc.

Austra INTERNATIONAL €
(Carte p. 210 ; www.facebook.com/cafe.austral ; Krišjāna Barona iela 41/43 ; plats 5-8 € ; ⏰12h-21h lun-mar, 12h-22h mer, 12h-23h jeu, 12h-minuit ven, 13h-23h sam). La cuisine fusion inventive servie dans ce petit restaurant sans prétention offre la qualité d'un restaurant haut de gamme. Le menu de midi à 5 € (2 plats) est l'un des plus avantageux de Riga.

Lauvas Nams CAFÉTÉRIA €
(Carte p. 210 ; ☎6731 2661 ; Brīvības iela 82 ; plats 3-5 € ; ⏰24h/24). Des générations de fêtards affamés sont venues manger un morceau dans cette cafétéria ouverte en continu, située entre le centre de Riga et les bars du quartier de Miera iela. Au comptoir, les plats lettons tout simples (du type ragoût de porc aux pommes de terre) sont proposés en portions généreuses, accompagnées de boissons lactées et fruitées traditionnelles, comme le kéfir ou le *mors*.

DAD CAFÉ €

(Carte p. 210 ; www.dadcafe.lv ; Miera iela 17 ; plats 5 € ; 10h30-23h ;). DAD, ce sont les initiales des propriétaires. Canapés, chaises et piano droit sont installés près de la modeste devanture et plusieurs tables égaient le trottoir en été. C'est un endroit décontracté, qui fait aussi galerie d'art et salle de concert, idéal pour se retrouver entre amis ou s'en faire de nouveaux.

LIDO Atpūtas Centrs LETTON €

(Centre de loisirs LIDO ; www.lido.lv ; Krasta iela 76 ; plats environ 5 € ; 11h-23h). Ce vaste chalet en bois est voué à la cuisine nationale, riche en cholestérol. Des serveuses habillées en filles de ferme s'affairent tandis que les clients se servent aux buffets. Un parc de loisirs avec balades à dos de poney et patinoire jouxte le centre.

À 3,5 km au sud-est du marché central de Riga ; prenez les trams n[os]3, 7 ou 9, descendez à l'arrêt "LIDO" et rejoignez le grand moulin à vent.

Fazenda Bazārs EUROPÉEN MODERNE €€

(Carte p. 210 ; www.fazenda.lv ; Baznīcas iela 14 ; plats 7-12 € ; 9h-22h lun-ven, 10h-22h sam, 11h-22h dim). Bien qu'il soit très central, on s'y sent comme dans la taverne chaleureuse d'un petit village perdu. Équipée d'un poêle en émail, la salle en bois lumineuse est pleine de charme et la cuisine, simple, mais appétissante.

Kasha Gourmet EUROPÉEN MODERNE €€

(Carte p. 210 ; 20201444 ; www.kasha-gourmet.com ; Stabu iela 14 ; plats 9-14 € ; 9h-22h). Est-ce l'assiette conçue comme une œuvre d'art qui rend la nourriture plus savoureuse ? Ou le mélange postmoderne des aliments ? Toujours est-il que c'est l'un des restaurants les plus originaux de Riga. Nous aimons particulièrement le petit-déjeuner complet, servi sur une planche en bois.

Siļķītes un Dillītes PRODUITS DE LA MER €€

(Carte p. 210 ; www.facebook.com/SilkitesUnDillites ; Centrāltirgus iela 3 ; plats 7-10 € ; 8h-18h). Après avoir fait vos emplettes chez les poissonniers du marché central, vous vous demandez peut-être où faire cuire votre poisson. "Hareng à l'aneth" (c'est le nom de ce restaurant-bar) est là pour ça. Choisissez votre poisson et dégustez-le quelques minutes plus tard, accompagné de légumes et de frites.

Dans le passage reliant le marché au poisson au marché aux légumes.

Telpa EUROPÉEN MODERNE €€

(Carte p. 210 ; www.ecocatering.lv ; Matīsa ielas 8 ; midi 9 € ; 12h-18h). Le buffet à volonté comprend des plats végétariens d'inspiration indienne et de belles salades ; sa grande terrasse donne sur le marché du Vidzeme. Sa situation, au-dessus d'une boutique de réparation de cycles dans la cour d'une ancienne brasserie, ajoute une touche d'originalité à l'expérience culinaire.

Osīriss CAFÉ €€

(Carte p. 210 ; K Barona iela 31 ; plats 8-15 € ; 8h-23h lun-sam, 10h-23h dim ;). L'Osīriss fait figure d'institution parmi la multitude de cafés de Riga. Ses tables en imitation marbre vert n'ont pas changé depuis le milieu des années 1990, et la clientèle non plus, à l'image de ces artistes se plaisant à griffonner dans leurs calepins devant un verre de rouge et une grande assiette de cuisine lettonne réconfortante.

Aragats GÉORGIEN €€

(Carte p. 210 ; 6737 3445 ; Miera iela 15 ; plats 7-18 € ; 13h-22h mar-dim). Il faut faire abstraction des plantes en plastique, car la cuisine du Caucase servie ici est excellente. Commencez par des légumes marinés en apéritif – pour faire passer la *chacha* (vodka géorgienne) maison. Puis sympathisez avec la propriétaire quand, à votre table, elle coupe les herbes fraîches qu'elle ajoute au savoureux ragoût d'agneau.

Istaba CAFÉ €€€

(Carte p. 210 ; 6728 1141 ; K Barona iela 31a ; plats 17 € ; 12h-23h). Propriété du chef Mārtiņš Sirmais, célébrité télévisuelle, "La Salle" occupe des combles au-dessus d'une galerie accueillant parfois des manifestations. Il n'y a pas de menu, qui évolue selon les caprices du cuisinier ; mais, la plupart du temps, des suppléments (pain, sauces, salade, légumes) accompagnent gracieusement les généreuses portions.

Vincents EUROPÉEN €€€

(Carte p. 210 ; 6733 2830 ; www.restorans.lv ; Elizabetes iela 19 ; plats 24-35 € ; 18h-22h lun-sam). Le restaurant le plus chic de Riga a accueilli des têtes couronnées et des rock stars (l'empereur Akihito, le prince Charles, Elton John, etc.) dans son cadre élégant inspiré de Van Gogh. Le chef Martins Ritins, partisan du Slow Food, compose sa carte en perpétuelle évolution à partir d'ingrédients venant généralement de petits producteurs lettons.

Restaurant Bergs INTERNATIONAL €€€
(Carte p. 210; ☎6777 0957 ; Elizabetes iela 83/85 ; plats 20-35 € ; 7h30-11h et 12h-23h lun-sam, jusqu'à 16h dim). Le court menu se lit comme un poème : filet de saumon royal accompagné d'une salade d'oranges et de fenouil, carré d'agneau à la moutarde à l'ancienne et ragoût d'aubergines à la menthe. Une des adresses à découvrir si vous cherchez une table fine à Riga.

Charlestons INTERNATIONAL €€€
(Carte p. 210 ; ☎6777 0573 ; www.charlestons.lv ; Blaumaņa iela 38/40 ; plats 9-21 € ; 10h-23h ;). Si vous en avez assez de la langue de porc, le Charlestons saura vous séduire. Détendez-vous dans la cour en terrasse située au cœur d'un quartier résidentiel, et dégustez de délicieux plats, comme le saumon norvégien, le canard sauté et sans doute la meilleure salade César des pays baltes.

Où prendre un verre et faire la fête

Pour sortir à la mode lettonne, il faut faire la tournée des bars de la ville avec un groupe d'amis. Arrêtez-vous dans les pubs pour des bières, quelques éclats de rire et, bien sûr, le fameux Baume noir. Les soirs d'été, installez-vous à la terrasse d'un café du vieux Riga.

Les discothèques de Riga sont toujours prises d'assaut – par les Russes, généralement, les Lettons préférant faire la tournée des pubs et descendre des vodkas entre amis. À la nuit tombée, beaucoup de bars et de cafés changent de visage pour devenir des lieux où l'ambiance et la musique montent de plusieurs crans.

Notez que certains lieux nocturnes attirent une clientèle peu recommandable.

Vieux Riga (Vecrīga)

Cuba Cafe BAR
(www.cubacafe.lv ; Jaun iela 15 ; 12h-2h dim-mar, 12h-5h mer-sam ;). Un authentique mojito et une table donnant sur la place Doma, c'est exactement ce qu'il faut après une longue journée de visite. Par temps froid, sirotez une caïpirinha à l'intérieur au son du jazz, parmi les drapeaux cubains et les lampes en verre teinté.

Egle BEER GARDEN
(www.spogulegle.lv ; Kaļķu iela 1a ; 11h-1h). Partagé entre une partie bruyante où des musiciens jouent presque chaque soir (musique variée, du folk au rockabilly) et une autre partie plus calme (fermant généralement plus tôt), c'est le meilleur des *beer gardens* en plein air du vieux Riga. Il ferme en cas de mauvais temps.

Folksklub Ala Pagrabs BAR À BIÈRES
(www.folkklubs.lv/en ; Peldu iela 19 ; 12h-1h dim-mar, 12h-3h mer, 12h-4h jeu, 12h-6h ven-sam). Cette grande caverne joyeuse, bouillonnante de bière, de musique folk-punk, de danse – et de nationalisme letton –, est typique de Riga. Le bar s'efforce de refléter la géographie et la diversité de la production de bières lettonnes, mais il y a aussi de nombreux cidres lettons, du vin de fruits et du *šmakouka* fait maison.

DJ Bar BAR
(www.djbar.lv ; Mazā Jaunavu iela 5 ; 18h-1h). Spécialisé dans la musique électro underground, ce petit bar caché dans une ruelle laisse de jeunes DJ se faire la main, mais la musique reste suffisamment modérée pour ne pas gêner la conversation autour des cocktails et des vins.

Aptieka BAR
(Bar pharmacie ; www.krogsaptieka.lv ; carte p. 210 ; Mazā Miesnieku iela 1 ; 16h-1h dim-mer, 16h-4h jeu-sam). De vieilles bouteilles d'apothicaire confirment le thème de ce bar, tenu par un Américano-Letton. La musique est généralement excellente et on sert une bonne cuisine de bar américain (burgers, etc.).

I Love You BAR
(Aldaru iela 9 ; à partir de 12h). Sous ces trois mots que l'on aime entendre se cache un bar agréable, niché au bout de l'une des rues sinueuses de la vieille ville. Nombreux canapés confortables dans la partie basse. Rock alternatif avec DJ le jeudi soir et nombreuses places en terrasse l'été.

Kama Tea Hub SALON DE THÉ
(www.facebook.com/KamaTeaHub ; Jēkaba iela 26/28 ; 12h-minuit). Kama (comme dans Kama Sutra) signifie “amour” en sanskrit. Cette adresse faite pour les amoureux du thé offre un cadre indien et new age contrastant vivement avec le quartier ancien où il se trouve. Rêvez aux plantations de thé du Kerala devant une théière de *masala chai*.

Nabaklab DISCOTHÈQUE
(www.nabaklab.lv ; ZA Meierovica bulvāris 12 ; 12h-minuit lun-mer, 12h-4h jeu-ven, 17h-4h sam). Imaginez que votre radio alternative préférée ouvre une boîte de nuit où l'on passe le même mélange de chanson expérimentale

LE POURFENDEUR D'OURS

Il y a un héros letton dont Hollywood ne s'est pas encore emparé ; il est pourtant facile à découvrir. En général, on ne peut faire un séjour en Lettonie sans tomber sur une rue Lāčplēša (il en a une dans pratiquement toutes les villes) ou prendre un verre de bière Lāčplēša ; en outre, la plus haute récompense militaire lettonne se nomme l'ordre de Lāčplēsis.

Que signifie ce nom ? Est-ce celui d'un meneur de la libération, d'un héros militaire, d'un président très apprécié ? Non, il s'agit d'un personnage plus original. En vérité, Lāčplēsis était un surhomme, un X-man, dont l'histoire est issue des vieilles sagas et de l'imagination de l'écrivain letton du XIXe siècle Andrejs Pumpurs. Principal héros national, il fut choisi par les dieux ancestraux pour protéger le pays des invasions.

Fils d'un homme et d'une ourse, Lāčplēsis avait les oreilles de sa mère, sources de pouvoirs surnaturels – secrètes, car elles étaient toujours cachées sous ses cheveux longs.

Jeune homme, il tua un ours agressif en lui déchirant la gueule à mains nues. C'est à ce moment qu'on commença à l'appeler Lāčplēsis. Ce mot à l'orthographe si typiquement lettonne signifie "pourfendeur d'ours". Hommage émouvant, on trouve une statue de ce héros (et de l'ours abattu) au pied du monument de la Liberté (p. 208).

Lāčplēsis débuta sa carrière de super-héros en battant un géant estonien, mais c'est aux Allemands – dépeints comme des démons cherchant à imposer leur religion diabolique (le christianisme) à une Lettonie fidèle à ses dieux ancestraux – qu'il infligea la punition la plus cuisante. Son histoire prit des tournures d'odyssée lorsque Lāčplēsis traversa la Baltique pour délivrer celle qu'il aimait des griffes germaniques.

Victorieux, il organisa ses noces, mais les Allemands troublèrent la fête. Le Chevalier noir, le plus puissant de leurs guerriers, coupa les oreilles d'ours de Lāčplēsis, lui ôtant ainsi ses pouvoirs magiques. Notre héros continua à se battre, les deux hommes tombèrent dans la Dvina… et ne reparurent plus jamais.

Pour en savoir davantage, rendez-vous au **musée Andrejs Pumpurs** (☎6505 3759 ; E.Kauliņa aleja 20 ; ⏲10h-17h mar-sam, 10h-15h dim) de Lielvārde, sur la route du Latgale. Mieux encore, demandez à des producteurs hollywoodiens de tourner la suite !

et de musique électro. C'est chose faite : installé dans un sous-sol séculaire, le club de la radio Naba (93.1 FM) séduit les bobos et les marginaux de Riga par ses DJ et sa bière bon marché.

Centre de Riga (Centrs)

Piens BAR, DISCOTHÈQUE

(Milk ; carte p. 210 ; www.klubspiens.lv ; Aristida Briāna iela 9 ; ⏲12h-minuit dim-mar, 12h-16h mer-sam). Ce bar-discothèque situé sur une grande parcelle industrielle sur les hauteurs du quartier de Miera iela mélange avec succès décoration éclectique, vieux canapés et terrasses en plein air.

Rocket Bean Roastery TORRÉFACTEUR

(Carte p. 210 ; www.facebook.com/pages/Rocket-Bean-Roastery ; Miera iela 29/31 ; ⏲8h-21h lun, 8h-22h mar-jeu, 8h-23h ven-sam, 8h-18h dim). Ce café spacieux aux murs de briques nues, prisé des hipsters et doté d'un grand bar, est une excellente adresse dans le quartier progressif de Miera iela. Cuisine très correcte également.

Trusis Kafe CAFÉ

(Carte p. 210 ; ☎26582462 ; www.trusiskafe.lv ; Dzirnavu iela 43 ; ⏲10h-22h lun-ven, 10h-20h sam). Ce charmant repaire hipster sans chichis ("trusis" signifie lapin) propose un vaste choix de boissons produites en Lettonie, allant du cidre et de la bière artisanale Malduguns aux vins Sabile et au "champagne" de rhubarbe. L'endroit idéal pour prendre un verre et bavarder tranquillement entre amis, ou pour déguster un café dans la journée.

Garage BAR À VINS

(Carte p. 210 ; www.vinabars.lv ; Berga Bazārs, Elizabetes iela 83/85 ; ⏲10h-minuit). Hormis son décor semi-industriel (sol en béton ciré, chaises métalliques), ce petit bar n'a rien d'un garage. Mi-bar à vins, mi-café (le café est délicieux), on y sert des tapas et une petite sélection de plats.

Gauja BAR

(Carte p. 210 ; Tērbatas iela 56 ; ⏲12h-23h). Remontez le temps dans ce bar ayant gardé son cadre soviétique. Prenez place au milieu d'un mobilier d'époque pour une partie enflammée d'échecs, ou jouez aux dominos au son d'une musique originale (les propriétaires possèdent leur propre studio d'enregistrement).

Terrace Riga BEER GARDEN

(Carte p. 210 ; Gallerija Riga, Dzirnavu iela 67 ; 10h-23h). Surplombant les grands boulevards du centre-ville, le Terrace Riga est installé sur le toit du centre commercial Gallerija Riga. Le vaste espace en plein air se donne des airs de Miami : les parasols remplacent les palmiers et les alcools forts supplantent les daiquiris et autres *pinas coladas*. Populaire auprès des touristes russes – mais toutes les nationalités sont représentées durant les douces soirées d'été.

Taka BAR

(Carte p. 210 ; Miera iela 10 ; 14h-minuit lun-mer, 14h-2h jeu-ven, 12h-2h sam, 19h-23h dim ;). Implanté de longue date dans le quartier branché de Miera iela, ce bar est décoré de fresques lumineuses et de canapés ultra-confortables. Un bon endroit pour goûter des bières peu communes en écoutant de la musique underground.

Skyline Bar BAR À COCKTAILS

(Carte p. 210 ; www.skylinebar.lv ; Elizabetes iela 55 ; 17h-1h dim-jeu, 15h-3h ven et sam ;). Très chic, le Skyline Bar, perché au 26e étage du Radisson Blu Hotel Latvija, est un incontournable. On y jouit de la meilleure vue sur la ville (même depuis les toilettes !) en côtoyant une clientèle glamour.

Star Lounge Bar Riga BAR

(Carte p. 210 ; www.alberthotel.lv ; Dzirnavu iela 33 ; 15h-1h dim-jeu, 15h-2h ven et sam). Hormis en hiver, Riga surprend ses visiteurs par de spectaculaires couchers de soleil ; le meilleur endroit pour regarder le ciel orange tourner lentement au violet est le vaste balcon situé au sommet de l'Albert Hotel. Dégustez votre cocktail à base de Balzām noir en admirant les clochers de la vieille ville et les faubourgs qui s'étendent au-delà de la Dvina.

Apsara SALON DE THÉ

(Carte p. 210 ; Elizabetes iela 74 ; 10h-22h). Cette charmante pagode en bois dans Vērmanes dārzs (p. 208) renferme une belle collection de thés rares, importés des confins de l'Himalaya. Dégustez le vôtre en vous relaxant à même le sol, entouré de coussins aux couleurs pastel.

Chomsky BAR

(Carte p. 210 ; www.facebook.com/chomskybar ; Lāčplēša iela 68 ; 16h-minuit). Ne soyez pas intimidé par le nom de cet intellectuel controversé : la seule philosophie que partagent les clients de ce bar consiste à noyer les questions existentielles dans la bière ou une très bonne vodka géorgienne. Des canapés confortables et un vaste espace en plein air invitent aux longues discussions.

♥ **Kaņepes Kultūras Centrs** BAR

(Carte p. 210 ; Skolas iela 15 ; 14h-1h). Les locaux délabrés d'une vénérable école de musique abritent un bar doté d'une grande terrasse et fréquenté par des étudiants bohèmes, qui n'hésitent pas à danser dans la grande salle, à l'endroit même où leurs parents ont enduré les grincements de leurs violons.

Left Door Bar BAR À COCKTAILS

(Carte p. 210 ; Antonijas iela 12 ; 16h-minuit). La grande loge du cocktail rigois passe presque inaperçue dans le quartier Art nouveau. Ce surdoué primé ne ménage pourtant pas ses efforts pour épater les globe-trotteurs connaisseurs. Chaque cocktail est servi dans un verre à la forme adaptée.

Goûtez le Belgium Avenue, à base de rhum, qui a conduit en 2015 Juris Ķēniņš, son créateur, en finale de la compétition mondiale Bacardi Legacy à Sydney, en Australie.

Alus darbnīca Labietis BAR À BIÈRES

(Carte p. 210 ; www.facebook.com/AlusDarbnicaLabietis ; Aristida Briāna iela 9A-2 ; 13h-1h). Dans un décor minimaliste qui lui donne des allures d'église gothique, ce bar a pour mission de promouvoir les brasseries lettonnes peu connues et la bière artisanale locale. Une belle nouveauté dans l'ancien quartier industriel qui s'embourgeoise peu à peu au bout de Miera iela.

Golden GAY ET LESBIEN

(Carte p. 210 ; www.mygoldenclub.com ; Ģertrūdes iela 33/35 ; club 10 € ; 16h-23h mar-jeu, 19h-5h ven, 23h-5h sam). Roi de la scène gay rigoise (assez modeste, il est vrai), ce petit établissement accueillant dispose d'un bar aux allures de jardin d'hiver et se transforme en discothèque le week-end.

Teātra Bārs BAR

(Carte p. 210 ; Lāčplēša iela 26 ; 12h-minuit dim-jeu, 12h-5h ven-sam). Juste en face d'un théâtre très apprécié, cette caverne d'aspect grunge est pourtant une institution locale qui attire une clientèle d'acteurs, d'artistes et d'étudiants. Concerts et dancing de taille modeste pour se déchaîner tard dans la nuit.

☆ Où sortir

Rīga in Your Pocket et *Rīga This Week* (voir p. 233) contiennent des renseignements mis à jour sur les opéras, ballets, DJ invités, concerts et autres événements en ville. L'office du tourisme de la maison des Têtes noires peut réserver des billets pour tous les établissements. Si vous préférez déléguer l'organisation de votre soirée, plusieurs agences proposent des sorties dans les bars et les clubs. Des tournées des bars et des lieux de fête sont également organisées par certaines auberges de jeunesse.

Opéra, ballet et théâtre

La saison du ballet, de l'opéra et du théâtre s'interrompt pendant les vacances d'été (de juin à septembre).

Nouveau théâtre de Riga THÉÂTRE
(Jaunais Rīgas Teātris ; carte p. 210 ; ☎6728 0765 ; www.jrt.lv ; Lačplēša iela 25). Répertoire théâtral contemporain.

Théâtre Daile THÉÂTRE
(Carte p. 210 ; ☎6727 0463 ; www.dailesteatris.lv ; Brīvības iela 75). Le plus grand théâtre moderne de Riga ; beaucoup d'éléments architecturaux proviennent de l'ère soviétique.

Opéra national letton OPÉRA, BALLET
(Latvijas Nacionālajā operā ; ☎6707 3777 ; www.opera.lv ; Aspazijas bulvāris 3). Classé parmi les meilleures salles d'opéra européennes, il fait la fierté nationale. Il héberge également le ballet de Riga, où a débuté le jeune Baryschnikov, enfant du pays.

Salles de concert

Arena Rīga MUSIQUE LIVE
(☎6738 8200 ; www.arenariga.com ; Skantes iela 21). Principal lieu pour les sports grand public, le hockey sur glace et le basket-ball. L'enceinte de 10 000 places présente des spectacles de danse et des concerts, quand il n'y a pas d'événement sportif.

Cathédrale de Riga MUSIQUE CLASSIQUE
(Rīgas Doms ; ☎6721 3213 ; www.doms.lv ; Doma laukums 1). On y donne en semaine de courts concerts d'orgue, plus élaborés le vendredi soir.

Grande Guilde MUSIQUE CLASSIQUE
(☎6722 4850 ; www.lnso.lv ; Amatu iela 6). La salle du très réputé Orchestre national symphonique.

Sapņu Fabrika MUSIQUE LIVE
(Carte p. 210 ; ☎6728 1222 ; www.sapnufabrika.lv ; Lāčplēša iela 101). Située dans une ancienne usine, l'"usine à rêve" donne des concerts de hip-hop et de musique électro.

Palladium MUSIQUE LIVE
(Carte p. 210 ; Marijas iela 21). Construite sur l'emplacement d'un ancien cinéma, cette salle accueille des représentations internationales.

Daile SALLE DE CONCERT
(Carte p. 210 ; ☎1189 ; K Barona iela 31). Cet ancien cinéma devenu salle de concert se spécialise dans la musique acoustique.

Bites Blues Club JAZZ
(Carte p. 210 ; ☎6733 3123 ; www.bluesclub.lv ; Dzirnavu iela 34a ; ⏲11h-23h lun-mer, 11h-2h jeu-sam). Si vous y mangez (plats principalement français et italiens) une heure avant le concert, l'entrée est gratuite et vous avez même droit à quelques accords des musiciens. En été, la plupart des concerts ont lieu le vendredi soir ; en hiver, il y en a aussi le jeudi et le samedi.

Cinémas

Voir un film est une bonne façon de passer une journée pluvieuse à Riga (et il peut y en avoir beaucoup). Les films sont habituellement projetés en version originale (souvent en anglais) avec des sous-titres lettons ou russes. La place coûte entre 4 et 7 €. Consultez les sites Web des cinémas pour plus de détails. Les places sont attribuées (sauf au K. Suns).

Kino Citadele CINÉMA
(Carte p. 210 ; ☎1189 ; www.forumcinemas.lv ; 13 Janvāra iela 8). Cinéma multiplexe de 14 salles aux sièges disposés en gradins. Café au dernier étage. Films hollywoodiens et quelques films lettons.

Look at Riga CINÉMA
(www.lookatriga.lv ; Latviešu Strēlnieku laukums 1 ; tickets 8 € ; ⏲11h-19h lun-ven, 10h-19h sam-dim). Simulation de vol 5D dans un incroyable avion qui passe sous de minuscules ponts et dans des rues noires de monde. Les films durent 10 minutes et il n'y a presque pas d'attente.

Splendid Palace CINÉMA

(Carte p. 210 ; ☎6718 1143 ; www.splendidpalace.lv ; Elizabetes iela 61). Caché par des constructions soviétiques, ce bijou Art déco fut le premier théâtre de Riga à projeter des films parlants. Aujourd'hui, il est spécialisé dans le cinéma d'art et d'essai, les rétrospectives et le cinéma letton.

K Suns CINÉMA

(Ka Suns ; carte p. 210 ; ☎6728 5411 ; www.kinogalerija.lv ; Elizabetes iela 83/85, Bergs Bazārs). Cinéma d'art et d'essai. Projette principalement des films indépendants dans son unique salle. Pop-corn et soda.

Achats

Les Lettons adorent leurs centres commerciaux (indice tangible de la mondialisation), mais les touristes trouveront aussi un grand nombre de boutiques spécialisées dans la production locale – tricot, artisanat, alcool et mode. **Berga Bazārs** (carte p. 210 ; www.bergabazars.lv ; Elizabetes iela 83/85) est un superbe ensemble de boutiques haut de gamme situées autour du luxueux hôtel Bergs. Des vendeurs de rue étalent leurs marchandises (objets en ambre, peintures et poupées russes) devant l'église Saint-Pierre dans Skārņu iela et vers l'extrémité sud de Valņu iela. La grande foire artisanale de Riga, le **Gadatirgus**, se tient dans Vērmanes dārzs (p. 208) le premier week-end de juin. Ouvrez l'œil, vous trouverez les jolies bagues Namēju que portent les Lettons à travers le monde en signe de reconnaissance.

Madam Bonbon ACCESSOIRES

(Carte p. 210 ; www.madambonbon.lv ; Alberta iela 1-7a ; 11h-19h lun-ven, 11h-15h sam). Dans un appartement Art nouveau rempli à craquer de chaussures. Essayez les talons aiguilles posés sur le piano quart de queue ou les bottes derrière la table de cuisine.

Marché aux fleurs Sakta MARCHÉ

(Carte p. 210 ; Tērbatas iela 2a ; 24h/24). Ouvert toute la nuit pour les achats nocturnes – pour faire une surprise à sa chérie.

Elina Dobele CHAUSSURES

(www.elinadobele.com ; Valņu iela 12 ; 11h-19h lun-sam). La créatrice lettonne Elīna Dobele est spécialisée dans la chaussure sur mesure pour homme ou femme. Des produits artisanaux conçus et fabriqués dans l'atelier situé derrière la vitrine.

LA RIGA CARD

Si vous prévoyez de nombreuses visites et activités, nous vous recommandons la Riga Card. Elle offre la gratuité dans la plupart des transports publics et des musées, 10 à 20% de réduction sur l'hébergement, et comprend un circuit guidé dans le vieux Riga ainsi qu'un exemplaire gratuit de *Rīga in Your Pocket*. La carte est en vente notamment à l'office du tourisme, à l'aéroport et dans plusieurs grands hôtels. Son prix est de 25/30/35 € pour 1/2/3 jours. Renseignez-vous sur ww w.liveriga.com.

Riija MODE

(Carte p. 210 ; www.riija.lv ; Tērbatas iela 6/8 ; 10h-19h lun-ven, 10h-17h sam). Un élégant style scandinave habille les moindres recoins de cette boutique au cœur du Centrs. Que la Suède se méfie, la Lettonie se révèle être une solide concurrente !

Pienene BEAUTÉ, ARTISANAT

(Kungu iela 7/9 € ; 10h-20h ;). Le "pissenlit" est une grande boutique-café au cœur du vieux Riga où l'on peut tester des produits de beauté fabriqués en Lettonie, essayer des écharpes vaporeuses et humer des bougies parfumées.

Upe MUSIQUE

(Vāgnera iela 5 ; 11h-19h lun-sam). Au son des classiques de la musique lettonne, on découvre des instruments traditionnels et des CD de musique locale folklorique, rock et expérimentale.

Gandrs ÉQUIPEMENT DE PLEIN AIR

(www.gandrs.lv ; Kalnciema iela 28 ; 10h-20h lun-ven, 10h-18h sam-dim). S'il vous faut du matériel pour des activités de plein air, rendez-vous dans cette boutique sur l'autre rive de la Dvina.

Latvijas Balzāms BOISSONS

(www.lb.lv ; Audēju iela 8 ; 9h-22h). Une des innombrables adresses de cette chaîne de spiritueux prisée, vendant du Balzām noir.

Hobbywool ARTISANAT

(www.uzadi.lv ; Mazā Pils iela 6 ; 10h-18h lun-sam, 11h-15h dim). On se croirait dans un tableau de Mark Rothko dans cette petite boutique remplie de châles, moufles, chaussettes et gilets tricotés aux couleurs vives.

Robert's Books LIVRES

(Carte p. 210 ; www.robertsbooks.lv ; Dzirnavu iela 51 ; 10h-19h). Robert écrivait pour *The Economist* ; il vit désormais à Riga et s'occupe de sa petite collection de livres d'occasion en anglais. En vente également : textiles et bougies à la cire d'abeille traditionnels.

Jāņa Sēta LIVRES

(Carte p. 210 ; www.mapshop.lv ; Elizabetes iela 83/85 ; 10h-19h lun-ven, 10h-17h sam). La plus grande librairie de voyage des pays baltes est bien approvisionnée en cartes, livres de photos et... guides Lonely Planet.

Art Nouveau Riga SOUVENIRS

(Carte p. 210 ; www.artnouveauriga.lv ; Strēlnieku iela 9 ; 10h-19h). Souvenirs liés à l'Art nouveau – des guides et cartes postales aux gargouilles en pierre et morceaux de vitraux.

Kafka LIVRES

(Vaļņu iela 26 ; 11h-20h lun-ven, 12h-18h sam). Cette boutique moderne sur 2 niveaux propose un bon choix de livres en anglais. Il y a aussi un petit café où l'on peut lire après ou avant l'achat.

Renseignements

ACCÈS INTERNET

Le Wi-Fi gratuit est de rigueur dans les hôtels, même les plus quelconques, ainsi que dans la plupart des cafés et restaurants (demandez le mot de passe au serveur). La Bibliothèque nationale (p. 214) est un espace de tranquillité incomparable pour travailler et surfer sur Internet. Vous obtiendrez une carte permanente en quelques minutes seulement.

Birojnica (www.birojnica.lv ; Dzirnavu iela 84 k-2 ; 10h-18h lun-ven). Les travailleurs indépendants peuvent profiter de ce bel espace moderne de coworking, avec accès Internet rapide et imprimante, dans le Berga Bazārs. Il en coûte 1,50 €/heure (accès Internet seulement) ou 6 €/jour (Internet, café à volonté, imprimantes).

ARGENT

Les DAB ne manquent pas dans la capitale. Vous trouverez une banque ou un distributeur facilement dans Kaļķu iela (qui devient Brīvības bulvāris). Il est plus simple de retirer de l'argent que d'échanger des chèques de voyage ou des devises étrangères ; les bureaux de change pratiquent rarement des taux intéressants et la plupart n'acceptent pas les chèques de voyage. Consultez le site www.bank.lv pour en savoir plus sur la monnaie lettonne et les taux de change (voir aussi p. 420).

OFFICE DU TOURISME

Office du tourisme (6730 7900 ; www.liveriga.com ; Rātslaukums 6 ; 10h-18h). Plans touristiques et itinéraires de visites à pied, aide à la réservation d'hébergements et d'excursions, et vente de billets de concert. On y vend aussi la Riga Card (p. 231), qui procure des remises pour les sites touristiques et les restaurants, et la gratuité dans les transports publics de la capitale. Des succursales de l'office du tourisme sont installées sur la place Livu laukums (mai-septembre) et à la gare routière.

POSTE

Les devantures bleues portant la mention "Pasta" ne sont pas des restaurants italiens, mais des bureaux de poste. Pour plus de renseignements, consultez le www.pasts.lv.

Bureau de poste (carte p. 210 ; Elizabetes iela 41/43 ; 7h30-19h lun-ven, 9h-15h sam).

Poste centrale (carte p. 210 ; Brīvības bulvāris 32 ; 7h30-20h lun-ven, 8h-18h sam, 10h-16h dim). Appels internationaux et fax.

SERVICES MÉDICAUX

ARS (6720 1006 ; www.ars-med.lv ; Skola iela 5). Médecins anglophones ; consultations 24h/24.

SITES WEB

www.1188.lv Répertorie presque tous les établissements de Riga et de Lettonie. Certains résultats de recherche apparaissent toutefois en letton. Ce moteur de recherche fournit aussi des informations à jour sur les sorties nocturnes et la circulation.

www.rigaoutthere.com Site géré par un tour-opérateur local, doté d'une fonction pratique d'organisation des activités à droite de l'écran.

www.zl.lv Excellente base de données offrant des renseignements détaillés sur les entreprises lettonnes.

Depuis/vers Riga

AVION

L'**aéroport international de Riga** (Starptautiskā Lidosta Rīga ; 1817 ; www.riga-airport.com ; Mārupe District ; 22) se trouve à Skulte, à 13 km au sud-ouest du centre-ville. À ce jour, Riga est l'unique ville de Lettonie dotée d'un aéroport commercial.

BATEAU

Le **terminal des ferries de Riga** (6732 6200 ; Eksporta iela 3a) est situé à environ 1 km au nord du pont Akmens. La compagnie **Tallink** (6709 975 ; www.tallink.lv) dessert Stockholm 3 à 4 fois par semaine.

BUS

Les bus partent de la **gare routière internationale** (Rīgas starptautiskā autoosta ; carte p. 210 ; www.autoosta.lv ; Prāgas iela 1) de Riga, située derrière la voie ferrée, à la limite sud-est de la vieille ville. Parmi les destinations internationales figurent Tallinn, Vilnius, Varsovie, Pärnu, Kaunas, Saint-Pétersbourg et Moscou. Voici quelques compagnies : **Ecolines** (☎ 6721 4512 ; www.ecolines.net), **Eurolines Lux Express** (☎ 680 0909 ; www.luxexpress.eu) et **Nordeka** (☎ 6746 4620 ; www.nordeka.lv).

Les destinations baltes suivantes sont desservies depuis Riga (les fréquences indiquées correspondent à la matinée : il y a souvent moins de bus, voire aucun l'après midi) :

Aglona (9 €, 4 heures, tlj à 16h et/ou 18h)
Bauska (3 €, 1 heure 15, toutes les 30 min)
Cēsis (4,15 €, 2 heures, toutes les30 min)
Daugavpils (9 €, 3 heures 30-4 heures 30, toutes les 1 à 2 heures)
Dobele (3,25 €, 1 heure 30, toutes les 30 min à 1 heure)
Jelgava (2,30 €, 1 heure, toutes les 30 min)
Kandava (5 €, 1 heure 30-2 heures, 10/jour)
Kaunas (20 à 25 €, 4-5 heures 30, 3/jour)
Kolka (6,25 à 7,85 €, 3 heures 30-4 heures 30, 5/jour)
Kuldīga (6,40 €, 2 heures 30-3 heures 15, toutes les heures)
Liepāja (8,50 €, 4 heures, toutes les heures)
Pärnu (11 €, 2 heures 45, toutes les heures)
Pāvilosta (8,70 €, 4 heures 30, tlj)
Sigulda (2,15 €, 1 heure, toutes les 45 min)
Tallinn (14 €, 4 heures 30, toutes les heures)
Ventspils (7,55 €, 3-4 heures, toutes les heures)
Vilnius (13 à 19 €, 4 heures, 13/jour)

TRAIN

La **gare ferroviaire centrale** (Centrālā stacija ; ☎ 6723 2135 ; www.pv.lv ; Stacijas laukums 2) de Riga, proche du vieux Riga et du centre, occupe un cube de béton de l'époque soviétique (devenu un centre commercial habillé de verre) à la sortie de la vieille ville.

Dans un grand hall à droite de l'entrée principale, les caisses n^os^1 à 6 vendent des billets pour les destinations internationales, au nombre desquelles on compte désormais Moscou (142 €, 16 heures, tlj), Saint-Pétersbourg (107 €, 15 heures, tlj) et Minsk (66 €, 12 heures, tlj). Les billets pour les trajets intérieurs sont en vente aux caisses n^os^7 à 15 ; le bureau d'information (7h-19h) se trouve à côté.

La plupart des Lettons vivent en banlieue et dans la périphérie rurale de Riga, ils se rendent en ville pour le travail. Le réseau, très pratique, des trains de banlieue facilite ces déplacements et les excursions dans les localités voisines.

GUIDES LOCAUX

Les publications suivantes peuvent se révéler utiles :

Another Guide (www.anothertravelguide.com). Ce site Web fournit des avis rédigés par des habitants sur toutes sortes de sites, connus ou moins connus de Riga. Une sélection de ces articles a été réunie dans un livre très bien conçu en vente dans les grandes librairies.

Riga in Your Pocket (www.inyourpocket.com/latvia/riga). Guide pratique publié tous les deux mois. Il existe une version PDF ; les hôtels de catégories moyenne et supérieure le distribuent (gratuitement).

Riga this Week (www.rigathisweek.lv). Excellent guide (gratuit) disponible dans presque tous les hébergements de la ville. Publié tous les deux mois.

Riga compte 6 lignes de banlieue. Particulièrement utiles aux touristes, la ligne Dubulti-Sloka-Ķemeri-Tukums parcourt Jurmala dans toute sa longueur ; la ligne Sigulda-Cēsis-Valmiera conduit au cœur du parc national de la Gauja. La ligne Skulte est commode pour rejoindre Saulkrasti.

Vers l'est, la ligne se rend jusqu'à Krustpils, où elle se divise en deux. Une branche part vers Rēzekne, Ludza et la Russie, l'autre oblique vers le sud, Daugavpils et la Biélorussie. Consultez les horaires et les prix des trains longue distance et nationaux sur www.ldz.lv. Le train n'est pas idéal pour rallier l'ouest de la Lettonie.

Voici les principales destinations intérieures. Il n'y a aucun train de nuit, bien que les trains pour Jurmala roulent jusqu'à minuit :

Cēsis (3,50 €, 2 heures, 4/jour)
Daugavpils (7 €, 3 heures 30, 3/jour)
Jurmala (Majori) (1,40 €, 30 min, 2-3/heure)
Ludza (7,80 €, 4 heures, 2/jour)
Rēzekne (7,20 €, 3 heures 30, 2/jour)
Saulkrasti (2,20 €, 1 heure, toutes les heures)

Comment circuler

Pour toute question relative aux transports publics et au stationnement à Riga, consultez le précieux site Web municipal www.rigassatiksme.lv.

DEPUIS/VERS L'AÉROPORT

Le transport le plus économique depuis l'aéroport de Riga est le bus n°22 (2 €, 25 min), qui part toutes les 30 minutes au moins et dessert plusieurs arrêts de la capitale, dont le centre commercial Stockmann et plusieurs points de la vieille ville, côté Dvina. Un taxi entre l'aéroport et le centre coûte généralement 12 €.

TAXI

Les taxis facturent de 0,60 à 0,80 € le kilomètre. Insistez pour que le compteur soit mis en route au moment du départ. Les compteurs démarrent généralement à 1,50 €. Un court trajet (comme traverser la Dvina occidentale pour dîner à Ķīpsala) ne revient pas à plus de 5 €. Vous trouverez des stations de taxis à l'extérieur des gares routière et ferroviaire, à l'aéroport et en face des principaux hôtels du centre de Riga, comme le Radisson Blu Hotel Latvija.

TRANSPORTS PUBLICS

Le centre de Riga est si ramassé que la plupart des visiteurs ne songent même pas à emprunter les transports publics, mais trams, bus et trolleybus peuvent s'avérer utiles pour s'aventurer plus loin. Consultez itinéraires et horaires sur www.rigassatiksme.lv. Un ticket coûte 1,15 € (0,30 € pour les titulaires d'une carte internationale d'étudiant). Des forfaits pour 24 heures (5 €), 3 jours (10 €) et 5 jours (15 €) sont également disponibles. Les tickets sont en vente dans les kiosques à journaux Narvessen et dans des distributeurs automatiques à bord des trams récents et dans le passage souterrain près de la gare ferroviaire.

VÉLO

Filez dans Riga grâce à **Sixt Rent a Bicycle** (Sixt velo noma ; ☎ 6767 6780 ; www.sixtbicycle.lv ; 30 min/journée 0,90/9 €). Il y a plusieurs stations judicieusement placées à Riga et à Jurmala ; choisissez votre vélo, appelez le service de location et l'on vous envoie le code pour débloquer l'engin.

VOITURE ET MOTO

Riga est divisée en 6 zones de stationnement. Le stationnement municipal dans le centre coûte de 2 à 3 €/heure. Pour un stationnement de longue durée, consultez www.europark.lv, qui gère des parkings dans toute la ville et propose des solutions plus avantageuses.

ENVIRONS DE RIGA

Difficile de croire que de longues plages de sable blanc et des forêts de pins se trouvent à seulement 20 km de Riga. Jurmala et le parc national de Ķemeri sont d'excellentes destinations à la journée.

À l'époque soviétique, l'autoroute Riga-Jurmala (la seule six-voies de Lettonie) était surnommée "10 minutes en Amérique" parce qu'elle servait de décor aux films locaux censés se dérouler aux États-Unis.

Jurmala

56 000 HABITANTS

Version balte de la Côte d'Azur, Jurmala (Jūrmala ; prononcer *your*-me-la) est une succession de localités dotées de villas

LA TERRE GÉMIT AU CAMP DE SALASPILS

Le mémorial du camp de concentration de Salaspils, non loin de la sortie de Riga, sur la route du Latgale, est un exemple marquant du gigantisme à la mode soviétique. Dirigé par les nazis pendant la Seconde Guerre mondiale, ce n'était pas un camp de la mort comme Auschwitz, mais les détenus (en majorité des gauchistes lettons et des prisonniers de guerre soviétiques, ainsi que quelques milliers de Juifs allemands) vivaient dans des conditions si difficiles que beaucoup y moururent.

La pièce maîtresse, un énorme bunker en béton aux allures de tour oblique, orienté vers le ciel, symbolise l'ascension vers l'éternité par la souffrance. Il porte l'inscription "Derrière cette porte, la terre gémit" – traduction d'un vers de l'écrivain letton Eizens Veveris, qui fut emprisonné dans ce camp.

Sept sombres allégories en pierre répondant à des noms comme "l'Invaincu", "l'Humilié", "la Solidarité" ou "le Serment" se dressent dans un terrain verdoyant devant ce mur. À l'intérieur du bunker, une petite exposition rappelle les horreurs du camp. Non loin, on trouve aussi un bloc de pierre polie long de 6 m possédant un métronome à l'intérieur, qui produit comme un battement de cœur entêtant.

Pour vous y rendre en transport public, prenez le train de banlieue Ogre-Krustpils jusqu'à la gare de Dārziņi (et non Salaspils). Un sentier conduit de la gare au *piemineklis* (mémorial). Comptez une quinzaine de minutes de marche. En voiture depuis Riga, prenez l'autoroute A6, sortez à gauche à 300 m (attention, la sortie est difficile à repérer) avant l'échangeur de l'A5.

prussiennes toutes différentes les unes des autres. Déjà au plus fort du communisme, Jurmala était la station balnéaire pour voir et être vu. Aujourd'hui, les magnats russes et leurs séduisantes épouses forment une partie bien visible de la population. Les fashionistas viennent quant à elles exhiber leur maillot haute couture et bronzer entre deux soins au spa. Les week-ends d'été, les voitures encombrent les routes quand les jet-setteurs et les habitants de Riga se rendent à Jurmala pour profiter du soleil.

Jurmala est composée de 14 petites villes qui s'étendent sur 32 km. Si vous n'avez ni voiture, ni vélo, dirigez-vous au cœur de l'animation : Majori et Dzintari. La principale rue de Jurmala, Jomas iela, est une artère piétonne d'un kilomètre de long, où sont concentrés les sites touristiques, qui relie ces deux communes. Contrairement à beaucoup de stations balnéaires européennes, la plupart des restaurants et hôtels de Jurmala sont éloignés de la plage, épargnant ainsi le rivage.

À voir

La plage au Pavillon Bleu et les jolies **maisons en bois** Art nouveau sont les principaux attraits de Jurmala. Reconnaissables à leurs auvents dentelés, leurs façades et tours travaillées, on trouve plus de 4 000 de ces maisons en bois dans Jurmala (la plupart sont des maisons de vacances). Une balade dans **Jūras iela**, parallèle à Jomas iela entre Majori et Dzintari, vous en donnera un bon aperçu. Ces maisons sont dans des états variables ; certaines sont délabrées et abandonnées, d'autres sont magnifiquement rénovées et d'autres encore viennent d'être construites. L'office du tourisme distribue la brochure *The Resort Architecture of Jurmala City*, détaillant diverses visites individuelles axées sur l'architecture – le quartier de Majori est traité en p. 8.

En bord de mer, les sanatoriums de l'époque soviétique, très tape-à-l'œil, offrent un net contraste. Tel un immense navire de croisière échoué sur la plage, le **sanatorium Vaivari** (Asaru prospekts 61), situé sur la route principale à 5 km à l'ouest de Majori, en est le parfait exemple. Il accueille une clientèle senior qui s'y rend depuis, disons-le, l'époque de Brejnev.

Musée de la ville de Jurmala — MUSÉE

(☎ 6776 4746 ; Tirgoņu iela 29 ; ⌚10h-18h mar-dim). GRATUIT Depuis une coûteuse rénovation, le musée abrite une belle exposition permanente sur l'histoire de Jurmala, "la" station balnéaire de l'ex-URSS.

Musée en plein air de Jurmala — MUSÉE

(☎ 6775 4909 ; Tīklu iela 1a ; ⌚10h-18h mar-dim). À Lielupe, entre Jurmala et Riga, ce musée conserve des maisons de pêcheurs du XIXe siècle et une collection de matériel nautique. Avec un peu de chance, vous pourrez déguster du poisson fumé préparé à la manière traditionnelle lettonne.

Art Rezidence "Inner Light" — GALERIE D'ART

(☎ 6787 1937 ; www.jermolajev.lv ; Omnibusa iela 19 ; tarif adulte/enfant 3/1 € ; ⌚11h-17h). Cette visite égaiera certainement une journée pluvieuse. Dans son studio, à l'extérieur de sa maison, un artiste russe local s'essaie à une technique secrète pour réaliser des peintures qui brillent dans le noir. Il crée des portraits qui se transforment selon l'intensité de la lumière. Une musique d'ambiance vous fait apprécier l'expérience.

Activités

Le premier spa de Jurmala a ouvert en 1838 et, depuis, la ville est connue comme la capitale thermale des pays baltes. Divers grands hôtels et les imposants sanatoriums soviétiques, situés le long de la plage, en direction du parc national de Ķemeri, dispensent des soins. De nombreux hébergements proposent des offres combinant spa et logement.

Baltic Beach Spa — SPA

(☎ 6777 1446 ; www.balticbeach.lv ; Jūras iela 23/25 ; soins à partir de 15 € ; ⌚8h-22h). Attenant à un complexe hôtelier sur le front de mer, c'est le plus grand spa de la Baltique : 3 étages de salles de massage, saunas, salles de yoga, piscines et bassins balnéo.

À l'étage, dans une atmosphère champêtre, suivez des traitements revigorants en alternant séances de bains de vapeur et seaux d'eau glacée.

Līvu Akvaparks — PARC AQUATIQUE

(☎ 6775 5636 ; www.akvaparks.lv ; Viestura iela 24 ; journée adulte/enfant 29/20 € ; ⌚11h-22h lun-ven, 10h-22h sam et dim). Idéal pour les familles, cet immense parc se trouve à Lielupe, entre Jurmala et Riga.

Fêtes et festivals

Jurmala accueillait jadis de nombreux festivals de musique et d'humour destinés aux téléspectateurs russes, mais tout s'est terminé avec le début de la guerre en

Jurmala

Jurmala

À voir
1 Art Rezidence "Inner Light" B2
2 Musée de la ville de Jurmala B3

Activités
3 Baltic Beach Spa B2

Où se loger
4 Hotel Jūrmala Spa B2
5 Hotel MaMa B3
6 Parus B2
7 Villa Joma C2

Où se restaurer
8 Il Sole B2
MaMa .... (voir 5)
9 Sue's Asia C2

Où prendre un verre et faire la fête
Seaside Bar .... (voir 4)

Où sortir
10 Salle Dzintari C1
11 Centre culturel et cinéma de Majori B2

Ukraine. Il s'y passe néanmoins beaucoup de choses encore. Consultez www.tourism.jurmala.lv pour connaître le programme.

Festival de rue de Joma CARNAVAL
(www.jurmala.lv). Festival annuel de Jurmala en juillet ; 2009 a marqué l'anniversaire des 50 ans de l'unification des villes de Jurmala. Ne manquez pas le concours de sculpture sur sable de la plage (www.magicsand.lv).

Où se loger

On ne connaît pas les "petits prix". Les voyageurs à budget serré préféreront passer la journée à Jurmala et dormir à Riga. L'office du tourisme peut réserver votre hébergement. Il détient également une liste d'habitants louant des chambres, quand tous les établissements affichent complet. Vous trouverez ici les prix d'été ; en basse saison les tarifs chutent considérablement.

Hotel MaMa BOUTIQUE-HÔTEL €€
(6776 1271 ; www.hotelmama.lv ; Tirgoņu iela 22 ; ch à partir de 75 € ;). Les portes des chambres sont capitonnées et une multitude de draperies blanches habille les suites. Peinture argentée et touches originales se mêlent aux équipements ultramodernes. L'hôtel respire la sensualité.

Parus HÔTEL HISTORIQUE €€
(6776 2391 ; www.parus.lv ; Smilšu iela 2 ; s/d/tr 65/80/110 €). Parmi les villas prussiennes qui

ornent Jurmala, ce joli hôtel en bois peint en vert, dispose de chambres confortables et très variées. À une dune de la plage.

Villa Joma BOUTIQUE-HÔTEL €€€
(☎ 6777 1999 ; www.villajoma.lv ; Jomas iela 90 ; s/d à partir de 100/110 €). Hôtel accueillant avec 15 chambres impeccables aux configurations diverses. Demandez une chambre avec lucarne. L'établissement, assez éloigné de la plage, possède une ravissante terrasse pour profiter du soleil. D'excellents repas sont servis dans le vaste restaurant du rez-de-chaussée.

Hotel Jūrmala Spa HÔTEL €€€
(☎ 6778 4415 ; www.hoteljurmala.com ; Jomas iela 47/49 ; ch à partir de 80 € ; @ 🛜 🏊). Les chambres de cet imposant géant noir sont plutôt petites mais semblent flambant neuves, et celles des 8e et 9e étages offrent une vue panoramique sur la rivière et la mer. Sympathique bar à cocktails au dernier étage.

Où se restaurer

En été, choisissez votre repas dans Jomas iela parmi les stands, terrasses de café et restaurants branchés. Vous trouverez également à Jurmala une franchise de presque toutes les chaînes de restauration populaires de Riga. Beaucoup d'établissements sont ouverts toute l'année, accueillant les estivants à la belle saison et les clients des spas en hiver. La plupart des hôtels possèdent un restaurant.

MaMa FUSION €€
(www.hotelmama.lv/en/restaurant ; Tirgoņu iela 22 ; plats 10-22 € ; ⌚ 12h-22h). Une cuisine fusion italienne et lettonne est servie sur des tables aux nappes blanches entourées de chaises confortables. Les plus petits sièges sont réservés aux chiens et aux chats (un menu leur est même destiné). Ne manquez pas les toilettes originales ; une surprise vous attend au plafond.

Sue's Asia INDIEN €€
(Jomas iela 74 ; plats 9-12 € ; ⌚ 12h-23h). Une blonde platine servant des plats asiatiques en sari, c'est assez incongru, mais les habitants adorent le Sue's pour sa cuisine authentique, agrémentée de touches personnelles. Dégustez un curry épicé ou un poulet makhani au milieu des statues de divinités.

Orizzonte GASTRONOMIQUE €€
(Baznīcas iela 2B ; plats 10-20 € ; ⌚ 11h-23h). Situé sur la plage de la commune de Dubulti, l'Orizzonte est le parfait endroit pour regarder le soleil se coucher dans la baie de Riga. À la nuit tombée, nappes blanches et bougies recouvrent les tables et de doux accords de guitare se font entendre.

Il Sole ITALIEN €€€
(Jūras iela 23/25 ; plats 14-30 € ; ⌚ 11h-23h). Ce restaurant romantique du Baltic Beach Hotel est idéalement situé en bord de mer. Longue liste de délicieux plats italiens en accord avec des vins importés. Le décor florentin est un peu kitsch, mais le coucher du soleil ravit toujours autant.

♥ **36.Line** LETTON MODERNE €€€
(☎ 22010696 ; www.lauris-restaurant.lv ; Līnija 36 ; plats 12-30 € ; ⌚ 11h-23h ; 🖊). Le célèbre chef letton Lauris Alekseyevs revisite les plats nationaux traditionnels dans ce merveilleux restaurant situé sur une langue de sable à l'extrémité est de Jurmala. Après les joies de la plage, enfilez une tenue décontractée au déjeuner, ou une tenue sophistiquée au dîner. En soirée, un DJ est souvent aux platines.

Où prendre un verre et sortir

Seaside Bar BAR
(☎ 6778 4415 ; Jomas iela 47/49 ; ⌚ 15h-2h lun-sam, 15h-minuit dim). Cette piste de danse branchée s'élève au dernier étage de l'Hotel Jurmala Spa. Sirotez un cocktail assis dans une chaise futuriste ou déhanchez-vous sous la boule à facettes.

Centre culturel et cinéma de Majori MUSIQUE, CINÉMA
(Majori Kultūras nams ; ☎ 6776 2403 ; Jomas iela 35). Films, concerts et diverses expositions artistiques et artisanales.

Salle Dzintari MUSIQUE
(Dzintari Koncertzāle ; ☎ 6776 2092 ; Turaidas iela 1). Cette célèbre salle de concert en plein air (il y a un toit mais pas de murs) existe depuis 1897, même si elle a changé d'aspect entre-temps. C'était l'un des lieux les plus recherchés des musiciens et des comédiens soviétiques ; les artistes de pop russes continuèrent à le fréquenter jusqu'à 2015, quand la Lettonie décida d'annuler deux importants festivals russes en raison du conflit ukrainien. C'est pourquoi le programme est maintenant plus international et plus varié. Concerts de juin à août.

Renseignements

L'office du tourisme propose un accès Internet. Le musée de la ville de Jurmala offre un accès Wi-Fi gratuit.

Hôpital Bulduri (Vienības prospekts 19/21)

Office du tourisme (☎ 6714 7900 ; Lienes iela 5 ; ⏲ 9h-19h lun-ven, 10h-17h sam, 10h-15h dim). Près de la gare ferroviaire de Majori. Multiples brochures sur les balades, itinéraires cyclables et curiosités. Le personnel peut réserver un hébergement et louer des vélos. Une grande carte aide les visiteurs à se repérer quand le centre est fermé.

Depuis/vers Jurmala

BATEAU LENT

Slow Boat (☎ 29237123 ; www.pie-kapteina.lv ; adulte/enfant 15/10 €). Départ de la place des Tirailleurs à Riga, arrivée à Majori près de la gare ferroviaire. La croisière dure 1 heure et n'a lieu que le week-end.

MINIBUS

Mode de transport répandu entre Riga et Jurmala ; prenez un minibus (30 min) en direction de Sloka, Jaunķemeri ou Dubulti et demandez au chauffeur un arrêt à Majori. Départ toutes les 15 minutes entre 6h et minuit en face de la gare ferroviaire de Riga. Prenez le train à Majori pour le retour. Ces minibus fréquents rallient également d'autres communes sur la longue côte sablonneuse de Jurmala. De 9h à minuit, certains relient Jurmala à l'aéroport international de Riga.

TRAIN

Deux ou trois trains par heure relient Jurmala au centre de Riga. Prenez le train de banlieue en direction de Sloka, Tukums ou Dubulti et descendez à Majori (1,50 €, 30-35 min). Le premier train quitte Riga vers 5h50, le dernier train part de Majori vers 22h45. Les trains pour Jurmala partent généralement des quais 3 et 4, ils marquent 6 ou 7 arrêts dans la station balnéaire, ce qui permet de descendre dans une autre commune. Consultez le site www.pv.lv ou www.1188.lv pour des informations mises à jour.

VÉLO

Sixt Rent a Bicycle (Sixt velo noma ; www.sixtbicycle.lv) a plusieurs antennes à Jurmala. La plus commode se trouve de l'autre côté de la place face à la gare de Majori. On peut restituer ici des vélos loués à Riga.

VOITURE ET MOTO

Les automobilistes doivent payer une taxe de 2 €/jour pour traverser la Lielupe, même s'ils ne font que traverserJurmala. On trouve facilement des places de stationnement (gratuites pour la plupart) dans Jūras iela.

Parc national de Ķemeri

Au-delà des maisons chics des célébrités et des bars de plage de Jurmala, se trouve un arrière-pays verdoyant : le **parc national de Ķemeri** (Ķemeru nacionālais parks ; ☎ 6673 0078 ; www.kemerunacionalaisparks.lv). Ce parc est aujourd'hui constitué de villages de pêcheurs endormis bordés de marais, de lacs et de forêts protégés, mais à la fin du XIXe siècle, Ķemeri était réputé pour sa boue curative et ses eaux thermales, attirant les visiteurs de Moscou. Le parc est ouvert toute l'année, toutefois les infrastructures ne sont opérationnelles qu'entre juin et août.

Le **centre d'information du parc** (☎ 6714 6819 ; www.kemeri.lv ; ⏲ 10h-18h juin-août) est installé dans une sorte de grange abritant un hôtel-restaurant appelé "Funny Mosquito" ("Drôle de moustique"). Toutes les informations sont en letton, mais vous pouvez louer des vélos et assister à des conférences ou suivre des programmes d'observation de chauves-souris et d'oiseaux. Un pittoresque **sentier** de 600 m démarre au centre d'information et serpente dans la forêt.

Une forte odeur d'œuf pourri émane de la station thermale, appelée aussi Ķemeri (prononcer kyé-mé-ri ou tié-mé-ri), réputée pour ses sources sulfureuses. Le premier bain de boue de Ķemeri a ouvert à la fin du XIXe siècle, et jusqu'à la Seconde Guerre mondiale, la station bénéficiait d'une réputation d'oasis curative. L'eau de source est potable et serait plutôt salutaire. Essayez de remplir votre bouteille au **lézard**, une sculpture de pierre d'où une source s'écoule dans la rivière. Dégustez ce breuvage odorant en vous baladant parmi les kiosques peints en vert et les petits ponts en fer forgé, tels que le pont des Soupirs ou le pont des Caprices. Tout est resté tel que c'était dans les années 1930, lorsque la cote de popularité de la station était au plus fort.

Difficile de manquer l'**Hotel Ķemeri**. Connu comme le "navire blanc", il fut bâti pendant la brève indépendance de la Lettonie, dans les années 1930, et arbore l'une des façades les plus impressionnantes en dehors de Riga. Pour l'instant, on ne peut apprécier que l'extérieur car les fonds manquent pour sa rénovation. Une promenade dans le parc permet de découvrir l'**église orthodoxe Saint-Pierre-et-Saint-Paul**. Construite en 1893, c'est le plus ancien lieu de culte de Ķemeri, et en regardant attentivement, vous remarquerez que ce grand bâtiment de bois a été bâti sans aucun clou.

La fabrication de conserves et le fumage de poissons sont des activités traditionnelles dans les villages qui bordent la route côtière menant au nord, en direction du cap Kolka. Une forte odeur de poisson règne à **Lapmežciems**, qui donne sur le lac Kaņieris, à 3 km à l'ouest de Jurmala. Les sprats sont mis en boîte dans la conserverie située à droite de l'entrée est du village. Anguilles, sprats, saumons et thons fraîchement fumés abondent au marché du village, ainsi qu'au marché de **Ragaciems**, à 2 km au nord.

Depuis/vers le parc national de Ķemeri

Situé non loin de Jurmala, sur la ligne ouest des trains de banlieue, le parc national de Ķemeri est facilement accessible depuis Riga. Des trains relient Riga et Majori 15 fois par jour. Le bus n°11 conduit aussi au parc depuis la gare de Majori, ou directement depuis Riga.

OUEST DE LA LETTONIE (COURLANDE)

On trouve en Courlande (Kurzeme), comté de la "terre du milieu" lettonne, la véritable âme lettonne avec laquelle les Rigois cosmopolites éprouvent le besoin de renouer dans les moments de célébration. Nationalisme excepté, la Courlande est une succession de beautés naturelles époustouflantes. Son littoral désert et sablonneux est le terrain idéal d'excursions hors des sentiers battus, et ses villes côtières (Kolka, Ventspils, Pāvilosta et Liepāja) sont autant de belles découvertes jalonnant la côte sauvage.

La Courlande n'a pas toujours été si paisible ; la région tire son nom des Coures, un peuple rebelle connu pour ses alliances avec les Vikings lors d'attaques et de batailles. Au cours du XIIIe siècle, les croisés allemands progressèrent et soumirent les Coures, ainsi que d'autres peuples de Lettonie. Lorsque l'ordre des chevaliers Porte-Glaive s'effondra face aux assauts russes menés par Ivan le Terrible, en 1561, son dernier maître, Gotthard Kettler, récupéra la Courlande et le Zemgale pour en faire son fief personnel.

Le duc Jacob, qui gouverna la Courlande de 1640 à 1682, développa la région en créant une escadre militaire et une flotte marchande, et acheta deux colonies lointaines (au hasard) : Tobago, dans les Caraïbes, et une île du fleuve Gambie. Il prévoyait même de coloniser l'Australie ! L'empire de Courlande fut de courte durée, mais les Américains et les Canadiens d'origine lettonne se réunissent encore à Tobago, bien que cette île tropicale n'ait pas une grande ressemblance avec la mélancolie nordique de leur terre ancestrale.

Route de Ventspils

Trois routes principales relient Riga à la côte de Courlande. Celle de Ventspils, la plus courte, est jalonnée de nombreuses curiosités.

La route A10 part de l'autoroute de Jurmala et contourne la ville avant de pénétrer dans la profonde forêt du parc national de Ķemeri. Peu après l'embranchement pour le village de Ķemeri, repérez sur votre gauche le panneau marron indiquant "Lielā Ķemeru tīreļa laipa" – le **grand sentier des marais de Ķemeri**. Ce circuit de 3 km sur une promenade en planches vous fait découvrir un paysage surnaturel, composé de mousses multicolores et de flaques profondes et noires où l'on ne serait pas étonné de voir des sirènes. La tour d'observation permet aux maniaques du selfie de côtoyer des passionnés d'ornithologie essayant d'apercevoir la rare cigogne noire.

À quelque 65 km de Riga, avant Tukums, un panneau indique la bifurcation pour **Cinevilla** (Kinopilsēta Cinevilla ; ☎6774 4647 ; www.cinevilla.lv ; adulte/enfant 3/1 € ; ⏲10h-19h), parc thématique créé à partir du plateau construit pour le film *Rīgas sargi* d'Aigars Grauba (2007), et toujours utilisé pour des tournages. Au fil du temps, une fausse digue de Riga, complétée par un bateau, s'est vu adjoindre une réplique de petite ville et une gare où passe un vrai train à vapeur. Un port médiéval était en construction lors de notre passage. Les touristes peuvent jouer avec des accessoires de tournage, essayer des costumes et même tourner leur propre film. Restaurant sur place.

Après Tukums, vous devriez apercevoir sur votre droite les tours en brique rouge du **château de Jaunmoku** (☎26187442 ; www.jaunmokupils.lv ; musée tarif plein/étudiant 2,50/1,50 € ; ⏲9h-17h). Ce pavillon de chasse construit par George Armitstead (p. 222), Anglais le plus connu de Lettonie et maire de Riga, ressemble à la version idéalisée d'un château du Yorkshire natal de son père.

Ouest de la Lettonie (Courlande)

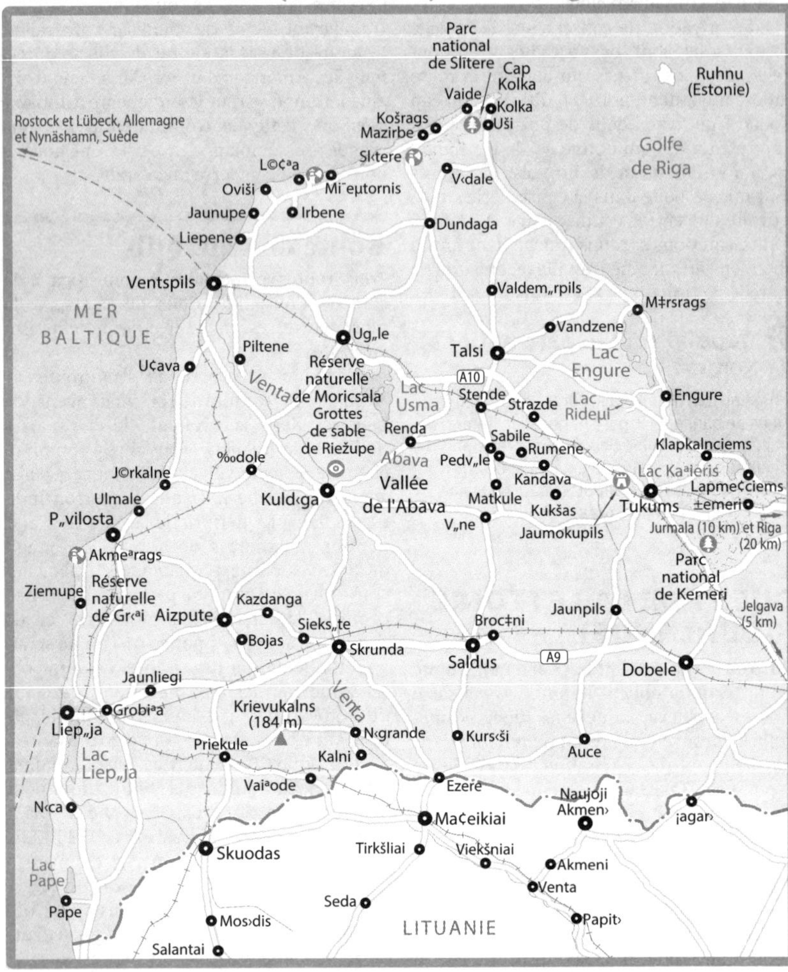

On y trouve un petit musée intéressant, un joli parc et un hôtel plutôt quelconque.

Un peu plus loin, la **chocolaterie Pure Chocolate** permet de faire provision de douceurs pour les pique-niques sur les plages de la côte de Courlande.

Encadrée de petites collines à 120 km de Riga, **Talsi** est une ravissante ville au bord d'un lac ; il n'y a pas grand-chose à y faire, hormis déjeuner au **Martinelli** (plats 10-20 €) – restaurant chic et adresse secrète que les gens apprécient pour sa carte des vins impressionnante et sa cuisine européenne préparée avec soin et créativité. Une jolie pension de 2 chambres occupe l'étage.

Le vaste lac Usma est une autre perle, naturelle cette fois, qui se trouve 30 km plus à l'ouest. Ponctué de 7 îles, il est encadré de forêts verdoyantes. L'**Usma Spa Hotel & Camping** (☎6367 3710 ; www.usma.lv ; Priežkalni ; dort/d à partir de 9/58 € ; ⏲mai-oct), situé au bord du lac, est un refuge paisible. On peut pêcher, faire de la voile, ramer, se baigner et s'offrir toute une gamme de soins dans cet établissement à 1 km au sud de la route A10 sur la route d'Usma.

Il y a environ 190 km entre Riga et Ventspils.

Ventspils

42 500 HABITANTS

Son activité de port prospère où transitent les exportations pétrolières et minières a permis à Ventspils de figurer parmi les villes lettonnes les plus dynamiques, mais aussi, curieusement, les plus séduisantes. L'air y est vivifiant, et les édifices ont des couleurs vives, tout comme les imposantes installations industrielles. Mais le port le plus grand et le plus actif de Lettonie n'a pas toujours été ainsi : son emplacement stratégique en zone libre de glace servit de base navale et industrielle pour l'implantation des Coures au XIIe siècle, des chevaliers Porte-Glaive au XIIIe siècle, de la Ligue hanséatique au cours du XVIe siècle et, plus récemment, de l'URSS. Les habitants chérissent leur bière locale, l'Užavas, et les touristes trouveront de quoi occuper un week-end sur les superbes plages et dans les musées interactifs du port, ainsi que dans les rues sinueuses de la vieille ville, bordées de quelques boutiques et cafés.

À voir et à faire

La Venta coule entre la vieille ville et le port pittoresque situé sur l'autre rive. En balade dans le centre, remarquez les **Sept Météorites mentales** de Feldberg et le **monument à Krišjānis Valdemārs**, l'écrivain et enseignant letton qui permit à des milliers de paysans de s'émanciper en fondant la première école navale. En allant du centre à la plage, faites un tour dans le quartier d'**Ostgals** pour une plongée dans l'époque plus fruste où la ville n'était qu'un humble village de pêcheurs composé de cabanes en bois. Où que vous alliez à Ventspils, vous verrez des sculptures de vaches. Vestiges des "Cow Parades" (ou VachArt) en vogue dans le monde entier, les vaches de Ventspils sont tellement drôles et astucieuses qu'on n'a pu se résoudre à les faire disparaître.

Plage de Ventspils PLAGE

Cette longue plage de sable d'un blanc éblouissant au sud de la Venta est le joyau de la ville. En été, les adeptes de la plage (des nudistes aux kitesurfeurs) viennent bronzer au bord de l'eau. Adossée à une rangée de dunes et à un parc luxuriant, elle arbore le Pavillon Bleu. Rares sont les plages urbaines aussi propres et bien entretenues !

À son extrémité nord, elle jouxte une zone d'entrepôts prenant plus loin le nom de **jetée sud**, la toute dernière promenade aménagée de la ville, munie d'une tour d'observation d'où l'on peut apercevoir le port et photographier le ballet des navires de croisière.

Musée en plein air de la Côte MUSÉE

(Ventspils jūras zvejniecības brīvdabas muzejs ; ☎6322 4467 ; Riņķu iela 2 ; adulte/enfant 1,40/0,60 ; ⏲10h-18h mai-oct). Des siècles durant, la vie en Courlande a tourné autour de la navigation et de la pêche. Installé dans un vaste parc, ce musée comprend une collection de bateaux de pêche, d'ancres et de maisons traditionnelles en rondins provenant de villages côtiers du nord et du sud de Ventspils. Le petit train construit en 1916 par les Allemands, lors de l'occupation du pays, est une autre curiosité. Le circuit qu'il effectue dans le musée en plein air n'est qu'une fraction du réseau qui reliait autrefois les villages de la côte.

ESPION, ES-TU LÀ ?

Dans les années 1980, à Irbene, les Soviétiques ont construit un radiotélescope monumental de 32 m de diamètre (le R-32, une antenne parabolique de 600 tonnes montée sur une base en béton de 25 m de haut), servant à intercepter les communications occidentales par satellite. Aujourd'hui, il permet aux scientifiques d'observer les étoiles, la Lune et le Soleil.

Cachée dans la forêt à 24 km au nord de Ventspils, cette puissante antenne était l'une des trois dont se servait l'armée soviétique pour espionner le reste du monde depuis le Centre soviétique de communication spatiale. Lorsque les dernières troupes russes quittèrent le pays en 1994, elles emportèrent l'une des antennes, mais laissèrent derrière elles les deux autres (trop imposantes pour être déplacées).

Depuis 1994, ces anciennes installations militaires appartiennent au **Centre international de radio astronomie de Ventspils** (VIRAC, Ventspils Starptautiskais Radioastronomijas Centrs ; ☎29230818 ; virac.venta.lv/en), appartenant à l'Académie des sciences de Lettonie. L'une des antennes a été réhabilitée au printemps 2016.

Ventspils

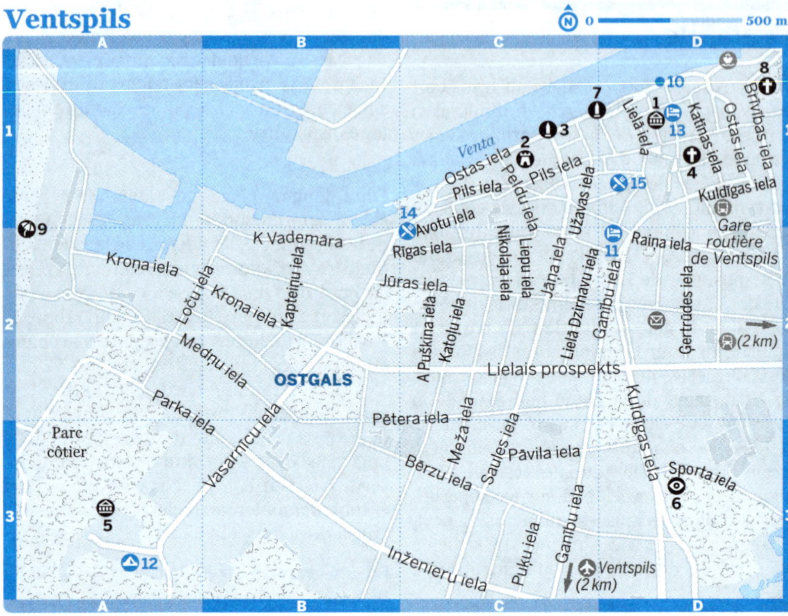

Ventspils

À voir

1 Maison de l'artisanat D1
2 Château de l'ordre de Livonie C1
3 Monument à Krišjānis Valdemārs C1
4 Église évangélique luthérienne de Nicolas D1
5 Musée en plein air de la Côte A3
6 Jardin Reņka D3
7 Sept météorites mentales C1
8 Église orthodoxe russe Saint-Nicolas D1
9 Plage de Ventspils A2

Activités

10 Hecogs Jēkabs Boat D1

Où se loger

11 Kupfernams D2
12 Piejūras Kempings A3
13 Viesu Nams Zītari D1

Où se restaurer

Krogs Zītari .... (voir 13)
14 Ostas 23 .... C2
15 Skroderkrogs D1

Seules deux des locomotives allemandes d'origine fonctionnent encore. La gare, voisine du guichet du musée, est la copie de celle de Mazirbe, un village au nord de Ventspils.

Château de l'ordre de Livonie CHÂTEAU, MUSÉE
(Livonijas ordeņa pils ; ☎6362 2031 ; www.ventspilsmuzejs.lv ; Jāņa iela 17 ; adulte/enfant 2,10/1,10 € ; ⏲10h-18h mar-dim). Si ce bâtiment massif ne ressemble guère à un château de l'extérieur, son intérieur du XIIIe siècle renferme un musée interactif dernier cri consacré à l'art et à l'histoire lettons. Le château servit de prison sous la domination soviétique ; dans les écuries, une exposition retrace les atrocités de cette période (en letton seulement). Le jardin zen adjacent vous rendra la sérénité.

Maison de l'artisanat MUSÉE
(Amatu māja ; ☎6362 0174 ; Skolas iela 3 ; 0,90 € ; ⏲10h-18h mar-ven, 10h-15h sam). Apprenez-en plus sur l'artisanat en Courlande et regardez les artisans filer (de la laine) avant d'acheter un article à rapporter à la maison.

Le bâtiment en bois construit sous le règne des ducs de Courlande a abrité une école de garçons à l'époque soviétique, avant d'être converti en salle d'exposition. Mieux vaut appeler à l'avance pour une visite guidée en anglais sur la fabrication des céramiques ou l'histoire du bâtiment (une salle de classe est restée intacte, avec ses pupitres et ses ardoises) ou de la ville.

Hecogs Jēkabs Boat EXCURSION EN BATEAU
(☎26353344 ; angle Ostas iela et Tirgus iela ; adulte/enfant 1,40/0,60 €). D'avril à novembre, les bateaux Hecogs Jēkabs visitent l'embouchure de la Venta. Ces excursions partent du dock n°18 (45 min ; 6/jour).

Églises

Vous remarquerez deux églises : l'**église orthodoxe russe Saint-Nicolas** (Sv Nikolaja pareizticīgo baznīca ; Plosu iela 10), surmontée de dômes, construite près de l'embarcadère moderne en 1901, et l'**église évangélique luthérienne de Nicolas** (Nikolaja luterāņu baznīca ; Tirgus iela 2), bâtie en 1835 sur la vaste place Rātslaukums. Cette église n'est pas dédiée à Saint-Nicolas, mais au tsar Nicolas II, qui fit don d'une somme importante aux luthériens locaux.

Où se loger

Piejūras Kempings CAMPING €
(☎6362 7925 ; Vasarnicu iela 56 ; empl tente 5 €/pers, bungalow 4 pers à partir de 40 € ; @). Charmant terrain herbeux doté de bungalows en pin offrant un service complet : laverie, location de vélos, courts de tennis, terrains de volley-ball et de basket.

Kupfernams B&B €€
(☎6362 6999 ; www.hotelkupfernams.lv ; Kārļa iela 5 ; s/d 39/59 € ; Wi-Fi). Cette jolie maison en bois au centre de la vieille ville est notre hébergement préféré ; elle dispose de chambres pimpantes à l'étage, avec toit en pente, donnant sur une salle de séjour commune. En bas, il y a un café et un salon de coiffure (servant de réception).

Viesu Nams Zītari PENSION €€
(☎28160018 ; www.facebook.com/KrogsZitari ; Tirgus iela 11 ; d à partir de 50 €). Il y a des animaux naturalisés dans la salle commune et plusieurs chambres bien équipées dans la maison à colombages du *beer garden* Zītari. Situé sur la place du marché, on ne fait pas plus central. Parquet et mobilier en bois dans les chambres, à la décoration moderne.

Où se restaurer et prendre un verre

Krogs Zītari EUROPE ORIENTALE €€
(☎25708337 ; www.facebook.com/KrogsZitari ; Tirgus iela 11 ; plats 7-12 € ; ⏲11h-minuit). Dans la cour d'une belle maison allemande à colombages, ce *beer garden* sert de belles portions de plats lettons, parfois traditionnels. Qu'il s'agisse de rollmops au fromage cottage et aux pommes de terre bouillies ou, plus exotique, de légumes au four au fromage suluguni de Géorgie, tous les plats se marient parfaitement à la bière lettonne.

Skroderkrogs LETTON €€
(☎6362 7634 ; Skroderu iela 6 ; plats 6-13 € ; ⏲11h-22h). Pour les amateurs de cuisine lettonne réconfortante, servie en portions généreuses dans un cadre plaisant et original (bougies et fleurs, tables fabriquées avec des pieds de machine à coudre).

Ostas 23 EUROPÉEN MODERNE €€
(☎22015754 ; www.ostas23.lv ; Ostas iela 23 ; plats 7-10 €). Si vous préférez les classiques internationaux à la cuisine lettonne traditionnelle, cette adresse moderne proche du château brille par sa qualité et son service.

Renseignements

Bibliothèque de Ventspils (☎6362 4333 ; Akmeņu iela 2 ; ⏲10h-19h lun-ven, 10h-16h sam ; Wi-Fi). Internet et Wi-Fi gratuits.

Office du tourisme (☎6362 2263 ; www.visitventspils.com ; Dārzu iela 6 ; ⏲8h-18h lun-sam, 10h-16h dim). Dans le terminal des ferries.

Poste (Platā iela)

Depuis/vers Ventspils

La **gare routière** (☎6362 4262 ; Kuldīgas iela 5) est desservie par les bus depuis/vers Riga (7,50 €, 2 heures 45 à 4 heures, toutes les heures), Kuldīga (3 €, 1 heure 15, 5/jour) et Liepāja (5,20 €, 2 heures 15 à 3 heures, 7/jour) via Jūrkalne (2,50 €, 1 heure) et Pāvilosta (3,25 €, 1 heure 15).

Des ferries Scandlines (www.scandlines.com) rejoignent Nynashamn, en Suède (21 €, 12 heures, 5/semaine) et Travemünde, en Allemagne (21 €, 25 heures, 2/semaine).

Pāvilosta

Il règne dans cette paisible bourgade balnéaire, à mi-chemin entre Ventspils et Liepāja, comme une ambiance de plage californienne malgré son emplacement sur la sombre mer Baltique. L'été, les séances de planche à voile, kitesurf, surf ou voile sont entrecoupées de siestes sur la plage. Vous en saurez plus sur la pratique de ces activités à l'office du tourisme ; le personnel accueillant peut aussi organiser des sorties en mer avec équipement de pêche et, avec un peu de chance, vous pourrez apprendre à fumer

HORS DES SENTIERS BATTUS

PARENTHÈSE SUITI

Si vous vous trouvez dans le triangle Ventspils-Kuldīga-Liepāja, rendez-vous au centre de ce territoire, spécial à bien des égards. Îlot catholique dans la Courlande luthérienne, il est habité par les Suiti, un peuple traditionnel parlant un dialecte qui lui est propre. C'est le dernier endroit de Lettonie où on peut encore voir des habitants aller à la messe dominicale vêtus de leur costume séculaire comprenant, pour les femmes, une cape en tissu écossais portée sur une robe écarlate.

Cependant, c'est le chant qui est au cœur de leur identité. Sorte de bourdonnement polyphonique, il n'est pas sans rappeler les chœurs traditionnels du Caucase (mais chanté par des femmes). Ce chant est interrompu par un soliste qui déclame un texte (chanté et entièrement improvisé) en se moquant des auditeurs, pour peu qu'ils aient l'air négligé, distrait ou bien paresseux !

La capitale des Suiti est **Alsunga**, un joli village doté d'un petit château livonien et d'une ravissante auberge, **Spēlmaņu Krogs** (26179298 ; www.spelmanukrogs.lv ; Pils iela 7; ch à partir de 25 €), où l'on peut dormir et déguster une délicieuse cuisine locale – notamment des *sklandrauši* (petits gâteaux sucrés à la carotte et à la pomme de terre). Le week-end, on y organise une fête, on cuisine sur un foyer traditionnel et on écoute des Suitu Sievas – ces fameux ensembles de grands-mères d'Alsunga qui ont fait connaître la culture suiti sur la scène lettonne et internationale.

Alsunga est à 14 km de la route Ventspils-Liepāja. L'embranchement se trouve à **Jūrkalne**, un autre village Suiti dont les hautes falaises calcaires donnent sur une magnifique plage désolée. Il y a quelques bonnes auberges dans le secteur, dont celle de **Pilsberģi Krogs** (27436888 ; www.pilsbergi.lv ; ch à partir de 50 €).

La religion catholique des Suiti a des origines non pas politiques, mais romantiques. Pendant la Réforme, ils sont devenus luthériens comme le reste de la Courlande mais, en 1623, Johan Ulrich von Schwerin, seigneur d'Alsunga, tomba amoureux d'une belle Polonaise. Pour que son union soit approuvée par le roi de Pologne, il dut se convertir au catholicisme, à l'instar de tous ses sujets. Il en résulta un repli sur soi qui a marqué les habitants au fil des siècles, mais leur a également valu une culture originale, officiellement reconnue par l'Unesco comme "patrimoine immatériel de l'humanité nécessitant une sauvegarde urgente".

le poisson. Un détail qui a son importance : renseignez-vous sur la météo avant de partir.

Où se loger et se restaurer

Vēju Paradize AUBERGE €€

(26446644 ; www.veju-paradize.lv ; Smilšu iela 14 ; d/tr/qua à partir de 49/61/73 €). Le "Paradis du vent" est le plus grand hébergement de Pāvilosta. Quelque 17 chambres simples mais bien tenues offrent une ambiance balnéaire. Les aloès apportent une note originale de décoration. Ouvert en été de 9h à 22h, le restaurant sert des plats internationaux légers.

L'auberge loue plusieurs bateaux en bois de taille variable.

Das Crocodill BOUTIQUE-HÔTEL €€

(26151333 ; www.crocodill.lv ; Kalna iela 6 ; ch haute/basse saison à partir de 80/40 € ;). Mosaïques et lampes participent au charme de l'hôtel et la décoration est un délicieux mélange de styles du monde entier : Australie aborigène, Afrique tribale et Polynésie. Laissez-vous tenter par l'une des suites à l'arrière, qui donnent sur la piscine.

Équipements de sports nautiques et vélos à louer.

Āķagals LETTON €

(Dzintaru iela ; plats 5-8 € ; 12h-19h). Délicieuse cuisine lettonne servie sur des tables rustiques en bois verni. La balançoire, les dunes balayées par le vent et la tour d'observation à l'arrière vous occuperont, en attendant votre repas.

Snack Bīčbārs CAFÉ

(Illy ; juin-août). Dans cette paillote exotique située sur le chemin de terre menant à la plage, on vend du café et des cocktails à emporter ou à déguster sur place sur de charmantes chaises en osier. Le bar change de nom chaque année, selon la société qui reprend les rênes pour l'été.

Renseignements

Un DAB est ouvert à toute heure derrière l'office du tourisme.

Office du tourisme (www.pavilosta.lv ; Dzintaru iela 2 ; ⏲7h30-21h juin-août, 7h30-19h30 sept-mai). Le personnel accueillant et anglophone vous aidera à trouver un hébergement et des activités. Sur la route principale menant aux docks, près de l'arrêt de bus.

Poste (Tirgus iela 1 ; ⏲9h-17h lun-ven)

Depuis/vers Pāvilosta

Des bus interurbains relient Pāvilosta et Liepāja (2,65 €, 1 heure 10, 5/jour), Kuldīga (2,70 €, 1 heure 05, 1/jour puis poursuit jusqu'à Riga), et Ventspils (3,25 €, 1 heure 15, 4/jour). Les bus s'arrêtent généralement devant l'office du tourisme.

Liepāja

83 400 HABITANTS

Liepāja ne correspond à aucun cliché. Cette ville portuaire dotée d'entrepôts poussiéreux en brique rouge, de torpilleurs à quai et d'une vieille prison (l'attraction principale) possède aussi l'une des plus belles plages de Lettonie. Elle a aussi donné naissance à nombre de grands musiciens et son ambiance brut de décoffrage se traduit par une musique grungy qui en fait un peu le Manchester letton mais, en réalité, c'est une ville qui commence tout juste à chercher son identité.

Fondée au XIIIe siècle par l'ordre des chevaliers Porte-Glaive, la troisième ville de Lettonie ne se développa qu'après l'approfondissement de sa zone portuaire et la construction d'un énorme port naval par le tsar Alexandre III à la fin du XIXe siècle. Pendant des années, la ville industrielle dut sa renommée à la présence de la première flotte de sous-marins russes de la Baltique ; mais, après la Seconde Guerre mondiale, les Soviétiques occupèrent les zones épargnées par les bombardements et en firent une base militaire stratégique.

À voir

Les sites d'intérêt étant assez rares à Liepāja, profitez-en pour vous rendre sur la **plage**. Le **parc Jūrmala**, étroite bande de verdure, sépare les petites dunes du cœur urbain délabré.

Karosta

Strictement interdite d'accès durant l'occupation soviétique, Karosta, à 4 km au nord du centre de Liepāja, est une ancienne base navale russe qui englobe environ un tiers de la ville. Les baraquements vétustes et les immeubles soviétiques en béton (pour la plupart abandonnés) sont autant de rappels de cette époque. Les curiosités étant plutôt éloignées les unes des autres, mieux vaut visiter Karosta à vélo ou en voiture. N'oubliez pas votre maillot de bain par temps chaud, car la plage est jolie.

Prison de Karosta BÂTIMENT HISTORIQUE

(Karostas cietums ; ☎26369470 ; www.karostascietums.lv ; Invalīdu iela 4 ; adulte/enfant 4,50/3 € ; ⏲9h-19h tlj juin-août, 10h-18h tlj mai et sept, 12h-15h sam-dim oct-avr). Les amateurs de châtiments se régaleront dans cette ancienne prison sinistre qui fonctionna jusqu'en 1997. Construit en 1900, cet hôpital devint une prison militaire avant même d'être terminé. Les visites, qui ont lieu toutes les heures, retracent l'histoire de la prison où l'on punissait les soldats désobéissants. Des "expériences" plus extrêmes sont aussi proposées aux groupes d'au moins 10 personnes (réservation indispensable).

Il est possible de devenir prisonnier pour une nuit (17 €/pers). Au programme : inspections fréquentes des lits, vociférations des geôliers en costume d'époque et latrines d'une saleté repoussante (réellement). Dans la cellule 26 (isolement), vous ne serez pas dérangé, mais l'obscurité totale vous perturbera certainement.

Des shows de "télé-réalité" (1 heure ; adulte/enfant 6/4,50 €) permettent de faire l'expérience du masochisme sans pour autant passer une nuit en prison. Il y a également la visite des forts du côté nord de la prison, autrefois interdits d'accès, où l'on peut participer au jeu d'espionnage "Évadez-vous d'URSS".

♥ **Cathédrale Saint-Nicolas** ÉGLISE

(www.morskoj-sobor.lv ; Katedrāles iela 7 ; ⏲8h-17h et pendant l'office du soir). Cette superbe cathédrale coiffée de bulbes est une bouffée d'air frais parmi la grisaille des immeubles soviétiques décrépits qui la cernent. Elle fut construite en 1901 dans le style néorusse. Pendant la Seconde

Liepāja

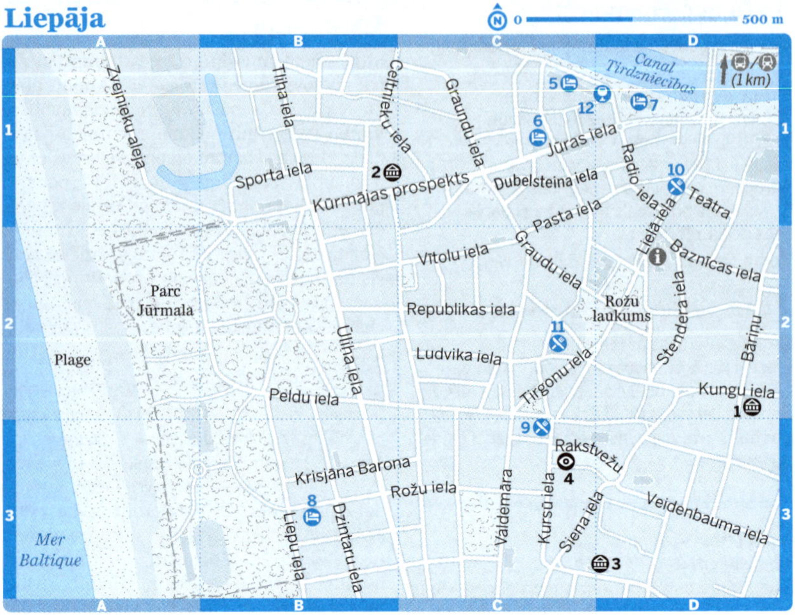

Liepāja

À voir
- 1 Maison des artisans D2
- 2 Musée d'Art et d'Histoire de Liepāja... B1
- 3 Musée de l'Occupation à Liepāja............ D3
- 4 Marché Saint-Pierre............ C3

Où se loger
- 5 Fontaine Royal C1
- 6 Hotel Fontaine C1
- 7 Promenade Hotel D1
- 8 Roze............ B3

Où se restaurer
- 9 Boulangerie............ C3
- 10 Darbnīca............ D1
- Fontaine Delisnack .... (voir 12)
- 11 Pastnieka Māja............ C2

Où prendre un verre et faire la fête
- 12 Fontaine Palace D1
- Prison Bar............ (voir 5)

Guerre mondiale, l'église fut dépouillée de ses ornementations intérieures ; elle fut restaurée dans les années 1990 après avoir servi de cinéma et de salle de sport. Comme dans toutes les églises russes, les femmes doivent se couvrir les cheveux d'un foulard ; les shorts et les tenues de plage sont interdits.

Centre-ville

Le centre de Liepāja comprend quelques sites intéressants à visiter.

Marché Saint-Pierre MARCHÉ

(Kuršu laukums). En activité depuis le milieu du XVIIe siècle, le marché s'est développé en 1910, quand un pavillon fut édifié à côté de la place. Aujourd'hui, les stands installés à l'intérieur et à l'extérieur de ce bâtiment animé vendent de tout, des vêtements d'occasion aux copies de DVD en passant par des fruits et des légumes frais.

Maison des artisans MUSÉE

(www.saivaart.com ; Dārza iela 4/8 ; 10h-17h lun-ven). GRATUIT On y trouve la plus grande pièce d'ambre du monde (formant une énorme tapisserie) et des femmes y tricotent écharpes, mitaines et couvertures, que l'on peut acheter. Le bijoutier installé à l'étage fabrique de jolis (et originaux) colliers et boucles d'oreille.

Musée d'Art et d'Histoire de Liepāja MUSÉE

(Liepājas vēstures un mākslas muzejs ; Kūrmājas prospekts 16/18 ; 10h-18h). GRATUIT Ce musée expose des objets de l'âge de pierre et de l'âge du bronze découverts lors de fouilles archéologiques menées dans la région, ainsi qu'une intéressante collection de bijoux, d'armes et d'objets datant des deux guerres mondiales.

Musée de l'Occupation à Liepāja MUSÉE

(K Ukstiņa iela 79 ; 10h-18h mer-dim). GRATUIT Le musée retrace l'histoire sanglante des occupations nazie et soviétique en Lettonie et en particulier à Liepāja. Les légendes sont en letton, mais les photographies saisissantes des déportations en Sibérie de 1939-1940 (on estime à 2 000 le nombre d'habitants de Liepāja à avoir été déportés), du génocide commis contre les Juifs lettons (près de 5 000 ont été tués dans la ville et ses environs) et de la lutte pour l'indépendance en 1991 parlent d'elles-mêmes.

Où se loger

Hotel Fontaine AUBERGE DE JEUNESSE €

(6342 0956 ; www.fontaine.lv ; Jūras iela 24 ; d avec/sans salle de bains 45/25 € ; @). Cette auberge très spéciale est installée dans une maison en bois du XVIIIe siècle aux moulures vertes. L'établissement a des allures de brocante, depuis la boutique kitsch servant de réception jusqu'à la vingtaine de chambres débordant d'objets en lien avec le rock ou la propagande soviétique, de mosaïques aux couleurs vives et d'autres babioles. Cuisine commune et espace détente au sous-sol. Certaines chambres sont aménagées dans une deuxième maison en bois à l'arrière.

Fontaine Royal HÔTEL €

(6348 9777 ; www.fontaineroyal.lv ; Stūrmaņu iela 1 ; s/d 35/45 €, sans salle de bains 20/25 € ; P). Hormis les plafonds en béton brut, tout est doré et chamarré dans cet hôtel pour voyageurs à petit budget un brin déjanté. Parmi les bibelots et les sculptures bizarres, les dorures et les peintures pailletées, on a l'impression de dormir dans un tableau Renaissance.

Roze AUBERGE €€

(6342 1155 ; www.parkhotel-roze.lv ; Rožu iela 37 ; s/d à partir de 49/59 € ;). Située près de la mer, cette maison en bois bleu clair élégante et confortable, de style Art nouveau, fut autrefois une résidence d'été pour l'élite. Chambres spacieuses, décorées avec du papier peint ancien et des rideaux diaphanes. TV sat, sauna et véranda dans le jardin.

Promenade Hotel HÔTEL DE LUXE €€€

(6348 8288 ; www.promenadehotel.lv ; Vecā Ostmala 40 ; ch à partir de 89 € ; P @). L'hôtel le plus chic de Courlande occupe un vaste entrepôt du port, qui servait autrefois au stockage des céréales.

Où se restaurer

Les cafés et bars de la ville proposent des menus composés de plats lettons et internationaux.

Fontaine Delisnack RESTAURATION RAPIDE €

(www.delisnack.lv ; Dzirnavu iela 4 ; plats 3-5 € ; 24h/24). Le restaurant, qui jouxte le Fontaine Palace, est le moins cher de la ville et a été créé pour les fêtards : ses hamburgers à l'américaine sont le meilleur moyen de faire passer une soirée alcoolisée. Service notoirement lent.

Boulangerie BOULANGERIE €

(www.boulangerie.lv ; Kuršu ielā 2 ; pâtisseries 4 € ; 10h-19h lun-sam, 10h-17h dim). Le matin, les accros au café-croissant attendent devant la porte de cette petite boutique avant l'ouverture. Une queue se forme inévitablement pendant que le personnel garnit l'étalage de pâtisseries fraîches, d'éclairs et de macarons. Les pâtisseries sont relativement chères, mais l'omelette-salade à 3,50 € constitue un petit-déjeuner avantageux. Par temps chaud, tentez de trouver une place sur le toit-terrasse.

Darbnīca INTERNATIONAL €

(www.darbnicacafe.lv ; Lielā iela 8 ; plats 3-4 € ; 8h30-21h lun-jeu, 8h30-2h ven, 10h-2h sam, 10h-20h dim). Repaire des hipsters locaux, ce bar-cafétéria sert des burgers, des nouilles asiatiques et une soupe *tom yum* très correcte. Le soir, l'endroit devient un bar avec un grand choix de bières lettonnes et de la bonne musique.

Pastnieka Māja LETTON €€

(6340 7521 ; www.pastniekamaja.lv ; Brīvzemnieka iela 53 ; plats 7-15 € ; 11h-23h). Ce restaurant très chic (pour Liepāja !) sur 2 niveaux occupe l'ancienne poste de la ville (*pastnieka māja* signifie bureau de poste). La carte propose des spécialités lettonnes traditionnelles, et quelques plats plus exotiques : commandez les "boules de taureau" (*buļļa pauti*) avec une pinte de Līvu Alus, la bière de Liepāja.

Où prendre un verre et faire la fête

Liepāja est connue comme *la* scène rock du pays, et assister à un concert est un must. Même sans comprendre les paroles, le fait de se trouver parmi la foule en délire est une expérience que vous n'oublierez pas de sitôt. Une nouvelle salle de concert couleur ambre est rapidement devenue l'une des scènes les plus palpitantes de Lettonie.

Fontaine Palace BAR
(www.fontainepalace.lv ; Dzirnavu iela 4 ; 24h/24). Une foule d'artistes vient jouer dans ce bar rock qui ne ferme jamais, aménagé dans un ancien entrepôt.

Prison Bar BAR
(Stūrmaņu iela 1 ; 16h-5h ven et sam). Au premier étage de l'hôtel Fontaine Royal, le bar est décoré sur le thème de la prison, et le barman prépare les boissons derrière les barreaux.

Renseignements

Vous trouverez sur le site officiel de l'office du tourisme à Liepāja (www.liepaja.travel) une foule de renseignements mis à jour. On trouve des banques et des DAB dans les rues Lielā et Kungu. Patiquement tous les restaurants et cafés proposent le Wi-Fi – il suffit de demander le mot de passe.

Office du tourisme (6348 0808 ; www.liepaja.travel ; Rožu laukums 5 ; 9h-19h lun-sam, 10h-15h dim mai-sept, 9h-17h lun-ven Jan-mars, 9h-17h lun-ven, 10h-15h sam avr et oct-déc)

Comment s'y rendre et circuler

La **gare routière de Liepāja** (6342 7552 ; Rigas iela) est reliée à Lielā iela, dans le centre-ville, par le tramway n°1. Des bus quotidiens circulent depuis/vers Riga (9 €, 3 heures 30 à 4 heures 30, 2 ou 3/heure), Kuldīga (4 €, 1 heure 45 à 3 heures, 7/jour) et Ventspils (5 à 6 €, 2 heures 15 à 3 heures, 7/jour) via Pāvilosta (2,85 €, 1 heure 10) et Jūrkalne (3,40 €, 1 heure 30).

Les bus Stena Line relient le terminal des ferries de Liepāja à Travemünde, en Allemagne (4/semaine, 28 heures, à partir de 36 €) et Nynäshamn, en Suède (1/semaine, 11 heures, à partir de 21 €).

En attendant la réouverture de l'aéroport international de Liepāja (prévue pour fin 2016), on utilise l'aéroport lituanien de Palanga (à 65 km) pour rejoindre les capitales scandinaves et Moscou.

Vallée de l'Abava

La fonte des glaciers à la fin de la dernière glaciation créa la vallée de l'Abava, en forme de croissant. Chênes tordus et villages idylliques bordent cette rivière bouillonnante et les citadins viennent ici se reposer une journée. La plupart des visiteurs viennent pour voir Kuldīga, le joyau de Courlande, mais les deux autres villes situées en chemin valent au moins une courte halte. Il est préférable d'être motorisé pour visiter cette région. On peut aussi descendre l'Abava en canoë.

Kandava

Tout proche de la route Riga-Ventspils en direction de Kuldīga, Kandava est un charmant village bucolique fait de maisons en pierre et en bois, où se dresse la flèche d'une église. On y trouve également les **ruines d'un château**, vestiges de l'empire déchu de l'ordre de Livonie. Le sommet de la butte du château offre une excellente vue sur le **pont en pierre** de 1875 (l'un des plus anciens de Lettonie) qui enjambe l'Abava.

L'**office du tourisme** (6318 1150 ; www.kandava.lv ; Kūrortu iela 1b ; 9h-18h lun-ven, 10h-17h sam) se trouve sur la route qui relie Riga à Kuldīga. Le personnel sympathique peut vous aider pour louer des vélos.

Plosti (2613 0303 ; www.plosti.lv ; Rēdnieki), plus loin le long de l'Abava en direction de Sabile, propose, hormis l'hébergement, des vélos, des canoës, des promenades à cheval et des descentes guidées de l'Abava. **Plostkrogs**, une autre pension toute proche, est idéale pour déjeuner au bord de la rivière.

Où se loger

Kukšu Muiža HÔTEL HISTORIQUE €€€
(29205188, 25980910 ; www.kuksumuiza.lv ; s/d à partir 145/160 €). Le propriétaire a restauré avec passion le bâtiment autrefois en ruine pour en faire l'une des meilleures auberges de Lettonie. Chambres et salons sont remplis d'objets de familles aristocratiques et de lustres flamboyants, mais l'atout principal est le menu sur mesure – qui se plie aux caprices de chaque client – préparé avec des produits bio locaux.

Si l'histoire du manoir remonte à 1530, la demeure couleur pêche construite au bord du lac est en grande partie une reconstitution du XIXe siècle. Elle est proche du village de Kukšas, à 10 km au sud de Kandava.

DES VACHES BLEUES...

Une légende livonienne raconte que des vaches bleues auraient été libérées de la mer par des sirènes. Il existe bel et bien des vaches bleues en Lettonie. Une centaine pour être exact, ce qui en fait la vache la plus rare au monde.

Ces curieux ruminants sont originaires de Courlande. Nul ne sait comment ces vaches apparurent au début du XXe siècle – ce qui ne permet pas d'exclure complètement la thèse des sirènes –, mais leur renommée grandit grâce à leur résistance remarquable au froid, à la pluie et au vent, trois éléments qui ne manquent pas en Lettonie.

Le nombre de vaches bleues tomba à moins de 50 têtes à l'époque soviétique, mais il progressa de nouveau dans les années 1990 lorsque les généticiens réalisèrent l'intérêt des croisements avec cette race locale très résistante.

Les archives révèlent que les vaches bleues étaient présentes dans les foyers lives uniquement, jamais chez les Lettons. Aujourd'hui, on peut les voir paître dans les prés salés du village de Mērsrags, sur la route entre Jurmala et Kolka.

Rumene Manor HÔTEL HISTORIQUE €€€
(☎6777 0966 ; www.rumene.lv ; Rumene ; ste à partir de 250 € ; @📶). Cette somptueuse demeure, érigée au XVIIIe siècle, fut restaurée avec goût par les propriétaires de l'hôtel Bergs de Riga, qui lui rendirent sa grandeur d'origine. Plusieurs éléments modernes (dont l'impressionnant plafond en verre de la cuisine) ont été ajoutés par un architecte local réputé, et la décoration intérieure est époustouflante (fauteuils bergères à oreilles et tables d'échiquiers en ivoire). L'endroit rêvé pour un mariage.

Sabile

Sabile ne serait qu'un village letton aux rues pavées parmi tant d'autres si ses habitants ne se faisaient un devoir de le rendre unique. Ils cultivent un vignoble qu'ils qualifient de plus septentrional au monde, peuplent leurs places de personnages en paille et organisent un carnaval où défilent de désopilantes installations cinétiques. Il y a aussi un passionnant musée d'art en plein air. Vous pourrez y passer quelques heures réjouissantes, surtout pendant la fête du Vin, fin juillet.

À voir

Musée d'Art en plein air de Pedvāle MUSÉE
(Pedvāles brīvdabas mākslas muzejs ; ☎6325 2249 ; www.pedvale.lv ; adulte/enfant 3/2,50 € ; ⏲10h-18h mai à mi-oct, 10h-16h mi-oct à avr). De l'autre côté de la rivière, la route grimpe jusqu'à l'incontournable musée d'Art en plein air de Pedvāle, situé à 1,5 km au sud de l'office du tourisme. Fondé en 1991 par Ojārs Feldbergs, un sculpteur letton, le musée expose plus d'une centaine d'installations spectaculaires sur 100 ha de collines. La plupart des sculptures sont de Feldbergs lui-même, qui collabore souvent avec des artistes du monde entier.

Chaque année, les œuvres changent suivant un thème, par exemple les principaux éléments terrestres ou le temps. Parmi les œuvres remarquables figurent *Muna Muna*, une sphère constituée de pièces de téléviseurs ; *Chair*, un énorme fauteuil fait de barils de pétrole bleu vif ; et l'emblématique *Petriflora Pedvalensis*, un bouquet de fleurs dont les pétales ont été remplacés par des pierres en spirale. Toutes les sculptures et le nom de leur auteur figurent sur un plan très pratique à l'intérieur de la brochure orange *Pedvāle Walk*. D'autres œuvres sont exposées dans l'ancienne synagogue de Sabile (Strauta iela 4), que M. Feldbergs a convertie en espace d'art contemporain.

Jardin des poupées CURIOSITÉ LOCALE
Daina Kučera, une grand-mère du cru, a peuplé un petit jardin en bord de route de plus de 200 poupées grandeur nature, ou presque, habillées comme nos contemporains de tout âge et de toute condition – des écoliers aux policiers en passant par les voleurs. La créatrice est presque toujours dans les parages pour veiller sur son œuvre et récolter les dons, qu'elle utilise à la confection de nouvelles poupées.

Ce jardin se trouve le long de la route principale, près de la place principale ; on le repère facilement.

Musée du Jouet en bois MUSÉE
(☎26542227 ; Kuldīgas iela 1 ; ⏲11h-17h ven-dim mai-oct). Ce musée est beaucoup plus réjouissant qu'une simple collection de jouets du monde entier. Professeur de dessin, Andris

Millers, le propriétaire, créée de troublantes sculptures mobiles en bois, y compris des véhicules qui défilent tous les ans lors de la fête du Vin de Sabile. Avec son sens de l'humour absurde, Millers et ses créations font penser à des Monty Python version lettonne, mais vous aurez besoin d'un interprète si vous ne parlez ni letton ni russe.

Certaines de ses œuvres sont drolatiques, comme la piste de course pour escargots volants ; d'autres ont une portée plus politique, comme celles qui ridiculisent les coups de publicité de Vladimir Poutine.

Vīnakalns VIGNOBLE

L'activité de Vīnakalns ("colline du vin"), situé sur une petite butte, à 200 m de l'office du tourisme, commença au XIIIe siècle et fut relancée au XVIIe par le duc Jacob de Courlande. Le vignoble ne fut jamais très productif et tomba à l'abandon. Malgré une reprise en 1936, l'activité principale consiste à rechercher des cépages plus résistants plutôt qu'à produire des vins de qualité.

La seule possibilité de goûter au vin local (impossible d'en acheter) est la fête du Vin de Sabile, qui a lieu le dernier week-end de juillet.

Synagogue de Sabile CENTRE ARTISTIQUE

(Strauta iela 4). Aucun office n'a été célébré dans cette ancienne et modeste synagogue depuis que les habitants juifs ont péri lors de l'Holocauste. Elle vaut néanmoins le détour car elle accueille fréquemment des expositions temporaires d'art moderne organisées par le musée d'Art en plein air de Pedvāle.

Où se loger et se restaurer

Firkspedvāle Muiža HÔTEL HISTORIQUE €

(☎6325 2248 ; ch 20 €/pers). La pension du musée d'Art en plein air de Pedvāle dispose de quelques chambres décorées simplement et dotées de plancher et de poutres rustiques. Juste à côté, un café sert une cuisine honnête (des simples salades à de copieux plats de truite fraîchement pêchée). On peut manger sur la terrasse en bois l'été.

Expérience plus originale, on peut camper (empl 2,15 €/pers, mai à mi-oct) n'importe où dans le musée en plein air. Dépliez votre sac de couchage et regardez les ombres nocturnes jouer parmi les immenses sculptures – peut-on rêver meilleur endroit pour planter sa tente en Lettonie ?

Depuis/vers Sabile

Sabile est un arrêt sur la ligne reliant Kuldīga (2 €, 40 min, ttes les heures) à Riga et à Liepāja.

Kuldīga

27 000 HABITANTS

La charmante ville de Kuldīga serait une réussite même sans ses chutes du "Niagara" que des saumons tentent d'ailleurs de remonter. Site de la cascade la plus large d'Europe, comme aiment à le rappeler les Lettons, Kuldīga est aussi l'endroit où votre immersion dans l'époque de la chevalerie ne sera jamais gâchée par des excursionnistes maniaques de la photo, car elle est tout simplement trop éloignée de Riga.

À son apogée, Kuldīga (ou Goldingen, comme l'avaient baptisée ses fondateurs allemands) fut la capitale du duché de Courlande (1596-1616) mais, sérieusement endommagée lors de la Grande Guerre du Nord, elle ne retrouva jamais sa splendeur d'antan. Aujourd'hui, ce vestige du passé est très prisé pour les tournages de films d'époque.

À voir et à faire

Vieille ville

La vieille ville de Kuldīga est construite autour de trois places : la place médiévale, la place de l'Hôtel-de-Ville et la place "neuve". La place de l'Hôtel-de-Ville, appelée **Rātslaukums**, est la plus belle ; c'est un bon point de départ pour commencer la visite. Le nouvel **hôtel de ville** (Rātslaukums 5), construit en 1860 dans le style Renaissance italienne, occupe l'extrémité sud de la place tandis que la **plus vieille maison en bois** de Courlande – construite en 1670, reconstruite en 1742 et rénovée en 1982 – se dresse à l'angle nord de Pasta iela. Plus loin dans Baznīcas iela, vous ne pourrez manquer la maison allemande à colombages connue sous le nom de **pharmacie du duc Jacob**, aujourd'hui immeuble d'habitation. Liepājas iela, principale artère commerçante de la vieille ville, conduit jusqu'à la ville neuve ; la frontière entre les deux est marquée par la sculpture **Teleports**, de Gleb Pantelejev, qui traduit matériellement la "téléportation" de la ville médiévale dans le XXIe siècle.

Kuldīga

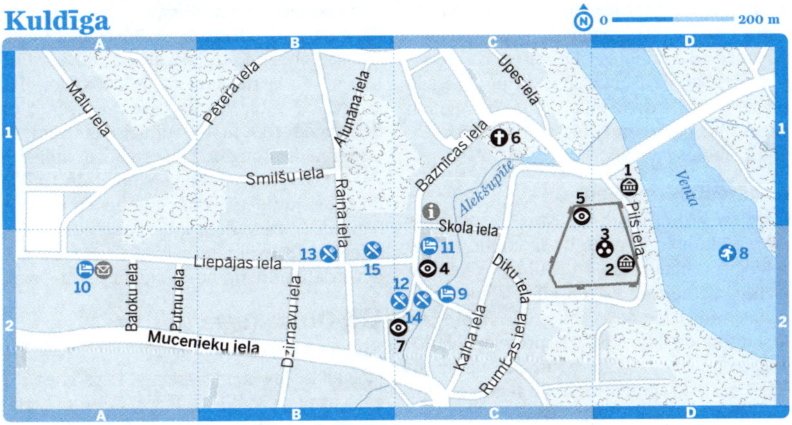

Château de l'ordre de Livonie RUINES

De l'autre côté de l'Alekšupīte se trouve le site du château, construit entre 1242 et 1245 et détruit pendant la Grande Guerre du Nord. La **maison du gardien du château** (Pils iela 4) fut érigée en 1735 pour protéger les ruines. Selon la légende, elle servait aux exécutions et aux décapitations et le cours d'eau à l'arrière était rougi du sang des victimes. Un charmant **jardin de sculptures** est désormais installé autour des ruines.

Depuis le site du château s'offre une belle vue sur Ventas Rumba (les chutes de Kuldīga). Dans le jardin, le **cinéma en plein air du chevalier de Goldingen** projette fictions et documentaires les vendredis et samedis soir en été. Consultez les horaires sur www.kuldigasmuzejs.lv.

Musée historique de Kuldīga MUSÉE

(Kuldīgas novada muzejs ; www.kuldigasmuzejs.lv ; Pils iela ; adulte/enfant 1/0,70 € ; 12h-18h mar, 10h-18h mer-dim). Fondé par un directeur d'école allemand, ce musée récemment restauré occupe ce que la légende locale désigne comme un pavillon russe provenant de l'Exposition universelle de Paris de 1900. À l'étage, aménagé pour loger une riche famille locale du début du XXe siècle, on peut admirer une collection de cartes à jouer du monde entier dans la chambre des maîtres. Des canons du duc Jacob sont disposés dans le jardin.

Ventas Rumba (chutes de Kuldīga) CHUTES D'EAU

Dans ce pays riche en surfaces horizontales, les éléments du paysage semblent terriblement bidimensionnels, même les chutes d'eau. Longues de 240 m, les chutes de Ventas Rumba sont estampillées les plus larges d'Europe mais, à peine plus hautes qu'un basketteur, elles ressemblent plutôt à de simples rapides. Cela dit, elles ressemblent réellement à des chutes du Niagara miniatures vues depuis la colline du château de Kuldīga.

Les arches du vieux pont en brique rouge les rendent encore plus spectaculaires. Durant plusieurs semaines au printemps, des groupes de brèmes débarquent : pour aller procréer en amont des chutes, elles font des sauts spectaculaires qui attirent

Kuldīga

À voir

1 Maison du gardien du château D1
2 Musée historique de Kuldīga D2
3 Château de l'ordre de Livonie D2
4 Plus vieille maison en bois C2
5 Jardin de sculptures C1
6 Église luthérienne St Katrīna C1
7 Hôtel de ville C2

Activités

8 Ventas Rumba (chutes de Kuldīga) D2

Où se loger

9 2 Baloži C2
10 Jēkaba Sēta A2
11 Metropole C2

Où se restaurer

Bangert's .... (voir 1)
12 Goldingen Room C2
13 Makkabi B2
14 Pagrabiņš C2
15 Stenders B2

les foules. Pendant les mois les plus chauds, vous pouvez simplement vous baigner au pied des chutes. Le **parc de loisir Mārtiņsala**, de l'autre côté du pont, est la plage officielle de la ville ; outre le Pavillon Bleu, elle comprend des vestiaires et des équipements sportifs.

Architecture religieuse

L'**église luthérienne St Katrīna** (Baznīcas iela) est le lieu de culte de la communauté religieuse majoritaire à Kuldīga. Katrina (sainte Catherine) est en effet la patronne et la protectrice de la ville (elle figure sur le blason de la ville). La première église construite sur ce site le fut au début du XIIIe siècle ; l'actuelle date du règne du duc Jacob, au milieu du XVIIe siècle.

D'autres édifices religieux témoignent de l'époque où Kuldīga, comme beaucoup d'autres villes de Lettonie, connaissait une grande diversité culturelle et abritait d'importantes communautés allemandes, juives et russes. Richement ornée, l'**église de la Sainte-Trinité**, également construite sur ordre du duc Jacob, héberge une petite congrégation catholique. Fraîchement restaurée, la **synagogue de Kuldīga** (1875) fait office de bibliothèque municipale, doublée d'un centre artistique. La communauté juive de Kuldīga a entièrement disparu depuis l'Holocauste. L'impressionnante **église orthodoxe russe du Voile de la Vierge**, qui sert à une communauté réduite, n'ouvre que pour des offices occasionnels.

Autour de Kuldīga

Plusieurs **pistes cyclables** serpentent parmi les denses forêts autour de la ville (l'une d'elles mène aux grottes). Le centre d'information loue des vélos (7 €/24 heures) et distribue 6 brochures détaillant les pistes.

Colline de l'ancien château RUINES

L'imposante colline de l'ancien château (*pilskalns*), à 2,5 km au nord de la ville, sur la rive ouest de la Venta, était la forteresse de Lamekins, le Coure qui dirigeait la majeure partie de la Courlande avant l'invasion germanique du XIIIe siècle. La légende raconte que le château (désormais en ruine) était d'une telle beauté (de brillantes ornementations de cuivre débordaient du toit) que les envahisseurs hésitaient à le piller. Pour vous y rendre, suivez les rues Ventspils puis Virkas vers le nord et prenez à droite à la bifurcation.

Grottes de sable de Riežupe GROTTES

(Smilšu alas ; ☎6332 6236 ; visite 6 €/pers ; ⏲11h-17h mai-oct). À 5 km en dehors de la ville, le long de la rue non pavée de Krasta, les grottes de sable de Riežupe, formées d'un dédale de 460 m de tunnels, peuvent se visiter à la bougie. Emportez un pull car il n'y fait que 8°C. Le personnel de l'office du tourisme peut vous indiquer le chemin (comme souvent dans la campagne lettonne, mieux vaut avoir un véhicule pour ne pas devoir attendre un bus pendant des heures).

Où se loger

Jēkaba Sēta PENSION €

(☎28631122 ; www.jekabaseta.lv ; Liepājas iela 36 ; s/d à partir de 35/40 € ; P wifi). Cette auberge lettonne typique, dotée d'un pub, dispose de chambres ordinaires avec des meubles en bois. Elle est située près de la vieille ville, dans l'artère principale où l'on trouve facilement à se garer, ce qui n'est pas forcément le cas plus loin dans le centre.

Metropole HÔTEL €€

(☎6335 0588 ; www.hotel-metropole.lv ; Baznīcas iela 11 ; s/d à partir de 47/63 € ; P clim wifi). Un peu fatigué, les chambres sont néanmoins propres et spacieuses, surtout celles en duplex donnant sur les rues piétonnes de Liepājas iela et de Rātslaukums. De vieilles photos de Kuldīga en noir et blanc sont accrochées un peu partout.

♥ **2 Baloži** PENSION €€

(☎29152888 ; www.facebook.com/2balozi ; Pasta iela 5 ; ch à partir de 45 €). Au-dessus de la rivière Alekšupīte, cette vieille maison en bois dispose de chambres rénovées dans un style scandinave dépouillé. Le restaurant Goldingen Room, de l'autre côté de la place, sert de réception.

Où se restaurer

On trouve de quoi se restaurer dans les hôtels. Plusieurs restaurants en ville servent le *rupjmaizes kārojums* ou *kārtojums*, un "mélange au pain noir". La recette de ce dessert populaire a plus de 1 000 ans : les Vikings associaient des morceaux de pain à de la crème et du miel après le dîner. Le goût rappelle celui de la forêt-noire.

Stenders LETTON €

(Liepājas iela 3 ; plats 5 € ; ⏲déj et dîner). Ce café-bar prisé aux allures de maison de sorcière sylvestre à l'étage d'un entrepôt du XVIIIe siècle, sert des crêpes de pommes de terre et de la bière Užavas. Sa terrasse en bois est le meilleur endroit en ville pour manger ou prendre un verre aux beaux jours.

Makkabi CAFÉ €

(www.facebook.com/cafemakkabi ; Liepājas iela 9 ; plats 4-5 € ; 9h-23h). Par son nom, ce petit café décoré avec goût célèbre l'époque où un quartier juif florissant entourait la synagogue. Les principaux atouts de la maison sont ses pâtisseries et ses pavlovas aux fraises, mais on y trouve aussi des plats bon marché et l'inévitable soupe froide à la betterave.

Pagrabiņš INTERNATIONAL €€

(Baznīcas iela 5 ; plats 5-15 € ; 11h-23h dim-jeu, 11h-3h ven-sam ;). Ce restaurant occupe une cave qui servit autrefois de prison municipale. Aujourd'hui, on y sert des plats lettons et asiatiques sous des alcôves basses de plafond aux murs de brique jaune. Par temps chaud, dégustez vos en-cas dans la petite véranda située à l'arrière, au-dessus de la rivière Alekšupīte.

Goldingen Room ITALIEN €€

(6332 0721 ; www.facebook.com/goldingenroom ; plats 6-12 € ; 11h-20h dim-jeu, 11h-22h ven-sam). Ce restaurant à la décoration élégante – boiseries nordiques et zeste de nostalgie soviétique – est une adresse fiable servant des pizzas bien préparées et de délicieux antipasti. Service inégal.

Bangert's EUROPÉEN €€

(29125228 ; www.bangerts.lv ; Pils iela 1 ; plats 8-10 €). Juché sur une colline au-dessus des chutes de Kuldīga, ce restaurant haut de gamme à la fois romantique et original propose des burgers de cerf et des steaks d'autruche. Délicieuse truite poêlée.

Renseignements

Office du tourisme (6332 2259 ; www.visit.kuldiga.lv ; Baznīcas iela 17)

Poste (Liepājas iela 34). Près du Pilsētas laukums.

Depuis/vers Kuldīga

À la **gare routière** (6332 2061 ; Stacijas iela 2), vous trouverez des bus depuis/vers Riga (6,40 €, 2 heures 30 à 3 heures 30, ttes les 2 heures), Liepāja (3,85 à 4,70 €, 1 heure 45, 7/jour), Ventspils (3 €, 1 heure 15, 7/jour) et Alsunga (1,60 €, 35 min, 5/jour).

Cap Kolka (Kolkasrags)

Aussi beau que désolé, le cap Kolka (Kolkasrags) a des allures de bout du monde. À l'époque soviétique, la péninsule était une base militaire hautement sécurisée, interdite aux civils. Le développement de la région ayant ensuite été ralenti, ses villages côtiers dépeuplés semblent toujours figés dans le passé.

Le **parc national de Slītere** (6329 1066 ; www.slitere.gov.lv) occupe les 25 derniers kilomètres du cap, jusqu'à l'endroit où Dižjūra (la Grande Mer, ou mer Baltique) rejoint Mazjūra (la Petite Mer, ou golfe de Riga) dans un formidable fracas. Les bureaux du parc sont situés dans la ville voisine, **Dundaga** (prétendu lieu de naissance de l'homme qui inspira le film *Crocodile Dundee*), mais vous trouverez aussi des renseignements au phare de Slītere. Cette tour imposante veille sur le vaste parc escarpé, semblable à la toundra, qui abrite des cerfs, des élans, des buses et des castors. À la mi-avril, durant la migration de printemps, la péninsule de Kolka est une terre d'accueil pour 60 000 oiseaux.

LES DERNIERS LIVES

La Courlande abrite certains des derniers représentants des Lives (Livoniens), un peuple finno-ougrien qui migra vers le nord de la Lettonie il y a 5 000 ans. Bien que de nombreux Lettons descendent de ce peuple de pêcheurs, ils sont aujourd'hui moins de 200 en Lettonie, regroupés dans 14 villages de pêche le long de la côte balte, au sud du cap Kolka. Il existe en Hongrie, en Finlande et en Estonie de petites communautés lives, qui, chaque année en août, reviennent sur leur terre natale pour le **Festival livonien** de Mazirbe, à 18 km au sud-ouest de Kolka.

La langue live est toujours enseignée dans les écoles élémentaires locales et à l'université de Tartu en Estonie, même si on compte dans le monde moins de 20 personnes dont c'est la langue maternelle. Le petit **Centre livonien** (2327 7267 ; 9h-18h lun-ven), situé derrière la bibliothèque de la rue principale de Kolka, et d'autres villes de Courlande, vous en apprendront plus au sujet des Lives.

En été, la faible population du parc double quand les Rigois fortunés se rendent dans leur maison de vacances.

Route côtière du golfe de Riga

La route intérieure de Talsi à Dungada est la plus rapide pour rejoindre la pointe du cap ; mais, si vous avez le temps, prenez la route panoramique qui traverse les villages de pêcheurs endormis le long du golfe de Riga.

Lors du trajet vers la pointe du cap, faites étape au **parc naturel du lac Engure** (www.eedp.lv), installé sur l'isthme entre le lac Engure et la mer. Les ornithologues en herbe pourront observer plus de 180 espèces d'oiseaux, et les chanceux apercevront peut-être un cheval sauvage ou une rarissime vache bleue (p. 249).

Roja, 36 km plus au nord, est le paradis des pêcheurs et la dernière vraie "ville" (et c'est un bien grand mot) avant la paisible route vers Kolka. Pour y passer la nuit, le **Roja Hotel** (☎6323 2227 ; Jūras iela 6 ; ch à partir de 33 €), après le port, est un endroit confortable, au mobilier plutôt ordinaire.

Kolka

Le village de Kolka n'a rien de particulier, mais la vue sur le cap (à seulement 1 km) et son paysage lunaire balayé par les vents invitent à la rêverie. C'est là que se rejoignent le golfe de Riga et la tumultueuse mer Baltique. Le saisissant effet que produit cet endroit désolé a été amplifié par une importante tempête hivernale en 2005, qui a déraciné des dizaines d'arbres, les projetant sur la plage où ils sont restés plantés, racines au vent.

Un **monument** dédié aux disparus en mer marque l'entrée de la plage, près d'un petit **centre d'information** (☎29149105) aux horaires variables. La dalle de pierre et sa poignante silhouette anthropomorphique a été érigée en 2002 après la noyade de trois Suédois dans les eaux peu profondes, mais agitées, du cap. Les habitants affirment que dans ces eaux reposent plus d'épaves que n'importe où ailleurs dans la mer Baltique… il est donc préférable d'admirer la beauté du cap Kolka depuis la plage.

Il y a des siècles, des feux de camp étaient allumés à la pointe du cap pour guider les bateaux autour du banc de sable. Aujourd'hui, c'est le **phare de Kolka**, fonctionnant à l'énergie solaire, qui s'en charge. Cette tour d'un rouge chatoyant, construite en 1884, est installée à 6 km au large sur une île artificielle.

À côté du centre d'information, une cuisine de campagne ouverte seulement l'été prépare quantité de mets lettons roboratifs. Il n'y a pas de carte : le menu dépend de la fantaisie du cuisinier. Géré par la même équipe, le **Laimes Mājas** (☎20347286 ; www.laimesmajas.lv ; ch 45 €) se compose de maisonnettes en forme de tonneaux face à la mer au sommet de la dune. Charmant, mais un peu cher pour un hôtel avec toilettes extérieures et douches communes.

Dans le village de Kolka, **Ūši** (☎29475692 ; www.kolka.info ; s/d 26/35 €, empl par pers/voiture 3,50/1,50 € ; 🐾) dispose de chambres simples, mais convenables, et d'un espace pour planter sa tente dans le jardin. Repérez la pension en brique en face de l'église orthodoxe à bulbes près de l'arrêt de bus "Ūši". L'établissement loue des vélos.

Ne quittez pas Kolka sans faire halte chez un marchand de poisson fumé. Avec du charme, de la patience et du temps, vous pouvez vous débrouiller pour participer au fumage.

Route côtière de la Baltique

La route s'étirant au sud de Kolka en direction de Ventspils était une piste d'atterrissage secrète pour l'aviation soviétique. C'est aujourd'hui la route la plus large de Lettonie, elle relie entre eux une série de paisibles villages formés par une seule rue. Le temps semble s'y être arrêté depuis des décennies. Le paysage est parfois jalonné de vestiges soviétiques qui ressemblent plus à de l'art abstrait qu'aux souvenirs d'une époque difficile. Les plages orientées vers l'ouest offrent d'inoubliables couchers de soleil sur une mer agitée et un paysage sablonneux nu.

Des bois d'élans sont accrochés à un panneau de **Vaide**, à 10 km au sud-ouest de Kolka, qui présente peu d'intérêt, hormis celui d'y admirer des maisons en bois. Si les bois d'élans attisent votre curiosité, vous en trouverez 518 de plus au **musée des Cornes et des Bois** (Ragu kolekcija ; ☎6324 4217 ; ⏲9h-20h mai-oct). Cette collection, présentée de manière créative dans un grenier, a été assemblée au fil des années par un garde forestier en poste dans la région (il n'y a aucun trophée de chasse).

Des bâtiments en bois du XVIIIe siècle bordent les rues sablonneuses de l'agréable **Košrags**, 6 km plus loin. Vous pourrez passer la nuit au **Pitagi** (☎29372728 ; www.pitagi.lv ; s/d 22/29 €), pittoresque pension proposant des chambres joliment meublées, un sauna et un copieux petit-déjeuner. Louez un vélo pour aller à la pointe du cap.

Quelque 4 km plus bas sur la côte, séparée de la plage par une superbe bande de dunes, **Mazirbe** abrite la **maison du Peuple live** (Lībiešu tautas nams ; Livlist rovkuoda en live), qui accueille des réunions des descendants des Lives et présente leur culture. Un **ancien cimetière de bateaux de pêche** se trouve près de la plage fouettée par le vent. Il remonte à l'époque où les gardes-frontières soviétiques interdisaient aux Lettons d'utiliser leurs bateaux de pêche, croyant qu'ils s'en serviraient pour fuir en Suède. Ils interdisaient aussi de brûler les vieux bateaux au solstice d'été – du moins d'après la légende.

À environ 5 km au sud de Mazirbe, un panneau indique le **phare de Slītere** (Slīteres bāka ; ☎6329 1066 ; www.slitere.gov.lv ; ⏲10h-18h mar-dim juin-août), 1,4 km plus bas sur une piste cahoteuse. Construit en 1849, le phare est désormais un centre d'information et une tour d'observation pour le parc. S'il est fermé, vous pourrez vous promener sur les sentiers alentour.

Depuis/vers le cap Kolka

Pour se rendre au cap Kolka, le plus simple est d'être véhiculé, mais il existe des bus. Ceux en direction de la ville de Kolka suivent la côte du golfe par Roja, ou passent par Talsi et Dundaga (dans les terres). Cinq bus quotidiens relient Riga et la ville de Kolka entre 4h30 et 17h15 (6,25 €, 3 heures 30 à 4 heures 45). Les voyageurs en provenance/direction de Kuldīga, Ventspils ou Liepāja doivent changer à Talsi.

SUD DE LA LETTONIE (ZEMGALE)

Bande de terre étroite entre Riga et la frontière lituanienne, le sud du pays est surnommé "le grenier de la Lettonie" en raison de ses terres fertiles et de ses forêts. La région tire son nom de la tribu rebelle des Sémigalles baltiques (ou Zemgales) qui y vécurent avant la conquête germanique de la fin du XIIIe siècle. Les Sémigalles étaient un peuple vaillant qui résista plus longtemps que les autres tribus à l'invasion. Avant de se retirer en Lituanie, ils brûlèrent leurs bastions plutôt que de les abandonner à l'ennemi.

Du XVIe au XVIIIe siècle, la région forma (avec la Courlande) le duché semi-indépendant de Courlande, dont les dirigeants firent construire deux éblouissants palais dans la ville de Jelgava (Mitau) et à Rundale, à la sortie de Bauska. Aujourd'hui, le palais d'été de Rundale est l'attraction touristique du Zemgale et un incontournable pour les amateurs d'art et d'architecture.

Bauska

27 000 HABITANTS

Autrefois ville majeure du duché de Courlande, Bauska est surtout connue aujourd'hui comme la voisine du splendide palais de Rundale. N'oubliez pas d'aller voir le ravissant petit **château de Bauska** (Bauskas pils ; www.bauskaspils.lv ; Pilskalns ; gratuit, musée tarif plein/étudiant 5/2,5 € mai-oct, 4/2 € nov-avr ; ⏲9h-19h mai-sept, 9h-18h oct, 9h-17h nov-avr), situé sur une petite colline encadrée par deux rivières parallèles – la Mūsa et la Mēmele. Il s'agit en réalité de deux châteaux : celui de l'ordre de Livonie, en ruine, et celui que fit construire le duc de Courlande, intact, qui abrite une exposition sur l'histoire locale.

Observez bien les blocs gris de la façade du château : on dirait qu'ils dépassent du mur, mais c'est une illusion d'optique, le coin inférieur gauche de chaque brique ayant été raboté pour donner l'impression d'une ombre.

Au XVIIIe siècle, un Italien nommé Magno Cavala s'installa à Bauska. Sorte de Casanova (doublé d'un escroc), il récupérait l'eau à la jonction des deux rivières près du château, affirmait qu'il s'agissait d'un puissant philtre d'amour et fit fortune en trompant les pauvres habitants !

Pour vous rendre aux ruines du château depuis la gare routière, dirigez-vous vers le rond-point central dans la rue Zaļā puis prenez la rue Uzvaras, à gauche, et poursuivez sur 800 m. On trouve dans le centre commercial de Bauska, situé au rond-point sur la route A7, un supermarché Rimi et quelques endroits corrects où manger. L'**office du tourisme** (☎6392 3797 ; www.bauska.lv ; Rātslaukums 1 ; ⏲9h-18h lun-ven, 9h-15h sam) est sur la place principale.

Depuis/vers Bauska

À la **gare routière** (Slimnīcas iela 11), 2 ou 3 bus par heure passent entre 6h10 et 22h40 depuis/vers Riga (3 €, de 1 heure 10 à 2 heures).

Sud de la Lettonie (Zemgale)

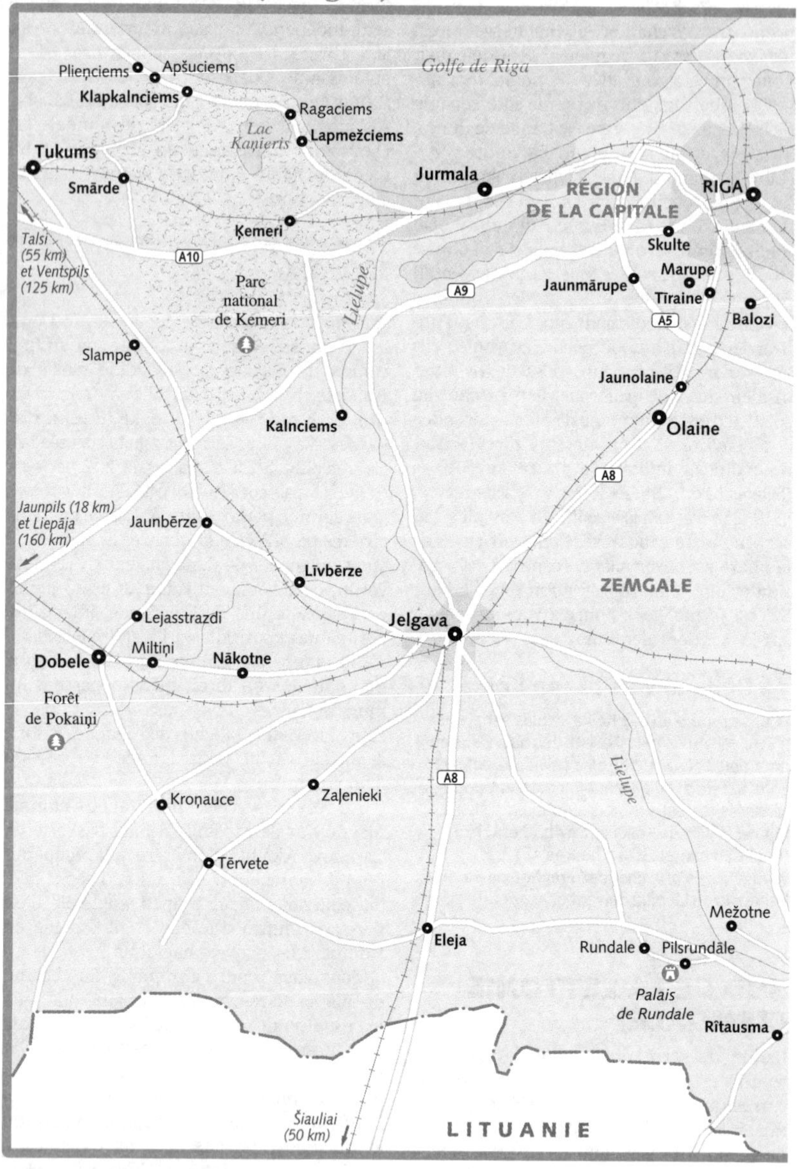

Palais de Rundale

Construit pour le baron Ernst Johann Biron (1690-1772), duc de Courlande et de Semigallia, le **palais de Rundale** (Rundāles pils ; ☎ 6396 2197 ; www.rundale.net ; visite complète/petite visite/jardin/petite visite et jardin 7,20/5/2,85/5,70 € ; ⏲ 10h-17h) est un exemple du goût ostentatoire de l'aristocratie au XVIIIe siècle et le principau joyau architectural de la Lettonie rurale.

Le baron fut d'abord palefrenier et amant de la Russe Anna Ioanovna, duchesse de

Courlande. Elle lui donna le duché lorsqu'elle devint impératrice de Russie, mais il préféra aller vivre à la cour de Saint-Pétersbourg, où il devint le personnage politique le plus puissant de l'empire. En 1736, il demanda à l'architecte italien Bartolomeo Rastrelli, créateur du célèbre Palais d'hiver de Saint-Pétersbourg, de lui construire une résidence d'été près de Bauska.

Les auteurs russes reprochèrent ensuite à Biron d'avoir inauguré une période de terreur, mais beaucoup d'historiens estiment que son rôle dans la persécution de la noblesse a été exagéré. Sur son lit de mort, l'impératrice le fit régent de Russie. Deux mois plus tard, ses rivaux l'arrêtèrent et le condamnèrent à la mort par écartèlement. Cette sentence fut muée en exil, et le palais inachevé demeura une coquille vide pendant 22 ans, jusqu'à ce que, gracié par Catherine II, Ernst Johann rentrât chez lui. Rastrelli reprit les travaux, qui furent achevés en 1768. Ernst Johann mourut quatre ans plus tard à l'âge de 82 ans. Plusieurs aristocrates russes habitèrent (et modifièrent) le palais après l'annexion du duché de Courlande à la Russie en 1795.

Le château est divisé en deux parties ; l'**aile est** accueillait les réceptions, tandis que l'**aile ouest** abritait les appartements royaux. Les **jardins royaux**, inspirés de ceux de Versailles, servaient également aux affaires publiques. Les pièces étaient chauffées grâce à un réseau de 80 poêles en porcelaine (il n'en reste plus que six), le château n'étant généralement habité qu'en été.

Le palais a été gravement endommagé au cours des deux guerres mondiales ; ce qu'on voit aujourd'hui est le fruit de restaurations minutieuses commencées par des experts de Leningrad en 1972 et officiellement achevées en 2015. N'hésitez pas à débourser 2 € de plus pour suivre la visite complète. Contrairement à la petite visite, elle comprend les appartements privés du duc et de la duchesse – l'occasion de découvrir la vie quotidienne des aristocrates du XVIIIe siècle et d'admirer la riche décoration intérieure – jusqu'au pot de chambre du duc, orné d'un saumon frétillant.

Comme tout bon château, Rundale est le cadre de nombreuses histoires de fantômes, son spectre le plus célèbre étant la "Dame blanche". Au XIXe siècle, la fille du médecin du roi était courtisée par de nombreux hommes, mais le jour de son 18e anniversaire, elle tomba soudainement malade et mourut. Obsédé par ce décès prématuré, le médecin conserva son corps dans son laboratoire pour l'étudier et tenter de comprendre la raison de cette maladie (ou avait-elle été empoisonnée par un amoureux éconduit ?). Dans l'impossibilité de reposer en paix, l'esprit de la jeune fille aurait commencé à hanter le château, et son ricanement à se faire entendre la nuit. Lors de la restauration de Rundale, plusieurs historiens de l'art et maçons, surpris par un rire diabolique, firent venir un prêtre pour exorciser les lieux.

Où se loger et se restaurer

Balta Māja B&B €

(☎6396 2140 ; www.kalpumaja.lv ; ch à partir de 22 €). La "Maison blanche" est un joli B&B doublé d'un café, aménagé dans les quartiers des domestiques, près de l'entrée du domaine. Salades et plats de viande sont servis, et les chambres disposent d'édredons en laine et de toutes sortes d'objets agricoles anciens.

♥ **Palais de Mežotne** HÔTEL HISTORIQUE €€€

(☎6396 0711 ; www.mezotnespils.lv ; Mežotne ; s/d à partir de 72/80 €). Vivez comme le duc de Courlande Ernst Johann au palais de Mežotne, à 2 km environ de Rundale. Ce dernier fut construit dans un style classique entre 1797 et 1802 pour Charlotte von Lieven, la gouvernante des petits-enfants de l'impératrice Catherine II de Russie. Des années après avoir été abandonné, il fut restauré en 2001 et transformé en hôtel-restaurant.

Quelques chambres sont disponibles pour une somme modique, mais la visite de Mežotne ne vaut la peine que si l'on y loge et si l'on mange dans son restaurant prisé. Les chambres débordent d'objets de collection raffinés (lits en fonte, lustres et mobilier ancien soigneusement choisi).

Restaurant du palais de Rundale CAFÉTÉRIA €

(Plats 3-7 €). Au sous-sol du château, l'endroit est idéal pour un déjeuner rapide. Majorité de plats lettons.

Depuis/vers le palais de Rundale

Des bus pour le palais de Rundale (0,90-1,75 €) partent toutes les heures de Bauska (12 km) de 6h à 19h30. Descendez bien à Pilsrundāle, le villlage avant Rundale.

Dobele et ses environs

27 000 HABITANTS

Ville de province à l'extrémité ouest du Zemgale, Dobele est la porte d'accès à une vaste superficie de forêts et de rivières sinueuses. Les impressionnantes **ruines du château des chevaliers Porte-Glaive**, qui date du milieu des années 1330, sont l'attrait majeur de la ville. Ce bastion de brique fut bâti sur le site d'une précédente fortification sémigalle. En 1289, les Sémigalles préférèrent mettre le feu à leur château avant de fuir en Lituanie plutôt que de le remettre aux envahisseurs. Un **monument** en ville commémore leur départ.

Autre curiosité, les immenses jardins de l'**Institut d'arboriculture fruitière de Lettonie** (www.lvai.lv ; Graudu St 1 ; tarif plein/étudiant 2/1,50 € ; ⌚9h-19h lun-ven) attirent des foules de visiteurs au printemps. Les vergers d'abricotiers, de cerisiers et de pruniers, ainsi que la plus grande collection de lilas de Lettonie sont l'héritage de Pēteris Upītis, jardinier d'exception qui fonda ici une station expérimentale en 1945. Les jardins renferment un musée retraçant sa vie.

Tērvete

Même en plein centre, Tērvete semble se résumer à quelques constructions réparties dans un paysage vallonné et boisé. Depuis quelques années, c'est une destination privilégiée des familles en vacances et des écoliers en excursion. Sa principale curiosité est la **Forêt des contes de fées**, peuplée de personnages fantasques en bois qui semblent presque vivants à l'ombre des vieux sapins. La forêt comprend deux secteurs principaux : le premier, consacré aux personnages des contes de fées lettons, et le deuxième, la ville des Nains, un village miniature avec des chalets en bois et un moulin où les enfants peuvent jouer les nains (et les mamans de bienveillantes Blanche-Neige).

Une sorcière habite le parc pendant l'été ; elle joue avec les enfants et leur apprend à préparer des potions. Quand le temps le permet, on peut aussi se baigner dans un lac à l'extrémité de la forêt. La visite se fait à pied, à bord du petit train du parc (0,75 €/station), ou à l'aide des vélos à louer à l'entrée. Le **festival Zemgaļu**, qui comprend une foire artisanale et beaucoup d'autres distractions, a lieu la deuxième semaine d'août.

L'entrée de la Forêt des contes de fées sert de centre d'information au **parc naturel de Tērvete** (☎6372 6212 ; www.latvia.travel/en/tervete-nature-park ; adulte/enfant 3,50/2,50 € ; ⌚9h-19h), où sont préservés trois tertres anciens, dont l'imposant **tertre du château de Tērvete**, abandonné par les Sémigalles après plusieurs batailles contre l'ordre de

Livonie. Non loin, **Klosterhill** fut habité durant plus de 3 000 ans par les ancêtres des Sémigalles, et la **colline suédoise** fut érigée par l'ordre de Livonie au XIIIe siècle.

Il y a environ 7 bus quotidiens pour Tērvete (1,15 €, 30 min) partant de la gare routière de Dobele.

Forêt de Pokaiņi

Située à 16 km au sud-ouest de Dobele, la **forêt de Pokaiņi** (www.mammadaba.lv ; adulte/enfant 2/1,7 € ; guichet 10h-19h) renferme l'un des plus grands mystères de Lettonie. Au milieu des années 1990, un historien local y découvrit de petits amas de pierres qui avaient été transportées depuis des lieux lointains. D'après les historiens, Pokaiņi était un terrain sacré utilisé pour les premiers rituels païens, il y a plus de 2 000 ans. Grâce au bénévolat, des sentiers ont été créés dans la réserve, souvent visitée par des guérisseurs et des personnes portées sur le new age. Renseignez-vous au guichet pour les visites guidées.

Voiture et vélo sont les meilleurs moyens de gagner la forêt de Pokaiņi. Deux bus quotidiens rejoignant Īle depuis la gare routière de Dobele (0,8 €, 20 min), s'arrêtent à l'embranchement pour le centre d'accueil des visiteurs ; leurs horaires ne permettent de passer qu'une heure dans la forêt.

Jaunpils

Petit mais parfaitement médiéval, le **château de Jaunpils** (6310 7082 ; www.jaunpilspils.lv ; musée 11h-18h lun-jeu, 10h-20h ven-dim) a très peu changé depuis 1301, année de sa fondation par Gotfried von Roga, maître de l'ordre de Livonie. Il permet notamment de manger et de dormir dans des chambres où vécurent jadis rois et chevaliers !

Quatre siècles durant, jusqu'à la fin de l'Empire russe en 1917, ce château fut la résidence des barons allemands von der Recke. Ses murs ont été témoins d'un duel à l'épée entre Mathias von der Recke et le roi de Suède Charles IX. Un duel amical, dit-on, au terme duquel le roi remit un heaume d'argent et une épée au baron.

L'**hôtel du château de Jaunpils** (29442539 ; www.jaunpilspils.lv ; Jaunpils Pils ; ch 125 €) dipose de 4 chambres avec sol en brique, lits à baldaquin et vraie cheminée. Il est plus facile d'en profiter en semaine car elles sont souvent réservées pour des mariages le week-end. La "taverne médiévale" située dans l'enceinte du château propose une cuisine lettonne de qualité.

Situé à 20 km de Dobele et à 8 km de la route Riga-Liepāja, Jaunpils est facile à rejoindre depuis ces trois villes. Un bus pour Jaunpils part de Dobele (1,70 €) à 16h40 (vérifiez l'heure sur www.autoosta.lv). Il n'y a pas de bus direct pour Riga.

Depuis/vers Dobele

Dobele est facile d'accès en prenant le bus depuis/vers Riga (3,25 €, 1 heure 30, au moins 1/heure).

NORD-EST DE LA LETTONIE (VIDZEME)

Quand l'agitation urbaine de Riga s'estompe pour faire place au chant des grillons, c'est que vous arrivez dans le nord-est de la Lettonie. La plus grande région du pays, connue sous le nom de Vidzeme, ou "terre du milieu", par les habitants, est un excellent aperçu de ce qu'offre la Lettonie : randonnées, vélo ou canoë dans le parc national de la Gauja, ski sur les pentes douces des hautes terres et visite de nombreux châteaux.

Côte du Vidzeme

C'est souvent depuis un bus ou une voiture, sur la Via Baltica (route A1), en direction de Riga ou de Tallinn, que l'on observe la côte rocheuse du Vidzeme. Si l'on prend le temps de s'y arrêter, on découvre un paysage désolé composé de falaises escarpées et de plages de galets creusées par les vagues depuis des années.

Depuis Riga, des bus en direction de Pärnu et de Tallinn circulent le long de la côte, faisant étape généralement à Ainaži avant de franchir la frontière.

Saulkrasti

Saulkrasti, à seulement 44 km de la capitale, est un secret bien gardé des Lettons. Tandis que la jet-set russe file tout droit vers la luxueuse Jurmala, les habitants remontent tranquillement la côte, dans la direction opposée, pour la journée. Ils rejoignent la mer et une superbe plage de sable blanc où il est inutile de marcher des kilomètres avant d'atteindre une eau suffisamment profonde pour nager. Le manque d'infrastructures touristiques est aussi rafraîchissant que

Nord-est de la Lettonie (Vidzeme)

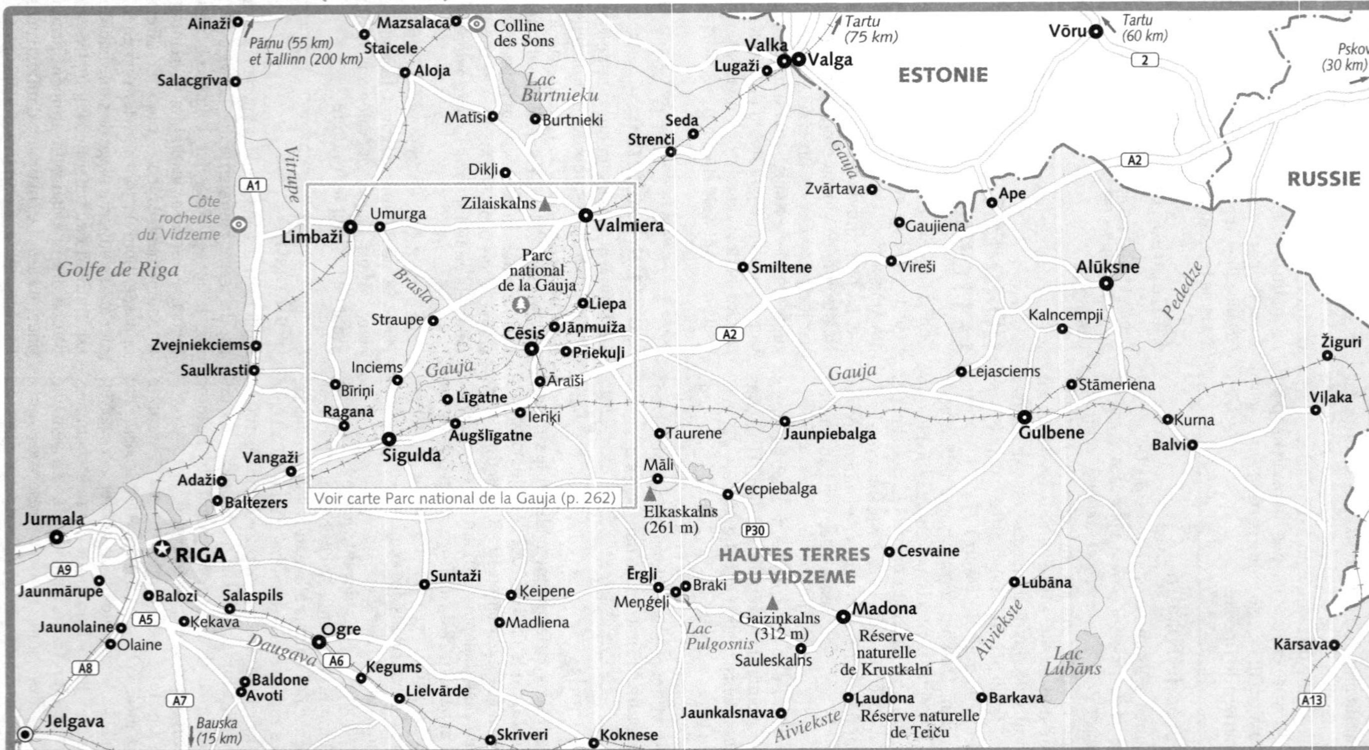

la brise salée. Dépêchez-vous d'en profiter avant que la destination ne devienne trop fréquentée.

Comme Jurmala, Saulkrasti se compose en réalité de plusieurs lieux de villégiatures disposés le long de la ligne ferroviaire. Pour profiter des plus belles sections de la plage, descendez à la gare de Pabaži. Saulkrasti, dont le nom signifie "côte ensoleillée", porte bien son nom.

À voir

Baltā Kapā POINT DE VUE

(Dune blanche). De pittoresques collines couvertes de pins surplombent une plage de sable blanc coupée par un ruisseau étincelant. C'est l'un des endroits les plus enchanteurs de la côte lettonne et Catherine II de Russie en fut tellement impressionnée qu'elle s'y arrêta pour s'y baigner. Un sentier de 3 km part vers le nord pour traverser la forêt de pins en longeant la crête de la dune. Baltā Kapā est à 700 m de la gare ferroviaire d'Inčupe et à 2 km de celle de Pabaži.

Musée du Vélo MUSÉE

(www.velomuseum.lv ; Rīgas iela 44a ; 10h-18h). Le soleil vous épuise ? Venez chercher le répit parmi cette collection de vélos rétro, dont un spécimen de 130 ans fabriqué en Lettonie. On peut louer des vélos modernes (10 €/24 heures).

Où se loger et se restaurer

Une excursion avec pique-nique depuis Riga est la meilleure solution pour profiter de Saulkrasti. Pour ce faire, faites halte au stand d'alimentation situé au bout de Stacias ilea, entre la gare de Pabaži et la plage. Des marchandes y vendent du poulet grillé, et des mûres ou des framboises selon la saison. Les meilleurs coins pour pique-niquer sont malheureusement à des kilomètres des plus beaux sites de la plage.

Porto Resort RESORT €

(22722258 ; www.portoresort.lv ; Medzābaki-2, Lilaste, Carnikava novads ; ch avec/sans salle de bains à partir de 35/25 €). Vous pourrez soit rejoindre la plage à pied, à environ 1 km, soit plonger une tête dans le lac jouxtant le charmant *resort* du village de Lilaste, aménagé sur un isthme entre le lac et la mer, à 6 km au sud de Saulkrasti. Goûtez la lamproie locale au restaurant du resort.

Seul bémol, le *resort* est situé au bord de la route principale.

Jūras Priede CAMPING €

(27008353 ; www.juraspriede.lv ; Ūpes iela 56a, Zvejniekciems ; empl tente 5 €/pers, empl caravane 15 €, chalets en bois à partir de 30 €). Plantez votre tente, garez votre caravane ou louez un chalet en rondins juste à côté de la plage de Zvejniekciems, à l'extrémité nord de Saulkrasti. Café sur place. Le camping est proche de la route, mais la gare ferroviaire de Zvejniekciems est à 5 km.

Depuis/vers Saulkrasit

Saulkrasti se trouve sur la ligne de chemin de fer de Skulte. En venant de Riga, le premier arrêt est Inčupe, suivi de Pabaži (commode pour la plage), Saulkrasti et Zvejniekciems à l'extrémité nord. Il y a un train depuis/vers Riga toutes les heures au moins (2,20 €, 1 heure). En voiture, prenez l'E67 en direction de Tallinn et guettez la sortie Saulkrasti.

De Saulkrasti à la frontière estonienne

Après Saulkrasti, la côte du Vidzeme offre un paysage silencieux de dunes balayées par le vent et de quelques rares pensions. Le **littoral rocheux du Vidzeme** (29464686), à mi-chemin entre Saulkrasti et Salacgrīva, est parfait pour se dégourdir les jambes. Les 14 km du parc naturel boisé et protégé sont dotés de sable, de minuscules promontoires et de grottes. Les spectaculaires **falaises rouges de Veczemju** sont un affleurement de grès percé de grottes. La falaise entière présente une teinte rougeâtre.

La ville la plus importante de la côte, **Salacgrīva**, est installée dans le prolongement d'un port à l'embouchure de la Salaca. En été, l'un des plus grands festivals de musique de Lettonie, **Positivus** (www.positivusfestival.lv), se tient dans la pinède. L'endroit n'offre que peu d'intérêt, mais il constitue une étape plaisante si vous êtes en route pour l'Estonie. **Žejnieku Sēta** (2962 4153 ; Rigas iela 1 ; plats 7-12 € ; 11h-23h) est un restaurant de poisson et fruits de mer accueillant offrant un cadre marin rustique (parquet grinçant, bateau amarré à l'extérieur et filets étalés sur la terrasse).

Salacgrīva abrite également la **réserve de biosphère du nord du Vidzeme** (64071408 ; Rigas iela 10a ; 8h30-17h), un domaine préservé de 4 500 km² représentant environ 6% du territoire letton, inscrit au programme "L'Homme et la biosphère" de l'Unesco. Les meilleurs moyens de découvrir cette vaste réserve sont le vélo et le canoë. En automne, la pêche à la lamproie se fait depuis un petit pont qui est entraîné par les eaux avec le dégel du printemps et reconstruit chaque été. Le sympathique personnel de l'**office du tourisme** (☎6404 1254 ; Rigas iela 10a ; ⏲10h-18h lun-ven, 10h-16h sam) vous renseignera sur les boutiques de fourniture spécialisées.

Ainaži (du mot live *annagi*, signifiant "solitaire"), l'ancienne petite ville de construction navale, est située à 1 km au sud de l'Estonie. Son unique curiosité est l'ancienne école navale, où est désormais installé le **musée de l'École navale** (☎6404 3349 ; Valdemāra iela 45 ; tarif adulte/enfant 1,14/0,57 € ; ⏲11h-17h mer-dim). D'un intérêt modéré, le musée retrace l'histoire de cette institution et de la construction navale le long de la côte du Vidzeme.

Parc national de la Gauja

Constitué d'une forêt de pins préservée, ce **parc national** (Gaujas nacionālais parks ; www.gnp.gov.lv) s'étend de Sigulda, fameuse pour ses châteaux, à la paisible Valmiera, en passant par Ligatne, ville industrielle, et la jolie Cēsis. Fondé en 1973, le premier parc national de Lettonie protège un arrière-pays boisé offrant de bonnes possibilités de randonnées, à pied ou à vélo, de camping sauvage et de canoë, ainsi que nombre de sports extrêmes. L'entrée du parc est gratuite.

Sigulda

17 800 HABITANTS

Son nom semble être celui d'une ogresse mythique, il n'est donc pas étonnant que la porte d'accès à la Gauja (go-ya) soit un lieu enchanteur qui renferme d'agréables

Parc national de la Gauja

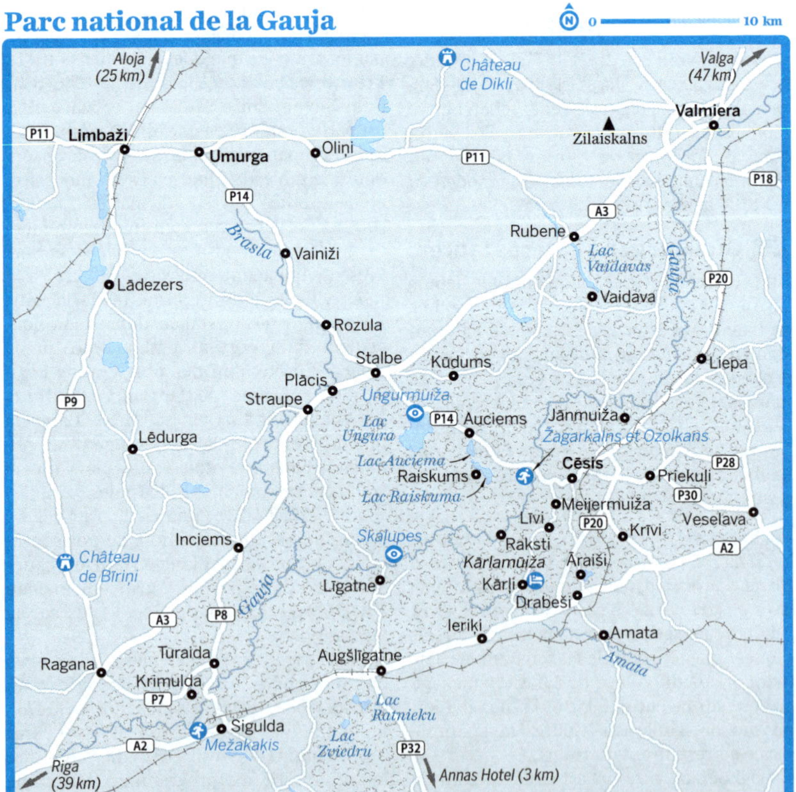

LA ROSE DE TURAIDA

Au début du XVIIe siècle, une fillette de Sigulda, Maija Roze ("Rose de Mai"), a été conduite au château de Turaida après qu'on l'eut retrouvée parmi les blessés d'une bataille. En grandissant, elle devint une beauté courtisée par les hommes de tout le pays, mais son cœur appartenait à Viktors, un humble jardinier du château de Sigulda. Ils se retrouvaient en cachette dans la grotte de Gūtmaņa, à mi-chemin entre les deux châteaux.

Un jour, un des courtisans, un soldat très épris de Maija Roze, l'attira dans la grotte en imitant l'écriture de Viktors. Le soldat en fit sa captive. Maija Roze lui demanda de la laisser partir. En échange, elle lui donnerait son écharpe qui, selon elle, avait un pouvoir de protection. Pour le lui prouver, elle lui proposa de la frapper avec son épée. On ne sait si elle croyait réellement à cette histoire ou si c'était une feinte, toujours est-il que le soldat tira son épée et la tua.

Il fut capturé et condamné à la pendaison pour son crime. Des documents du tribunal avérant les faits ont été découverts. Aujourd'hui, un petit mémorial en pierre rend hommage à la pauvre Maija Roze, la Rose de Turaida.

surprises. Les habitants surnomment fièrement leur ville, entourée de pins, la "Suisse lettonne", mais ne vous attendez pas à de majestueuses montagnes aux sommets enneigés. Sigulda offre un mélange de jolis sentiers, de sports extrêmes et de châteaux vieux de 800 ans, imprégnés de légendes.

À voir

Sigulda s'épanouit entre ses trois châteaux, et les principaux sites intéressants sont rassemblés à l'est de la Gauja, près du château de Sigulda. Faites le tour à pied des principales curiosités de Sigulda, sans oublier de survoler la vallée à bord du **téléphérique** (☎29212731 ; Poruka iela 14 ; aller simple adulte/enfant 5/4 € ; ⏲10h-18h30 juin-août, 10h-16h sept-mai).

♥ Musée et réserve de Turaida — CHÂTEAU, MUSÉE

(Turaidas muzejrezervāts ; ☎6797 1402 ; www.turaida-muzejs.lv ; Turaidas iela 10 ; adulte/enfant 5/1,14 € ; ⏲9h-20h mai-sept, 9h-19h oct, 10h-17h nov-avr). Cette butte verdoyante est surmontée d'un château de conte de fées – Turaida signifie "jardin de Dieu" en livonien ancien et c'est un vrai coin de paradis. Le château en brique rouge et sa tour cylindrique furent édifiés en 1214 sur le site d'une forteresse live. Un musée installé dans le grenier du XVe siècle explique l'histoire de l'État livonien entre 1319 et 1561. D'autres expositions sont visibles dans le donjon, haut de 42 m, et dans les tours ouest et sud du château.

Le reste de la réserve renferme diverses maisons converties en petites galeries et salles d'exposition. La forge, où l'on peut essayer de façonner des métaux, vaut le détour. Un véritable forgeron y travaille et vend ses créations, et les visiteurs peuvent tenter de marteler des symboles païens livoniens sur de petits morceaux de fer.

Le cimetière de la ravissante église en bois (1750) abrite la tombe de Maija Roze (p. 263), beauté au destin tragique surnommée "la Rose de Turaida" et héroïne d'une légende romantique. Cherchez la pierre tombale en onyx portant l'inscription "Turaidas Roze 1601-1620".

Non loin, le **jardin de chansons de la colline de Daina** est jalonné de sculptures dédiées aux héros lettons immortalisés dans les *dainas*, ces chants poétiques populaires constituant une importante tradition lettonne.

Château neuf de Sigulda — CHÂTEAU

(Siguldas jaunā pils ; Pils iela 16). Ce manoir néo-gothique fut construit en 1878 pour héberger le prince russe Dimitri Kropotkine, l'homme qui fit de Sigulda un havre touristique. Il accueille aujourd'hui le conseil régional de Sigulda – il est fermé au public ; on peut néanmoins en visiter les jardins.

Grotte de Gūtmaņa — GROTTE

La plus grande grotte formée par l'érosion de la Baltique est surtout connue car elle figure dans la tragique légende de la Rose de Turaida. La plupart des touristes s'y rendent pour observer les innombrables graffitis sur les parois (certains datent du XVIe siècle). Si vous avez des yeux de lynx, vous apercevrez les armoiries de chasseurs disparus depuis bien longtemps. Le cours d'eau qui s'écoule de la grotte charrierait un mélange

Sigulda

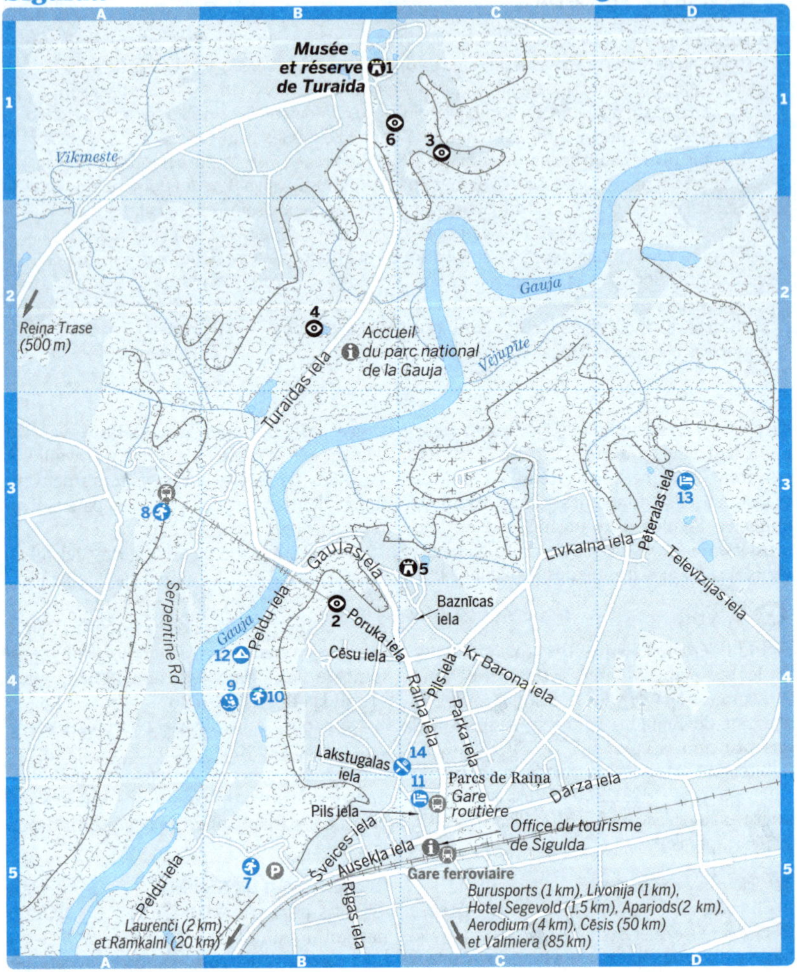

"magique" de minéraux capable de supprimer les rides du visage (pour nous, cela n'a pas fonctionné).

Activités

Si vous souhaitez tester vos limites en pratiquant des activités à sensations fortes, vous êtes au bon endroit. La piste de bobsleigh séduira les plus courageux tandis que les sentiers de randonnée et les pistes cyclables sous les pins du parc national plairont aux plus tranquilles, qui pourront aussi descendre en canoë la nonchalante Gauja.

Sports extrêmes

Piste de bobsleigh SPORTS D'AVENTURE
(Bob trase ; ☎ 6797 3813 ; www. bobtrase.lv ; Šveices iela 13 ; ⏲ 12h-17h sam-dim). Sur cette piste de bobsleigh de 1 200 m construite pour l'équipe soviétique, on peut défier 16 virages à 80 km/h dans un **bob souple** (Vučko) pour 5 personnes (10 €/pers, oct à mi-mars), ou connaître le frisson olympique à bord d'un **taxi bob** (15 €/pers, nov à mi-mars). En été, les mordus de vitesse peuvent descendre à bord d'un **bob d'été** à roues (15 €/pers, mai-sept).

Sigulda

Les incontournables
1 Musée et réserve de Turaida................ B1

À voir
2 Téléphérique..B4
3 Jardin de chansons de la colline de Daina..C1
4 Grotte de Gūtmaņa..............................B2
5 Château neuf de Sigulda......................C3
6 Mémorial de la Rose de Turaida........... B1

Activités
7 Piste de bobsleigh B5
8 Saut à l'élastique (téléphérique)..........A3
9 Bureau touristique Makars B4
10 Parc d'aventure Tarzāns.......................B4

Où se loger
11 Hotel Sigulda..C5
12 Kempings Siguldas Pludmale...............B4
13 Līvkalni..D3

Où se restaurer
14 Kaķu Māja..C4

Aerodium SPORTS D'AVENTURE
(☎28384400 ; www.aerodium.lv ; 2 min en semaine/week-end 33/37 €). L'exceptionnel Aerodium est une soufflerie qui projette les participants dans les airs, leur donnant ainsi la sensation de voler. Les moniteurs montent jusqu'à 15 m, mais les débutants ne s'élèvent généralement qu'à 3 m environ. Repérez le panneau le long de l'A2, à 4 km à l'ouest de Sigulda.

Même si l'expérience ne dure que quelques minutes, comptez une bonne heure car elle est précédée d'une initiation ; réservez suffisamment tôt.

Saut à l'élastique depuis un téléphérique SPORTS D'AVENTURE
(☎28383333 ; www.bungee.lv ; Poruka iela 14 ; saut à partir de 40 € ; 18h30, 20h et 21h30 mer-dim avr-oct). Les téméraires pourront tenter un saut à l'élastique depuis le téléphérique jaune qui enjambe la Gauja à 43 m de hauteur. Sauter nu augmenterait les sensations.

Parc d'aventure Tarzāns SPORTS D'AVENTURE
(Piedzīvojumu Parks Tarzāns ; ☎27001187 ; www.tarzans.lv ; Peldu iela 1 ; adulte/enfant tout compris 32/22 €, toboggan 3/1,50 €, Accrobranche 17/10 € ; 10h-20h mai-oct). Ici, on peut glisser sur un long toboggan ou jouer les Tarzan sur un parcours Accrobranche, mais aussi monter en télésiège (1 €), pratiquer la bouée sur neige (1 €), la catapulte inversée (*reverse bungee* ; 6 €), la balançoire géante (6 €), le mur d'escalade (1,50 €) et le tir à l'arc (2 €).

Mežakaķis SPORTS D'AVENTURE
(☎6797 6886 ; www.kakiskalns.lv ; Senču iela 1 ; adulte/enfant 17/9,50 ; 11h-22h tlj juil-août, mar-dim mai, juin et sept, sam-dim avr). Ce petit parc d'aventure dispose d'un parcours Accrobranche de 77 obstacles divisé en 6 itinéraires de niveaux différents et destiné aux enfants comme aux plus aguerris. Vous y trouverez des pistes de ski en hiver.

Randonnée et vélo

Sigulda se prête parfaitement à la randonnée ; pensez à emporter vos chaussures de marche. Un itinéraire très apprécié (et facile) de 40 minutes relie le château de Krimulda au musée et réserve de Turaida, via les grottes de Gūtmaņa et de Viktors. Vous pouvez également descendre depuis Krimulda jusqu'à la **grotte du Petit Diable** et la **grotte du Grand Diable**, traverser la rivière sur la passerelle, puis retourner à Sigulda (environ 2 heures). Les parois de la grotte du Grand Diable ont été noircies, dit-on, par la brûlante haleine d'un démon qui s'y réfugia pour fuir la lumière du soleil.

À l'est de Sigulda, une boucle bien balisée relie la **grotte de Pierre**, la **motte castrale de Satezele** et la **colline des Artistes** ; elle démarre derrière l'hôtel Līvkalns et se parcourt en 1 heure 30 environ. La colline des Artistes offre une vue spectaculaire sur le château de Turaida et la vallée de la Gauja.

De nombreuses boutiques à Sigulda louent des vélos et VTT pour environ 15 € la journée. Essayez **Burusports** (☎6797 2051 ; www.burusports.lv ; Mazā Gāles iela 1 ; 12h-20h lun, 10h-20h mar-sam) ; **Reiņa Trase** (☎29272255 ; www.reinatrase.lv ; Krimulda pagasts ; 14h-minuit lun-jeu, 14h-1h ven, 10h-1h sam, 9h-23h dim) ; **Rāmkalni** (☎6797 7277 ; www.ramkalni.lv ; Inčukalna pagasts ; 9h-22h) ou le bureau touristique Makars (p. 267). Des brochures détaillant les itinéraires à pied et à vélo sont disponibles à l'office du tourisme.

Canoë et bateau

Descendre la paisible Gauja en bateau est un excellent moyen de découvrir cet endroit préservé et (si vous êtes chanceux) d'apercevoir des animaux. Des campings jalonnent le parcours, de Sigulda à Cēsis. Plusieurs organismes dans le parc national proposent des excursions en bateau sur la Gauja, mais vous pouvez aussi descendre la rivière en flottant dans une grosse bouée.

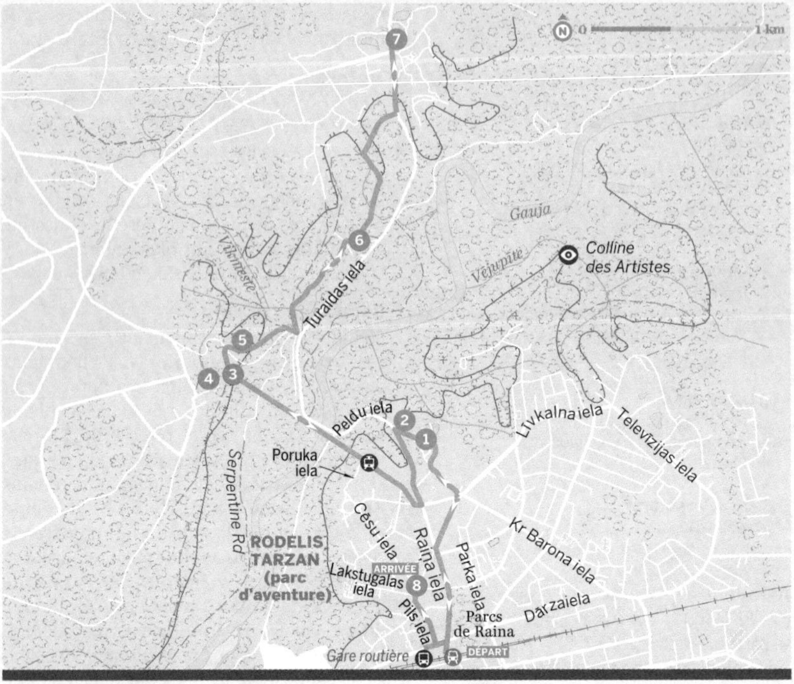

Promenade à pied
À la découverte des châteaux

DÉPART GARE FERROVIAIRE DE SIGULDA
ARRIVÉE KAĶU MĀJA
DISTANCE 6,6 KM ; 5 HEURES 30

Si vous visitez Sigulda, vous pourrez aisément profiter de trois châteaux et d'une grotte légendaire en un après-midi.

Depuis la gare ferroviaire, descendez Raiņa iela et Pils iela, bordée de tilleuls, jusqu'au 1 **château neuf de Sigulda** (p. 263), construit sur ordre du prince russe Dimitri Kropotkine, qui fit de Sigulda une ville de villégiature. Il fut assassiné par un terroriste révolutionnaire en 1879, au début des travaux. Vous pourrez admirer, depuis l'arrière, les ruines du 2 **château médiéval de Sigulda**, qui fut construit en 1207 par les chevaliers Porte-Glaive, et sévèrement endommagé au XVIIIe siècle lors de la Grande Guerre du Nord. Suivez la rue Poruka jusqu'au précipice rocheux et prenez le 3 **téléphérique** (p. 263) au-dessus de la pittoresque vallée jusqu'au 4 **manoir de Krimulda**, un élégant domaine qui sert actuellement de centre de rééducation.

Après avoir découvert les lieux, observez les ruines du 5 **château médiéval de Krimulda**, tout près, puis descendez la rue Serpentine jusqu'à la 6 **grotte de Gūtmaņa** (p. 263). Immortalisée par la légende de la Rose de Turaida, c'est la plus grande grotte des pays baltes créée par l'érosion. Prenez le temps de regarder les multiples inscriptions gravées sur les parois, puis dirigez-vous vers le 7 **musée et réserve de Turaida** (p. 263). Ce château médiéval fut érigé au XIIIe siècle pour l'archevêque de Riga sur le site d'un ancien bastion livonien.

Grimpez au sommet de la tour pour admirer la vue panoramique sur le parc national de la Gauja, puis visitez les jardins, remplis de statues représentant des personnages de contes de fées lettons. Une fois rassasié de châteaux, prenez le bus n°12 jusqu'à la gare routière de Sigulda. Descendez ensuite la rue Pils jusqu'à 8 **Kaķu Māja** (p. 268), pour prendre un dîner letton roboratif ou un café accompagné de pâtisseries maison.

À NE PAS MANQUER

LE PIRTS, UNE TRADITION LETTONNE

Le *pirts* est la version lettonne du sauna. Il présente quelques similitudes avec le sauna finlandais, mais s'en distingue de diverses manières. Un *pirts* traditionnel est dirigé par un maître de sauna, qui s'occupe des participants tout en maniant des branchages dans des mouvements évoquant un rituel de chamane. Tandis que vous êtes allongé en tenue d'Adam ou d'Ève, et que vous vous reposez, le maître de sauna fait siffler les branches dans l'air pour augmenter l'humidité, puis vous fouette légèrement le dos et la poitrine avec diverses fleurs sauvages et branches. Le *pirts* est également plus chaud et plus humide que le sauna finlandais – une séance de coups de branches dure généralement un quart d'heure avant que l'on ne sorte s'immerger dans de l'eau (lac, étang ou mer). L'odeur du sauna est aussi très importante, le maître de sauna prenant soin de parfumer l'air avec un mélange d'herbes et d'épices. Habituellement, un après-midi au *pirts* comprend plusieurs séances de sudation entrecoupées d'immersions dans de l'eau froide. Bière, infusions et en-cas sont incontournables.

Tous les saunas traditionnels se situent à la campagne, la plupart dans des bungalows privés. Si vous souhaitez tenter l'expérience, l'Hotel Sigulda (www.hotelsigulda.lv) et l'Hotel Ezeri (p. 268) proposent des séances privées dans un élégant *pirts* local. Un après-midi de sudation (environ 3 heures) avec infusion et en-cas revient à 100 € environ pour 2 personnes.

Sur les rives de la rivière à Sigulda, le **bureau touristique Makars** (☎29244948 ; www.makars.lv ; Peldu iela 2) organise des excursions de 1 à 3 jours (3 à 85 km), en bateau de 2 à 4 personnes depuis Sigulda, Ligatne, Cēsis et Valmiera. Le tarif, de 30 à 180 € par bateau, comprend le matériel, le transport de Sigulda jusqu'au point de départ et les frais de camping jusqu'à 4 personnes. Il est aussi possible de louer des tentes, des sacs de couchage et des gilets de sauvetage. Rāmkalni (p. 265) loue aussi de quoi faire du bateau.

Fêtes et festivals

Festival d'opéra de Sigulda MUSIQUE
(www.opersvetki.lv). Les ruines romantiques du château de Sigulda servent de décor au meilleur festival d'opéra letton.

Où se loger

Si tout est complet, l'office du tourisme peut vous trouver une chambre chez l'habitant ou un appartement à louer. D'autres renseignements sur l'hébergement sont fournis sur le site officiel de Sigulda : www.tourism.sigulda.lv.

Kempings Siguldas Pludmale CAMPING €
(☎29244948 ; www.makars.lv ; Peldu iela 2 ; personne/tente/voiture/caravane 5/3/3/6 € ; ⏲mi-mai à mi-sept). Le terrain herbeux se tient près de la plage de sable, le long de la Gauja. La situation est parfaite, mais le site ne dispose que d'une seule salle de bains pour les femmes et une seule pour les hommes. Location de tentes 2 places : 4,50 €/jour. Un deuxième camping, tenu également par Makars, se trouve en amont de la rivière, à Ligatne. Demandez l'adresse à ce camping.

Aparjods HÔTEL €€
(☎6797 2230 ; www.aparjods.lv ; Ventas iela 1 ; s/d à partir de 43/57 € ; @ 📶). À 1,5 km au sud-ouest de la ville, derrière le Hesburger, sur la route principale, ce charmant complexe hôtelier propose des logements semblables à des granges, aux portes en bois et aux toits de chaume. Les chambres manquent un peu de caractère, mais sont les plus confortables de Sigulda.

Hotel Segevold HÔTEL €€
(☎6797 4848 ; www.hotelsegevold.lv ; Mālpils iela 4b ; d 50 € ; @ 📶). Le hall luxueux fait oublier l'emplacement de l'hôtel au cœur d'une zone industrielle : l'éclairage futuriste et les grands reliefs contrastent avec les vieux tracteurs soviétiques au coin de la rue. En haut, les chambres sont plutôt quelconques, mais impeccables.

Līvkalni B&B €€
(☎22825739 ; livkalnisigulda@gmail.com ; Pēteralas iela 2 ; ch à partir de 45 € ; P ❄ 📶). Il n'y a pas plus romantique et campagnard que ce refuge idyllique, à côté d'un bassin en lisière

À NE PAS MANQUER

LES MUIŽAS DE LA GAUJA

Outre quatre villes principales, le parc recèle de nombreux trésors, dont de merveilleux *muižas* (manoirs).

Ungurmuiža (☎29424757 ; www.ungurmuiza.lv ; adulte/enfant 3/2 € ; ⏲10h-18h mar-dim mi-mai à oct). Ce magnifique manoir est l'un des mieux préservés de Lettonie. L'imposante demeure rouge fut créée par le baron von Campenhausen, qui servit sous le roi suédois et le tsar russe. Ses descendants y vécurent jusqu'à la Seconde Guerre mondiale, lorsque le gouvernement saisit la propriété. Elle fut miraculeusement conservée en parfait état et, aujourd'hui, les peintures murales et les portes d'origine sont un rappel de son passé aristocratique. On peut facilement la visiter en groupe pour 35 €.

Château de Bīriņi (Bīriņu pils ; ☎6402 4033 ; www.birinupils.lv ; 4 €). Tel un gros gâteau rose installé sur la pelouse verdoyante, le château de Bīriņi domine une jolie parcelle de terre qui donne sur un paisible lac. Situé à l'extrémité nord-ouest de la Gauja en direction de Saulkrasti, ce domaine baronnial a été converti en un luxueux hôtel de style Renaissance, organisé autour du grand escalier dans le hall. Il est possible de suivre une visite guidée (15 €), de pique-niquer ou de faire une excursion en bateau. Les horaires sont variables (notamment en été en raison des mariages). Mieux vaut appeler pour réserver tôt.

Château de Dikli (Diķu pils ; ☎6402 7480 ; www.diklupils.lv ; d à partir de 60 €). Le château tient une place importante dans l'histoire du pays : c'est là qu'en 1864, un prêtre organisa le premier festival de chant de Lettonie. Ce manoir aristocratique a également été transformé en un luxueux hôtel proposant des soins de spa. Les visiteurs peuvent profiter du parc de 20 ha, de balades en bateau et de visites portant sur l'histoire et la restauration du domaine.

Annas Hotel (☎6418 0700 ; www.annashotel.com ; app à partir de 115 € ; 📶). Construit au milieu du XVIIIe siècle sous le nom d'Annas Muiža, l'Annas Hotel est une auberge moderne mêlant charme historique et éléments contemporains. L'endroit offre peu d'activités excepté celle de se relaxer avec délice, avec des soins en spa et un ravissant domaine parsemé d'arbres et d'étangs.

de la forêt. Les chambres occupent plusieurs adorables habitations au toit de chaume.

Hotel Sigulda HÔTEL €€
(☎6797 2263 ; www.hotelsigulda.lv ; Pils iela 6 ; d à partir de 50 € ; @📶). Dans le centre-ville, le plus vieil hôtel de Sigulda fut construit par le prince russe qui rêvait de faire de la ville une grande destination touristique. Charmante façade de brique et de pierre et chambres assez sobres. L'accueillante famille qui gère l'Hotel Sigulda tient aussi l'**Hotel Ezeri** (☎6797 3009 ; d à partir de 75 €), plus luxueux, à plusieurs kilomètres de la ville. Le sauna est unique en son genre.

Où se restaurer et prendre un verre

La plupart des hôtels et auberges de jeunesse de Sigulda possèdent un petit restaurant. L'offre est étonnamment pauvre pour la destination la plus populaire de Lettonie après Riga.

Kaķu Māja LETTON €
(www.cathouse.lv ; Pils iela 8 ; plats environ 3 € ; ⏲8h-23h). Bonne adresse à prix plancher, la "Maison du Chat" comprend une pâtisserie et un self avec des plats au bain-marie. Les vendredis et samedis soir, le restaurant situé à l'arrière sort sa boule à facettes et se transforme en discothèque jusqu'à 2h du matin.

Aparjods INTERNATIONAL €€
(Ventas iela 1 ; plats 10-28 € ; ⏲12h-22h). Mention spéciale pour cette savoureuse cuisine servie dans un cadre élégant composé de vieux objets de famille et de sièges aux broderies dorées. L'hiver, un bon feu réchauffe la salle à manger en bois sombre ; en été, des tables sont installées sur la terrasse. L'atmosphère haut de gamme attire généralement une clientèle plus âgée.

Renseignements

Office du tourisme de Sigulda (☎6797 1335 ; www.tourism.sigulda.lv ; Auseklą iela 6 ; ⌚9h-18h; 📶). Situé dans la gare ferroviaire, ce centre très utile propose de nombreux renseignements sur les activités et l'hébergement.

Accueil du parc national de la Gauja (☎26657661 ; www.gnp.lv ; Turaida iela 2a ; ⌚9h-19h). Vente de cartes du parc, de la ville et des pistes cyclables alentour.

Depuis/vers Sigulda

Des bus parcourent la cinquantaine de kilomètres qui séparent la gare routière de Sigulda de Riga (2,15 €, 1 heure, ttes les 30 min entre 8h et 22h30).

Un train par heure (entre 6h et 21h) effectue le trajet Riga-Sigulda-Cēsis-Valmiera. Les trains depuis Sigulda desservent Riga (2,35 €, 1 heure à 1 heure 15), Ligatne (70 €, 10 min) et Cēsis (2 €, 40 min).

Comment circuler

Les sites de Sigulda étant assez éloignés les uns des autres, vous risquez d'emprunter souvent le bus n°12, qui fait la navette depuis/vers le nouveau château de Sigulda, le château de Turaida et le manoir de Krimulda toutes les heures en semaine (plus souvent le week-end).

Līgatne

En plein cœur du parc national de la Gauja, Līgatne est une petite ville où de hideux vestiges industriels se mélangent à un patchwork de forêts de pins et de frais ruisseaux. Les deux principales curiosités sont révélatrices de cette dualité.

À voir

Sentiers nature de Līgatne RÉSERVE NATURELLE

(☎6415 3313 ; www .gnp.lv ; adulte/enfant 3,60/2,10 € ; ⌚9h-18h). Élans, castors, cerfs, bisons, lynx et sangliers se promènent en forêt dans des enclos aménagés à l'intérieur de cette réserve aux allures de zoo en plein air. Une piste de 5,1 km pour les véhicules et un réseau de chemins pédestres relient les différents points d'observation. On peut admirer le panorama depuis une tour s'élevant à 22 m. Parmi les chemins balisés figurent un sentier de 5,5 km pour observer les animaux sauvages, un parcours botanique (1,1 km), et un sentier nature sauvage (1,3 km).

Pension SITE HISTORIQUE

(☎26467747, 6416 1915 ; www.bunkurs.lv ; Skaļupes ; visites guidées 11,50 € ; ⌚visites à 12h, 14h, 16h sam et dim, 15h lun-ven). Ce morne centre de rééducation a été un bunker soviétique top secret portant le nom de code de "Pension". Quand la Lettonie était sous domination soviétique, c'était l'un des refuges stratégiques les plus importants en cas de menace nucléaire. Son emplacement, longtemps secret, a figuré parmi les renseignements confidentiels jusqu'en 2003. La quasi-totalité des 2 000 m² du bunker a gardé son aspect d'origine.

Le lieu ne compte qu'un seul lit, bien qu'il ait été conçu pour accueillir 250 personnes – les employés devaient dormir à leur poste. Les visites durent jusqu'à 1 heure 30 et peuvent être commentées en anglais et en allemand. Celles du week-end comprennent un déjeuner de style soviétique (très bon) servi dans la cafétéria du bunker. Les fleurs en plastique sur la table décorent la salle à manger depuis 1982...

Vienkoču Parks SCULPTURE

(☎29329065 ; www.vienkoci.lv ; adulte/enfant 3/2 € ; ⌚10h-18h). Rihards, un sculpteur sur bois local, a disposé ses créations dans un parc de 10 ha. Des sentiers serpentent parmi de grandes installations d'art moderne, un jardin classique, des cadrans solaires et une collection d'instruments de torture. Des chalets rustiques bon marché sont disponibles ; éclairés à la bougie, ils permettent un véritable "retour à la nature".

Le parc est proche du principal axe Riga-Cēsis, juste après la route qui retourne vers Līgatne.

Où se loger

Lāču Miga PENSION

(☎6415 3481 ; www.lacumiga.lv ; Gaujas iela 22 ; d avec/sans petit-déj 43/37 €). Près des sentiers nature, ce grand chalet en rondins est un bon endroit pour passer la nuit. La "Tanière des Ours", c'est ainsi qu'on l'appelle, accueille les visiteurs avec un énorme ours en peluche dans l'entrée. De nombreux autres ours en peluche ornent les chambres (il y a même des coussins en forme d'ours).

Depuis/vers Līgatne

Des bus rejoignent toutes les heures Cēsis (1,40 €, 30 min) et des bus fréquents desservent Riga (3,20 €, 1 heure 20). Des trains depuis/vers Riga (2,65 €, 1 heure 20) et Cēsis (1,55 €, 30 min) s'arrêtent en gare de Ligatne.

Cēsis

19 500 HABITANTS

Son magnifique château médiéval, ses rues pavées, ses collines verdoyantes et son jardin paysager en font tout simplement la plus jolie localité de toute la Lettonie. Elle possède aussi un riche passé. Forteresse fondée il y a huit siècles par l'ordre de Livonie en territoire païen, de terribles batailles se sont déroulées au pied du château (et à l'intérieur). S'il est facile de la visiter en une journée depuis Riga, Cēsis vaut indéniablement que l'on s'y attarde plus longtemps, d'autant que le parc national de la Gauja se trouve juste à côté.

À voir

Château de Cēsis CHÂTEAU

(Cēsu pils ; www.cesupils.lv ; 2 châteaux tarif plein/étudiant 5/2,50 €, excursions à partir de 33 € ; ⌚10h-18h tlj mai-sept, 10h-17h mar-dim oct-avr). Il y a en fait deux châteaux en un. Le premier est constitué des deux tours sombres du vieux château slave. Fondé par les chevaliers de l'ordre de Livonie en 1214, il fut mis à sac par Ivan le Terrible en 1577, après que ses 300 défenseurs se furent fait sauter avec de la poudre. L'autre château, moins sinistre, est un manoir du XVIIIe siècle qui fut habité par les comtes allemands von Sievers. Il héberge un musée présentant des intérieurs fin de siècle.

Après la visite des deux châteaux, promenez-vous dans le **parc paysager du château de Cēsis** (Pils Park). Sur son plan d'eau naviguent deux charmants bateaux à aubes (balade 2,20 €). Très belle, l'**église russe orthodoxe de la Transfiguration** fut construite par la famille von Sievers sur la colline à côté du cimetière familial (comme beaucoup d'Allemands au service de la Russie, la famille s'était convertie au catholicisme orthodoxe).

Église Saint-Jean CHRÉTIEN

(Svētā Jāņa baznīca ; www.cesujana.lelb.lv ; ⌚11h-17h). Votre imagination sera à la fête dans cette église du XIIIe siècle. Des chevaliers de l'ordre de Livonie en armure ont prié, et enterré leurs morts ici, dans ce qui était alors un îlot chrétien en terre païenne. L'église accueille aujourd'hui la communauté luthérienne de la ville et contient des tombes de grands maîtres de l'ordre et d'évêques importants.

Activités

En hiver, les skieurs et les snowboardeurs investissent les pentes douces et les pistes de ski de fond de **Žagarkalns** (☎26266266 ; www.zagarkalns.lv) et **Ozolkalns** (☎26400200 ; www.ozolkalns.lv ; 3 heures de remontées mécaniques 7 €), les deux plus grandes stations de ski du Vidzeme. En été, ces dernières louent des vélos et des canoës, et Ozolkalns dispose d'un parcours dans les arbres. Vous pouvez aussi louer un vélo à l'office du tourisme.

Fêtes et festivals

En été, des concerts et des festivals ont lieu presque tous les week-ends.

De mi-juillet à mi-août, dans le cadre du **Mākslas Festivāls** (www.cesufestivals.lv), Cēsis s'éveille les week-ends en accueillant des événements allant des symphonies aux contes, dans différents endroits de la ville.

Où se loger

De nombreux hébergements corrects sont situés à plusieurs kilomètres du centre-ville. Consultez www.tourism.cesis.lv pour obtenir plus d'informations et des photos.

Glūdas Grava MOTEL €

(☎27036862 ; www.gludasgrava.lv ; Glūdas iela 6a ; ch 40 €). Ce motel pas comme les autres est un ancien garage divisé en 5 studios à façade de verre avec entrée individuelle. Chacun dispose d'une cuisine et peut accueillir 4 personnes. Il n'y a pas de réception : réservez en ligne ou via www.booking.com, et l'on vous indiquera comment récupérer les clefs.

Province B&B €€

(☎26407008 ; www.province.lv ; Niniera iela 6 ; s/d 50/60 € ; P). Cette petite pension vert tendre contraste avec les sinistres immeubles soviétiques du voisinage. Outre 11 chambres simples et impeccables, il y a un café au rez-de-chausssée. L'anglais est peu parlé.

Kārlamūiža HÔTEL HISTORIQUE €€

(☎26165298 ; www.karlamuiza.lv ; d 45-115 €). Dans le village de Kārļi, à environ 12 km de leur château de Cēsis, ce manoir était la seconde demeure des barons von Sievers, qui l'achetèrent en 1777. Ce bâtiment sur 2 niveaux, avec toit en pente et murs en pierre, est entouré d'une pommeraie. Ses chambres de style rustique sont de qualité et de prix très variés.

Cēsis

Le dîner de 3 plats, servi dans le jardin, est une vraie aubaine (18 €).

Kolonna Hotel Cēsis HÔTEL €€
(☎6412 0122 ; www.hotelkolonna.com ; Vienības laukums 1 ; s/d 44/59 € ; @ 📶). D'aspect vaguement néoclassique, l'hôtel offre de multiples chambres haut de gamme. Son restaurant sert une excellente cuisine lettonne et européenne dans un cadre formel à l'intérieur ou dans le jardin bien entretenu.

Où se restaurer

La plupart des hébergements proposent des restaurants très corrects. Hormis ceux-ci, la ville est limitée en termes de bonnes adresses. Au **Maxima Supermarket** (Livu laukums ; 🕘9h-22h), vous pourrez acheter de quoi pique-niquer sur les marches en pierre, entre les ruines du château et le lac.

Mākslas telpa Mala CAFÉ €
(www.facebook.com/telpamala ; Lielā Skolas iela 4 ; plats 3-4 € ; 🕘12h-21h). Café chaleureux dans une vieille maison en bois dotée d'un antique poêle en céramique. On y trouve des repas peu chers le midi, ainsi que de la bière artisanale, du cidre et du vin de fruit lettons. Nous avons aussi apprécié les classiques du rock letton en bande-son (cela change de l'ordinaire). Une petite boutique de souvenirs et de vêtements jouxte le café.

Vinetas un Allas Kārumlādes CAFÉ €
(Rīgas iela 12 ; en-cas 3-5 € ; 🕘9h-19h). L'ambiance est à la nostalgie des années 1970, comme en témoignent les posters géants et les personnages de *cartoon* en chocolat. Confiserie alléchante, mais aussi pavlovas aux myrtilles, gâteaux et muffins.

Cēsis

Les incontournables
1 Château de Cēsis B1

À voir
2 Parc paysager du château (Pils Park)... B1
3 Église russe orthodoxe de la Transfiguration........ B1
4 Église Saint-Jean B2

Où se loger
5 Glūdas Grava A1
6 Kolonna Hotel Cēsis C1
7 Province C1

Où se restaurer
8 Izsalkušais Jānis C1
9 Mākslas telpa Mala C1
10 Maxima Supermarket B2
11 Vinetas un Allas Kārumlādes C2

2 Locals CAFÉ €€
(Rīgas iela 24a ; plats 7-10 € ; 🕘9h-minuit dim-jeu, 9h-2h ven-sam). Ce café, qui s'est fixé la noble mission de proposer des produits locaux, sert de délicieux plats de viande et de poisson ; ne manquez pas les succulents desserts.

♥ **Izsalkušais Jānis** EUROPÉEN MODERNE €€
(☎29262001 ; www.izsalkusaisjanis.lv ; Valmieras iela 1 ; plats 6-17 € ; 🕘12h-23h). Cette ancienne caserne de pompiers permet désormais d'étancher sa soif et de satisfaire sa faim grâce à une carte succincte, mais raffinée. La salade de truite chaude est notre plat préféré. Délicieux pain maison.

VISITE D'ĀRAIŠI

La **forteresse du lac Āraiši** (Āraišu ezerpils ; ☎6419 7288 ; adulte/étudiant/enfant 3/1,50/1 € ; ⏲9h-19h tlj avr-oct, 9h-16h mer-dim nov-mars). Installée sur un îlot au milieu du lac Āraiši, à une dizaine de kilomètres au sud de Cēsis, cette forteresse est la reconstitution d'un village habité par les Latgaliens, un peuple qui vivait dans la région aux IXe et Xe siècles. Une passerelle de bois enjambe l'eau jusqu'à cet insolite village, découvert par des archéologues en 1965.

De l'autre côté du lac, on aperçoit les ruines du **château de pierre d'Āraiši** (Āraišu mūra pils), construit par les Livoniens au XIVe siècle et détruit par les troupes d'Ivan le Terrible en 1577. À partir de là, un chemin conduit à un village de l'âge de pierre reconstruit – on y trouve quelques habitations en roseaux et des fours en terre pour faire rôtir viandes et poissons. La forteresse et le château, ainsi que l'emblématique **moulin à vent d'Āraiši** (Āraišu vējdzirnavas), du XVIIIe siècle, sont indiqués à 1 km sur un chemin de terre qui part de la route principale et forment le **parc et musée d'Āraiši** (Āraišu muzejparks).

ℹ Renseignements

Deux banques avec DAB se trouvent dans la rue Raunas, entre la gare routière et ferroviaire et la place principale (Vienības laukums).

Office du tourisme de Cēsis (☎6412 1815 ; www.tourism.cesis.lv ; Pils laukums 9 ; ⏲10h-17h tlj mai-sept, mar-dim oct-avr). Dans le château de Cēsis.

ℹ Depuis/vers Cēsis

Les gares routière et ferroviaire de Cēsis sont au même endroit, au rond-point reliant les rues Raunas et Raiņa. Entre 6h35 et 21h, jusqu'à 5 trains par jour circulent entre Cēsis et Riga (3,50 €, 2 heures). Les vélos sont autorisés à bord. Entre 6h15 et 22h20, 2 ou 3 bus par heure partent de Cēsis pour Riga, en s'arrêtant à Līgatne et Sigulda. Des trains vont aussi à Valmiera (1,55 €, 30 min).

Valmiera

Cette charmante ville universitaire est souvent le point de départ ou d'arrivée des croisières sur la Gauja. Si vous vous trouvez là, allez voir l'**église Saint-Simon** (Svētā Sīmaņa Baznīca ; Bruņinieku iela 2), qui date de 1283 et contient un bel orgue du XIXe siècle. On peut monter dans le clocher moyennant un don. Dans la même rue se tiennent les ruines du **château de Valmiera** (Bruņinieku iela 2), fondé par l'ordre de Livonie au XIIIe siècle.

Valmiera est réputée pour sa bière - vous l'aurez sûrement goûtée quelque part avant d'arriver ici. La brasserie **Valmiermuiža** (☎20264296 ; www.valmiermuiza.lv ; Dzirnavu iela 2 ; 6 € ; ⏲ouvert tlj sur rdv) propose de découvrir les secrets de fabrication de la bière la plus populaire de Lettonie au cours de sympathiques visites guidées, et une dégustation. Valmiermuiža est au nord du centre-ville, après la place Viestura.

S'il vous faut louer un canoë, un radeau ou un vélo pour visiter le parc national de la Gauja, adressez-vous à **Eži** (☎6420 7263 ; www.ezi.lv ; Valdemāra iela ; ⏲9h-19h lun-sam, 9h-13h dim), un des meilleurs spécialistes régionaux de sports d'aventure.

Valmiera se trouve sur la même ligne de train que Cēsis et Sigulda ; au moins 4 trains par jour viennent de Riga (4,20 €, 2 heures 30 à 3 heures).

SUD-EST DE LA LETTONIE (LATGALE)

La Lettonie est un pays maritime, mais que trouve-t-on à l'intérieur des terres ? Encore de l'eau ! Le sud-est du pays, baptisé Latgale, est traversé par l'imposante Dvina et jalonné de lacs dissimulés dans les profondeurs d'une forêt dense et sauvage. Si vous rêvez d'un chalet en rondins sans voiture ni foule à l'horizon, ne cherchez plus. Les chevaliers allemands ayant échoué à prendre le Latgale à l'aube de l'histoire du pays, cette région connut une histoire assez différente du reste de la Lettonie. Les influences russes, polonaises et juives se font plus fortement sentir ici et les habitants parlent un dialecte dont beaucoup estiment qu'il constitue une véritable langue distincte du letton. Grâce aux subventions de l'UE, les deux principales villes du Latgale, Daugavpils et Rēzekne, troquent peu à peu leurs oripeaux soviétiques pour des habits modernes et cosmopolites.

Vallée de la Dvina occidentale

Connue sous le nom de “fleuve du destin”, la Dvina occidentale en Lettonie serpente à travers le Latgale, le Zemgale et le Vidzeme avant de traverser Riga et de se jeter dans le golfe de Riga. Pendant des siècles, c'est sur ce fleuve que s'effectuaient le transport et le commerce des peuples et royaumes situés plus à l'est. Aujourd'hui, une ligne de chemin de fer longe la rive nord jusqu'à Daugavpils, deuxième ville de Lettonie.

En quittant Riga vers l'est, on peut emprunter soit l'E22, soit la vieille route (A6), beaucoup plus pittoresque, qui traverse les villes et villages fluviaux tout en offrant une vue imprenable sur la Dvina. Ces deux routes se rejoignent après Koknese, à 95 km au sud-est de Riga.

À Koknese, admirez les **ruines de Kokenhausen**, un château du XIIIe siècle au confluent de la Dvina et de la Pērse. Les ruines de ce château construit par les croisés allemands en 1209 sont entourées d'un parc magnifique ; leur emplacement au sommet d'une colline est un peu moins spectaculaire depuis qu'un barrage hydroélectrique a fait monter le niveau de la rivière. Aujourd'hui, les ruines sont quasiment au ras de l'eau, et le cadre est enchanteur. Le promontoire suivant en aval est occupé par le **jardin du Destin**, un chantier en devenir qui, nous l'espérons, deviendra un symbole de la Lettonie, à l'instar de la statue de Milda à Riga. Conçu par le paysagiste-philosophe japonais Shunmyu Masuno, il devrait voir le jour en 2018.

Peu après Koknese et juste avant la bifurcation pour Pļaviņas, faites le plein de pain de campagne et de pâtisseries sortant du four à **Liepkalni Maiznīca**, une superbe aire de repos au bord de la rivière. Il y a là un café et une boutique vendant des articles fabriqués sur place par des artisans lettons.

À Jēkabpils, à 140 km de Riga, l'A6 bifurque vers le sud et suit la vallée de la Dvina vers Daugavpils et la Biélorussie. L'E22 continue vers l'est, Rēzekne et la Russie. Si vous empruntez cette dernière, arrêtez-vous à la **tour d'observation de la réserve naturelle de Teiči**, qui offre une vue panoramique sur le plus vaste marécage de mousse de la Baltique. Cette tour haute de 27 m se voit de loin après l'embranchement pour Atašiene.

Daugavpils

102 500 HABITANTS

La deuxième ville de Lettonie est si petite qu'on peut apercevoir la campagne depuis n'importe quel point de vue, ainsi que la Dvina qui la traverse. Majoritairement russophone, Daugavpils a la réputation erronée d'un Gotham City soviétique – surtout auprès des Lettons qui n'y ont jamais mis les pieds. En réalité, elle compte un centre historique et une forteresse plutôt bien conservés, rappel de son passé de ville de province de l'Empire russe peuplée par une communauté juive florissante. Il y règne même une ambiance vaguement cosmopolite depuis qu'elle est devenue un important centre d'étude du russe en UE. Mark Rothko, l'enfant du pays le plus célèbre, a traversé l'Atlantique pour devenir l'un des artistes américains majeurs du XXe siècle. Le nouveau centre d'art contemporarin, l'un des meilleurs de Lettonie, porte son nom.

À voir

Une vue à 360° sur Daugavpils s'offre à vous depuis le restaurant-bar situé au dernier étage du Park Hotel Latgola, l'édifice hideux qui occupe le centre – un bon endroit pour se familiariser avec la ville.

Forteresse de Dinaburg FORTERESSE

(24h/24). GRATUIT Longtemps négligée après l'indépendance, cette citadelle en bord de rivière a récemment subi une rénovation complète et abrite le centre artistique Mark Rothko. Édifiée sur ordre du tsar Alexandre Ier à la veille des guerres napoléoniennes, cette forteresse protégea l'Empire durant deux insurrections polonaises au XIXe siècle et accueillit les tsars lorsqu'ils exploraient la partie occidentale de leur royaume.

L'architecture est plutôt utilitaire, mais on distingue des motifs gothiques et égyptiens dans la décoration des quatre portes, toutes baptisées du nom d'un souverain russe. La forteresse elle-même s'est sortie presque intacte de deux siècles de guerres et de révolutions, mais la belle cathédrale jésuite du XVIIIe siècle installée en son milieu fut détruite par un bombardement pendant la Seconde Guerre mondiale ; les Russes déblayèrent les ruines pour construire à la place de tristes immeubles de logement pour les militaires. À l'extérieur de la porte principale, une plaque explique que le poète

Sud-est de la Lettonie (Latgale)

tatar Musa Jalil séjourna ici de septembre à octobre 1942, dans ce qui était alors le camp de concentration Stalag 340. À l'intérieur, un mémorial signale l'endroit où l'aristocrate letton Leon Plater fut exécuté par les soldats du tsar pour avoir conduit la révolte polonaise dans la région en 1863.

Centre artistique Mark Rothko de Daugavpils

CENTRE ARTISTIQUE

(www.rothkocenter.com ; Mihaila iela 3 ; tarif plein/étudiant 8/4 €, demi-tarif pour les personnes nées le 24 avr et le 25 sept ; ⌚ 11h-19h mer-sam, 11h-17h mar et dim). Les architectes russes qui bâtirent cet immense arsenal dans la forteresse de Dinaburg seraient surpris d'apprendre qu'il est devenu une galerie d'art portant le nom d'un Juif letton qui a fui en Amérique. Ouvert en 2011, ce centre ultramoderne est un poids lourd sur la scène artistique lettonne et accueille de nombreuses expositions temporaires ainsi que plusieurs artistes en résidence.

Le rez-de-chaussée est consacré à Mark Rothko, natif de Daugavpils, dont les œuvres surréalistes ou abstraites marquèrent l'histoire de l'art aux États-Unis, où il émigra à l'âge de 10 ans. Une exposition multimédia interactive retraçant la biographie de

l'artiste et le contexte historique de son enfance est suivie d'une petite exposition d'œuvres originales de Rothko de la série *Multiforme*, qu'il peignit à la fin de sa vie. L'étage accueille des expositions d'artistes lettons contemporains.

Colline aux églises CHRÉTIEN

Témoins du multiculturalisme de la ville, des églises des quatre principales obédiences chrétiennes se font face sur une petite colline traversée par la rue 18 Novembra. Les luthériens se réunissent à la **cathédrale Martin Luther** néogothique en brique rouge et les catholiques à la **cathédrale de l'Immaculée-Conception**. Ces deux églises côtoient la **cathédrale Saint-Boris et Saint-Gleb**, russe orthodoxe, et l'**église Novostroyensky de la Résurrection, de la Sainte-Vierge et de Saint-Nicolas**, église orthodoxe des vieux-croyants russes.

Toutes, excepté la dernière – les dissidents russes ayant toujours aimé cultiver le secret –, sont ouvertes aux visiteurs.

Fabrique de plombs de Daugavpils SITE HISTORIQUE

(☎27766655 ; www.dsr.lv ; Varšavas ielā 28). Cette technique de fabrication de plombs, en voie de disparition, fait tout l'intérêt de la visite. Tout est affaire de gravité. Le plomb fondu est déversé du haut d'une vieille tour en brique. Quand les gouttes de plomb arrivent en bas, elles sont transformées en billes parfaitement rondes et solidifiées ; elles sont ensuite calibrées, mélangées à du graphite et mise en boîte. Vous n'assisterez pas à la fabrication proprement dite, dangereuse et nocive pour la santé, mais pourrez voir tourner les calibreuses, grimper dans la tour et, si vous le souhaitez, tirer sur des canettes de bière à l'aide d'armes pneumatiques.

Où se loger

Biplan Guest House Aleksandria PENSION €

(☎27014143 ; www.biplan.lv/en/guest-house-aleksandria ; Stacijas iela 65/67 ; ch à partir de 35 €). Proche de la gare ferroviaire, cette pension dispose de studios spacieux, dont certains équipés d'une kitchenette et d'un lave-linge. Il n'y a pas de petit-déjeuner, mais chaque chambre est dotée d'un réfrigérateur et d'un micro-ondes. La principale promenade piétonne de Daugavpils débute à l'angle de la rue.

Mark Rothko Art Centre Residences PENSION €€

(☎6543 0278 ; www.rothkocenter.com ; Mihaila iela 3 ; s/d 30/40 €). Voici l'occasion de passer une nuit au musée ! S'agissant du centre artistique de Rothko, les créatures qui prendront vie à minuit risquent d'être un peu informes, quoique colorées. Prévues pour les artistes en résidence, ces chambres à l'élégance sobre sont souvent sur www.booking.com.

Park Hotel Latgola HÔTEL €€

(☎6540 4900 ; www.hotellatgola.lv ; Ģimnāzijas iela 46 ; s/d 50/60 € ; @ 📶). Le point de repère et le plus grand immeuble de la ville est un ancien bâtiment soviétique à la façade

SEUL SURVIVANT

D'après un recensement effectué en 1897, six ans avant la naissance de Mark Rothko dans une famille de pharmaciens juifs, 46% de la population de Daugavpils (alors appelée Dvinsk) étaient d'origine juive, ce qui en faisant la communauté la plus importante, sinon la plus influente. La ville était parsemée de commerces, mais aussi d'institutions culturelles, religieuses et politiques appartenant à des juifs. Dans la rue, on entendait parler yiddish plus souvent que russe, letton ou polonais.

Il ne reste plus que quelques centaines de juifs aujourd'hui et rares sont ceux qui descendent des habitants d'autrefois. Lorsqu'ils prirent Daugavpils en 1941, les nazis emmenèrent 13 000 juifs dans un ghetto situé dans un avant-poste de la citadelle de Riga, de l'autre côté de la rivière. Presque tous furent exécutés, ou moururent de faim ou d'épuisement au travail. Il n'en restait plus qu'une centaine quand l'armée soviétique reprit la ville.

Mark Rothko quitta Daugavpils à l'âge de 10 ans, et, à sa manière, c'est un survivant, car il n'aurait guère eu de chances de survivre si sa famille n'avait pas émigré aux États-Unis.

Parti du port de Liepāja en 1913, il eut une vie heureuse – d'abord à Portland (Oregon), puis sur le campus de Yale et enfin à New York, où il découvrit son talent artistique. Au fil des décennies, il est passé du surréalisme figuratif aux formes géométriques de couleurs vives, comme on peut le voir au Centre artistique Mark Rothko de Daugavpils (p. 274). Il mourut en 1970, pleinement conscient d'avoir écrit une page de l'histoire de l'art américain.

La synagogue de Daugavpils abrite un petit musée consacré à l'histoire juive de la ville. On peut le visiter en contactant Josifs Ročko, le guide attitré, par e-mail (rochko@inbox.lv).

rénovée. Chambres modernes (aux prix excessifs). Belle vue depuis le restaurant et le bar du dernier étage.

Villa Ksenija PENSION €€€
(☎20388008 ; www.villaks.lv ; Varšavas iela 17 ; s/d à partir de 58/84 € ; P 📶). Aménagé dans une demeure seigneuriale construite en 1876, cet hôtel constitue un hébergement relativement luxueux même s'il est un peu éloigné du centre-ville. D'un style classique rappelant la chaîne Best Western, les chambres sont confortables, mais plutôt quelconques. Nous avons aimé les charmilles sous lequelles on prend le petit-déjeuner par temps chaud.

Où se restaurer et prendre un verre

Gubernators RUSSE €
(☎6542 2455 ; www.gubernators.lv ; Lāčplēša iela 10 ; plats 5-8 € ; 🕒11h-minuit). Dans un décor rustique mâtiné de nostalgie soviétique, ce restaurant aménagé dans une cave sert cinq sortes de *pelmeņi* (raviolis) russes, de nombreux classiques d'Europe occidentale et une bière maison.

LUNA Café EUROPÉEN €
(www.luna.menu ; Mihoelsa iela 68-1a ; plats 2,50-4 € ; 🕒8h-22h). Ce café-pizzeria pimpant et coloré propose des petits-déjeuners délicieux et bon marché, des plats à midi et du café préparé avec soin.

♥ **Artilērijas Pagrabi** BAR
(www.facebook.com/ArtilerijasPagrabi ; Rīgas iela 22 ; 🕒à partir de 18h mer-dim). Cet établissement sans façon se définissant comme un bastion de la culture lettonne de l'est du pays tire son énergie d'une excellente bière locale et de concerts de groupes lettons ou étrangers. De loin le meilleur bar en dehors de Riga.

Renseignements

Office du tourisme (www.visitdaugavpils.lv ; Rīgas iela 22a ; 🕒10h-15h lun, 10h-18h mar-ven, 10h-17h sam, 10h-16h dim). Bien approvisionné en brochures sur les activités dans le sud du Latgale.

Depuis/vers Daugavpils

Quatre trains quotidiens pour Riga (3 à 4 heures, 7 €) partent de la **gare ferroviaire** (☎6548 7261 ; Stacijas iela) de Daugavpils. Saint-Pétersbourg, en Russie (49 €, tlj, 10 heures) et Minsk, en Biélorussie (43 €, 3/semaine, 9 heures), comptent parmi les autres destinations desservies.

À la **gare routière** (☎ 6542 3000 ; www.buspark.lv ; Viestura iela 10), des bus assurent la liaison depuis/vers Riga (9 €, 3 heures 45, ttes les heures) et Rēzekne (4 €, 1 heure 30 à 2 heures, 7/jour), mais également pour Vilnius en Lituanie (12 €, 3 heures 30, 2/jour) et Braslav en Biélorussie (3 à 6 €, 2 heures 15, 4/jour).

Environs de Daugavpils

Sventes Muiža

Sventes Muiža MANOIR €€

(☎ 6542 7822 ; www.sventehotel.lv ; Alejas iela 7, Svente ; d à partir de 45 € ; @ wifi). Le comte Michael Plater-Ziberg, descendant de la plus grande famille aristocratique du Latgale, n'a savouré la paix que pendant les deux ans précédant la Seconde Guerre mondiale dans l'imposante demeure qu'il avait fait construire, à 17 km à l'est de Daugavpils. C'est aujourd'hui un hôtel rural chic, mais abordable, doté d'un restaurant salué par la critique, ainsi que d'un musée des véhicules de la Seconde Guerre mondiale.

Slutišķi

Sur la rive de la Dvina, ce hameau pittoresque peuplé de vieux-croyants russes servit de catalyseur au 3e Atmoda (Réveil national) letton, qui aboutit à la restauration de l'indépendance en 1991. Un article de journal critiquant le projet russe de centrale hydroélectrique et d'inondation du village provoqua de vives protestations et fit un héros de Dainis Īvans, auteur de l'article. Il devint bientôt le leader du Front populaire letton, mouvement qui permit l'indépendance lettonne. Aujourd'hui, l'une des fermes du village abrite un charmant **Musée ethnographique**, consacré aux vieux-croyants. En cours de rénovation à l'époque de nos recherches, il devait rouvrir prochainement. Autour de Slutišķi, le **parc naturel de Daugavas Loki** protège une partie de la Dvina, aux méandres enchanteurs. Une aire de pique-nique avec barbecues, balançoires et sentiers est aménagée sur la rive. Slutišķi se situe près de Markova, à 35 km de Daugavpils sur la route de Krāslava. L'embranchement est bien indiqué. En bus, descendez à Židino, à 2,5 km.

Krāslava

À tout juste 6 km au nord de la Biélorussie, Krāslava est une charmante localité assoupie composée de maisons en bois disposées sur des collines entourant la Dvina. Ancien domaine des Plater, une famille polonaise, Krāslava a toujours été un melting-pot culturel. Les cinq rames de bateau de son blason symbolisent les cinq communautés qui la peuplaient : Polonais, Lettons, Biélorusses, Russes et juifs. Ces derniers, qui formaient le groupe le plus important, ont pratiquement tous péri dans l'Holocauste.

Sur une hauteur stratégique, le **château de Plater** est malheureusement fermé aux visites, mais son domaine comprend le petit **musée de Krāslava** et un centre d'information touristique doublé d'une boutique vendant des produits locaux, comme le kvass, boisson à base de pain de seigle. Renseignez-vous aussi sur les ateliers d'artisanat ou allez directement à l'**atelier de poterie** (☎ 29128695 ; valdispaulins@inbox.lv ; Dūmu iela 8 ; ⏲ 9h-19h30) de Valdis Paulins pour une initiation accélérée à l'art de la céramique traditionnelle locale.

Sur une autre colline, l'**église catholique Saint-Louis**, toute blanche, renferme les restes de saint Donat, la relique la plus précieuse de la ville.

Les amateurs de balades à cheval pourront se rendre au **ranch de Klajumi** (☎ 29472638 ; www.klajumi.lv ; excursion de 2/4/7 jours 105/270/515 €, 1 heure de trot 1/2 pers 25/30 €), à 11 km au sud-ouest de Krāslava près de Kaplava. Issu d'une longue lignée de palefreniers, Ilze, le propriétaire, propose diverses activités telles que des circuits à cheval de 2 jours ou de simples après-midi de galop dans la campagne. L'adorable maison (à partir de 50 €) est dotée d'un sauna (qui fait également douche), d'une kitchenette et d'une chambre en mezzanine avec TV satellite. Les toilettes sont à l'extérieur.

Lac Dridži

Chaque lac de Lettonie semble détenir un record ; celui-ci est tout simplement le plus profond – c'est un peu le Baïkal letton. À 25 km au nord-est de Krāslava, ce lac à la forme allongée abrite un complexe touristique. Prenez la route P161 en direction de Dagda jusqu'au **Dridži** (☎ 29441221 ; www.dridzi.lv ; tente 7 €, empl camping-car 10 €, d 30 €, bungalow pour 6 pers 80 €), équipé de filets de volley-ball, de remorqueurs, de radeaux et de kiosques en bois à flanc de colline. L'endroit est idéal pour les familles. Chaque bungalow dispose d'une cuisine équipée. Ouvert toute l'année.

Aglona

Aussi étonnant que cela puisse paraître, cette minuscule localité sise sur un isthme entre deux grands lacs tranquilles est une des plus visitées de Lettonie. Aux alentours du 15 août, les pèlerins catholiques débarquent par centaines de milliers pour célébrer l'Ascension dans la basilique d'Aglona.

Ce pèlerinage est né il y a plus de 300 ans, lorsqu'un groupe de moines dominicains itinérants découvrit une source guérisseuse cachée dans un bosquet d'épicéas ("aglona" en dialecte ancien). Bien que cette source sulfurée ait apparemment perdu son pouvoir un siècle plus tard, son eau, toujours considérée comme le fruit de l'intervention divine, est utilisée pour certains rituels.

La basilique, ou cathédrale, actuelle, toute blanche, dresse ses deux clochers sur une vaste pelouse aménagée pour la visite du pape Jean-Paul II en 1993, qui lui donna le titre de Basilica Minoris. L'un des dix autels de la basilique protège une icône miraculeuse de la Vierge, qui aurait sauvé Aglona de la peste en 1708. La messe est célébrée à 7h et 19h en semaine, et à 10h, 12h et 19h le dimanche. Le rosaire a lieu à midi en semaine et à 9h30 le dimanche.

En ville, au **musée du Pain** (Aglonas maizes muzejs ; ☎29287044 ; Daugavpils iela 7 ; ⏲9h-18h lun-sam), on découvre l'histoire et les traditions du pain noir latgale, pilier de l'alimentation locale. L'anglais y est très peu parlé – mieux vaut appeler pour prévoir un interprète (gratuit) pour la visite d'une heure. Quoi qu'il en soit, vous pouvez toujours vous arrêter pour acheter du pain tout juste sorti du four. On peut apercevoir les boulangers à l'œuvre par la petite fenêtre de la cuisine.

Une petite **pension** (☎29287044 ; Daugavpils iela 7), installée au-dessus du musée du Pain, propose plusieurs dortoirs gais aux couleurs pastel. **Aglonas Cakuli** (☎6537 5465 ; www.aglonascakuli.lv ; Ezera iela 4 ; d avec/sans salle de bains à partir de 36/24 €), une autre adresse correcte, se trouve à un pâté de maisons au bord du lac Cirišs. À 1 km au sud de la basilique, **Aglonas Alpi** (☎29194362 ; aglonasalpi.lv ; s/d 23/42 €) dispose de bungalows en bois sur un promontoire herbeux offrant une vue éblouissante sur le réservoir de Ciriša. Toutes les pensions servent des repas – extrêmement copieux.

À 10 km au sud d'Aglona s'étend le **Čertoks ezers**, ou lac du Diable, puisque tel est son nom russe. Selon une légende transmise au fil des siècles, un démon malicieux vivait au fond du lac – curieusement paisible. Les boussoles et équipements sensoriels ne semblant jamais fonctionner aux alentours du lac, les scientifiques ont envisagé la présence d'une météorite magnétique sous les eaux cristallines. Pour vous rendre au lac du Diable, prenez la route P62 en direction de Krāslava ; l'embranchement pour le lac n'étant pas indiqué (pour éviter l'invasion touristique), demandez votre chemin au sympathique personnel de l'**office du tourisme d'Aglona** (☎29118597 ; www.en.aglona.travel ; Daugavpils iela 1; ⏲8h30-17h lun-ven). La **bibliothèque** (Daugavpils iela 37 ; ⏲10h-18h lun-ven, 10h-15h sam ; Wi-Fi) offre un accès gratuit à Internet et au Wi-Fi.

Depuis/vers Aglona

Aglona est située à 9 km de la route reliant Daugavpils à Rēzekne (route A13). Il y a 2 bus quotidiens depuis/vers Daugavpils (3 €, 1 heure 30) et 3 pour Krāslava (2 à 4 €, 1 heure). Changez à Preiļi (1,50 €, 30 min, 6/jour) pour rejoindre Rēzekne ou Riga.

Rēzekne

34 500 HABITANTS

Rēzekne est un mélange d'usines abandonnées et de bâtiments d'habitation tous semblables. La ville a beaucoup souffert lors de la Seconde Guerre mondiale : la plupart de ses bâtiments historiques ont été détruits par les tirs d'artillerie. Elle offre aujourd'hui peu d'attraits (même les ruines du château impressionnent peu) ; toutefois, des trains et des bus fréquents en font un point de chute pratique pour explorer la région des lacs, plus au sud.

La rue principale, Atbrīvošanas alejā, va de la gare ferroviaire Rēzekne II (au nord) à la gare routière (au sud), en passant par la place centrale. Au milieu de la place trône la statue de **Māra** (du nom de l'ancienne déesse lettonne de la Maternité, de la Fertilité et de la Terre), qui fut détruite à deux reprises par les autorités soviétiques dans les années 1940 et réinstallée seulement en 1992. L'inscription qui y figure, "Vienoti Latvijai", signifie "Lettonie unie".

Plus loin dans cette rue se dresse une petite colline abritant les maigres vestiges du **château de Rēzekne**, ainsi qu'un centre d'information touristique pauvre en documentation sur les lacs du Latgale qui entourent la ville.

De l'autre côté d'Atbrīvošanas alejā se tient un bâtiment élégant récemment ajouté au paysage urbain : le **Gors** (www.latgalesgors.lv ; Pils iela 4), vaste centre culturel autoproclamé "ambassade du Latgale". Concerts, films, lectures de poésie... il s'y passe quelque chose presque chaque jour.

En poursuivant dans Atbrīvošanas alejā, on découvre **Latgales iela** (rue Latgales), la plus ancienne de la ville, bordée de nombreuses et jolies façades en brique bâties par de riches marchands ashkénazes il y a plusieurs siècles.

Où se loger et se restaurer

Kolonna HÔTEL €€
(☎6460 7820 ; www.hotelkolonna.com ; Brīvības iela 2 ; ch à partir de 60 €). Si vous devez passer la nuit à Rēzekne, cet hôtel de chaîne dispose de chambres sobres, mais confortables, dans un imposant bâtiment Art déco en plein cœur de la ville. Le restaurant Rozalija attenant sert des classiques européens et des spécialités locales.

Pub Art Salon Mōls LATGALE €
(Latgale iela 22/24 ; plats 5-8 € ; ⏲10h-22h). Ce petit restaurant de style rustique partageant les locaux d'une galerie sert une cuisine du Latgale carnée et calorique. Le service est inégal et l'attente parfois longue, ce qui n'a plus d'importance après quelques verres de *šmakovka*, l'alcool local.

Ausmeņa Kebabs MOYEN-ORIENTAL €
(www.ausmena.lv ; Rancāna iela 41 ; plats 2,50-4 € ; ⏲11h-22h). Cette échoppe de kebabs est devenue une institution locale aux accents nationalistes, doublée d'un bar bohème. Les kebabs sont servis dans du pain pita, à emporter, ou dans une assiette, avec des frites.

Depuis/vers Rēzekne

La **gare routière** (Latgales iela 17) accueille des bus depuis/vers Daugavpils (4 €, 1 heure 45 à 2 heures 15, 4/jour), Ludza (1,70 €, 30 min à 1 heure, 3 à 5/jour) et Riga (10 €, 4 heures à 4 heures 30, 7/jour), entre autres destinations.

De la **gare ferroviaire Rēzekne II** (Stacijas iela), un train part chaque jour dans chaque direction entre Riga et Saint-Pétersbourg, et entre Riga et Moscou. En tout, on compte 6 trains quotidiens depuis/vers Riga (7 €, 3 heures à 3 heures 45).

Environs de Rēzekne

Région du lac Rāzna

À courte distance de Rēzekne, le lac Rāzna (le plus grand de Lettonie par le volume) est l'exemple même de la beauté sereine. Tout autour, le **parc national du Rāzna** est une réserve paisible protégeant quelque 600 km² de région lacustre. Les villages de pêcheurs qui le jalonnent ont été fondés par des vieux-croyants russes, qui leur ont donné des noms aux consonances slaves. Le **centre d'information** du parc est à Lipuški, sur la rive sud.

La baie de Čornaja, sur la rive nord du lac, à 15 km de Rēzekne, est le port d'attache de **Buruguru** (☎29833890 ; buruguru.lv/en ; Dukstigala bay, Čornaja ; circuit en bateau jusqu'à 12 pers 300 €, couchage 100 €/nuit), une agence dirigée par le capitaine Andris Strutskis, qui navigue sur la mer avec son voilier, *Sea Esta*. À moins de voyager en groupe, il est préférablable de partager un circuit avec d'autres touristes (renseignez-vous à l'avance). Le voilier sert aussi d'hôtel flottant, pour un prix beaucoup plus modique que les circuits.

À l'embouchure de la baie, l'**Ezerkrasti Resort** (☎26411207 ; www.raznasezerkrasti.lv ; Dukstigals, Čornajas pagasts ; ch 30 €) est une propriété luxuriante jalonnée de ravissants bungalows en bois ; il y a un terrain de volley-ball, des pédalos, un lac pour la baignade et une piscine couverte avec sauna.

De l'autre côté du lac, le long de la route P56, le **Rāznas Gulbis** (☎29994444 ; www.razna.lv ; d à partir de 70 €) est un complexe touristique spacieux avec pédalos, restaurant et petit "aquarium" à même le lac. On dit aussi le plus grand bien du **Būrviga Rāzna** (☎27876016 ; Škrabi, Mākoņkalna pagasts ; ch à partir de 25 €), dont certaines chambres au charme suranné sont aménagées dans des caravanes.

Lac Lubāns

Le plus vaste lac de Lettonie est très peu profond. Ses rives couvertes de roseaux sont entourées d'une forêt d'épicéas si sombre et si sauvage qu'on y tourne des films censés

HORS DES SENTIERS BATTUS

GENS DE LA TERRE

Les Lettons sont particulièrement attachés à leur terre. Entendons par terre non pas seulement le pays, mais les terres agricoles appartenant au patrimoine familial. Un très grand nombre de citadins a encore des membres de sa famille à la ferme – les exploitations comprenant souvent vergers, grandes parcelles de forêt et lac. Les mois d'été passés à la campagne en compagnie des grands-parents, oncles et tantes font partie de la vie de presque tous les Lettons.

Cela s'explique par le fait que, pendant des siècles, les villes furent tenues par les envahisseurs – Allemands, Russes ou Suédois – et que le peuplement massif des zones urbaines par les Lettons de souche n'a commencé qu'au XIXe siècle.

Pour vous faire une idée de la vie rurale traditionnelle, visitez le **musée de la ferme d'Andrupene** (laukuseta@inbox.lv ; Skolas 5, Andrupene), aménagé dans une ferme restée telle que dans les années 1920, époque où beaucoup de Lettons reçurent de généreuses parcelles de terre lors de la réforme agraire. Le musée comprend 6 bâtiments en bois dont le logement des propriétaires, un grenier à grain, une forge et un sauna. Contactez le musée à l'avance pour profiter d'un repas traditionnel du Latgale, accompagné d'un délicieux pain cuit sur place.

Le village d'Andrupene est à 30 km à l'est d'Aglona, près de Dadga. Il faut disposer d'un vélo ou d'une voiture pour y venir, encore que deux ou trois bus s'arrêtent ici chaque jour entre Rēzekne (2,40 €, 1 heure) et Dagda (1 €, 20 min).

Le musée de la ferme d'Andrupene fait partie du réseau Culinary Heritage. Vous trouverez une liste de fermes respectant les recettes de cuisine ancestrales et accueillant des visiteurs sur www.kulinaraismantojums.lv. Les offices du tourisme de Krāslava et d'Aglona peuvent aussi vous aiguiller.

se dérouler en Sibérie ! Quelque 180 espèces d'oiseaux, dont des cygnes et des aigles, nichent aux alentours et 6 tours d'observation permettent aux amateurs d'oiseaux de les observer.

Pour vous renseignez, rendez-vous à **Bāka** (phare ; baka.rezeknesnovads.lv), ancienne station de pompage transformée en centre de sports nautiques, où l'on peut louer des kits de planche à voile, mais aussi des bateaux à rames ou à moteur. Si vous souhaitez passer une nuit dans le plus grand calme parmi un océan de roseaux, choisissez une chambre pour deux (30 €/nuit) ou une chambre pour quatre (40 €/nuit).

Non loin, au village de pêcheurs d'Īdeņa, le **Zvejnieki** (☎29165392, 28301143 ; www.zvejnieki.lv ; Īdeņa, Nagļi pagasts ; dort à partir de 8 €) dispose de lits dans des maisons en bois qui parsèment son domaine. On peut aussi négocier la location d'une maison entière, d'une capacité de 8 personnes. En le demandant à l'avance, on peut se faire servir de roboratifs plats du Latgale et pratiquer une foule d'activités, dont la pêche et l'observation des oiseaux.

Ludza

15 000 HABITANTS

Ludza, à deux pas de la frontière russe, fut fondée en 1177 et constitue la plus ancienne ville du pays. Située à la jonction de deux lacs (connus sous le nom de grand lac de Ludza et petit lac de Ludza), ce petit village et comptoir s'est formé autour du **château de Ludza**, érigé par les croisés allemands en 1399 pour protéger le front est de l'ordre de Livonie. En ruine depuis 1775, c'est désormais un saisissant mélange de briques rouges prêtes à s'effondrer et de pierres grises. L'endroit est idéal pour un pique-nique avec vue sur les clochers et les ruisseaux en contrebas.

Le **Centre artisanal de Ludza** (☎29467925 ; www.ludzasamatnieki.lv ; Tālavijas iela 27a ; ⌚9h-17h mar-sam) vend des articles artisanaux fabriqués dans la région. Trois ateliers attenants permettent aux artisans de peaufiner leurs produits. En appelant à l'avance, il est possible de s'essayer aux méthodes ancestrales du filage de la laine, de la poterie et de la couture. Une collection de vieux outils est exposée ainsi qu'un costume traditionnel latgale qu'on peut essayer.

Depuis/vers Ludza

Ludza se trouve à 26 km à l'est de Rēzekne sur l'A12 en direction de la Russie. Trois à cinq bus quotidiens relient Ludza à Rēzekne (1,70 €, 30 min), dont 2 vont jusqu'à Daugavpils (5 €, 3 heures).

COMPRENDRE LA LETTONIE

La Lettonie aujourd'hui

Les Lettons nés après le spectaculaire déboulonnage de la statue de Lénine dans la rue principale de Riga ont aujourd'hui une vingtaine d'années ; pour eux comme pour une grande partie de la population, le passé soviétique semble bien lointain. Un quart de siècle après avoir recouvré l'indépendance, la Lettonie s'est en effet éloignée mentalement et politiquement de son voisin de l'Est. Désormais membre de l'UE et de l'OTAN, c'est une démocratie qui fonctionne de façon indépendante.

Le niveau de vie est au moins aussi satisfaisant qu'en Russie, bien que la Lettonie ne possède ni les ressources naturelles ni les industries de son imposante voisine. Le nombre de restaurants, cafés, boutiques et entreprises offrant une large gamme de services contribue à forger sa propre identité. Le pouls culturel letton bat aussi très vite : on rencontre dans les bars branchés de Riga un nombre étourdissant de personnes œuvrant dans les domaines de l'art, du design ou de la philosophie. Le plus étonnant est peut-être l'importance de la protection de l'environnement : le pays tout entier ressemble à un vaste parc national composé de forêts, de plages et de lacs intacts.

La Lettonie reste cependant un pays ethniquement divisé. Après le démembrement de l'URSS, quelque 700 000 résidents (un tiers de la population) d'origine russe ont perdu la citoyenneté lettonne pour recevoir le statut de non-citoyen, qui leur donne les mêmes droits que les Lettons, sauf celui de voter. Le nombre de ces non-citoyens est aujourd'hui descendu à 12,5% à l'issue d'un processus, souvent complexe, de naturalisation – alors que les politiques identitaires prévalent dans les parties politiques lettons au sein du gouvernement, et que le parti russe se trouve toujours dans l'opposition.

Ces deux communautés vivent de façon séparée et les tensions ne dépassent jamais le stade rhétorique. C'est à Riga, où les Lettons de souche sont aussi nombreux que les Russes, que l'intégration semble la mieux réussie. Une grande partie de la population est bilingue, le maire de la ville est russe et l'avant-garde culturelle fait beaucoup pour transcender cette division ethnique.

Histoire

Aux origines

Les premières traces d'une présence humaine dans la région remontent à l'âge de pierre. Toutefois, le peuple letton descend de tribus venues de la Biélorussie actuelle qui se seraient installées sur le territoire de la Lettonie moderne vers 2000 av. J.-C. Ces tribus se fixèrent le long des côtes pour vivre de la pêche et des gisements d'ambre, matériau plus précieux que l'or jusqu'au Moyen Âge.

Quatre de ces tribus baltes prirent le dessus : les Sèles (ou Séloniens), les Latgales (ou Lettes), les Sémigalles et les Coures. Ces trois dernières donnèrent leur nom à trois des quatre principales régions de Lettonie : Latgale, Zemgale et Courlande (Kurzeme). La quatrième région, le Vidzeme (Livonie), doit son nom aux Lives, peuple finno-ougrien sans lien avec les Baltes.

Au fil des siècles et des dominations étrangères, ces tribus se fondirent dans une même identité lettonne. Elle restèrent païennes jusqu'au XIIIe siècle, époque où des croisés allemands les obligèrent à embrasser le christianisme par le feu et l'épée. Des traditions païennes perdurent toutefois, et le solstice d'été est le jour férié le plus important de l'année.

La chrétienté

Les premiers missionnaires chrétiens arrivèrent en Lettonie en 1190 et tentèrent de persuader les populations païennes de se convertir. La tâche n'était pas aisée : sitôt les missionnaires partis, les nouveaux convertis se jetaient dans les rivières pour se laver de leur baptême. Les années suivantes, davantage de missionnaires sont revenus : ils baptisaient un plus grand nombre de Lettons, qui abjuraient aussitôt leur foi.

En 1201, à la demande du pape Innocent III, des croisés allemands, dirigés par l'évêque Albert von Buxhœvden de Brême, conquirent la Lettonie et fondèrent Riga. Albert von Buxhœvden créa l'ordre des chevaliers Porte-Glaive. Ces derniers firent de Riga leur base pour assujettir la Livonie. Des colons du nord de l'Allemagne suivirent et Riga devint la ville allemande la plus importante de la Baltique, prospérant grâce au commerce entre la Russie et l'Europe occidentale. En 1282, elle rejoignit la Ligue hanséatique (une corporation marchande). Fourrures, peaux, miel et cire faisaient partie des produits exportés de Russie qui transitaient par Riga. Les autochtones baltes étaient cependant tenus à l'écart de la politique et de l'urbanisation.

Des luttes de pouvoir entre l'Église, les chevaliers allemands et les autorités municipales dominèrent l'histoire du pays entre 1253 et 1420. L'évêque de Riga, élevé au rang d'archevêque en 1252, devient le chef de l'Église sur les terres conquises par les Allemands. Il exerçait un pouvoir direct sur une bonne partie de la Livonie, et indirect, par ses évêques, sur l'Estonie et d'autres parties de la Livonie. L'Église entrait constamment en conflit avec les chevaliers, qui contrôlaient la majeure partie du reste de la Livonie et de l'Estonie, ainsi qu'avec les autorités municipales, dominées par les marchands allemands qui parvinrent à garder une certaine indépendance.

Suède, Pologne et Russie

Les XVe, XVIe et XVIIe siècles furent marqués par des batailles et des conflits incessants concernant le partage du territoire de la future Lettonie. Au carrefour de plusieurs grands empires concurrents, ce territoire stratégique était l'objet de toutes les convoitises. Peu après leur publication, les thèses de Martin Luther rencontrèrent un fort écho à l'Est. Rapidement, Riga devint un centre de la Réforme et l'élite de la bourgeoisie marchande adopta le nouveau culte. Des mouvements religieux fervents accélèrent l'apparition de la langue lettonne écrite.

La Lettonie occidentale gagna en influence et en pouvoir sous le duché de Courlande, un royaume semi-autonome placé sous la houlette du duc Kettler, qui établit des colonies lointaines en Gambie et à Tobago. À la même époque, la Pologne s'empara du sud-est de la Lettonie, tandis que la Suède colonisait Riga et le Nord-Est. À la fin des années 1620, les Russes entrèrent dans la danse et s'arrogèrent l'ensemble du territoire à l'issue de la Grande Guerre du Nord (1700-1721).

Le Réveil national

L'idée d'une identité nationale unique émergea au XVIIe siècle, époque à laquelle les paysans descendants des tribus originelles commencèrent à s'unifier sous le nom de "Latvia" (Lettonie). Au milieu du XIXe siècle, ce sentiment s'intensifia avec la publication des premiers journaux en letton et l'organisation du premier festival de chants et de danse. Les paysans affluèrent vers la grande ville pour réclamer l'égalité des droits. Des partis politiques se créèrent et organisèrent des grèves de travailleurs pour évincer les derniers aristocrates allemands. Plus tard, cette révolte pour la liberté sera baptisée "révolution lettonne" par les leaders démocratiques.

Un goût de liberté

Dans la période de bouleversements et de confusion qui suivit la Première Guerre mondiale, un État letton indépendant vit le jour le 18 novembre 1918. Dès les années 1930, la Lettonie affichait l'un des niveaux de vie les plus élevés de toute l'Europe. En 1934, Kārlis Ulmanis, Premier ministre-président letton, mit fin au régime parlementaire par un coup d'État sans effusion de sang.

L'Union soviétique avait été la première à reconnaître l'indépendance de la Lettonie, mais la lune de miel fut de courte durée. L'occupation soviétique débuta en 1939, avec la signature du pacte germano-soviétique. Nationalisations, exécutions et déportations en masse vers la Sibérie s'ensuivirent. De 1941 à 1945, la Lettonie fut occupée partiellement ou en totalité par les nazis. On estime à environ 175 000 le nombre de Lettons, juifs pour la plupart, tués ou déportés.

La Lettonie soviétique

À la fin de la Seconde Guerre mondiale, l'Union soviétique revint à la charge en Lettonie pour en chasser les nazis. Les déportations reprirent, et la nation fut contrainte d'adhérer au communisme. Des usines crachant de la fumée sortirent de terre, bourdonnant bientôt comme des ruches. Les valeurs de l'individualisme étaient stigmatisées : les ravissants domaines de campagne et les bâtiments officiels cosmopolites furent "nationalisés", tandis que les Lettons étaient obligés de se loger dans des barres d'immeubles sinistres.

La première manifestation publique contre l'occupation soviétique eut lieu le 14 juin 1987, avec le rassemblement de 5 000 personnes devant le monument de la Liberté, à Riga, pour commémorer les déportations de 1941 vers la Sibérie. De nouvelles organisations politiques virent le jour à l'été 1988. Le Front populaire de Lettonie (PLF) s'imposa rapidement sur le devant de la scène politique lettonne. Le 23 août 1989, 2 millions de Lettons, Lituaniens et Estoniens formèrent une chaîne humaine de 650 km, allant de Vilnius à Tallinn, en passant par Riga, pour marquer le 50e anniversaire du pacte germano-soviétique.

La Lettonie indépendante

Lorsque les forces démocratiques russes conduites par Boris Eltsine sortirent victorieuses du putsch d'août 1991, la Lettonie fut enfin libre de voler de ses propres ailes. Le pays déclara son indépendance le 21 août 1991. Le 17 septembre de la même année, les trois pays baltes rejoignirent les Nations unies et prirent rapidement des mesures pour affirmer leur statut de nation à part entière. En juin 1993, des élections démocratiques furent organisées en Lettonie. Guntis Ulmanis, agriculteur descendant de Kārlis Ulmanis, fut élu président. Le gouvernement connut par la suite de nombreuses crises et une valse de Premiers ministres suivit la faillite de la principale banque commerciale de Lettonie.

Les élections présidentielles de 1999 virent la victoire de Vaira Vīķe-Freiberga, née en Lettonie mais ayant passé la majeure partie de sa vie au Canada. Elle promit de conduire la Lettonie vers une adhésion à l'UE. C'était une bataille ardue, dans la mesure où le pays était encore aux prises avec les entraves laissées par la domination soviétique. Cependant, le 1er mai 2004, l'UE finit par ouvrir ses portes à cette nation balbutiante. Longtemps lanterne rouge des pays baltes (et pays le plus pauvre de l'UE), la Lettonie afficha la croissance économique la plus forte de l'UE en 2004, 2005, 2006 et 2007, même si, dans le même temps, de nombreux Lettons quittaient leur pays pour tenter leur chance en Irlande ou ailleurs.

La crise économique qui balaya le monde fin 2008 et début 2009 devait révéler qu'une bonne partie de l'économie moderne de la Lettonie n'était qu'un château de cartes, qui s'écroula en raison du surendettement et de dépenses excessives. Les années suivantes servirent à réparer les dégâts causés par la crise économique. La crise ukrainienne eut également une influence sur les élections :

APRÈS LA PLUIE, LE BEAU TEMPS...

Au cours des 20 dernières années, la situation environnementale de la Lettonie s'est sensiblement améliorée, en grande partie grâce à des réformes fiscales et à l'injection de fonds privés et de l'UE. Dès son accès à l'indépendance, le pays s'est attelé à réparer les dommages causés aux écosystèmes sous le régime soviétique. Depuis 1990, la pollution industrielle a reculé de 46%, et celle causée par les eaux usées de 44%. La Lettonie possède plus de 1 300 stations d'épuration, qui ont permis d'améliorer la qualité de l'eau des rivières. Les eaux de la Dvina occidentale et de la Lielupe ont ainsi vu revenir des populations de carpes. L'usage des pesticides et produits phytosanitaires, largement répandu à l'époque soviétique, est également encadré. Aujourd'hui, plus de 2 750 ha de terres agricoles (soit environ 200 exploitations) n'utilisent plus aucun engrais chimique, ce qui a permis de réduire la concentration de pesticides dans l'air de 1 000% !

Grâce aux réformes entreprises sur l'approvisionnement en eau et le traitement des eaux usées, la mer Baltique et le golfe de Riga se prêtent désormais à la baignade. Le Pavillon Bleu d'Europe, label de qualité et de pureté de l'eau, a été accordé aux plages de Jurmala, Ventspils et Liepāja.

Le vaste programme de Stratégie nationale pour le développement durable, regroupant des structures environnementales, sociales et économiques pour promouvoir des activités durables liées au territoire, a été créé en 2002.

Pour plus d'informations sur les questions environnementales et les programmes associés, consultez le site Web du ministère de l'Environnement de Lettonie (www.vidm.gov.lv, en anglais).

les nationalistes lettons gagnèrent des points tandis que le parti centriste Saskana perdit des sièges lors des législatives de l'automne 2014.

En 2015, le Parlement élut Raimonds Vējonis à la présidence de la Lettonie. Fils d'un Letton officier dans l'armée soviétique et d'une mère russe, il représente les Verts et se considère sans attaches religieuses. On voit en lui une personnalité faisant le consensus dans toute la classe politique.

La société lettonne

S'il est rare de voir les Lettons se saluer dans la rue, c'est néanmoins un peuple amical et accueillant. Au premier abord, c'est une culture qui peut sembler un peu froide, mais cette réserve – probablement une réaction aux siècles de domination étrangère – a contribué à préserver envers et contre tout la langue et la culture particulières du pays. Avec l'ouverture progressive de la Lettonie sur le monde, les citoyens sont de plus en plus confiants en la liberté de leur nation, et les dernières générations ont accès à une culture plus cosmopolite (d'autant que la plupart des jeunes parlent souvent letton, russe et anglais).

Traditionnellement, les femmes lettonnes veillaient à la sauvegarde du patrimoine immatériel, avec la transmission des chants, recettes de cuisine, légendes et contes. Les hommes, de leur côté, protégeaient le territoire. Aujourd'hui, les femmes jouent toujours un rôle majeur au foyer, mais elles occupent aussi des postes importants en politique et dans les affaires, même si l'égalité des sexes est encore loin d'être acquise. Ainsi, plus de 41% des chefs d'entreprise du pays sont des femmes, et Vaira Vīķe-Freiberga a été la présidente la plus influente du pays.

En règle générale, les Lettons sont de grands amateurs de la nature et perpétuent d'anciennes traditions païennes dans leur vie de tous les jours, bien qu'étant luthériens (les russophones sont surtout catholiques, orthodoxes ou vieux-croyants). Les superstitions, largement répandues, sont souvent liées à la faune du pays. Dans les campagnes, les familles hissent de hauts poteaux de bois dans leur cour afin d'attirer les cigognes, qui sont supposées favoriser la naissance d'enfants. Les Lettons adorent également les fleurs. Si vous êtes invité chez quelqu'un, n'oubliez pas d'apporter un bouquet (mais assurez-vous qu'il y ait un nombre impair de fleurs, les nombre pairs étant réservés aux funérailles).

Arts et culture

Cinéma

Zvejnieka dēls (*Le Fils du pêcheur*), film de 1940, marque la fin d'une époque, et le début d'une nouvelle ère du cinéma letton. Premier long métrage parlant du pays, c'est aussi l'un des derniers grands films d'avant la Seconde Guerre mondiale et les années d'oppression qui allaient suivre. À l'aube de l'ère soviétique, le Rīgas kinostudija (Studio de cinéma de Riga), propriété de l'État, réalise d'innombrables films, mais la plupart ne sont qu'un support de propagande. Après la mort de Staline en 1953, les réalisateurs acquièrent un peu plus de liberté, mais il faut attendre 1980 pour que la critique et la parodie soient monnaie courante. Avant cette période, la plupart des films étaient des adaptations de légendes lettonnes ou de romans modernes.

On doit au réalisateur Jānis Streičs plusieurs films sur le passé tumultueux de la Lettonie. *Limousine dans les couleurs de la nuit de la Saint-Jean* (1981) et *L'Enfant* (1991) ont remporté un grand succès pour leur mélange d'ironie et de comédie. Le second, qui raconte l'histoire d'un garçon qui grandit et tombe amoureux dans la Lettonie soviétique, a gagné le Grand Prix de San Remo en 1992 et fut nominé pour l'Oscar du meilleur film étranger en 1994. *Le Mystère de la vieille maison paroissiale* (2000), un film plus récent de Streičs, aborde le sujet délicat de la collaboration avec les occupants nazis et soviétiques pendant la guerre.

Vers la fin de la période soviétique, le long-métrage documentaire *Is It Easy To Be Young?* de Juris Podnieks est devenu une icône culturelle de la perestroïka et a battu des records d'entrée en URSS. Le film aborde des sujets tabous comme la sous-culture et le crime chez les jeunes. Podnieks a ensuite tourné des documentaires sur les événements les plus poignants de la fin de l'ère soviétique, comme le tremblement de terre de Spitak en Arménie et la catastrophe de Tchernobyl.

En 2010, Antra Celińska a ensuite tourné un film avec les personages de *Is It Easy To Be Young?*, âgés d'une quarantaine d'années, dans lequel il retrace deux décennies de l'existence de ces personnes après la chute de l'URSS.

FESTIVAL EZERA SKAŅAS

Il n'y a pas d'opéra classique sans décor romantique. Des artistes ont beau peindre des levers et des couchers de soleil, des forêts et des châteaux, des paysages maritimes ou montagneux, ils ont peu de chances d'égaler la beauté du théâtre chanté ! A fortiori, si l'on peut transporter l'opéra hors de la ville, dans un cadre naturel enchanteur. C'est exactement ce qui se passe au Festival Ezera Skaņas ("son du lac").

Chaque année en août, le public est entraîné vers un magnifique lac isolé au milieu duquel est diposée une scène, tandis que des barques sur l'eau accueillent les spectateurs. L'effet est d'autant plus théâtral que les représentations ont lieu à l'aube.

Renseignez-vous dès le mois de juillet sur www.ezeraskanas.lv et sur la page Facebook du festival.

Autre star du documentaire letton, Hertz Frank vit maintenant en Israël, mais son film *10 Minutes Older* sur le meurtrier d'Yitzhak Rabin est représentatif d'un cinéma typiquement letton, quelle que soit la nationalité réelle du réalisateur.

Également remarquable, *The Shoe* (1998), un film sur la Lettonie occupée, de Laila Pakalnina, a fait partie de la compétition officielle à Cannes en 1998. Un autre film de Pakalnina, *La Poste* (1996), montre l'isolement de la Lettonie, symbolisé par la distribution matinale du courrier.

Mêlant folklore, surréalisme et satire, les réalisateurs de film d'animation lettons ont produit des opus puissants, avant et après l'indépendance. Nils Skapāns a remporté en 1995 le seul ours jamais attribué à un Letton à la Berlinale avec son court-métrage *Let's Fly?!*

Les petites villes rurales telles que Kuldīga servent souvent de décor aux films d'époque. Pour les autres films, les réalisateurs préfèrent tourner à Cinevilla (p. 239), un studio reconstituant une ville, devenu aujourd'hui un important site touristique.

Vous pouvez consulter www.latfilma.lv (en anglais), le portail official du Centre cinématographique national de Lettonie, qui est une mine d'informations sur les réalisateurs, festivals, maisons de production, etc.

Musique et danse

Les chants traditionnels ont toujours joué un rôle essentiel dans la culture lettonne, même si la musique n'a pas été reconnue en tant qu'art avant le milieu du XIXe siècle. En 1869, Jānis Cimze commença à recenser les airs folkloriques, dont certains avaient plus de 1 000 ans. Sa collection de 20 000 mélodies servit de socle au premier festival de chansons lettonnes, où des milliers de chanteurs se joignirent à d'immenses chorales. Sous l'occupation soviétique, ces festivals étaient l'occasion de forger un sentiment d'identité et de fierté nationale, et devinrent un cri de ralliement de la résistance lettonne. Aujourd'hui, un festival de chants et de danses traditionnels a lieu tous les cinq ans (le prochain en 2018) et continue d'unir une multitude de voix dans un élan de patriotisme excceptionnel.

Ligo, la fête du solstice d'été, est le moment idéal pour voir les Lettons se rassembler et chanter de vieilles chansons – ils vous feront chanter aussi !

L'Opéra national abrite le ballet de Riga, où se sont illustrés Mikhaïl Barychnikov et Alexander Godounov pendant les années soviétiques. Cet Opéra est l'un des plus prestigieux d'Europe, et les places bon marché ont permis de le rendre accessible au grand public.

La variété lettonne avait déjà occupé le devant de la scène lorsque le groupe Patra Vetra, surnommé Brainstorm, avait terminé 3e au concours de l'Eurovision 2000. Deux ans plus tard, c'était au tour de Marie N (Marija Naumova) de remporter le grand prix en 2002.

Arts et architecture

Ce qui frappe le plus parmi tous les arts visuels lettons, c'est le grand nombre d'édifices Art nouveau à Riga (p. 215). La capitale en possède plus que toutes les autres villes d'Europe : 750 bâtiments, et le décompte continue au fil des rénovations.

Jānis Rozentāls, peintre letton incontournable, vivait dans le quartier Art nouveau de Riga et sa maison a depuis été transformée en musée. Mark Rothko, né à Daugavpils, est sans doute l'artiste letton le plus célèbre au monde. Bien qu'il ait grandi aux États-Unis, l'intérêt récent qu'ont suscité l'artiste et son œuvre a inspiré le projet de construction

COCKTAILS AU BALZĀM NOIR

Une bouteille de Baume noir fera un excellent souvenir de vacances. Cette jolie bouteille fine dont la forme n'a pas changé depuis des siècles est une délicieuse liqueur à base d'herbes, de baies et d'épices. Rapportez à vos proches un petit goût de Riga en leur concoctant des cocktails à base de ce "baume", très apprécié en Lettonie.

Mojito noir : mélangez une mesure de Baume noir pour quatre mesures de limonade, ajoutez un demi-citron vert écrasé et un trait de sirop de fruits. Servez sur de la glace pilée.

Innocent Balzām : mixez une mesure de Baume noir avec une demi-mesure de liqueur de pêche, trois mesures de jus de pêche, trois mesures de glace vanille et une pêche au sirop.

Lazybones : versez un trait de Baume noir dans un verre de Coca frais (notre préféré).

d'un nouvel espace d'art moderne dans l'espoir de stimuler le tourisme dans la région du Latgale, par ailleurs peu visitée.

Pour découvrir d'autres peintres lettons, visitez le musée national des Beaux-Arts, où sont exposés les fascinants paysages de neige et de glace peints par le premier directeur de l'établissement, Vilhelms Purvits, et les œuvres expressionistes et luxuriantes de Ludolfs Liberts. Découvrez aussi les œuvres de Miervaldis Polls, important artiste non-conformiste clandestin à l'époque soviétique, qui a ensuite gagné la réputation d'"artiste de cour" en faisant le portrait de leaders lettons après l'indépendance.

Pour découvrir les dernières tendances de l'art letton contemporain, essayez de venir à Riga en septembre pendant le festival Survival Kit, qui expose les meilleurs artistes lettons ainsi que des étoiles montantes de l'art international.

La cuisine lettonne

Attention, artères en danger ! La nourriture traditionnelle lettonne est (et c'est un euphémisme) très généreuse. Pendant des siècles, manger a été plus une question d'habitude qu'un art ou un plaisir. Et, bien que les choses aient évolué à Riga, les menus, où dominent le porc et les pommes de terre, sont toujours assez gras.

Plats et spécialités

Une balade dans un marché letton, comme le marché central de Riga, vous révélera rapidement les incontournables : viandes rôties (des tas de saucisses), poisson fumé (hareng, brochet, truite ou saumon), pommes de terre sautées, légumes vapeur... et beaucoup de graisse de porc. Les produits laitiers sont aussi très appréciés et entrent dans la composition de nombreux plats : *biezpiens* (faisselle), *siers* (fromage) et *rūgušpiens* (lait caillé). À l'époque soviétique, les produits laitiers lettons étaient très prisés dans toute l'Union.

En été, la cueillette des baies est une activité pratiquée à l'échelle nationale. À l'automne, les champignons, canneberges et noix remplacent les fraises et les framboises sur les petits stands. Le miel est une autre friandise : les Lettons sont d'intrépides apiculteurs et beaucoup de fermes possèdent leurs propres ruches.

Les amateurs de douceurs ne seront pas déçus : les baies font d'excellentes tourtes et tartes (*kūka*). Dans l'ouest du pays, on trouve toujours d'anciennes recettes vikings de Courlande à base de crème sucrée et de pain noir. Essayez le *rupjmaizes kārojums/kārtojums*, un délice dont le goût rappelle celui de la forêt-noire.

C'est votre tournée !

Ne manquez pas le fameux Balzām (baume) noir letton, que Goethe appelait "l'élixir de vie". Cette boisson à 45° fut créée au XVIIIe siècle par Abraham Kunze, un pharmacien de Riga. Zeste d'orange, écorce de chêne, absinthe et fleurs de tilleul figurent parmi les 14 ingrédients qui composent la recette secrète – qui aurait des vertus curatives, selon les Lettons. Son nom vient du grec ancien *balsamon*, désignant un baume ou une crème médicinale odorante. Sa bouteille opaque en céramique, dont l'étiquette noir et or présente une vue de Riga, rappelle les jarres de glaise où étaient conservés les remèdes aux XVIIIe et XIXe siècles pour les protéger de la lumière.

L'*alus* (bière) est un grand classique, et malgré sa petite taille, la Lettonie ne manque pas de brasseries. Comptez 2 € dans un bar pour 50 cl de bière. Essayez la Valmiermuižas Alus, l'Aldaris Alus ou la Cēsu Alus. La Bauskas, la Piebalgas, la Tērvetes et l'Užavas ont chacune un goût particulier.

Restaurants et bars proposent souvent du vin, la plupart du temps importé des grands pays producteurs, ainsi que de régions moins connues, comme le Caucase.

Établissements

Dans les *restorāns* (restaurants) lettons, on prend généralement son temps, tandis qu'on vient dans les *kafejnīca* (prononcez ka-feï-*nii*-tsa ; cafés) aussi bien pour un café, un repas rapide ou un verre le soir. Les bars, surtout à Riga et dans les autres grandes villes,

LES MOTS À LA BOUCHE

De nos jours, la plupart des restaurants ont une carte en anglais, mais pourquoi ne pas impressionner votre serveur en commandant en letton ? Voici quelques phrases qui peuvent servir.

Quelques expressions utiles

Une table pour... personnes s'il vous plaît.	*Lūdzu galdu ... personām.*	lou·dzou gahl·dou ... per·so·nam
Avez-vous une carte ?	*Vai jums ir ēdienkarte?*	vai youms ir é·diin·kar tè
Je suis végétarien(ne).	*Es esmu veģetārietis/te.* (m/f)	es es·mou vè·djè·ta·riè·tis/tè
Qu'est-ce que vous recommandez ?	*Ko jūs iesakat?*	ko yous ii·sa·kat
Je voudrais...	*Es vēlos ...*	es vé·los ...
L'addition s'il vous plaît.	*Lūdzu rēķinu.*	*lou*·dzou *ré*·kyi·nou

Pour décrypter le menu

boulettes de viande	*kotletes*	kot-lè-tès
côtelettes de porc aux pommes de terre, légumes frais et en saumure	*karbonāde ar piedevām*	kar-bo-*na*-dè ar pi-èd-èv-*am*
hareng en saumure avec crème aigre, œufs et betteraves	*siļķe kažokā*	sily-kyè ka-jo-*ka*
pois gris à la graisse de porc et aux oignons	*pelēkie zirņi ar speķi*	pè-*lé*-ki-è zir-gni ar spè-kyi
raviolis	*pelmeņi*	pel-mè-gni
salade de chou râpé	*kāpostu salāti*	*ka*-post ou-*la*-ti
salade de légumes à la crème aigre et mayonnaise	*dārzeņu salāti*	*dar*-zegnou sa-*la*-ti
saucisse (généralement fumée)	*desa*	dé-sa
saucisses du chasseur (porc)	*mednieku desiņas*	mèd-nyè-kou dè-si-nyas
saumon à la crème	*lasis krējuma mērcē*	la-sis *kré*-you-ma *mér-tsé*
saumon à la sauce champignons et aneth	*lasis sēņu un diļļu mērcē*	la-sis *sé*-nyou oun di-lyou mér-tsé
saumon poêlé, avec pommes de terre, légumes frais et en saumure	*cepts lasis ar piedevām*	tsepts la-sis ar pi-è-dèv-am
soupe à la betterave (semblable au borchtch)	*biešu zupa*	bi-è-chou zou-pa
soupe de poisson	*zivju zupa*	ziv-you zou-pa
steak aux oignons frits	*sīpolu sitenis*	*si*-po-lou si-tèn-is

PRIX DES REPAS

Nous avons réparti les différentes catégories selon les fourchettes de prix suivantes, en nous basant sur le prix moyen d'un plat principal.

€ moins de 7 €

€€ de 7 à 14 €

€€€ plus de 14 €

proposent souvent de quoi se restaurer. Pour manger sur le pouce, repérez les vendeurs de *pelmeņi* (raviolis) ou de crêpes, les restaurants de style cafétéria de la chaîne LIDO ou les supermarchés comme Rimi, qui vendent des en-cas et des plats à emporter. Dans les petites villes, certains restaurants proposent des plats étrangers (généralement des pizzas).

Le *brokastis* (petit-déjeuner) letton est servi jusqu'à environ 11h et se compose de pain, de fromage, de viande froide et de poisson fumé. Le *pusidienās* (déjeuner) et le *vakariņas* (dîner) sont plus consistants. Les restaurants servent le déjeuner à midi, et l'heure du dîner varie de 17h à minuit, en fonction de la durée d'ensoleillement.

LETTONIE PRATIQUE

Carnet pratique

ACCÈS INTERNET

Pratiquement tous les hébergements de Riga proposent un accès Internet. Les établissements des villes plus modestes font de leur mieux pour suivre le mouvement. Les cybercafés ont disparu, mais la grande majorité des restaurants, cafés et bars proposent l'accès Wi-Fi – il suffit de demander le mot de passe.

Lattelecom (Lattelekom ; www.lattelecom.lv), le principal fournisseur de services de communication du pays, a installé des relais Wi-Fi sur tous les téléphones publics de la ville. Il est donc possible d'accéder à Internet dans un rayon de 100 m autour des cabines. Pour recevoir un nom d'utilisateur et un mot de passe, appelez le ☎ 9000 4111, ou envoyez "WiFi" par SMS au ☎ 1188.

Dans tout le pays, les bibliothèques publiques disposent de Wi-Fi gratuit.

ACTIVITÉS

Les larges étendues boisées de Lettonie se prêtent à de nombreuses activités : randonnée, cyclisme, camping, observation des oiseaux, cueillette de baies et de champignons et canoë en été. Le littoral letton forme une bande quasi ininterrompue de plages de sable blanc bordées de dunes plantées de pins. On trouve des centres de sports nautiques dans le golfe de Riga et sur la côte de Courlande. En hiver, ski et raquettes font partie des activités que l'on peut y pratiquer.

AMBASSADES ET CONSULATS LETTONIENS À L'ÉTRANGER

Ambassade en France (☎ 01 53 64 58 10 ; www.mfa.gov.lv/fr ; 6 Villa-Saïd, 75116 Paris)

Ambassade en Belgique (☎ 2 2383 236 ; www.mfa.gov.lv/fr/belgium/ ; 122 rue du Commerce, 1000 Bruxelles)

Ambassade au Canada (☎ 613 238 6014 ; www.mfa.gov.lv/fr/ottawa ; 350 rue Sparks, suite 1200, Ottawa, Ontario K1R 7S8)

Consulat général en Suisse (☎ 43 817 65 46 ; lettland@granelli.ch ; Feldeggstrasse 55, 8034 Zurich)

AMBASSADES ET CONSULATS ÉTRANGERS EN LETTONIE

Ambassade de Biélorussie (☎ 6732 5321 ; www.latvia.mfa.gov.by ; Jēzusbaznīcas 12, Riga)

Ambassade de Belgique (☎ 6711 4852 ; www.diplomatie.be/riga ; Alberta iela 13, Riga)

Ambassade du Canada (☎ 6781 3945 ; www.balticstates.gc.ca ; Baznīcas iela 20/22, Riga)

Ambassade de l'Estonie (☎ 6781 2020 ; www.estemb.lv ; Skolas iela 13, Riga)

Ambassade de France (☎ 6703 6600 ; www.ambafrance-lv.org ; Raiņa bulvāris 9, Riga)

Ambassade de Lithuanie (☎ 6732 1519 ; www.lv.mfa.lt ; Rūpniecības iela 24, Riga)

Ambassade de Suisse (☎ 6733 8351 ; www.eda.admin.ch/riga ; Elizabetes iela 2, Riga)

Consulat de Russie (☎ 6721 2579 ; www.latvia.mid.ru ; Dzirnavu iela 57, Riga)

ARGENT

La Lettonie a abandonné sa devise nationale, le litas, pour l'euro, en janvier 2014.

CARTES ET PLANS

Basé à Riga, **Jāņa sēta** (☎ 6724 0894 ; Elizabetes iela 83-85 ; ⌚ 10h-19h lun-sam, 10h-17h dim) édite des cartes du pays et de presque toutes les villes lettonnes. Ces dernières existent à différentes échelles, entre 1/15 000 et 1/20 000 et coûtent de 3 à 5 €.

L'**Agence lettonne pour le développement du tourisme** (www.latvia.travel) propose une carte très détaillée des quatre régions de Lettonie.

DOUANE

Le site Internet de l'Agence lettonne pour le développement du tourisme (www.latvia.travel, en anglais) donne les réglementations douanières à jour.

Il n'y a pas de contrôle douanier aux frontières avec les autres pays de l'UE. À l'intérieur de l'espace Schengen, les touristes (de plus de 18 ans) ont le droit de passer 800 cigarettes, 200 cigares ou un 1 kg de tabac. Pour l'alcool, le maximum autorisé est de 110 l de bière, 90 l de vin (pas plus de 60 l de vin pétillant) et 10 l d'autres produits alcoolisés. En dehors de Schengen, les quantités sont réduites à 200 cigarettes, 50 cigares, 250 g de tabac et 1 l de boissons alcoolisées.

Exporter des documents des archives nationales ou leur copie nécessite également une autorisation. Voir www.mantojums.lv.

FÊTES ET FESTIVALS

Tout prétexte est bon pour faire la fête en Lettonie, et les touristes s'amusent à toutes les périodes de l'année, surtout le week-end et dans les grandes villes. Consultez les sites Web de la localité de votre choix.

HÉBERGEMENT

Il est fortement recommandé de réserver pendant la haute saison. Les prix baissent considérablement en hiver.

La plupart des chambres ont une salle de bains. Il est normalement interdit de fumer dans les chambres.

Vous trouverez des informations sur l'hôtellerie en Lettonie sur www.hotels.lv, et sur les campings sur www.camping.lv, tous deux en anglais.

INTERNET (SITES)

Le **www.1188.lv**, meilleur moteur de recherche de Lettonie, répond (en anglais) à toutes vos questions sur les transports en bus/train, services postaux, listes de professionnels, état du trafic et taxis. Vous pouvez même demander par SMS au service Internet de vous envoyer des adresses sur votre téléphone.

L'Agence lettonne pour le développement du tourisme (www.latvia.travel, en anglais) et l'Institut letton (www.latvia.lv/fr) possèdent tous deux d'excellents sites truffés de renseignements utiles aux visiteurs étrangers.

JOURS FÉRIÉS

Une page du site Internet de l'Institut letton (www.latvia.lv/fr) est dédiée aux jours de commémoration propres au pays. Cliquez sur l'onglet "Culture".

Jour de l'an 1er janvier

Pâques mars/avril

Fête du Travail 1er mai

PRIX DES HÉBERGEMENTS

Ces fourchettes de prix correspondent à une chambre double avec salle de bains.

€ moins de 40 €

€€ de 40 à 80 €

€€€ plus de 80 €

Restauration de l'Indépendance de la république de Lettonie 4 mai

Fête des Mères 2e dimanche de mai

Pentecôte dimanche de mai ou de juin

Līgo (fête de l'Été) 23 juin

Jāņi (Saint-Jean et solstice d'été) 24 juin

Fête nationale 18 novembre ; anniversaire de la proclamation de la république de Lettonie, 1918

Noël (Ziemsvētki) 25 et 26 décembre (congé)

Saint-Sylvestre 31 décembre

OFFICES DU TOURISME

Ces dernières années, l'**Agence lettonne pour le développement du tourisme** (☎ 6722 9945 ; www.latvia.travel) a normalisé les informations touristiques en Lettonie. Essayez de taper www.tourism.nom de la ville.lv, ou www.nom de la ville.lv pour tomber sur les sites officiels (peu de traductions en anglais malheureusement pour les petites destinations). Toutes les villes de Lettonie qui valent le détour ont un office du tourisme ouvert aux heures de bureau habituelles (au minimum), avec des horaires allongés en été. Presque tous ont du personnel qui parle anglais et nombre de prospectus et de cartes.

Le site Internet de l'Institut letton (www.latvia.lv/fr) fournit des renseignements supplémentaires sur le pays.

POSTE

Le site Internet officiel des services postaux (www.pasts.lv/en) lettons (fiables) répond à toutes vos questions sur le courrier, y compris l'acheminement et l'affranchissement. Comptez une semaine pour un envoi en Europe, et 10 jours pour l'Amérique du Nord.

TÉLÉPHONE

Pour appeler l'étranger depuis la Lettonie, composez le ☎00, puis l'indicatif du pays (☎33 pour la France, ☎32 pour la Belgique, ☎41 pour la Suisse et ☎1 pour le Canada), suivi du numéro désiré. Pour appeler la Lettonie depuis l'étranger, composez le ☎00, puis l'indicatif de la Lettonie, ☎371 et enfin le numéro de votre correspondant. Les numéros de téléphone lettons ont huit chiffres. Les lignes fixes commencent par "6" et les mobiles

À LA RIGOISE

Vous prévoyez de rester quelque temps ? Sur Rent In Riga (www.rentinriga.lv), vous obtiendrez une liste détaillée d'appartements disponibles en ville (sans paperasserie). Cliquez sur Vecrīga ou Centrs pour un logement au cœur de la ville.

par "2". Pour passer un appel à l'intérieur du pays, il suffit de composer les 8 chiffres.

Les tarifs téléphoniques sont indiqués sur le site Internet de l'entreprise semi-publique Lattelecom (www.lattelecom.lv), qui jouit d'un monopole sur les communications des lignes fixes en Lettonie.

On trouve des téléphones portables dans presque tous les centres commerciaux de Riga et autres grandes villes. Si votre portable est compatible GSM 900/1800, vous pouvez acheter un pack prépayé avec carte SIM et le recharger depuis n'importe quelle supérette Narvesen ou supermarché Rimi.

Depuis les cabines publiques, on utilise des cartes téléphoniques *telekarte*. Vendues dans les bureaux de poste, points presse et supérettes, il en existe plusieurs sortes.

Depuis/vers la Lettonie

VOIE AÉRIENNE

L'**aéroport international de Riga** (Starptautiskā Lidosta Rīga ; ☎1817 ; www.riga-airport.com ; Mārupe District; 🚌22), à environ 13 km au sud-ouest du centre-ville, héberge le transporteur national, **airBaltic** (☎9000 1100 ; www.airbaltic.com), qui propose des vols vers plus de 50 destinations en Europe, y compris Tallinn et Vilnius.

VOIE TERRESTRE

En 2007, la Lettonie a adhéré aux accords de Schengen, qui suppriment les contrôles aux frontières entre les pays membres ainsi qu'avec l'Estonie et la Lituanie. Conservez cependant vos papiers sur vous à tout moment, car des contrôles aléatoires peuvent se produire.

Bus

Ecolines (☎6721 4512 ; www.ecolines.net) propose notamment les itinéraires Riga-Pärnu-Tallinn (17 €, 4 heures à 4 heures 45, 7/jour), Riga-Tartu (7 €, 4 heures, 2/jour), Riga-Vilnius (17 €, 4 heures, 7/jour), Riga-Vilnius-Minsk (24 €, 8 heures, tlj) et Riga-Moscou (60 €, 14 heures, tlj).

Hansabuss Business Line (www.businessline.ee). Quatre bus relient chaque jour Tallinn et Riga, trois s'arrêtent à Pärnu.

Lux Express & Simple Express (☎6778 1350 ; www.luxexpress.eu) assure, entre autres, les lignes Riga-Pärnu-Tallinn (à partir de 13 €, 4 heures 30, 11/jour), Riga-Tartu-Saint-Pétersbourg (à partir de 23 €, 12 heures, 4/jour), Riga-Vilnius (à partir de 11 €, 4 heures, 10/jour) et Riga-Kaliningrad (20 €, 8 heures, tlj).

Train

Le train est un moyen de transport commode pour un nombre limité de destinations, principalement Jurmala, le parc national de la Gauja et Daugavpils.

Voiture et moto

Les voitures de location sont autorisées à circuler dans l'ensemble des pays baltes sans surcoût. Nous vous recommandons d'indiquer à votre compagnie de location si vous changez de pays.

VOIE MARITIME

Des ferries au départ de Riga, Liepāja et Ventspils rallient des ports suédois et allemands.

Comment circuler

BUS

Le bus est bien plus commode que le train pour aller au-delà des lignes de banlieue. Horaires à jour sur www.autoosta.lv et www.1188.lv.

TRAIN

La plupart des Lettons vivant dans l'agglomération élargie de Riga, le réseau ferré très dense facilite les excursions à la journée. Les destinations plus lointaines sont plus accessibles en bus. Les sites www.pv.lv et www.1188.lv fournissent tous les horaires.

VOITURE ET MOTO

En Lettonie, on conduit à droite. Les phares doivent être allumés à tout moment. Demandez "benzene" lorsque vous cherchez une station-service.

Quelques petites entreprises de Riga proposent des véhicules meilleur marché que les habituelles agences internationales présentes à l'aéroport. Les transactions se font souvent en liquide, avec livraison gratuite n'importe où dans la capitale. Comptez 30 à 60 € par jour, en fonction du type de voiture et de la période de l'année. On trouve peu de boîtes automatiques en Lettonie. Les compagnies autorisent généralement à circuler dans les trois pays baltes, mais pas au-delà.

AddCar Rental (☎26589674 ; www.addcarrental.com)

Auto (☎29580448 ; www.carsrent.lv)

EgiCarRent (☎29531044 ; www.egi.lv)

Lituanie

☎370 / 3,55 MILLIONS D'HABITANTS

Dans ce chapitre ➡

Le top des restaurants

- Hotel Restaurant Labanoras (p. 334)
- Balzac (p. 315)
- Senoji Kibininė (p. 328)
- Lokys (p. 316)
- Sweetroot (p. 316)

Le top des hébergements

- Miškiniškės (p. 333)
- Bernardinu B&B (p. 312)
- Misko namas (p. 379)
- Litinterp Guesthouse (p. 312)
- Domus Maria (p. 312)

Pourquoi y aller

Terre de forêts, de lacs et de rivières, la Lituanie (Lietuva), indépendante et fière, est l'un des joyaux de l'Europe. Ce petit paradis comblera votre soif de nature et de plein air, mais aussi d'effervescence urbaine.

La première destination touristique du pays est le somptueux littoral de la Baltique, comprenant l'étroite bande de sable blanc connue sous le nom d'isthme de Courlande. Alors que les vastes marais côtiers de Lituanie attirent les oiseaux migrateurs par milliers, à l'intérieur des terres, des lacs limpides se cachent au milieu d'épaisses forêts.

La capitale, Vilnius, est un envoûtant repaire d'artistes et d'habitants cosmopolites. L'optimisme de la culture lituanienne contemporaine anime ses rues pavées, ses églises baroques et ses petites cours usées par le temps.

Non loin de là, les vestiges de l'époque de la domination soviétique – une base d'ogives nucléaires reconvertie en musée de la Guerre froide et un parc émaillé de sculptures soviétiques – rappellent que ce sombre passé n'est pas si lointain. Mais une foi ancestrale et immuable permet à la Lituanie de surmonter toutes les épreuves, ce dont témoignent avec force la Colline des Croix et le jardin d'Orvydas.

Quand partir

- La meilleure saison s'étend sans conteste de juin à août. Les jours sont longs, les nuits courtes et l'on peut alors espérer piquer une tête – ou risquer un bout d'orteil – dans la Baltique. Les festivités s'enchaînent ; la fête de la Mer de Klaipėda attire les foules pendant trois jours.
- Le printemps (avril-mai) est tardif et frais. La fonte des neiges grossit les rivières, parfaites pour des sorties en canoë.
- En automne (septembre-novembre), les jours sont délicieusement lumineux et les nuits fraîches. C'est l'époque des festivals de musique classique et du festival Mama Jazz de Vilnius.

À ne pas manquer

1 La recherche du bistrot idéal dans les petites rues de **Vilnius** (p. 294), la belle capitale baroque

2 Randonnée à vélo, plongeon dans la Baltique et visite des villages de l'**isthme de Courlande** (p. 376), entre dunes et épicéas

3 Une balade dans le **delta du Niémen** (p. 382), bercé par le bruissement des joncs et le chant des oiseaux

4 Les intrigants silos à missiles nucléaires désaffectés et la paisible forêt du **parc national de Žemaitija** (p. 391)

5 Le **parc national d'Aukštaitija** (p. 331) abrite le lac préféré des Lituaniens, parfait pour les parties de pêche ou de canotage, la cueillette des baies et la baignade

6 Promenade, canotage et bains dans la ville d'eau la plus courue du pays, **Druskininkai** (p. 336)

7 Les sculptures en plein air du rocailleux **jardin Orvydas** (encadré p. 391), aussi sacré que la Colline des Croix et aussi serein qu'une réserve naturelle

VILNIUS

☎ 5 / 546 700 HABITANTS

Vilnius, la perle baroque de la Baltique, est une ville à l'immense pouvoir d'attraction. Elle ensorcelle littéralement ses visiteurs, surtout l'été, lorsque l'on peut au mieux profiter des soirées.

Bien qu'excentrée, la capitale lituanienne est farouchement européenne. Sa vieille ville est constituée du plus grand ensemble baroque du Vieux Continent. Vue d'en haut, on découvre une ligne des toits hérissée d'innombrables flèches d'églises orthodoxes et catholiques. Au niveau du sol, cependant, les rues pavées, les édifices en ruine, les collines aux points de vue splendides et les ateliers d'artisanat tracent les contours d'une cité aux allures de village.

Cette douceur de vivre n'a pas toujours été de mise à Vilnius. De sombres témoignages du passé y guettent les voyageurs. Des prisons du KGB au ghetto dans lequel les nazis ont circonscrit la communauté juive, la capitale lituanienne conserve des traces de la cruauté humaine. Liberté et résistance ont cependant su s'imposer dans une ville qui, sans renier son passé, se tourne résolument vers l'avenir. Vilnius rime désormais avec cuisines du monde, vie nocturne trépidante et gratte-ciel flambant neufs.

Histoire

Selon la légende locale, le grand-duc lituanien Gédymin (Gedyminas) aurait fondé Vilnius dans les années 1320. Ayant rêvé d'un loup de fer hurlant comme une meute de cent bêtes, il aurait voulu construire une cité aussi puissante que le cri de cet animal. Dans les faits, le site était déjà habité depuis 1 000 ans.

Aux XIVe et XVe siècles, des douves, des remparts et une tour sur la colline de Gédymin protégeaient Vilnius des attaques des chevaliers teutoniques. Les tentatives d'invasion tatares poussèrent les habitants à construire une muraille de 2,4 km (1503-1522). À la fin du XVIe siècle, Vilnius comptait parmi les plus grandes villes d'Europe de l'Est. Trois siècles plus tard, à la faveur de l'industrialisation, des lignes de chemin de fer furent construites. C'est aussi à cette époque qu'une importante communauté juive s'y implanta. Sous domination allemande au cours de la Première Guerre mondiale, Vilnius fut brièvement une enclave polonaise avant l'arrivée des nazis, qui déboucha sur l'extermination de sa population juive. Après la guerre, Vilnius s'étendit sous forme de banlieues résidentielles peuplées de Lituaniens venus du reste du pays ainsi que d'immigrants russes et biélorusses. À la fin des années 1980, la capitale était le fer de lance du mouvement indépendantiste face à l'URSS.

Vilnius est rapidement devenue une ville européenne à part entière. En 1994, sa vieille ville entra au patrimoine mondial de l'Unesco et, 15 ans plus tard, elle partageait le prestigieux titre de capitale européenne de la culture avec Linz (en Autriche). Entre-temps, la restauration de son centre historique fut presque achevée.

À voir

La taille modeste de Vilnius permet d'en voir à pied les principaux attraits. Si vous ne lui consacrez qu'un week-end, vous n'aurez guère le temps de voir autre chose que la vieille ville, dont les trésors architecturaux alternent avec les stands de souvenirs, les ateliers d'artisanat et les boutiques de design. En restant 2 jours de plus, vous pourrez découvrir aussi la ville nouvelle, avec ses nombreux musées et autres centres d'intérêt bordant la rivière.

Commencez l'exploration de la ville par son épicentre, la place de la cathédrale, au pied de la colline de Gédymin. Du sud de la place partent les rues pavées de la vieille ville coupée en son milieu par Pilies gatvė. Vers

LANGUE

Bonjour	Sveiki	*svay*-ki
Salut	Labas	*lah*-bahs
Comment allez-vous ?	Kaip gyvuojate?	*kaip*-gui-vou-aw-*yah*-ta
Au revoir	Sudie	*sou*-dia
Merci	Dėkoju	deh-*koh*-you
Je suis perd (u/ue)	Aš paklyd (ęs/usi)	ash-*pah*-kli-d (as/ousi)

l'ouest, Gedimino prospektas file à travers la nouvelle ville jusqu'au Parlement, en passant par plusieurs sites dignes d'intérêt.

Colline de Gédymin

Vilnius fut fondée sur cette colline, haute de 48 m et surmontée depuis le XIIIe siècle d'une tour de brique rouge. Pour parvenir au sommet, escaladez l'escalier en pierre au sud-ouest de la cathédrale ou prenez le funiculaire.

Château et musée de Gédymin — MUSÉE

(Gedimino Pilis ir Muziejus ; carte p. 300 ; ☎ 5-261 7453 ; www.lnm.lt ; Arsenalo gatvė 5 ; tarif plein/enfant 2/1 € ; ⏲10h-19h tlj avr-sept, 10h-17h mar-dim oct-mars). Perché sur une colline dominant la confluence de la Néris et de la Vilnia, le château de Gédymin est l'ultime vestige d'une longue succession de fortifications dressées sur ce site habité depuis le néolithique. Érigée au début du XVe siècle par le grand-duc Vytautas, l'actuelle tour de brique propose un panorama à 360° sur Vilnius ainsi que des expositions retraçant à l'aide de maquettes l'histoire du château à travers les siècles.

Endommagé pendant l'occupation russe (1655-1661), l'édifice d'origine présentait un niveau de plus que l'actuel (20 m). La tour a été restaurée dans les années 1930 pour accueillir le musée du Château Haut, avec ses armures resplendissantes du XVIe au XVIIIe siècle et ses maquettes du château à différentes époques. Il offre aussi l'un des meilleurs points de vue sur la ville.

Funiculaire de la colline de Gédymin — FUNICULAIRE

(Carte p. 300 ; ☎ 5-261 7453 ; www.lnm.lt ; Arsenalo gatvė 5 ; tarif plein/étudiant 1,50/1 € ; ⏲10h-19h mai-sept, 10h-17h oct-avr). Il n'y a pas plus rapide pour atteindre le sommet de la colline en contemplant la vue et sans se fatiguer. L'entrée se situe dans une petite cour à l'arrière du musée des Arts appliqués, au niveau du côté nord-est de la cathédrale.

Place de la Cathédrale

Katedros aikštė, l'une des places les plus animées de Vilnius, accueillait au XIXe siècle foires et marchés. Des canaux bordaient alors son périmètre pour que les bateaux puissent se rendre aux portes de la cathédrale. Des remparts et des tours formaient une enceinte à l'intérieur des canaux, mais il n'en reste aujourd'hui que le **beffroi** de 57 m, situé près de l'extrémité ouest de la cathédrale.

Face à son entrée, à l'extrémité est de la place, la **statue équestre de Gédymin** (carte p. 300) trône sur un ancien site païen.

Derrière le vénérable grand-duc s'étend le **Bernardinų sodas** et, au-delà, la **colline des Trois Croix** et le **parc Kalnų**.

> **LA LITUANIE EN BREF**
>
> **Monnaie**
> Euro (€)
>
> **Langue**
> Lituanien
>
> **Capitale**
> Vilnius
>
> **Superficie**
> 65 200 km²

♥ Palais des grands-ducs de Lituanie — MUSÉE

(Valdovų rumai ; carte p. 300 ; ☎ 5-212 7476 ; www.valdovurumai.lt ; Katedros aikštė 4 ; tarif plein/étudiant 2,90/1,45 €, visite guidée en français 20,27 € ; ⏲ musée 10h-18h mar-jeu et sam, 10h-20h ven, 10h-16h dim). Sur ce site habité depuis le IVe siècle, qui a vu se succéder au fil de l'histoire les constructions, destructions, extensions et restaurations de palais et de fortifications, se dresse une reconstitution minutieuse du palais baroque érigé par les grands-ducs au XVIIe siècle. La blancheur immaculée du monument trahit sa construction récente, mais le musée contient des pièces historiques intéressantes, et la nouveauté de l'édifice illustre avec force le renouveau lituanien depuis l'indépendance.

Sous les dalles de la cour centrale se cache une superbe exposition qui retrace 2 000 ans d'histoire du pays. Guidé le long des différentes strates des fondations du palais, on peut observer, d'un regard de géologue étudiant des fossiles, les étapes successives de l'histoire du palais et de la nation lituanienne. Une seconde visite guidée explore les salles d'honneur reconstituées du grand-duché, tandis que deux autres vous permettront de découvrir les cultures lituanienne et européenne du temps des grands-ducs.

Vilnius

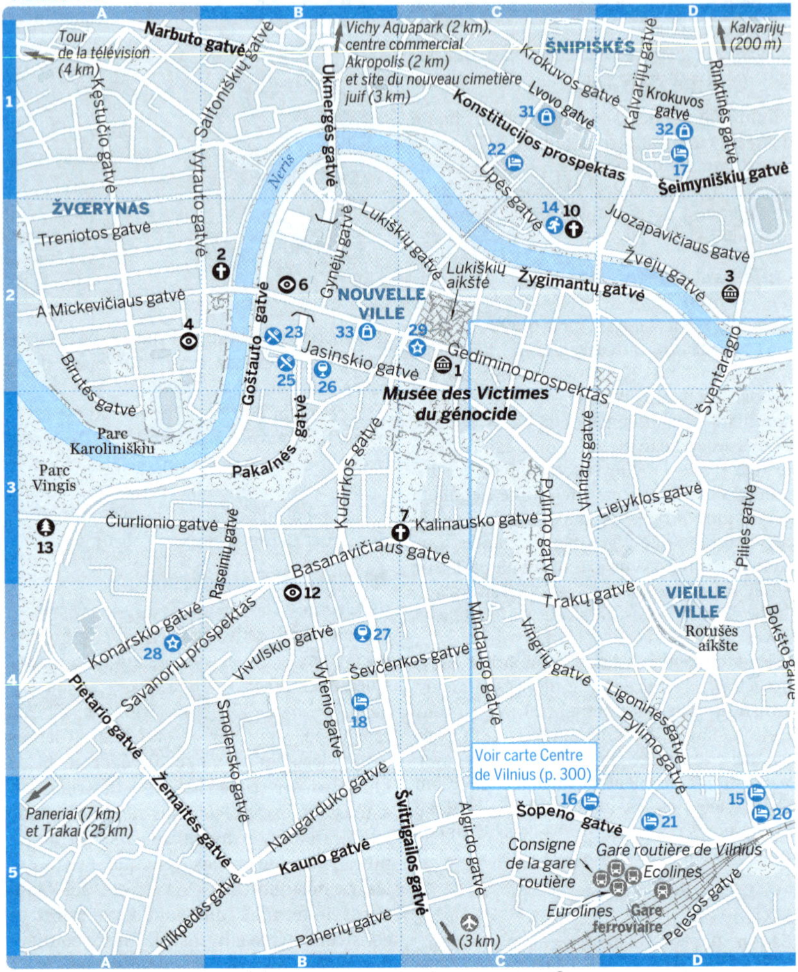

Cathédrale de Vilnius CATHÉDRALE
(Vilniaus Arkikatedra ; carte p. 300 ; ☎5-261 0731 ; www.katedra.lt ; Katedros aikštė 1 ; ⏲7h-19h). La cathédrale Saint-Stanislas-et-Saint-Ladislas est située sur un site jadis consacré au culte du dieu de la Foudre, Perkūnas. Le clou de la visite est la **chapelle Saint-Casimir** du XVIIe siècle, avec sa coupole baroque, son marbre coloré et ses fresques illustrant la vie du saint. Dans les **cryptes** (tarif plein/enfant 4,50/2,50 € ⏲10h-16h lun-sam) reposent des Lituaniens célèbres, notamment Vytautas le Grand (1350-1430). Les horaires des messes sont disponibles sur le site Internet.

La cathédrale originelle fut construite en bois en 1387-1388 ; après plusieurs séries de destructions et de reconstructions, l'édifice actuel fut érigé – incorporant Saint-Casimir et les chapelles de la famille Valavičius à l'agencement gothique d'origine – à la fin du XVIIIe siècle. Les Soviétiques se servirent de la cathédrale comme entrepôt, galerie et salle de concert avant qu'elle soit de nouveau consacrée en 1989.

Beffroi de la cathédrale BÂTIMENT HISTORIQUE
(Carte p. 300 ; ☎8-600 12080 ; www.bpmuziejus.lt ; Katedros aikštė ; tarif plein/étudiant 4,50/2,50 € ;

⌚10h-19h mar-sam mai-sept, 10h-18h oct-avr). Le beffroi de la cathédrale, qui faisait partie des remparts de Vilnius au XIIIe siècle, culmine à 57 m (une des plus hautes tours de la ville). S'il contient une petite exposition de cloches anciennes, son principal attrait reste la vue incomparable sur la ville et sur la colline de Gédymin.

Musée national de Lituanie MUSÉE
(Lietuvos Nacionalinis Muziejus ; carte p. 300 ; ☎5-262 7774 ; www.lnm.lt ; Arsenalo gatvė 1 ; tarif plein/enfant 2/1 € ; ⌚10h-18h mar-dim). S'appuyant sur les collections accumulées depuis 1855 par le musée des Antiquités, ce splendide musée expose des artefacts de la vie lituanienne, depuis le néolithique jusqu'au XXe siècle. Des collections spécifiques traitent des différentes traditions populaires du pays, dont la numismatique (avec des pièces de monnaie parmi les plus anciennes de Lituanie) et les rites funéraires. Une statue de Mindaugas, seul et unique roi de l'histoire de la Lituanie, monte la garde à l'entrée.

Musée des Arts appliqués MUSÉE
(Taikomosios Dailės Muziejus ; carte p. 300 ; ☎5-262 8080 ; www.ldm.lt ; Arsenalo gatvė 3a ; tarif plein/étudiant 1,74/0,86 € ; ⌚11h-18h mar-sam, 11h-16h dim). L'ancien arsenal, construit au XVIe siècle et restauré dans les années 1980, propose des expositions permanentes et temporaires sur l'art sacré lituanien du XVe au XIXe siècle. La plupart des pièces, emmurées en 1655 par des soldats russes, n'ont été inventoriées qu'en 1985. De peur de voir les Soviétiques piller un trésor estimé à 11 millions d'euros, les autorités lituaniennes ont caché cette découverte jusqu'en 1998.

Vieille ville

La vieille ville la plus étendue d'Europe de l'Est mérite son inscription au Patrimoine de l'humanité. Construite aux XVe et XVIe siècles, elle s'étire à 1,5 km au sud de Katedros aikštė. Ses petites rues sinueuses, ses cours cachées et ses somptueuses églises offrent un véritable voyage dans le temps. Une promenade au hasard des rues de la vieille ville de la capitale est l'un des grands plaisirs d'un voyage en Lituanie. Il suffit d'emprunter Pilies gatvė, Didžioji gatvė ou Aušros Vartų gatvė pour s'imprégner de l'atmosphère des siècles passés. Approximativement délimitée par Katedros aikštė et les rues Stuokos-Gucevičiaus, Liejyklos, Vilniaus, Trakų, Pylimo, Bazilijonų, Šv Dvasios, Bokšto, Maironio, Radvilaitės et Šventaragi, la vieille ville s'étend sur environ 1 km^2.

Pilies Gatvė

La rue pavée "du Château" est l'épicentre touristique et la principale voie d'accès à la vieille ville depuis Katredos aikštė. Elle est occupée par des musiciens ambulants et des étals de souvenirs. Jusqu'au XIXe siècle, la rue était séparée de la place par la muraille du château bas, à son extrémité nord, et une porte reliait les deux. Notez dans sa partie

Vilnius

Les incontournables
1 Musée des Victimes du génocide......... C2

À voir
2 Église orthodoxe de l'Apparition-de-la-Vierge......... B2
3 Musée de l'Énergie et de la Technologie.. D2
Tour Europa......... (voir 31)
4 Kenessa......... A2
5 Cimetière militaire......... E5
6 Parlement......... B2
7 Église des Romanov......... C3
8 Site du nouveau cimetière juif......... F2
9 Église Saint-Pierre-et-Saint-Paul......... F2
10 Église Saint-Raphaël......... C2
11 Trois Croix......... E3
12 Marché aux fleurs de Vilnius......... B4
13 Parc Vingis......... A3

Activités
14 Oreivystės Centras......... C2

Où se loger
15 Center Stay Hostel......... D5
16 Come to Vilnius......... C5
17 Ecotel......... D1
18 eLoftHotel......... B4
19 Filaretai Hostel......... F3
20 Old Town Hostel......... D5
21 Panorama Hotel......... D5
22 Radisson Blu Hotel Lietuva......... C1

Où se restaurer
23 Iki......... B2
24 Kmyninė......... E3
25 Pietausim......... B2

Où prendre un verre et faire la fête
26 Exit......... B2
Sky Bar......... (voir 22)
27 Soho......... B4

Où sortir
28 Forum Cinemas Vingis......... A4
29 Théâtre national de l'Opéra et du Ballet de Lituanie......... C2
30 Théâtre Arena......... E2

Achats
31 Europa......... C1
32 Lino Kopos......... D1
33 Vaga......... B2

nord le travail de la brique (XVe-XVIIe siècle) aux n^os^4, 12 et 16.

Maison des Signataires MUSÉE
(Signatarų Namai ; carte p. 300 ; ☎ 5-231 4437 ; www.lnm.lt ; Pilies gatvė 26 ; 0,58 € ; ⏲ 10h-17h mar-sam). C'est ici que fut signée la déclaration d'indépendance de la Lituanie le 16 février 1918. On peut aujourd'hui se plonger dans l'histoire du mouvement national lituanien à travers les pièces exposées dans les 14 salles de cette demeure du XVIIIe siècle. L'indépendance ne fit pas long feu ; les Polonais reprirent Vilnius dès 1920, et la ville ne fut rendue à sa mère patrie lituanienne qu'en 1939 – un "cadeau" de Staline.

Université de Vilnius

♥ **Université de Vilnius** BÂTIMENT HISTORIQUE
(Vilniaus Universitetas ; carte p. 300 ; ☎ 5-268 7298 ; www.vu.lt ; Universiteto gatvė 3 ; entrée pour l'ensemble architectural tarif plein/enfant 1,50/0,50 € ; ⏲ 9h-18h lun-ven mars-oct, 9h30-17h30 lun-sam nov-avr). Fondée en 1579, alors que la Contre-Réforme battait son plein, l'université de Vilnius fut dirigée par les jésuites pendant deux siècles. Haut lieu de la culture polonaise, elle forma de nombreux universitaires de renom avant de se voir fermée par les Russes en 1832. Elle ne rouvrit ses portes qu'en 1919. Elle compte aujourd'hui 23 000 étudiants et sa bibliothèque, la plus ancienne du pays, contient quelque 5 millions de livres, dont l'un des deux exemplaires au monde du *Catéchisme* de Martynas Mažvydas, le tout premier livre publié en lituanien, en 1547.

Le spectaculaire "ensemble architectural" du campus comprend 13 cours entourées de bâtiments du XVe siècle, des fresques vieilles de 300 ans et l'église des Saints-Jean.

Église des Saints-Jean ÉGLISE
(Šv Jonų bažnyčia ; carte p. 300 ; www.jonai.lt ; Šv Jono gatvė 12 ; clocher 2,50 € ; ⏲ 10h-17h). Le nom complet du monument est église St-Jean-Baptiste-et-Saint-Jean-l'Évangéliste, mais église des Saints-Jean fera très bien l'affaire ! Érigée en 1387, elle précède de plus de trois siècles l'université qui l'entoure, bien que la structure baroque actuelle ait été ajoutée au XVIIIe siècle après un incendie. Son clocher indépendant, le plus haut édifice de la vieille ville, contient un pendule de Foucault, qui met en évidence le mouvement de rotation de la Terre.

Grande cour UNIVERSITÉ
(Carte p. 300 ; Šv Jono gatvė 12 ; tarif plein/enfant 1,50/0,50 € ; ⏲ 9h-18h lun-ven mars-oct, 9h30-17h30 lun-sam nov-avr). La galerie de la plus grande des 13 cours de l'"ensemble architectural" de l'université de Vilnius

est jalonnée de plaques commémorant les fondateurs, mécènes et personnages illustres de l'institution.

Cour de l'observatoire astronomique

OBSERVATOIRE

(Carte p. 300 ; Universiteto gatvė) Un observatoire du XVIIIe siècle orné des signes du zodiaque trône dans cette cour située au milieu d'un ancien jardin.

Centre de la vieille ville

Pilies gatvė coupe la vieille ville en deux. Devenue Didžioji gatvė, elle s'élargit au sud pour former Rotušės aikštė (place de l'Hôtel-de-Ville), site de l'ancien hôtel de ville et véritable cœur de la vieille ville. Musées, monuments et églises bordent cet axe.

Église Sainte-Anne

ÉGLISE

(Šv Onos Bažnyčia ; carte p. 300 ; ☎8-698 17731 ; www.onosbaznycia.lt ; Maironio gatvė 8-1 ; ⏲11h-19h juin-août, 17h-19h sept-mai, messes 18h lun-sam, 9h et 11h dim). Cette superbe petite église gothique de la fin du XVe siècle, toute en arches de brique rouge et en vitraux, paraît minuscule à côté de son imposante consœur bernardine. Les 33 variétés de briques qui la composent en font de l'avis de beaucoup la plus belle église de la ville. On raconte que Napoléon avait souhaité la faire déplacer à Paris.

Église et monastère bernardins

ÉGLISE

(Šv Pranciškaus Asyžiečio parapija ; carte p. 300 ; ☎5-262 6004 ; www.bernardinuansamblis.lt ; Maironio gatvė 10 ; ⏲7h-19h lun-ven, 8h-19h sam-dim ; horaires des messes sur le site Web). La hauteur des murs et des arcs-boutants de cette imposante église, l'une des plus impressionnantes de Vilnius, a pu servir à des fins stratégiques autant qu'à susciter l'adoration des fidèles. L'église fut progressivement agrandie aux XVIIe et XIXe siècles, avant que les Soviétiques ne l'utilisent de manière plus prosaïque en la convertissant en entrepôt. Les Bernardins reprirent possession des lieux après l'indépendance, et rendirent à l'ensemble son lustre d'antan, y ajoutant notamment des chemins de promenade pour les touristes.

Bernardinų sodas

JARDINS

(Jardins bernardins ; carte p. 300 ; ☎5-261 1037 ; Maironio gatvė ; ⏲aube-crépuscule). Blottis dans un méandre de la Vilnia entre la colline de Gédymin et l'église bernardine, ces magnifiques jardins sont l'endroit idéal pour passer le temps un après-midi d'été. L'ancien parc Sereikiškės est un ensemble harmonieux où des sentiers serpentent le long de rives en pente douce et de massifs de fleurs.

Palais présidentiel

PALAIS

(Carte p. 300 ; ☎5-266 4011 ; www.president.lt ; S Daukanto gatvė 3 ; visites guidées ⏲16h30 ven, 9h-14h30 sam). GRATUIT Palais des évêques de Vilnius au XVIe siècle, cet édifice classique est aujourd'hui la résidence du président et du chancelier. Son architecture Empire russe remonte au XIXe siècle. Lors de la campagne de Russie, Napoléon y prit ses quartiers avant de céder la place à son ennemi, le général Mikhaïl Koutouzov, lors de la contre-offensive russe. Relève de la garde tous les jours à 18h et lever du drapeau le dimanche à 12h. Les visites

VILNIUS EN...

Deux jours

Le premier jour, direction la vieille ville, la **cathédrale**, **Pilies gatvė**, la **porte de l'Aurore** et les **13 cours de l'université**. À midi, un repas pris sur une terrasse de la vieille ville s'impose. La **colline de Gédymin** – à laquelle on accède à pied ou en funiculaire – est le meilleur endroit pour admirer le coucher du soleil sur les flèches de Vilnius.
Le deuxième jour, faites une promenade en longeant le mur de la **Constitution de la république d'Uzupis**, visitez le **musée des Victimes du génocide**, et terminez par un apéritif en contemplant le panorama dans la **tour de la Télévision**.

Quatre jours

Selon vos centres d'intérêt, le **quartier juif**, la collection d'art sacré du **musée des Arts appliqués**, tout comme nombre d'autres musées, s'offrent à vous. Vous pourrez également faire du **shopping** dans Vilnius à la recherche d'ambre ou de vêtements (de lin, de créateurs). Une petite escapade en train à **Trakai** pour goûter aux joies du farniente à la balte, les pieds dans l'eau, est également envisageable.

Centre de Vilnius

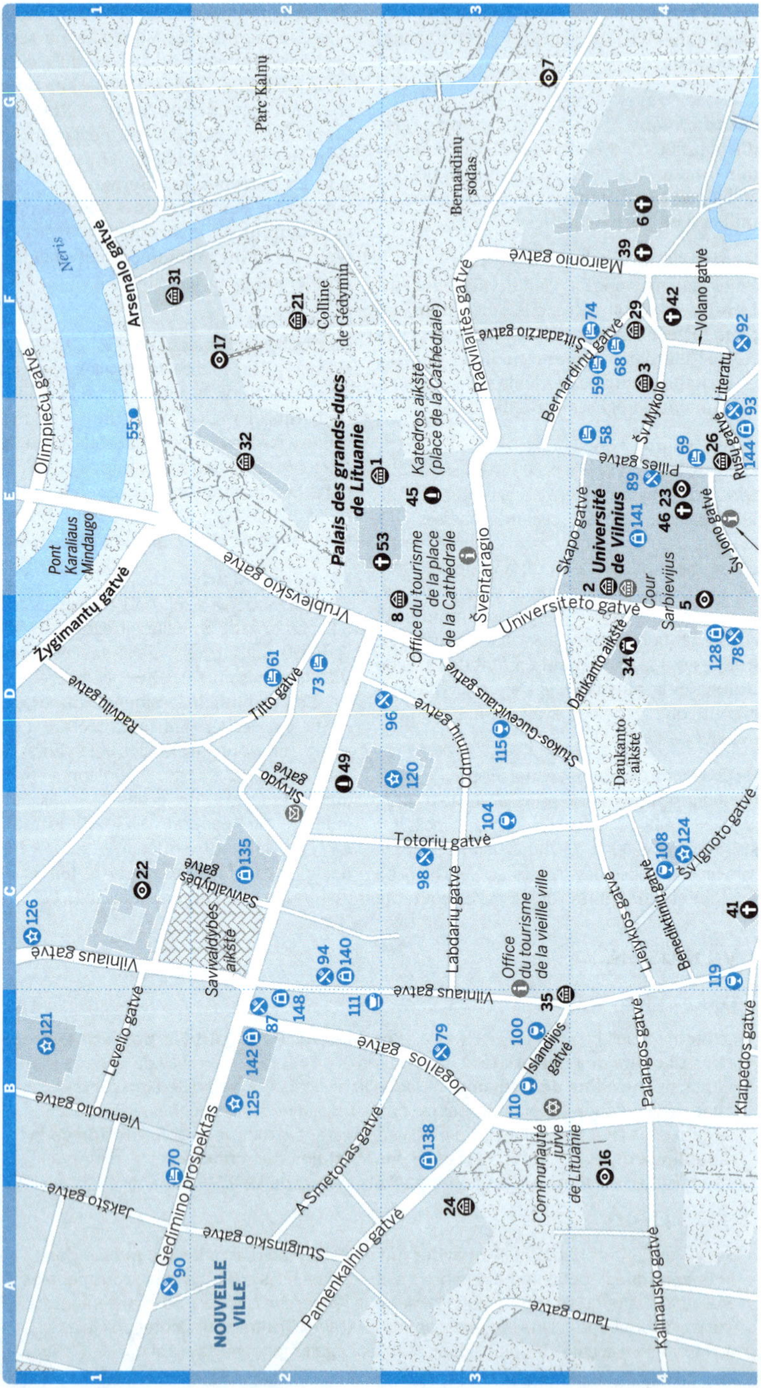

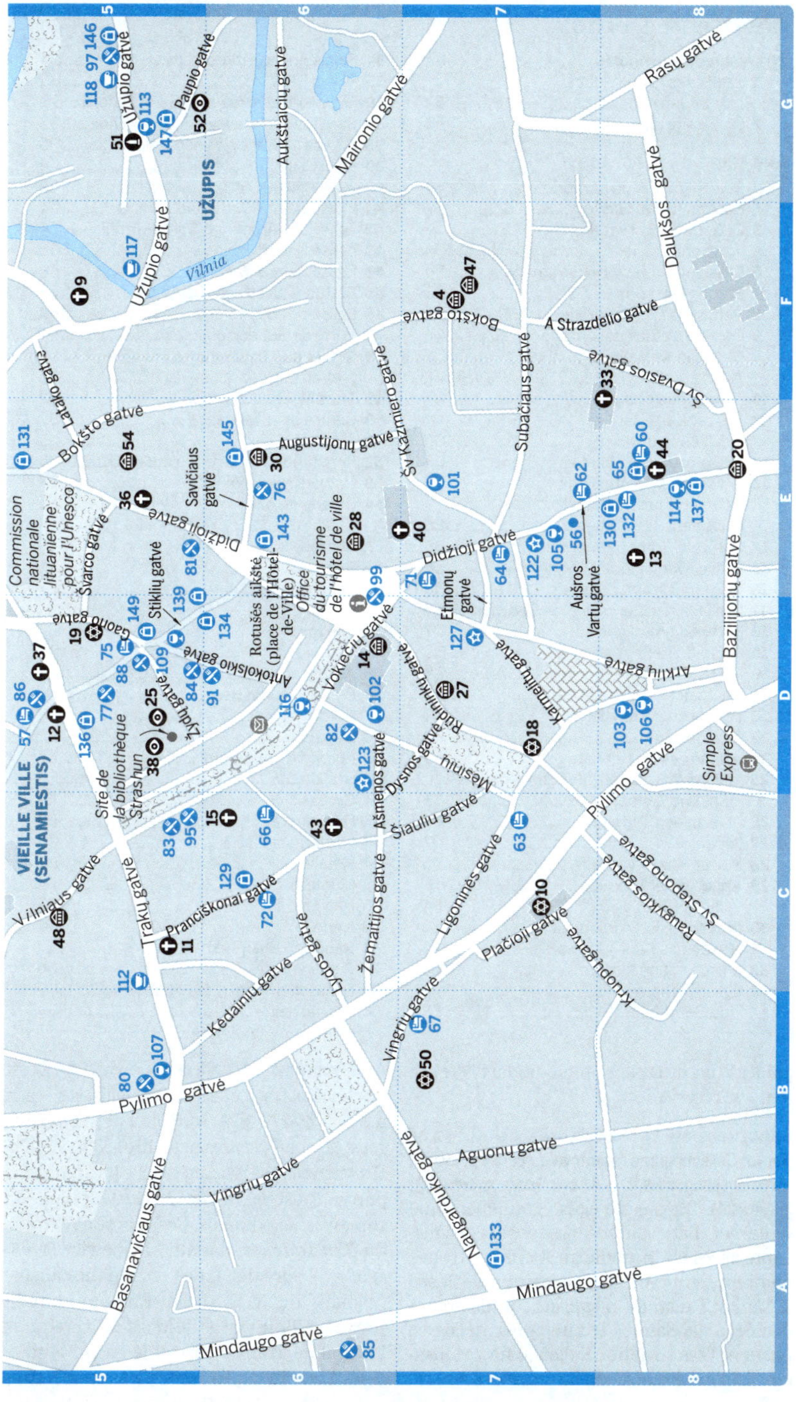
VIEILLE VILLE (SENAMIESTIS)
UŽUPIS
Vilnia
Užupio gatvė
Paupio gatvė
Aukštaičių gatvė
Maironio gatvė
Rasų gatvė
Daukšos gatvė
Bokšto gatvė
A Strazdelio gatvė
Šv Dvasios gatvė
Subačiaus gatvė
Latako gatvė
Augustijonų gatvė
Šv Kazimiero gatvė
Savičiaus gatvė
Didžioji gatvė
Commission nationale lituanienne pour l'Unesco
Švarco gatvė
Stiklių gatvė
Gaono gatvė
Antokolskio gatvė
Žydų gatvė
Rotušės aikštė (place de l'Hôtel-de-Ville)
Office du tourisme de l'hôtel de ville
Vokiečių gatvė
Etmonų gatvė
Aušros Vartų gatvė
Arklių gatvė
Karmelitų gatvė
Bazilijonų gatvė
Simple Express
Rūdininkų gatvė
Mėsinių gatvė
Dysnos gatvė
Ašmenos gatvė
Šiaulių gatvė
Pylimo gatvė
Site de la bibliothèque Strashun
Vilniaus gatvė
Trakų gatvė
Pranciškonai gatvė
Žemaitijos gatvė
Ligoninės gatvė
Lydos gatvė
Kėdainių gatvė
Šv Stepono gatvė
Raugyklos gatvė
Pylimo gatvė
Plačioji gatvė
Kruopų gatvė
Vingrių gatvė
Basanavičiaus gatvė
Aguonų gatvė
Naugarduko gatvė
Mindaugo gatvė

Centre de Vilnius

guidées (en lituanien ou en anglais l'été) se font sur réservation.

Sanctuaire de la Miséricorde divine ÉGLISE
(Dievo Gailestingumo šventovė ; carte p. 300 ; www.gailestingumas.lt ; Dominikonų gatvė 12 ; 24h/24). Dans cette église gothique à une seule nef, bâtie au XVe siècle puis reconstruite après un incendie au XVIIIe, se trouve une représentation de l'apparition de Jésus à sainte Faustine Kowalska. Initialement dédiée à la Sainte Trinité, puis délaissée pendant l'ère soviétique, l'icône fut reconsacrée à la miséricorde divine en 2004.

Appartement-musée Mickiewicz MUSÉE
(Mickevičiaus memorialinis butas-muziejus ; carte p. 300 ; 5-279 1879 ; www.mb.vu.lt ; Bernardinų gatvė 11 ; tarif plein/enfant 1,16/0,58 € ; 10h-17h mar-ven, 10h-14h sam-dim). “Lituanie, ma patrie...” est le début du texte phare du romantisme polonais. Ces vers sont extraits du *Pan Tadeusz* d'Adam Mickiewicz (1798-1855) – fer de lance du nationalisme polonais du XIXe siècle. L'auteur grandit près de Vilnius et étudia à l'université de la capitale avant d'être exilé en 1824, suite à ses activités antirusses. Quelques lettres

de sa main sont désormais exposées dans les pièces où il rédigea son célèbre poème, *Gražia*.

Musée-galerie de l'Ambre MUSÉE

(Gintaro Muziejus-Galerija ; carte p. 300 ; ☎ 5-262 3092 ; www.ambergallery.lt ; Šv Mykolo gatvė 8 ; ⏲ 10h-19h). GRATUIT Situé dans une maison baroque du XVIIe siècle, ce musée enthousiaste dédié à l'"or balte" expose une multitude d'objets en ambre. Les bijoux sont à l'étage, tandis que le sous-sol abrite d'énormes morceaux d'ambre aux couleurs variées ainsi que des fours, entre autres découvertes archéologiques. En y descendant, plongez strate après strate dans le passé de Vilnius.

Galerie de peinture de Vilnius MUSÉE

(Vilniaus Galerija Paveikslų ; carte p. 300 ; www.ldm.lt ; Didžioji gatvė 4 ; tarif plein/enfant 1,73/0,87 € ; ⏲ 11h-18h mar-sam, 12h-17h dim). Le palais Chodkeviciai, construit au XVIIe siècle et agrandi au XIXe, abrite une exposition permanente d'art lituanien du XVIe au XIXe siècle. Les expositions temporaires présentent des œuvres variées d'artistes de différents mouvements lituaniens.

FAITES UN VŒU

Une dalle de pierre portant l'inscription *stebuklas* (miracle) indique l'emplacement où se terminait la chaîne humaine formée en 1989 entre Tallinn et Vilnius pour protester contre l'occupation soviétique. Deux millions de personnes – Lituaniens, Estoniens et Lettons confondus – y avaient pris part. Faites un vœu et, pour le voir s'exaucer, faites un tour complet de la dalle dans le sens des aiguilles d'une montre. Cherchez bien, la fameuse dalle est située... quelque part sur la place de la Cathédrale.

Musée Kazys Varnelis — MUSÉE

(Carte p. 300 ; ✆5-279 1644 ; www.lnm.lt ; Didžioji gatvė 26 ; ⏲10h-16h mar-sam). Au cours des 50 ans qu'il a passés aux États-Unis, les toiles et illusions d'optique de cet artiste lituanien lui ont assuré fortune et gloire. Parallèlement, il acquit une vaste collection de peintures, meubles, sculptures, cartes et livres, parmi lesquels on compte des pièces d'Albrecht Dürer, Francisco Goya et Matteo Di Giovanni. Sur réservation uniquement (appelez à l'avance).

Maison M. K. Čiurlionis — BÂTIMENT HISTORIQUE

(Carte p. 300 ; ✆5-262 2451 ; www.mkcnamai.lt ; Savičiaus gatvė 11 ; ⏲10h-16h lun-ven). GRATUIT L'ancienne demeure de l'artiste et compositeur abrite quelques reproductions – qui ne valent le détour que si vous ne pouvez pas visiter le musée national des Beaux-Arts M. K. Čiurlionis (p. 348) de Kaunas.

Église Saint-Casimir — ÉGLISE

(Šv Kazimiero bažnyčia ; carte p. 300 ; ✆5-212 1715 ; www.kazimiero.lt ; Didžioji gatvė 34 ; ⏲9h-18h30 lun-ven, 8h-13h30h dim). Construit entre 1604 et 1615 par les jésuites, c'est le plus ancien lieu de culte baroque de la ville. Son plan en croix et son dôme ont inauguré un nouveau style pour les églises du XVIIe siècle. Détruite et reconstruite à plusieurs reprises, elle a récemment été restaurée.

Église de l'Archange Saint-Michel — ÉGLISE

(Musée du patrimoine de l'Église ; carte p. 300 ; ✆5-269 7803 ; www.bpmuziejus.lt ; Šv Mykolo gatvė 9 ; tarif plein/enfant 4,50/2,50 € ; ⏲11h-18h mar-sam). Cette église impressionnante, érigée au XVIIe siècle par la famille Sapiega dans un style fin Renaissance peu fréquent à Vilnius, abrite aujourd'hui un merveilleux musée dédié à l'art sacré. Dans la nef unique trônent un autel de marbre coloré ainsi que de belles statues d'albâtre. On y admire des œuvres sacrées, des calices et des manuscrits exceptionnels, ainsi qu'un ostensoir précieux et des reliquaires de la cathédrale de Vilnius. Une entrée combinée pour le beffroi, le musée et les cryptes de la cathédrale coûte 10/5 €.

Cathédrale de l'Assomption — CATHÉDRALE

(Cathedral of the Theotokos ; carte p. 300 ; ✆5-215 3747 ; Maironio gatvė 14). Une église orthodoxe se dresse sur ce site depuis le XIVe siècle et la fin de l'époque païenne. Tour à tour incendiée, abandonnée, reconstruite, léguée à l'Église catholique et même utilisée comme salle de conférences par l'université de Vilnius, l'église fut restituée aux orthodoxes pendant la campagne de russification du XIXe siècle. C'est aujourd'hui le premier lieu de culte orthodoxe du pays.

Aušros Vartų Gatvė

La plus vieille rue de Vilnius naît au sud de Didžioji gatvė et mène, entre églises et boutiques de souvenirs, à la porte de l'Aurore.

Porte de l'Aurore — BÂTIMENT HISTORIQUE

(Aušros Vartai ; carte p. 300 ; ✆5-212 3513 ; www.ausrosvartai.lt ; Aušros Vartų gatvė 12 ; ⏲6h-19h). GRATUIT Les 5 portails au sud de la vieille ville faisaient autrefois partie des remparts qui en délimitaient la frontière méridionale. Il n'y a pas de manière plus grandiose de pénétrer dans ce quartier, l'un des mieux préservés de Vilnius, où l'on peut contempler – dans la chapelle Notre-Dame-de-la-Miséricorde de la porte de l'Aurore – l'icône de la Vierge de Vilnius, qui accomplirait des miracles.

Chapelle de la porte de l'Aurore — CHAPELLE

(Carte p. 300 ; Aušros Vartų gatvė 12 ; ⏲6h-19h, messe en lituanien 9h lun-sam, 9h30 dim, en polonais 10h lun-sam). La chapelle Notre-Dame-de-la-Miséricorde, datant du XVIIIe siècle, se trouve au-dessus de la porte de l'Aurore. Elle abrite une icône miraculeuse, la Madone de la porte de l'Aurore, qui daterait du XVIIe siècle. Objet d'une profonde vénération de la part des communautés catholique, orthodoxe, et grecque catholique, elle a fait de Vilnius un lieu de pèlerinage majeur d'Europe orientale.

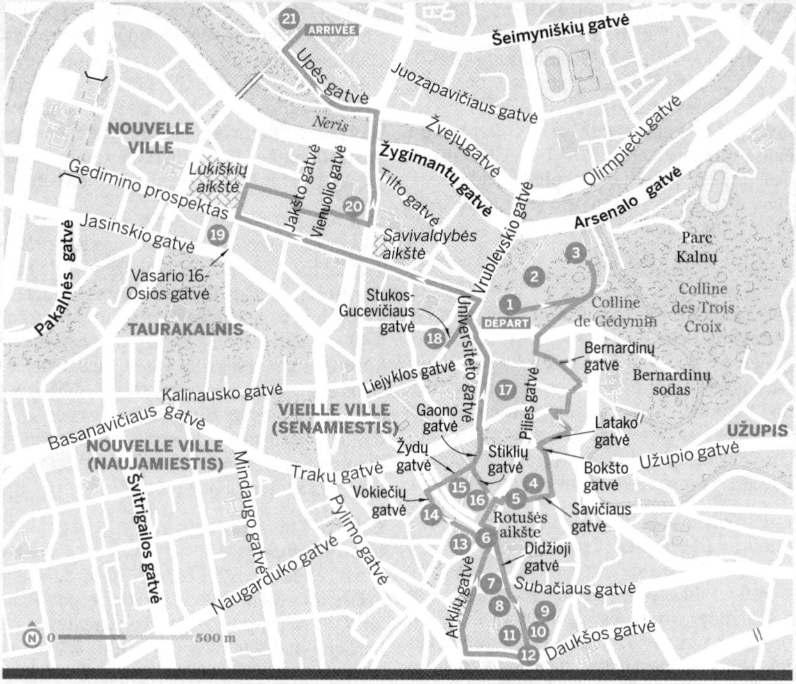

Promenade à pied
Le meilleur de Vilnius

DÉPART PLACE DE LA CATHÉDRALE
ARRIVÉE SKY BAR
DISTANCE 4,9 KM ; DURÉE 3 HEURES

Dans la plus grande vieille ville d'Europe, commencez par fouler les "carreaux magiques" de la place de la Cathédrale, admirez la 1 **cathédrale** (p. 296) et le 2 **palais des grands-ducs** (p. 295) avant de traverser le parc en direction du 3 **château** (p. 295), sur la colline de Gédymin. Contemplez le panorama avant de redescendre par Pilies gatvė. Pour vous imprégner du vieux Vilnius, prenez à gauche sur Bernardinų gatvė et zigzaguez entre les rues Volano, Literatu, Rusu et Latako jusqu'à Bokšto. Prenez ensuite à droite sur Savičiaus gatvė pour voir l'artisanat de 4 **Senųjų Amatų Dirbtuvės** (p. 321) et découvrir la 5 **maison M. K.-Čiurlionis** (p. 304). Continuez avant de tourner sur Didžioji gatvė jusqu'à l' 6 **ancien hôtel de ville**. Prenez ensuite Aušros Vartų pour voir la 7 **Philharmonie nationale** (p. 320), les 8 **Portes basiliennes**, l' 9 **église orthodoxe du Saint-Esprit** (p. 306), l' 10 **église Sainte-Thérèse** (p. 306) et les 11 **ateliers d'artistes** avant de faire une halte à la 12 **porte de l'Aurore** (p. 304).

Passez sous la porte et prenez vers l'ouest sur Bazilijonų gatvė puis vers sur Arklių gatvė jusqu'à Rotušes aikštė et le 13 **centre d'Art contemporain** (p. 306). Étanchez votre soif en terrasse sur 14 **Vokiečių gatvė**, puis coupez par Žydų gatvė pour un aperçu du quartier juif de Vilnius. Faites les 15 **boutiques** en prenant vers le nord sur Žydu gatvė, passez chez 16 **Zoraza** (p. 322) et les autres boutiques de la rue Stiklių avant de poursuivre jusqu'à l' 17 **université de Vilnius** (p. 298).

Retournez sur la place de la Cathédrale et allez vous requinquer vers le sud sur Stuokos-Gucevičiaus gatvė et chez 18 **Tappo D'Oro** (p. 318). Ensuite, direction l'ouest sur Gedimino prospektas vers le 19 **musée des Victimes du génocide** (p. 309), avant de traverser du côté de Lukiškių aikštė et de prendre vers l'est et le 20 **Théâtre national de l'opéra et du ballet** (p. 320). Traversez le pont vers Šnipiškės et le 21 **SkyBar** (p. 319), où vous attend un fabuleux panorama.

Église de la Sainte-Trinité (Uniates) et monastère basilien ÉGLISE

(Carte p. 300 ; ☎ 5-212 2578 ; Aušros Vartų gatvė 7). Un mélange d'architectures baroque, gothique et russo-byzantine se cache derrière le beau portail basilien dans cette église et monastère du XVIe siècle. L'ordre des Uniates cherchait à unir les églises de l'Est et de l'Ouest. La messe est célébrée uniquement en ukrainien.

Église Sainte-Thérèse ÉGLISE

(Šv Teresės bažnyčia ; carte p. 300 ; ☎ 5-212 3513 ; www.ausrosvartai.lt ; Aušros Vartų gatvė 14 ; ⏲ 7h-19h). Cette église carmélite est intégralement baroque : sa façade relève du baroque primitif et la décoration intérieure du baroque tardif. Malheureusement, la chambre funéraire située sous l'entrée et qui contient de splendides exemples de tombes baroques est souvent fermée à la visite.

Église orthodoxe du Saint-Esprit ÉGLISE

(Stačiatikių Šv Dvasios Cerkvė ; carte p. 300 ; ☎ 5-212 7765 ; Aušros Vartų gatvė 10 ; ⏲ 10h-17h). L'édifice du XVIIe siècle, reconnaissable à son dôme rose, est la principale église orthodoxe russe de Lituanie. Devant l'autel, des marches descendent en direction de la crypte où reposent Antoine, Ivan et Eustache, trois saints martyrs du XIVe siècle. Un monastère et un couvent orthodoxes – les seuls du pays – jouxtent l'église.

Bastion de l'Artillerie MUSÉE

(Artilerijos bastėja ; carte p. 300 ; ☎ 5-261 2149 ; www.lnm.lt ; Bokšto gatvė 20/18 ; 1 € ; ⏲ 10h-18h mer-dim). Cet ouvrage fortifié du XVIIe siècle renferme une collection d'armes et d'armures anciennes. Fermé lors de nos recherches, le bâtiment subissait une rénovation de grande ampleur. Sa date de réouverture reste incertaine.

Porte de Subačiaus BÂTIMENT HISTORIQUE

(Carte p. 300 ; Subačiaus gatvė/Bokšto gatvė). Cette reconstitution d'une section des anciens remparts de la ville donne une idée de leur grandeur passée.

Vokiečių Gatvė et ses environs

Vokiečių gatvė est un large boulevard bordé de restaurants dont les terrasses s'installent sur le terre-plein central verdoyant. Il s'étire au nord-ouest depuis Rotušės aikštė.

Église Saint-Nicolas ÉGLISE

(Šv Mikalojaus bažnyčia ; carte p. 300 ; ☎ 5-262 3069 ; www.mikalojus.lt ; Šv Mikalojaus gatvė 4 ; ⏲ 13h-18h30 lun-ven, 7h30-15h dim). Cette église gothique en brique rouge, construite par des chrétiens allemands en 1320 alors que le pays était encore païen, est la plus ancienne de la ville. Entre 1901 et 1939, c'était également la seule église de Vilnius où l'on célébrait la messe en lituanien. Malgré l'ajout d'ornements baroques, elle a été remarquablement préservée et mérite amplement une visite.

Centre d'Art contemporain MUSÉE

(Šiuolaikinio Meno Centras, SMC ; carte p. 300 ; ☎ 5-212 1945 ; www.cac.lt ; Vokiečių gatvė 2 ; tarif plein/enfant 2,32/1,16 € ; ⏲ 12h-22h mer-dim). Les 2 400 m² de ce centre d'Art contemporain, le plus grand des pays baltes, sont consacrés à la photographie, à la vidéo, aux installations et autres expositions. Des conférences, des projections de films et des concerts s'y tiennent également. L'entrée est gratuite le mercredi, et les tarifs pour les événements spéciaux sont variables.

Église orthodoxe russe Saint-Nicolas ÉGLISE

(Carte p. 300 ; ☎ 5-261 8559 ; Didžioji gatvė 12). Construite dans une architecture gothique au XVIe siècle puis restaurée dans un style baroque 300 ans plus tard, cette église fut redécorée dans un style russo-byzantin lors de la russification du XIXe siècle. À l'intérieur, tout est en russe. Il est interdit de prendre des photos.

Église évangélique luthérienne ÉGLISE

(Evangelikų liuteronų bažnyčia ; carte p. 300 ; www.augustana.lt ; Vokiečių gatvė 20 ; ⏲ 11h-14h lun-ven). Cachée dans une cour, cette église rénovée accueille la très petite communauté protestante de la ville. Bien qu'elle date de 1555, c'est un patchwork de gothique, baroque et rococo. À l'époque soviétique, elle fut convertie en un terrain de basket et un atelier.

Vilniaus Gatvė et ses environs

Au croisement des Vokiečių gatvė, Vilniaus gatvė et Dominikonų gatvė se dressent quelques églises et monastères assez imposants, datant des XVIIe et XVIIIe siècles.

Église du Saint-Esprit ÉGLISE

(Šv Dvasios bažnyčia ; carte p. 300 ; Dominikonų gatvė 8 ; ⏲ 15h-19h). Cette église du XVe siècle aux splendides ornements de la fin du baroque remonte au temps du grand-duc Vytautas. L'exubérance rococo et l'orgue du XVIIIe siècle attirent les amateurs de kitsch religieux et en fait un lieu de choix pour les cérémonies de mariage.

LE PATRIMOINE JUIF DE VILNIUS

La vieille ville de Vilnius hébergeait autrefois une communauté juive connue dans le monde entier pour sa piété et sa foi.

En 1941, les nazis envahirent l'Union soviétique, et Vilnius tomba en quelques jours. Au cours des trois mois suivants, les nazis – avec l'aide plus ou moins volontaire de nombreux Lituaniens – exterminèrent environ 35 000 juifs. La moitié de la population israélite de Vilnius, qui fut assassinée dans la forêt de Paneriai. Les personnes survivantes furent rassemblées dans deux ghettos. Environ 6 000 parvinrent à s'enfuir.

La communauté juive de Lituanie compte aujourd'hui environ 5 000 membres, dont 80% vivent dans la capitale. Cette petite communauté a vécu plusieurs événements notables depuis l'indépendance. En 2001, l'**Institut yiddish de Vilnius** (www.judaicvilnius.com) a vu le jour au sein de la faculté d'histoire de l'université de Vilnius.

Les principaux sites de Vilnius en mémoire de l'Holocauste sont administrés par le **Musée juif d'État du Gaon de Vilna** (www.jmuseum.lt).

Musée de l'Holocauste (Holokausto Muziejus ; carte p. 300 ; ☎5-262 0730 ; www.jmuseum.lt ; Pamėnkalnio gatvė 12 ; tarif plein/enfant 2,40/1,20 € ; ⏲9h-17h lun-jeu, 9h-16h ven, 10h-16h dim). Ce musée raconte sans prendre de pincettes l'extermination des Litvaks, la florissante communauté juive de Lituanie, à travers des photographies, des documents et des témoignages. Situées dans la "Maison verte", les expositions manquent d'interactivité, mais c'est peut-être plus émouvant ainsi. De nombreuses pièces sont des dons de personnes rescapées et de familles de victimes.

Centre de la tolérance (carte p. 300 ; ☎5-262 9666 ; www.jmuseum.lt ; Naugarduko gatvė 10/2 ; tarif plein/réduit €3/1,10 ; ⏲10h-18h lun-jeu, 10h-16h ven et dim). Le Centre de la tolérance est l'une des trois annexes principales du Musée juif d'État du Gaon de Vilna. Le bâtiment a servi au fil des années de refuge, de salle de concert et de théâtre. On y découvre aujourd'hui de l'art litvak et des expositions historiques et culturelles. C'est un bon complément au musée de l'Holocauste. Il est consacré à l'histoire et à la culture juives jusqu'à la Seconde Guerre mondiale.

À l'étage, les panneaux en anglais sont longs mais utiles. Chacun est consacré à un thème présenté de façon équilibrée et informative. La petite exposition permanente consacrée à l'avant-garde juive de l'entre-deux-guerres est éclairante.

Synagogue chorale (Choralinė Sinagoga ; carte p. 300 ; ☎5-261 2523 ; Pylimo gatvė 39 ; dons acceptés ; ⏲10h-14h dim-ven). Cette synagogue de 1903 est la seule de Vilnius a être sortie intacte de la Seconde Guerre mondiale (les nazis l'utilisaient pour stocker des médicaments). Des prières misnagdim (tradition anti-hassidique) s'y déroulent chaque jour.

Porte du petit ghetto (carte p. 300 ; www.jewishcenter.lt ; Stiklių gatvė 12). C'était jadis l'entrée du principal quartier juif qui s'étendait à l'ouest de Didžioji gatvė. Aujourd'hui seuls quelques noms de rues comme Žydų (les Juifs) et Gaono (Gaon) rappellent cette époque révolue ; une plaque commémorative discrète indique l'ancien emplacement de l'entrée du petit ghetto, évacué en 1941.

Porte du grand ghetto (carte p. 300 ; Rūdninkų gatvė 18). Une plaque commémorative et un plan marquent au n°18 de la rue l'entrée du grand ghetto où 29 000 personnes juives (litvaks) furent emprisonnées par les nazis entre 1941 et 1943.

Site de la Grande Synagogue (carte p. 300 ; Žydų gatvė 1-2). Érigée sur le site d'une synagogue plus ancienne dans les années 1630, la Grande Synagogue de Vilna fut détruite par les Soviétiques en 1950, après le passage des nazis. Un monument en l'honneur du Gaon de Vilna s'y dresse aujourd'hui, et un projet pour un mémorial plus important est en cours.

Maison du Gaon Elijahu Ben Shlomo Zalman (carte p. 300 ; Žydų gatvė 5). La maison du célèbre talmudiste du XVIIIe siècle est signalée par une plaque.

Site du nouveau cimetière juif (carte p. 296). Un mémorial marque l'emplacement du cimetière juif de Vilnius du XIXe siècle, détruit par les Soviétiques dans les années 1960.

Judenrat (carte p. 300 ; Rudninku gatvė 8). Site de l'admistration des ghettos juifs de la Seconde Guerre mondiale.

Église Sainte-Catherine ÉGLISE

(Carte p. 300 ; ☎5-262 0421 ; Vilniaus gatvė 30). Cette église baroque du XVIIIe siècle à double clocher, jadis reliée à un monastère bénédictin, est une débauche de fioritures rococo. Endommagée pendant la Seconde Guerre mondiale et utilisée comme entrepôt par les Soviétiques, l'église est aujourd'hui réputée pour ses concerts de musique classique.

Église Notre-Dame de l'Assomption ÉGLISE

Carte p. 300 ; Trakų gatvė 9/1). Surnommé l'"église des sables" en référence au quartier où il se dresse, ce lieu de culte franciscain du XVe siècle a connu plusieurs vies : hôpital militaire de l'armée napoléonienne en 1812 puis archives nationales de 1864 à 1934 et de 1949 à 1989. Restituée à l'ordre franciscain en 1998, l'église fait depuis l'objet d'un lent et minutieux travail de restauration.

Musée du Théâtre, de la Musique et du Cinéma MUSÉE

(Teatro, muzikos ir kino muziejus ; carte p. 300 ; www.ltmkm.lt ; Vilniaus gatvė 41 ; tarif plein/étudiant 2,03/1,45 € ; ⏲11h-18h mar-ven, 11h-16h sam). Ce musée est consacré à la musique, au théâtre et au cinéma lituaniens. On y découvre trois siècles d'instruments de musique, dont le *pūslinė* (instrument à cordes primitif fabriqué avec des vessies d'animaux) et plusieurs *kanklės* (instruments à cordes grattées avec frettes), ainsi que des objets rares des cinémas soviétique et lituanien et une vaste collection traitant de l'art dramatique dans le pays.

Palais Radvilos MUSÉE

(Radvilų rūmai ; carte p. 300 ; ☎5-212 1477 ; www.ldm.lt ; Vilniaus gatvė 22 ; tarif plein/étudiant 1,73/0,87 € ; ⏲11h-18h mar-sam, 12h-17h dim). Longez Vilniaus vers le nord pour découvrir ce palais du XVIIe siècle qui abrite le département des beaux-arts étrangers du musée d'Art lituanien.

Mémorial Frank Zappa MÉMORIAL

(Carte p. 300 ; Kalinausko gatvė 1). À l'ouest de Vilniaus gatvė, au sommet d'une colonne de 4,2 m trône le buste de Frank Zappa, légende du rock américain. C'est le premier mémorial au monde érigé en hommage au musicien mort en 1993. Il faut un peu chercher la statue dans un parking dont les murs sont couverts d'intéressants graffitis.

Est de la colline de Gédymin

♥ Cimetière d'Antakalnis CIMETIÈRE

(Près de Karių kapų gatvė ; ⏲9h-crépuscule). Éminemment calme, ce cimetière se situe dans un faubourg verdoyant, à une courte distance à pied à l'est du centre. Les victimes des forces spéciales soviétiques assassinées le 13 janvier 1991 y sont inhumées et une sculpture de la Vierge berçant son enfant leur rend hommage. Un autre mémorial honore les soldats de Napoléon morts de faim ou des suites de leurs blessures à Vilnius lors de la retraite de Russie. Les restes de 2 000 d'entre eux ont été découverts en 2002.

On trouve aussi des centaines de tombes de soldats polonais, dont beaucoup sont inconnus. La tombe de l'ancien président du pays, Algirdas Brazauskas, semble un peu abandonnée, au sommet d'une colline dans une nouvelle partie du cimetière.

Trois Croix MONUMENT

(Trys kryžiai ; carte p. 296). Les premières croix furent érigées au XVIIe siècle en hommage à

100% REBELLE : LA RÉPUBLIQUE D'UŽUPIS

L'esprit frondeur qui anime la Lituanie trouve son incarnation dans le milieu bohème de la capitale, où la population artistes rêveuse ou squatteuse d'Užupis a créé son propre État indépendant.

La république d'Užupis (Užupio Republika) a vu officiellement (si l'on peut dire) le jour en 1998. Elle s'est depuis dotée d'un président pince-sans-rire, d'un hymne national et d'une Constitution en 41 points.

Le 1er avril, la République trouve tout son non-sens. Des douaniers en "pluriformes" tamponnent les passeports sur le pont principal tandis que le président fait un discours sur la petite place du quartier, à l'intersection d'Užupio gatvė de Maluno gatvė et de Paupio gatvė, où l'**ange d'Užupis** (p. 309), digne symbole de la République, claironne. Victime de son succès, le quartier attire un nombre croissant d'ateliers, de restaurants et de galeries.

un groupe de moines tombés en martyrs aux mains de païens, trois siècles auparavant. Celles d'aujourd'hui se dressent au-dessus des vestiges des trois croix rasées par les bulldozers soviétiques en 1950. Grimpez la colline depuis T Kosciuskos gatvė, et découvrez une vue splendide sur la ville.

Église Saint-Pierre-et-Saint-Paul ÉGLISE
(Šv Apaštalų Petro ir Povilo bažnyčias ; carte p. 296 ; ☎5-234 0229 ; Antakalnio gatvė 1 ; ⏲6h-18h30). Assez quelconque vue de l'extérieur, cette église cache une décoration baroque éblouissante. L'édifice est orné de 2 000 sculptures blanches réalisées par des artistes italiens entre 1675 et 1704. La tombe de l'aristocrate lituanien à l'origine de sa construction, Mykolas Kazimieras Paca, se trouve à droite du porche d'entrée.

Uzupis

Constitution de la république d'Užupis SITE HISTORIQUE
(Carte p. 300 ; Paupio gatvė). Les 41 articles de la "république" d'Užupis sont gravés en anglais, en français, en lituanien et dans plusieurs autres langues sur des plaques de métal placées le long de Paupio gatvė. Ils garantissent à ses citoyennes et à ses citoyens le droit à l'eau chaude, le droit d'être uniques, d'aimer, d'être libres, d'être heureux (ou malheureux) ou encore, pour les chiens, le droit d'être des chiens. La Constitution de la république d'Užupis s'achève par ces mots : "Ne conquiers pas, ne riposte pas, n'abandonne jamais."

Ange d'Užupis MONUMENT
(Carte p. 300 ; Užupio gatvė). Depuis son installation en 2002, cette statue d'un ange soufflant dans un cor est devenue le symbole du quartier le plus excentrique de Vilnius.

Nouvelle ville

La nouvelle ville (Naujamiestis) date du XIXe siècle et s'étend à 2 km à l'ouest de la cathédrale et de la vieille ville, dont le charme d'antan laisse place à de larges boulevards, ponctués de petits parcs luxuriants.

Gedimino prospektas

Enserré entre la silhouette spectaculaire de la cathédrale catholique et les dômes argentés de l'**église orthodoxe de l'Apparition-de-la-Vierge** (Znamenskaya Tserkov ; carte p. 296 ; A Mickevičiaus gatvė 1), le boulevard Gedimino, long de 1,75 km, est la colonne vertébrale du Vilnius moderne. Jalonnée de boutiques, d'un théâtre, de banques, d'hôtels, de restaurants, de bureaux et de squares, cette artère à la mode est aussi le siège de diverses instances officielles, notamment celle du **gouvernement** (carte p. 300 ; lrv.lt ; Gedimino prospektas 11) lituanien et du Parlement. Percée en 1852, la splendide voie a depuis changé de nom à 11 reprises. Elle a successivement honoré saint Georges du temps de la Russie tsariste, Mickiewicz sous les Polonais, et Staline puis Lénine sous les Soviétiques.

Une statue de Lénine, aujourd'hui transférée au parc Grūtas de Druskininkai (voir p. 337), dominait autrefois **Lukiskių aikštė**, une place qui portait son nom.

♥ **Musée des Victimes du génocide** MUSÉE
(Genocido aukų muziejus ; carte p. 296 ; ☎5-249 8156 ; genocid.lt ; Aukų gatvė 2a ; tarif plein/réduit 2/1 € ; ⏲10h-18h mer-sam, 10h-17h dim). Ce musée, situé dans l'ancien siège du KGB (et, avant cela, de la Gestapo, de l'occupant polonais et de la police tsariste) préserve la mémoire des milliers de personnes qui, en Lituanie, ont été assassinées, emprisonnées et déportées par l'URSS depuis la Seconde Guerre mondiale jusqu'aux années 1960. Des plaques en hommage aux victimes tapissent la façade. Les étages retracent la réalité de l'occupation soviétique, présentant notamment de poignants témoignages de Lituaniens déportés en Sibérie.

C'est cependant le sous-sol qui marque le plus fortement les esprits. On peut y visiter les cellules et les salles utilisées de 1944 aux années 1960 pour exécuter les détenus d'une balle ou d'un coup de poignard dans le crâne.

Parlement BÂTIMENT GOUVERNEMENTAL
(Seimas ; carte p. 296 ; ☎5-239 6060 ; www.seimas.lt ; Gedimino prospektas 53). Ce "palais" soviétique trapu et disgracieux, où siège aujourd'hui le parlement lituanien, a servi de décor à une confrontation historique. Le 13 janvier 1991, les habitants de la ville l'encerclèrent avec des barricades afin de dissuader les troupes soviétiques de réprimer le mouvement qui, l'année précédente, avait proclamé l'Acte de rétablissement de l'État lituanien. Quatorze personnes perdirent la vie lors des affrontements, mais l'Armée rouge fut contrainte de céder face à la pression populaire, abandonnant Vilnius au mois de décembre suivant.

Trois Muses STATUE

(Carte p. 300 ; Gedimino prospektas 4). Trois muses figées dans une pose théâtrale, étranges silhouettes drapées de noir (symbolisant le théâtre, la comédie et la tragédie) aux visages dissimulés derrière des masques d'or, se dressent au-dessus de l'entrée principale du Théâtre national d'art dramatique de Lituanie. La statue constitue une pause photo pour nombre de touristes.

Au sud de Gedimino prospektas

Parc Vingis PARC

(Carte p. 296 ; www.vilniausparkai.lt ; MK Čiurlionio gatvė 100). À l'extrémité ouest de Čiurlionio gatvė, les arbres du parc Vingis se nichent dans une boucle de la Néris. En juillet, un grand amphithéâtre en plein air accueille le Festival de danse et de chant lituaniens. On y accède par le trolleybus n°7 au départ de la gare ferroviaire ou par le n°3 depuis l'arrêt Gedimino dans Vilniaus gatvė. Il faut alors descendre à l'arrêt Kęstučio (le deuxième après le pont sur la rivière) et emprunter la passerelle située au bout de Treniotos gatvė.

Église des Romanov ÉGLISE

(Carte p. 296 ; Jono Basanavičiaus gatvė 27). Anciennement connu sous le nom d'église orthodoxe Saint-Constantin-et-Saint-Michel, cet édifice surmonté de dômes bulbeux à l'intérieur richement orné fut érigé par la famille Romanov pour célébrer les 300 ans de leur dynastie. Ils étaient loin de se douter que celle-ci n'en avait plus que pour 4 ans.

Marché aux fleurs de Vilnius MARCHÉ

(Carte p. 296 ; Basanavičiaus gatvė 42 ; 24h/24). Vous trouverez ici le bouquet de fleurs idéal au cas où une famille lituanienne vous inviterait. Il est d'usage de marchander.

Kenessa MAISON

(Carte p. 296 ; Liubarto gatvė 6). Cette *kenessa* (maison de prière karaïte traditionnelle) de 1911 est à l'ouest de Jasinskio gatvė, sur la rive opposée de la Néris.

Šnipiškės

Sur la rive nord de la Néris, le quartier de Šnipiškės a connu de grands changements : les sinistres immeubles soviétiques de béton ont laissé place à des gratte-ciel modernes. Parmi ceux-ci, citons la **tour Europa** (carte p. 296 ; Konstitucijos Prospektas 7), qui domine le **centre commercial et d'affaires Europa**. C'est le plus haut immeuble balte (129 m).

Ce nouveau quartier d'affaires, surnommé "vallée du soleil levant", est en constante expansion, de nouveaux gratte-ciel ne cessant de surgir au milieu des vestiges de l'ère soviétique. Dans le cadre de ce projet d'urbanisme, deux ponts reliant la tour Europa au centre ont été construits et la **mairie** (Konstitucijos prospektas 3) s'est installée ici.

Musée lituanien de l'Énergie et de la Technologie MUSÉE

(Carte p. 296 ; 5-278 2085 ; www.emuziejus.lt ; Rinktinės gatvė 2 ; tarif plein/enfant 3/1,50 € ; 10h-17h mar, mer, ven-sam, 10h-19h jeu). La plus ancienne centrale électrique de Vilnius, en activité de 1903 à 2003, propose désormais des expositions sur l'énergie, la technologie et leur histoire. Les impressionnantes installations techniques de la centrale ont été préservées.

Église Saint-Raphaël ÉGLISE

(Šv Rapolo bažnyčia ; carte p. 296 ; 5-272 4164 ; Šnipiškių gatvė 1 ; 6h30-9h et 17h-22h dim-ven). Belle église du baroque tardif et son monastère, construits par les jésuites.

En dehors du centre

Tour de la Télévision TOUR

(Televizijos Bokštas ; 5-252 5333 ; www.telecentras.lt ; Sausio 13-osios gatvė 10 ; tarif plein/enfant 6/2,6 € ; terrasse d'observation 11h-23h mar-sam, 11h-21h dim-lun ; 1, 3, 7, 16). Difficile de rater cette tour de télévision de 326 m découpant l'horizon à l'ouest de la ville. Ce pic artificiel est un symbole de l'esprit de résistance lituanien : 14 personnes militant pour l'indépendance y furent abattues par l'armée soviétique le 13 janvier 1991, tandis que jusqu'au dernier moment la télévision lituanienne continuait d'émettre. Les troupes soviétiques finirent pourtant par pénétrer dans la tour. Des mémoriaux honorent ces résistants autour de l'édifice. On peut également profiter de la vue depuis le restaurant et plateforme d'observation "Voie Lactée", à 165 m de hauteur.

Activités

À part le vélo et la marche, Vilnius n'a guère à offrir en matière d'activités de plein air, hormis un vol en montgolfière.

Oreivystės Centras VOL EN MONTGOLFIÈRE

(Carte p. 296 ; 5-273 2703 ; www.ballooning.lt ; Upės gatvė 5 ; 89-179 €/pers). Ce centre dédié à la promotion et au développement de la montgolfière en Lituanie propose des survols de Vilnius, Trakai, Kaunas et d'autres régions

VILNIUS AVEC DES ENFANTS

Dans l'ensemble, Vilnius est une ville idéale pour des vacances avec des enfants : elle est accueillante et pas trop grande, et ses pizzas, châteaux et balades en bateau ou en montgolfière feront la joie des plus jeunes.

Succès assuré auprès des petits et des grands au **Vichy Aquapark** (Vandens Parkas ; www.vandensparkas.lt ; Ozo gatvė 14c ; tarif plein/enfant 22/10 € la journée ; 12h-22h lun-ven, 10h-22h sam-dim). Dans une ambiance polynésienne, les petits se défoulent dans les piscines à vagues pendant que les grands cherchent la détente dans les bains à remous, saunas et massages.

Par temps de pluie, la belle **patinoire de l'Akropolis** (5-249 2878 ; www.akropolis.lt ; Ozo gatvė 25, Akropolio aikštė I 152 ; 2-3 €/45 min ; 8h-23h) fera parfaitement l'affaire.

du pays. Les vols d'une heure se tiennent le matin et l'après-midi, si la météo le permet.

Ryga VISITE EN BATEAU
(Carte p. 300 ; 8-685 01000 ; www.barta.lt ; circuit 1h tarif plein/enfant 8/4 € ; 11h-21h). En été (de mai à septembre), parcourez la Néris en bateau à bord du *Ryga*. Il part régulièrement tout au long de la journée depuis le petit port au sud du pont Karaliaus Mindaugo. Dix passagers minimum ; gratuit pour les enfants de moins de 5 ans.

Circuits organisés

L'office du tourisme (p. 323) organise des visites guidées en anglais de la vieille ville (10 € ; 2 heures). Le départ se fait à 11h les lundis, mercredis, vendredis et dimanches de la mi-mai à la mi-septembre. Location libre (10 €) pour une visite autoguidée et plans de visites à thème ("Vilnius juif", "Vilnius musical" et "Châteaux et palais de Vilnius").

Senamiesčio Gidas CIRCUIT EN MINIBUS
("Guides de la vieille ville" ; carte p. 300 ; 5-261 5558 ; www.vilniuscitytour.com ; Aušros Vartų gatvė 7 ; tarif plein/enfant 12/6 € ; 5 bus 10h-15h). Cette agence organise des circuits en minibus dans tout Vilnius, dans le quartier juif ou "À la recherche de vos racines familiales". Également excursions d'une journée à Trakai, à Kernavė, au parc des sculptures soviétiques de Grūtas, au centre géographique de l'Europe. Les prix sont fonction du nombre de participants (voir le site Internet pour plus de précisions).

Fêtes et festivals

Vilnius jouit en la matière d'un riche calendrier tout au long de l'année. La plupart de ces événements sont mentionnés sur www.vilnius-events.lt et www.vilnius-tourism.lt. Parmi les plus importants, citons :

Užgavėnės CARNAVAL
Pour Mardi gras, en février.

Foire artisanale de Kaziukas CULTURE
(kaziukomuge.blogspot.fr). Cette fête artisanale et culturelle se tient depuis le XVIIe siècle dans la vieille ville à la Saint-Casimir, le 4 mars.

Festival international du film de Vilnius CINÉMA
(kinopavasaris.lt). Aussi connue sous le nom de Kino Pavasaris ("Printemps du cinéma") cette célébration du 7e art a lieu au mois de mars.

Pavasario Lygiadienis CULTURE
Un carnaval païen célébrant l'équinoxe de printemps, en mars.

New Baltic Dance DANSE
(www.dance.lt). Festival de danse contemporaine organisé au début du mois de mai.

Festival de Vilnius MUSIQUE
(www.vilniusfestivals.lt). Concerts de musique classique, de jazz et de musique traditionnelle dans les cours de la vieille ville, en juin.

Nuit de la culture CULTURE
(Kulturos Naktis ; www.kulturosnaktis.lt). Vilnius s'anime encore un peu plus pendant ce festival qui ne dure qu'une nuit en juin ou en juillet. Sur les places et un peu partout en ville poussent des scènes où se produisent un grand nombre d'artistes de Lituanie et d'ailleurs (chant, danse...). L'événement dure toute la nuit.

Festival de la chanson et de la danse lituaniennes CULTURE
(www.dainusvente.lt). En juillet se tient à Vilnius un gigantesque festival de chanson,

de danse et de folklore lituaniens dont la forme varie depuis 1923.

Festival d'été Saint-Christophe MUSIQUE
(www.kristupofestivaliai.lt). Festival de musique, en juillet et août.

Journées de la Capitale ARTS DE LA SCÈNE
Festival d'arts de la scène en septembre.

Sirenos THÉÂTRE
(www.okt.lt). Festival international de théâtre de la mi-septembre à la mi-octobre.

Gaida MUSIQUE CONTEMPORAINE
(www.vilniusfestivals.lt/EN/gaida). Le plus grand festival de musique contemporaine des pays baltes a lieu fin octobre.

Scanorama CINÉMA
(www.scanorama.lt). Ce festival de novembre célèbre le cinéma d'Europe du Nord, à Vilnius puis à Kaunas et enfin à Klaipėda.

Mama Jazz JAZZ
(www.vilniusmamajazz.lt). Des grands noms du jazz se retrouvent à la mi-novembre.

Où se loger

L'offre d'hébergement à Vilnius est prticulièrement variée. La plupart des chambres des hôtels et pensions indiquées ici sont équipées de salles de bains privatives.

Filaretai Hostel AUBERGE DE JEUNESSE €
(Carte p. 296 ; ☎5-215 4627 ; www.filaretaihostel.com ; Filaretų gatvė 17 ; dort/s/d/tr sans salle de bains 10/21/15/12 €/pers ; P @). Membre de l'Association lituanienne des auberges de jeunesse, Filaretai occupe une vieille villa pleine de charme à 15 minutes de marche (en montée) de la vieille ville. Les dortoirs ont 5 à 8 lits. Linge de lit fourni, serviettes de toilette en supplément, cuisine communale et lave-linge. Pour vous y rendre, prenez le bus n°34 depuis la gare jusqu'au 7e arrêt.

Hostelgate B&B B&B €
(Carte p. 300 ; ☎8-689 60292 ; www.hostelgate.lt ; Šv Mikalojaus gatvė 3 ; d/f 38/58 € ; @). Idéalement situé (tout près de Vokiečių gatvė), ce B&B est parfait pour explorer la vieille ville. La déco est agréable, la cuisine bien équipée. Il y a le Wi-Fi, et certaines chambres ont une salle de bains, un balcon ou les deux. Personnel sympathique. L'équipe gère également une autre auberge sur **Aušros Vartų gatvė** (carte p. 300 ; ☎8-638 32818 ; Aušros Vartų gatvė 7-1 ; d/tr 11/39 € ; 24h/24).

Come to Vilnius AUBERGE DE JEUNESSE €
(Carte p. 296 ; ☎8-62029390 ; www.cometovilnius.eu ; Šv Stepano gatvė 15 ; dort/d/tr 16/35/44 € ; @). Couleurs vives, meubles en bois brut, transports tout proches, pancakes, boissons chaudes et Wi-Fi gratuits sont les points forts de cette auberge indépendante. Les prix baissent légèrement hors saison.

Litinterp B&B €
(Carte p. 300 ; ☎5-212 3850 ; www.litinterp.lt ; Bernardinų gatvė 7-2 ; s/d/tr 25/40/51 € ; bureau 8h30-21h lun-ven, 9h-15h sam ;). Cet établissement accueillant propose un vaste choix d'hébergements propres et lumineux au cœur de la vieille ville. Les chambres avec salle de bains commune peuvent être un peu exiguës, ce qui n'est jamais le cas des autres. Prévenez si vous arrivez en dehors des horaires d'ouverture du bureau. Kitchenettes et consigne disponibles. Le petit-déjeuner coûte 3 €.

Fortuna Hostel AUBERGE DE JEUNESSE €
(Carte p. 296 ; ☎5-262 5357 ; www.fortunahostel.lt ; Aušros Vartų gatvė 20-15a ; dort/d/tr 11/32/42 € ; @). Nichée dans une cour privée juste à l'extérieur des remparts, cette petite auberge est aussi à une courte distance à pied de la vieille ville et des gares routière et ferroviaire. Les chambres sont simples, mais confortables, la cuisine est bien équipée, il y a une salle commune et le Wi-Fi.

Center Stay Hostel AUBERGE DE JEUNESSE €
(Carte p. 296 ; ☎5-212 0140 ; www.centerstayhostel.com ; Aušros Vartų gatvė 16 ; dort 8 € ;). Bien située (juste à côté de la porte de l'Aurore) et bien tenue, cette auberge aux prix défiant toute concurrence a le Wi-Fi et des parties communes comprenant une cuisine et un salon.

♥ **Bernardinu B&B** PENSION €€
(Carte p. 300 ; ☎5-261 5134 ; www.bernardinuhouse.com ; Bernardinų gatvė 5 ; d/tr à partir de 60/85 € ; P). Charmante pension gérée en famille dans l'une des plus belles ruelles de la vieille ville. L'immeuble du XVIIIe siècle a été rénové mais pas dénaturé : le bois ancien des sols et des plafonds a été préservé, et par endroits la vieille brique a été laissée à nu. Le petit-déjeuner (4 €) est déposé devant votre porte sur un plateau.

Domus Maria PENSION €€
(Carte p. 300 ; ☎5-264 4880 ; domusmaria.com ; Aušros Vartų gatvė 12 ; s/d 50/65 € ; P @). Cette pension de l'archidiocèse de Vilnius

tient son charme de l'ancien monastère du XVIIe siècle dans lequel elle est située. Les chambres correspondent aux anciennes cellules des moines réaménagées avec confort et style. Les chambres n[os]207 et 307 ont vue sur la porte de l'Aurore et doivent être réservées bien à l'avance. Petit-déjeuner servi sous les voûtes du réfectoire.

Ecotel HÔTEL €€
(Carte p. 296 ; ☎5-210 2700 ; www.ecotel.lt ; Slucko gatvė 8 ; s/d/tr 58/66/81 € ; P @ ᯤ). Cet hôtel sur 4 niveaux a été rénové récemment. Élégant et propre, il propose de belles chambres à des prix raisonnables. Les lits de 2,10 m sont parfaits pour les grands et certaines chambres sont prévues pour accueillir des personnes en fauteuil roulant.

Panorama Hotel HÔTEL €€
Carte p. 296 ; ☎5-233 8822 ; panoramahotel.lt ; Sodų gatvė 14 ; s/d à partir de 50/55 € ; P @ ᯤ). Un surprenant établissement de l'époque soviétique : derrière la façade kitsch se cache un hôtel vaste et lumineux, bénéficiant d'une vue superbe sur la vieille ville et les collines environnantes. Réductions et offres spéciales disponibles sur le site Internet.

Grybas House HÔTEL €€
(Carte p. 300 ; ☎5-264 7474 ; www.grybashouse.com ; Aušros Vartų gatvė 3a ; s/d/ste 67/87/98 € ; P ᯤ). Très accueillants, Stase et Vladas tiennent le premier hôtel familial privé ouvert après l'indépendance. La décoration des chambres de cette oasis de calme au centre de la vieille ville est un peu vieillotte, mais confort et charme sont au rendez-vous. Certaines donnent sur la cour privée.

Šauni Vietelė PENSION €€
(Carte p. 300 ; ☎5-212 4110 ; www.facebook.com/Šauni-Vietelė-106188132799940/ ; Pranciškonai gatvė 3/6 ; ch 27 €). Situées au-dessus d'une cour délabrée abritant un café, les 3 chambres de cette pension affichent un excellent rapport qualité/prix. Un peu datées, elles sont toutefois spacieuses et bien aérées. Le petit-déjeuner n'est pas compris, mais le café propose crêpes et autres plats. Ce vieux bâtiment abritait autrefois une abbaye franciscaine. Dans la cour se tient Seven Fridays, un bar dont les concerts peuvent parfois être bruyants.

eLoftHotel HÔTEL €€
(Carte p. 296 ; ☎5-266 0730 ; www.elofthotel.lt ; Ševčenkos gatvė 16 ; d/ste 61/84 € ; P @ ᯤ). Cet hôtel agréable construit en matériaux écologiques est idéal pour qui souhaite s'éloigner un peu du tumulte de la vieille ville (15 min de marche). Le petit-déjeuner et le Wi-Fi sont compris. Cuisine commune et sauna.

Atrium HÔTEL €€
(Carte p. 300 ; ☎5-210 7777 ; www.atrium.lt ; Pilies gatvė 10 ; d/ste 85/125 € ; P @ ᯤ). Situé au cœur de la vieille ville, l'Atrium est l'hébergement idéal si vous n'avez qu'une journée ou deux pour visiter Vilnius : service de navette depuis l'aéroport, laverie, chambres luxueuses (mobilier en cuir, grands lits, belle luminosité et déco différente dans chaque chambre). L'immeuble du XVIe siècle peut accueillir les personnes en fauteuil roulant.

Senatoriai Hotel HÔTEL €€
(Carte p. 300 ; ☎5-212 6491 ; www.senatoriai.lt ; Tilto gatvė 2a ; s/d 78/87 € ; P @ ᯤ). On se sent comme à la maison dans ce petit hôtel situé tout près de la cathédrale. Les chambres, pour la plupart spacieuses, sont dotées de mobilier en cuir épais, de lits corrects et du Wi-Fi gratuit. L'hôtel dispose d'un restaurant servant des spécialités lituaniennes, et d'une blanchisserie. Promotions en ligne en période creuse.

Hotel Rinno HÔTEL €€
(Carte p. 300 ; ☎5-262 2828 ; www.rinno.lt ; Vingrių gatvė 25 ; ch standard/deluxe 68/88 € ; P ❄ @ ᯤ). Cet hôtel indépendant charmant, idéalement situé entre la vieille ville et les gares routière et ferroviaire, propose des chambres tout confort à tarifs abordables. Le petit-déjeuner est servi dans l'agréable cour intérieure.

♥ **Narutis** HÔTEL €€€
(Carte p. 300 ; ☎5-212 2894 ; www.narutis.com ; Pilies gatvė 24 ; s/d 125/145 € ; P ❄ @ ᯤ). Cette maison en brique rouge de 1581 est dédiée à l'hôtellerie depuis ses origines. Petit-déjeuner et dîner servis sous les voûtes d'une cave gothique et Wi-Fi dans l'ensemble de l'hôtel. Tarifs réduits en ligne.

Neringa HÔTEL €€€
(Carte p. 300 ; ☎5-212 2288 ; www.neringahotel.com ; Gedimino prospektas 23 ; s/ch haut de gamme/ste 94/109/124 € ; P @ ᯤ ≋). Une bonne partie de cet hôtel autrefois très réputé fait partie du patrimoine national. Si l'on apprécie la grandiloquence soviétique, on admirera tout particulièrement les escaliers et les paliers ornés d'austères gravures sur bois ainsi que la fontaine kitsch et les mosaïques du

restaurant. Parmi les rénovations, on compte des écrans plats dans les chambres, des lits corrects et un chauffage au sol.

Stikliai HÔTEL €€€

(Carte p. 300 ; ☎5-264 9595 ; www.stikliaihotel.lt ; Gaono gatvė 7 ; s/d/ste 160/190/230 € ; P@🛜🏊). Crème de la crème des hôtels de la ville, cet établissement est géré par la chaîne Relais & Châteaux. Niché dans une rue pavée de l'ancien quartier juif, ce ravissant immeuble du XVIIe siècle vous accueillera dans de luxueuses chambres.

Shakespeare HÔTEL €€€

(Carte p. 300 ; ☎5-266 5885 ; www.shakespeare.lt ; Bernardinų gatvė 8/8 ; s/d 105/174 € ; P❄@🛜). Cette ancienne imprimerie abrite un hôtel de catégorie supérieure se rapprochant plutôt du boutique-hôtel. Le raffinement tient à la décoration éclectique, au personnel professionnel et aux nombreuses petites touches élégantes. Vous y trouverez antiquités, livres et mobilier de qualité.

Apia Hotel HÔTEL €€€

(Carte p. 300 ; ☎5-212 3426 ; www.apia.lt ; Ignoto gatvė 12 ; d/ste/tr à partir de 100/115/135 € ; P@🛜). Élégant et accueillant, l'Apia occupe un bel immeuble au cœur de la vieille ville. Les 12 chambres donnent au choix sur une rue pavée ou sur une cour – les n°s 3 et 4 sont dotées d'un balcon.

Dvaras HÔTEL €€€

(Carte p. 300 ; ☎5-210 7370 ; www.dvaras.lt ; Tilto gatvė 3-1 ; d/ste 104/143 € ; P❄@🛜). La tradition d'hospitalité du manoir de Dvaras, classé au patrimoine national, remonte au XVIIIe siècle. Le lieu proposait alors une échoppe de bières et 5 chambres, aujourd'hui elles sont au nombre de 8, avec Wi-Fi, TV sat, minibar et lits confortables. Assez proche de la cathédrale, du château et des principaux sites de la vieille ville.

Europa Royale Hotel HÔTEL €€€

(Carte p. 300 ; ☎5-266 0770 ; www.groupeuropa.com ; Aušros Vartų gatvė 6 ; d/ste 109/239 €). Idéalement situé, cet hôtel 4 étoiles propose des chambres somptueuses et tout ce qu'on attend d'un établissement de standing. Les chambres sur rue donnent sur la façade de la Philharmonie nationale.

Grotthaus HÔTEL €€

(Carte p. 300 ; ☎5-266 0322 ; www.grotthusshotel.com ; Ligoninės gatvė 7 ; d/ste à partir de 122/207 € ; P@🛜). En franchissant l'entrée à baldaquin rouge de cet hôtel à la façade jaune bouton-d'or, vous découvrirez des éléments décoratifs du XIXe siècle, du mobilier italien et des baignoires Villeroy & Boch. L'hôtel est très bien situé, et des tarifs réduits sont proposés le week-end.

Radisson Blu Astorija HÔTEL €€€

(Carte p. 300 ; ☎5-212 0110 ; www.radissonblu.com ; Didžioji gatvė 35/2 ; s/d/ste 180/210/360 € ; P🚭@🛜🏊). Un excellent hôtel pour clientèle d'affaires ou fortunée. Faisant partie d'une chaîne hôtelière, le bel immeuble début XXe siècle domine l'église Saint-Casimir. Les dimanches d'hiver, les brunchs sont un must. Presse-pantalon et coffre-fort dans chaque chambre. Les plus onéreuses ont été relookées en 2014.

Radisson Blu Hotel Lietuva HÔTEL €€€

(Carte p. 296 ; ☎5-272 6272 ; www.radissonblu.com ; Konstitucijos prospektas 20 ; ch/ste à partir de 159/209 € ; P❄@🛜). Un élégant hôtel international qui n'a rien d'exceptionnel, si ce n'est que c'est le plus chic du quartier d'affaires Šnipiškės et qu'il offre une vue splendide sur Vilnius, surtout depuis le bar panoramique du dernier étage.

Où se restaurer

Au-delà des *cepelinai* (boulettes de pommes de terre fourrées à la viande, aux champignons ou au fromage) et des *kepta duona* (bâtonnets de pain frits à l'ail), la scène culinaire de Vilnius fait des incursions de plus en plus nombreuses du côté des cuisines du monde. Les restaurants sont, pour la plupart, situés dans la vieille ville. Attention, se restaurer après minuit peut être difficile. L'été, réservez pour dîner en terrasse.

Radharanė VÉGÉTARIEN €

(Carte p. 300 ; ☎5-240 4720 ; www.radharane.lt ; Gediminio prospektas 32 ; plats 4 € ; ⊙11h-21h ; 🖉). Les restaurants végétariens ne courent pas les rues à Vilnius ; la cuisine indienne saupoudrée de tradition locale, légère et savoureuse, de cet établissement fait exception. Goûtez les keftas, le *panir* (fromage indien) aux aubergines ou le *channa dal* (spécialité à base de lentilles). Tous les plats sont accompagnés de riz et de salade.

Senoji Kibininė LITUANIEN €

(Carte p. 300 ; www.kibinas.lt ; Vilniaus gatvė ; plats 3,50 € ; ⊙9h-21h lun-ven, 10h-21h sam, 10h-20h dim). Si l'on peut y faire le plein de *cepelinai* ou de galettes de pommes de terre, la véritable spécialité de ce restaurant est le *kibinai*, petit pâté en croûte traditionnel de la minorité turque karaïte. Rien de tel qu'un *kibinai* au mouton, au poulet et champignons, ou aux épinards à la crème, après un verre dans la vieille ville.

Pietausim LITUANIEN €

(Carte p. 296 ; ☎8-615 18454 ; pietausim.lt ; J Jasinskio gatvė 16 ; plats 4 € ; ⏲11h-14h30). Cette cantine pas chère a des allures de réfectoire, mais avec une déco tout en couleurs, une clientèle jeune et une atmosphère animée. Les amateurs de cuisine lituanienne apprécieront les poissons, la *šaltibarščiai* (soupe froide de betterave) et les salades. Arrivez tôt : les réserves commencent à s'épuiser dès le début de l'après-midi.

Pilies kepyklėlė CRÊPERIE €

(Carte p. 300 ; ☎5-260 8992 ; Pilies gatvė 19 ; plats 3-6 € ; ⏲9h-23h). Cette crêperie/boulangerie, qui mêle ambiance à l'ancienne et dynamisme, sort du lot dans la rue touristique la plus fréquentée de Vilnius. À 9h, l'omelette est incontournable et les savoureuses crêpes jambon-fromage ou épinards sont roboratives et bon marché. Le gâteau aux graines de pavot est l'un des meilleurs de la ville.

♥ **Balzac** FRANÇAIS €€

(Carte p. 300 ; ☎8-614 89223 ; www.balzac.lt ; Savičiaus gatvė 7 ; plats 12-15 € ; ⏲12h-23h lun-jeu, 12h-minuit ven-sam, 12h-21h dim). La meilleure cuisine française de Vilnius. À la carte, des classiques de brasserie comme le tournedos de bœuf ou le confit de canard, ainsi qu'un vaste choix de poissons et de fruits de mer, dont certains sont importés de France. Vous pourrez dîner en terrasse s'il fait bon. La salle étant petite, mieux vaut réserver.

Sue's Indian Raja INDIEN €€

(Carte p. 300 ; ☎5-286 1888 ; www.suesindianraja.lt ; Odminių gatvė 3 ; plats 10 € ; 🖉). Ce n'est sans doute pas pour la cuisine moghole que vous êtes en Lituanie, mais si vous ressentez une soudaine envie de curry, goûtez celui du Sue. Le menu est standard, le restaurant central et les prix s'en ressentent, mais une certaine authenticité se dégage des produits et des plats concoctés dans la cuisine.

Meat Lovers' Pub PUB €€

(Carte p. 300 ; ☎8-65251233 ; www.meatloverspub.lt ; Šv Ignoto gatvė 14 ; plats 11 € ; ⏲11h30-minuit ; 📶). L'enseigne est claire : on vient ici pour manger de la viande (et boire). Les bières pression lituaniennes, allemandes et d'autres pays d'Europe aident à faire descendre les énormes steaks, les saucisses allemandes et les excellents burgers (à partir de 6 €). On y propose aussi des salades, de la soupe et du cidre.

LE TOP 5 DES PANORAMAS DE VILNIUS

Pour une vue imprenable sur la ville, visitez :

Le **château de Gédymin** (p. 295).

La **porte de Subačiaus** (p. 306) dominant la Vilnia.

L'**Oreivystės Centras** (p. 310) pour une inoubliable excursion en montgolfière au-dessus de Vilnius.

Le **SkyBar** (p. 319), un cocktail à la main.

La **tour de la Télévision** (p. 310) au coucher du soleil.

Vegafe VÉGÉTALIEN €€

(Carte p. 300 ; ☎8-659 77411 ; www.jogosmityba.lt ; Totorių gatvę 3 ; plats 8 € ; ⏲11h-22h lun-ven, 12h-22h sam-dim ; 🖉). Fidèle aux principes végétaliens et ayurvédiques (ni ail ni oignons), Vegafe fait dans le haut de gamme de la cuisine responsable. Dans la salle aux tons pastel et aux lignes épurées, dégustez des plats aussi délicieux que vertueux, tels une farandole de légumes de printemps ou des *momos* (raviolis tibétains).

Jurgis ir Drakonas PIZZERIA €€

(Carte p. 300 ; ☎8-600 77977 ; www.jurgisirdrakonas.lt ; Pylimo gatvė 22d ; plats 6 € ; ⏲11h-22h lun-ven, 12h-22h sam-dim). Trouver une pizza à Vilnius n'est pas difficile, mais "Georges et le Dragon" a pour mérite d'être fidèle à ses origines napolitaines. Le patron, marié à la star locale d'émissions culinaires Beata Čičkauskaitė-Nicholson, fait venir d'Italie les tomates, la farine et autres ingrédients afin de garantir l'authenticité des saveurs.

Fiorentino ITALIEN €€

(Carte p. 300 ; ☎5-212 0925 ; www.fiorentino.lt ; Universiteto gatvė 4 ; plats 10 € ; ⏲11h-23h ; 📶). Fiorentino propose de délicieux plats italiens à deux pas du Palais présidentiel. Le service est impeccable et l'atmosphère conviviale. Rien de tel que la cour intérieure "Renaissance" pour se régaler en toute tranquillité de spécialités toscanes comme la *tagliata* (carpaccio de bœuf avec parmesan et roquette) ou les pâtes fourrées au jambon et à la fontine nappées de beurre de sauge.

Kukumuku CAFÉ €€

(Carte p. 300 ; ☎5-261 0630 ; www.kukumuku.lt ; Vokiečių gatvė 6 ; plats 9-11 € ; ⏲12h-21h lun-ven, 10h-21h sam-dim ;). Ce restaurant sur 2 niveaux s'impose si vous voyagez avec des enfants : une déco colorée, de nombreuses aires de jeux et même une salle Lego. On trouve dans le menu assez classique des burgers ou du bœuf Stroganoff (également, menus pour enfants et pour personnes souffrant d'allergies alimentaires).

Kitchen INTERNATIONAL €€

(Carte p. 300 ; ☎8-688 80558 ; www.facebook.com/kitchenvilnius ; Didžioji gatvė 11 ; plats 7-12 € ; ⏲11h30-minuit). Ce restaurant à la déco dépouillée mais élégante, dissimulé derrière une porte cochère dans la rue animée de Didžioji, propose une cuisine moderne et inventive de saison : soupe froide au yaourt et concombre, premières asperges du printemps assorties d'un accompagnement savoureux, etc. Horaires réduits en été.

René INTERNATIONAL €€

(Carte p. 300 ; ☎5-212 6858 ; www.restoranasrene.lt ; Antokolskio gatvė 13 ; plats 9 € ; ⏲11h-23h ;). L'esprit de René Magritte habite ce restaurant faisant honneur à la cuisine à la bière, où les murs aux briques de guingois sont surréalistes. Serveurs et serveuses portent des chapeaux melon et la clientèle est invitée à dessiner sur les nappes en attendant leurs moules marinière ou leurs saucisses cuites à la bière.

♥ **Lokys** LITUANIEN €€€

(Carte p. 300 ; ☎5-262 9046 ; www.lokys.lt ; Stiklių gatvė 8 ; plats 14-16 € ; ⏲12h-minuit). Un gros ours en bois signale l'entrée de cette institution de Vilnius, où l'on fait la fête dans les caves voûtées d'une maison de marchand depuis 1972. Le menu de ce restaurant de chasseurs propose du gibier : rôtis de chevreuil ou de sanglier, caille aux poires et aux airelles, et même ragoût de castor aux champignons. Concerts folks l'été.

Markus ir Ko STEAKS €€€

(Carte p. 300 ; ☎5-262 3185 ; www.markusirko.lt ; Antokolskio gatvė 11 ; plats €27). Il faut payer le prix, mais vous goûterez probablement à la meilleure viande rouge du pays. Accompagnez votre tournedos ou votre aloyau de beurre maître d'hôtel, de béarnaise ou de sauce au poivre, ou goûtez le canard miel-gingembre ou le veau aux chanterelles. Cherchez l'enseigne (un gros bras au pouce levé) dans une ruelle du quartier juif.

Bistro 18 INTERNATIONAL €€€

(Carte p. 300 ; ☎8-677 72091 ; bistro18.lt ; Stiklių gatvė 18 ; plats 11-17 € ; ⏲11h30-22h mar-jeu, 11h30-23h ven, 13-23h sam). Le Bistro 18 est une bouffée d'air frais sur la scène culinaire de Vilnius. Équipe sympathique et attentive, décor minimaliste, et cuisine internationale créative et savoureuse. Le vin blanc est servi à la température idéale.

Saint-Germain MÉDITERRANÉEN €€€

(Carte p. 300 ; ☎5-262 1210 ; www.saintgermain.lt ; Literatų gatvė 9 ; plats 18-22 € ; ⏲11h-23h). Cette élégante brasserie nichée dans l'une des plus belles ruelles pavées de la vieille ville propose une cuisine d'inspiration italienne et française qui se déguste avec du vin, bien évidemment. Pour vous régaler de sandre à la ligurienne (en papillote avec tomates, olives, pommes de terre et pignons) en terrasse, pensez à réserver.

Žuvinė POISSON, FRUITS DE MER €€€

(Carte p. 300 ; ☎8-682 19172 ; www.zuvine.lt ; Didžioji gatvė 31 ; plats €13-18 ; ⏲11h-minuit lun-sam ; 11h- 22h dim). Vaste choix de poissons frais lituaniens d'eau de mer et d'eau douce : sandre, coquilles Saint-Jacques, éperlan et autres délices aquatiques. La terrasse au pied de l'hôtel de ville vous donnera envie de prolonger le repas.

Sweetroot LITUANIEN €€€

(Carte p. 300 ; ☎8-685 60767 ; www.sweetroot.lt ; Užupio gatvė 22 ; plats 14 € ; ⏲16h-23h mar-sam). Sweetroot est la confirmation que la tendance locavoriste – qui consiste à consommer des produits locaux – a fait son apparition sur la scène gastronomique de Vilnius. Dans un décor raffiné, vous pourrez assister à la confection des plats en savourant des spécialités qui utilisent des ingrédients locaux comme l'oseille, l'herbe à chats, la feuille de betterave, les escargots et du poisson de rivière.

Naked Bite of Contemporary Cuisine EUROPÉEN MODERNE €€€

(Carte p. 300 ; ☎8-623 13455 ; Stiklių gatvė 12/Žydų gatvė 2 ; plats 14-16 € ; ⏲11h-minuit). Ce restaurant confortable du quartier juif de la vieille ville fait souffler sur Vilnius un vent de nouveauté venu du Nord. Le service est irréprochable et les plats (bœuf maturé avec betteraves et échalotes, turbot à l'orge perlé et aux noix de Saint-Jacques) sont succulents. Les menus déjeuner – 2 ou 3 plats (7/8 €) et dîner – 5 plats (23 €) sont d'un rapport qualité/prix exceptionnel.

St Hubertus EUROPÉEN MODERNE €€€

(Carte p. 300 ; ☎8-615 69777 ; www.st-hubertus.lt ; Vokiečių gatvė 24 ; plats 23 € ; ⏰12h-minuit). La clientèle est prévenue : saint Hubert est le patron des chasseurs ! Si les portions de 350 g de bœuf, de sanglier ou de chevreuil sont trop protéinées pour vous, vous pourrez opter pour des plats plus légers, comme le velouté de chou-fleur aux crevettes ou le cabillaud à l'encre de seiche accompagné d'épinards et de lentilles. Une ou deux options végétariennes au menu.

La Provence MÉDITERRANÉEN €€€

(Carte p. 300 ; ☎8-686 04708 ; www.laprovence.lt ; Vokiečių gatvė 22 ; plats 20 € ; ⏰18h minuit mar-sam). La Provence possède des nappes amidonnées, des murs recouverts de tapisseries et une carte des vins impeccable. La cuisine n'est pas uniquement française, il y a aussi des spécialités italiennes et espagnoles. Au menu : carpaccio, bouillabaisse, pâtes, gibier et coq au vin, entre autres classiques.

Faire ses courses

S'approvisionner ne pose aucun problème dans une ville où l'on trouve un supermarché à presque tous les coins de rue.

♥ Senamiesčio Krautuvė LITUANIEN €

(Carte p. 300 ; ☎5-231 2836 ; www.senamiesciokrautuve.lt ; Literatų gatvė 5 ; ⏰10h-22h lun-sam, 11h-17h dim). Les meilleurs produits de Lituanie, dont certains ne se trouvent qu'ici, sont rassemblés dans cette merveilleuse tanière de hobbit. Viandes séchées, saucisses fraîches, fromages, fruits et légumes, pain et pâtisseries, miel et confitures : laissez-vous tenter par la profusion de délices de ce trésor d'épicerie caché sur Literatų gatvė.

Kmyninė BOULANGERIE €

(Carte p. 296 ; ☎8-674 47224 ; Užupio gatvė 38 ; pain et gâteaux 3,50-7 €/kg ; ⏰7h30-20h lun-ven, 8h-20h sam ; 📶). Faites le plein de pains de seigle appétissants, de gâteaux lituaniens et de *sakotis* (gâteaux traditionnels en forme de sapin de Noël) dans cette jolie boulangerie qui porte le nom de "cumin", une épice dont raffole toute l'Europe orientale.

Maxima SUPERMARCHÉ €

(Carte p. 300 ; www.maxima.lt ; Mindaugo gatvė 11 ; ⏰24h/24). Le seul supermarché de la ville ouvert 24h/24. Nombreuses enseignes à travers Vilnius.

Iki SUPERMARCHÉ €

(Carte p. 296 ; www.iki.lt ; J Jasinskio gatvė 16 ; ⏰8h-22h). L'un des plus grands supermarchés de la ville. Iki est partout, même à la gare routière.

Mini Maxima SUPERMARCHÉ €

(Carte p. 300 ; www.maxima.lt ; Gedimino prospektas 64 ; ⏰7h-22h lun-ven, 8h-22h sam-dim). Version mini des magasins de la chaîne.

Iki Express SUPERMARCHÉ €

(Carte p. 300 ; www.iki.lt ; Jogailos gatvė 12 ; ⏰7h30-23h). Supermarché de poche pour les plus pressés.

Où prendre un verre et faire la fête

La plupart des bars de Vilnius ferment relativement tôt et nombreux sont ceux qui font aussi office de restaurant. Direction Vokiečių gatvė et ses terrasses en bois pour commencer la soirée. Plus tard, Totorių ou Vilnius gatvė et ses bars toujours plus nombreux s'imposent.

Le clubbing a beau ne pas être très développé, il n'en est pas moins animé, et, de temps à autre, de nouvelles adresses font leur apparition. Les choses sérieuses ne commencent que vers minuit. Par ailleurs, l'hiver est la meilleure saison, car l'été, les fêtes de plage au bord de la mer drainent une bonne partie de la population.

Bukowski BAR

(Carte p. 300 ; ☎8-640 58855 ; Visų Šventų gatvė 7 ; ⏰11h-2h lun-mer, 11h-5h jeu-dim). Le fantôme de Charles Bukowski rôde dans ce bar à l'esprit bohème, d'un recoin plutôt calme de la vieille ville. Patio extérieur par beau temps, bonnes bières pression, soirées poésie, musicales et autres événements spéciaux, et une ambiance chaleureuse et pas snob pour un sou. Difficile de trouver mieux à Vilnius.

Vasaros Terasa BEER GARDEN

(Carte p. 300 ; ☎8-633 94995 ; Vilnius gatvė 39 ; ⏰11h-4h mai-sept). Cette cour des miracles gardée par deux vaches en céramique est ouverte uniquement l'été (d'où son nom, "terrasse d'été"). Concerts, stands alimentaires, marchés aux puces, capoeira et bien d'autres distractions pour passer un après-midi chaleureux à tous points de vue.

Sweet and Sour BAR À COCKTAILS

(Carte p. 300 ; ☎8-682 27774 ; Aušros Vartų gatvė 19 ; ⏰16h-minuit mar-mer, 16h-2h jeu-sam).

Sirotez des cocktails classiques concoctés avec soin dans ce bar lambrissé intime et raffiné d'Aušros Vartų gatvė, réchauffé en hiver par un feu de cheminée.

Jamaika BAR

(Carte p. 300 ; ☎8-688 76766 ; Visų Šventųjų gatvė 9 ; ⏲18h-6h). Le bar de l'auberge de jeunesse Jamaika paraît un peu délabré, mais ce lieu décalé est sans doute le plus convivial de la ville.

Alchemikas BAR À COCKTAILS

(Carte p. 300 ; ☎8-612 99800 ; Islandijos gatvė 1 ; ⏲19h-2h lun-jeu, 19h-4h ven-sam). Entièrement dédié à la mixologie de pointe, l'"Alchimiste" transforme les ingrédients basiques de son bar en or pour les hipsters de Vilnius. Très fréquenté et de taille modeste, l'endroit se remplit vite quand la jeunesse est de sortie.

Soho GAY ET LESBIEN

(Carte p. 296 ; ☎8-699 39567 ; www.sohoclub.lt ; Švitrigailos gatvė 7/16 ; entrée 23h-1h 3 €, 1h-4h 6 € ; ⏲22h-7h ven-sam). Club ouvert d'esprit et résolument tourné vers la fête, Soho se vante d'être la boîte LGBTQ la plus populaire de la ville. Lorsqu'il n'y a pas de performance live, des DJ mixent de la house et de la pop.

Exit DISCOTHÈQUE

(Carte p. 296 ; ☎8-698 59116 ; J Jasinskio gatvė 16a ; entrée à partir de 3 € ; ⏲23h-4h ven-sam). Sans doute le plus grand club du pays. Le *sound system*, l'ambiance de feu et la clientèle hédoniste d'Exit attirent des grands noms de la scène internationale. Ils partagent les platines avec des DJ du coin.

Špunka BAR

(Carte p. 300 ; ☎8-652 32361 ; Užupio gatvė 9 ; ⏲15h-22h mar-dim, 17h-22h lun). Ce charmant petit bar propose une belle sélection d'ales artisanales de Lituanie et d'ailleurs, que vous pourrez accompagner d'assiettes de charcuterie et de fromage de la région.

Būsi Trečias MICROBRASSERIE

(Carte p. 300 ; ☎5-231 2698 ; www.busitrecias.lt ; Totorių gatvė 18 ; ⏲11h-23h dim-ven, 11h-3h sam). À Vilnius, on sait que dans ce bar-microbrasserie on peut déjeuner pour presque rien de spécialités lituaniennes reconstituantes (plats 3,20 €). On peut aussi goûter 12 variétés de bières (au citron vert, à la framboise, au caramel...) dans un chaleureux décor en bois, ou à table, dans la cour, si le temps le permet.

OÙ BOIRE UN VERRE DE BON VIN

Vilnius n'a pas que de l'*alus* (bière) en stock : de nombreux établissements font honneur aux plaisirs de la vigne.

In Vino/Portobello (carte p. 300 ; ☎5-212 1210 ; www.invino.lt ; Aušros Vartų gatvė 7 ; ⏲16h-2h dim-jeu, 16h-4h ven-sam). Ce lieu très fréquenté de Vilnius s'est récemment séparé en deux établissements : Vino, un bar à vins glamour, a cédé la moitié de son espace à Portobello, un pub à l'anglaise. Choisissez votre camp : d'un côté de la cour, c'est chandelles et vaste choix de vins au verre ; de l'autre, c'est bière artisanale, cabines téléphoniques rouges et découpes d'Austin Mini.

La Bohème (carte p. 300 ; ☎5-212 1087 ; www.laboheme.lt ; Šv Ignoto gatvė 4/3 ; ⏲12h-minuit dim-mer, 12h-2h jeu-sam). Choisissez entre les tables en bois sous les voûtes et les lustres, et les canapés confortables à l'arrière. Idéal l'hiver, quand le feu brûle dans la cheminée.

Notre Vie (carte p. 300 ; ☎8-614 24521 ; www.notrevie.lt ; Stikliũ gatvė 10 ; ⏲15h-minuit ; 📶). Situé sur l'un des principaux carrefours du dédale de ruelles de la vieille ville, ce petit bar plein de caractère propose des vins au verre du Nouveau Monde comme de l'Ancien, du fromage, de la charcuterie, des *quesadillas* et bien d'autres en-cas pour accompagner votre dégustation.

Tappo D'Oro (carte p. 300 ; ☎8-686 16866 ; Stuokos-Gucevičiaus gatvė 7 ; ⏲11h-23h ; 📶). La belle carte des vins est résolument tournée vers l'Italie. Des crus à déguster accompagnés d'en-cas dans une ambiance conviviale sur la terrasse verdoyante, le meilleur endroit pour se délasser à proximité de la cathédrale. Tappo D'Oro a une annexe dédiée aux noctambules sur **Vokiečių gatvė** (carte p. 300 ; ☎8-616 74754 ; Vokiečių gatvė 8 ; ⏲19h-4h).

Opium DISCOTHÈQUE
(Carte p. 300 ; ☎8-691 41205 ; www.opiumclub.lt ; Islandijos gatvė 4 ; entrée 3-5 € ; 22h-6h ven, 23h-5h sam). Cette petite salle, où l'on peut aussi déjeuner, est destinée aux authentiques clubbeurs. Les meilleurs DJ de la ville et du monde entier y mixent de l'électro, de la techno et de la house.

King & Mouse BAR
(Carte p. 300 ; ☎5-203 2552 ; www.kingandmouse.lt ; Trakų gatvė 2 ; 17h-1h). Avec plus de 300 whiskies à la carte, sans compter les cocktails, le personnel s'y connaît. En ajoutant une ambiance conviviale et la possibilité de se restaurer, on obtient l'endroit idéal pour se requinquer après une journée d'exploration de la ville.

Artistai PUB
(Carte p. 300 ; ☎5-212 1268 ; artistai.lt ; Šv Kazimiero gatvė 3 ; 12h-minuit lun-jeu, 12h-4h ven-dim). Un pub de caractère : concerts, terrasse en été et expositions de photographes de la région.

Brodvėjus DISCOTHÈQUE
(Carte p. 300 ; brodvejus.lt ; Vokiečių gatvė 4/Mėsinių gatvė 4 ; 20h-5h mar-dim). Une institution de la vieille ville, avec musique live, karaoké, DJ et fermeture tardive promettant des nuits mouvementées.

Užupio kavinė CAFÉ
(Carte p. 300 ; ☎5-212 2138 ; www.uzupiokavine.lt ; Užupio gatvė 2 ; 10h-23h ; wifi). L'atout principal de ce bar, c'est le lieu lui-même : sur les bords de la Vilnia à côté du pont qui mène à Užupis. L'été, installez-vous sur la terrasse (les places sont prisées) surplombant les hautes herbes aquatiques et regardez passer les badauds. L'intérieur douillet vaut le détour l'hiver, avec des concerts impromptus.

SkyBar BAR
(Carte p. 296 ; ☎5-231 4823 ; Konstitucijos prospektas 20 ; 17h-1h dim-jeu, 17h-2h30 ven-sam). Malgré des airs de salon d'aéroport, le SkyBar reste indétrônable pour sa vue splendide depuis le 22e étage du Radisson Blue Hotel Lietuva. DJ les vendredis et samedis.

Pinavija CAFÉ
(Carte p. 300 ; ☎8-676 44422 ; www.pinavija.lt ; Vilniaus gatvė 21 ; café 1,50 €, pâtisseries 2 € ; 9h-20h ; wifi). Passez le store rayé couleur caramel et pénétrez dans ce joli café parsemé de bouquets de fleurs pour boire un excellent café et faire votre choix parmi la multitude de gâteaux et pâtisseries. Aire de jeux pour les enfants et musique d'ambiance jazzy pour les plus grands. Laissez-vous tenter par un gâteau lituanien fromage blanc et noix, ou chocolat et muscade.

VILNIUS GAY ET LESBIEN

La Lituanie étant un pays encore très homophobe (même si les relations homosexuelles ont été décriminalisées en 1993), la scène gay et lesbienne est discrète et underground. Pour obtenir des informations générales, les adresses des forums en ligne ou des brochures, contactez la **Ligue gay lituanienne** (☎5-233 3031 ; www.gay.lt). Elle publie sur Internet un bon guide, en anglais, des sorties.

Peu de clubs s'adressent exclusivement à une clientèle homosexuelle à Vilnius. Le Soho est le plus populaire (p. 318).

Vaisinė CAFÉ
(Carte p. 300 ; ☎8-699 28332 ; Užupio gatvė 20 ; café 2 € ; 8h-22h). Symbole de la gentrification d'Užupis avec ses élégants lambris et son atmosphère bourgeoise. Jus de fruits savoureux, bons café et amuse-bouches.

Skonis ir Kvapas CAFÉ
(Carte p. 300 ; ☎5-212 2803 ; www.skonis-kvapas.lt ; Trakų gatvė 8 ; 10h-22h lun-sam, 11h-20h dim). Temple dédié au plaisir sensuel du thé et du café, "goûtez et sentez" est un agréable établissement sur cour. Café d'origine certifiée, mélanges chauds et épicés pour l'hiver, thé glacé en terrasse l'été, en-cas et friandises, boutique avec épices, tabac et cadeaux souvenirs : bien plus qu'un simple café.

☆ Où sortir

L'office du tourisme et le *Baltic Times* publient le programme des événements.

Cinémas

On trouve un programme de cinéma sur www.cinema.lt (en lituanien).

Forum Cinemas Vingis CINÉMA
(Carte p. 296 ; ☎1567 ; www.forumcinemas.lt ; Savanorių prospektas 7 ; 10h30-22h). Les 12 salles de ce multiplexe projettent essentiellement des films venus des États-Unis en V.O., sous-titrés en lituanien.

Pasaka CINÉMA
(Carte p. 300 ; ☎5-261 1516 ; www.kinopasaka.lt ; Šv Ignoto gatvė 4/3). Cinéma d'art et d'essai qui diffuse habituellement les films en V.O.

Forum Cinemas Akropolis CINÉMA
(☎1567 ; www.forumcinemas.lt ; Ozo gatvė 25). Films en anglais, en dehors du centre.

Théâtre et musique classique

Des pièces de théâtre lituaniennes et étrangères sont présentées dans plusieurs salles de la ville. La plupart des troupes ne se produisent pas l'été. Billets en vente sur place.

Petit Théâtre d'État de Vilnius THÉÂTRE
(Vilniaus Mažasis Teatras ; carte p. 300 ; ☎5-249 9869 ; www.vmt.lt ; Gedimino prospektas 22). Inauguré en mars 1990, juste avant l'indépendance officielle de la Lituanie, ce théâtre a déménagé en 2005 dans la salle actuelle. Sous la houlette de son directeur artistique Rimas Tuminas, il propose des classiques de Tchekov ou de Beckett ainsi que des pièces de dramaturges lituaniens, dont Tuminas lui-même.

Théâtre Arena THÉÂTRE
(Carte p. 296 ; ☎8-683 77357 ; Olimpiečių gatvė 3). Cette salle moderne a une programmation variée, allant de concerts d'un guitariste aussi doué que Stevie Vai à des conférences d'affaires. Elle héberge également l'innovant **Théâtre Oskaras Koršunovas** (OKT, Oskaro Koršuno Teatro ; carte p. 300 ; ☎5-212 2099 ; www.okt.lt ; Ašmenos gatvė 8), la plus avant-gardiste des troupes du pays.

Théâtre national d'art dramatique de Lituanie THÉÂTRE
(Lietuvos Nacionalinis Dramos Teatras ; carte p. 300 ; ☎5-262 1593 ; www.teatras.lt ; Gedimino prospektas 4 ; ⏲billetterie 10h-19h lun-ven, 11h-19h sam-dim, fermé 14h-15h). En activité depuis 1951, le Théâtre national d'art dramatique propose des pièces lituaniennes et internationales en lituanien.

Théâtre national de l'opéra et du ballet de Lituanie OPÉRA
(Lietuvos Nacionalinis Operos ir Baleto Teatras ; carte p. 300 ; ☎8-615 51000 ; www.opera.lt ; Vienuolio gatvė 1 ; ⏲billetterie 10h-19h lun-ven, 10h-18h30 sam, 10h-15h dim). Les compagnies nationales d'opéra et de ballet sont hébergées dans ce bâtiment tape-à-l'œil de l'époque soviétique, de grandes dimensions, et aux plafonds ornés d'une myriade de lustres. On peut y assister à des performances de niveau international pour une bouchée de pain (4 €). Les meilleures places tournent autour de 200 €.

Théâtre de la jeunesse THÉÂTRE
(Jaunimo Teatras ; carte p. 300 ; ☎5-261 6126 ; www.jaunimoteatras.lt ; Arklių gatvė 5 ; ⏲billetterie 11h-14h et 14h30-18h mar-dim). Classiques et œuvres expérimentales dans un bel immeuble classique. Fermé de mi-juillet à mi-août.

Palais des congrès de Vilnius SALLE DE CONCERT
(Carte p. 300 ; ☎5-262 8127 ; www.lvso.lt ; Vilniaus gatvė 6/16 ; ⏲billetterie 12h-19h lun-ven, 11h-16h sam). Ce bâtiment aux formes géométriques au bord de la Néris héberge l'Orchestre symphonique national. Outre des symphonies, on peut y écouter notamment de la musique de chambre et des opéras. Des stars locales et mondiales y poussent parfois la chansonnette.

Philharmonie nationale de Lituanie MUSIQUE CLASSIQUE
(Lietuvos Nacionalinė Filharmonija ; carte p. 300 ; ☎5-266 5233 ; www.filharmonija.lt ; Aušros Vartų gatvė 5 ; ⏲billetterie 10h-19h mar-sam, 10h-12h dim). La salle la plus réputée du pays pour la musique classique, la musique de chambre et la musique sacrée. Mais il n'y a pas que du classique : des ensembles de jazz de renommée mondiale s'y produisent fréquemment.

Académie lituanienne de musique et de théâtre MUSIQUE CLASSIQUE
(Lietuvos muzikos akademija ; carte p. 296 ; ☎5-261 2691 ; www.lmta.lt ; Gedimino prospektas 42). Dans le giron de cette académie grandissent les futures vedettes de la musique, de la danse et du théâtre lituaniens. L'institution propose chaque année des centaines de représentations gratuites. Elle compte 4 bâtiments, le principal et le plus classique se trouvant au 42 du boulevard Gedimino.

Achats

La rue principale de la vieille ville, qui va de Pilies gatvė à Aušros Vartų gatvė, tient tout à la fois du marché d'artisans et du piège à touristes. Babioles en ambre, petits souvenirs et vêtements recouvrent les étals, des peintres présentent leurs œuvres et de nombreuses boutiques vendent du lin ou de l'ambre. Nous donnons dans l'encadré ci-contre une liste des meilleures adresses.

Le principal marché en plein air de Vilnius, **Gariūnai**, est souvent synonyme de déception. Il est à l'écart de la route de Kaunas, à l'ouest de Vilnius. Des minibus à destination de "Gariūnai" ou "Gariūnų Turgus" font le trajet tous les matins, entre la route de la gare ferroviaire et le marché. En voiture, empruntez Savanorių prospektas sur 11 km depuis le centre-ville. Le marché essentiellement alimentaire de **Kalvarijų** (☎8-272 2225 ; www.kalvariju-turgus.lt ; Kalvarijų gatvė 61 ; ⏲aube-12h mar-dim) est moins excentré. Les deux sont ouverts du lever du soleil à midi, du mardi au dimanche.

Vieille ville

Musée de l'Ambre BIJOUX
(Carte p. 300 ; ☎5-212 1988 ; www.ambergift.lt ; Aušros Vartų gatvė 9 ; ⏲10h-18h lun-ven, 10h-15h sam). Les œuvres des meilleurs orfèvres spécialisés dans l'"or balte" sont exposées dans une salle ornée de plus de 500 kg d'ambre.

Lino ir Gintaro Studija DÉCO ET BIJOUX
(Atelier Lin et Ambre ; carte p. 300 ; ☎5-261 0213 ; lgstudija.lt ; Stiklių gatvė 3 ; ⏲10h-19h, 10h-17h dim). Avec ses 2 autres boutiques dans les rues Pilies (7) et Didžioji (10 et 11), l'"Atelier lin et ambre" vous permettra de faire de beaux cadeaux en lin, en ambre et en métaux précieux.

Aušros Vartų Meno Galerija ARTISANAT
(Carte p. 300 ; ☎5-240 5007 ; www.avmenogalerija.lt ; Aušros Vartų gatvė 12 ⏲9h-21h). La bonne adresse pour les souvenirs réalisés localement (peintures, dentelle et autres productions artisanales).

Amatų Gildija CÉRAMIQUE
(Corporation ; carte p. 300 ; ☎5-212 0520 ; www.amatugildija.lt ; Pranciškonų gatvė 4 ; ⏲mar-sam). Dans ce lieu, véritable ruche bruissante d'activité et d'objets artisanaux, on s'attache à transmettre les techniques traditionnelles

L'ARTISANAT LITUANIEN À VILNIUS

L'artisanat lituanien est bel et bien vivant, comme en témoignent les ateliers enchanteurs de la vieille ville et des alentours.

Senųjų Amatų Dirbtuvės (Atelier d'artisanat ancien ; carte p. 300 ; ☎8-613 81889 ; www.seniejiamatai.lt ; Savičiaus gatvė 10 ; ⏲11h-19h mar-dim). Ce fantastique et chaleureux atelier, membre de l'Association des artisans de Vilnius, présente les outils, les matériaux et les résultats de toute une gamme d'artisanats traditionnels – tissage, fabrication de papier, reliure, travail du cuir et du métal, etc. C'est l'endroit idéal pour apprendre ces techniques à l'épreuve du temps ou acheter un beau souvenir de votre séjour.

Centre de céramique noire (BCC ; carte p. 300 ; ☎8-6994 2456 ; www.ceramics.w3.lt ; Naugarduko gatvė 20). Centre dédié à la préservation et à l'enseignement des techniques lituaniennes ancestrales de la céramique noire, avec atelier et boutique.

Jonas Bugailiškis (carte p. 300 ; ☎8-6523 6613 ; www.bugailiskis.com ; Aušros Vartų gatvė 17-10 ; ⏲sur rendez-vous). L'artiste lituanien Bugailiškis fabrique toutes sortes d'objets bizarres dans son bel atelier : des sculptures, des croix ornées, et même des instruments de musique.

Sauluva (carte p. 300 ; ☎8-686 43906 ; www.sauluva.lt ; Literatų gatvė 3 ; ⏲10h-19h). Cette "société par actions" vend des objets artisanaux en ambre, en métal, en céramique, en tissu et bien d'autres matériaux encore. Parfait pour dénicher des jouets originaux et éducatifs, ici ou dans les annexes du 21 et du 36 de la rue Pilies ou du 12 de la rue Šv. Jono.

Musée-galerie de la Forge d'Užupis (Užupio kalvystės muziejus galerija ; carte p. 300 ; ☎5-215 3757 ; www.vilniauskalviai.lt ; Užupio gatvė 26 ; ⏲10h-19h mar-ven, 10h-17h sam). Assistez à des démonstrations de travail du fer (le mardi après-midi ou sur rendez-vous) ; vous repartirez peut-être avec un souvenir ou deux.

Vilniaus Puodžių Cechas (Corporation des potiers de Vilnius ; carte p. 300 ; ☎8-659 99040 ; Paupio gatvė 2-20 ; ⏲11h-19h mar-ven, 12h-18h sam). Fabrique traditionnelle de céramique et expositions d'objets artisanaux.

Vitražo manufaktūra (carte p. 300 ; ☎5-212 1202 ; www.stainedglass.lt ; Stiklių gatvė 6-8 ; ⏲11h-20h lun-ven, 11h-18h sam, 11h-17h dim). Délicates sculptures, tableaux colorés et mobiles aériens peuplent cette boutique de vitraux. Démonstrations tous les jours de 12h à 16h.

de la céramique. Les locaux en sous-sol regroupent un atelier ouvert, une galerie marchande et un espace dédié à l'apprentissage. L'essentiel du travail minutieux effectué ici concerne les vases, mais on peut également y apprendre la gravure sur bois, le tissage et bien d'autres arts encore (ou acheter des objets).

Dom Bow Ties NŒUDS PAPILLONS
(Carte p. 300 ; 8-627 33328 ; www.ietuviskospeteliskes.lt ; Stiklių gatvė 6 ; 11h-19h mar-dim). Au n°6, descendez les quelques marches sous le nœud papillon géant de l'enseigne pour vous retrouver dans un temple à la gloire de cet accessoire, où toutes les pièces sont faites à la main. Si vous avez une idée précise en tête, vous pourrez même vous faire fabriquer un nœud papillon sur commande.

Ramunė Piekautaitė MODE
(Carte p. 300 ; 5-231 2270 ; ramunepiekautaite.com ; Didžioji gatvė 20 ; 11h-19h30 lun-ven, 11h-18h sam, 11h-16h dim). Boutique de luxe avec vêtements de créatrices et créateurs locaux.

Zoraza MODE
(Carte p. 300 ; 8-640 33588 ; www.zoraza.com ; Stiklių gatvė 9/Gaono gatvė 10 ; 11h-19h lun-sam). Daiva Urbonavičiūtė dirige une maison chic et choc. Débauche de couleurs et de matières – daim, paillettes, perles, feutrine, cristal ou cuir – pour une touche urbaine et vintage.

Aukso Avis MODE
(Carte p. 300 ; 5-261 0421 ; www.facebook.com/AuksoAvis ; Pilies gatvė 38 ; 11h-20h lun-ven, 11h-19h sam, 11h-17h dim). Dirigée par une grande créatrice de mode de la ville, Julija Žilėniene, cette galerie vend sacs, tee-shirts, tableaux et bijoux (colliers de feutrine ou de laine, par exemple) confectionnés avec des matières originales.

Gedimino 9 CENTRE COMMERCIAL
Carte p. 300 ; go9.lt ; Gedimino prospektas 9 ; 10h-19h lun-sam). Ce centre commercial huppé situé dans un grand édifice victorien ayant hébergé au fil des ans des agences gouvernementales, des journaux et des boîtes de nuit, regroupe des marques internationales comme H&M et Body Shop. Les prix sont prohibitifs pour beaucoup de Vilnois, ce qui explique la faible fréquentation du lieu.

Marks & Spencer GRAND MAGASIN
(Carte p. 300 ; global.marksandspencer.com/lt ; Gedimino prospektas 20/1 ; 8h30-20h lun-ven, 10h-20h sam, 10h-18h dim). La célèbre enseigne britannique propose de tout, depuis des mets importés jusqu'aux produits essentiels de la cuisine lituanienne.

Vinny's VINS
(Carte p. 300 ; 5-269 0013 ; www.vinnys.lt ; Vilniaus gatvė 15 ; 10h-20h lun-jeu, 10h-21h ven, 12h-20h sam-dim). Ce caviste propose un vaste choix de vins et d'alcools de toute l'Europe, ainsi que des spécialités lituaniennes comme de l'hydromel, du Samanė (un alcool frelaté mais légal, qui monte à 50°) et du Zalgiris (eau-de-vie à base d'hydromel à 75°).

Akademinė Knyga LIBRAIRIE
(Carte p. 300 ; 5-266 1680 ; humanitas.lt ; Universiteto gatvė 4 ; 10h-18h lun-ven, 10h-15h sam). Cette librairie scientifique et universitaire propose également des œuvres de fiction, dont certaines en anglais.

Humanitas LIBRAIRIE
(Carte p. 300 ; 5-262 1153 ; www.humanitas.lt ; Dominikonų gatvė 5 ; 10h-18h lun-ven, 10h-16h sam). Une belle sélection de livres d'art, de design et d'architecture, idéale pour rapporter des cadeaux.

Littera LIBRAIRIE
(Carte p. 300 ; 5-212 1988 ; Universiteto gatvė 3 ; 9h-18h lun-ven, 10h-15h sam). La librairie de l'université, qui vend aussi des souvenirs, se trouve dans la cour M. K.-Sarbievijus.

Vaga LIBRAIRIE
(Carte p. 296 ; 5-249 8392 ; www.vaga.lt ; Gedimino prospektas 9 ; 10h-19h lun-ven, 10h-16h sam). Vaste choix de cartes et excellent café.

Ville moderne

Juozas Statkrevičius MODE
(Carte p. 300 ; www.statkevicius.com ; Paménkalnio gatvė 2-1). "Josef Statkus" est un grand nom international de la mode, notamment pour ses costumes.

Lino Kopos (Giedrius) MODE
(Carte p. 296 ; www.giedrius.com ; Krokuvos gatvė 6 ; 10h-19h lun-ven, 10h-16h sam). Le grand maître du lin de la capitale s'appelle Giedrius Šarkauskas. Puisant son inspiration dans le cycle naturel de la vie, il est à l'origine de collections 100% lin. Les accessoires, quant à eux, mélangent ambre, bois et lin.

Lino Namai DÉCO
(Maison du lin ; carte p. 300 ; 5-212 2322 ; www.siulas.lt ; Vilniaus gatvė 12 ; 10h-19h lun-ven, 10h-18h sam, 11h-17h dim). Vend du lin de Siūlas, la plus grande filature du pays, réputée

pour la haute qualité de son linge de lit et de table. On trouve aussi des accessoires et quelques vêtements. Une seconde boutique au 38 de la rue Pilies.

Europa CENTRE COMMERCIAL
(Carte p. 296 ; www.pceuropa.lt ; Konstitucijos prospektas 7a ; 7h-minuit ;). Depuis la vieille ville, il suffit de traverser la Néris pour trouver cet immense centre commercial. Trois étages de boutiques, auxquelles s'ajoutent quelques restaurants et cafés.

Akropolis CENTRE COMMERCIAL
(5-238 7711 ; www.akropolis.lt ; Ozo gatvė 25 ; 10h-22h ;). Gigantesque centre commercial et de loisirs. Des centaines de boutiques et de restaurants, un multiplexe, une patinoire et une aire de jeux pour enfants.

Renseignements

Les plans du centre-ville que distribuent les offices du tourisme suffiront la plupart du temps. Sinon, les librairies ainsi que quelques supermarchés et hôtels vendent les plans de Vilnius édités par **Briedis** (www.briedis.lt ; Parodų gatvė 4) et **Jāņa sēta** (www.kartes.lv). Le Vilnius de Jāņa sēta (1/25 000 ; 3,50 €) comprend l'ensemble de la ville, dont le centre est à l'échelle 1/10 000.

ACCÈS INTERNET

La plupart des cafés, restaurants et hôtels ont un accès Wi-Fi gratuit.

Collegium (Pilies gatvė 22-1 ; 2 €/h ; 10h-18h lun-ven). Accès Internet et téléphone ; bien situé mais cher.

AGENCES DE VOYAGES

Baltic Travel Service (5-212 0220 ; www.bts.lt ; Subačiaus gatvė 2 ; 8h-18h lun-ven, 10h-14h sam). Réservations de séjours à la ferme, de billets de bus et d'hôtels.

West Express (5-255 3265 ; www.westexpress.lt ; A Stulginskio gatvė 5 ; 8h-19h lun-jeu, 8h-18h ven). Importante agence de voyages implantée dans tout le pays.

Zigzag (25-39 7397 ; www.zigzag.lt ; Basanavičiaus gatvė 30 ; 9h-18h lun-ven). Réductions sur présentation de la carte ISIC.

ARGENT

Les adresses suivantes ont des DAB qui acceptent les cartes Visa et MasterCard. On trouve des distributeurs dans toute la ville.

Citadele Bankas (5-213 5454 ; www.kaiserex.com ; Gedimino prospektas 26 ; 8h-17h lun-ven). Bureau de change. Citadele Bankas est l'interlocuteur local d'American Express.

SEB Vilniaus Bankas (www.seb.lt ; Vokiečių gatvė 9 ; 9h-17h30 lun-ven). Il y a aussi une agence sur Gedimino (www.seb.lt ; Gedimino prospektas 12 ; 8h-17h lun-ven)

Swedbank (www.swedbank.lt ; Gedimino prospektas 56 ; 9h-17h30 lun-jeu, 9h-16h30 ven). Change les chèques de voyage Thomas Cook et American Express.

BIBLIOTHÈQUES

American Centre (www.vilnius.usembassy.gov ; Akmenų gatvė 7 ; 10h-14h lun, mer-ven, 10h-19h mar). Dans l'ambassade des États-Unis.

Institut français de Lituanie (www.institutfrancais-lituanie.com ; Didžioji gatvė 1 ; 9h-19h lun-ven, 10h-15h sam). Expositions, bibliothèque et festivals de théâtre et de cinéma.

CONSIGNES

Consigne de la gare routière (carte p. 296 ; 5h25-21h lun-ven, 7h-20h45 sam-dim). Laissez vos bagages au *bagažinė* pour 0,87 € pièce.

Gare ferroviaire (Geležinkelio gatvė ; sous-sol du hall principal ; 24h/24). Consigne disponible, à partir de 2 € toutes les 24 heures.

LAVERIE

Quelques auberges de jeunesse disposent de machines à laver en libre service. Les hôtels les plus chers s'occupent du linge de leur clientèle.

Skalbiu sau (5-216 4689 ; www.skalbiusau.lt ; Savanorių prospektas 176 ; 9h-22h lun-ven, 10h-19h sam-dim). Laverie et pressing.

MÉDIAS

Vilnius in Your Pocket (www.inyourpocket.com). Ce guide de qualité sur la capitale paraît tous les deux mois. Téléchargeable en version PDF et disponible dans les librairies, offices du tourisme et kiosques à journaux (0,58 €).

OFFICES DU TOURISME

Office du tourisme de l'aéroport (5-230 6841 ; www.vilnius-tourism.lt ; Rodūnios kelias 2-1 ; 9h-21h). Moins complet que l'office principal en ville, mais tout de même utile.

Office du tourisme de la place de la Cathédrale (carte p. 300 ; 5-262 9660 ; www.vilnius-tourism.lt ; Šventaragio gatvė 2 ; 9h-13h15, 14h-18h). Kiosque d'informations au cœur de la vieille ville.

Office du tourisme de la vieille ville (carte p. 300 ; 5-262 9660 ; www.vilnius-tourism.lt ; Vilniaus gatvė 22, LT-01119 ; 9h-18h). Maison mère des offices du tourisme de la ville, idéale pour se procurer des brochures, demander conseil et réserver des hébergements.

Office du tourisme de l'hôtel de ville (carte p. 300 ; 5-262 6470 ; www.vilnius-tourism.lt ;

Didžioji gatvė 31 ; ⌚9h-12h30 et 13h15-18h). Cartes et brochures, location de vélos, conseils et réservation d'hébergements.

POSTE

Poste (Carte p. 300 ; www.post.lt ; Vokiečių gatvė 7-13 ; ⌚10h-18h lun-ven). Pratique depuis la vieille ville.

Poste centrale (Centrinis Paštas ; carte p. 300 ; www.post.lt ; Gedimino prospektas 7 ; ⌚8h30-19h lun-ven, 9h-14h sam). Offre la plus grande amplitude horaire.

SERVICES MÉDICAUX

Clinique dentaire et chirurgicale balto-américaine (☎234 2020 ; www.bak.lt ; Nemenčinės gatvė 54a ; ⌚24h/24). Centre médical anglophone dans l'hôpital Antakalnis de l'université de Vilnius.

Gintarine vaistinė (Geležinkelio gatvė 16 ; ⌚7h-21h lun-ven, 9h-18h sam-dim). Pharmacie du hall principal de la gare ferroviaire.

Urgences du centre hospitalier universitaire de Vilnius (☎216 9069 ; www.rvul.lt ; Šiltnamių gatvė 29 ; ⌚24h/24). Cet hôpital universitaire prend en charge les urgences et les problèmes médicaux graves.

SITES WEB

Vieux Vilnius (agence de rénovation du) (www.vsaa.lt). Pour se tenir au courant de l'avancée des travaux dans la vieille ville.

Vilnius (www.vilnius.lt). Site de la ville – bonne source de renseignements.

Vilnius Tourism (www.vilnius-tourism.lt). Le site de l'office du tourisme à Vilnius. Un excellent guide de la capitale en temps réel.

ℹ Depuis/vers Vilnius

AVION

Il n'existe aucun vol intérieur en Lituanie, à moins de faire une escale dans une autre capitale régionale.

Comptoirs principaux de l'aéroport de Vilnius :

AirBaltic (☎5-235 6010 ; www.airbaltic.com). Vols entre les pays baltes. Effectue la liaison Vilnius-Tallinn jusqu'à 5 fois par jour et Vilnius-Riga jusqu'à 7 fois par jour.

Lufthansa (☎5-232 9290 ; www.lufthansa.com). Le comptoir ouvre 2 heures avant les vols Lufthansa et ferme 30 minutes après.

BUS

La **gare routière** (Autobusų stotis ; carte p. 296 ; ☎information 1661 ; www.autobusustotis.lt ; Sodų gatvė 22) se situe juste au sud de la vieille ville. À l'intérieur de l'espace de vente, on peut acheter des billets pour le reste du pays de 6h à 19h30 et obtenir des renseignements. Les horaires des départs sont affichés sur place et disponibles sur le site Internet www.autobusubilietai.lt. Plusieurs lignes de cars rallient des destinations internationales :

Ecolines (carte p. 296 ; ☎5-213 3300 ; www.ecolines.net ; Geležinkelio gatvė 15 ; ⌚8h-19h lun-ven, 9h-17h30 sam-dim). Dessert plusieurs grandes villes européennes.

Eurolines (carte p. 296 ; ☎5-233 5277 ; www.eurolines.lt ; Sodų gatvė 22 ; ⌚6h30-21h30). Eurolines est une compagnie de cars fiable.

Simple Express (carte p. 300 ; ☎5-233 6666 ; www.simpleexpress.eu ; Sodų gatvė 20b1 ; ⌚8h-19h lun-ven, 9h-19h sam-dim). De pair avec sa filiale Lux Express, Simple Express propose des tarifs imbattables pour les trajets de ville en ville, dont les liaisons Vilnius-Riga pour 11 € et Vilnius-Tallinn pour 23 €.

Les bus desservent notamment les villes baltes suivantes :

Druskininkai (10 €, 2 heures, 15/jour)
Ignalina (6 €, 1 heure 45, jusqu'à 10/jour)
Kaunas (6 €, 1 heure 45, régulièrement entre 5h45 et 23h)
Klaipėda (18 €, de 4 à 5 heures 30, 17/jour)
Molėtai (5 €, de 1 heure 15 à 2 heures, 17/jour)
Palanga (18 €, de 4 heures 15 à 6 heures, 14/jour)
Panevėžys (10 €, de 1 heure 45 à 3 heures, régulièrement entre 6h et 22h)
Rīga (18 €, 5 heures, 9/jour)
Šiauliai (13 €, 4 heures à 4 heures 30, 15/jour)
Tallinn (32 €, 10 heures 30, 5/jour)
Visaginas (8 €, 2 heures 30, 12/jour)

VOITURE ET MOTO

Les stations service ouvertes 24h/24 sont légion à Vilnius. Si vous projetez de franchir la frontière avec une voiture de location, vérifiez qu'elle est bien assurée pour circuler à l'étranger.

Autobanga (☎5-212 7777 ; autobanga.lt ; Rodūnios kelias 2-1). Locations à partir de 25 €.

Avis (☎5-232 9316 ; www.avis.com ; Rodūnios kelias 2 ; ⌚6h-1h15). Agences en ville (☎5-250 7500 ; B. Radvilaites gatvė 5a ; ⌚8h-17h lun-ven, 9h-16h sam-dim) et à la gare ferroviaire (☎5-230 6820 ; Geležinkelio gatvė 16 ; ⌚8h-17h lun-ven, 8h-16h sam-dim).

Europcar (☎5-250 3425 ; www.europcar.com ; Rodūnios kelias 2 ; ⌚9h-minuit). Agence en ville également (☎5-250 3420 ; Slucko gatvė 3 ; ⌚9h-19h lun-ven, 8h-19h sam).

Sixt (☎5-239 5636 ; www.sixt.lt ; Rodūnios kelias 2 ; ⌚8h-minuit lun-ven, 10h-17h sam-dim). Autre grande agence à l'aéroport.

TRAIN

La **gare ferroviaire** (Geležinkelio stotis ; ☎information 5-233 0088 ; www.litrail.lt ; Geležinkelio gatvė 16) et la gare routière se font face. Équipée de DAB, la gare abrite un supermarché et un bureau d'information.

Au départ de Vilnius, il n'existe aucun train direct, ou avec des correspondances pratiques, pour Riga et Tallinn. Des trains quotidiens directs relient Vilnius aux villes suivantes :

Ignalina (4 €, 1 heure 45, 8/jour)
Kaunas (6 €, 1 heure 30, 14/jour)
Klaipėda (16 €, 4 heures, 3/jour)
Trakai (1,70 €, 40 min, jusqu'à 10/jour)

Comment circuler

DEPUIS/VERS L'AÉROPORT

L'**aéroport international de Vilnius** (Tarptautinis Vilniaus Oro Uostas ; ☎6124 4442 ; www.vno.lt ; Rodūnios kelias 10a ; W ; g1, 2) est situé à 5 km au sud du centre. On y accède en bus, en train ou en taxi. Le bus n°1 relie l'aéroport et la gare ferroviaire. Le bus n°2 rallie la banlieue nord-ouest de Šeškinė via le pont de Žaliasis sur la Néris et poursuit jusqu'à Lukiskių aikštė. Vente de billets (1 €) à bord, mais il faut prévoir de la monnaie.

Les trains partent pour la gare du centre toutes les 30 minutes entre 6h et 23h30. Le trajet ne dure que 10 minutes. Achetez votre billet à bord pour 0,72 €.

Si vous choisissez un des taxis qui attendent devant le hall des arrivées, comptez environ 15 €. Si vous avez pris soin d'en réserver un, le tarif descend à 10 €.

TAXI

Les tarifs des taxis peuvent varier. Ils sont généralement moins chers si vous réservez par téléphone. L'accueil de votre hôtel ou de votre restaurant appellera pour vous. Voici des compagnies fiables :

Ekipažas (☎1446 ; www.ekipazastaksi.lt). Une des plus grandes compagnies de taxis de Vilnius.

Martono Taksi (☎240 0004). Taxis à Vilnius.

Mersera (☎278 8888). Taxis jaunes.

TRANSPORTS URBAINS

L'ensemble de la ville est bien desservi par un réseau de bus et de trolleybus qui fonctionnent de 5h30 ou 6h à minuit (ils sont moins nombreux le dimanche). Un trajet coûte 1 € si vous achetez un ticket à bord, ou 0,64 € si vous avez un Vilniečio Kortelė (billet électronique en vente dans des kiosques ; voir www.vilniusticket.lt pour plus d'informations) ; c'est gratuit si vous disposez de la carte de la ville de Vilnius avec transports inclus (en vente dans les offices du tourisme). En resquillant, on s'expose à une petite amende.

Des minibus plus rapides desservent la plupart des lignes. Ils vous prennent et vous déposent où vous le souhaitez le long du parcours – et pas seulement aux arrêts matérialisés. Le ticket coûte 1 € à bord.

La majeure partie de la vieille ville est interdite aux véhicules motorisés. Peu de bus et de trolleybus la desservent donc.

Pour plus de renseignements sur les trajets, consultez le www.vilniustransport.lt ou procurez-vous un plan du réseau auprès des offices du tourisme.

VÉLO

Vilnius est de plus en plus ouverte aux cyclistes, même si les pistes cyclables se font plus rares quand on sort de la vieille ville et qu'on s'éloigne des rives de la Néris. Il y a des stations Cyclocity orange dans toute la ville, l'office du tourisme propose des cartes gratuites des pistes cyclables et BaltiCCycle (www.balticcycle.lt) est une mine d'informations et de suggestions.

Cyclocity (☎8-800 22008 ; www.cyclocity.lt ; ⏲24h/24 avr-oct). Rien de plus facile que d'emprunter et de rendre un vélo dans les 37 stations réparties à travers Vilnius. Il suffit d'avoir une carte bancaire ou une carte Cyclocity (s'inscrire au préalable). Pour 3 jours, vous paierez 2,90 €.

Velo-City (☎ 8-674 12123 ; velovilnius.lt ; Palangos gatvė 1 ; 1h/24h 4/12 € ; ⏲10h-21h avr-sept, sur rendez-vous oct-mars). Juste à l'extérieur de la ville, cette agence de location propose des vélos de qualité et bien entretenus.

VOITURE ET MOTO

Il est plutôt facile de circuler en voiture dans Vilnius, mais la circulation est plus dense d'année en année. Se garer dans les rues qui entourent le centre relève de la gageure et revient cher. En fonction du quartier et de l'emplacement, les tarifs peuvent aller jusqu'à 2 €/heure. Les tarifs sont indiqués par un code couleur (bleu pour les emplacements les plus chers) ; payez aux horodateurs et placez le ticket sur le tableau de bord (de 8h à 20h).

Évitez de vous garer dans les rues qui ne sont pas éclairées la nuit – le vol de véhicule y est plus fréquent. Les voitures sont interdites dans la majeure partie de la vieille ville.

ENVIRONS DE VILNIUS

Le centre géographique de l'Europe, un château de conte de fées et des collines fortifiées se trouvent à proximité de la capitale lituanienne. Vous pouvez également organiser une excursion à Paneriai.

Paneriai

Paneriai raconte l'une des plus sombres pages de l'histoire lituanienne. Entre juin 1941 et juillet 1944, les nazis assassinèrent 100 000 personnes sur ce site, à 10 km au sud-ouest de Vilnius. Au bout des trois premiers mois de l'occupation nazie (juin-septembre 1941), l'Einsatzkommando 9, une troupe de SS spécialisée dans l'extermination, et ses complices lituaniens, avaient déjà tué au même endroit près de la moitié de la population juive de la ville, soit environ 35 000 personnes.

Les nazis firent ensuite exhumer et brûler les corps pour supprimer les preuves du massacre. Une des fosses les plus profondes était réservée aux malheureux chargés de déterrer les cadavres et de réduire les os en poudre.

L'entrée de la forêt est marquée par le Panerių memorialas. Une inscription en russe, datant de l'époque soviétique, rappelle que 100 000 "citoyens soviétiques" ont perdu la vie ici. Des plaques en lituanien et en hébreu, apposées plus tard, rendent hommage aux nombreuses victimes juives.

Une vingtaine de trains quotidiens (dont certains à destination de Trakai ou de Kaunas) relient Vilnius à Paneriai (0,58 €, 11 min). En quittant la gare de Paneriai, prenez à droite dans Agrastų gatvė et marchez sur 1 km en direction du sud-ouest.

À voir

Musée de Paneriai MUSÉE

(☎ Visite guidée 8-6808 1278 ; www.jmuseum.lt ; Agrastų gatvė 15 ; ⏱9h-17h mar-dim mai-sept, sur rendez-vous oct-avr). GRATUIT Ce petit musée raconte une partie de l'histoire terrifiante de Paneriai. On trouve ici deux monuments, l'un juif (il porte l'étoile de David) et l'autre russe (un obélisque surmonté de l'étoile soviétique), d'où partent des sentiers qui mènent aux fosses recouvertes d'herbe où furent tués 100 000 personnes.

Les nazis alignaient leurs victimes par groupes de 10 avant de les abattre d'une balle dans la nuque. Les morts tombaient dans la fosse et étaient simplement recouverts de sable avant que le rang suivant les y rejoigne. Plusieurs centaines de personnes pouvaient ainsi être assassinées chaque jour.

Trakai

☎ 528 / 5 400 HABITANTS

Son château de brique rouge tout droit sorti d'un conte de fées, ses maisons en bois, les lacs qui la bordent et les derniers témoins de la culture karaïte en font une excursion incontournable à seulement 28 km de la capitale.

La majeure partie de la ville occupe une langue de terre de 2 km de long qui pointe vers le nord, entre le lac Luka (à l'est) et le Totoriškių (à l'ouest). Le lac Galvė, ponctué de 21 îles, s'étend au nord.

Gédymin fit probablement de Trakai sa capitale dans les années 1320, et Kęstutis y établit sa cour au XIVe siècle. Protégée par les 82 km² du **parc historique national de Trakai** (☎ 528-55 776 ; www.seniejitrakai.lt), Trakai est aujourd'hui plus calme, à part peut-être les week-end en été.

À voir

♥ **Château de Trakai** CHÂTEAU

(Trakų Pilis ; www.trakaimuziejus.lt ; tarif plein/senior/étudiant et enfant 6/4/3 € ; ⏱10h-19h mai-sept, 10h-18h mars-avr et oct, 10h-17h nov-fév ; 👪). Le principal site touristique de Trakai est son célèbre château posé sur une île au milieu du lac Galvė. L'édifice gothique en brique rouge, minutieusement restauré, date probablement de 1400 : le grand-duc Vytautas souhaitait alors renforcer les défenses de son territoire, jugeant insuffisant le château de la Presqu'île. Le château est fermé le lundi entre mars et octobre. Il faut payer 1,16 € pour prendre des photos.

Des douves séparent la cour extérieure triangulaire du donjon doté d'une vaste cour centrale, de galeries et de diverses salles. Les collections du musée d'Histoire de Trakai retraçant l'histoire du château sont réparties dans plusieurs salles. La dimension sacrée du lieu est illustrée par sa collection d'art religieux. L'été, la cour du château sert de cadre magique à des concerts et des représentations théâtrales.

Église de la Visitation de la Vierge Marie ÉGLISE

(Birutės gatvė 5). Érigée à la même époque que le château de Trakai par le grand-duc Vytautas, cette somptueuse église paroissiale du XVe siècle recèle une belle collection d'art ecclésiastique, dont le tableau révéré de la Sainte Mère de Dieu, sans doute légué par Vytautas en personne.

Trakai

Les incontournables
1 Château de Trakai B1

À voir
2 Église de la Visitation de la Vierge Marie B3
3 Musée ethnographique karaïte B2
4 Kenessa A2
5 Église orthodoxe de la Nativité B3
6 Château de la Presqu'île B2
7 Collection d'art sacré B2

Activités
8 Bateau B2

Où se loger
9 Apvalaus Stalo Klubas A2
10 Karamių 13 .... B2
11 Salos B3

Où se restaurer
Bona Pizzeria .... (voir 9)
12 Iki B4
13 Kiubėtė B3
14 Kybynlar B2
15 Markizas B2
16 Senoji Kibininė A1

Château de la Presqu'île — RUINES

Les paisibles ruines du château de la Presqu'île, édifié entre 1362 et 1382 par Kęstutis pour être détruit au XVIIe siècle vous attendent un peu au sud du château de l'Île. La presqu'île, parsemée de vieilles maisons en bois, la plupart construites par les Karaïtes, offre un beau panorama sur le château, la ville et les lacs.

Collection d'art sacré — MUSÉE

(Sacralineo Meno Muziejus ; ☎528-53 945 ; www.trakaimuziejus.lt ; Kestučio gatvė 4 ; tarif plein/étudiant 1,16/0,58 € ; ⏲10h-17h mer-dim). Ce petit musée niché dans une ancienne chapelle dominicaine expose une collection d'objets sacrés dont des retables, des croix, des ostensoirs et des calices.

Musée ethnographique karaïte — MUSÉE

(Karaimų etnografinė paroda ; ☎528-55 286 ; www.trakaimuziejus.lt ; Karaimų gatvė 22 ; tarif plein/enfant 1,16/0,58 € ; ⏲10h-18h mer-dim). Ce musée est consacré aux origines des karaïtes, une minorité judaïque turque originaire de Bagdad obéissant à la Loi de Moïse. Leur descendance – environ 380 familles – fut déplacée à Trakai depuis la Crimée vers 1400 pour y servir de gardes du corps. Il ne reste que 12 familles (60 personnes) karaïtes à Trakai et leur nombre – 280 dans toute la Lituanie – chute.

Kenessa — SITE RELIGIEUX

(Karaimų gatvė 30 ; don suggéré). Cette maison de prière en bois bien conservée, avec son dôme intérieur, est l'un des derniers exemples d'architecture karaïte du pays. N'hésitez pas à réserver une visite au Musée ethnographique karaïte.

Église orthodoxe de la Nativité — ÉGLISE

(Maironio gatvė 4). Église orthodoxe du XIXe siècle dont la construction fut en partie financée par la tsarine Maria Alexandrovna.

Activités

L'office du tourisme vous renseignera sur les nombreuses activités de plein air possibles, parmi lesquelles le canotage, l'équitation, le vol en montgolfière et la voile. Il loue également des vélos (3 €/heure, 14 €/jour) et distribue des cartes détaillant la piste cyclable de 14 km qui serpente entre les principaux sites. L'hiver, promenades en traîneau à chevaux, ski et pêche sous la glace sont au programme.

Bateau BATEAU
(☎8-609 51305). On peut louer un pédalo (6 €/heure) ou une barque (5 €/heure) près de la passerelle piétonne pour l'île du château. Ouvert toute la journée en été.

Balade cognitive de Varnikai BALADE
Cette réserve botanique et zoologique à 4 km à l'est de la ville permet une magnifique balade. Suivez les panneaux "Varnikų Gamtos Takas" qui vous feront traverser deux ponts.

Où se loger

On peut facilement venir à Trakai dans la journée depuis Vilnius, mais passer la nuit sur place peut être une expérience agréable pour découvrir la bourgade quand les touristes se font rares.

Kempingas Slėnyje CAMPING €
(☎528-53 380 ; www.camptrakai.lt ; Slėnio gatvė 1 ; empl par tarif plein/voiture/tente 6/5/5 €, bungalow 4 pers 35 €). Camping pour tous budgets à Slėnje, sur la rive nord du lac Galvė, à 5 km de Trakai par la route vers Vievis. Les activités ne manquent pas, du sauna au hammam en passant par le barbecue, les vélos et les bateaux (en location), les soirées traditionnelles et la détente sur une plage de sable.

Salos HÔTEL €
(☎528-53 990 ; www.salos.lt ; Kranto gatvė 5b ; s/d/tr 35/47/64 € ; P @ ☰ ≋). Établissement moderne situé au bord du lac Totoriškių, accessible à pied depuis le centre-ville et le château de l'Île. Il compte 10 chambres bien aménagées, une piscine et un sauna finlandais. Petit-déjeuner 3 €.

Apvalaus Stalo Klubas HÔTEL €€
(☎528-55 595 ; www.asklubas.lt ; Karaimų gatvė 53a ; s/d à partir de 73/90 € ; P @ ☰ ≋). Hôtel en bord de lac avec une vue incomparable sur le château, parfait pour un week-end en couple. La villa la plus élégante, Ežeras, se distingue par ses meubles robustes et confortables, et ses murs aux couleurs vives. Plus moderne et ordinaire, la villa Karaimai est un peu meilleur marché. Excellent restaurant.

Karaimų 13 PENSION €€
(☎528-51 911 ; Karaimų gatvė 13 ; d 60 € ; P @ ☰). Rénovée avec authenticité, cette maison karaïte en bois abrite des chambres et un café qui sert de la cuisine karaïte. L'ameublement est sobre, mais le confort est au rendez-vous. Accès Internet.

Où se restaurer

Iki SUPERMARCHÉ €
(Vytauto gatvė 56 ; ⏲ 8h-22h). Tout ce dont vous aurez besoin pour un pique-nique sur les rives du lac.

Bona Pizzeria PIZZERIA €€
(☎528-55 595 ; www.bona.lt ; Karaimų gatvė 53a ; pizzas 6-8 € ; ⏲11h-23h). Pour la vue sur le château depuis le lac, cette pizzeria a les meilleures tables de la ville. Outre les classiques (pizzas, salades et pâtes), on peut y goûter des spécialités locales comme le *cepelinai* et le *kibinai*.

Senoji Kibininė KARAÏTE €€
(☎528-55 865 ; www.kibinas.lt ; Karaimų gatvė 65 ; plats 4,50-6 € ; ⏲10h-minuit). Ce restaurant traditionnel karaïte est souvent bondé le week-end. Mais vous ne regretterez pas d'avoir bataillé pour une table en terrasse quand vous mordrez à pleines dents dans les pâtés en croûte au porc karaïtes accompagnés d'un bol de bouillon de poule.

Markizas LITUANIEN €€
(☎528-55 859 ; markizas.lt ; Karaimų gatvė 25a ; plats 6,50-8,50 € ; ⏲11h-23h). L'agréable salle se prolonge en été par une terrasse donnant sur le lac. Un cadre idéal pour faire durer le plaisir en dégustant du poisson nappé de sauce aux amandes, des salades légères ou des steaks au barbecue. Un menu enfant est disponible. Musique live occasionnelle.

Kybynlar KARAÏTE €€
(☎8-698 06320 ; www.kybynlar.lt ; Karaimų gatvė 29 ; plats 7-11 € ; ⏲12h-21h). Le meilleur restaurant traditionnel karaïte de Trakai, où vous pourrez déguster des *kibinai* (pâtés en croûte au porc, au poulet et bien d'autres choses encore), du ragoût de bœuf et des tourtes au poisson. À déguster dans la jolie salle ou sur la terrasse au bord du lac.

Kiubėtė LITUANIEN €€
(☎528-59 160 ; kiubete.lt ; Trakų gatvė 2 ; plats 6-8 € ; ⏲10h30-23h). Situé de l'autre côté du lac Totoriškių dans une partie plus tranquille de la presqu'île de Trakai, Kiubėtė

propose un savoureux mélange de cuisines lituanienne et karaïte.

Žejų Namai POISSON €€

(☎528-26 008 ; www.zvejunamai.lt ; plats 13 € ; ⏲11h-22h). Vous disposez d'un véhicule et vous avez une furieuse envie de poisson ? En route pour Žejų Namai, à 16 km au nord de Trakai en direction de Vievis. Des bassins remplis de truites et d'esturgeons vous attendent et les cannes à pêche, les appâts et les seaux sont gratuits. Le personnel s'occupera de peser, d'écailler, de vider et de cuisiner vos prises (truite 16,50 €/kg ; esturgeon 19,50 €/kg).

Renseignements

Office du tourisme (☎528-51 934 ; www.trakai-visit.lt ; Karaimų gatvė 41 ; ⏲9h-18h). Brochures à gogo, équipe anglophone qui vous aidera à organiser une balade en bateau ou à réserver un hébergement, et boutique d'objets artisanaux juste à côté. En bord de lac. Fermé le week-end d'octobre à avril.

Police (☎528-32 230 ; Vytauto gatvė 57). Dans le centre de Trakai.

Depuis/vers Trakai

Jusqu'à 10 trains par jour (1,48 €, 30 min) circulent entre la **gare de Trakai** (☎51 055 ; Vilniaus gatvė 5) et Vilnius.

Centre de l'Europe

En 1989, l'Institut géographique national de France (IGN) a décrété que le centre géographique de l'Europe se trouvait à 54°54 de latitude et à 25°19 de longitude. On y trouve un rocher où sont gravées les coordonnées précises et l'inscription "Geografinis Europos Centras", ainsi que les drapeaux des 28 États de l'UE, une plateforme d'observation en bois et un obélisque de granit blanc couronné d'étoiles d'or.

À voir et à faire

Parc de l'Europe PARC

(☎5-237 7077 ; www.europosparkas.lt ; Europos Parkas gatvė ; tarif plein/enfant 8/4 € ; ⏲10h-crépuscule). L'Europas parkas se trouve à une trentaine de minutes au nord de Vilnius en direction d'Utena. On y découvre des sculptures de grands noms de l'art contemporain comme Sol LeWitt et Dennis Oppenheim sur un terrain boisé (n'oubliez pas votre antimoustique en été). Vous verrez la plus grande sculpture du monde faite de 3 000 postes de télévision, qui est également un labyrinthe menant à une statue de Lénine renversée.

Idée du sculpteur lituanien Gintaras Karosas, ce parc de sculptures est une réponse personnelle au concept de "centre de l'Europe". Chaque année, des ateliers internationaux attirent des artistes du monde entier.

European Centre Golf Club GOLF

(☎8-6162 6366 ; www.golfclub.lt ; location de clubs 23 €, 18-trous 44 € ; ⏲9h-21h en été). Un 18 trous bien entretenu, adapté à tous les niveaux, avec un practice et un restaurant.

Depuis/vers le centre de l'Europe et le parc de l'Europe

Pour rallier le centre de l'Europe, tournez à gauche sur la route qui va de Vilnius à Molėtai au niveau du panneau "Europos Centras".

POUR OBSERVER LES CIGOGNES

L'ensemble du pays, et plus particulièrement sa partie orientale, est une zone de choix pour observer les cigognes. On compte environ 13 000 couples, ce qui en fait la population la plus dense du continent.

Haute de 90 cm, montée sur des pattes qui n'en finissent plus, la créature ailée déploie en vol une grâce saisissante. Au sol, la cigogne ne perd rien de son allure et marche d'un pas altier. Elle se nourrit de grenouilles et dort debout sur une patte.

L'arrivée des cigognes, venues d'Afrique, marque le début du printemps. Le 25 mars, la Lituanie fête cet oiseau, traditionnellement considéré comme protecteur du foyer. Ce jour-là, dans les fermes, on inspecte les graines à planter pour s'assurer d'abondantes récoltes.

Les cigognes occupent le même nid d'une année sur l'autre. Large et plat, il est généralement installé au sommet d'un arbre, d'une cheminée ou d'un poteau télégraphique abandonné. D'autres sont disposés sur des roues en bois ou accrochés à de hauts poteaux – c'est souvent l'œuvre de fermiers qui souhaitent attirer ces oiseaux de bon augure.

Le lieu est difficilement accessible en transports en commun (il faut prendre deux bus et s'armer de patience). Les offices du tourisme de Vilnius (p. 323) vous expliqueront la manœuvre si vous y tenez.

À Vilnius, le bus n°146 marqué "Skirgiskes" part de l'arrêt situé dans Kalvarijų gatvė en direction de l'Europos parkas (1 €, 30 min) au minimum 3 fois par jour. En voiture, empruntez Kalvarijų gatvė en direction du nord jusqu'au rond-point de Santasriskių. Tournez ensuite à droite en direction de Žalieji ežerai en suivant les panneaux "Europos parkas".

Kernavė

On peut découvrir dans la paisible bourgade de Kernavė l'un des sites historiques les plus importants de Lituanie. Pour y parvenir, prenez à Maisiagala la route principale vers le nord (direction Ukmergė) avant de bifurquer vers Dūkštos ou prenez un minibus à Vilnius.

À voir et à faire

Réserve culturelle de Kernavė SITE ARCHÉOLOGIQUE
(Kernavės kultūrinio rezervato ; ☎382-47 385 ; www.kernave.org ; Kerniaus gatvė). GRATUIT Considéré comme un site exceptionnel du fait de ses traces d'occupation humaine remontant à 10 000 ans, Kernavė est entré au patrimoine mondial de l'Unesco en 2004. C'est ici aussi que Mindaugas, premier unificateur de la Lituanie, aurait été couronné en 1253. Cette réserve culturelle rurale compte 4 collines fortifiées et les vestiges d'une ville du Moyen Âge.

Une fois sur place, on comprend aisément le choix des populations de l'époque de s'installer sur cette rive de la Néris au sud de la ville. Le musée et les visites guidées sont très intéressants, mais rien ne vous empêche de vous contenter d'une promenade entre les collines fortifiées.

Festival international d'archéologie expérimentale MUSÉE
(Archeologijos ir Istorijos Muziejus ; ☎382-47 385 ; www.kernave.org ; Kerniaus gatvė 4a ; entrée 2 €, visites guidées jusqu'à 30 pers 20 € ; ⏲10h-18h mar-dim sept-oct et avr-mai, mer-dim juin-août, 10h-16h nov-mars). Cet envoûtant musée retrace l'histoire de la région entre 9 000 avant J.-C. et le XIVe siècle, à travers une vaste collection de poteries, d'outils de l'âge du fer et de sceaux en corne. Mais les artefacts les plus fascinants sont les parures en or, les bijoux en argent de Russie et les cauris incrustés en provenance de l'océan Indien, qui illustrent l'étendue des échanges commerciaux à l'apogée de Kervanė.

Fêtes et festivals

Festival de Rasos CULTURE
Ce festival d'été est célébré le 23 juin dans une atmosphère médiévale – catapultes, lancer de hache, fabrication d'hydromel.

Festival international d'archéologie expérimentale CULTURE
(☎382-47 438). Ce festival de 3 jours a lieu au mois de juillet et est extrêmement amusant.

EST ET SUD DE LA LITUANIE

Des forêts denses et mystérieuses propres à combler vos envies de nature sauvage couvrent l'est et le sud de la Lituanie. Un paysage des plus spectaculaires se déploie en outre dans une région de lacs qui empiète sur la Biélorussie et la Lettonie voisines.

Aukštaitija, le plus ancien des parcs nationaux lituaniens, est encadré par la forêt de Labanoras-Pabradė (900 km²). C'est le paradis pour qui pratiquer des activités de plein air : canoë, randonnée, planche à voile, voile, ornithologie, et, en hiver, pêche sous la glace et même, ski.

À l'extrême sud s'étend le plus grand parc national du pays, Dzūkija, cerné par la forêt de Druskininkai-Varėna (1 500 km²). Ces deux parcs regorgent de baies sauvages au début de l'été et de toutes sortes de champignons du début avril à la fin de l'automne.

À proximité du parc national de Dzūkija, la station thermale de Druskininkai, où les riches Lituaniens s'offrent des vacances d'hiver et des massages au miel. Le parc Grūtas voisin rassemble des sculptures soviétiques à l'effigie des grandes figures de la défunte époque communiste.

Attention : un antimoustique est indispensable dans la région ; par ailleurs, ne cueillez des champignons qu'avec un guide local, et gardez en tête que son estomac est sans doute plus habitué à certaines variétés que le vôtre.

Parc national d'Aukštaitija

386

En découvrant le parc national d'Aukštaitija (aukshtaitiya), on comprend d'où vient l'amour des Lituaniens pour la nature. Ces épaisses forêts bruissantes et ces lacs bleus avaient tout, en effet, pour ensorceler leurs ancêtres païens.

Le parc est recouvert à 70% de pins, d'épicéas et d'arbres à feuilles caduques au milieu desquels évoluent élans, cerfs et sangliers. Il comprend un remarquable ensemble de 126 lacs, dont le plus profond est le **lac Tauragnas** (60,5 m). Un sentier conduit au sommet du **Ledakalnis** (**colline de Glace**), d'où se déploie un panorama sur sept plans d'eau. Le **lac Baluošas**, avec ses rives boisées et ses îlots, est charmant. Les pygargues à queue blanche et les aigles royaux y chassent, et les cigognes y sont légion. La **réserve naturelle de Trainiškis** et la **forêt d'Ažvinčiai**, qui abrite des pins vieux de 150 à 200 ans, ne peuvent se visiter qu'en compagnie des guides du parc.

La bourgade assoupie d'**Ignalina** – qui compte un supermarché, une poste, un hôtel-restaurant et l'un des deux centres d'information du parc – est le principal point de départ pour visiter le parc. Le village de **Palūšė**, à 3 km d'Ignalina sur les rives du lac Lūsiai ("lac du chat sauvage"), abrite les bureaux du parc et le principal centre d'information.

Une centaine de villages se trouvent dans l'enceinte du parc. **Šuminai**, **Salos II**, **Vaišnoriškės**, **Varniškės II** et **Strazdai** constituent des centres ethnographiques protégés.

Le parc compte quelques *piliakalnis* (collines fortifiées), dont celle de **Taurapilio**, sur la rive sud du lac Tauragnas, et de beaux exemples d'architecture traditionnelle en bois comme l'**église** et le **campanile** de

Est de la Lituanie

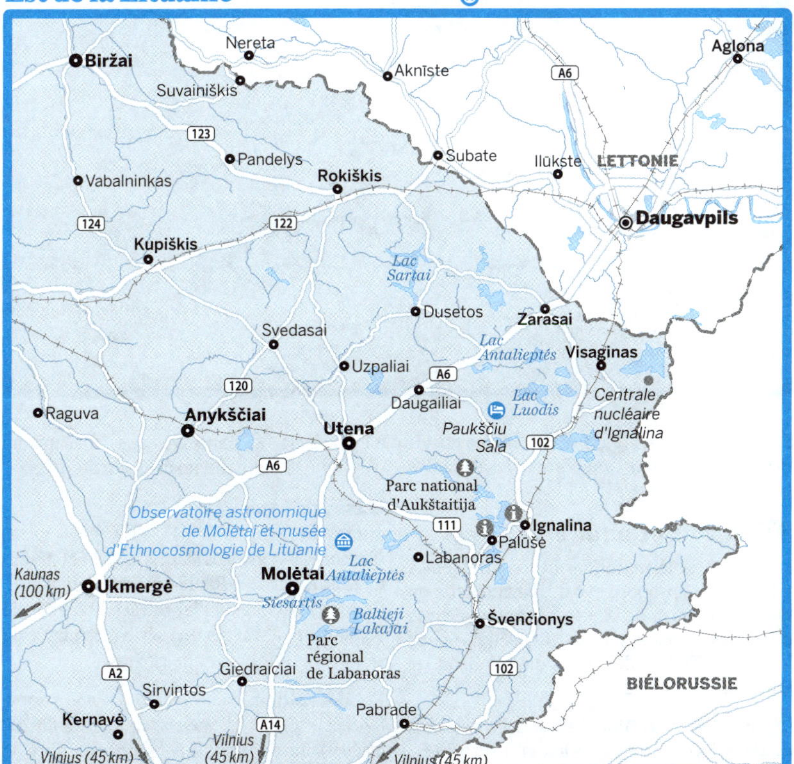

Parc national d'Aukštaitija

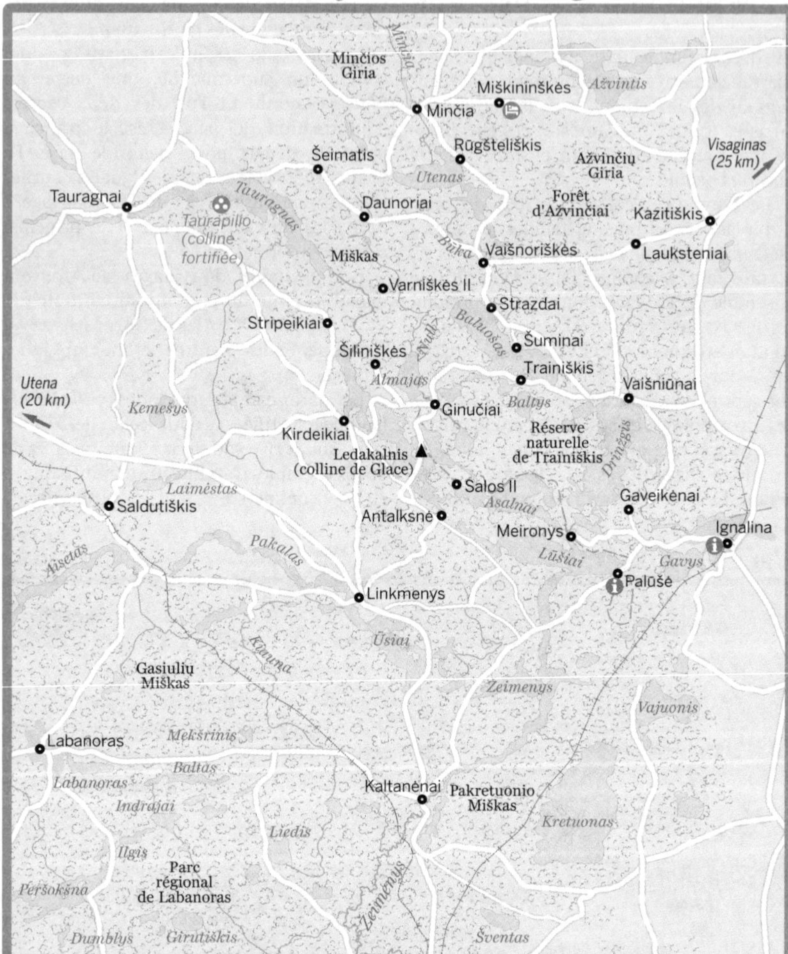

Palūsė. Autour du lac Lūšiai, un **parcours de sculptures sur bois** illustre les légendes lituaniennes.

À voir et à faire

Le bateau et la marche sont les principales activités que propose le parc. La cueillette de champignons et de baies n'est autorisée que dans des zones réservées. Renseignez-vous auprès de l'office des parcs nationaux et de l'office du tourisme.

Moulin à eau de Ginučiai BÂTIMENT HISTORIQUE

(☎386-47 478 ; tarif plein/étudiant 1,20/0,60 € ; ⏲10h-18h mar-sam mai-sept). Ce moulin du XIXe siècle a conservé son mécanisme d'époque. Uniquement sur visite guidée.

Musée de l'Apiculture ancienne MUSÉE

(Senorinės Bitininkystės Muziejus ; ☎8-686 12105 ; Stripeikių kaimas ; ⏲10h-18h mer-dim mai à mi-oct). Ce musée de Stripeikiai retrace l'histoire de l'apiculture à travers une série instructive de sculptures sur bois et de ruches.

Palūšė valtinė BATEAU

(☎8-650 58515 ; www.valtine.lt ; ⏲8h-20h mai-oct). Bateau pour 4 personnes en fibre de verre : 4 € par heure ou 15 € par jour.

Où se loger

Des listes d'hébergements sont disponibles à l'office du parc national de Palūšė et à l'office du tourisme d'Ignalina.

Žuvėdra HÔTEL €
(☎8-686 09069 ; www.zuvedra.com ; Mokyklos gatvė 11, Ignalina ; s/d/qua 26/47/72 € ; P 📶). Ce petit hôtel installé sur les rives du lac Paplovinis est parfait pour dormir en ville. L'office du tourisme d'Ignalina est facilement accessible à pied. Le personnel, serviable, peut s'occuper de réserver vélos et barques. Le restaurant sert sans doute les meilleures spécialités lituaniennes (plats de 6 à 8 €) de la ville.

Tiki Inn PENSION €
(☎8-652 72444 ; Pašakarvio gatvė 2 ; d 40 €). Ce petit bout de Polynésie au cœur des pays baltes est un excellent choix : cuisine et salon communs, terrasse sur le lac pour admirer le soleil couchant, location de kayaks et de planches de paddle, et accueil on ne peut plus chaleureux. Les prix peuvent varier en fonction de la saison.

Moulin à eau de Ginučiai PENSION €
(☎8-616 29366 ; www.anp.lt ; Ginučių 22 ; d 35 € ; P). Chambres sans fioritures à la déco en bois dans un moulin à eau du XIXe siècle d'une tranquillité incomparable. La cuisine est à votre disposition (apportez vos provisions). Le soir, profitez de la cheminée et du sauna. Ouvert d'avril à octobre, et en fonction de la météo. Réservez depuis l'office du parc national.

♥ **Miškiniškės** CHALET €€
(☎8-616 00692 ; miskiniskes.lt ; d/app 55/140 € ; P 📶). Si vous avez la fibre de l'exploration, cet endroit est pour vous : canoë et randonnée à travers les pins et les épicéas la journée, repas consistant le soir avant une nuit dans un chalet rustique. Malgré le décor sauvage, l'établissement propose des chambres douillettes, le Wi-Fi, un sauna et une salle de sport. On n'y accède qu'en voiture.

Centre de sports d'hiver lituanien HÔTEL €€
(Lietuvos žiemos sporto centras ; ☎386-54 193 ; www.lzsc.lt ; Sporto gatvė 3, Ignalina ; d 57 € ; P). L'hébergement – des chalets corrects donnant sur le lac – n'est pas le principal service de ce centre de l'époque soviétique qui propose location de skis et remonte-pente en hiver pour explorer le petit domaine skiable adapté aux premières descentes. L'été, on peut faire du bateau ou parcourir en rollers une piste de 7,5 km. Depuis le centre d'Ingnalina, traversez la voie ferrée et prenez Budrių gatvė sur 2 km.

Renseignements

Office du parc national d'Aukštaitija (Aukštaitijos Nacionalinis Parkas ; ☎386-53 135 ; www.anp.lt ; Lūšių gatvė 16 ; 🕒9h-17h lun-ven). Situé à Palūšė en remontant la route principale de l'autre côté du lac Lūšiai, cet office propose des plans du parc et des informations utiles. Le personnel peut organiser des randonnées à pied ou en bateau encadrées par des guides anglophones (12 €/heure jusqu'à 20 pers), ainsi que des sessions de pêche, de ski, d'équitation et de traîneau.

Office du tourisme (☎386-52 597 ; ignalinatic.lt ; Ateites gatvė 23 ; 🕒8h-17h lun-ven tte l'année, et 10h-15h sam juin-août). Informations sur les activités et les hébergements du parc sur la place principale d'Ingalina. Vente de cartes.

Depuis/vers le parc national d'Aukštaitija

Depuis Vilnius, prenez un bus (6 €, 1 heure 45, 10/jour) pour Ignalina ; il y a aussi au moins un bus par jour depuis/vers Kaunas (7 €, 4 heures) via Utena (2 €, 1 heure). Plusieurs bus circulent chaque jour entre Ignalina et Palūšė (1 €).

Visaginas et la centrale nucléaire d'Ignalina

☎386 / 28 160 HABITANTS

La ville de Visaginas a été construite en 1975 pour héberger les employés de l'ancienne centrale nucléaire voisine. Difficile de trouver plus soviétique hors des frontières russes. Perdue au milieu d'une forêt, Visaginas se résume à une collection de blocs d'appartements identiques, encerclée par une route périphérique. Si elle est loin d'être séduisante, cette cité est en revanche intéressante et étrange.

À son apogée, 5 000 employés se relayaient nuit et jour dans la centrale située à 3 km du centre, occasionnant un ballet de bus. Un compteur Geiger mesurait le taux de radiation du jour et le russe était la langue des échanges quotidiens.

L'avenir de la ville est incertain depuis la fermeture de la centrale en 2009 en vertu d'un accord faisant suite à l'adhésion de la Lituanie à l'Union européenne. Il est question de construire une nouvelle centrale, mais les travaux ne débuteront pas avant 2018, au plus tôt. D'ici là, la population de Visaginas compte sur le tourisme pour soutenir l'économie locale.

Un étonnant festival international de musique country, **Visagino Country** (www.visaginocountry.lt) voit des cow-boys (avec chapeaux et santiags) débarquer en ville de toute l'Europe sur leurs montures à la mi-août.

Depuis la gare ferroviaire de Vilnius, des trains (5,40 €, 2 heures 15, 6/jour) ou des cars (8 €, 2 heures 30, 12/jour) vous conduiront à Visaginas.

Où se loger

Hotel Aukštaitija HÔTEL €
(386-74 858 ; www.hotel-aukstaitija.lt ; Veteranų gatvė 9 ; s/d/ste 26/38/70 € ; P). Pour une nuit en immersion dans l'atmosphère austère de l'époque soviétique, l'Aukštaitija, situé dans une barre de brique rouge, fera parfaitement l'affaire. Les chambres sont moins sinistres que la façade, et certaines ont même été rénovées avec goût.

Hôtel-Spa Gabriella HÔTEL €
(386-70 171 ; www.gabriella.lt ; Jaunystės gatvė 21 ; s/d 40/53 € ; P @). Faites-vous masser et allez transpirer dans le sauna du Gabriella, mais ne vous attendez pas au grand luxe. Le restaurant de l'hôtel, correct, est certainement le meilleur de la ville.

Parc régional de Labanoras

Au sud-ouest d'Aukštaitija s'étend un charmant parc de 528 km^2 émaillé de 285 lacs. On y trouve également le joli village traditionnel de Labanoras. Les balades en canoë sont superbes, particulièrement sur la Lakaja, au sud du parc. Le cyclotourisme est également une option agréable si la météo est clémente, et si vous avez pensé à prendre un vélo avant d'arriver dans le parc. En saison, l'office du parc national (p. 333), situé à Palūšė, vous aidera dans vos recherches.

Il existe peu d'hébergements dans le parc – quelques logements chez l'habitant et le délicieux hôtel-restaurant du village de Labanoras.

Où se loger et se restaurer

Hotel Restaurant Labanoras HÔTEL €
(8-655 70918 ; www.hotellabanoras.lt ; s/d 30/45 € ; P). Découvrez la vie de village lituanienne dans ce charmant hôtel-restaurant. Le bâtiment principal en bois et les petites maisons confortables parsemant les paisibles jardins jalousement gardés (en saison) par des dizaines de cigognes débordent d'un amusant bric-à-brac. Le menu de l'excellent restaurant (plats 7 à 9 €) propose des produits des champs et de la forêt en fonction de la saison.

IGNALINA : RÉACTIONS EN CHAÎNE

La centrale nucléaire d'Ignalina faisait autrefois figure de merveille technologique. Construite par les Soviétiques près de Visaginas dans les années 1980, elle était équipée de 2 réacteurs RBMK – les plus puissants de l'époque – qui pouvaient générer environ 1 500 mégawatts. Ce modèle de réacteur, cependant, était le même que celui qui est à l'origine de la catastrophe de Tchernobyl en 1986. Et même si le deuxième réacteur fut mis en service après la catastrophe, il était clair que les jours de la centrale étaient comptés.

Après l'adhésion de la Lituanie à l'Union européenne en 2004, le nouveau membre subit d'importantes pressions pour fermer sa centrale. L'UE ne voulait pas courir le risque en effet de devoir gérer une crise nucléaire similaire à celle de Tchernobyl. La Lituanie finit par accepter, déclassa son premier réacteur en 2004 et le second en 2009.

Désactivée, la centrale n'en est pas moins sujette à controverse. La question du financement du démantèlement (et des millions d'euros nécessaires à l'assainissement du site et au traitement des déchets radioactifs) reste en suspens. 95% des fonds proviennent de la communauté internationale, mais le gouvernement lituanien a tardé à rassembler le reste et les travaux ont pris du retard. Pour plus d'informations : www.iae.lt.

Le projet de bâtir une nouvelle centrale (plus moderne, de conception occidentale) a jeté de l'huile sur le feu. En 2006, la Lituanie invita ses voisins (Pologne, Lettonie et Estonie) à réfléchir à la construction d'un nouveau réacteur, et des investisseurs comme les Japonais d'Hitachi Corp se mirent sur les rangs. L'accident nucléaire de Fukushima, en 2011, a bien sûr porté un sévère coup au projet, mais en mai 2012, le gouvernement lituanien a finalement donné le feu vert à ce projet qui devrait voir le jour en 2020. Pour les dernières nouvelles concernant le projet, consultez www.vae.lt.

Renseignements

Centre d'information du parc régional de Labanoras (☎387-47 142 ; labanoroparkas.lt ; Seniūnijos gatvė 19 ; ⏲8h-17h lun-ven tte l'année, et 9h-17h sam l'été). Ce centre est une mine d'informations sur la faune, la flore et la géographie de Labanoras. Vous y trouverez les conseils nécessaires à un séjour réussi, que vous aimiez la randonnée, le vélo, le kayak ou l'exploration sous toutes ses formes. L'équipe peut aussi vous aider à louer kayaks et canoës (en général autour de 15 €/jour).

Molėtai

☎383 / 6 970 HABITANTS

Petite ville à 30 km à l'ouest du parc national d'Aukštaitija, Molėtai (mo-leï-taï) vaut le détour uniquement pour les lacs qui l'entourent.

Toutes les heures, un bus part de Vilnius (5 €, 1 heure 15-2 heures) pour Molėtai et continue normalement jusqu'à Utena (3 €, 35 min). Pour visiter l'observatoire et le musée, prenez le bus pour Utena à Molėtai et demandez qu'on vous dépose à l'embranchement qui mène à l'"ethnokosmologijos muziejus" (signalé par un panneau à 10 km au nord de la ville). Il faudra alors suivre la route à droite sur 4 km.

À voir

Observatoire astronomique de Molėtai OBSERVATOIRE

(Molėtų astronomijos observatorija ; ☎383-45 444 ; www.astro.lt/mao). Au sommet de la colline de Kaldiniai (193 m), l'observatoire astronomique de Molėtai offre une vue spectaculaire sur les étoiles et les nombreux lacs alentour. Il abrite en outre le plus grand télescope du nord de l'Europe. Il est possible de le visiter à condition de réserver par téléphone ou sur Internet.

Musée d'Ethnocosmologie de Lituanie MUSÉE

(Lietuvos etnokosmologijos muziejus ; ☎383-45 424 ; www.etnokosmomuziejus.lt ; Žvaigždžių gatvė ; tarif plein/enfant 1,40/0,80 € ; ⏲8h-16h30 lun-ven). Ce musée original explore la relation entre le cosmos et les conceptions culturelles de la Terre, du paradis et de l'enfer dans un bâtiment en forme de bulle. Deux tours d'observation abritant des télescopes permettent d'embrasser une magnifique vue sur les lacs de la région. Des visites nocturnes en anglais (tarif plein/enfant 1,70/1 €) ont lieu 2 heures après le coucher du soleil sur réservation. D'octobre à avril, les visites sont limitées.

Renseignements

Office du tourisme (☎383-51 187 ; www.infomoletai.lt ; Inturkės gatvė 4 ; ⏲8h-18h lun-jeu, 8h-16h45 ven, 9h-13h sam). Informations sur Molėtai et sa région. Fermé le samedi ; horaires réduits entre septembre et juin.

Utena

☎389 / 32 480 HABITANTS

Utena, à 34 km au nord de Molėtai, est une petite ville tranquille au milieu de la région des lacs du nord-est de la Lituanie.

À la **gare routière** (☎389-61 735 ; www.utenosap.lt ; A Baranauskas gatvė 7), on trouve un bus depuis/vers Ignalina (3,50 €, 1 heure), un bus par heure depuis/vers Vilnius (6 €, 1 heure 30 à 2 heures), certains via Molėtai (3 €, 35 min), et enfin 7 bus par jour depuis/vers Kaunas (8 €, 2 heures 30).

Où se loger et se restaurer

Alaušynė FERME HÔTELIÈRE

(☎389-34 317 ; www.abuva.lt ; d/tr 42/68 € ; P). Cabanons en bois et chalets modernes dans le village rural de Sudeikiai, à 12 km au nord d'Utena. Sauna, piscine, location de bateau et de quads, et organisation d'excursions de pêche. La soupe de poisson du restaurant, servie dans une miche de pain artisanal, est délicieuse – elle contient 6 poissons différents, dont de l'anguille et de la carpe.

Čili Pica PIZZERIA €

(☎8-616 11070 ; www.cili.lt ; Aušros gatvė 21 ; plats 4 € ; ⏲10h-23h). À Utena, il n'y a pas 36 solutions pour dîner. Mais si vous avez faim et que vous êtes près de l'arrêt de bus, une pizza de cette chaîne de restaurants présente dans tout le pays ne pourra pas vous faire de mal.

Renseignements

Office du tourisme (☎389-54 346 ; utenainfo.lt ; Stoties gatvė 39 ; ⏲9h-18h lun-jeu, 9h-17h ven, 9h-15h sam). Informations sur les activités et les hébergements de la région dans l'ancienne gare d'Utena.

Environs d'Utena

Dusetos, à environ 34 km au nord-est d'Utena, organise le premier samedi de février une **course équestre** (www.zarasai.lt). Cette manifestation annuelle, qui remonte

Sud de la Lituanie

à 1865, attire des amateurs de chevaux, des musiciens et des artistes folkloriques qui investissent le petit village et boivent de la bière locale, la Čižo. Si la glace est assez épaisse, la course a lieu sur le lac Sartai ; autrement, les participants se rabattent sur l'hippodrome tout proche.

Où se loger et se restaurer

Bikėnų Uzeiga PENSION €

(☎8-685 44450 ; www.degesa.lt ; d/tr à partir de 15/25 € ; P). Cette pension nichée sur la rive est du lac Antalieptės vous laisse le choix entre une chambre dans la "propriété" et un cabanon en bois. Rendez-vous au bar pour louer barques, kayaks, planches à voile et vélos. Si vous avez le temps (et le budget), louez un hors-bord pour 10 personnes ou embarquez pour une excursion de 2 jours en canoë sur la Šventoji.

Paukščių Sala PENSION €

(☎8-685 44450 ; www.degesa.lt ; s/d à partir de 20/40 € ; P). Chambres avec salle de bains, exiguës mais propres et bon marché, sur les rives du lac Luodis à 1 km à l'est de Salakas. Le restaurant peut cuisiner les poissons que vous aurez pêchés dans l'étang tout proche (15 €/kg). Les activités ne manquent pas : location de vélos et de canoës, voile, planche à voile et, l'hiver, pêche au trou.

Užeiga Prie Bravoro LITUANIEN

(☎385-56 653 ; Dusetų homestead ; plats 5-7 € ; ⌚10h-22h mar-dim mai-août). Ce n'est pas à proprement parler un incontournable, mais il serait dommage de ne pas vous arrêter dans cette brasserie-restaurant familiale pour un repas arrosé de bière. Depuis 1863, quatre générations se sont succédé pour brasser la désaltérante et légère *alus* (bière) Čižo : n'hésitez pas à goûter la version non filtrée. La brasserie se trouve sur la route 178 qui mène à Obeliai, au nord du village de Dusetos.

Druskininkai

☎313 / 16 450 HABITANTS

Cette station thermale du XIXe siècle, située au bord du Niémen, est la plus ancienne et la plus chic du pays. Aujourd'hui, elle attire de nombreux investisseurs, ainsi que la jeunesse lituanienne riche et branchée, qui souhaite se refaire rapidement une santé loin de la ville. Les nombreux spas de la ville attirent aussi de nombreux touristes.

À l'époque de l'URSS, personnes âgées et malades y affluaient en quête de cures miracles dispensées dans d'immenses sanatoriums. Si certains tiennent encore debout,

LE TOP DES SPAS DE DRUSKININKAI

Voilà un bref guide des établissements thermaux de Druskininkai, qui sont légion, mais de qualité inégale :

Aqua Park (☎313-52 338 ; www.akvapark.lt ; Vilniaus gatvė 13-2 ; tarif plein/enfant 9/4,50 € pour 2 h ; 12h-22h lun-jeu, 12h-23h ven, 10h-23h sam, 10h-21h dim). Paradis aquatique idéal pour les familles : 6 toboggans (le plus long mesure plus de 200 m), spas, saunas, piscine à vagues, aire de jeux pour enfants, etc. Les tarifs augmentent l'été, le week-end et les jours fériés.

Grand Spa Lietuva (☎313-51 200 ; www.grandspa.lt ; V Kudirkos gatvė 43 ; 9h-16h lun-ven, 9h-20h sam-dim). Ce spa haut de gamme situé dans l'Hôtel Druskininkai propose toute une gamme de bains (à partir de 6 €/15 min) et une variété impressionnante de massages et autres traitements dont vous n'auriez jamais imaginé avoir besoin. Vous déboursez 30 € pour une heure de massage relaxant standard, et autour de 50 € pour des versions plus exotiques (avec du miel chaud ou des pierres volcaniques).

SpaVilnius (☎313-53 811 ; www.spa-vilnius.lt ; K Dineikos gatvė 1 ; 8h-22h). Située dans un hôtel de sept étages, l'antenne locale de SpaVilnius est un peu à l'écart du centre pour davantage de détente. Bains d'ambre, hydrothérapie, massages et même chirurgie esthétique. Chambres doubles à partir de 88 €.

Spa de Druskininkai (Druskininkų gydykla ; ☎313-60 508 ; www.akvapark.lt ; Vilniaus alėja 11 ; traitements à partir de 13 € ; 8h-20h, 8h-19h dim). Drainage lymphatique, massage avec des pierres chaudes et bains (de boue, aux herbes, bouillonnants, minéraux, et même verticaux) sont au menu de ce spa de l'époque soviétique, verdoyant et bien entretenu. On y soigne même des affections graves – cardio-vasculaires, cutanées, vestibulaires, endocriniennes, etc.

la ville a largement dépoussiéré son image et retrouvé le charme qui était le sien avant cette période.

À voir

Pour découvrir le passé et le présent de Druskininkai, il suffit de s'y promener, en commençant par Laisvės aikštė.

Parc Grūtas PARC DE STATUES

(Grūto Parkas ; ☎313-55 511 ; www.grutoparkas.lt ; Grūtas ; tarif plein/enfant 6/3 € ; 9h-22h l'été, 9h-17h le reste de l'année ;). Amusant et éducatif, ce parc à l'humour noir (sarcastiquement appelé "monde de Staline") connaît un succès retentissant depuis son ouverture en 2001. Le vaste espace est une sorte de reconstitution de goulag parsemée de statues de Lénine, Staline, de Lituaniens du Parti et de haut-parleurs crachant des hymnes à la gloire de l'URSS. Les expositions traitent de l'histoire soviétique et plus particulièrement de l'oppression vécue par la Lituanie. Pour vous y rendre, prenez le bus n°2 qui passe par Viečiūnai depuis Druskininkai, ou conduisez pendant 8 km vers l'est depuis le village de Grūtas.

Antidote parfait pour les nostalgiques de l'époque, ce parc est l'œuvre de Viliumas Malinauskas. Ancien fermier qui fit fortune en vendant des champignons en boîte, il réussit à se faire prêter les pièces les plus haïes par le ministère de la Culture. On y trouve également une ménagerie (où les yeux tristes des ours rappellent avec ironie *L'Archipel du goulag* de Soljenitsyne), une aire de jeux, une bibliothèque remplie d'étranges mannequins et un restaurant aux airs de réfectoire soviétique où l'on déguste des sprats aux oignons arrosés de vodka.

Musée-mémorial M. K. Čiurlionis MUSÉE

(☎313-52 755 ; MK Čiurlionio gatvė 41 ; tarif plein/enfant 1,16/0,58 € ; 11h-17h mar-dim). Le plus grand peintre et musicien lituanien passa son enfance dans cette maison, qui abrite aujourd'hui différents objets lui ayant appartenu au cours de sa vie.

Musée de la Résistance armée MUSÉE

(Vilniaus alėja 24 ; 13h-17h mar-dim). GRATUIT À l'étage du centre culturel, ce petit musée est consacré au mouvement des partisans et à la résistance culturelle à la domination soviétique. Le centre sert également de cadre aux concerts classiques du festival "l'été à Druskininkai avec Čiurlionis" (juin-septembre).

Druskininkai

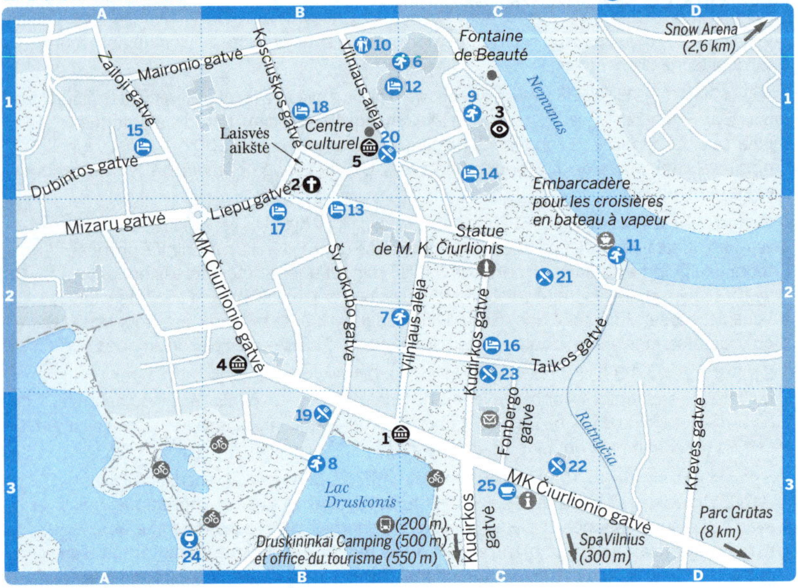

Druskininkai

À voir

1 Musée de Druskininkai C3
2 Église de la Mère de l'Icône de Dieu B1
3 Mineralinio Vandens Biuvetė C1
4 Musée-mémorial de M. K.-Čiurlionis B2
5 Musée de la Résistance armée B1

Activités

6 Aqua Park C1
7 Location de vélos C2
8 Location de barques et de pédalos B3
9 Spa de Druskininkai C1
10 Gondola B1
Grand Spa Lietuva ..... (voir 16)
11 Bateau à vapeur de Druskininkai D2

Où se loger

12 Aqua Hotel B1
13 Dalija B2
14 Europa Royale C1
15 Galia A1
16 Hotel Druskininkai C2
17 Medūna B2
18 Regina B1

Où se restaurer

19 Forto Dvaras B3
20 Izumi B1
21 Kolonada C2
22 Mini-Maxima C3
23 Sicilija C2

Où prendre un verre et faire la fête

24 Beach Bar A3
25 Boulangerie C3

Église de la Mère de l'Icône de Dieu ÉGLISE
(Laisvės aikštė). Cette saisissante église orthodoxe russe en bois peinte en blanc, bleu et or et couronnée de multiples dômes, domine Laisvės aikštė.

Mineralinio Vandems Biuvetė FONTAINE
(0,10 € le verre ; 11h-14h et 15h-19h). Les pouvoirs magiques de l'eau minérale locale peuvent être appréciés à la fontaine de Dzūkija, dans le Mineralinio Vandens Biuvetė, une rotonde verte avec un sol en mosaïque et des vitraux, sur le sentier longeant le Niémen. Plus au nord, la fontaine de Beauté (Grožio šaltinis) vous promet la beauté éternelle si vous parvenez à avaler son eau salée.

Musée de Druskininkai MUSÉE
(313-51 024 ; www.druskininkumuziejus.lt ; MK Čiurlionio gatvė 59 ; tarif plein/enfant 2/0,85 € ; 11h-18h lun-sam). Dédié à l'histoire de la ville et de la région, ce musée situé sur la

rive du lac expose des œuvres d'art, des cartes anciennes et des objets de la vie quotidienne.

Girios Aidas MUSÉE

(L'Écho de la forêt ; ☎313-53 901 ; MK Čiurlionio gatvė 116 ; tarif plein/enfant 2/1 € ; ⊙10h-18h mar-dim). À 2 km à l'est de la ville, le musée de Girios Aidas expose depuis 1972 des sculptures en bois païennes célébrant la nature.

Activités

Vélos et quads (2 ou 4 places) sont les meilleurs moyens d'explorer la région. Procurez-vous à l'office du tourisme la carte couvrant 3 pistes cyclables : le **sentier du Soleil** (Saulės takas ; 24 km), qui longe la rivière vers le sud et le musée des moulins à vent, l'**orbite stellaire** (Žvaigzdžių orbita ; 24 km), qui serpente vers le sud dans la vallée de Raigardas, et le **sentier Žilnas** (Žilvino takas ; 20 km) arboré, qui relie Druskininkai au parc Grūtas (8 km à l'est). La rivière et le lac sont également des endroits plaisants.

Location de vélos LOCATION DE VÉLOS

(☎8-686 87022 ; Laisvės alėja 10 ; vélos 2 €/h, 9 €/j, voitures à pédales 30/60 min 5/8 € ; ⊙8h-21h). Location de vélos et de quads sur Vilnius alėja au croisement avec Laisvės alėja, et en face de l'office du tourisme au 52 de la rue M. K. Čiurlionio.

Location de barques et de pédalos BARQUES, PÉDALOS

(Barques 5 €/h, pédalos 6 €/h ; ⊙9h-21h avr-oct). Location de barques et de pédalos au lac Druskonis.

Bateau à vapeur de Druskininkai CROISIÈRE

(☎8-612 26982 ; www.gelme-druskininkai.lt ; billetterie MK Čiurlionio gatvė 51 ; tarif plein/enfant 11/5,50 € ; ⊙14h30 mar-dim mai-oct). Croisières de 3 heures depuis le ponton de Druskininkai jusqu'au monastère de Liškiava.

Snow Arena SKI

(☎313-59 299 ; www.snowarena.lt ; Nemuno Kelias 2 ; journée complète lun-ven 14 €, week-end et jours fériés 20 € ; ⊙12h-19h lun-jeu, 12h-22h ven, 10h-22h sam, 10h-18h dim). Si une soudaine envie de ski vous prend en plein été dans les plates forêts lituaniennes, pas de souci grâce à cette piste couverte équipée de remontées mécaniques confortables. Également piste de ski de fond, snowpark et location de matériel. Une carte de fidélité donne droit à des réductions.

Gondola SPORTS D'HIVER

(Vilniaus alėja 13-2). Ce projet pharaonique a dû surmonter quelques problèmes au démarrage. Le complexe touristique relie l'Aqua Park à la Snow Arena.

Où se loger

Les prix sont plus élevés le week-end et pendant les mois de juillet et août.

Dalija PENSION €

(☎313-51 814 ; www.dalijahotel.lt ; Laisvės aikštė 21 ; d/tr 40/50 € ; 📶). Cette charmante pension en bois d'une propreté impeccable est le meilleur rapport qualité/prix de l'endroit. Située au cœur de Druskininkai, elle propose des chambres avec TV par satellite, Wi-Fi et kitchenette. Réduction de 15% pour les séjours de plus d'une nuit.

Druskininkai Camping CAMPING €

(☎313-60 800 ; camping@druskininkai.lt ; camping@druskininkai.lt ; Gardino gatvė 3a ; empl pour 2 adultes/tipi/chalet 18/15/40 € ; ⊙mai-sept ; P @). Vaste, bien organisé, ce camping est en outre situé à proximité de l'office du tourisme et de la gare routière. Tipis et chalets pour 2 personnes.

Hotel Druskininkai HÔTEL €€

(☎313-51 200 ; www.grandspa.lt ; Kudirkos gatvė 43 ; s/d/ste à partir de 66/92/147 € ; P 🏊 @ 📶). Le Druskininkai est l'un des hôtels les plus élégants de la ville. Sa façade de bois et de verre cache des chambres modernes baignées d'une lumière tamisée, un bain turc, un bain à remous à l'eau minérale de Druskininkai et une salle de sport. À proximité du centre, du fleuve et des thermes, l'emplacement est idéal.

Medūna HÔTEL €€

(☎313-59 060 ; www.meduna.lt ; Liepų gatvė 2 ; s/d 50/65 € ; P 📶). Medūna est le nom d'une déesse lituanienne à l'incomparable beauté. C'est aussi le nom de ce ravissant petit hôtel à l'ombre des arbres de la place Laisvės. Les chambres sont confortables, propres et chaleureuses ; le restaurant possède une excellente cave à vin. Réductions pour différentes activités.

Hôtel Aqua HÔTEL €€

(☎313-59 195 ; aqvapark.lt ; Vilniaus alėja 13-1 ; s/d/app à partir de 54/66/174 € ; P 📶 🏊). Si l'objet principal de votre visite à Druskininkai est de vous amuser en famille à l'Aqua Park, cet hôtel est idéal. Les chambres sont meublées avec goût, le petit-déjeuner et le buffet dînatoire sont inclus, les activités ne manquent pas (bowling et spa si le parc aquatique ne vous suffit pas) et des offres spéciales sont disponibles en ligne. Les tarifs augmentent le vendredi, le samedi et les jours fériés.

Europa Royale HÔTEL €€
(☎313-42 221 ; www.groupeuropa.com ; Vilniaus alėja 7 ; d/tr 75/100 € ; 📶). Cet hôtel situé dans un établissement thermal du XIXe siècle fait partie d'une chaîne, ce qui est synonyme d'accueil efficace et professionnel. Le lieu se distingue des autres hôtels de la chaîne par son aire de jeux pour les enfants et l'accès qu'il propose au spa de Druskininkai, datant de l'époque soviétique.

Galia HÔTEL €€
(☎313-60 510 ; www.galia.lt ; Maironio gatvė 3, Dubintos gatvė 3 et 4 ; s/d 34/58 € ; P). Le Galia, qui surprend par sa grande variété de couleurs, occupe 3 bâtiments, tous en bon état. Chacun pratiquant ses propres prix, vérifiez bien le tarif avant de prendre votre chambre.

Regina HÔTEL €€
(☎313-51 243 ; www.regina.lt ; Kosciuškos gatvė 3 ; s/d/tr 56/73/91 € ; P @ 📶). Hôtel de prédilection de l'élite pendant l'âge d'or de Druskininkai, le Regina est aujourd'hui un hôtel correct de milieu de gamme.

Où se restaurer et prendre un verre

Mini-Maxima SUPERMARCHÉ €
(www.maxima.lt ; MK Čiurlionio gatvė 50 ; ⏲8h-22h). Pratique pour préparer un pique-nique au bord du lac.

Kolonada LITUANIEN €€
(☎313-53 409 ; www.sventejums.lt/kolonada ; Kudirkos gatvė 22 ; plats 6-8 € ; ⏲11h-23h dim-jeu, 11h-1h ven-sam). Une des meilleures cuisines de la ville dans l'un de ses plus beaux sites. S'il fait beau, profitez de la sérénité de la terrasse surplombant les jardins pour y déguster du cou de porc accompagné de cèpes cueillis dans le parc national du Dzūkija.

Sicilija ITALIEN €€
(☎313-51 865 ; sicilia.lt ; Taikos gatvė 9 ; plats 5-7 € ; ⏲9h-23h dim-jeu, 9h-minuit ven-sam). Ce restaurant est l'un des plus prisés de la ville. Les pizzas et les spécialités italo-lituaniennes sont excellentes, et la terrasse est si agréable pendant l'été qu'on y resterait des heures. Un autre restaurant a ouvert récemment au 56 rue M. K. Čiurlionio.

Forto Dvaras LITUANIEN €€
(MK Čiurlionio gatvė 55 ; plats 4-8 € ; ⏲10h-23h lun-jeu, 10h-minuit ven-sam, 10h-22h dim). Ce restaurant, qui fait partie d'une chaîne lituanienne de cuisine rurale, propose de très bons plats traditionnels sur les rives du lac.

Izumi JAPONAIS €€
(☎313-51 220 ; Vilniaus alėja 22-2 ; plats 5-7 € ; ⏲12h-minuit ; 📶). Le seul restaurant japonais de Druskininkai satisfera vos envies de sushis, de yakitoris et de *gyozas*.

Beach Bar BAR
(☎8-620 88679 ; Vijūnėlės tvenkinys ; pizzas 3 € ; ⏲13h-21h dim-jeu, jusqu'à minuit ven-sam). Cahute ouverte de mai à septembre au bord de la plage artificielle pour siroter un panaché après la baignade.

Boulangerie CAFÉ
(☎8-633 35555 ; www.kepyklele.lt ; MK Čiurlionio gatvė 63 ; ⏲9h-19h). Excellents cafés, délicieuses glaces, biscuits lituaniens et gâteaux dans un café-boulangerie d'inspiration française qui jouxte l'office du tourisme.

Renseignements

Office du tourisme (☎313-51 777 ; info.druskininkai.lt ; MK Čiurlionio gatvė 65 ; ⏲10h-13h et 13h45-18h45 lun-sam, 10h-17h dim). Brochures, location de vélos, hébergements et conseils.

Office du tourisme (☎313-60 800 ; info.druskininkai.lt ; Gardino gatvė 3 ; ⏲8h30-12h15 et 13h-17h15 lun-ven). À côté de la gare routière.

Poste (V Kudirkos gatvė 39 ; ⏲8h-18h lun-ven, 8h-13h sam). Le seul bureau de poste de la ville de Druskininkai.

SEB Bankas (MK Čiurlionio gatvė 40 ; ⏲8h30-17h lun-ven). Bureau de change à l'intérieur, DAB à l'extérieur.

Depuis/vers Druskininkai

À la **gare routière** (☎313 51 333 ; Gardino gatvė 1 ; ⏲5h15-6h50), on compte jusqu'à 15 bus par jour depuis/vers Vilnius (10 €, 2 heures), un bus par heure depuis/vers Kaunas (10 €, de 2 à 3 heures), 6 par jour depuis/vers Panevėžys (17 €, 4 heures 15) et 7 par jour depuis/vers Šiauliai (19 €, 5 heures 15).

Parc national de Dzūkija

☎310

Le plus grand parc national de Lituanie s'étend sur 555 km², dont 80% de forêts de pins parsemées de 48 lacs. Les rivières Ūla et Grūda – parfaites pour une excursion en canoë – le traversent de part en part, et il compte aussi 48 lacs. En saison, champignons et baies sauvages y poussent en abondance.

Le cyclotourisme est sans doute le meilleur moyen d'explorer le parc ; vous trouverez facilement des vélos à louer en saison haute à Druskininkai. L'office du tourisme du parc a d'excellentes cartes gratuites pour les cyclistes. Il existe 2 centres d'accueil des visiteurs, un à Marcinkonys et l'autre à Merkinė.

En plus de la réserve naturelle, le parc abrite des réserves ethnographiques et culturelles ainsi que des villages protégés comme **Zervynos** et **Liškiava**. À 10 km sur le Niémen, **Merkinė** est le point de départ des 12 km du **sentier des Potiers noirs**. C'est l'occasion de découvrir des ateliers d'artisanat où l'on produit des céramiques noires, pourtant à base d'argile rouge. Cette teinte unique vient de la combustion de la résine de pin avec la poterie dans un four en plein air.

Juste à l'extérieur du parc, à 22 km au nord-est de Marcinkonys et à 58 km au nord-est de Druskininkai, **Varėna** (www.varena.lt) fut fondée au XVe siècle, quand le grand-duc Vytautas y fit construire un pavillon de chasse. C'est la ville de naissance du peintre et compositeur lituanien M. K. Čiurlionis (1875-1911). La route principale (A4) qui va de Varėna à Druskininkai est bordée de "totems" et de sculptures de bois érigés en 1975 pour le 100e anniversaire de sa naissance.

À voir

Réserve naturelle intégrale de Čepkeliai — PARC NATIONAL

(www.cepkeliai-dzukija.lt). Les 112 km^2 de la réserve de Čepkeliai constituent le plus grand espace naturel intégralement protégé du pays. Grandiose étendue sauvage de marécages, de marais d'aulnes noirs, de forêts de type cladinoso-callunosa et de lacs, la réserve est peuplée de plus de 4 000 espèces d'animaux (dont des lynx et des loups) et de plantes. Les visites sont restreintes : il faut faire une demande et payer les frais requis à l'accueil des visiteurs de Marcinkonys.

Musée ethnographique — MUSÉE

(Marscinkonių etnografijos muziejus ; ☎310-39 169 ; Miškininkų gatvė 6 ; tarif plein/enfant 1/0,50 € ; ⏲8h-17h lun-ven, 8h-15h45 sam). Les expositions de ce musée situé dans une propriété du début du XXe siècle explorent la culture, les traditions et la vie quotidienne du peuple dzūkien : sculptures en bois, tissage, vannerie, apiculture et autres.

Monastère de Liškiava — MONASTÈRE

(Liškiava). Ce monastère dominicain, célèbre pour ses 7 autels rococo et les cercueils de verre de sa crypte, domine un méandre verdoyant du fleuve Niémen, à 10 km au nord de Druskininkai.

CUEILLETTE DES CHAMPIGNONS ET DES BAIES

La cueillette des champignons (*grybas*) est une grande affaire, en particulier dans le (et autour du) parc national de Dzūkija, qui, en août et en septembre, se tapisse de petites têtes blanches et jaunes. Les forêts que traverse l'autoroute Varėna-Druskininkai (A4) et les forêts de Zervynos – connues pour leurs dunes et les ruches qui colonisent leurs arbres – constituent de riches *grybaula* (terrains de chasse aux champignons). Une **fête des Champignons** (www.varena.lt) a lieu à Varėna en septembre.

La chanterelle jaune au chapeau froissé et le bolet trapu font partie des espèces sauvages comestibles ramassées et exportées vers d'autres pays européens. Moins répandu, le *baravykas*, avec son chapeau brun caractéristique et son goût plus marqué, entre notamment dans la composition des *cepelinai* (boulettes de pommes de terre bouillies). Une fois séché, il est conservé jusqu'au réveillon de Noël et on le sert parmi les 12 plats traditionnels cuisinés à cette occasion. Sur les 1 200 espèces que compte la Lituanie, seules 380 sont comestibles.

La cueillette des baies constitue également une tradition locale. Si les airelles se cueillent uniquement en août et les canneberges en septembre, la plupart des autres – fraises des bois, myrtilles, fruits du nerprun, prunelles et framboises – peuvent être récoltées n'importe quand pourvu qu'elles soient mûres.

Les champignons vendus au bord des routes coûtent environ 5 à 7 € le kilo. Vous repérerez aisément les habitants du coin proposant sur le capot de leur voiture des bocaux débordant du produit de leur cueillette. La saison des champignons s'étend du début du printemps à la fin de l'automne.

Où se loger

Centre des visiteurs de Marcinkonys PENSION €
(☎310-44 466 ; www.dzukijosparkas.lt ; s/d, petit-déj inclus 30/45 € ; ⏲8h-17h lun-ven, 8h-15h45 sam ; P @). Le centre gère sa propre pension, simple, où les chambres ont toutes une salle de bains. Il propose également des hébergements chez l'habitant (25 €/pers environ), mais ne prend pas de réservations. Le camping est autorisé sur les emplacements indiqués. Le centre est fermé entre 12h et 12h45.

Renseignements

Office du tourisme de Merkinė (☎310-57 245 ; www.cepkeliai-dzukija.lt ; Vilniaus gatvė 3 ; ⏲8h-17h lun-ven, jusqu'à 15h45 sam). Mine d'informations sur l'environnement de la région, les balades, les hébergements, le cyclotourisme et les excursions en canoë. Organise des excursions de cueillette aux champignons encadrées par des guides anglophones autour de 15 €/heure ou 60 €/jour. Fermé entre 12h et 12h45.

Office du tourisme de Marcinkonys (☎310-44 466 ; www.cepkeliai-dzukija.lt ; Miškininkų gatvė 61 ; ⏲8h-17h lun-ven, 8h-15h45 sam). Conseils pour les randonnées à pied, à vélo ou en canoë. C'est aussi de là que part le sentier balisé de Zackagiris (Zackagirio Takas, 14 km) ainsi que des sentiers de randonnée plus courts (7 à 10,5 km). On peut aussi réserver une visite dans la réserve naturelle intégrale de Čepkeliai. Une participation bénévole de 1 € est demandée.

Depuis/vers le parc national de Dzūkija

L'été, un bateau à vapeur assure la liaison entre Druskininkai et Liškiava (p. 339).

Les bus depuis/vers Druskininkai et Vilnius s'arrêtent au carrefour de Merkinė (Merkinės kryžkelė ; 2 €, 25 min), à 2 km à l'est du centre de Merkinė. Trois trains par jour depuis/vers Vilnius s'arrêtent à Zervynos (4 €, 2 heures) et Marcinkonys (4,30 €, 2 heures).

CENTRE DE LA LITUANIE

La plupart des voyageurs n'aperçoivent que brièvement le centre de la Lituanie – en général de la fenêtre du bus ou du train qui les mène de la capitale à la côte. Cette étendue plate entre les deux principales curiosités du pays est souvent décrite comme morne. C'est vite oublier qu'elle recèle le site le plus étrange du pays et fourmille de villes de caractère à la splendeur bucolique.

La fière Kaunas, capitale de la Lituanie pendant l'entre-deux-guerres, éternelle deuxième, tient sa cour au cœur du pays. Sa vieille ville est aussi captivante que sa myriade de musées et de galeries d'art, et elle constitue également une base idéale pour des excursions dans le centre du pays. Birštonas, facile d'accès depuis Kaunas, est une petite ville thermale où se côtoient pélothérapie (les soins à base de boue) et jazz.

Aujourd'hui en train de se réinventer, Šiauliai fut une ville fermée qui abritait une base militaire majeure de l'ex-URSS. La plupart des touristes y viennent surtout pour la Colline des Croix, à 10 km au nord. Béni par le pape, ce haut lieu de pèlerinage lituanien ne manque pas d'impressionner par la ferveur extraordinaire qui s'en dégage.

Kaunas

☎37 / 353 000 HABITANTS

À 100 km à l'ouest de Vilnius et au confluent du Niémen et de la Néris, l'agglomération tentaculaire de Kaunas (*kaou*nas) possède une vieille ville compacte, une profusion de musées de toutes sortes et une riche histoire. La forte population étudiante confère à la ville l'énergie et la touche d'imprévisibilité qui fait son charme.

Histoire

Selon la légende, Kaunas a été fondée par le fils de deux jeunes amants au destin tragique. La belle Milda, toute à son bien-aimé Daugerutis, laissa s'éteindre la flamme éternelle sacrée dont elle avait la charge. Condamné à mort par les dieux vengeurs, le couple se réfugia dans une grotte, où Milda donna naissance à Kaunas.

De l'avis des archéologues, la ville ne date que du XIIIe siècle et fut jusqu'au XVe siècle un rempart contre les chevaliers Teutoniques à la frontière occidentale de la Lituanie. Elle devint aux XVe et XVIe siècles une cité fluviale prospère, qui abritait une représentation de la Hanse et où les marchands allemands exerçaient une influence certaine. Pendant l'entre-deux-guerres, Vilnius étant passée sous domination polonaise, Kaunas devint la capitale de la Lituanie. Sa position stratégique lui valut d'être réduite en partie en cendres à treize reprises avant la Seconde Guerre mondiale, durant laquelle elle ne fut pas épargnée non plus.

Centre de la Lituanie

À voir

La place Rotušės, entre le Niémen et la Néris, constitue le cœur historique de la ville. Une rue piétonnière, la rue Vilniaus, part de là pour rejoindre, à l'est, l'artère principale, Laisvės, également piétonnière.

Vieille ville

Place Rotušės et ses environs

Au cœur de la vieille ville, cette vaste place est bordée de jolies demeures de marchands allemands des XVe et XVIe siècles autour de l'ancien hôtel de ville du XVIIe siècle. Au coin sud-ouest se dresse la statue du poète patriote Maironis.

Hôtel de ville de Kaunas BÂTIMENT HISTORIQUE
(Kauno rotušė ; ☎37-203 572 ; www.kaunas.lt ; Rotušės aikštė 15). L'hôtel de ville de Kaunas date du XVIIe siècle. Au fil des années, il a servi de siège pour un magazine, de théâtre, de prison et de palace ; il est désormais principalement utilisé pour les cérémonies officielles. Les deux premiers étages accueillent aussi des mariages : le samedi, on peut assister à un véritable défilé de couples mariés. Enfin, le sous-sol abrite un petit musée de la Céramique.

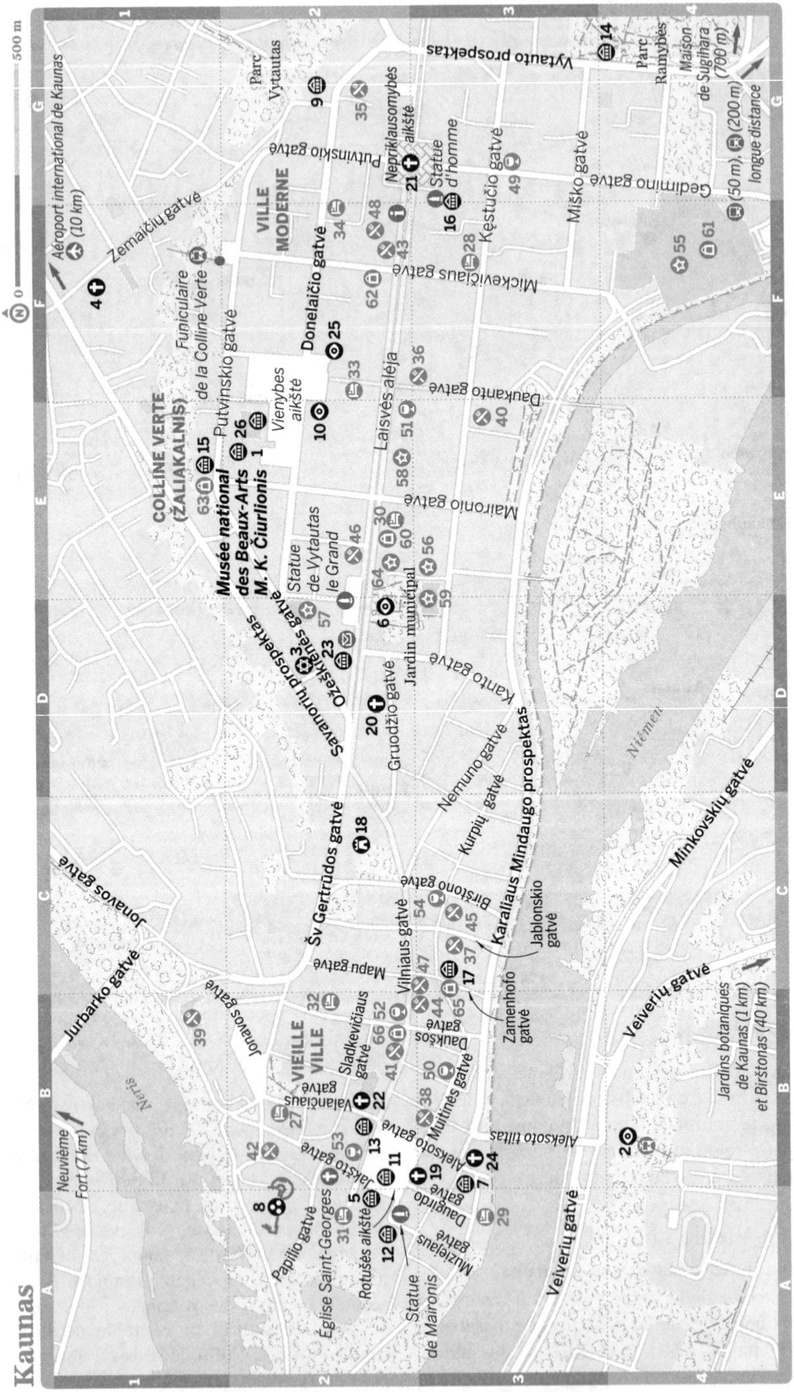

Kaunas
0
500 m
Aéroport international de Kaunas (10 km)
Neuvième Fort (7 km)
Jardins botaniques de Kaunas (1 km) et Birštonas (40 km)
Maison de Sugihara (700 m)
(50 m), (200 m) longue distance
COLLINE VERTE (ŽALIAKALNIS)
VILLE MODERNE
VIEILLE VILLE
Musée national des Beaux-Arts M. K. Čiurlionis
Funiculaire de la Colline Verte
Parc Vytautas
Parc Ramybės
Vienybes aikštė
Statue de Vytautas le Grand
Jardin municipal
Nepriklausomybės aikštė
Statue d'homme
Église Saint-Georges
Rotušės aikštė
Statue de Maironis
Nemunas
Neris
Niémen
Vytauto prospektas
Zemaičių gatvė
Putvinskio gatvė
Donelaičio gatvė
Laisvės alėja
Kęstučio gatvė
Miško gatvė
Gedimino gatvė
Mickevičiaus gatvė
Daukanto gatvė
Maironio gatvė
Kanto gatvė
Savanorių prospektas
Ožeškienės gatvė
Gruodžio gatvė
Nemuno gatvė
Kurpių gatvė
Karaliaus Mindaugo prospektas
Šv Gertrūdos gatvė
Birštono gatvė
Jablonskio gatvė
Zamenhofo gatvė
Vilniaus gatvė
Mapu gatvė
Sladkevičiaus gatvė
Daukšos gatvė
Muitinės gatvė
Aleksoto gatvė
Aleksoto tiltas
Daugirdo gatvė
Muziejaus gatvė
Jakšto gatvė
Valančiaus gatvė
Papilio gatvė
Jonavos gatvė
Jurbarko gatvė
Veiverių gatvė
Minkovskių gatvė

Église et monastère Saint-François-Xavier ÉGLISE
(☎8-640 52621 ; www.jesuit.lt ; Rotušės aikštė 7-9 ; tour 1,50 € ; ⏲16h-18h tlj, et 9h-13h dim). Le sud de la place Rotušės est dominé par les deux tours de l'ensemble jésuite érigé entre 1666 et 1720 comprenant une église, un collège et un monastère. Visitez l'intérieur avant de vous attaquer à l'ascension de la tour pour profiter de la vue incomparable sur Kaunas.

Maison de Perkūnas ÉDIFICE HISTORIQUE
(Perkūno namas ; ☎8-641 44614 ; www.perkunonamas.lt ; Aleksoto gatvė 6 ; tarif plein/enfant 1,5/0,80 € ; ⏲14h-17h jeu-ven). Cette maison gothique construite au XVe siècle par des marchands de la Ligue hanséatique a été baptisée d'après le nom du dieu lituanien du Tonnerre, dont on a retrouvé une image dans une cavité murale. Elle appartient aujourd'hui aux jésuites, qui gèrent et entretiennent les caves, la salle de concert et

Kaunas

Les incontournables
1 Musée national des Beaux-Arts M. K. Čiurlionis E2

À voir
2 Funiculaire d'Aleksoto B4
Musée de la Céramique .... (voir 11)
3 Synagogue chorale D2
4 Basilique de la Résurrection du Christ... F1
5 Musée des Télécommunications et de l'Informatique A2
6 Champ du Sacrifice D2
Église de la Sainte-Trinité .... (voir 31)
7 Maison de Perkūnas B3
8 Château de Kaunas A2
9 Galerie de peinture de Kaunas G2
10 Musée lituanien de l'Énergie et de la Technologie E2
11 Hôtel de ville de Kaunas B2
12 Musée Maironis de la littérature lituanienne A2
Tombeau de Maironis .... (voir 22)
13 Musée d'Histoire de la médecine et de la pharmacie B2
14 Musée de la Déportation et de la Résistance G4
15 Musée des Diables E1
16 Musée d'Art Mykolas Žilinskas G3
17 Musée d'Instruments de musique folklorique lituaniens Povilas-Stulga C3
18 Palais présidentiel de Lituanie C2
19 Église et monastère Saint-François-Xavier B3
20 Église Sainte-Gertrude D2
21 Église de l'Archange-Saint-Michel G2
22 Cathédrale Saint-Pierre-et-Saint-Paul... B2
23 Musée zoologique Tadas-Ivanauskas D2
24 Église de Vytautas B3
25 Université Vytautas-Magnus F2
26 Musée de la Guerre Vytautas-le-Grand E2

Où se loger
27 Apple Economy Hotel B2
28 Daniela F3
29 Daugirdas A3
30 Kaunas Hotel E2
31 Kauno Arkivyskupijos Svečių Namai A2
32 Kunigaikščių Menė B2
33 Metropolis F2
34 Park Inn by Radisson F2

Où se restaurer
Avilys .... (voir 47)
35 Bernelių Užeiga G2
36 Buon Giorno F3
Buon Giorno .... (voir 47)
37 Capo C3
38 Casa della Pasta B3
39 Iki B1
40 Maxima E3
41 Motiejaus Kepyklėlė B2
42 Pilies Sodas B2
43 Radharanė F2
44 Raw Inn B3
45 Real Texas Grill C3
46 Rocknrolla E2
47 Senieji Rūsiai C3
48 Žalias Ratas F2

Où prendre un verre et faire la fête
49 Alaus Sapnas G3
50 BO B3
51 Džem Pub E2
52 Shamrock B2
53 Skliautas B2
54 W1640 .... C3

Où sortir
55 Cinémas Forum F4
56 Théâtre de chambre de Kaunas E3
57 Philharmonie de Kaunas D2
58 Théâtre d'art dramatique d'État E2
59 Théâtre musical d'État de Kaunas D3
60 Théâtre de marionnettes d'État E2

Achats
61 Akropolis F4
62 Brome F2
63 Buon Giorno E1
64 Centrinis Knygynas E2
65 Egidijaus Rudinsko Grafikos Galerija C3
66 Humanitas B2

l'exposition consacrée à la vie et à l'œuvre du poète du XIXe siècle Adomas Mickevičius.

Église de Vytautas ÉGLISE

(Vytauto bažnyčia ; ☎37-203 854 ; vytautine.weebly.com ; Aleksoto gatvė 5 ; ⏲14h-19h). Cette église en brique rouge construite par les franciscains au début du XVe siècle, dont le nom complet est église de l'Assomption-de-la-Sainte-Vierge-Marie-de-Vytautas-le-Grand, est la plus ancienne de Kaunas. Utilisée par l'Église orthodoxe et comme dépôt de munitions par Napoléon, elle a été restituée à l'Église catholique en 1990.

Église de la Sainte-Trinité ÉGLISE

(Rotušės aikštė 22). Cette église fin Renaissance (1624-1634) recouverte de tuiles en terre cuite occupe tout le flanc ouest de la place Rotušės.

Musée d'Histoire de la médecine et de la pharmacie MUSÉE

(Medicinios ir farmacijos istorijos muziejus ; ☎37-201 569 ; Rotušės aikštė 28 ; tarif plein/enfant 1,16/0,58 € ; ⏲10h-17h mar-sam). Ce petit musée original des années 1930 retrace l'histoire des progrès de la médecine en Lituanie au fil des siècles. On trouve aussi des expositions sur les médecines traditionnelles lituanienne et sibérienne ainsi que la reconstitution d'une pharmacie du XIXe siècle.

Musée Maironis de la littérature lituanienne MUSÉE

(Maironio lietuvų literatūros muziejus ; ☎37-207 477 ; maironiomuziejus.lt ; Rotušės aikštė 13 ; tarif plein/enfant 1,45/0,58 € ; ⏲9h-18h mar-sam). Jonas Mačiulis (Maironis), prêtre et poète à l'origine des ambitions nationalistes de la Lituanie au tournant du XIXe et du XXe siècle, vécut dans cette demeure du XVIIIe de 1910 à 1932. C'est aujourd'hui un musée consacré à sa vie et à son œuvre ainsi qu'à la littérature lituanienne dans son ensemble.

Musée de la Céramique MUSÉE

(Keramikos muziejus ; ☎37-203 572 ; Rotušės aikštė 15 ; tarif plein/enfant 1,16/0,58 € ; ⏲11h-17h mar-dim, 11h-19h jeu). Objets lituaniens en céramique et en porcelaine datant du XXe siècle et de périodes plus anciennes, et expositions temporaires.

Musée des Télécommunications et de l'Informatique MUSÉE

(Ryšių istorijos muziejus ; ☎37-424 920 ; www.teo.lt/en/communications_history_museum/1449 ; Rotušės aikštė 19 ; tarif plein/enfant 1,40/0,80 € ; ⏲10h-18h mer-dim). Les amateurs de vieux téléphones et des premiers ordinateurs ne manqueront pas de pousser la porte de ce musée hébergé dans l'ancienne poste. Sur le parvis se dresse une statue en l'honneur du cinématographe et marionnettiste Vladislovas Starevičius représentant deux insectes géants (une fourmi et une sauterelle coiffée d'un chapeau) en train de regarder un de ses films.

Château de Kaunas RUINES

(☎37-300 672 ; www.kaunomuziejus.lt ; Papilio gatvė ; tarif plein/enfant 2,32/1,74 € ; ⏲10h-18h mar-sam, 10h-16h dim). Il ne reste de ce château du XIVe siècle – un important bastion du système de défense contre les invasions teutoniques –, qu'une tour reconstruite, des morceaux de mur et une partie des douves. On y trouve une exposition sur l'histoire du château et un donjon reconstruit dont on peut observer les mécanismes.

Funiculaire d'Aleksoto FUNICULAIRE

(Aleksoto funikulierius ; ☎37-391 086 ; Amerikos Lietuvių 6 ; billet 0,58 € ; ⏲7h-12h et 13h-16h lun-ven, à partir de 10h sam). À l'extrémité sud du pont d'Aleksoto (Aleksoto Tiltas), cet ancien funiculaire de 1935 offre un splendide panorama des toits de la vieille ville.

Vilniaus Gatvė et ses environs

La rue Vilniaus est la charmante artère principale de la vieille ville.

Palais présidentiel de Lituanie PALAIS

(Istorinė Lietuvos Prezidentūra ; www.istorine-prezidentura.lt ; Vilniaus gatvė 33 ; tarif plein/étudiant 1,16/0,58 € ; ⏲11h-17h mar-dim, 11h-19h jeu, jardins 8h-21h tlj). Cet élégant bâtiment du XIXe siècle était dans l'entre-deux-guerres le siège de la république de Lituanie. Restauré dans sa splendeur originelle, il donne à voir une intéressante exposition sur la Lituanie indépendante. Les photos en noir et blanc alternent avec des cadeaux et des prix reçus par les chefs d'État de l'époque, et des collections d'argenterie. Des statues des présidents successifs émaillent les jardins du palais.

Musée d'Instruments de musique folklorique lituaniens Povilas-Stulga MUSÉE

(Lietuvos tautinės muzikos muziejus ; www.kaunomuziejus.lt ; Zamenhofo gatvė 12 ; tarif plein/enfant 1,74/1,16 € ; ⏲9h-17h mar-ven, 9h-16h sam). On y découvre qu'il n'est guère de matériaux naturels qui ne peuvent devenir instruments de musique. Une maison gothique du XVIe siècle abrite cette merveilleuse collection de quelque 7 000 pièces : flûtes en bois, en os et, plus inhabituel, en roseau, violoncelles à trois cordes, et *kanklės* (cithares) simples ou ornées de gravures.

Cathédrale Saint-Pierre-et-Saint-Paul CATHÉDRALE

(Šventų Apaštalų Petro ir Povilo Arkekatedra Bazilika ; ☎ 37-324 093 ; www.kaunoarkikatedra.lt ; Vilniaus gatvė 1 ; ⏲ 7h-16h30). Surmontée d'un seul clocher, cette église doit beaucoup aux remaniements baroques, surtout à l'intérieur, mais ses fenêtres ont conservé leur forme gothique du XVe siècle. Probablement érigée par Vytautas aux alentours de 1410, elle compte aujourd'hui 9 autels ; c'est le plus grand édifice gothique de toute la Lituanie. Le **tombeau de Maironis** se trouve à l'extérieur, devant le mur sud.

Ville moderne

Kaunas s'est étendue au XIXe siècle à l'est de la vieille ville, donnant ainsi naissance au centre moderne et à son étonnante rue piétonnière, **Laisvės alėja**, longue de 1,7 km, également appelée avenue de la Liberté.

Le premier Parlement de la Lituanie indépendante se réunit en 1920 au Théâtre musical de Kaunas, l'ancien palais du Théâtre national qui donne sur le **jardin municipal** (Miestos Sodas) à l'extrémité ouest de l'avenue Laisvės, créée en 1892.

Musée zoologique Tadas-Ivanauskas MUSÉE

(Tado Ivanausko zoologijos muziejus ; ☎ 37-200 292 ; www.zoomuziejus.lt ; Laisvės alėja 106 ; tarif plein/enfant 2,32/1,45 € ; ⏲ 11h-19h mar-dim). Le moins qu'on puisse dire, c'est que ce musée, fondé en 1919 par le célèbre naturaliste lituanien Tadas, couvre le royaume animal en long, en large et en travers : il compte 250 000 spécimens et quelque 13 000 animaux empaillés !

Église de l'Archange-Saint-Michel ÉGLISE

(Šv Archangelo Mykolo Rektoratas ; Nepriklausomybės aikštė 14 ; ⏲ 9h-18h). À l'extrémité est de l'avenue Laisvės, cette église néobyzantine bleutée qui resplendit sur le ciel fut transformée en musée du Vitrail à l'époque soviétique. Consacrée au culte orthodoxe à sa construction en 1895, elle accueille les fidèles catholiques depuis 1991.

Église Sainte-Gertrude ÉGLISE

(☎ 37-229 965 ; Laisvės alėja 101a ; ⏲ 10h-19h lun-ven, 10h-12h sam, 9h-12h dim). Ce joyau gothique se dissimule dans une cour en retrait de l'avenue Laisvės. Datant de la fin du XVe siècle, l'église possède une crypte en brique rouge tapissée de cierges allumés, à tel point qu'il a fallu construire un second sanctuaire dans un abri face à l'entrée de la crypte.

Champ du sacrifice MÉMORIAL

(Miesto Sodas). Le Champ du sacrifice – ce nom est gravé sur les dalles à l'entrée du jardin municipal – est un émouvant hommage à Romas Kalanta, jeune héros de Kaunas qui s'immola en 1972 pour protester contre l'oppression soviétique.

Synagogue chorale SYNAGOGUE

(Kauno Choralinė Sinagoga ; ☎ 8-614 03100 ; www.kaunasjews.lt ; Ožeškienės gatvė 13 ; ⏲ service 10h sam). Cette synagogue toujours en activité abrite un des rares vestiges de la communauté juive de Kaunas, jadis florissante : une remarquable *bimah* (pupitre servant à la lecture de la Torah) en bois sombre et en or. À l'extérieur, on peut se recueillir devant le mémorial en souvenir des 1 600 enfants assassinés au Neuvième Fort. Pendant la Seconde Guerre mondiale, le ghetto juif se déployait sur la rive occidentale de la Néris, et était délimité par les rues Jurbarko, Panerių et Demokratų.

Musée d'Art Mykolas-Žilinskas MUSÉE

(Mykolo Žilinsko dailės galerija ; ☎ 37-322 788 ; www.ciurlionis.lt/m-zilinskas-art-gallery ; Nepriklausomybės aikštė 12 ; tarif plein/enfant 1,74/0,87 € ; ⏲ 11h-17h mar-dim, 11h-19h jeu). Trois étages rassemblent la collection privée de Mykolas Žilinskas, aujourd'hui gérée par le musée national des Beaux-Arts M. K. Čiurlionis. Mettant l'accent sur la peinture européenne du XVIIe au XXe siècle, cette collection s'enorgueillit de l'unique tableau de Rubens présent en Lituanie.

Place Vienybės et ses environs

On trouve sur Vienybės Aikštė (place de l'Unité) l'**université technologique de Kaunas** (Kauno technologijos universitetas ; ☎ 37-300 000 ; ktu.edu ; K Donelaičio gatvė 73) et la plus petite **Université Vytautas-Magnus** (Vytauto didžiojo universitetas ; ☎ 37-222 739 ; www.vdu.lt ; K Donelaičio gatvė 58), inaugurée en 1922, puis une seconde fois (après sa fermeture par les Soviétiques en 1950) en 1989 par un Lituanien exilé.

LES HÉROS DE KAUNAS

Les célèbres pilotes Steponas Darius et Stasys Girėnas périrent le 15 juillet 1933, à 650 km de leur objectif, en effectuant le plus long vol transatlantique sans escale. Deux jours après leur départ de New York, 25 000 personnes se rassemblèrent à l'aéroport de Kaunas pour attendre leur retour triomphal. En vain. Leur avion orange, le *Lituanica*, s'écrasa quelque part dans ce qui était alors l'Allemagne. L'épave est aujourd'hui au musée de la Guerre Vytautas le Grand. Embaumés et cachés durant l'occupation soviétique, les corps des deux aviateurs reposent depuis 1964 au **cimetière d'Aukštieji Šančiai** (Asmenos 1-oji gatvė 1).

Chiune Sugihara (1900-1986), un diplomate japonais basé à Kaunas, sauva – avec l'aide d'un diplomate néerlandais, Jan Zwartendijk – 6 000 juifs entre 1939 et 1940 en émettant des visas de transit pour les Juifs polonais confrontés à la terreur nazie. Quand les Soviétiques annexèrent la Lituanie et ordonnèrent la fermeture de tous les consulats, Sugihara demanda un sursis. Surnommé le "Schindler japonais", il désobéit aux ordres de son gouvernement et, pendant 29 jours, signa quotidiennement 300 visas, et remit son tampon à un réfugié juif en partant. La **maison de Sugihara** (Sugiharos Namas ; ☎37-332 881 ; www.sugiharahouse.com ; Vaižganto gatvė 30 ; tarif plein/enfant 3/1,50 € ; ⏲10h-17hm lun-ven, 11h-16h sam-dim) raconte son histoire, agrémentée de vidéos et des témoignages de ceux qu'il réussit à sauver. Vous pouvez également lire le récit de Yukiko Sugihara, la femme de Sugihara, *Visas pour 6 000 vies*, paru aux éditions Picquier en 2002.

Le petit **musée de la Déportation et de la Résistance** (Rezistencijos ir tremties muziejus ; ☎37-323 179 ; Vytauto prospektas 46 ; tarif plein/enfant 1,74/1,16 € ; ⏲9h-17h mar-jeu, 9h-16h sam) illustre la lutte des Frères de la forêt, de 1944 à 1953, contre l'occupation soviétique. Conduits par Jonas Žemaitis-Vytautas (1909-1954), entre 50 000 et 100 000 hommes et femmes combattirent l'oppresseur depuis les zones forestières du pays. Le personnel du musée estime qu'un tiers d'entre ces personnes furent tuées, les autres capturées et déportées (150 000 Lituaniennes et Lituaniens furent à l'époque envoyés en URSS).

L'un des actes antisoviétiques les plus désespérés fut le suicide de Romas Kalanta, un étudiant de Kaunas qui s'immola par le feu le 14 mai 1972 pour protester contre la tyrannie communiste. Il laissa dans son journal une note expliquant la raison de son geste.

♥ Musée national des Beaux-Arts M. K. Čiurlionis GALERIE D'ART

(MK Čiurlionio Valstybinis Dailės Muziejus ; ☎37-229 475 ; www.ciurlionis.lt ; Putvinskio gatvė 55 ; tarif plein/enfant 2/1 € ; ⏲11h-17h mar-mer et ven-dim, 11h-19h jeu). La plus importante galerie de Kaunas expose les peintures romantiques de Mikalojus Konstantinas Čiurlionis (1875-1911), important peintre et compositeur de Lituanie, ainsi que des œuvres d'art populaire lituanien et d'arts appliqués européens du XVIe au XXe siècle.

Musée des Diables MUSÉE

(Velnių muziejus ; ☎37-221 587 ; Putvinskio gatvė 64 ; tarif plein/enfant 1,74/0,87 € ; ⏲11h-17h mar, mer et ven-dim, 11h-19h jeu). Ce musée expose une collection de 2 000 statuettes rassemblées au fil des ans par le paysagiste Antanas Žmuidzinavičius (1876-1966). Si le commentaire replace bel et bien les diables dans le folklore lituanien, on y va surtout pour le plaisir de voir des masques effrayants ou d'écouter des histoires fantastiques. Ce musée ravit les enfants.

Musée de la Guerre Vytautas le Grand MUSÉE

(Vytauto Didžiojo Karo Muziejus ; ☎37-320 765 ; www.kariuomene.kam.lt ; Donelaičio gatvė 64 ; tarif plein/enfant 1,16/0,58 € ; ⏲11h-17h mar-dim). Ce musée géré par l'armée lituanienne propose des expositions sur l'histoire des armes, celle de l'armée nationale et sur la période des grands-ducs. On y découvre également la tragique histoire du crash du *Lituanica*, qui coûta la vie aux aviateurs Steponas Darius et Stasys Girėnas lors de leur tentative de vol sans escale entre New York et Kaunas en 1933.

Galerie de peinture de Kaunas MUSÉE

(Kauno paveikslų galerija ; ☎37-221 779 ; www.ciurlionis.lt/kaunas-art-gallery ; Donelaičio gatvė 16 ; tarif plein/étudiant 1,74/0,87 € ; ⏲11h-18h mar-mer et ven-dim, 11h-19h jeu). Cette annexe du tentaculaire musée Čurlionis est un joyau qui gagne à être connu. On y découvre des œuvres d'artistes lituaniens de la fin du XXe siècle ainsi qu'une salle entièrement consacrée à Jurgis Mačiunas, père fondateur du mouvement avant-gardiste Fluxus.

Basilique de la Résurrection du Christ ÉGLISE
(Kauno paminklinė Kristhaus Prisikėlimo bašničia ; www.prisikelimas.lt ; Zemaicių gatvė 316 ; 9h30-19h). Il fallut 70 ans pour construire cette monumentale cathédrale aux airs de centrale électrique soviétique. Convertie en entrepôt de papier sous l'occupation nazie et en usine de radios à l'époque soviétique, elle a été réaffectée au culte en 2004.

Hors du centre

Kaunas est une ville particulièrement verte, ceinte de parcs. Le **parc Vytautas** occupe le terrain qui monte de l'extrémité de l'avenue Laisvės jusqu'au stade, le long duquel s'étend le joli **parc Ažuolynas**. Au sud, bordant le boulevard Vytauto, le **parc Ramybės** renfermait le cimetière de la vieille ville jusqu'à ce qu'il soit rasé par les communistes dans les années 1960.

Musée du Neuvième Fort MUSÉE
(IX Forto Muziejus ; 37-377 750 ; www.9fortomuziejus.lt ; Žemaičių plentas 73 ; tarif plein/enfant 2,30/1,40 €, visite guidée des catacombes 6 € ; 10h-18h mer-lun avr-oct, 10h-16h nov-mars). Cet excellent musée entretient la mémoire de l'histoire tragique des dizaines de milliers de personnes, majoritairement juives, exterminées ici par les nazis. L'ensemble, situé à 7 km au nord de Kaunas, comprend une forteresse de la Seconde Guerre mondiale et l'église des Damnés aux airs de bunker. Les expositions retracent, à travers des photos émouvantes, les épreuves endurées par la communauté juive de Kaunas ainsi que la déportation des Lituaniens par le régime soviétique. Prenez le bus n°23 sur Janovos gatvė, descendez au musée du Neuvième Fort et empruntez le tunnel piéton sous l'autoroute.

Jardins botaniques de Kaunas JARDINS
(Kauno botanikos sodas ; 37-295 300 ; ŽE Žilibero gatvė 6 ; tarif plein/enfant 2,32/1,16 € ; 9h-19h avr-oct). Ces 65 ha de magnifiques plantes rares sont entretenus par les jardiniers de l'université Vytautas-Magnus. À environ 2 km au sud de la vieille ville par les bus n°20 ou n°35.

Monastère de Pažaislis MONASTÈRE
(37-458 868 ; www.pazaislis.org ; Masiulio gatvė 31 ; tarif plein/enfant 4/2 € ; 10h-17h mar-ven, 10h-16h sam). Érigé au XVIIe siècle par des moines de l'Ordre camaldule avant d'être cédé à l'Église orthodoxe de Russie par le tsar Alexandre en 1831, cet étonnant monastère baroque trône sur un promontoire se jetant dans la Kaunas marios (la mer de Kaunas) à 9 km à l'est du centre de Kaunas. L'intérieur vénitien somptueux, quoique un peu décrépit, orné de marbre polonais rose et noir, est couronné par une coupole de 50 m de haut. Un petit musée retrace l'histoire de l'édifice.

Le monastère a eu un passé mouvementé : reconverti en asile psychiatrique pendant l'ère soviétique, il fut finalement restitué à ses racines catholiques en 1990. Le meilleur moment pour le visiter est pendant le Festival de musique Pažaislis, qui se tient entre juin et août. Prenez le trolleybus n°9 ou n°12 du centre jusqu'au terminus sur l'avenue Masiulio, à une centaine de mètres du monastère de Pažaislis.

Musée de plein air de Lituanie MUSÉE
(Lietuvių liaudies buities muziejus ; 34-647 392 ; www.llbm.lt ; L Lekavičiaus gatvė 2 ; tarif plein/enfant 2,90/1,45 € ; expositions couvertes 10h-18h mai-oct). Reconstitutions de villages des XVIIIe et XIXe siècles représentant les différentes régions du pays (Dzūkija, Aukštaitija, Suvalkija, Žemaitija et la Petite Lituanie). Des spécialistes de la poterie, du tissage et de la menuiserie font des démonstrations de leurs techniques artisanales dans l'atelier du musée. Les expositions couvertes sont fermées pendant l'hiver, mais les visites guidées du parc ont lieu toute l'année. On le trouve à Rumšiškės, à 25 km à l'est de Kaunas, à 2 km en retrait de la route Kaunas-Vilnius. De Kaunas, un bus le dessert (30 min, 5/jour).

Fêtes et festivals

Les festivals de musique rythment la vie sociale de Kaunas.

Festival de jazz de Kaunas JAZZ
(37-750 146 ; www.kaunasjazz.lt ; Rotušės aikštė 29). Inauguré dans la foulée du départ des Soviétiques, ce festival animé rassemble en avril des musiciens du monde entier à Kaunas avant de prendre le chemin de Vilnius.

Opérette au château de Kaunas MUSIQUE
(☎37-203 661 ; www.operetta.lt ; L Zamenhofo gatvė 5a). Ce festival d'opéra itinérant en plein air occupe les ruines du château de Kaunas quelques nuits avant de reprendre la route, entre mai et septembre.

Pažaislis Music Festival MUSIQUE
(☎37-203 547 ; www.pazaislis.lt ; T Masiulio gatvė 31). Ce festival éclectique s'installe tout l'été (mai à août) dans le cadre somptueux d'un monastère du XVIIe siècle sur les rives de la mer de Kaunas. Musique de chambre, symphonies, chorales et groupes de musique traditionnelle.

Où se loger

Les nombreux hébergements bon marché ajoutent au charme de Kaunas.

Kauno Arkivyskupijos Svečių Namai PENSION €
(☎37-322 597 ; kaunas.lcn.lt/sveciunamai ; Rotušės aikštė 21 ; s/d/tr à partir de 15/25/32 € ; P❄@). Cette pension dans un archidiocèse catholique ne pourrait pas être mieux située, coincée entre de vénérables églises et dominant la place principale de la vieille ville. Les chambres sont spacieuses, mais spartiates, et le petit-déjeuner n'est pas inclus. Réservation indispensable.

Apple Economy Hotel HÔTEL €
(☎37-321 404 ; applehotel.lt ; Valančiaus gatvė 19 ; s/d à partir de 36/45 € ; P⊖@). Nous recommandons fortement cet hôtel basique et bon marché blotti dans une cour de la vieille ville. Les chambres sont exiguës, mais la déco est chamarrée et les lits confortables.

Metropolis HÔTEL €
(☎37-205 992 ; www.metropolishotel.lt ; S Daukanto gatvė 21 ; d/tr 42/56 € ;). L'atmosphère du Metropolis ("Letuvia" à l'époque soviétique) est toujours imprégnée de la gloire passée de l'établissement, qui constitue aujourd'hui une option bon marché dans une rue arborée à proximité de Laisvės alėja. Les chambres sont bien équipées, et le décor à l'ancienne (balcons en pierre sculptée, vestibule au plafond décoré de moulures) ajoute au charme.

Daugirdas HÔTEL €€
(☎37-301 561 ; www.daugirdas.lt ; T Daugirdo gatvė 4 ; s/d/tr 56/63/80 € ; ❄). Cet élégant hôtel coincé entre la vieille ville et le Niémen est plein de caractère. Les chambres doubles sont très correctes, avec des lits de qualité et des salles de bains chauffées par le sol. Si vous voulez faire des folies, réservez la suite gothique : poutres apparentes, grand lit et Jacuzzi.

Kaunas Hotel HÔTEL €€
(☎37-750 850 ; www.kaunashotel.lt ; Laisvės alėja 79 ; s/d/ste à partir de 43/60/64 € ; ❄@). Ce luxueux hôtel de 1892, rénové en 2014, cible une clientèle d'affaires. Des vitres couvrent la façade du dernier étage, où la chambre n°512 est dotée d'une salle de bains à parois de verre surplombant l'avenue Laisvės. Salle de conférences et salle de sport (accès gratuit avec les chambres les plus chères, supp de 10 € pour les autres).

Daniela HÔTEL €€
(☎321 505 ; www.danielahotel.lt ; Mickevičiaus gatvė 28 ; s/d/ste à partir de 55/65/120 € ; P@). Un hôtel au chic rétro, propriété du champion de basket Arvydas Sabonis. Il se distingue par son mobilier original composé de sièges roses, de mezzanines en acier et de canapés moelleux. Les chambres standards sont nettement supérieures à la moyenne, et le personnel est aux petits soins. Réduction de 20% si vous réservez en ligne.

Kunigaikščių menė PENSION €€
(☎37-320 800 ; M Daukšos gatvė 28 ; s/d à partir 53/75 € ; P@). Sympathique pension familiale très bien située dans la vieille ville. Quelques-unes des petites chambres ont du parquet. Le restaurant dans le cellier du XVIe siècle est très honnête.

Park Inn by Radisson HÔTEL €€
(☎37-306 100 ; www.parkinn.com/hotel-kaunas ; K Donelaičio gatvė 27 ; s/d à partir de 77/92 € ; P⊖@). Cet hôtel d'affaires élégant occupe les 8 étages d'un immeuble rénové de la ville moderne. Service professionnel et confort standard dans les chambres, qui présentent d'agréables détails (sol chauffé dans la salle de bains ; thé et café gratuits). Restaurant, bar et vaste centre de conférences.

Où se restaurer

La gastronomie a fait bien du chemin à Kaunas ces dernières années, même si les restaurants haut de gamme sont encore peu nombreux.

Raw Inn VÉGÉTARIEN €
(☎8-652 00360 ; www.rawinn.lt ; Vilniaus gatvė 30-1 ; plats 4-6 € ; ⏲10h-21h lun-ven, 11h-21h sam, 13h-20h dim ;). Pour manger sain dans

une ambiance chaleureuse, rendez-vous chez Raw Inn, qui sert des produits crus et végétaliens, exclusivement. Vous avez abusé des *cepelinai* et autres aventures culinaires locales ? Les salades, falafels, soupes et autres plats de l'excellent menu vous aideront à vous remettre.

Radharanė VÉGÉTARIEN €
(37-362 941 ; www.radharane.lt ; Laisvės alėja 40 ; plats 4-6 € ; 9h-21h). Vous avez un petit creux lors d'une balade dans la ville moderne, mais pas envie de viande ? Vous aurez du mal à trouver mieux que l'ambiance Hare Krishna de ce restaurant à la cuisine d'inspiration indienne. Curries, samosas géants, soupes et salades : pas d'hésitation, tout est bon.

Žalias Ratas LITUANIEN €
(37-200 050 ; Laisvės alėja 36b ; plats 6 € ; 11h-minuit). Le "Cercle vert", auberge pseudo-rustique au personnel en tenue traditionnelle cachée derrière l'office du tourisme, vous fera découvrir des plats lituaniens qui vous requinqueront après une journée de visites. Meilleur qu'il n'en a l'air, avec une carte fournie en été lorsque la terrasse déborde de convives.

Buon Giorno TAVERNE €
(8-620 63777 ; www.buongiorno.lt ; Vilniaus gatvė 34 ; plats 5-7 € ; 9h-23h). Le premier des deux Buan Giorno est idéal pour prendre le petit-déjeuner : le café et la nourriture sont excellents. Le soir, l'endroit se mue en un sympathique bistrot avec musique d'ambiance et cuisine italienne de qualité. Les pâtes sont délicieuses, à l'instar de la pizza au jambon de Parme et à la roquette. Les propriétaires ont également ouvert une trattoria et une épicerie (p. 353).

Buon Giorno TRATTORIA €
(8-610 63777 ; www.buongiorno.lt ; Daukanto gatvė 14 ; plats 5-7 € ; 9h-23h). Le nouveau Buon Giorno, contrairement à l'antenne originale de la vieille ville, fait exclusivement restaurant. La cuisine est largement approvisionnée par l'épicerie Buon Giorno, une garantie de l'authenticité des produits italiens et de la qualité des pâtes, des salades et des plats en général.

Motiejaus Kepyklėlė BOULANGERIE €
(8-616 15599 ; Vilniaus gatvė 7 ; 8h-22h lun-sam, 9h-18h dim). Sans doute la meilleure boulangerie de Kaunas, Motiejaus a pris ses quartiers dans ses nouveaux locaux, dans un immeuble en brique rouge au cœur de Vilniaus gatvė. Les biscuits et gâteaux lituaniens y côtoient cannelés, macarons, croissants et cupcakes. Il y a aussi du café.

Rocknrolla AMÉRICAIN €€
(8-620 81118 ; Vasario 16-osios gatvė 1 ; plats 5-8 € ; 12h-23h dim-jeu, jusqu'à 3h ven-sam). Brique apparente aux murs, bières artisanales et cuisine américaine roborative : réveillez le hipster qui sommeille en vous et joignez-vous à la clientèle jeune et branchée de Rocknrolla. Difficile de trouver en ville de meilleurs burgers, assiettes de poulet frit, nachos ou travers de porc. Les cocktails sont bons. Séances de cinéma occasionnelles.

Casa della Pasta ITALIEN €€
(8-606 74114 ; www.italurestoranas.lt ; Muitinės gatvė 1-2 ; plats 5-9 € ; 11h-23h lun-sam, 12h-22h dim). Ce petit restaurant aux murs de chaux sur une place tranquille de la vieille ville fait des pâtes maison de première qualité. Les raviolis de bœuf braisé et les *panzerottis* au gorgonzola, ricotta et noix sont un délice.

Bernelių Užeiga LITUANIEN €€
(37-208 802 ; www.berneliuuzeiga.eu ; Donelaičio gatvė 11 ; plats 5-8 € ; 11h-22h dim-jeu, 11h-1h ven-sam ;). Décor rustique (mis à part les nappes blanches) et plats lituaniens traditionnels savoureux. Le personnel prendra le temps de vous expliquer la longue carte, et l'addition est très raisonnable.

Capo PIZZERIA €€
(8-693 99932 ; Palangos gatvė 9 ; plats 7 € ; 12h-minuit mer-sam, 10h-22h dim-mar). Capo est de loin la meilleure pizzeria de Kaunas. En cuisine, les chefs d'origine italienne garnissent avec talent la pâte à pizza préalablement tournée à la main. On peut aussi déguster des pâtes, des salades, de la viande et du poisson dans l'élégante salle aux murs couverts d'œuvres d'art, ou sur la terrasse entourée de briques de la vieille ville.

Senieji Rūsiai EUROPÉEN €€
("Aux vieux celliers" ; www.seniejirusiai.lt ; Vilniaus gatvė 34 ; plats 9-15 € ; 11h-minuit lun-ven, 12h-1h sam, 12h-23h dim ;). "Aux vieux celliers" tire son nom des caves voûtées du XVIIe siècle, aux fresques éclairées à la bougie, dans lesquelles on se régale d'une cuisine européenne préparée avec soin : cuisses de grenouilles et truites, entre autres délices de la région. Pour quelques euros de plus, faites-vous plaisir avec un tournedos Rossini ou un steak cuit à la flamme sous vos yeux.

Real Texas Grill GRILLADES €€
(☎8-696 00030 ; Vilniaus gatvė 48 ; plats 7 € ; ⏲12h-minuit dim-mer, 12h-6h jeu-sam). Burgers, émincés de porc, poitrine de bœuf, ailes de poulet : ce nouvel établissement à la mode de la vieille ville comblera les carnivores les plus voraces. Le décor à la sauce Far West vaut également le coup d'œil : immense barbecue aux flammes crépitantes, crânes de taureaux aux cornes démesurées et silhouettes de desperados se découpant aux fenêtres.

Pilies Sodas GRILLADES €€
(☎8-655 55162 ; www.piliessodas.lt ; Pilies gatvė 12 ; plats 8-10 € ; ⏲11h-1h dim-jeu, 11h-3h ven-sam). Idéalement situés, les "Jardins du château" proposent grillades (burgers, poisson, côtes de porc, etc.) et bières artisanales dans une atmosphère conviviale. Concerts occasionnels.

Avilys LITUANIEN €€
(☎8-655 02626 ; www.avilys.lt ; Vilniaus gatvė 34 ; plats 8-11 € ; ⏲12h-minuit dim-jeu, 12h-2h ven-sam). Partageant la même terrasse que le Senieji Rūsiai, cette succursale de la fameuse brasserie de Vilnius sert des bières inhabituelles et des plats lituaniens et internationaux à une clientèle distinguée. Terrasse sur la rue ou dans la cave en brique.

Faire ses courses

Maxima SUPERMARCHÉ €
(Kęstučio gatvė 55 ; ⏲8h-22h lun-ven, 9h-22h sam-dim). Supermarché entre la vieille ville et la ville moderne.

Iki SUPERMARCHÉ €
(Jonavos gatvė 3 ; ⏲8h-22h). Petit supermarché pratique si vous logez dans la vieille ville.

Où prendre un verre et faire la fête

W1640 BAR
(☎37-203 984 ; www.viskiobaras.lt ; Kurpių gatvė 29 ; ⏲17h-1h mar-jeu, 17h-5h ven-sam ; 📶). Dissimulé au fond d'une ruelle, ce bar est une vraie trouvaille. Il y a exactement 150 whiskies à la carte (essentiellement du scotch, mais aussi des whiskies japonais) et il est impossible de trouver un personnel plus sympathique en ville. Si vous n'êtes pas fan de whisky, rabattez-vous sur les ales.

Skliautas BAR
(☎37-206 843 ; www.skliautas.com ; Rotušės aikštė 26 ; ⏲11h-minuit lun-jeu, 11h-2h ven-sam, 11h-23h dim). Spécialités lituaniennes bon marché et ambiance animée. L'énergie dégagée nuit et jour par le lieu déborde largement sur la ruelle, envahie par sa clientèle en été. Idéal aussi pour un café accompagné de gâteaux.

Shamrock PUB IRLANDAIS
(☎8-641 54100 ; Vilniaus gatvė 13 ; ⏲10h-minuit). Bien que ce bar n'ait pas grand-chose d'irlandais, il n'en reste pas moins convivial. On y sert des bières irlandaises et anglaises (Guinness, Murphy's, Newcastle), à déguster en regardant les badauds sur Vilniaus gatvė depuis la terrasse. Les pizzas ne sont pas chères.

Alaus Sapnas PUB
(☎8-698 36724 ; Gedimino gatvė 30 ; ⏲12h-22h dim-mer, jusqu'à minuit jeu-sam). Petit rade sympathique, avec un large choix de bières à la pression et une ambiance conviviale.

BO BAR
(☎37-206 542 ; www.blueorange.lt ; Muitinės gatvė 9 ; ⏲18h-2h dim-ven, 18h-3h sam). Ce bar à l'atmosphère détendue attire une clientèle étudiante et branchée, au point d'être plein à craquer le week-end. Plus de 20 bières à la pression. Au cas où vous vous poseriez la question, BO veut dire Bleu Orange.

Džem Pub BAR
(☎8-657 45003 ; www.facebook.com/DzemPub ; Laisvės alėja 59, 5e ét ; entrée 5 € ; ⏲17h-3h mar-jeu, 17h-4h ven-sam). Un paradis pour mélomanes, avec une vue superbe depuis le balcon du 5e étage, une vaste sélection de bières et une programmation alternant concerts et mixes de DJ.

☆ Où sortir

Le quotidien *Kauno Diena* (www.kaunodiena.lt, en lituanien) publie le programme des sorties.

Cinéma

Cinémas Forum CINÉMA
(☎1567 ; www.forumcinemas.lt ; Karaliaus Mindaugo prospektas 49 ; ⏲billetterie 10h-22h). Films en V.O. sous-titrés en lituanien au 3e étage de l'Akropolis.

Théâtre et musique classique

Kaunas possède un nombre étonnant de salles de spectacles et de compagnies.

Théâtre d'art dramatique d'État de Kaunas THÉÂTRE
(Naciolinis Kauno Dramos Teatras ; ☎37-224 064 ; dramosteatras.lt ; Laisvės alėja 71 ; ⏲billetterie

10h30-19h). Le principal théâtre de Kaunas est aussi l'un des plus anciens de Lituanie. Fermé du 15 juin au 15 août.

Théâtre de chambre de Kaunas THÉÂTRE
(Jaunimo kamerinis teatras ; 37-228 226 ; www.kamerinisteatras.lt ; Kęstučio gatvė 74a ; 14h-18h mar-ven, 11h-17h sam). Le Théâtre de chambre, anciennement Studio de musique pour la jeunesse de Kaunas, est devenu incontournable dans le paysage musical de la ville. Il propose encore des productions pour les enfants, en lituanien.

Théâtre de marionnettes d'État de Kaunas THÉÂTRE
(Kauno valstybinis lėlių teatras ; 37-221 691 ; www.kaunoleles.lt ; Laisvės alėja 87a ; billetterie 11h-17h jeu-ven, 10h-14h sam-dim ;). Cette institution de Kaunas divertit petits et grands depuis 1958, avec des spectacles venus de toute l'Europe et d'Amérique du Sud. Chaque mois d'août, le début de la nouvelle saison est célébré en transformant le théâtre et ses environs en un décor de conte de fées. Les enfants peuvent apprendre à monter leur propre spectacle de marionnettes au musée du théâtre.

Théâtre musical d'État de Kaunas THÉÂTRE
(Muzikinis teatras ; 37-200 933 ; www.muzikinis-teatras.lt ; Laisvės alėja 91 ; billetterie 11h-14h et 15h-18h mar-sam). Ce bel édifice de la fin du XIXe siècle accueille des opéras, des opérettes et des spectacles musicaux en tout genre entre septembre et juin.

Philharmonie de Kaunas SALLE DE CONCERT
(Kauno filharmonija ; 37-222 558 ; www.kaunofilharmonija.lt ; L Sapiegos gatvė 5 ; billetterie 14h-18h mar-dim). La plus grande salle de concerts classiques de Kaunas, située dans l'ancien Palais de justice.

Achats

Akropolis CENTRE COMMERCIAL
(8-659 38287 ; www.akropolis.lt ; Karaliaus Mindaugo prospektas 49 ; 8h-21h). Non loin des gares routière et ferroviaire et de la ville moderne, ce centre commercial moderne comprend de nombreux magasins de vêtements, un supermarché, un magasin d'alimentation, un bowling et un cinéma.

Centrinis Knygynas LIBRAIRIE
(37-229 572 ; www.knygynai.lt/knygynai/Centrinis-knygynas ; Laisvės alėja 81 ; 10h-18h lun-ven, 10h-17h sam). Cartes, journaux internationaux et magazines.

Egidijaus Rudinsko Grafikos Galerija ARTS
(8-688 24486 ; L Zamenhofo gatvė 13-2 ; 12h-18h lun-ven, 10h-16h sam). Lithographies et impressions d'Egidijaus.

Humanitas LIBRAIRIE
(37-221 530 ; www.humanitas.lt ; Vilniaus gatvė 11 ; 9h-18h lun-ven, 11h-16h sam). Livres en anglais.

Brome VINS
(8-615 35162 ; www.brome.lt ; A Mickevičiaus gatvė 23 ; 10h-20h lun-ven, 10h-16h sam). Cave élégante avec une belle sélection de vins d'Europe et du reste du monde. Dégustations et séminaires fréquents (10 €).

Buon Giorno ALIMENTATION
(8-616 59005 ; www.buongiorno.lt ; V Putvinskio gatvė 72 ; 10h-22h). Petite épicerie idéale pour s'approvisionner en fromages italiens, pâtes, confitures, viande et bien d'autres produits encore.

Renseignements

DNB Nord (Laisvės alėja 86 ; 8h-17h30 lun-jeu, 8h-17h ven). Banque et DAB.

Kaunas (www.kaunas.lt). Site officiel de la municipalité.

Kaunas in Your Pocket (www.inyourpocket.com). Guide annuel de la ville, vendu 1 € dans les hôtels, galeries d'art et kiosques à journaux ou téléchargeable en format PDF.

Kauno Medicinos Universiteto Klinikos (emergency 37-326 089 ; www.kaunoklinikos.lt ; Eivenių gatvė 2 ; 24h/24). En cas d'urgence, l'hôpital universitaire est à 2,5 km au nord de la ville moderne ; prenez le trolleybus n°1 depuis la vieille ville ou la ville moderne.

Office du tourisme (323 436 ; visit.kaunas.lt ; Laisvės alėja 36 ; 9h-19h lun-ven, 10h-15h sam-dim). Réservation hôtelière, vente de cartes et de guides, location de vélos et visites guidées de la vieille ville.

Poste principale (8-700 55400 ; www.post.lt ; Laisvės alėja 102 ; 8h-19h lun-ven, 9h-15h sam). Bureau de poste principal de Kaunas.

SEB Bankas (www.seb.lt ; Laisvės alėja 82 ; 8h30-17h lun-ven). Banque et DAB.

Depuis/vers Kaunas

AVION

L'**aéroport international de Kaunas** (8-612 44442 ; www.kaunas-airport.lt ; Vilniaus gatvė, Karmėlava ; 9h-minuit ; 29, 29E) est à 10 km au nord du centre-ville. **Ryanair** (37-750 195 ; www.ryanair.com) assure une grande partie des vols, depuis/vers Paris,

Bruxelles, Francfort, Oslo et Stockholm. Le bus n°29 et le minibus n°120 se rendent au centre-ville ; en taxi, vous en aurez pour environ 18 €.

BUS

De la **gare routière longue distance** (Autobusų Stotis ; ☎37-409 060 ; www.autobusubilietai.lt ; Vytauto prospektas 24 ; billetterie 5h45-21h30), les bus desservent la Lituanie et l'étranger. Pour obtenir des renseignements, consultez les horaires affichés ou adressez-vous au bureau d'information (7h-20h).

Les billets pour les lignes nationales sont vendus par la filiale d'Eurolines **Kautra** (☎37-342 440 ; www.kautra.lt), dans le terminal principal ou à son bureau.

Pour les départs internationaux, plusieurs compagnies sont disponibles, dont **Eurolines** (www.eurolines.lt) et sa filiale **Lux Express** (www.luxexpress.lt). Achetez votre billet dans le hall principal. **Ecolines** (☎37-202 022 ; www.ecolines.net ; Vytauto prospektas 23 ; 9h-18h lun-ven ; 9h-15h sam), de l'autre côté de la rue, propose également des billets pour les destinations internationales. **Simple Express** (☎5-233 6666 ; www.simpleexpress.eu) propose des voyages économiques dans les pays baltes. Cette compagnie n'ayant pas de bureau local, les réservations se font en ligne.

Quelques liaisons quotidiennes en Lituanie et dans les pays baltes :

Birštonas (3 €, 50 min, 1/heure)
Druskininkai (8 €, 2-3 heures, 1/heure)
Klaipėda (14 €, 2 heures 45 à 4 heures, 20/jour)
Palanga (17 €, 3 heures 30, 9/jour)
Panevėžys (8 €, 2 heures 15, 30/jour)
Riga (19 €, 4 heures 30, 3/jour)
Šiauliai (10 €, 2 heures 45, 20/jour)
Tallinn (38 €, 10 heures, 3/jour)
Vilnius (6 €, 1 heure 45, au moins toutes les 30 min)

TRAIN

De la **gare ferroviaire** (Geležinkelio Stotis ; ☎7005 5111 ; 221 093 ; www.litrail.lt ; M.K. Čiurlionio gatvė 16 ; billetterie 4h10-21h20), jusqu'à 14 trains par jour relient Kaunas et Vilnius (5 €, entre 1 heure 15 et 1 heure 45).

VOITURE

Autobanga (☎5-212 7777 ; www.autobanga.lt ; Oro uosto gatvė 4) loue des véhicules à l'aéroport.

Comment circuler

Bus et trolleybus circulent de 5h à 23h ; achetez le billet à bord (0,70 €). Vous pouvez aussi vous procurer une Kauno Miesto Kortelė (carte de la ville de Kaunas) dans les Kauno Spauda ou les Naversen Kiosk pour 1,74 € ; à charger pour ne payer que 0,58 € en la passant sur la borne. Intéressant uniquement si vous prévoyez de prolonger votre séjour à Kaunas.

Les minibus suivent les lignes de bus, et le service continue plus tard ; un billet auprès du chauffeur coûte 0,87 €, et vous pouvez descendre où vous voulez. Pour des renseignements sur les lignes et les horaires du réseau public, consultez le site des **transports publics de Kaunas** (www.kvt.lt/en).

Pour rejoindre l'aéroport, montez dans le minibus n°120 depuis la gare des bus locaux dans la rue Šv. Gertrūdos ou dans le bus n°29 depuis l'arrêt sur le boulevard Vytauto. Il y a au moins un bus par heure entre 7h et 21h30.

De la gare ferroviaire, les trolleybus nos 1, 5 et 7 suivent le boulevard Vytauto vers le nord, les rues Kęstučio et Nemuno vers l'ouest, puis la rue Birštono vers le nord. Dans l'autre sens, ils prennent vers l'est les rues Šv. Gertrūdos, Ožeškienės et Donelaičio, puis descendent vers le sud le boulevard Vytauto jusqu'aux gares routière et ferroviaire.

Il y a également quelques rares bus de nuit – 13N, 14N et 37N – du jeudi au samedi.

Commander un taxi par téléphone est plus sûr que de héler une voiture dans la rue. Essayez entre autres **Einesa** (☎37-331 533 ; www.eines.lt) ou **Žaibiškas** (☎37-333 111 ; www.zaibiskasgreitis.lt).

Conduire à Kaunas ne présente pas de difficulté particulière (sauf dans la vieille ville). Il est facile de se garer et les sens uniques sont rares. Le dédale de ruelles pavées de la vieille ville est moins hospitalier et les places pour se garer sont quasiment inexistantes.

Birštonas

☎319 / 3 100 HABITANTS

Birštonas, à une quarantaine de kilomètres au sud de Kaunas, se niche au creux d'un joli méandre du Niémen. Elle est célèbre pour ses thermes et son **festival de Jazz**, sans conteste le meilleur de Lituanie, qui a lieu en mars toutes les années paires.

À voir et à faire

Pour les Lituaniens, Birštonas est avant tout une ville de cure, construite autour de sources minérales et de tourbières. L'efficacité des traitements qui y sont prodigués est reconnue ; ils peuvent aider en cas de problèmes circulatoires, vasculaires, pulmonaires ou gastriques. Si vous êtes en pleine forme, le parc régional des Boucles du Niémen – qui occupe une large portion des environs de la ville – vous attend pour des randonnées à pied, à vélo ou en canoë.

Vous trouverez des informations sur les sites et les activités à l'office du tourisme.

Eglė Sanitorija SPA

(☎319-42 142 ; www.birstonas.sanatorija.lt ; Algirdo gatvė 14 ; ⏲8h-17h lun-ven). Spas, bains de boue, traitements d'une semaine et B&B à partir de 48 € la nuit dans un établissement réputé au centre de Birštonas et tout près du Niémen. Le rapport qualité/prix est excellent : 29 € pour un massage d'une heure, bain de minéraux pour 7 €.

Bicycles Birštonas LOCATION DE VÉLOS

(Dviračiai Birštone ; ☎8-677 77472 ; Pušyno St 75 ; ⏲9h-22h). Location de vélos entre mai et septembre : 2 €/heure, 10 €/jour.

Canoë CANOË

La Verknė au débit rapide est idéale pour le canoë, surtout au printemps lorsque le niveau de l'eau est haut. Des excursions à la demi-journée, à la journée ou de 2 jours sont organisées par l'office du tourisme. Des canoës sont à louer auprès du **centre sportif de Birštonas** (☎319-65 640 ; www.birstonosportas.lt ; B Sruogos gatvė 18 ; ⏲9h-18h).

Boat Hire BATEAU

(☎8-640 26638 ; Birutės gatvė 17 ; barques 6 €). Pédalos et bateaux à moteur également disponibles ; rendez-vous sur la jetée devant Birutės gatvė.

Birštono Nemunas VISITE EN BATEAU

(☎319-56 360 ; www.birstononemunas.lt ; Prienų gatvė 21 ; ⏲sur rdv). Croisière sur le Niémen à bord de drakkars vikings – le drakar royal 9 places, le drakkar finlandais 15 places ou le drakkar dragon 20 places. Les tarifs varient en fonction du bateau, du nombre et de l'âge des passagers.

Vytenis CROISIÈRE

(Pušyno gatvė ; tarif plein/enfant 10/5 € ; ⏲15h dim). Au départ du ponton de Pušyno gatvė, ce navire sur 2 niveaux embarque jusqu'à

LES CROIX LITUANIENNES

Jadis symboles de la ferveur religieuse, païenne puis catholique, et de l'identité nationale, les croix en bois sculpté sont une spécificité lituanienne.

Savoir-faire transmis de maître à élève, la sculpture se faisait dans du chêne, l'arbre sacré des païens. Garnies de nourriture, d'écharpes de couleur (pour les mariages) ou de tabliers (pour la fertilité), elles servaient d'offrandes aux dieux. Après l'abandon du paganisme, elles furent consacrées par les prêtres et associées aux cérémonies chrétiennes. Pouvant mesurer jusqu'à 5 m de haut, elles représentèrent par la suite un acte de défi envers l'occupant.

Lorsque l'on tente d'expliquer l'origine de la Colline des Croix, les mythes se bousculent. Certains prétendent qu'elle fut édifiée en trois jours et trois nuits par les familles endeuillées des guerriers tués lors d'une grande bataille. D'autres disent qu'elle fut l'œuvre d'un père qui, dans l'espoir d'obtenir la guérison de sa fille, planta une croix sur le site. La tradition païenne raconte des histoires de feux sacrés entretenus à cet endroit par des vierges célestes.

Quoi qu'il en soit, les croix firent leur première apparition au XIVe siècle et se multiplièrent après les sanglants soulèvements antitsaristes pour devenir l'emblème des souffrances et des espoirs du peuple lituanien.

À l'époque soviétique, planter une croix constituait un délit passible d'emprisonnement, ce qui n'empêcha pas de célébrer de cette façon les milliers de personnes mortes et déportées du pays. La Colline fut rasée au moins trois fois. En 1961, l'Armée rouge détruisit 2 000 croix, condamna les sentiers d'accès et creusa des fossés au pied de la colline. Cela n'empêcha pas de nouvelles croix de surgir sans cesse à la faveur de la nuit. En 1972, après le suicide par le feu d'un étudiant de Kaunas pour protester contre le régime soviétique, le site fut à nouveau détruit. Malgré cela, en 1990, on dénombrait 40 000 croix sur une superficie de 4 600 m^2. Depuis l'indépendance, ce chiffre a décuplé et continue de croître. En 1993, le pape Jean Paul II célébra une messe sur le site (où sa chaire est restée) et fit ériger un an plus tard une croix pontificale portant l'inscription suivante : "Merci, Lituaniens, pour la Colline des Croix, qui montre aux nations d'Europe et au monde entier la force de votre foi.

50 passagers pour une balade d'une heure sur la Verknė.

Où se loger

Audenis PENSION €
(☎319-61 300 ; www.audenis.lt ; Lelijų gatvė 3 ; s/d 35/47 € ; P @ wifi). Cette agréable pension propose des chambres simples aux couleurs pastel et un service chaleureux. Le personnel organise également des activités : excursions en kayak, à vélo, et même en montgolfière ! Terrasse très agréable pour le déjeuner.

Sofijos Rezidencija HÔTEL €€
(☎319-45 200 ; www.sofijosrezidencija.lt ; Jaunimo gatvė 6 ; d/ste 75/105 € ; P @ wifi). Les chambres de Sofijos, décorées sur le thème de personnages célèbres de l'histoire lituanienne, sont à la limite du kitsch, mais leur étonnante imitation Renaissance, leurs lits à baldaquin et leurs innombrables détails ajoutant une touche de confort vous charmeront. Petit centre de bien-être sur place.

Nemuno Slėnis HÔTEL €€€
(☎8-699 64028 ; www.nemunoslenis.lt ; Kampiškių gatvė 8 ; ch 58-144 € ; P @ wifi). Solitude et confort dans cet hôtel à l'écart du centre-ville, perdu dans une forêt au bord du Niémen. À l'intérieur, c'est le grand luxe : mobilier ancien somptueux et tons aux couleurs sombres. L'hôtel abrite un spa, un restaurant et un centre de fitness. Tarifs nettement en hausse du jeudi au dimanche.

Renseignements

Office du tourisme (☎319-65 740 ; www.visitbirstonas.lt ; B Sruogos gatvė 4 ; ⏲9h-18h lun-ven, 10h-18h sam, 10h-16h dim). Les brochures sont exclusivement en lituanien, mais l'équipe sympathique saura vous conseiller sur les spas, les activités nautiques, les randonnées et les hébergements.

Accueil des visiteurs du parc régional des Boucles du Niémen (Nemuno kilpů regioninio parko ; ☎319-65 610 ; www.nemunokilpos.lt ; Tylioji gatvė 1 ; ⏲8h-17h lun-jeu, 8h-15h45 ven, 10h-16h sam mai-oct). Informations sur les randonnées à pied et à vélo, le camping et la splendide nature des 250 km² du parc, tout en forêts et collines entre les méandres du Niémen. Réservation de service de guides (22 €/heure).

Depuis/vers Birštonas

De la gare routière de Kaunas, des bus partent toutes les heures environ pour Birštonas (3 €, 50 min).

Šiauliai

☎41 / 128 400 HABITANTS

La quatrième ville de Lituanie, Šiauliai, est une ville ouvrière sans grand cachet. Cependant, sa situation centrale, au carrefour des routes nord-sud et est-ouest, en fait une bonne étape. Elle était connue à l'époque soviétique pour sa vaste base aérienne, et il y flotte encore aujourd'hui un parfum de communisme.

Šiauliai n'est cependant pas dénuée de charme. L'artère principale, Vilniaus, est une agréable rue piétonnière bordée de cafés et de bars. Quelques musées paisibles parsèment la ville, mais c'est l'extraordinaire Colline des Croix, haut lieu de la foi, un peu plus au nord, qui retient surtout l'attention.

À voir

Šiauliai abrite quelques musées inhabituels, tous dans la rue principale, Vilniaus, ou ses abords.

Colline des Croix

Cette petite colline, à une dizaine de kilomètres au nord de Šiauliai, constitue un lieu étrange et fascinant. Des milliers de croix recouvrent d'autres milliers de croix plantées par d'innombrables pèlerins et, le samedi, les jeunes couples mariés défilent les uns derrière les autres.

Imposantes ou minuscules, riches ou modestes, en bois ou en métal, ces croix sont des objets de dévotion accompagnant la prière, en même temps que des chefs-d'œuvre d'art populaire finement sculptés. Certaines, ornées de fleurs, de photos ou d'effets personnels, rendent hommage aux personnes défuntes et portent un message de foi ou d'affection. Des *koplytstulpis* (personnages en bois sculpté posés sous un petit abri) alternent avec de magnifiques sculptures représentant le Christ pensif (Rūpintojėlis). Si vous souhaitez garder une trace de votre passage sur la colline, les marchands de souvenirs installés sur le parking vendent des croix de toutes dimensions.

Pour avoir une vue d'ensemble du site, pénétrez dans la chapelle du **monastère**, en brique, où résident une dizaine de moines franciscains. Ce dernier a été construit derrière la colline entre 1997 et 2000 pour exaucer un souhait que Jean-Paul II aurait exprimé lors de sa visite en 1993.

Šiauliai

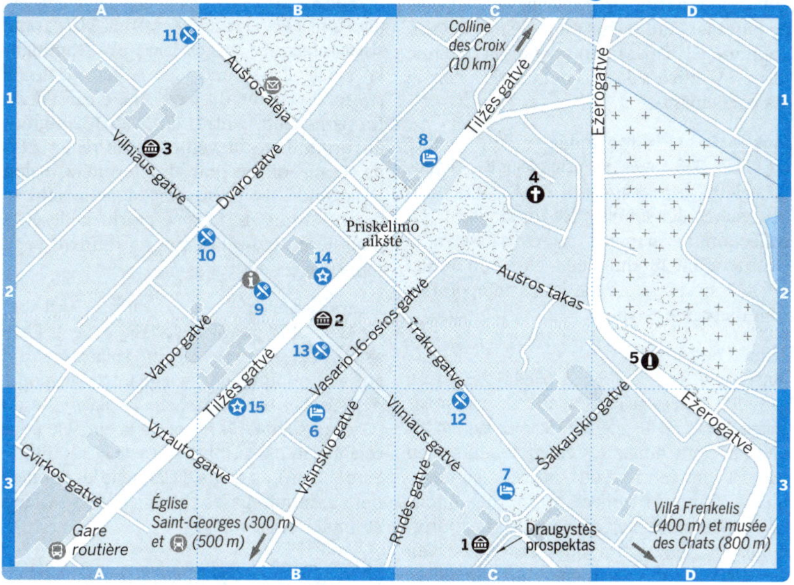

Le spectacle à travers la baie vitrée (œuvre de l'architecte italien Angelo Polesello), qui remplace le crucifix habituel derrière l'autel, est particulièrement impressionnant.

La Colline des Croix (Kryžių kalnas) se trouve dans le village de Jurgaičiai, à 10 km au nord de Šiauliai, à 2 km à l'est de la route qui conduit à Joniškis et à Riga. Pour vous y rendre, prenez à la gare routière de Šiauliai l'un des 8 bus quotidiens pour Joniškis et descendez à l'arrêt Domantai. Il faut ensuite parcourir 2 km à pied jusqu'à la colline. Repérez le panneau "Kryžių kalnas 2". En taxi, l'aller-retour revient à 18 € avec halte de 30 minutes au sommet (22 € pour 1 heure) ; demandez à l'office du tourisme de Šiauliai ou à votre lieu d'hébergement de vous commander un taxi par téléphone afin d'éviter toute arnaque.

À vélo, comptez au moins 3 heures pour effectuer l'aller-retour. La plupart du temps, vous roulerez sur une piste cyclable goudronnée qui suit la route. L'office du tourisme loue des bicyclettes (1,50 €/heure) et peut vous montrer le chemin, tout droit au fil de la route principale pour Riga, avant un virage à droite pour les deux derniers kilomètres.

Šiauliai

À voir

Où se loger

Où se restaurer

Où sortir

Centre-ville

Musée du Vélo MUSÉE

(Dviračių muziejus ; 41-524 395 ; www.ausrosmuziejus.lt ; Vilniaus gatvė 139 ; tarif plein/enfant 2/1 € ; 10h-18h mar, jeu-ven, 10h-19h mer, 11h-17h sam). Cet amusant musée expose dans plusieurs salles d'antiques biclous aux formes étranges et aux roues en bois. D'autres expositions retracent les exploits de pionniers lituaniens du cyclisme, notamment un périple de 6 mois depuis la Lituanie jusqu'à Vladivostok, qui coûta la vie à l'un de ses participants.

Musée de la Photographie MUSÉE
(☎41-524 396 ; www.ausrosmuziejus.lt ; Vilniaus gatvė 140 ; tarif plein/enfant 2/1 € ; ⊙10h-18h mar, jeu-ven, 10h-19h mer, 11h-17h sam-dim). La collection permanente est consacrée à la photographie lituanienne à partir du milieu du XXe siècle ; les expositions temporaires sont de bonne qualité.

Musée des Chats MUSÉE
(Katinų muziejus ; ☎8-683 69844 ; Žuvininkų gatvė 18 ; Jaunųjų gamtininkų centras ; tarif plein/enfant 1,16/0,58 € ; ⊙10h-17h mar-ven, 9h-16h sam). Si vous aimez les chats, ce musée au sud-est du centre vous attirera certainement. Toute sa collection tourne autour des représentations de ce félin, en porcelaine, en photo, etc. Quelques chats bien vivants vous suivent même dans les salles. À l'arrière, un mini-zoo plaira sans doute aux enfants – mais ne sera peut-être pas du goût des personnes soucieuses des droits des animaux.

Musée de la Radio et de la Télévision MUSÉE
(Radijo ir televizijos muziejus ; ☎41-524 399 ; www.ausrosmuziejus.lt ;Vilniaus gatvė 174 ; tarif plein/enfant 0,50/0,25 € ; ⊙10h-17h mer-ven, 11h-17h sam). La ville des premiers opérateurs radio amateurs de Lituanie dans les années 1920 se devait de rassembler cette collection éclectique de radios, TV et phonographes. Les énormes postes de radio sont très intéressants, ainsi que certaines TV de la période soviétique, sorties des usines de la région.

Villa Frenkelis MUSÉE
(Ch. Frenkelio vila ; ☎41-524 389 ; www.ausrosmuziejus.lt ; Vilniaus gatvė 74 ; tarif plein/enfant 3/1,50 € ; ⊙10h-18h mar, jeu-ven, 10h-19h mer, 11h-17h sam-dim). À l'est du centre, cette villa Art nouveau fut bâtie en 1908 pour le baron du cuir de l'époque. Épargnée par les bombardements de la Seconde Guerre mondiale, elle fut utilisée comme hôpital militaire par les Soviétiques de 1944 à 1993, avant de revenir à la municipalité. La façade a été repeinte, et l'intérieur restauré a retrouvé la splendeur passée que lui confèrent ses boiseries et son riche mobilier.

Cathédrale Saint-Pierre-et-Saint-Paul ÉGLISE
(Šv. Petro ir Povilo bažnyčia ; ☎41-528 077 ; www.siauliukatedra.lt ; Aušros takas 3). Dominant la place Priskėlimo de sa haute flèche (75 m, deuxième du pays), cette cathédrale fut construite entre 1595 et 1625 grâce au produit de la vente de taureaux âgés de 4 ans offerts par des fermiers. Selon la légende, la butte sur laquelle elle se dresse aurait été formée par le sable et la poussière accumulés sur un taureau venu mourir à cet endroit.

Cadran solaire MONUMENT
(☎41-528 077 ; angle Salkauskjo gatvė et Ežero gatvė). Cet énorme cadran solaire est un autre monument marquant, surmonté d'un archer en bronze, sur la place dite du "Cadran solaire". Il fut placé là en 1986 pour célébrer le 750e anniversaire de la bataille de Saulė (1236), au cours de laquelle les Samogitiens vainquirent les chevaliers Porte-Glaive et fondèrent la ville.

Église Saint-Georges ÉGLISE
(Šv. Jurgio bažnyčia ; Kražių gatvė 17). Le dôme en bulbe de cette jolie église catholique rappelle ses origines russes.

Où se loger

L'office du tourisme informe sur l'hébergement chez l'habitant dans les environs de Šiauliai.

Auberge de jeunesse de Šiauliai AUBERGE DE JEUNESSE €
(Šiaulių Kolegijos Jaunimo Nakvynės Namai ; ☎41-523 764 ; www.jnn.svako.lt ; Tilžės gatvė 159 ; d/tr 18/22 € ; ⊙réception 7h-23h ; P). Cette auberge de jeunesse moderne et pimpante comporte une cuisine et un salon TV. Anglais limité, mais personnel très serviable.

Šiauliai HÔTEL €€
(☎41-437 333 ; www.hotelsiauliai.lt ; Draugystės prospektas 25 ; s/d/ste 28/48/77 € ; P@☎). Le vieil hôtel soviétique comptant 14 étages a bénéficié d'une récente rénovation poussée. Ses chambres sont agréables, dans les tons jaune clair et brun. La vue est toujours aussi belle, mais le buffet du petit-déjeuner est décevant.

Šaulys HÔTEL €€
(☎41-520 812 ; www.saulys.lt ; Vasario 16-osios gatvė 40 ; s/d/tr 60/80/110 € ; P@☎). Option la plus luxueuse de Šiauliai, ce 4-étoiles à la façade d'un rouge profond loue des

chambres ultraconfortables. Le personnel organise des sorties de parapente, des vols en parachute et en biplan.

Où se restaurer

La plupart des restaurants sont regroupés au centre, dans la rue Vilniaus.

ČinČin CAFÉ €
(☎8-640 27701 ; www.cincin.lt ; Aušros alėja 25 ; plats 4-6 € ; ⏲11h-22h lun-ven, 12h-minuit sam). Ce petit café de caractère fait aussi épicerie et *deli* ; les plats simples, les bières et le café sont bons. À déguster en toute décontraction sur de confortables coussins.

Cask 215 PUB €
(☎8-686 67006 ; Vilniaus gatvė 215 ; plats 5-7 € ; ⏲11h-23h). Un des rares restaurants contemporains de Šiauliai, avec une cuisine américaine de pub : burgers, côtes de porc, émincés de porc barbecue, etc.

Ikiukas SUPERMARCHÉ €
(Trakų gatvė 43 ; ⏲7h30-23h). Petit supermarché pratique si vous logez dans le centre de Šiauliai.

Arkos LITUANIEN €€
(☎41-520 205 ; www.arkos.lt ; Vilniaus gatvė 213 ; plats 6-8 € ; ⏲10h-minuit). Arkos est le meilleur restaurant de l'artère piétonnière. Aménagé dans une cave en brique rouge, accueillante et chaleureuse, il a la faveur des employés de bureau au déjeuner (et de tous le soir) grâce à ses menus du jour d'un bon rapport qualité/prix et à sa carte bien fournie en plats lituaniens et internationaux.

Kapitonas Morganas INTERNATIONAL €€
(☎41-526 477 ; www.kapitonasmorganas.lt ; Vilniaus gatvė 183 ; plats 7-9 € ; ⏲11h-23h dim-mer, 12h-minuit jeu-sam). Le navire pirate du Captain Morgan n'est pas réservé qu'aux beuveries en terrasse. Vous pourrez aussi partir à l'abordage de son menu international : crevettes à la crème et à l'ail ou porc grillé aux légumes : chaque flibustier aura sa part du butin.

Où sortir

Théâtre d'art dramatique THÉÂTRE
(☎41-523 209 ; www.sdt.lt ; Tilžės gatvė 155). Productions en lituanien.

Saulė SALLE DE CONCERT
(☎41-424 424 ; www.saule.lt ; Tilžės gatvė 140). La principale salle de concert de Šiauliai.

Renseignements

Office du tourisme (☎41-523 110 ; www.siauliai.lt/tic ; Vilniaus gatvė 213 ; ⏲9h-13h et 14h-18h lun-ven, 10h-16h sam, 10h-15h dim). Vente de cartes et de guides, location de vélos (1,50 €/heure) et réservation hôtelière. Le site Web recense de manière exhaustive les transports vers la Colline des Croix.

Poste (☎8-700 55400 ; Aušros alėja 42 ; ⏲7h30-19h lun-ven, 8h-15h sam). Bureau de poste principal de Šiauliai.

Šiauliai bankas (☎8-700 55055 ; www.sb.lt ; Vilniaus gatvė 167 ; ⏲8h-18h lun-ven). Grande agence bancaire bien située dans le centre.

Depuis/vers Šiauliai

BUS

Destinations desservies au départ de la **gare routière** (☎41-525 058 ; Tilzes gatvė 109) :

Kaunas (10 €, 2 heures 45, 20/jour)
Klaipėda (11 €, 3 heures, 8/jour)
Palanga (11 €, 3 heures, 8/jour)
Panevėžys (6 €, 1 heure 30, 18/jour)
Riga (9 €, 2 heures 30, 4/jour)
Vilnius (15 €, 3 heures 45, 6/jour)

TRAIN

De la **gare ferroviaire** (☎41-203 445 ; Dubijos gatvė 44), le train dessert notamment Klaipėda (8 €, 2 à 3 heures, 5/jour), Panevėžys (4 €, 1 heure 30, 3/jour) et Vilnius (10 €, 2 heures 30 à 3 heures, 5/jour).

Radviliškis et ses environs

Radviliškis (19 700 habitants), une ville grise et sinistre à 22 km au sud-est de Šiauliai, n'a d'intérêt qu'en tant que nœud ferroviaire. Il existe en revanche plusieurs haltes intéressantes sur le tronçon de l'A9 qui mène à Panevėžys.

Šeduva (3 200 habitants), à 15 km à l'est de Radviliškis, est un bourg aux rues pavées aménagé autour d'une vieille église baroque jaune et blanc. **Šeduvos Malūnas** (☎42-256 300 ; www.seduvosmalunas.lt ; Vytauto gatvė 89a ; plats 6-8 €), un restaurant kitsch mais sympathique, est situé à l'ouest de Šeduva dans un moulin de 1905 avec une roue dentée centrale d'origine. On y mange lituanien sur 4 étages. Les propriétaires gèrent également l'agréable hôtel moderne attenant (chambre double 41 €).

À **Kleboniškiai**, indiqué sur l'A9 entre Radviliškis et Panevėžys, on trouve un moulin de 1884, ainsi que l'**Exposition sur** la vie rurale de Kleboniškiai (Kleboniškių kaimo buites ekspozicija ; ☎42-242 005 ; tarif plein/étudiant 1,74/0,87 € ; ⏲9h-17h mar-dim avr-oct), 1 km plus bas par un chemin de terre. Cette belle ferme du XIXe, début XXe siècle, est une carte postale grandeur nature de la vie rurale lituanienne. Plein de belles antiquités (traîneaux en bois, outils agricoles et un fantastique tracteur datant de 1926), il fait partie du **Musée-réserve historique et culturel de Daugyvenė** (Daugyvenės kultūros istorijos muziejus-draustinis), qui englobe notamment des tertres funéraires et d'autres sites des environs.

Panevėžys

☎45 / 114 600 HABITANTS

La plupart des voyageurs ne font que passer par Panevėžys (panévèjiss) à bord du bus Vilnius-Riga. Toutefois, si vous avez quelques heures devant vous, la cinquième ville du pays n'est pas dénuée de charme.

Au centre, la place Laisvės est bordée à son extrémité nord par la rue Elektros qui court d'est en ouest, au sud par la rue Vilniaus. La rue Basanavičiaus rejoint vers le nord la route de Riga, au sud celle de Kaunas et de Vilnius. La gare ferroviaire se situe à 2 km au nord-ouest du centre et la gare routière, sur la place Savanorių.

À voir

La **place Laisvės**, triangulaire, compose un espace piétonnier central bordé d'arbres, plaisant surtout pendant les deux mois que dure l'été, tranquille le reste de l'année. Elle regroupe quelques cafés et boutiques autour du théâtre d'art dramatique Juozas-Miltinis, en activité depuis 1940. Au bord de la rivière, un **petit pont** et des **statues** rendent le lieu attrayant pour une promenade.

Musée régional MUSÉE

(Kraštotyros muziejus ; ☎45-462 331 ; www.paneveziomuziejus.lt ; Vasario 16-osios gatvė 23 ; tarif plein/enfant 1,16/0,58 € ; ⏲9h-17h mar-ven, 11h-16h sam). Consacré à l'ethnographie, ce minuscule musée accueille des expositions temporaires.

Où se loger et se restaurer

Hôtel Panevėžys HÔTEL €€

(☎8-678 24640 ; Laisvės aikštė 26 ; s/d 30/60 € ; P 📶). Perché au 5e étage d'une barre soviétique (les autres niveaux sont occupés par des bureaux), cet hôtel moderne est une

Panevėžys

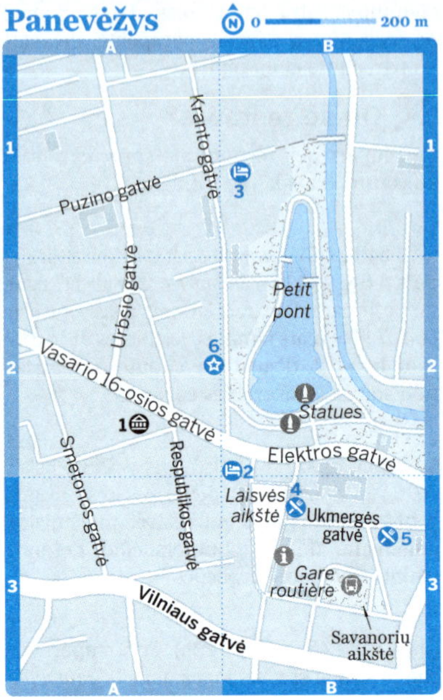

Panevėžys

À voir
1 Musée régional........A2

Où se loger
2 Hotel Panevėžys........B2
3 Hotel Romantic........B1

Où se restaurer
4 Galerija XX........B3
5 Iki........B3
Taverna........(voir 4)

Où sortir
6 Théâtre de marionnettes du wagon....A2

option acceptable pour loger dans le centre de Panevėžys. La réception se trouve à l'arrière du bâtiment, à côté du parking.

Hôtel Romantic HÔTEL €€€

(☎45-848 60 ; www.romantic.lt ; Kranto gatvė 24 ; s/d/ste 105/175/200 € ; P ❄ @ 📶). Installé dans un ancien moulin, cet hôtel est doté de chambres luxueuses. La terrasse du restaurant (plats 11-16 €), de loin la plus agréable table de la ville, donne sur le parc.

Taverna ITALIEN €

(☎8-683 72255 ; Laisvės aikštė 6 ; plats 4-6 € ; ⏲18h-1h jeu-dim, 18h-minuit lun-mer). Idéalement situé sur la place Laisvės, ce restaurant italien sans prétention est parfait pour un verre de vin, un panini, des pâtes au pesto ou des grillades.

Galerija XX LITUANIEN €
(☎45-438 701 ; www.galerijaxx.lt ; Laisvės aikštė 7 ; plats 4-6 € ; ⌚10h-23h). Cuisine lituanienne bonne et pas chère dans une galerie-café avec terrasse sur la place centrale.

Iki SUPERMARCHÉ €
(Ukmerges gatvė 18 ; ⌚8h-22h). À côté de la gare routière, vous pourrez acheter ici un casse-croûte pour les trajets en bus.

Où sortir

Théâtre de marionnettes du wagon THÉÂTRE
(Pasakų traukinukas ; ☎45-511 236 ; www.leliuvezimoteatras.lt ; Respublikos gatvė 30 ; ⌚8h-17h lun-ven). Le seul théâtre ambulant de Lituanie est le plus souvent sur la route, notamment l'été. Mais si vous avez la chance d'attraper cet antique wagon reconverti en théâtre entre deux tournées, ne manquez pas ses superbes spectacles de marionnettes.

Renseignements

E-kopija (☎8-652 89145 ; Laisvės aikštė 16 ; accès Internet 0,70 €/h ; ⌚8h30-18h30 lun-ven, 10h-15h sam)

SEB Bankas (☎1528 ; www.seb.lt ; Ukmergės gatvė 20 ; ⌚8h30-17h lun-jeu, 8h30-16h ven). À côté de la gare routière.

Office du tourisme (☎45-508 080 ; www.panevezysinfo.lt ; Laisvės aikštė 11 ; ⌚9h-18h lun-ven, 9h-14h sam avr-sept, horaires variables le reste de l'année)

Depuis/vers Panevėyžys

BUS

De la **gare routière** (☎463 333 ; Savanorių aikštė 5), des bus desservent notamment :

Kaunas (8 €, 2 heures 15, 30/jour)

Riga (11 €, 2 heures 30 à 3 heures, 6/jour)

Šiauliai (6 €, 1 heure 30, 18/jour)

Vilnius (10 €, 1 heure 45 à 3 heures, régulièrement de 6h à 22h)

TRAIN

De la **gare ferroviaire** (☎45-463 615 ; Kerbedžio gatvė 9), le service se limite à deux trains quotidiens vers Šiauliai (4 €, 1 heure 30, 2/jour), où l'on peut trouver une correspondance.

Biržai

☎450 / 15 000 HABITANTS

La ville paisible de Biržai (berzhay) – la plus septentrionale et l'une des plus anciennes de Lituanie – est bordée d'un lac magnifique et entourée de quelques sites intéressants. Pour y parvenir, prenez l'A10 vers le nord depuis Panevėžys avant de bifurquer vers l'est à Raubonys sur la route 125. Il y a aussi des bus au départ de Panevėžys (5 €, 1 heure 15, 14/jour) et Vilnius (10 €, 2 heures, 1/heure) notamment.

À voir

Château de Biržai CHÂTEAU
(☎450-33 390 ; www.birzumuziejus.lt ; tarif plein/enfant 2/1 € ; ⌚10h-18h30 mer-sam, 10h-17h30 mar et dim). L'immense façade blanche du château de Biržai, qui se dresse fièrement au bord de son lac artificiel, a été entièrement restaurée dans les années 1980 après deux destructions successives. Le palais d'origine, érigé à la fin du XVIe siècle par le duc Kristupas Radvila pour servir de siège aux ducs de Biržai, se retrouva sur la ligne de front lors de deux guerres contre la Suède. Le château principal et l'arsenal abritent des expositions sur l'ethnographie et l'histoire militaire de la région, sur le duché et sur la famille Radvilas.

Manoir d'Astravas BÂTIMENT HISTORIQUE
Autrefois d'un grand romantisme, ce domaine bâti en 1862 par le comte Mykolas Tiškevičius est superbement situé sur la rive nord du lac Širvėna. Il a été converti successivement en ferme laitière, en fabrique de sacs et en entrepôt de lin. Ses bâtiments et son parc retrouvèrent une partie de leur splendeur passée avec les restaurations des années 1950 et 1960. Le domaine n'est pas officiellement accessible au public, mais vous pourrez traverser la passerelle piétonne de 525 m (la plus longue du pays), admirer le paysage, et peut-être même jeter un coup d'œil à l'intérieur.

Parc régional de Biržai PARC
(☎450-35 805 ; www.birzuparkas.lt ; Rotušės gatvė 10). La région environnant Biržai est connue pour ses dolines de karst, qui se forment lorsque des sources souterraines érodent le gypse, provoquant un effondrement du sol. On compte plus de 9 000 de ces trous, dont la fameuse "grotte de la vache", une cavité de 12,6 m de profondeur ainsi nommée parce qu'un malheureux

ET SI ON PARLAIT BIÈRE

Le centre et le nord de la Lituanie sont les territoires de la bière à base de malt d'orge, que les brasseurs élaborent encore selon des procédés et des rituels vieux d'un millénaire. Les gens de la région avouent fièrement en consommer 160 l par an (presque autant que les Tchèques, plus gros buveurs de bière du monde).

Parmi les grandes marques, citons la **Horn**, brassée à Kaunas depuis 1853, la Gubernija (www.gubernija.lt) de Šiauliai, et la **Kalnapilis** de Panevėžys.

Biržai, à 65 km au nord de Panevėžys, en bordure d'un lac, constitue le haut lieu de cette tradition. Chaque année, durant deux jours en août, sa **fête de la Bière** donne lieu à des manifestations débridées avec lancers de tonnelets et consommation immodérée de bière. Sur place, la **brasserie Rinkuškiai** (☎45-035 293 ; www.rinkuskiai.lt ; Alyvų gatvė 8) est ouverte à la visite et vend dans sa boutique divers types de bière, de la blonde légère à la brune épaisse. Moins connue, l'**alaus bravoras de Butautų**, une ale douce dans une bouteille en verre brun couverte d'une capsule en céramique et métal, est produite dans le village de Butautų depuis 1750.

bovin y fut englouti lors de sa formation il y a 200 ans. La plupart des dolines se trouvent dans les 146 km² du parc régional. Des informations détaillées sur la topographie, les randonnées, les visites guidées et autres activités sont disponibles à l'accueil du parc.

Église Saint-Jean-Baptiste ÉGLISE
(www.birzuparapija.lt ; Radvilos gatvė 5). Cette église blanche néoclassique et baroque construite au XIXe siècle est l'édifice le plus imposant de la région, après le château.

Où se loger et se restaurer

Helveda PENSION €
(☎450-31 150 ; J Janonio gatvė 7 ; d 29 €). Pension fonctionnelle sans charme particulier, mais correcte et à proximité de la gare routière et des principaux sites de Biržai.

Pilies Skliautai LITUANIEN €
(☎450-33 032 ; J Radvilos gatvė 3 ; plats 6 € ; ⏲12h-21h mar-dim). Le meilleur restaurant de Biržai, autant pour la qualité de ses plats que pour son ambiance chaleureuse. On y déguste, sous les voûtes des caves du château des ducs, un assortiment typique de soupes, de grillades, de beignets et de poissons.

Renseignements

Office du tourisme (☎450-33 496 ; www.visitbirzai.lt ; J Janonio gatvė 2 ; ⏲8h-17h lun-ven tte l'année, 10h-15h sam-dim mi-juin-août). Quantité de brochures, conseils variés, réservation d'hébergements, de visites, organisation de randonnées à pied ou à vélo, etc.

Anykščiai

☎ 381 / 12 000 HABITANTS

La jolie ville d'Anykščiai (anikchaï), à 60 km au sud-est de Panevėžys, se tient au confluent de la Šventoji et de l'Anykšta. À l'est se déploient 76 lacs, dont le plus vaste, le **lac Rubikiai** (9,68 km², 16 m de profondeur), est émaillé de 16 îlots. Une poignée de sites sont à découvrir dans les environs. En hiver, la ville se transforme en station de ski, l'une des rares du pays. L'été, le **Festival de hard rock Devilstone** (www.devilstone.net) met le feu à la vallée de la Dainuva.

À voir et à faire

Pédaler sur une draisine ou voyager dans un ancien train circulant sur une voie étroite est le divertissement le plus prisé de la ville, en particulier par les enfants.

Musée du Chemin de fer MUSÉE
(Siaurojo geležinkelis istorijos ekspozicija ; ☎381-54 597 ; www.baranauskas.lt ; Viltis gatvė 2 ; tarif plein/enfant 2/1,60 € ; ⏲10h-17h mai-oct). Occupant l'ancienne gare de la ville, ce musée permet aux visiteurs de s'exercer au maniement de draisines. De mai à octobre, on peut aussi faire une balade en train sur les lignes de Troškūnai et Rubikiai. Les trains (5,80 €) partent à 11h et reviennent vers 15h. Le site www.siaurukas.eu ou l'office du tourisme d'Anykščiai vous en diront plus.

Musée du Cheval MUSÉE
(Arklio muziejus ; ☎381-6237 0629 ; www.arklio-muziejus.lt ; tarif plein/enfant 3/2 € ; ⏲9h-18h mai-août, 8h-16h sept-avr). Les amoureux des chevaux et les enfants ne manqueront pas,

dans le petit village de Niūronys, à 6 km au nord de la ville, l'unique musée du Cheval du pays. Agencé à la manière d'une ferme traditionnelle, il expose des photographies en noir et blanc de Vilnius avant la voiture, ainsi qu'une belle collection d'attelages : calèches, taxis ou véhicules munis de pompes à incendie. On peut faire un tour en calèche (tarif plein/enfant 1,50/1 €) et les enfants pourront gambader dans l'aire de jeux. Depuis Anykščiai, 2 bus par jour (0,70 €, 20 min) pour Niūronys.

Pierre de Puntukas SITE HISTORIQUE
Une forêt de pins à 10 km au sud d'Anykščiai abrite la pierre de Puntakas (Puntuko akmuo), un rocher de 6,9 m de long, 6,7 m de large et 5,7 m de haut. Il s'y rattache une légende selon laquelle le diable a tenté de détruire l'**église Saint-Matthieu** (1899-1909) aux tours jumelles. Un coq ayant chanté, il retourna aux enfers en laissant choir le rocher qu'il avait pris comme projectile.

Kalitos Kalnas STATION DE SKI
(☎381-78 144 ; www.kalitoskalnas.lt ; Kalno gatvė 25 ; ⏲11h-18h lun-ven, 10h-19h sam-dim). En hiver, Anykščiai est l'une des rares stations de ski du pays. De décembre à mars, 2 télésièges fonctionnent et l'on peut louer des équipements et prendre des leçons. Le reste de l'année, vous pourrez satisfaire vos envies de sensations extrêmes sur la piste de luge d'été.

Où se loger

L'office du tourisme d'Anykščiai peut vous recommander des chambres en ville ou dans les fermes alentour, mode d'hébergement le plus commun ici.

Nykščio Namai HÔTEL €
(☎8-655 43379 ; www.nykscionamai.lt ; Liudiškių gatvė 18 ; s/d 29/52 € ;). Keturi Kalnai est un hôtel moderne correct aux chambres simples et confortables. Salle de sport, court de tennis et piscine.

Renseignements

Office du tourisme (☎381-59 177 ; www.antour.lt ; Gegužės gatvė 1 ; ⏲8h-17h lun-sam tte l'année et 9h-16h dim mai-sept). L'office du tourisme d'Anykščiai est une mine d'informations. L'équipe très sympathique vous aidera à réserver un hébergement et vous conseillera sur les sites et les transports.

Depuis/vers Anykčšiai

La ligne de chemin de fer d'Anykščiai ayant été transformée en curiosité touristique, il ne reste que le bus. De la **gare routière** (☎381-51 333 ; A Vienuolio gatvė 1 ; ⏲6h-19h), face à l'office du tourisme, des bus rallient Panevėžys (5 €, 1 heure 15, 2/jour), Vilnius (8 €, 2 heures 30, 14/jour), Kaunas (7 €, 2 heures 15, 15/jour) et Utena (7 €, 1 heure, 6/jour).

OUEST DE LA LITUANIE

La côte, longue d'une centaine de kilomètres, constitue le principal attrait du pays. Durant la saison, très courte (mi-mai à mi-septembre et baignade seulement en juillet et août), Lituaniens et étrangers en villégiature accourent pour profiter de la formidable énergie estivale et d'une mer étincelante bordant des plages de sable blanc.

L'isthme de Courlande (Kursių Nerija), étroite et spectaculaire bande sablonneuse qui s'étire entre la Lituanie et l'enclave russe de Kaliningrad, est un véritable joyau ; l'Unesco l'a d'ailleurs inscrit sur la Liste du patrimoine mondial en 2000. Son passé – il a fait partie de la Prusse-Orientale – fascine autant que ses villages de pêcheurs séculaires, ses dunes géantes et ses forêts de pins touffues.

Troisième agglomération du pays et port principal, Klaipėda est le point d'accès à l'isthme. Sa vieille ville resserrée et son trafic maritime incessant lui confèrent une atmosphère singulière. À Palanga, ville festive au nord, trouver une chambre en été relève de la gageure.

Au sud de Klaipėda, le parc régional du Delta du Niémen est un havre de paix pour les oiseaux. À l'intérieur des terres, le parc national de Žemaitija dissimulait autrefois une base nucléaire soviétique, aujourd'hui reconvertie en captivant musée de la Guerre froide.

Klaipėda

☎46 / 161 300 HABITANTS

La troisième ville de Lituanie est à la fois ancienne et moderne. Elle fut jadis capitale de la Prusse-Orientale et il flotte encore un parfum germanique dans l'architecture de sa vieille ville pavée et de la tour de son château en brique rouge. Mais c'est aussi l'unique port du pays pouvant accueillir d'énormes paquebots de croisière ainsi qu'une plaque tournante vitale pour le transport de fret et de passagers entre la Lituanie, la Scandinavie et d'autres destinations plus lointaines.

Nombreuses sont les personnes qui, pressées de prendre le bac pour l'isthme de Courlande, entrevoient seulement Klaipėda. Or elle vaut la peine que l'on y passe quelques heures, ou mieux, une journée.

La Danė traverse le centre en direction de l'ouest et se jette dans la lagune de Courlande, à 4 km de la Baltique. La rivière divise ainsi la ville en deux parties distinctes. Autour de l'axe principal nord-sud que constitue la rue Manto, la ville nouvelle regroupe au nord la plupart des hôtels, les gares routière et ferroviaire, et l'université ; au sud, la vieille ville bourgeoise accueille l'office du tourisme, des boutiques, des bars, des restaurants et quelques hôtels, avec pour centre névralgique la rue Tiltų et la place Taikos.

Un troisième quartier, Smiltynė, forme la pointe nord de l'isthme de Courlande, de l'autre côté de la lagune. Accessible uniquement par le bac, il offre de jolis panoramas.

Histoire

Jusqu'en 1925, Klaipėda s'appelait Memel. Fondée en 1252 par l'ordre Teutonique,

Ouest de la Lituanie

qui édifia le premier château de la ville, elle demeura un port marchand incontournable du XVe siècle à sa destruction par l'armée suédoise en 1629. Après les guerres napoléoniennes, elle fut intégrée à la Prusse (1807), qui en conserva la propriété jusqu'à la Grande Guerre. À cette époque, sa population se composait à parts égales d'Allemands et de Lituaniens.

Le traité de Versailles (1919) prévoyait que Memel, la moitié septentrionale de l'isthme de Courlande, ainsi qu'une bande de terre (environ 150 km de longueur sur 20 km de largeur) du côté est de la lagune de Courlande et la rive nord du Niémen soient retirées à l'Allemagne et reçoivent le statut de "territoire international". Mais dès 1923, l'armée lituanienne annexa la zone et donna à la ville le nom de Klaipėda.

Pendant la Seconde Guerre mondiale, l'Allemagne occupa de nouveau la ville, qui servit de base aux sous-marins nazis. Sa situation stratégique lui valut d'être complètement détruite. Reconstruite et repeuplée après la guerre, Klaipėda devint un important centre de construction navale et de pêche. Son université y a été recréée en 1991, et 2003 vit ouvrir un nouveau terminal pour les bateaux de croisière. Ces dernières années, la ville s'est tournée vers le tourisme et a fait bâtir d'élégants hôtels et restaurants.

À voir

Vieille ville

Il reste peu de choses du passé germanique de Klaipėda en dehors de quelques rues restaurées dans la partie la plus ancienne de la ville, entre la rivière et la place Turgaus. Ne manquez pas la jolie **Teatro aikštė** (place du Théâtre), au cœur de la vieille ville.

Devant se dresse une **fontaine** dédiée à Simon Dach (1605-1659), poète allemand natif de Klaipėda qui fut le fer de lance d'un cercle d'écrivains et de musiciens de Königsberg (Kaliningrad). Un piédestal au milieu de l'eau supporte la statue d'**Anne de Tharau** (Ännchen von Tharau), héroïne d'une chanson ; réalisée en 1912 par le sculpteur berlinois Alfred Kune (il s'agit d'une réplique, l'original ayant été détruit durant la guerre), elle est inspirée d'une célèbre chanson d'amour allemande écrite en dialecte de Prusse-Orientale.

Théâtre d'art dramatique de Klaipėda BÂTIMENT HISTORIQUE

(☎46-314 453 ; www.kldteatras.lt ; Teatro aikštė 2 ; ⏲12h-18h mar-sam). Ce beau théâtre néoclassique construit en 1857 accueille des productions en lituanien. C'est depuis son balcon qu'Hitler proclama l'Anschluss (annexion) de Memel par l'Allemagne.

Château RUINES

Construit à l'origine par l'ordre Teutonique au XIIIe siècle, le château fut abandonné pendant des siècles avant d'être presque totalement rasé à la fin du XIXe. Mais il renaît aujourd'hui de ses cendres : au-dessus des douves et des remblais a débuté un immense chantier de reconstruction censé rendre à la ville son bastion côtier. La première phase des travaux doit se terminer courant 2016.

Švyturys BRASSERIE

(☎46-484 000 ; www.svyturys.lt ; Kūlių Vartų gatvė 7). On trouve à Klaipėda la plus vieille brasserie en activité de Lituanie : la Švyturys, sa bière étendard, y est brassée depuis 1784. L'office du tourisme organise des visites guidées de 1 heure 30 à 2 heures pour 10 € par personne (dégustation incluse) entre 10h et 16h du lundi au vendredi.

Musée d'Histoire de la Petite Lituanie MUSÉE

(Mažosios Lietuvos Istorijos Muziejus ; ☎46-410 524 ; www.mlimuziejus.lt ; Didžioji Vandens gatvė 6 ; tarif plein/enfant 1,45/0,72 € ; ⏲10h-18h mar-sam). Ce petit musée remonte aux origines de la Petite Lituanie (Kleinlitauen) – région côtière ayant appartenu à la Prusse-Orientale pendant plusieurs siècles. On y trouve des cartes prusses, des pièces de monnaie, des objets de l'ordre Teutonique, des métiers à tisser et de l'art populaire.

Musée des Forgerons MUSÉE

(Kalvystės muziejus ; ☎46-410 526 ; www.mlimuziejus.lt ; Šaltkalvių gatvė 2 ; tarif plein/enfant 1,45/0,72 € ; ⏲10h-18h mar-sam). Le musée des Forgerons est une annexe du musée d'Histoire de la Petite Lituanie. On peut y voir des œuvres en fer forgé dont de superbes croix provenant de l'ancien cimetière de la ville (parc de sculptures Martynas-Mažvydas).

Église Sainte-Marie-de-la-Paix ÉGLISE

(Švč. Mergelės marsijos Taikos Karalienės bažnyčia ; ☎46-410 120 ; Rumpiškės gatvė 6a ; ⏲8h-18h). Cet édifice est un oiseau rare : c'est la seule église catholique des pays baltes construite pendant l'ère soviétique. Son clocher domine

Klaipėda

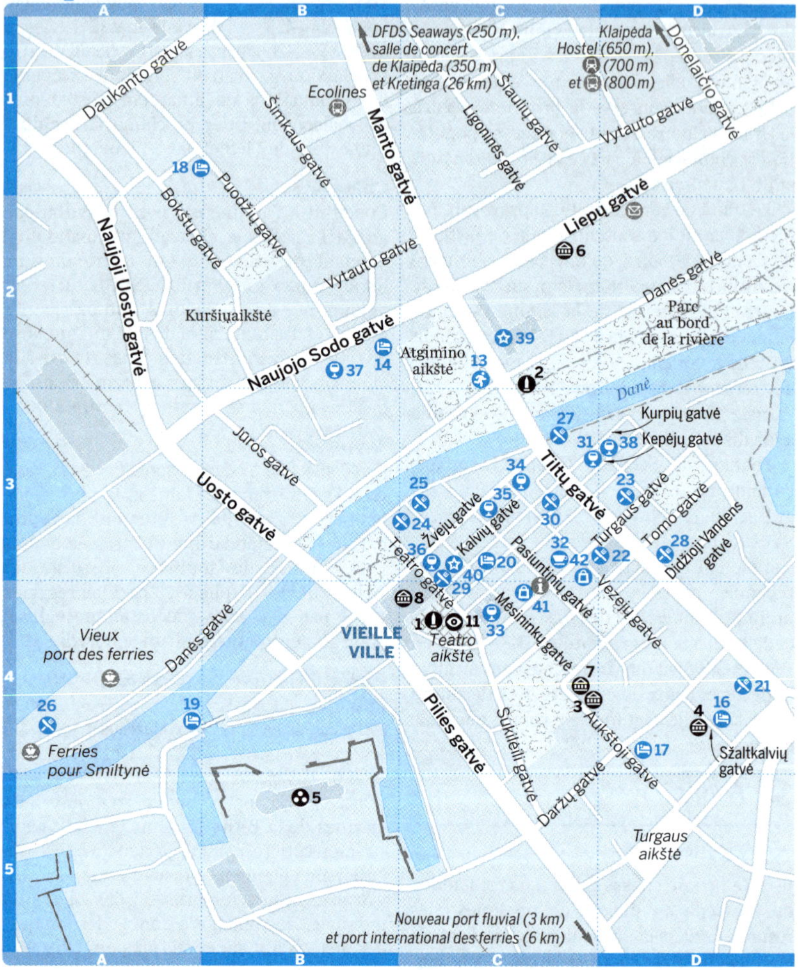

la ville à 46,5 m. Pour une visite, consultez l'office du tourisme.

Galerie Baroti GALERIE D'ART

(Baroti galerija ; ☎46-313 580 ; www.barotigalerija.lt ; Aukštoji gatvė 1 ; ⏲11h-18h mar-ven, 11h-16h sam). GRATUIT Cette galerie, où sont présentées d'intéressantes expositions temporaires, se trouve en partie dans un ancien entrepôt de poissons à colombages qui date de 1819.

Ville moderne

Un **parc** borde la rive nord de la Danė. Plus haut, la rue Liepų (appelée Adolf-Hitler-Strasse pendant une brève période) regroupe des sites intéressants.

Musée de l'Horlogerie MUSÉE

(Laikrodžių muziejus ; ☎46-410 414 ; Liepų gatvė 12 ; tarif plein/enfant 1,74/0,86 € ; ⏲12h-18h mar-sam, 12h-17h dim). Ce musée dédié au temps est divisé en 2 sections : la première s'intéresse au principe de la chronologie depuis les temps les plus anciens, la seconde à l'évolution esthétique et mécanique des horloges au cours des quatre derniers siècles. Par beau temps, le jardin-cadran solaire vaut à lui seul le détour.

Galerie Pranas Domšaitis MUSÉE

(☎46-410 416 ; www.ldm.lt ; Liepų gatvė 33 ; tarif plein/enfant 1,73/0,87 € ; 12h-18h mar-sam, 12h-17h dim). Cette annexe du musée de Beaux-Arts de Lituanie expose des œuvres du peintre expressionniste germano-lituanien Pranas Domšaitis (1880-1965) et d'artistes de Lituanie ayant connu l'exil.

Activités

Melnragė, à 1 km au nord de Klaipėda, comporte une plage avec une jetée très prisée au coucher du soleil. La **plage de Giruliai** se situe 1 km plus au nord. Les bus n^os6 et 4 rallient respectivement ces deux endroits depuis la rue Manto. **Karklė**, 1 km plus au nord, est réputée pour les fragments d'ambre que les tempêtes d'automne rejettent sur sa plage de galets et pour une falaise protégée de 24 m de haut, appelée **cap hollandais**.

L'office du tourisme de Klaipėda peut réserver des balades en bateau, en voilier (pendant le Festival de la mer en juillet) et des sessions de pêche sur glace en hiver.

Fêtes et festivals

Festival de la mer CULTURE

(Juros Svente ; ☎46-400 300 ; www.jurossvente.lt). Klaipėda célèbre en juillet son riche patrimoine maritime lors de ce flamboyant Festival de la mer : 3 jours de musique, d'ateliers, de foires et d'expositions d'embarcations très variées.

Où se loger

En été, mieux vaut avoir réservé, surtout pendant le Festival de la mer. L'office du tourisme peut vous aider à trouver votre bonheur en ville ou à la campagne.

Pension Litinterp PENSION €

(☎46-410 644 ; www.litinterp.lt ; Puodžių gatvė 17 ; s/d/tr à partir de 25/34/51 € ; P). Cette pension située dans un immeuble dédié au commerce depuis le XVIIIe siècle en a conservé des vestiges d'époque, comme les escaliers en bois et les arches en brique. Les 19 chambres sont propres et dotées de mobilier en pin clair. Le petit-déjeuner (2,90 €) est basique, mais, avec un si bon rapport qualité/prix, difficile de se plaindre.

Klaipėda Hostel AUBERGE DE JEUNESSE €

(☎46-211 879 ; www.klaipedahostel.com ; Butkų Juzės gatvė 7/4 ; dort/d 12/32 € ; P @). Cette auberge près de la gare routière, malgré son aspect austère, est douillette et agréable. Deux petits dortoirs de 12 personnes, une chambre double, une cuisine, thé et café gratuits. Réservez. Règlement en espèces.

Pajūrio Kempingas CAMPING €

(☎8-677 73227 ; www.campingklaipeda.lt ; Šlaito gatvė 3, Giruliai ; empl par pers/tente 4,34/4,34 € ; P). Ce paisible camping est à environ 8 km au nord de la vieille ville de Klaipėda, près du village de Giruliai, proche de la mer et de la gare locale, où s'arrêtent régulièrement les trains depuis Klaipėda.

Klaipėda

À voir

1 Statue d'Anne de Tharau C4
2 Arka C2
3 Galerie Baroti C4
4 Musée des Forgerons D4
5 Château B5
6 Musée de l'Horlogerie C2
7 Musée d'Histoire de la Petite Lituanie C4
8 Théâtre d'art dramatique de Klaipėda ... C4
9 Église Sainte-Marie-de-la-Paix F5
10 Galerie Pranas Domšaitis E1
11 Fontaine dédiée à Simon Dach C4
12 Švyturys E4

Activités

13 Baltic Cycle C2

Où se loger

14 Amberton Klaipėda B2
15 Aribė F3
16 Friedricho D4
17 Hotel Euterpė D4
18 Pension Litinterp A1
19 Old Mill Hotel A4
20 Preliudija Guesthouse C3

Où se restaurer

21 Friedricho Pasazas D4
22 Ikiukas D3
23 Jing Bin Lou D3
24 Katpėdėlė C3
Keltininko Namas ..... (voir 19)
25 La Terrasse C3
26 Meat Lovers A4
27 Meridianas C3
28 Rene D3
29 Senoji Hansa C3
30 Stora Antis C3

Où prendre un verre et faire la fête

31 Herkus Kantas C3
32 Max Coffee C3
33 Nesė Pramogų Bankas C4
34 Senoji Vyninė C3
35 Seven C3
36 Storas Katinas C3
37 Viva Lavita B2
38 Žvejų Baras D3

Où sortir

39 Théâtre musical d'État de Klaipėda C2
40 Kurpiai C3

Achats

41 Parko C4
42 Pėda C3

Hôtel Euterpė HÔTEL €€
(☎46-474 703 ; www.euterpe.lt ; Daržų gatvė 9 ; s/d 73/93 € ; P 🚭 @ 📶). La palme du meilleur petit hôtel de Klaipėda revient à cet établissement élégant niché entre d'anciennes maisons de marchands de la vieille ville. L'accueil est chaleureux et les chambres confortables, avec une déco très sobre. Le restaurant du rez-de-chaussée est excellent et la terrasse idéale pour boire un café.

Preliudija Guesthouse PENSION €€
(☎46-310 077 ; www.preliudija.com ; Kepėjų gatvė 7 ; s/d 58/70 € ; @ 📶). Belle pension du milieu du XIXe siècle en plein cœur de Klaipėda. Malgré l'ancienneté des lieux, elle loue des chambres modernes au style minimaliste, avec une salle de bains étincelante.

Old Mill Hotel HÔTEL €€
(☎46-219 215 ; www.oldmillhotel.lt ; Žvejų gatvė 22 ; d 70 € ; 📶). Cet hôtel réputé occupe deux anciens immeubles marchands dressés de chaque côté du pont tournant des docks de Klaipėda. Le château, la vieille ville et le ferry pour l'isthme de Courlande ne sont pas loin. Les belles chambres aux tons clairs sont dotées de salles de bains étincelantes. Le complexe hôtelier comprend les restaurants Old Port et Ferryman.

Friedricho PENSION €€
(☎46-391 020 ; www.pasazas.lt ; Šaltkalvių gatvė 3 ; s/d 60/70 € ; P 📶). Idéalement située dans la vieille ville, cette attrayante pension de 6 chambres est tenue par l'équipe à la tête des restaurants du passage Friedricho. Les chambres ressemblent plus à de petits appartements, parfaits pour les familles, avec kitchenette et salon.

Aribė HÔTEL €€
(☎46-490 940 ; www.aribe.lt ; Bangų gatvė 17a ; s/d 41/58 € ; P @ 📶). À 10 minutes à pied de la vieille ville, ce 3-étoiles, derrière une façade anonyme, loue des chambres calmes et agréables, aux couleurs claires et gaies. Personnel très serviable.

Amberton Klaipėda HÔTEL €€€
(☎46-404 372 ; www.ambertonhotels.com ; Naujoji Sodo gatvė 1 ; ch/ste à partir de 94/350 € ; ancienne aile à partir de 54 € ; P @ 📶). Ce 4-étoiles, l'une des adresses les plus luxueuses de la ville, occupe une tour rouge brique en forme de "K", juste au nord de la rivière. Bon choix

de chambres, des simples basiques dans l'ancienne aile aux suites de luxe (plusieurs pièces avec Jacuzzi et vue sur la mer) dans la tour en "K". Tous les hôtes ont accès au spa, aux courts de tennis et au casino.

Où se restaurer

Katpėdėlė LITUANIEN €

(☎8-618 28343 ; www.katpedele.lt ; Žvejų gatvė 12 ; plats 4-6 € ; ⏲10h-1h dim-mer, 10h-2h jeu, 10h-3h ven-sam ; 📶). Ce restaurant a beau être une franchise, il propose une bonne cuisine lituanienne dans un bel immeuble de marchand sur la Danė. Goûtez le cou de porc grillé au thym nappé de sauce au whisky ou le saumon aux cacahuètes.

Ikiukas SUPERMARCHÉ €

(Turgaus gatvė 16 ; ⏲7h30-23h30). Mini-supermarché très pratique si vous êtes dans la vieille ville.

Friedricho Pasazas INTERNATIONAL €€

(☎46-391 020 ; www.pasazas.lt ; Tiltų gatvė 26a ; plats 5-10 € ; ⏲11h-1h lun-sam, 12h-minuit dim ; 📶). Ce n'est pas qu'un restaurant, mais tout un ensemble d'établissements qui vous attend le long d'une petite ruelle dans le sud de la vieille ville. Le plus huppé, Friedricho Restoranas, sert des plats méditerranéens inventifs et du bon vin. Il y a aussi une pizzeria, un grill et une taverne lituanienne.

Meat Lovers PUB €€

(☎8-652 21998 ; Danės gatvė 1 ; plats 5-11 € ; ⏲9h-22h lun-ven, 10h-22h sam-dim). En cas de fringale (et si vous mangez de la viande) en attendant le ferry pour Smiltynė, Meat Lovers, situé au-dessus du terminal, peut vous préparer un burger avec une bière en un rien de temps, à déguster en profitant de la vue sur la lagune de Courlande.

Keltininko Namas LITUANIEN €€

(☎8-616 23551 ; www.oldporthotel.lt ; Žvejų gatvė 20 ; plats 7-10 € ; ⏲11h-22h ; 📶). Le restaurant de l'hôtel Old Port a une vue imprenable sur la Danė. Ses chefs ont fait le choix de produits locaux, dont le poisson tout frais servi dans de nombreux plats. Même avec d'élégantes nappes blanches et l'argenterie, les prix restent très raisonnables.

Rene BELGE €€

(☎46-215 068 ; www.restoranasrene.lt ; Tiltų gatvė 13 ; plats 7 € ; ⏲11h-23h lun-sam, 11h-21h dim ; 📶). Ce restaurant original et élégant cuisine tout à la bière : les moules, le bœuf et bien d'autres produits encore.

La Terrasse ITALIEN €€

(☎8-620 46685 ; Žvejų gatvė 10 ; plats 5-8 € ; ⏲11h-minuit dim-jeu, 11h-2h ven-sam ; 📶). Ce restaurant populaire au bord de la Danė propose des plats italiens de qualité (pizzas, pâtes, salades et poisson). Décor contemporain d'une belle sobriété. Aux beaux jours, terrasse sur la rivière.

Jing Bin Lou CHINOIS €€

(☎46-257 937 ; Turgaus gatvė 23 ; plats 5-9 € ; ⏲11h-22h lun-sam, 12h-22h dim). Pour changer un peu, allez sans hésitation déguster la cuisine chinoise occidentalisée de Jing Bin Lou. Il y a même des spécialités du Sichuan et de Xinjiang. Dans la vieille ville.

Senoji Hansa LITUANIEN €€

(☎46-300 171 ; www.senojihansa.lt ; Kurpių gatvė 1 ; plats 6-10 € ; ⏲10h-22h lun-sam, 10h-18h dim ; 📶). Ce mélange de bar, de restaurant et de café donnant sur la place du Théâtre est réputé pour ses viandes, ses pancakes et ses *cepelinai*. La terrasse couverte, ouverte à l'année, est toujours animée les soirs de week-end.

♥ **Stora Antis** LITUANIEN €€€

(☎46-493 910 ; www.storaantis.lt ; Tiltų gatvė 6 ; plats 15-18 € ; ⏲17h-minuit mar-ven, 12h-minuit sam). Situé dans un époustouflant cellier du XIXe siècle, qui abritait déjà un restaurant en 1856, Stora Antis est un établissement plein de caractère (et de bibelots). Sans doute l'un des meilleurs de la vieille ville.

Meridianas EUROPÉEN €€€

(☎46-411 660 ; www.pasazas.lt/restoranas-meridianas ; berge de la Danė, près de Tiltų gatvė ; plats 19-20 €, menu dégustation 7 plats avec vin 84 € ; ⏲12h-1h lun-sam, 12h-22h dim). La goélette restaurée *Meridianas* – dont la construction fut imposée par l'URSS à la Finlande dans le cadre des préparatifs de guerre – est devenue l'un des emblèmes de la ville. Dans ce restaurant un peu clinquant sont servis sur des nappes blanches du bœuf wagyu, du foie gras et des coquilles Saint-Jacques, le tout accompagné d'excellents crus.

Où prendre un verre et faire la fête

Klaipėda regorge de débits de boissons et de nouveaux établissements ouvrent chaque année.

Žvejų Baras BAR

(☎46-412 060 ; www.zvejubaras.lt ; Kurpių gatvė 8 ; ⏲17h-minuit dim-mer, 17h-2h jeu-sam). Très beau pub tout en bois brut sur le port (son nom signifie "bar du pêcheur"). L'endroit parfait pour voir un petit concert en sirotant d'excellentes bières.

Herkus Kantas PUB
(☎8-685 87338 ; www.herkuskantas.lt ; Kepėjų gatvė 17 ; ⏱17h-1h mar-sam). Herkus est sans doute le mieux situé des pubs qui bordent la Danė : la goélette *Meridianis* est amarrée juste en face. La grande terrasse est idéale pour les beaux jours, et, à l'intérieur, d'excellentes bières pression (dont une ale de la semaine) vous attendent dans le vieux cellier.

Seven PUB
(☎8-653 27777 ; Žvejų gatvė 7 ; ⏱12h-23h). Ce tout nouvel établissement aux lignes épurées cible une clientèle jeune et branchée avec ses burgers et ses bières artisanales.

Senoji Vyninė BAR À VINS
(☎8-610 41204 ; Žvejų gatvė 5 ; ⏱12h-23h lun-ven, 13h-23h sam). Bar à vins idéalement situé sur la Danė. Nappes blanches, comptoir en bois et ambiance feutrée pour déguster au calme un verre de vin ou deux.

Storas Katinas BAR
(☎46-416 173 ; www.nationalhotel.lt/en/bar ; Žvejų gatvė 21 ; ⏱8h-minuit lun-jeu, 8h-2h ven-sam, 8h-23h dim). Le "Fat Cat" a beau être un bar d'hôtel, il fait plus penser aux bars du vieux Klaipėda germanique nichés sous leurs voûtes de brique. La déco est constituée de bois sombre, fauteuils en cuir et lumière jaune tamisée. À la carte, une belle sélection de vins et de bières ainsi que des plats lituaniens.

Viva Lavita BAR À COCKTAILS
(☎46-228 800 ; www.ambertonhotels.com ; Naujojo Sodo 1 ; ⏱12h-1h dim-jeu, 12h-3h ven-sam). Perché au 20e étage du bâtiment K de l'hôtel Amberton et jouxtant le restaurant du même nom, Viva Lavita offre une vue superbe sur la pointe de l'isthme et la Baltique au-delà. À l'est, la Lituanie s'étend à perte de vue.

Nesė Pramogų Bankas DISCOTHÈQUE
(☎8-870 055555 ; www.nesepb.lt ; Turgaus gatvė 1 ; ⏱24h/24 ; 📶). La "base de loisirs de la berge de Nesė" comprend un pub irlandais, un bar à whiskies, un casino et un lounge. Il y a des endroits plus intéressants pour passer une soirée à Kaipėda, mais ici la fête se déploie sur 4 niveaux, et on peut y passer la nuit entière.

Max Coffee CAFÉ
(☎8-657 30557 ; www.maxcoffee.lt ; Turgaus gatvė 11 ; ⏱7h30-22h lun-ven, 9h-22h sam, 10h-21h dim ; 📶). Le café est loin d'être une spécialité locale. Dans ces circonstances, vous ne pourrez qu'apprécier cet établissement correct qui propose également des gâteaux, des muffins et le Wi-Fi.

☆ Où sortir

Salle de concert de Klaipėda SALLE DE CONCERT
(☎46-410 561 ; www.koncertusale.lt ; Šaulių gatvė 36). Musique classique, chœurs et musique de chambre dans un beau bâtiment du XIXe siècle.

Kurpiai JAZZ
(☎46-410 555 ; Kurpių gatvė 1a ; entrée week-end 5 € ; ⏱19h-1h mer ; 19h-2h jeu, 19h-4h30 ven-sam). Ce club de jazz de la vieille ville est une légende de Klaipėda, ouvert bien avant les bars surgis après l'indépendance. Avec sa terrasse pavée et son intérieur sombre, c'est le meilleur endroit pour écouter des artistes de jazz.

Théâtre musical d'État de Klaipėda THÉÂTRE
(Muzikinis teatras ; ☎46-397 404 ; www.muzikinis-teatras.lt ; Danės gatvė 19 ; ⏱11h-14h et 15h30-18h30 mar-sam, 12h-17h dim). Cette institution de Klaipėda inaugurée en 1987 accueille des spectacles musicaux, dont certains présentés dans tout le pays. Elle héberge également l'orchestre philharmonique de Klaipėda.

🛍 Achats

Des stands de souvenirs en ambre, spécialité de Klaipėda, jalonnent la place du Théâtre, mais vous trouverez également du lin et des objets d'art de qualité.

Parko ARTS
(☎8-652 11112 ; Turgaus gatvė 9 ; ⏱11h-17h30 lun-ven, 11h-15h sam). Peintures, sculptures et gravures contemporaines.

Pėda ARTS
(☎46-410 710 ; www.karciauskas.com ; Turgaus gatvė 10 ; ⏱11h-18h lun-ven). Sculptures et designs saisissants de l'artiste contemporain Karčiauskas Vytautas.

Pegasas LIBRAIRIE
(☎46-469 196 ; www.pegasas.lt ; Taikos prospektas 61 ; ⏱10h-22h). La meilleure librairie de Klaipėda, au sud de la vieille ville, dans le centre commercial Akropolis.

KLAIPĖDA ET SES STATUES

Comme toute ville lituanienne qui se respecte, Klaipėda est parsemée de sculptures, dont 120 datent de la fin des années 1970, dans le **parc des sculptures Martynas-Mažvydas** (Liepų gatvė), qui fut le principal cimetière de la ville jusqu'en 1977. Non loin, sur la place Lietuvninkų, une sculpture en granit monumentale (3,5 m) représente Martynas Mažvydas, auteur du premier livre publié en lituanien en 1547.

À l'extrémité sud de la rue Manto se dresse la plus impressionnante statue de granit de Lituanie, un pilier rouge soutenant une arche grise brisée. L'Arka célèbre l'intégration de Klaipėda à la Lituanie en 1923. On y lit les vers du poète klaipėdois Ieva Simonaitytė (1897-1978) : "Nous sommes une nation, une terre, une Lituanie."

Devant la gare ferroviaire, Farewell (2002) représente une mère coiffée d'un fichu et qui tient d'une main un petit garçon serrant son ours en peluche, de l'autre une valise. Offerte par l'Allemagne, elle rappelle de manière émouvante que les Allemands durent dire adieu à leur patrie lorsque la ville devint lituanienne, en 1923.

Des œuvres plus modestes surgissent régulièrement du jour au lendemain dans Klaipėda. Durant vos flâneries, à vous de découvrir dans la vieille ville un chien, un chat, une souris, une araignée, un dragon rouge inquiétant, et, à l'extérieur, une pomme, une rangée de chaises jaunes démesurées et un garçon avec un chien disant au revoir à un ferry.

Renseignements

La carte *Klaipėda Neringa* publiée par Jāņa Sēta couvre (au 1/10 000) le centre de Klaipėda, les plages du nord, Smiltynė et l'isthme de Courlande. En librairie (environ 2,50 €).

Balt Tours (46-212 929 ; www.balttours.lt ; Kepėjų gatvė 11a ; 10h-18h lun-ven). Si vous êtes adepte du tout-compris (hébergement, visites, etc.), Balt Tours propose des voyages organisés dans la lagune de Courlande, le delta du Niémen ainsi qu'en Lettonie et en Estonie.

Klaipėda in Your Pocket (www.inyourpocket.com). Guide annuel de la ville vendu 1 € dans les hôtels et les kiosques à journaux. Téléchargeable en PDF.

Krantas Travel (46-395 215 ; www.krantas.lt ; Teatro gatvė 5 ; 8h-18h lun-ven, 9h-15h sam). Billets de ferry pour Sassnitz, Kiel et Karlshamn.

Office du tourisme (46-412 186 ; www.klaipedainfo.lt ; Turgaus gatvė 7 ; 9h-19h lun-ven, 10h-16h sam-dim). Office du tourisme extrêmement efficace. Cartes et guides touristiques locaux en vente. Réservation d'hébergements, de circuits, etc. Horaires réduits et fermeture le dimanche hors saison.

Poste (8-700 55400 ; www.post.lt ; Liepų gatvė 16 ; 8h-19h lun-ven, 9h-16h sam). Le principal bureau de poste de la ville occupe un magnifique immeuble néogothique en brique rouge du XIXe siècle.

Depuis/vers Klaipėda

BATEAU

Du **port international des ferries** de Klaipėda (46-395 051 ; www.dfdsseaways.lt ; Perkėlos gatvė 10), les ferries (passagers, voitures) de **DFDS Seaways** (46-395 000 ; www.dfdsseaways.lt ; Šaulių gatvė 19) desservent régulièrement Kiel et Sassnitz (Allemagne), ainsi que Karlshamn (Suède).

Le ferry de **Smiltynės Perkėla** (46-311 117 ; www.keltas.lt ; Nemuno gatvė 8 ; tarif plein/enfant plus de 7 ans 12/8,40 €) est un moyen rapide de faire la navette entre le vieux port de Klaipėda et Nida. Le trajet dure 2 heures, avec une escale de 10 minutes à Juodkrantė. Deux départs par jour entre mai et août, et seulement un les samedis et dimanches le reste de l'année.

BUS

Ecolines (46-310 103 ; www.ecolines.net ; Mažvydo alėja 1 ; 9h-18h lun-ven, 9h-15h sam) vend des billets pour des destinations internationales.

À la **gare routière** (Autobusų Stotis ; 411 547 ; www.klap.lt ; Butkų Juzės 9 ; billetterie 3h30-19h30), le guichet d'information renseigne sur les horaires. La plupart des bus à destination de Juodkrantė et Nida partent du débarcadère de ferry de Smiltynė sur l'isthme de Courlande.

Quelques services quotidiens depuis/vers la gare routière de Klaipėda :

Kaliningrad (11 €, 3 heures 30, 1/jour)

Kaunas (14 €, 2 heures 45 à 4 heures, 20/jour)

Kretinga (1,70 €, 30 à 50 min, toutes les 30 min de 6h25 et 21h30)

Liepāja (5,40 €, 1 heure 45, 1/jour)

Nida (3,40 €, 1 heure 30, 7/jour depuis Smiltynė)

Palanga (1,80 €, 30 min, 22/jour)

Pärnu (35 €, 8 heures 45, 3/jour via Riga)

Riga (19 €, 4 heures, 8/jour)

Šiauliai (11 €, 3 heures, 8/jour)

Tallinn (41 €, 10 heures, 3/jour via Riga)
Vilnius (18 €, 4 à 5 heures 30, 17/jour)

TRAIN

La **gare ferroviaire** (☎8-700 55111 ; www.litrail.lt ; Priestočio gatvė 1 ; ⏲billetterie 6h10-19h), à 150 m de la gare routière, se remarque grâce à sa tour d'horloge "casquée" et à la sculpture émouvante (lire encadré p. 371) qui se dresse devant.

On compte notamment 3 trains quotidiens depuis/vers Vilnius (18 €, 4 heures) et 5 trains depuis/vers Šiauliai (7 €, 2-3 heures) et Kretinga (1,70 €, 30 min).

Comment circuler

BATEAU

Tous les renseignements sur **Smiltynė Perkėla** (www.keltas.lt) – horaires, tarifs, bulletins d'information – se trouvent sur Internet.

Le ferry pour Smiltynė (point d'accès principal à l'isthme de Courlande) part du **port du Vieux Château** (Senoji perkėla ; ☎46-311 117 ; www.keltas.lt ; Danės gatvė 1 ; par passager/vélo 0,90 €/gratuit), sur la rive nord de la Danė. Repérez les panneaux "Neringa". Il accoste du côté est de Smiltynė, au début de la route de Nida. La traversée (5 min) s'effectue toutes les 30 minutes de 6h30 jusqu'à minuit de juin à août (toutes les heures environ jusqu'à 23h le reste de l'année). L'aller-retour coûte 0,80 € (gratuit pour les moins de 7 ans), sans supplément pour un vélo.

Avec un véhicule, vous pouvez utiliser toute l'année le **nouveau port fluvial** (Naujoji perkėla ; ☎46-311 117 ; www.keltas.lt ; Nemuno gatvė 8 ; 0,80/11,50 € par passager/voiture, gratuit pour les vélos), à environ 2 km au sud de l'embouchure de la Danė. Des panneaux indiquent "Neringa". Ses bacs circulent toutes les 30 minutes de 5h40 à 1h10. Sur l'isthme de Courlande, ils accostent à 2,5 km au sud du débarcadère de Smiltynė. Le bus n°1 relie le centre de Klaipėda au nouveau port fluvial.

BUS

Les tickets de bus coûtent 0,64 € dans les kiosques à journaux et 0,70 € à bord. Le bus n°8 (connu pour ses pickpockets !) se rend de la gare ferroviaire à la rue Manto, au centre-ville, et à l'arrêt Turgaus, sur le boulevard Taikos. Le n°11 relie la gare routière à la rue Manto. Des minibus couvrant les mêmes lignes peuvent être hélés n'importe où dans la rue ; le ticket s'achète à bord (0,70 € ou 1 € avant 6h et après 23h).

VÉLO

Baltic Cycle (☎8-615 91773 ; www.bicycle.lt ; Naujoji Uosto gatvė 3 ; 12 €/jour ; ⏲9h-19h mai-sept, sur réservation oct-avr). Location de vélos pratique pour explorer Klaipėda et l'isthme de Courlande.

Parc national de l'isthme de Courlande

☎469 / 3 100 HABITANTS

Le parc national de l'isthme de Courlande (Kuršių Nerijos Nacionalinis Parkas) a été créé en 1991 afin de protéger un écosystème unique, comprenant les dunes, la lagune de Courlande et la mer Baltique. Il s'étend sur presque toute la partie lituanienne de l'isthme, du village de Smiltynė, au nord, jusqu'à Nida, à 50 km au sud.

Le parc est demeuré sauvage. Des pinèdes peuplées de cerfs, d'élans et de sangliers le recouvrent à 70%, les dunes n'occupant qu'un quart du territoire, et on ne compte que quatre villages – Nida, Juodkrantė, Pervalka et Preila –, signalés indifféremment sur les cartes et les panneaux sous le nom de "Neringa", celui de la municipalité. La région vit principalement du tourisme, concentré à Nida et Juodkrantė, mais c'est une activité qui menace la nature.

Territoire prussien jusqu'à la Première Guerre mondiale, l'isthme de Courlande fut longtemps le lieu de villégiature des Allemands exilés et, aujourd'hui encore, nombre de touristes viennent de ce pays.

La Lituanie partage désormais l'isthme avec la Russie, qui contrôle l'enclave de Kaliningrad. Une route le parcourt sur toute sa longueur jusqu'à cette ville méconnue située au sud. Pour peu qu'on remplisse les formalités nécessaires (voir p. 431), on peut en profiter pour faire un saut en Russie.

Fêtes et festivals

Les festivités se succèdent de début juin à fin août.

Festival international de folk MUSIQUE
Ce festival de musique folk européenne et lituanienne attire les foules à Nida pendant un week-end fin juin. Réservez votre hébergement bien à l'avance.

Festival Nida Jazz Marathon JAZZ
(www.nidajazz.lt). Ce marathon de 3 jours a lieu fin juillet ou début août. Les trois soirées se terminent par une jam session.

Renseignements

Kopos (www.kopos.lt). Base de données d'hébergements à Nida, Juodkrantė et Preila.

DUNES ET SABLES EN MOUVEMENT

Le mythe veut que la divinité marine Neringa ait créé l'isthme de Courlande en transportant des brassées de sable dans son tablier afin de bâtir une rade protégée pour les pêcheurs locaux. La réalité scientifique n'est pas moins poétique : les vagues et les vents provoquèrent il y a 5 000 ou 6 000 ans cette accumulation de sable dans les eaux côtières peu profondes de la mer Baltique.

La déforestation massive provoquée au XVIe siècle par l'exploitation du bois entraîna le déplacement du sable à la faveur des forts vents côtiers. Avançant au rythme de 20 m par an, le sable submergea 14 villages en l'espace de trois siècles.

Surnommé le "Sahara de Lituanie" du fait de son état désertique, l'isthme nécessita des mesures drastiques pour être conservé et, en 1768, une commission internationale décida de le reboiser. Cela reste aujourd'hui une priorité pour les autorités. Le parc est désormais constitué à 20% de forêts caduques (surtout des bouleaux) et à 53% de conifères, principalement des pins et des pins de montagne. On trouve aussi des aulnes sur une superficie de 2,6 km² (soit 3% du parc).

Des treillis de branchages et de pieux ont été mis en place pour immobiliser le sable qui, pourtant, continue d'avancer d'au moins 1 m par an. Lentement, l'isthme sombre dans la Baltique. Chaque touriste qui escalade la dune Parnidis, la seule dune mouvante qui subsiste, enfonce plusieurs tonnes de sable. Les dunes voient passer 1,5 million de visiteurs par an, et ceux qui s'éloignent des sentiers balisés représentent une menace supplémentaire – sans compter les risques de feux de forêt.

Les éléments et la fréquentation humaine ont aussi réduit la taille des dunes de 20 m en 40 ans, et l'on peut craindre que le site ait déjà perdu à jamais une partie de son exceptionnelle beauté.

Visit Neringa (www.visitneringa.com). Bien pour se renseigner sur les sites touristiques et les établissements de Neringa.

Depuis/vers l'isthme de Courlande

L'isthme de Courlande n'est accessible qu'en bateau ou en ferry (aucun pont ne le relie à la terre). De Klaipėda, deux ferries font la navette régulièrement. L'un, surnommé le "vieux ferry", transporte les passagers à Smiltynė ; l'autre, le "nouveau ferry", réservé aux voitures, accoste sur l'isthme à environ 2 km au sud de Smiltynė, depuis un port à 2 km au sud de la vieille ville de Klaipėda.

Des bus réguliers desservent les villages de l'isthme, dont Nida (3,40 €) et Juodkrantė (1,40 €), au départ de **Smiltynė**, ce qui implique que vous preniez d'abord le ferry.

Si le temps s'y prête, le vélo est idéal pour explorer l'isthme. Une piste balisée court sur toute sa longueur, de Smiltynė à Nida via Juodkrantė (environ 50 km). Louez un vélo à Klaipėda : son transport sur le ferry de passagers est gratuit.

Vous pouvez rejoindre au sud Kaliningrad, en Russie, à condition d'avoir un visa en règle. Le poste-frontière russe est à 3 km au sud de Nida sur la route principale.

Smiltynė

46 / 50 HABITANTS

Le village de Smiltynė (carte p. 374) est situé à 5 minutes de traversée par bac, de l'autre côté du mince détroit qui sépare Klaipėda du sublime isthme de Courlande. Ce petit coin de paradis, pris d'assaut les week-ends d'été par les habitants de Klaipėda, recèle de belles plages, des dunes, et des pinèdes odorantes.

À voir et à faire

Prenez votre maillot et traversez la pointe de l'isthme par un petit sentier serpentant dans une forêt de pins sur 1 km pour arriver sur une belle plage de sable blanc. Depuis le débarcadère, marchez tout droit à travers le parking, puis prenez à gauche vers Nida. Presque immédiatement sur votre droite, un chemin indiqué par un grand panneau conduit au milieu des pins à une plage réservée aux femmes (Moterų pliažas, 1 km), une plage mixte (Bendras pliažas, 700 m) et une plage pour hommes (Vyrų pliažas, 900 m). Le naturisme ou le topless sont de mise sur les plages non mixtes.

Parc national de l'isthme de Courlande

Parc national de l'isthme de Courlande

Les incontournables

1 Colonie de cormorans et de hérons....B3
2 Dune Parnidis.....................................A5

À voir

3 Ferme ethnographique des marins de haute mer...A2
4 Exposition sur le parc national de l'isthme de Courlande..................A2
5 Musée maritime de la Lituanie............A2

Où se loger

6 Kuršmarių Vila A5

Musée maritime de la Lituanie AQUARIUM
(Lietuvos Jūrų Muziejus ; ☎46-490 740 ; www.juru.muziejus.lt ; Smiltynės gatvė 3 ; tarif plein/étudiant 9/6 € ; 10h30-18h30 mar-dim juin-août ;). Dans un fort du XIXe siècle, ce musée connaît un franc succès grâce à sa fascinante collection d'animaux marins naturalisés, ses aquariums et ses spectacles de phoques, d'otaries et de dauphins. L'entrée passe de 7 à 4 € entre septembre et avril, et les horaires sont réduits.

Exposition sur le parc national de l'isthme de Courlande MUSÉE
(Kursių nerijos nacionalinis parkas gamtos muziejus ekspozicija ; ☎46-402 256 ; www.nerija.lt ; Smiltynės gatvė 11 ; tarif plein/enfant 1,16/0,58 € ; 11h-18h mer-dim mai-sept). Ce musée réparti dans trois maisons de bois est consacré à la flore et à la faune du parc. On y trouve des sangliers, des blaireaux, des castors et des élans empaillés ainsi qu'une vaste collection d'insectes et des informations sur les mesures de protection des dunes.

Ferme ethnographique des marins de haute mer MUSÉE
(Smiltynės gatvė ; aube-crépuscule). GRATUIT Cette ferme parsemée de bâtiments du XIXe siècle (grange, maison, cellier, étable, etc.) donne un aperçu du quotidien de l'activité de la pêche traditionnelle de l'isthme de Courlande. On peut explorer de vieux bateaux de pêche, dont 3 chalutiers de la Baltique de la fin des années 1940 et une *kurėnas* (bateau de pêche traditionnel à fond plat de Courlande) de 1935.

Renseignements

Office du tourisme du parc national de l'isthme de Courlande (Smiltynė)
(☎46-402 256 ; www.nerija.lt ; Smiltynės gatvė 11, Smiltynė ; 9h-17h dim-jeu, 9h-18h ven-sam). Mine d'informations sur l'écologie et les différents sites du parc. Le personnel peut organiser des visites "nature" encadrées (20 à 34 €, de 2 à 8 pers). Fermé entre 12h et 13h, ainsi que le week-end entre septembre et avril.

Juodkrantė

☎469 / 720 HABITANTS

À 20 km au sud de Smiltynė, le long et étroit village de Juodkrantė (iouadkrantey ; ancien nom allemand : Schwarzort, la côte Noire), s'égrène au fil de la lagune dans des effluves de poisson fumé. Rien, pas même l'agitation de l'été, ne trouble son rythme paisible.

À voir

Des sculptures contemporaines en pierre jalonnent une promenade tranquille sur le front de mer, tandis que s'alignent au bord de la route principale (Liudviko Rėzos) des logements de vacances et de pittoresques stands de *žuvis* (poisson).

À l'extrémité nord de Juodkrantė, la **baie de l'Ambre** (Gintaro įlanka), autour d'un port de pêche, rappelle que 2 250 tonnes de cette précieuse résine furent récoltées ici dans trois lieux différents en 1854-1855 et 1860. À cet endroit, l'isthme mesure environ 1,5 km de large et la forêt fait partie des plus belles de la région (des élans sortent parfois à découvert en début de matinée et de soirée).

Colonie de cormorans et de hérons — RÉSERVE ORNITHOLOGIQUE

Au sud de Juodkrantė vit la plus importante colonie mixte de hérons cendrés et de cormorans de Lituanie, présente à cet endroit depuis le XIXe siècle. De la route, des escaliers en bois conduisent à une plateforme d'observation ; la vue de milliers de nids parmi les pins – sans parler du vacarme produit par quelque 6 500 volatiles – est époustouflante. Ces espèces sont protégées, au grand désespoir des pêcheurs qui tiennent les cormorans pour responsables de leurs faibles prises.

Les cormorans arrivent début février (les hérons un peu plus tard) pour reconstruire leurs nids ; en mai, les petits piaillent pour réclamer leur nourriture. L'étourneau, la grive, le pouillot, le pic épeiche et le pic noir font aussi partie des espèces présentes.

Colline des Sorcières — SENTIER AUX SCULPTURES

(Raganų Kalnas ;). La colline des Sorcières est parsemée de sculptures en bois d'artistes locaux, dont le nombre n'a cessé de croître depuis 1979, représentant démons, sorcières et autres figures fantastiques ou grotesques du folklore lituanien. Empruntez le sentier serpentant dans la colline pour un voyage entre conte de fées et cauchemar, mais toujours amusant (on y fait du toboggan sur une langue de démon géante). Des panneaux l'indiquent immédiatement au sud du n°46 de la rue Liudviko Rėzos.

Galerie des girouettes — MUSÉE

(Vetrungių Galerija ; 8-698 27283 ; www.autentic.lt ; L Rėzos gatvė 13 ; 9h-19h mai-sept, 10h-17h avr et oct). Musée intéressant où l'on peut acheter d'authentiques girouettes et bijoux en ambre de Courlande.

Église évangélique luthérienne — ÉGLISE

(Liudviko Rėzos gatvė 56). Église allemande en brique rouge construite en 1885, au sud de Juodkrantė.

Où se loger et se restaurer

Nombre d'adresses étant fermées pendant la saison "froide" (octobre-avril), téléphonez avant d'y aller. On vend du poisson fumé dans Liudviko Rėzos mais, pour les courses, il n'existe qu'un magasin (8h-22h), cher, à hauteur du sentier menant à la colline des Sorcières.

Vila Flora — PENSION €€

(469-53 024 ; www.vilaflora.lt ; Kalno gatvė 7a ; d/tr 80/115 € ; P). Installée dans un bâtiment rouille et bordeaux du XIXe siècle, cette pension bien tenue est ouverte toute l'année. Les 15 chambres lumineuses et élégantes s'agrémentent pour certaines d'un balcon ou d'un jardin d'hiver. Son restaurant au rez-de-chaussée, meilleure table du village, sert une cuisine traditionnelle créative. En hiver, les tarifs baissent mais le restaurant ferme.

Kurėnas — HÔTEL €€

(8-698 02711 ; kurenas@gmail.com ; Liudviko Rėzos gatvė 10 ; ch à partir de 75 € ; P). Un café-bar clair et animé avec terrasse sur la rue, qui porte le nom des bateaux de pêche traditionnels de Courlande. Grandes chambres personnalisées avec parquet et murs blancs impeccables. Réservez-en une avec balcon sur la lagune. Moitié prix de septembre à mai.

Hotel Ažuolynas — HÔTEL €€

(469-53 310 ; www.hotelazuolynas.lt ; Liudviko Rėzos gatvė 54 ; s/d 76/114 € ; P). S'il manque de cachet, cet hôtel propose des chambres très correctes et de multiples installations qui font défaut aux petites adresses : courts de tennis, billard, sauna, piscine. Ouvert toute l'année, tarif réduit hors saison (septembre-mai).

Pamario Takas — LITUANIEN €€

(8-650 97491 ; L Rėzos gatvė 42 ; plats 8 € ; 10h-minuit). Restaurant convivial géré en famille dans une maison en bois entourée d'un jardin rempli de fleurs. Le pain est fait maison et les plats sont délicieux.

ISTHME, MODE D'EMPLOI

- Droit d'entrée dans la municipalité de Neringa : moto/voiture 5/10 € juillet-août, 5/5 € septembre-juin.
- Vitesse limitée à 50 km/h dans les villages, 70 km/h hors agglomération.
- Interdiction de jouer dans les dunes, de cueillir des fleurs et de s'éloigner des sentiers balisés.
- Interdiction d'abîmer la flore et la faune, de toucher aux nids et d'allumer un feu.
- Interdiction de planter sa tente ou de passer la nuit en camping-car dans le parc.
- La pêche n'est autorisée qu'avec un permis, à acheter dans les offices du tourisme.
- Attention aux élans et aux sangliers qui traversent la route ! Ne pas les nourrir.
- Une amende de 150 € payable sur-le-champ s'applique aux contrevenants.
- En cas d'incendie, contactez les numéros suivants : ☎ 01, ☎ 112, ☎ 8-656 35025 à Smiltynė, ☎ 8-656 34998 à Juodkrantė, ☎ 8-687 27758 à Preila et Pervalka et 8-656 34992 à Nida.

Renseignements

Office du tourisme (☎ 469-53 490 ; www.visitneringa.lt ; Liudviko Rėzos gatvė 8 ; ⊙ 10h-20h lun-sam, 10h-15h dim). Informations sur les hébergements et les activités, en face de la gare routière. Fermé entre 13h et 14h ; horaires réduits et fermeture dominicale de septembre à mai.

Poste (L Rėzos gatvė 54 ; ⊙ 8h30h-16h30 lun-ven). Fermé de 12h à 13h.

Depuis/vers Juodkrantė

Les bus depuis/vers Nida (2,30 €, 45 min) et Smiltynė (1,40 €, 15-20 min) s'arrêtent à Juodkrantė. On peut louer un vélo (3 €/heure, 12 €/jour) près de l'office du tourisme.

De Juodkrantė à Nida

Au sud de Juodkrantė, la route passe du côté ouest de l'isthme. La **réserve naturelle de Naglių** (Naglių rezervatas ; 16,8 km²) protège des dunes mortes ou grises (appelées ainsi à cause de la flore grisâtre qui les recouvre) qui s'étendent sur 8 km vers le sud et mesurent 2 km de large. Un chemin balisé mène dans la réserve depuis la route principale.

Vers le milieu du XIXe siècle, l'avancée des sables obligea les habitants de cette côte à s'enfuir. Ils construisirent alors **Pervalka** et **Preila** sur la côte est, accessible par des embranchements partant de la route principale. La **dune de Vecekrugas**, tapissée de pins, est la plus haute de l'isthme (67,2 m). Elle se dresse au sud de Preila sur un relief baptisé "colline de la Vieille Auberge", d'après l'établissement éponyme désormais enseveli à ses pieds, et visible depuis la piste cyclable Juodkrantė-Nida.

Où se loger et se restaurer

L'hébergement et la restauration sont rares ; les distributeurs de billets, inexistants.

Kuršmarių Vila HÔTEL €€
(☎ 8-685 56317 ; kursmariuvila@gmail.com ; Preilos gatvė 93 ; d 70 € ; 🅿). Cet hôtel au toit de chaume situé au sud de Preila propose le gîte et le couvert à l'année. Tenu par une famille de pêcheurs, il propose du poisson fumé sur place et on peut y apprendre la pêche sur glace en hiver (mieux vaut ne pas craindre le froid). Le prix d'une chambre double peut chuter à 30 € hors saison.

Karalienė Luizė LITUANIEN €€
(☎ 8-6121 2111 ; Pervalkos gatvė 29e ; plats 8-11 €). Escale idéale pour les cyclistes parcourant la piste entre Nida et Juodkrantė, cet hôtel donnant sur la lagune dispose de chambres bien équipées et d'un restaurant correct (uniquement l'été).

Nida

☎ 469 / 1 650 HABITANTS

Le ravissant village de Nida (Nidden en allemand) est le plus important sur la moitié lituanienne de l'isthme de Courlande et un haut lieu touristique. Avec ses maisons en bois et son port encombré de bateaux, le vieux village de pêcheurs offre toujours des scènes d'antan mais vit aujourd'hui grâce aux vacanciers et aux touristes allemands venus par autocars entiers explorer l'ancienne Prusse-Orientale.

Les beautés naturelles sont omniprésentes. Une marche de 2 km à travers des pinèdes embrumées conduit à des plages de sable blanc. Au sud s'élève la plus magnifique dune de l'isthme, la dune Parnidis (Parnidžio kopa, 52 m), dont le sommet, accessible par des escaliers, dévoile une perspective fabuleuse sur les dunes intactes qui ondulent vers le territoire russe.

À la fin du XIXe siècle, toute une colonie d'artistes vint chercher ici l'inspiration. Nida se transforma en lieu de villégiature et comptait 5 hôtels dans les années 1930, époque à laquelle l'écrivain allemand Thomas Mann (1875-1955) s'y fit construire une résidence d'été. En 1965, le photographe Antanas Sutkus immortalisa Simone de Beauvoir et Jean-Paul Sartre, qui avaient reçu de Khrouchtchev l'autorisation de demeurer 5 jours sur place.

Nida est à 48 km de Klaipėda et à 3 km de la frontière russe. Le village s'étend sur 2 km, mais son centre se trouve à l'extrémité sud, derrière le port.

À voir et à faire

Nida offre de nombreuses activités sur terre et sur l'eau, ou le repos. Les tempêtes de printemps et d'automne rejettent des fragments d'ambre qui forment des mouchetures sur le rivage. Au plus profond de l'hiver, des gens pêchent l'éperlan et la lotte sous la glace de la lagune gelée.

AU NORD DU PORT

Du port, qui offre une vue somptueuse sur la dune Parnidis, une agréable promenade longe la lagune pendant plus de 1 km.

Musée historique de Neringa MUSÉE
(Neringos Istorijos Muziejus ; ☎469-52 372 ; www.neringosmuziejus.lt ; Pamario gatvė 53 ; tarif plein/enfant 0,58/0,29 € ; ⏲10h-18h). Ce musée agencé avec soin raconte l'histoire de Nida, du néolithique jusqu'en 1939. Les murs sont couverts de photographies en noir et blanc de diverses époques. L'ensevelissement des terres arables sous le sable, du XVIIe au XIXe siècle, rendit les conditions de vie terribles, et les habitants mangeaient alors fréquemment des corbeaux ou des œufs de corbeau et de mouette.

Maison-musée Thomas-Mann MUSÉE
(Tomo Mano memorialinis muziejus ; ☎469-52 260 ; www.mann.lt ; Skruzdynės gatvė 17 ; tarif plein/enfant 1,74/0,87 € ; ⏲10h-18h tlj juin-août, 10h-17h mar-sam sept-mai). Cette villa magnifiquement située appartenait jadis à l'écrivain allemand nobélisé Thomas Mann, qui y passa les étés 1930 à 1932 avec sa femme et ses enfants, avant de fuir l'Allemagne en 1933. C'est aujourd'hui un musée.

Musée Hermann Blode MUSÉE
(☎469-52 219 ; Skruzdynės gatvė 2 ; tarif plein/enfant 0,58/0,29 € ; ⏲9h-19h sept-mars). Ce petit musée, situé dans un hôtel de 1867, rend hommage aux artistes célèbres qui y ont séjourné : Thomas Mann, Ludwig Passarge et Engelbert Humperdinck.

Église évangélique luthérienne ÉGLISE
(Pamario gatvė 43 ; ⏲10h-18h). Cette élégante église en brique rouge date de 1888. Son paisible cimetière planté d'arbres est émaillé de *krikštai* (croix de bois sculptées), censées faciliter la montée au ciel des personnes défuntes.

Galerie de l'Ambre MUSÉE
(Gintaro Galerija ; ☎469-52 573 ; www.ambergallery.lt ; Pamario gatvė 20 ; tarif plein/enfant 1,20/0,60 € ; ⏲10h-19h avr-oct). Ce musée occupe une ancienne hutte de pêcheur au nord de la ville. On s'y promène dans un petit jardin d'ambre et on y admire d'exceptionnels bijoux en "or balte". Le musée gère aussi la galerie **Kurėnas**, un surprenant espace vitré enchâssé dans un vieux bateau en bois près du port.

Croisières sur le delta du Niémen CROISIÈRE
(www.visitneringa.com ; Nida harbour ; visite 35 €). S'il fait beau et que vous avez le temps, ne manquez pas cette occasion d'explorer le delta du Niémen, d'écouter le murmure des joncs dans le vent, d'admirer les oiseaux marins et les rives tapissées de lis éclatants. Le long du ponton du port de Nida, plusieurs prestataires proposent des balades en bateau : traversée de la lagune, déjeuner à Mingė et détour par la station ornithologique de Ventės Ragas. Les départs se font vers 10h pour une excursion de 6 heures.

Vélo Nida LOCATION DE VÉLOS
(☎8-682 14798 ; Naglių gatvė 18e ; 12 €/jour ; ⏲9h-21h mai-oct). Location de vélos bien organisée derrière la gare routière. Il y a également une boutique à Juodkrantė, où vous pourrez rendre, échanger ou faire réparer votre vélo. Transport de vos bagages également.

Kuršis BALADE EN VOILIER
(☎8-686 65242 ; Nida harbour ; tarif plein/enfant 8/5 €/heure ; juin-sept). Embarquez dans cette

Nida

belle réplique de *kurėnas* (bateau de pêche traditionnel du XIXe siècle) pour une balade sur la lagune.

À L'OUEST DU PORT

Toutes les routes en direction de l'ouest mènent à la plage. La plus intéressante est celle qui tourne vers le nord depuis la rue Taikos, en face de la poste. La rue bifurque à gauche après 150 m et commence à monter. Un sentier grimpe jusqu'au **phare de la colline** (fermé à la visite), haut de 29,3 m. En parcourant 700 m après le phare, vous tomberez sur un sentier qui redescend directement jusqu'à la route principale et à la plage, à 400 m au-delà.

Une solution plus simple pour rejoindre la plage consiste à suivre la rue Taikos vers l'ouest jusqu'au croisement de la route Smiltynė-Nida, puis à continuer dans la même direction le long d'un sentier goudronné (balisé) au milieu des pins.

AU SUD DU PORT

Au sud de la ville, de vieilles maisons de pêcheurs égayées de ravissants jardins bordent deux ou trois rues.

Au-delà de la rue Lotmiškio, un chemin longe la côte de l'isthme de Courlande à

Nida

À voir

1 Galerie de l'Ambre D2
2 Musée ethnographique de la Pêche C5
3 Église évangélique luthérienne C1
4 Musée Hermann Blode D1
5 Musée historique de Neringa D1

Activités

6 Kuršis D4
7 Croisières sur le delta du Niémen D4
8 Sentier découverte de Parnidis B5
9 Vélo Nida D3

Où se loger

10 Hotel Jūratė C3
11 Inkaro Kaimas D3
12 Miško Namas C2
13 Naglis C4
14 Poilsis Nidojė C4
15 Vila Banga C2

Où se restaurer

16 Ešerinė C5
17 Grill House'as C4
18 Kuršis C3
19 Laumė D2
20 Nidos Seklyčia C5
21 Pastoge C2
22 Tik Pas Jona C4
23 Užeiga Sena Sodyba C4

Où prendre un verre et faire la fête

24 Faksas A4
25 In Vino A4
26 Kolibris C4

Où sortir

27 Centre culturel Agila C3

Achats

Marché .... (voir 13)
28 Boutique de poisson fumé C4

travers une zone boisée pour atteindre une prairie baptisée "vallée du Silence". Vous pourrez continuer sur le **sentier découverte de Parnidis** (Parnidžio pažintinis takas) qui serpente en pleine nature jusqu'à l'impressionnante dune Parnidis.

La frontière avec l'enclave russe de Kaliningrad se trouve à 3 km au sud, mais vous n'avez aucune chance de pénétrer en Russie par erreur si vous restez sur les voies en planches. De la dune, le sentier découverte Parnidis continue, dépasse le phare et la pinède et se termine rue Taikos.

Dune Parnidis SITE NATUREL

(Parnidžio kopos). Le paysage côtier parsemé de forêts au travers desquelles serpente vers le sud, et la Russie, cette bande de sable doré de 7 km est tout simplement inoubliable. La dune est fragile ; restez sur la promenade en bois. Au pied de l'escalier de 180 marches, deux photos prises en 1960 et 2002 visent à dissuader les personnes qui seraient tentées de sortir du sentier balisé : elles montrent en effet que la dune a diminué de 20 m en l'espace de 40 ans.

Les autorités du parc ont laissé en place les fragments épars du cadran solaire en granit de 12 m qui se dressait en haut de la dune (52 m) jusqu'à ce qu'il soit fracassé par un ouragan en 1999. Ceci est un autre avertissement témoignant cette fois du déchaînement des forces incontrôlables de la nature.

Musée ethnographique de la Pêche MUSÉE

(Žvejo Etnografinė Sodyba ; ☎469-52 372 ; Naglių gatvė 4 ; tarif plein/enfant 0,58/0,29 € ; 10h-18h). Ce musée donne une idée de la vie quotidienne à Nida au XIXe siècle. Des girouettes ornent le jardin, et les pièces sont agencées comme il y a deux siècles. Fermé le dimanche et le lundi entre septembre et mai.

Où se loger

À Nida, les prix fluctuent fortement entre la saison haute (juin-août) et le reste de l'année. Les tarifs sont souvent réduits de moitié à la "saison froide", et certains établissements ferment (appelez pour le vérifier).

Nidos Kempingas CAMPING €

(☎469-52 045 ; www.kempingas.lt ; Taikos gatvė 45a ; tente/tarif plein/enfant 5/6,50/3,50 €, d/app 64/96 € ; P). Ce beau camping, situé au départ d'un sentier menant à la dune Parnidis, propose des sites pour tous les budgets. Les chambres doubles ont la TV par satellite et des réfrigérateurs, et les appartements ont des cuisines équipées. Location de vélos, terrain de basket et court de tennis.

Misko Namas PENSION €€

(☎469-52 290 ; www.miskonamas.com ; Pamario gatvė 11 ; d 75 €, app 2/4 pers 95/100 € ; P@). Cette pension impeccable, parsemée de fleurs, est décorée de motifs bleu et blanc typiques de la Courlande. Chaque chambre possède un lavabo, un réfrigérateur et une bouilloire, et certaines ont une cuisine équipée et un balcon. Les hôtes peuvent préparer à manger dans la cuisine commune, louer un vélo, emprunter un livre dans la bibliothèque ou se prélasser dans le jardin.

Vila Banga PENSION €€

(☎8-686 08073 ; www.nidosbanga.lt ; Pamario gatvė 2 ; d/app 95/115 € ; 📶). Cette demeure en bois ancienne, avec des volets bleu clair et un toit de chaume, est un petit bijou. Son intérieur en pin renferme 7 chambres confortables et un sauna. Petit-déjeuner compris. Location de vélos (9 €/jour).

Naglis PENSION €€

(☎8-699 33682 ; www.naglis.lt ; Naglių gatvė 12 ; d/app 75/100 € ; P). Près du port, voici une charmante maison en bois où l'on vous réserve un accueil souriant. Les doubles comportent 2 pièces, et la plupart offrent un accès au jardin, où vous attendent des tables à l'ombre des arbres. Salle à manger et cuisine à disposition des pensionnaires, salle avec cheminée, location de vélos (2,40/heure 9 €/jour).

Inkaro Kaimas PENSION €€

(☎469-52 123 ; www.inkarokaimas.lt ; Naglių gatvė 26-1 ; d/app 64/87 € ; P). Cette maison en bois rouge datant de 1901, au toit et balcon soutenus par des piliers bleus, est parfaitement entretenue. On peut y louer des appartements individuels, chacun avec sa propre entrée, et des chambres en pin avec balcon donnant sur la lagune.

Poilsis Nidojė PENSION €€

(☎8-686 31698 ; www.neringahotels.lt ; Naglių gatvė 11 ; d/app 80/108 € ; P📶). Cette autre bâtisse en bois, au décor rustique, comprend des doubles spacieuses et douillettes, et des appartements avec kitchenette. Le petit-déjeuner (8 €) est servi à la cuisine commune, et les hôtes ont l'usage du barbecue dans le ravissant jardin.

Audrone APPARTEMENT €€

(☎8-619 61943 ; Skruzdynės gatvė 14-4 ; app 100 € ; P). Cet appartement, situé à côté de la maison-musée de Thomas Mann, est rattaché à une maison privée. Les pièces sont vastes et la vue sur la lagune est splendide. Les tarifs baissent en dehors des mois de juillet et août.

Hôtel Jūratė HÔTEL €€

(☎469-52 300 ; www.hotel-jurate.lt ; Pamario gatvė 3 ; s/d à partir de 47/67 € ; P). Un établissement à l'ambiance de sanatorium, mais central et plutôt bon marché.

Où se restaurer

Les restaurants ouvrent généralement tous les jours de 10h à 22h de mi-mai à mi-septembre. La plupart baissent leur rideau hors saison.

♥ **Tik Pas Jona** POISSON, FRUITS DE MER €

(☎8-620 82084 ; Naglių gatvė 6-1 ; plats 3 € ; ⏲10h-22h tlj avr-nov, sam-dim uniquement déc-mars). Ce restaurant sans prétention est sans doute le meilleur endroit de Neringa pour goûter au fameux poisson fumé de la lagune. Prenez une daurade sur le fumoir et régalez-vous en terrasse avec une bière, du pain de seigle, du citron et des tomates fraîches, le tout en regardant les bateaux passer.

Laumė EUROPÉEN €

(☎469-52 335 ; www.nidospastoge.com ; Pamario gatvė 24-3a ; plats 5-7 € ; ⏲10h-minuit juin-août). Laumė est un petit restaurant tout simple avec une belle vue sur la lagune depuis sa terrasse fleurie. On y mange des spécialités lituaniennes, mais aussi des pizzas, des pâtes et des salades. Fermé hors saison.

COMME UNE GIROUETTE

Les girouettes qui surmontent les toits des maisons en bois du XIXe siècle de Juodkrantė et de Nida incarnent à merveille le passé maritime de ces deux localités de l'isthme de Courlande. Imposées sur les bateaux par une loi prussienne en 1844 pour permettre leur identification, elles ne tardèrent pas à figurer comme élément ornemental sur les maisons. Fabriquées à l'origine en fer blanc, puis en bois, ces plaques de 60 x 30 cm étaient attachées au mât afin que les autres pêcheurs puissent localiser une *kurėnas* (embarcation typique de Neringa). Chaque village avait son propre symbole – un motif géométrique noir et blanc – intégré à la girouette et agrémenté de figures mythologiques. Différents modèles sont présentés au musée ethnographique de la Pêche de Neringa.

Nidos Seklyčia EUROPÉEN €€
(☎469-50 000 ; www.neringaonline.lt ; Lotmiškio gatvė 1 ; plats 12-17 € ; ⌚10h-23h ; 📶). Ouvert toute l'année, ce restaurant situé au pied de la dune Parnidis est l'un des meilleurs de Nida. L'addition s'en ressent, mais les plats, en particulier les poissons, sont très bons.

Užeiga Sena Sodyba LITUANIEN €€
(☎8-652 12345 ; www.senasodyba.lt ; Naglių gatvė 6 ; plats 5-8 € ; ⌚11h-22h lun-ven). Cette ravissante maison en bois propose des assiettes de poisson variées et appétissantes, mais ce sont ses crêpes, fourrées aux baies, en saison, qui en font un paradis culinaire.

Grill House'as EUROPÉEN €€
(☎8-614 15470 ; Naglių gatvė 14a ; plats 6-10 € ; ⌚10h-minuit). Burgers, steaks et salades : tout est bon. On peut tout aussi bien se contenter d'une bière en terrasse avec vue sur le port pendant la saison estivale.

Kuršis LITUANIEN €€
(☎8-612 18868 ; Naglių gatvė 29 ; plats 6-8 € ; ⌚8h-minuit ; 📶). Kuršis sait tout faire : omelettes et œufs brouillés pour le petit-déjeuner, salades et poissons pour le déjeuner et *cepelinai*, porc, pâtes et autres mets consistants pour le dîner. Horaires réduits hors saison.

Ešerinė LITUANIEN €€
(☎469-52 757 ; www.eserine.lt ; Naglių gatvė 2 ; plats 8-13 € ; ⌚10h-minuit). Le pavillon aux poteaux sculptés et au toit de chaume confère à ce restaurant, l'un des plus prisés de la ville, un air vaguement polynésien. On peut y déguster d'excellents poissons et des spécialités lituaniennes sur la vaste terrasse en bord de mer (avec vue sur la dune Parnidis).

Pastoge LITUANIEN €€
(☎469-51 149 ; www.nidospastoge.com ; GD Kuverto gatvė 2 ; plats 8-11 € ; ⌚10h-minuit). La charpente en bois patiné de cette bâtisse en bord de lagune ne demandait qu'à accueillir un restaurant. Au menu : des plats lituaniens comme le flétan aux pommes de terre, mais aussi des spécialités de contrées plus lointaines, comme le poulet tabaka (spécialité géorgienne), un poulet entier compressé et pané. Fermé hors de la période estivale.

Où prendre un verre et faire la fête

Nida n'est pas particulièrement réputé pour sa vie nocturne, mais il y a tout de même des lieux dédiés à la fête.

Faksas BAR
(☎8-648 53665 ; Taikos gatvė 32a ; ⌚15h-4h l'été). Ce cabanon festif perdu dans une forêt de pins est l'un des rares rendez-vous de noctambules de Nida. L'endroit est ouvert aux rockeurs, aux bikers, et aux excentriques de tout poil. Soirées-événements l'été : la bière et les shots y coulent à flots.

In Vino BAR
(☎8-655 77997 ; www.invino.lt ; Taikos gatvė 32 ; ⌚10h-minuit mai-sept). Étrangement perché au sommet d'une barre d'immeubles au bord de la route principale, ce bar se consacre exclusivement aux vins. En journée, l'intérieur est éclairé par la lumière filtrant à travers des vitraux, et la terrasse sur le toit donne sur la dune Parnidis.

Kolibris BAR
(☎469-52 557 ; Naglių gatvė 14a ; ⌚9h-23h). Ce *kavinė-baras* (café-bar) à proximité du port possède une terrasse couverte. Dégustez-y une bière, une côte de porc, de la šaltibarščiai (soupe froide à la betterave), des beignets et autres classiques de la cuisine lituanienne.

Où sortir

Centre culturel Agila CONCERTS, SPECTACLES
(☎469-52 538 ; www.visitneringa.com ; Taikos gatvė 4). Fêtes et festivals, spectacles folkloriques, soirées, etc.

Achats

Boutique de poisson fumé ALIMENTATION
(Rūkyta žuvis ; Naglių gatvė 18 ; ⌚10h-22h mai-sept). Propose anguille (*ungurys*), sandre (*starkis*), éperlan (*stinta*), perche (*ešerys*) et brème (*karšis*).

Marché MARCHÉ
(En face de Naglių gatvė 17 ; ⌚variable, généralement 10h-22h). En saison, on trouve sur l'unique étal de ce petit marché des barquettes en plastique de fraises des bois, de myrtilles et d'autres baies cueillies dans les forêts des alentours.

Renseignements

Eurovaistinė (☎8-005 0005 ; www.eurovaistine.lt ; Naglių gatvė 29a ; ⌚9h-19h lun-ven, 10h-16h sam, 10h-15h dim). Pharmacie au centre de Nida.

Office du tourisme (☎469-52 345 ; www.visitneringa.com ; Taikos gatvė 4 ; ⌚9h-19h lun-sam, 10h-17h dim ; 📶). Vente de cartes, réservations d'hébergements et nombreuses annonces (avec photos) de chambres et

DE NIDA À JUODKRANTĖ À VÉLO

Une des plus belles pistes cyclables de Lituanie suit l'isthme de Courlande d'un bout à l'autre, reliée au sud à un chemin conduisant à l'enclave de Kaliningrad, et, au nord, à un autre remontant jusqu'à Palanga et à la Lettonie. Ces différentes voies constituent la piste cyclable Eurovelo n°10, ou "circuit de la mer Baltique", dont le plus beau tronçon est certainement les 30 km qui relient Nida à Juodkrantė.

Cette portion fait découvrir plusieurs des splendides trésors naturels de l'isthme, dont la dune de Vecekrugas et une authentique fumerie de poissons à Preila. Des chemins pédestres mènent de la piste cyclable à la réserve de Karvaičiai, où des villages entiers ont été ensevelis sous le sable. Sur ces pistes, vous apercevrez peut-être des sangliers ou un élan, chose rare quand on est en voiture ou en bus.

Pour emprunter cet itinéraire depuis Nida, suivez la piste cyclable au revêtement rouge vers le nord le long de la promenade de la lagune puis, à la maison-musée Thomas-Mann, tournez au coin à gauche pour rejoindre la rue Puvynės. Sur la route, tournez immédiatement à droite et continuez pendant 3,5 km jusqu'au chemin de terre qui bifurque à gauche vers une forêt de pins : c'est le début de l'itinéraire cyclable, marqué d'une borne qui indique "0,0 km".

Vers le nord, à Pervalka, vous pouvez traverser le village ou le contourner (c'est le plus rapide) pour déboucher 4 km plus loin à l'entrée de la réserve naturelle de Naglių. Peu après, la piste croise la route principale et mène du côté ouest de l'isthme jusqu'à Juodkrantė, à 9 km de là.

Les 5 premiers kilomètres serpentent au milieu des pins qui bordent la route principale, tandis que les 4 derniers longent les dunes au fil de la mer. Une fois hors de la réserve, octroyez-vous une petite baignade rapide avant d'entamer le dernier tronçon, une montée pénible à travers des dunes boisées, pour arriver à Juodkrantė.

d'appartements à louer. Informations sur les ferries à destination et en provenance du delta du Niémen. Horaires réduits de septembre à mai.

Office du tourisme du parc national de l'isthme de Courlande (Nida) (Lankytojų centras ; ☎469-51 256 ; www.nerija.lt ; Naglių gatvė 8 ; ⏲9h-17h lun-mer, 9h-18h jeu-dim). Informations sur le parc et organisation de visites guidées (20-34 €, 2 à 8 pers). Fermé de 12h à 13h, et le week-end entre septembre et avril.

Police (☎469-52 202 ; Taikos gatvė 5)

Poste (www.post.lt ; Taikos gatvė 13 ; ⏲8h30-16h30 lun-ven). Bureau de poste principal de Neringa. Fermé de 13h à 14h.

Šiaulių Bankas (www.sb.lt ; Naglių gatvė 18e ; ⏲8h-16h lun-ven). Fermée de 12h30 à 13h30.

ℹ Depuis/vers Nida

Les bus partent de la **gare routière** (☎469-54 859 ; www.maretravel.lt ; Naglių gatvė 18e ; ⏲7h45-19h45, 7h45-16h45, du 1er sept au 14 juin) toutes les heures (ou deux heures) à destination de Smiltynė (3,40 €, 1 heure) entre 6h et 20h, via Juodkrantė (2,30 €, 35 min). De Smiltynė, prenez le ferry des piétons pour Klaipėda. Des bus quotidiens vont aussi plus loin : Vilnius (24 €, 5 heures 30) et Kaunas (19 €, 4 heures 30) ; et à 8h09, Kaliningrad (7 €, 2 heures).

Delta du Niémen

☎441

Les basses terres marécageuses de la côte est de la lagune de Courlande (Kursių marios) restent avant tout une zone rurale isolée et peu touristique. Par beau temps, la région offre une vue superbe sur les dunes blanches de l'isthme dans le lointain. L'hiver, les pêcheurs attendent sur la lagune gelée – large de 12 km par endroits – que les éperlans mordent à l'hameçon.

La ville assoupie de **Šilutė** (21 000 habitants), à 1 heure de route au sud de Klaipėda, est la voie d'accès à l'exceptionnel delta du Niémen (Nemuno Delta), où le fleuve termine sa course de 937 km depuis sa source en Biélorussie. L'**île de Rusnė**, la plus vaste, mesure 48 km² et s'étend de 15 à 20 cm par an.

Le bateau constitue le principal mode de locomotion, et un véhicule amphibie assure le transport des villageois de mars à mi-mai, quand les redoutables crues de printemps submergent quelque 5% du territoire. En 1994, l'eau est montée de 1,5 m à certains endroits, contre 40 et 70 cm habituellement.

De Nida, des bateaux saisonniers traversent la lagune jusqu'à **Mingė** (ou Minija, du nom de la rivière qui forme la principale artère du village) sur le delta. La "Venise de Lituanie" ne compte pas plus d'une centaine d'âmes, et seules quelques personnes parlent encore le lietuvininkai, dialecte lituanien du delta. Les maisons en bois du XIXe siècle, coiffées d'un toit en roseau, qui bordent la rivière, font partie du patrimoine architectural protégé.

Le vélo est un bon moyen pour explorer la zone ; de Mingė, une piste cyclable fait le tour du **lac Krokų Lanka** (4 km de long sur 3,3 km de large), le plus grand du parc.

À voir et à faire

Le village de pêcheurs de **Rusnė**, à 8 km au sud-ouest de Šilutė, se niche au cœur du delta du Niémen, à l'endroit où le fleuve se divise en trois bras. Les activités sont limitées, mais vous pourrez pique-niquer sur la plage et visiter deux petits musées.

Le parc est émaillé de polders (terres gagnées sur la mer par endiguement), dont le premier fut réalisé en 1840 afin de protéger Rusnė. De nombreux polders périodiquement inondés servent de frayères à une soixantaine d'espèces de poissons. Non loin, sur les rives du lac Dumblė, on est à 1,3 m au-dessous du niveau de la mer, le point le plus bas de Lituanie.

Ventės Ragas (corne de Ventė), une zone à l'habitat dispersé à la pointe du promontoire qui s'avance vers le sud dans le delta, présente une nature d'une beauté sauvage. Un château de l'ordre Teutonique fut érigé ici dans les années 1360 pour défendre la navigation, mais la violence des tempêtes eut raison de lui au bout de 200 ans. Reconstruite, l'église s'écroula à nouveau en 1702, et ses pierres furent réutilisées pour bâtir une nouvelle église à **Kintai**, à 10 km au nord, à la limite nord-est du parc.

Outre quelques maisons de pêcheurs et le **phare** de 1862, l'intérêt principal du lieu est la station ornithologique de Ventės Ragas, 66 km au sud de Klaipėda au bout de la route entre Kintai et Ventė.

Parc régional du delta du Niémen — PARC

(Nemuno Deltos Regioninis Parkas ; www.nemunodelta.lt). Lorsque les eaux du Niémen, le plus grand fleuve de Lituanie, rencontrent la lagune de Courlande, elles se séparent en quatre rivières : la Skirvytė, l'Atmata, la Pakalnė et la Gilija. Ces dernières forment les paysages splendides de marécages du delta remplis d'oiseaux et parsemés de joncs, de lis et de petites poches de forêt. Si vous êtes dans le coin – à Nida ou Šilutė par exemple – vous devez absolument découvrir ce lieu étonnant. Les bureaux du parc sont situés sur la plus grande île du delta, Rusnė.

La beauté sauvage du delta est époustouflante. Ses 240 km² sont émaillés d'îles, de marécages et de mangroves ; un habitat idéal pour les 294 espèces d'oiseaux recensées dans le parc. En outre, le delta est une escale sur la route migratoire entre l'Arctique et l'Afrique de l'Est pour de nombreuses espèces d'oiseaux qui profitent de l'occasion pour se reproduire.

Station ornithologique de Ventės Ragas — STATION ORNITHOLOGIQUE

(☎8-638 90619 ; www.vros.lt ; tarif plein/enfant 3/2 € ; 10h-18h lun-ven, 10h-19h sam-dim). Une première station de marquage des oiseaux fut établie en 1929, mais ce n'est qu'en 1959-1960 que l'on installa des trappes et des filets de grande envergure. Aujourd'hui, près de 100 000 oiseaux passent au-dessus de la station à chaque période migratoire, et un grand nombre sont momentanément immobilisés pour être bagués. Deux salles d'exposition détaillent la faune aviaire, et une terrasse d'observation incite le public à la découvrir de visu. La station ou l'office du tourisme peut vous indiquer un guide ornithologue anglophone.

Ferme-musée ethnographique — MUSÉE

(Etnografine Sodyba Muziejus ; ☎441-58 169 ; Skirvytėlės gatvė ; don suggéré ; 10h-18h de mi-mai à mi-sept). Ce musée situé à 1,8 km de Rusnė expose des outils et du mobilier dans trois anciens bâtiments de ferme pour un aperçu des rudes conditions de vie des paysans du delta.

Polder Museum — MUSÉE

(☎441-62 230 ; don suggéré ; variable). Ce musée occupe une ancienne station de pompage sur la Vilkinė et présente les différentes techniques testées par les fermiers du Niémen pour dompter les eaux du delta. Dans le village d'Uostadvaris, sur Rusnė.

Où se loger et se restaurer

Vous pouvez planter votre tente sur des aires prévues à cet effet (le bureau du parc vous les indiquera), mais il faudra apporter vos provisions. Des formules d'hébergement dans les fermes (organisées par le parc et l'office du tourisme de Šilutė) permettent

LES OISEAUX DU DELTA DU NIÉMEN

Au parc régional du Delta du Niémen, on peut observer près de 300 espèces d'oiseaux parmi les 330 présentes en Lituanie. Beaucoup de spécimens rares nichent notamment dans les marais verdoyants autour de Rusnė, dont la cigogne noire, le pygargue à queue blanche, la barge à queue noire, le canard pilet, le bécasseau variable, le combattant varié et la bécassine double. Les cigognes blanches communes vivent en nombre à Ventė.

Le trajet migratoire Arctique-Europe-Afrique de l'Est passe en effet par ce parc, qui est une étape clé pour les oiseaux aquatiques non sédentaires, ainsi que le terrain de reproduction d'environ 170 espèces. Parmi elles figure en particulier le canard pilet, qui ne niche nulle part ailleurs en Lituanie.

C'est aussi dans le delta que l'on dénombre les plus importantes colonies de phragmites aquatiques, râles des genêts, mouettes rieuses, guifettes leucoptères et grèbes huppés. En automne, jusqu'à 200 000 oiseaux, dont 80% de mésanges et fringillidés (pinsons, bouvreuils, gros-becs, etc.), survolent en même temps la station ornithologique de Ventės Ragas, et jusqu'à 5 000 d'entre eux sont bagués chaque jour pour que l'on puisse étudier leurs migrations.

de mieux appréhender la vie quotidienne dans le delta. De nombreuses autres fermes proposent gîte et couvert. Comptez 20 € par personne et par nuit et un petit supplément pour bénéficier d'un repas savoureux.

Laimutės HÔTEL **€€**

(☎8-698 18402 ; Žemaičių Naumiestis ; ch 44 € ; P ⛆). Un programme tout tracé : belles chambres, centre de bien-être et sauna, location de vélos, excursions en bateau ou dans les fermes, pêche sur le lac gelé, plus calme et détente. Le restaurant utilise exclusivement des produits bio en provenance de fermes et de rivières locales ; petit-déjeuner et dîner sont inclus. À 15 km à l'est de Šilutė, à Žemaičių Naumiestis.

Kintai PENSION **€€**

(☎441-69 501 ; www.kintai.lt ; d 50 €, camping par pers/tente 1,45/2,90 € ; P). Cet hôtel-restaurant doublé d'un centre nautique propose à ses hôtes confort, calme, sorties de pêche, excursions en bateau sur le delta, etc. Toutes les chambres ont un balcon donnant sur l'eau, certaines sont même dans un bateau. À 6 km à l'est du village de Kintai, sur la rivière Minija.

Ventainė HÔTEL, CAMPING **€€**

(☎441-68 525 ; www.ventaine.lt ; marsių gatvė 7 ; d/app 60/100 €, tarif plein/voiture/tente 2,90/2,90/2,90 € ; P @ ⛆). À 20 minutes à pied de la station ornithologique, au bord de la lagune, ce complexe hôtelier jouit de la vue sur les dunes de l'isthme. Ses chambres douillettes dans une villa possèdent une salle de bains au sol chauffant et un réfrigérateur. Également cabanes en bois et des emplacements de tente avec des installations sanitaires propres et modernes. Le restaurant sert une cuisine lituanienne (plats 8-10 €), dont une délicieuse soupe de poissons.

ℹ Renseignements

Depuis que le gouvernement et l'UE ont investi dans le tourisme, la région est de plus en plus accessible.

Office du tourisme de Šilutė (☎441-77 785 ; www.silute.info.lt/en ; Lietuvininkų gatvė 10 ; ⏲8h-17h lun-jeu, 8h-15h45 ven). Dans la rue principale de Šilutė, il sera votre première halte pour des informations (activités, transports, etc.) ou une chambre. Son personnel très serviable distribue aussi un guide pratique pour sillonner la région à vélo et le journal annuel *Šilutės kraštas* présentant l'hébergement et les événements culturels du delta.

Siège du parc régional (☎441-75 050 ; www.nemunodelta.lt ; Kuršmarių gatvė 13 ; ⏲8h-17h lun-jeu, 8h-15h45 ven). Informations sur le delta, conseils sur les itinéraires, location de chambres et de vélos. Dans le petit village de Rusnė. Fermé de 12h à 12h45.

ℹ Depuis/vers le delta du Niémen

Difficile de se rendre sur place sans disposer d'un véhicule. En été, Šilutė est desservie par 10 bus quotidiens depuis Klaipėda (3,90 €, 1 heure), Kaunas (12 €, 3 heures 30) et Vilnius (22 €, 5 heures 15).

C'est en bateau que l'on explore le mieux le delta (la distance entre Pakalnė et Kintai est de 8 km par voie d'eau, de 45 km par la route). Les principales routes suivent les trois grands bras du delta – l'Atmata (13 km), le Skirvytė

(9 km) et le Pakalnė (9 km) – qui se déploient vers l'ouest en éventail depuis Rusnė.

Les établissements Kintai, Ventainė et Laimutės louent des embarcations avec un guide-batelier. L'office du tourisme et le bureau du parc, à Šilutė, peuvent aussi vous aider.

Palanga

☎460 / 17.600 HABITANTS

La station balnéaire de Palanga affiche une double personnalité : refuge paisible des retraités en hiver, elle se transforme l'été en un lieu de fête. Sa plage de sable paradisiaque longue de 10 km, adossée à des dunes et à des pinèdes odorantes, attire des vacanciers de toute la Lituanie et de l'étranger.

Malgré l'affluence et les néons envahissants, Palanga conserve un certain charme grâce à ses maisons en bois traditionnelles et aux sonnettes de ses vélos et vélos-taxis.

Histoire

Palanga fut durant des siècles le seul port de Lituanie, qui fut cependant détruit en 1710 par les Suédois. Elle devint une station balnéaire au XIXe siècle et demeura une destination prisée sous le régime soviétique. Après 1991, les villas et les maisons de vacances nationalisées à l'époque communiste furent restituées à leurs propriétaires, et des hôtels et des restaurants privés rouvrirent leurs portes. En 2005, la principale rue piétonnière fut rénovée pour être en adéquation avec l'image très positive dont jouit la ville aujourd'hui.

À voir et à faire

Toute l'animation se concentre dans la rue Basanavičiaus, longue artère piétonne perpendiculaire à la côte, bordée de restaurants, cafés, bars et boutiques. Au sud de celle-ci, se trouvent les deux principales curiosités de la ville si l'on excepte la plage : le parc botanique et le musée de l'Ambre.

La balade le long de la rue Basanavičiaus constitue une attraction à part entière et anime la plupart des soirées des vacanciers. Des stands vendant de l'ambre occupent l'extrémité est de l'artère, par ailleurs jalonnée de toboggans gonflables, de plateformes de saut à l'élastique, de manèges, de voitures électriques, de portraitistes, de musiciens de rue et de montreurs de singes.

Au bout de Basanavičiaus, une promenade en planches mène des dunes à la jetée. Pendant la journée s'y installent vendeurs de pop-corn, de glaces (*ledai*), de hot dogs (*dešrainiai*), de bière (*alus*) et de kvas (*gira*, une boisson sans alcool à base de pain). Le soir, les familles et les amoureux se réunissent sur les bancs face à la mer pour contempler le coucher du soleil (vers 22h en juillet).

Du bout de Basanavičiaus, côté jetée, un chemin praticable à pied et à vélo se dirige vers le nord et le sud à travers une pinède. D'étroits sentiers rejoignent la plage sablonneuse (à l'ouest) en divers endroits. En suivant le sentier principal (Meilės alėja) vers le sud jusqu'à la rue Darius ir Girėno, à 500 m environ, vous atteindrez le parc botanique et ses nombreuses allées pédestres et cyclables.

♥ Musée de l'Ambre MUSÉE

(Gintaro Muziejus ; ☎460-51 319 ; www.pgm.lt ; Vytauto gatvė 17 ; tarif plein/enfant 2,32/1,16 € ; ⏲10h-20h jeu-sam, 10h-19h dim). Fleuron de Palanga, ce musée, aménagé dans un immense palais néoclassique érigé par le comte Feliksas Tiskevicius en 1897, rassemble 20 000 pièces en "or de la Baltique" (6e collection du monde). Dernière entrée 1 heure avant la fermeture.

Parc botanique PARC

(☎460-49 270 ; www.pgm.lt ; 15 Vytauto gatvė). D'une superficie de 1 km², ce havre de paix englobe une roseraie, 18 km de sentiers et la colline Birutė (Birutės kalnas), ancien lieu de culte païen. Selon la légende, des prêtresses vierges s'occupaient du sanctuaire, et l'une d'elles, Birutė, fut enlevée et mariée au grand-duc Kęstutis. Une chapelle du XIXe siècle se trouve au sommet de la colline. L'excellent musée de l'Ambre se situe dans le parc.

Galerie et atelier de l'ambre GALERIE D'ART

(Gintaro Dirbtuvės Galerija ; ☎8-682 69139 ; Dariaus ir Girėno gatvė 27 ; ⏲10h-18h mar-sam). GRATUIT Dernier atelier encore en activité parmi la douzaine que comptait Palanga à la fin du XIXe siècle, quand la ville était l'un des principaux centres de traitement de l'ambre de la Baltique. Gérée par la Corporation des maîtres de l'ambre de Palanga, la galerie vend de magnifiques pièces d'ambre. Vous pourrez fabriquer vous-même un bijou.

Maison-musée Antanas Mončys MUSÉE

(Antano Iunčio namai-muziejus ; ☎460-49 366 ; www.antanasmoncys.com ; Daukanto gatvė 16 ; tarif plein/enfant 1,16/0,58 € ; ⏲11h-17h mer-dim). Ce lieu présente d'immenses sculptures en bois,

Palanga

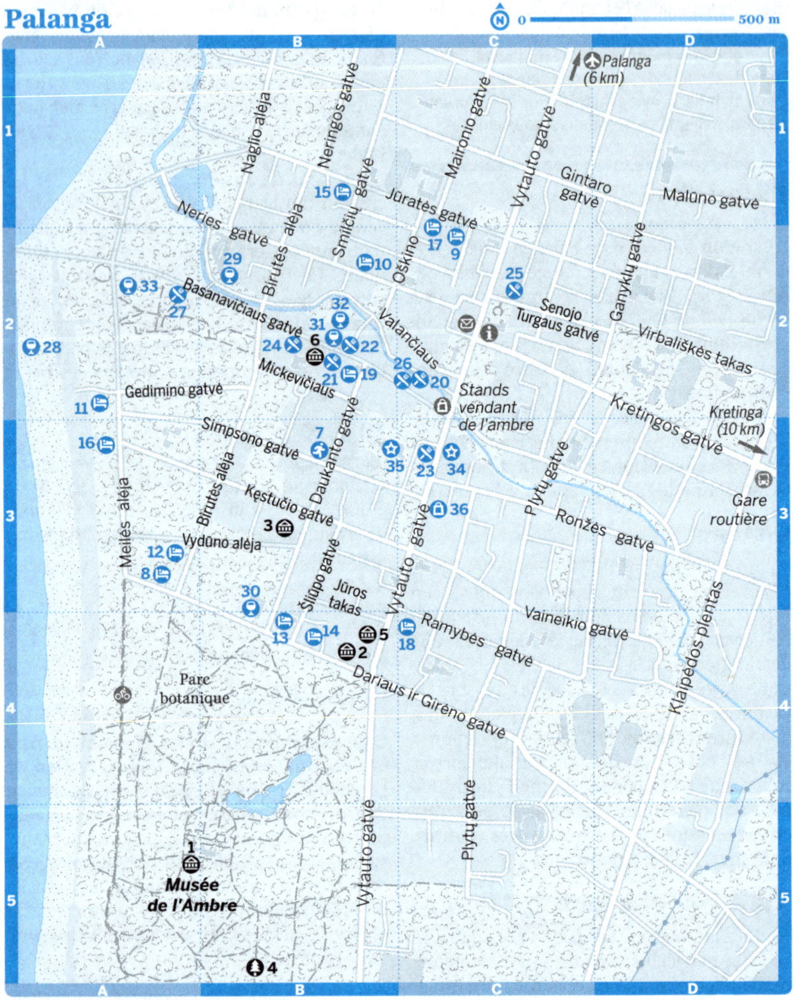

des collages et des masques de l'artiste lituanien émigré Antanas Mončys (1921-1993).

Maison-mémorial du Dr Jono Šliūpas MUSÉE
(Jono Šliūpo memorialinė sodyba ; ☎ 460-54 559 ; Vytauto gatvė 23a ; tarif plein/enfant 1,16/0,58 € ; 🕘 11h-18h mar-dim). La maison du premier maire de la ville renferme d'intéressantes photos en noir et blanc du vieux Palanga. Fermée le dimanche entre septembre et mai.

Musée de l'Exil et de la Résistance MUSÉE
(☎ 460-484 72 ; J Basanavičiaus gatvė 21 ; 🕘 4-18h mer, sam-dim). GRATUIT Modeste exposition consacrée à la résistance à l'occupation étrangère (principalement soviétique) au cours du XXe siècle – agité – de la Lituanie.

Bike House LOCATION DE VÉLOS
(☎ 8-696 10010 ; www.bikehouse.lt ; S Daukanto gatvė 10a ; 12 €/j ; 🕘 9h-20h). Commandez votre vélo de location en ligne. Il peut vous être livré à votre lieu d'hébergement.

Fêtes et festivals

Éperlans de Palanga SCÈNE CULINAIRE
(Palangos ruoniai). La fête de l'"éperlan de Palanga", vers la mi-février, correspond à l'arrivée sur la côte de ces petits poissons très prisés. Pendant 3 jours, ils font les

Palanga

Les incontournables
1 Musée de l'Ambre ... A5

À voir
2 Galerie et atelier de l'ambre ... B4
3 Maison-musée Antanas Mončys ... B3
4 Parc botanique ... B5
5 Maison-mémorial du Dr Jono Šliūpas ... B4
6 Musée de l'Exil et de la Résistance ... B2

Activités
7 Bike House ... B3

Où se loger
8 Corona Maris ... A3
9 Ema ... C2
10 Hotel Alanga ... B2
11 Laguna ... A2
12 Palanga Hotel ... A3
13 Palangos Vėtra ... B4
14 Pusų Paunksnėje ... B4
15 Seklytėlė ... B1
16 Vasaros Ambasada ... A3
17 Vila Mama Rosa ... C2
18 Vila Ramybė ... C4
19 Vila Žvaigždė ... B2

Où se restaurer
20 1925 Baras ... C2
21 Armėniška Virtuvė ... B2
22 Čagino ... B2
23 City Chef ... C3
24 Lašas Steak House ... B2
25 Mini Maxima ... C2
26 Molinis ąsotis ... C2
27 Žuvinė ... A2

Où prendre un verre et faire la fête
28 Bars de la plage ... A2
29 Exit ... B2
30 Kablys : Jūra Kultūra ... B3
31 Laukinių Vakarų Salūnas ... B2
32 Plano ... B2
33 Šachmatinė ... A2

Où sortir
34 Kino Teatras Naglis ... C3
35 Salle de concert en plein air ... B3

Achats
36 Baltijos Auskas ... C3

délices de la ville. À la même période, des centaines de baigneurs, les "phoques de Palanga" s'élancent courageusement dans les eaux glacées de la Baltique.

Festival d'été de Palanga CULTURE
Apogée de la saison estivale, ce festival a lieu une semaine différente chaque année et se termine par un immense carnaval de rue avec des chansons et un concert pop.

Où se loger

L'été, tout affiche rapidement complet. Vous paierez jusqu'à 50% de moins en hiver. Durant la saison (juin-août), il est possible de négocier avec les dizaines d'habitants proposant des chambres (indiquées par un panneau "*Nuomojami kambariai*", qui signifie "chambre à louer") à l'extrémité est de la rue Kretingos. De nombreuses maisons des rues Nėries et Birutės portent les mêmes indications. Comptez de 15 à 30 € la nuit, en fonction du niveau de confort. Vous pouvez aussi contacter l'office du tourisme ou l'agence de location **Palbiuras** (☎51 500 ; www.palbiuras.lt ; Kretingos gatvė 12 ; 9h-18h lun-ven).

Laguna PENSION €
(☎460-49 191 ; www.laguna-hotel.lt ; Meilės alėja 12 ; d à partir de 40 €). Difficile de trouver mieux situé que Laguna, à l'ombre d'une forêt de pins donnant sur la Baltique. Les 6 "appartements" avec frigidaires, matelas tout confort et coffres-forts, sont répartis sur 3 niveaux dans une belle maison en bois.

Seklytėlė APPARTEMENT €
(☎460-57 415 ; seklytele@gmail.com ; Jūratės gatvė 18 ; à partir de 280 €/sem). Ce deux-pièces bien équipé se trouve au-dessus du restaurant du même nom. Idéal pour un couple souhaitant prolonger son séjour à Palanga.

Vila Mama Rosa PENSION €
(☎460-48 581 ; Jūratės gatvė 28a ; s/d à partir de 42 € ; P @ wifi). Summum du romantisme, Mama Rosa comporte 8 chambres coquettes de style anglais avec cheminée, chauffage au sol dans la salle de bains et tête de lit en fer forgé. Élégants salon et restaurant, sauna, Jacuzzi.

Ema PENSION €
(☎460-48 608 ; www.ema.lt ; Jūratės gatvė 32 ; s/d 23/40 € ; P). Cette pension basique se distingue par un accueil chaleureux et une déco qui a tout de la pouponnière. Café correct et boutique de pêche sur place.

Vasaros Ambasada HÔTEL €
(☎8-698 08333 ; www.palangosambasada.lt ; Meilės alėja 16 ; ch à partir de 35 € ; P wifi). Ce ravissant hôtel de taille modeste jouit d'un emplacement rêvé : en bord de mer,

à quelques mètres de l'animation de Basanavičiaus. Chambres meublées avec simplicité, propres et bien tenues. On y parle un peu l'anglais. Les prix explosent en haute saison (juin à septembre).

Vila Ramybė HÔTEL €€

(☎460-54 124 ; www.vilaramybe.lt ; Vytauto gatvė 54 ; s/d 55/70 € ; @ 📶). Il n'est pas évident d'obtenir une chambre dans ce remarquable hôtel élégant, mais dénué de snobisme. Sept des douze chambres en pin aux tons verts et bleu pastel s'agrémentent d'une terrasse. La plupart ont un petit salon. On peut aussi loger dans des appartements.

Hotel Alanga HÔTEL €€

(☎460-49 215 ; www.alanga.lt ; Nėries gatvė 14 ; d/ste/app 41/47/73 € ; P @ 📶 🏊). Les familles apprécieront cet hôtel accueillant volontiers les enfants. Chambres impeccables et confortables, salles de jeux, de billard et de gym, et service de garde d'enfants. Des fleurs aux balcons ajoutent un peu de gaieté. Les tarifs fluctuent fortement au cours de l'année ; comptez le double des prix indiqués ici pendant la saison estivale.

Palangos Vėtra HÔTEL €€

(☎460-53 032 ; www.palangosvetra.lt ; S Daukanto gatvė 35 ; s/d à partir de 86/98 € ; P @ 📶 🏊). Situé sur les hauteurs d'un quartier calme de la ville, Vėtra frappe par l'architecture scandinave de sa structure en verre aux lignes épurées. Spa, centre de bien-être, café et excellent restaurant.

Vila Žvaigždė PENSION €€

(☎460-49 012 ; www.vilazvaigzde.lt ; S Daukanto gatvė 6 ; ch à partir de 60 € ; P). En opération depuis 1932, Žvaigždė est à des années-lumière de l'agitation du Palanga d'aujourd'hui. Les chambres vastes et accueillantes ont quelque chose de romantique. Le rez-de-chaussée est occupé par un bon restaurant ukrainien.

♥ **Palanga Hotel** HÔTEL €€€

(☎460-41 414 ; www.palangahotel.lt ; Birutės alėja 60 ; d/ste à partir de 130/295 €, app 1 pièce 225 € ; P ❄ @ 📶 🏊). Cet hôtel huppé, merveille d'architecture de bois et de verre, a été bâti au milieu d'une pinède. Les chambres ont vue sur le bleu du ciel et les pins ou bien la mer (pour celles du dernier étage). Elles affichent un design luxueux et élégant, et des tons naturels à dominance ambrée, crème et sable, certaines avec sauna ou Jacuzzi. La piscine extérieure, d'un bleu éclatant, resplendit au milieu des arbres, et le sauna assure une détente complète.

Pusų Paunksnėje PENSION €€€

(☎460-49 080 ; www.pusupaunksneje.lt ; Dariaus ir Girėno gatvė 25 ; app 160 € ; P @ 🏊). Nous adorons cette superbe auberge en bois, propriété du champion de basket Arvydas Sabonis. Elle comprend 14 appartements haut de gamme tous équipés d'une cheminée, une piscine et une cour reposante.

Corona Maris APPARTEMENT €€€

(☎8-620 31535 ; www.coronamaris.lt ; Darius ir Girėno gatvė 5 ; d/qua 130/215 € ; P @ 📶). Cette élégante pension coincée entre la mer et une forêt de pins propose des appartements haut de gamme, pour 2 ou 4 personnes, dotés de cuisines, de salons, de salles à manger et de chauffage au sol. Les plus grands appartements possèdent aussi une cheminée.

Où se restaurer

Les restaurants se concentrent dans la rue Basanavičiaus.

City Chef RESTAURATION RAPIDE €

(☎8-656 88926 ; Vytauto gatvė 39a ; plats 4 € ; ⏲16h-2h). Par beau temps, faites la queue devant cette camionnette semi-sédentaire pour un hot dog au chorizo avec frites et bière. Installez-vous sur l'un des nombreux bancs de la grande terrasse où les activités ne manquent pas en été : cinéma, concerts, cours de danse gratuits, etc.

Mini Maxima SUPERMARCHÉ €

(Senojo Turgaus gatvė 1 ; ⏲8h-23h30). Pour faire des provisions.

1925 Baras LITUANIEN €€

(☎460-52 256 ; www.baras1925.lt ; Basanavičiaus gatvė 4 ; plats 8-12 € ; ⏲10h-minuit). Cette belle taverne tout en bois régale les passants affamés de la grand-rue depuis 1925 avec une cuisine lituanienne simple et savoureuse. Le jardin à l'arrière de la salle est l'un des plus charmants de la ville.

Molinis ąsotis EUROPÉEN €€

(☎460-40 208 ; www.molinisasotis.lt ; Basanavičiaus gatvė 8 ; plats 8-12 € ; ⏲11h-minuit ; 📶). Ce restaurant à la charpente en bois se distingue de l'âpre concurrence de la rue principale de Palanga par les bijoux et les œuvres d'art qu'il propose à la vente. L'excellent menu est largement européen, mais comprend quelques plats lituaniens comme les galettes de pommes de terre farcies et le jarret de porc à la couenne et aux petits pois.

Čagino RUSSE €€

(☎460-53 555 ; www.cagin.lt ; Basanavičiaus gatvė 14a ; plats 8-12 € ; ⏲12h-minuit). Čagino apporte une touche d'originalité à la scène gastronomique locale. On y mange des *pirozhki* (tourtes) et des *pelmeni* (beignets), du ragoût de chevreuil, du veau aux cerises et bien d'autres spécialités de Russie. Le jeudi soir, on plonge les convives dans une obscurité totale. La lumière revient les vendredis et samedis pour les sessions musicales qui commencent à 20h.

Arméniška Virtuvė ARMÉNIEN €€

(☎8-652 87579 ; www.armeniskavirtuve.lt ; Basanavičiaus gatvė 17 ; plats 5-9 € ; ⏲11h-22h). Ce restaurant arménien est parfait si vous en avez assez de manger des plats lituaniens et des pizzas. Sur la terrasse ou dans la salle éclairée par le halo de l'écran plat, vous pourrez déguster de l'agneau aux épices, des soupes au bœuf, du pigeon nappé de sauce au lait caillé, des *shashliks* au barbecue et des légumes marinés, le tout arrosé de vodka.

Lašas Steak House VIANDE €€€

(☎460-44 880 ; Basanavičiaus gatvė 29 ; plats 8-14 € ; ⏲10h-minuit). Rattaché à l'hôtel du même nom, ce restaurant satisfera les carnivores les plus exigeants : bœuf, porc, canard et chevreuil sont préparés sur commande. À déguster en terrasse si le temps le permet.

Žuvinė POISSON €€€

(☎460-48 070 ; www.zuvine.lt ; Basanavičiaus gatvė 37a ; plats 12-16 € ; ⏲11h-minuit ; 📶). Il est impensable de séjourner sur le littoral de la Baltique sans goûter ses fameux poissons. Si vous ne l'avez pas encore fait, allez chez Žuvinė. L'addition est plus salée qu'ailleurs à Palanga, mais le sandre aux épinards nappé de crème à la betterave ou la lotte aux cèpes en valent la peine.

Où prendre un verre et faire la fête

Kablys : Jūra. Kultūra BAR

(☎8-610 34231 ; Dariaus ir Girėno gatvė 13 ; ⏲10h-minuit ; 📶). Ce lieu alternatif et cosmopolite dont le nom signifie "crochet" fait face au jardin botanique, à l'écart de l'agitation du centre. C'est à la fois un bar, un café, un cinéma, une galerie et un centre culturel.

Bars de la plage BAR

(Palanga seafront ; ⏲24h/24). De juin à septembre, les tentes des bars éphémères poussent comme des champignons sur la plage. On y boit une bière en regardant le soleil se coucher sur la Baltique – ou se lever sur les terres (les bars tournent 24h/24). Des DJ viennent animer les soirées les plus prisées.

Piano DISCOTHÈQUE

(☎460-64 188 ; Basanavičiaus gatvė 24a ; ⏲11h-5h ; 📶). Grillades en terrasse la journée et cocktails sur la piste le soir : on peut passer la journée au Piano sans s'ennuyer une seconde. La programmation estivale chargée est partagée entre concerts et DJ. Un piano à queue d'un blanc immaculé trône à l'entrée.

Laukinių Vakarų Salūnas BAR

(☎460-52 831 ; www.salunas.lt ; Basanavičiaus gatvė 16 ; ⏲10h-5h). Cet improbable saloon du Far West avec pignon sur rue au cœur de Palanga fait restaurant le jour et club la nuit. L'ambiance est un peu kitsch et peut s'avérer tapageuse, comme souvent dans le coin.

Šachmatinė DISCOTHÈQUE

(☎8-604 58617 ; www.sachmatine.lt ; Basanavičiaus gatvė 45 ; ⏲23h-5h mer-dim). L'un des plus grands clubs de Palanga et l'un des plus animés aussi. On y danse sur de la house et des tubes de dance.

Exit DISCOTHÈQUE

(☎8-698 59116 ; Neries gatvė 39 ; ⏲23h-5h mer-dim). L'un des meilleurs clubs de la ville, avec des DJ du monde entier.

Où sortir

L'office du tourisme fournit des renseignements sur les événements en ville.

Kino Teatras Naglis CINÉMA

(☎460-57 575 ; www.kinoteatrasnaglis.lt ; Vytauto gatvė 82 ; ⏲14h-22h). Films en V.O. avec sous-titres lituaniens.

Salle de concert en plein air SALLE DE CONCERT

(Vasaros Estrada ; ☎460-52 210 ; Vytauto gatvė 43). Un auditorium de 2 200 places tout neuf a remplacé l'ancien kiosque à musique, fin 2015.

Achats

Baltijos Auskas BIJOUX

(☎460-51 386 ; Vytauto gatvė 66 ; ⏲10h-14h et 15h-18h lun-ven, 10h-17h sam). "L'Or balte" est l'une des meilleures des nombreuses galeries de bijoux et d'objets artisanaux en ambre de Palanga.

Renseignements

La carte *Palanga* (1/15 000e), éditée par Jāņa sēta, qui comprend Palanga et Šventoji, est vendue par l'office du tourisme (1,60 €).

Office du tourisme (☎460-48 811 ; www.palangatic.lt ; Kretingos gatvė 1 ; ⏲9h-19h lun-ven, 10h-16h sam-dim). Réservations hôtelières et vente de cartes et de guides. Horaires réduits de septembre à juin.

Palangos vaistinė (Vytauto gatvė 33 ; ⏲9h-20h lun-ven, 9h-18h sam, 9h-16h dim). Pharmacie dans l'ancien quartier général du KGB (1944-1951).

Police (☎460-53 837 ; Vytauto gatvė 4)

Poste (Vytauto gatvė 53 ; ⏲9h-17h30 lun-ven, 9h-13h sam). Bureau de poste le plus facile d'accès depuis le centre-ville.

Depuis/vers Palanga

On peut rejoindre Palanga en avion ou par la route, les liaisons étant nettement plus fréquentes en été.

AVION

De l'**aéroport de Palanga** (Palangos Oro Uostas ; ☎6124 4442 ; www.palanga-airport.lt ; Liepaja plentas 1), à 6 km au nord du centre, la SAS (www.flysas.com) dessert régulièrement Copenhague et Oslo, la Norwegian Air Shuttle (www.norwegian.com), Oslo moins souvent, et airBaltic (www.airbaltic.com), Riga.

BUS

De la petite **gare routière** (☎460-53 333 ; www.naujapalangosautobusustotis.lt ; Klaipėdos plentas 42 ; ⏲billetterie 7h-19h30), des bus rallient Kaunas (17 €, 3 heures 30, 9/jour), Klaipėda (1,80 €, 30 min, 22/jour), Šiauliai (11 €, 3 heures, 8/jour) et Vilnius (18 €, 4 heures 15 à 6 heures, 14/jour).

Comment circuler

Le bus n°3 dessert l'aéroport toutes les heures environ de 7h à minuit. Les horaires sont affichés à l'arrêt situé dans la rue Vytauto, près de la gare routière.

La principale station de taxis se trouve dans la rue Kretingos, devant la gare routière. La course de l'aéroport jusqu'en ville coûte entre 9 et 11 €.

Des vélos-taxis stationnent à l'extrémité est de la rue Basanavičius. De mai à septembre, des stands de location de cycles essaiment en ville. Comptez 9 €/heure et 12 €/jour pour un vélo, 12 €/jour pour un buggy à 4 roues pour deux, et 12 € pour un buggy d'enfant.

Environs de Palanga

Šventoji, à 12 km au nord, n'a certes pas le même cachet, mais une multitude de restaurants, ses autos tamponneuses, son poisson gonflable et autres manèges de foire assurent le divertissement. **Nemirseta**, à quelques kilomètres au sud de Palanga, est connue pour ses dunes spectaculaires. Il s'agit aussi du point le plus septentrional jamais atteint par la Prusse. Cinq bus quotidiens desservent Šventoji depuis Palanga, mais il faut une voiture pour rejoindre Nemirseta.

Depuis Palanga, on peut se rendre 10 km à l'est dans la ville de **Kretinga** par bus (1,16 €, 15 min, très fréquents).

À voir

Musée de Kretinga — MUSÉE

(Kretingos muziejus ; ☎445-77 323 ; www.kretingosmuziejus.lt ; Vilniaus gatvė 20 ; tarif plein/étudiant 2,90/1,16 € ; ⏲musée 10h-18h mer-dim, serre 10h-18h mar-dim, café 12h-22h). Le jardin d'hiver décrépit qui jouxte le musée contient une jungle tropicale composée de 850 espèces de plantes exotiques. Le musée lui-même occupe l'une des nombreuses demeures d'une famille d'aristocrates polonais, les Tyskiewicz. Le musée est à l'ouest du centre, dans le parc municipal de Kretinga.

♥ Jardin Orvydas — JARDIN

(☎613-28 624 ; Gargždelė ; tarif plein/enfant 2,32/1,16 € ; ⏲10h-19h mar-dim). Le jardin Orvydas est l'œuvre d'un maçon, Kazys Orvydas (1905-1989), et de son fils aîné Vilius (1952-1992), devenu moine franciscain. Les sculptures, qui étaient à l'origine dans le cimetière du village proche de Salantai, furent rassemblées dans la ferme des Orvydas dès que Khrouchtchev, dans les années 1960, fit la chasse aux objets religieux. Les Soviétiques interdirent ensuite l'accès à la maison pour empêcher tout contact avec la famille qu'ils persécutaient.

Aujourd'hui, on y admire librement, au fil de jolis jardins, des centaines de statues, sculptures et autres bizarreries. Entre Kretinga et Skuodas, 3 bus quotidiens passent par Salantai puis Mosėdis. Pour le jardin Orvydas, descendez au dernier arrêt avant Salantai et marchez 1 km.

Parc national de Žemaitija

☎448 / 3 500 HABITANTS

Le parc national de Žemaitija (Samogitie en français) et ses 200 km² d'épaisses forêts émaillées de lacs donnent lieu à toutes sortes d'histoires de diables, de fantômes et de trésors.

On peut s'y baigner, faire du bateau, du vélo, ainsi que découvrir un site très étrange : le musée de la Guerre froide, aménagé depuis peu dans une ancienne base souterraine de missiles soviétiques.

La bourgade de **Plateliai**, sur la rive ouest du lac du même nom, est l'accès le plus pratique pour le parc national de Žemaitija et accueille son excellent bureau.

À une vingtaine de kilomètres au nord-est, le **calvaire samogitien** (Žemaičių Kalvarija) s'élève sur un ancien site funéraire (IXe-XIIIe siècle). Les deux premières semaines de juillet, les pèlerins entreprennent l'ascension de 7 collines sur lesquelles 20 chapelles ponctuent une sorte de chemin de croix de 7 km, symbolisant la vie, la mort et la résurrection du Christ.

À voir

♥ Musée de la Guerre froide MUSÉE

(Šaltojo Karo Muziejus ; ☎8-677 86574 ; www.zemaitijosnp.lt ; Plokštinė ; tarif plein/réduit 5/2,50 € ; ⏲9h-18h mar-ven, 10h-17h sam-dim). Ce musée est aménagé au cœur du parc national de Žemaitija, sur le site de l'ancienne base de missiles, dont la construction, le rôle et l'impact sur les pays baltes durant la Guerre froide sont racontés dans une petite exposition. Le silo à missiles enfoui est bien sûr le clou de la visite. Des visites guidées sont proposées tous les jours à chaque heure de 10h à 18h de mai à septembre ; en dehors de cette période, il faut réserver.

Construite dans le plus grand secret dans les années 1960, la base offrait aux Soviétiques la capacité de réduire en cendres une grande partie de l'Europe – et a sans doute joué un rôle dans la crise des missiles cubains. Elle se trouve à 8 km de Plateliai : prenez la route principale vers Plokštinė avant de suivre les panneaux indiquant la route de gravier de 5 km qui serpente entre les pins jusqu'au musée.

Manoir-musée de Plateliai MUSÉE

(☎8-659 07918 ; www.zemaitijosnp.lt ; Didžioji gatvė 22 ; tarif plein/enfant 2,50/1,50 € ; ⏲10h-17h mar-dim). L'ancien manoir de Plateliai a été transformé en un intéressant musée. La grange, sur plusieurs niveaux, présente des expositions sur la nature, l'histoire et l'ethnographie de la région, ainsi que des objets trouvés lors de fouilles sur deux des îles du lac (Sventrokalnis et Pilies). L'étable, consacrée aux fascinantes coutumes locales de Mardi gras, présente 250 masques effrayants. Horaires et tarifs réduits en hiver.

Musée des Beaux-Arts de Žemaitija MUSÉE

(Žemaičių dailės muziejus ; ☎448-52 492 ; www.oginski.lt ; Parko gatvė 1 ; tarif plein/enfant 1,16/0,58 € ; ⏲10h-21h mar-dim). Situé non loin du parc dans la ville de Plungė, le palais Oginskis du XIXe siècle abrite une intéressante collection d'art moderne samogitien (sculptures en bois et en métal). Les jardins du palais, émaillés de bassins en terrasses, valent à eux seuls le détour. L'hiver, le musée ferme à 17h et le dimanche toute la journée.

Activités

Le **lac de Plateliai** (Platelių ežeras), connu pour ses 7 îlots et ses anciennes terrasses sur les rives, concentre la plupart des activités. Plus beau site naturel du parc, il sert de cadre aux festivités du solstice d'été, les 23 et 24 juin, comprenant feux de joie et chants traditionnels. La légende dit que ce plan d'eau fut aspiré dans le ciel par une tempête avant de retomber à son emplacement actuel à l'énoncé de la formule magique "*Ale plate lej*" ("Que la pluie se déchaîne !").

S'il fait chaud, on peut se baigner dans le lac. Sinon, on se contente d'excursions en bateau au départ du **Yacht Club** (☎8-682 42062 ; Ežero gatvė 40).

Beaucoup de fêtes traditionnelles samogitiennes sont célébrées dans la bourgade de Plateliai, sur la rive occidentale du lac. C'est notamment le cas du très coloré **carnaval de Mardi gras** (avant le mercredi des Cendres, premier jour du Carême).

Le bureau du parc national indique où louer des vélos et fournit des cartes. L'un des itinéraires les plus plaisants va jusqu'à Plokštinė (8 km), site isolé de l'ancienne base de missiles transformée en musée de la Guerre froide.

Où se loger et se restaurer

Vous trouverez une liste des B&B (entre 20 et 25 €/pers) dans de magnifiques fermes et maisons privées du parc à l'office du tourisme de Plateliai.

À Plateliai, il n'y a guère que le **Yacht Club** (Platelių jachtklubas ; ☎8-6152 7350 ; www.plateliuose.lt ; Ežero gatvė 40 ; plats 5-8 €) où dîner, au bord du lac. Sa carte est certes limitée, mais la vue est superbe.

Audronės PENSION €
(☎8-672 46572 ; www.poilsisplateliuose.lt ; Ežero gatvė 37 ; d 40 € ; 📶). Cette pension dans une belle ferme comptant plusieurs bâtiments autour d'une maison de style suédois. Chambres confortables, location de vélos, balançoires et étang entouré de pelouse pour paresser en solo ou en famille. Vos hôtes sont accueillants et généreux. En haut de la colline depuis le centre-ville (ne pas descendre vers le lac).

Mortos PENSION €
(☎448-49 117 ; Ezero gatvė 33 ; 15 €/pers). Ces petits cabanons de bois au bord du lac de Plateliai sont reposants à souhait.

Julija and Bronius Staponkai PENSION €
(☎8-617 03418 ; jb@zebra.lt ; Ežero gatvė 38 ; ch 25-40 € ; P). Location d'appartements confortables, non loin du lac à pied.

Hotel Linelis HÔTEL €
(☎8-655 77666 ; www.linelis.lt ; Paplatelės ; s/d/tr 40/45/55 € ; P 🏊). Le Linelis est doté d'un bon restaurant et d'un spa sur la rive est du lac. Petit-déjeuner en sus (5 €).

ℹ Renseignements

Bureau du parc national de Žemaitija
(☎448-49 231 ; www.zemaitijosnp.lt ; Didžioji gatvė 8 ; ⏲8h-17h lun-jeu, 8h-15h45 ven, 10h-17h sam juin-août). À Plateliai, ce bureau d'information délivre des permis de pêche (1,40 €/2 jours), fournit des guides (environ 40 €, sur rendez-vous), renseigne sur la location de voiliers, de bateaux et de planches à voile, et indique les ateliers locaux d'art populaire. Il renferme aussi une petite exposition sur la flore et la faune du parc.

ℹ Depuis/vers le parc national de Žemaitija

De Klaipėda, le train (4 €, 1 heure, 4/jour) est le meilleur moyen de rejoindre Plungė, la ville la plus proche, ainsi que de Vilnius (13 €, 4 heures, 2/jour). Plusieurs bus quotidiens partent de Kaunas (13 €, 4 heures) et de Palanga (6,50 €, 1 heure 15). De Plungė, quelques bus rallient Plateliai.

COMPRENDRE LA LITUANIE

La Lituanie aujourd'hui

La Lituanie n'a jamais été aussi confiante qu'aujourd'hui. Les avancées culturelles et économiques impressionnantes réalisées depuis l'indépendance en font un membre bien intégré de l'UE. Beaucoup d'émigrés reviennent et les touristes n'ont jamais été aussi nombreux. Si la modernisation est palpable, elle ne sacrifie pas pour autant un patrimoine culturel profondément enraciné, qui se célèbre en chansons et à travers l'artisanat et la cuisine.

L'économie lituanienne s'est rapidement adaptée au passage d'un contrôle centralisé par Moscou à une logique de marché capitaliste et croît de manière significative depuis l'indépendance. La Lituanie a rejoint l'Organisation mondiale du commerce en 2001 et l'UE en 2004, et son PIB a augmenté de 77% entre 2000 et 2008, suscitant l'admiration de tous. Cette exceptionnelle croissance du "tigre de la Baltique" a connu un sérieux coup d'arrêt après la crise de 2008-2009, le PIB ne retrouvant qu'en 2015 son niveau de 2009. Mais la croissance lituanienne est aujourd'hui à nouveau l'une des plus rapides d'Europe.

Ces statistiques se traduisent dans la vie quotidienne par un sentiment général de prospérité et d'optimisme, et dans les rues de Vilnius par l'apparition de voitures haut de gamme et de vêtements de marque, sans oublier la multiplication des restaurants et des bars. Bien sûr, il y a des laissés-pour-compte : le taux de chômage s'élève à 9% et les rues des grandes villes comptent de nombreuses personnes sans domicile fixe.

Histoire

À son apogée entre le XIVe et le XVIe siècle, la Lituanie était un État indépendant et puissant. Elle fut rayée de la carte au XVIIIe siècle, ne réapparaissant que sporadiquement entre deux guerres avant de regagner enfin son indépendance au départ des Soviétiques en 1991. On peut découvrir l'histoire du pays au musée de la Guerre Vytautas-le-Grand de Kaunas et au Musée national de Lituanie de Vilnius.

Les origines

L'implantation humaine sur le territoire de l'actuelle Lituanie remonte au moins à 9 000 ans avant notre ère. Le commerce de l'ambre débuta au néolithique (entre - 6 000 et - 4 500 ans). Les ancêtres baltes des Lituaniens, qui arrivèrent du Sud-Est vers 2000 av. J.-C., y prirent une part importante.

Cette résine de pin fossile et les routes marchandes qu'elle empruntait – brillamment illustrées au musée de l'Ambre de Palanga – valurent aux Aesti qui récoltaient l'ambre sur les rives de la Baltique d'être mentionnés dans *La Germanie* de Tacite. Rédigé vers 98, cet ouvrage romain décrivait les tribus germaniques vivant au-delà. En 1009, on trouve pour la première mention écrite du nom Litae (Lituanie en latin) dans les Annales de Quedlinburg. Il désigne alors un lieu aux confins duquel "saint Brunon, aussi appelé Boniface, archevêque et missionnaire, fut grièvement blessé à la tête par les païens".

Au XIIe siècle, les peuples de Lituanie formaient deux groupes rivaux : les Samogitiens (habitants des basses terres), à l'ouest, et les Aukštaitiens (habitants des hautes terres), à l'est et au sud-est. Certaines sources affirment qu'un château en bois se dressait alors au sommet de la colline de Gédymin, à Vilnius.

Un Moyen Âge troublé

Au milieu du XIIIe siècle, Mindaugas, chef des Aukštaitiens, unifia les tribus locales et créa le grand-duché de Lituanie. Il fut couronné roi en 1253, à Kernavė. Afin de contrer la menace des chevaliers Teutoniques qui s'étaient emparés d'une partie de la Prusse, dont Memel (l'actuelle Klaipėda), le souverain se convertit au christianisme. Son assassinat en 1263 signa le rejet par ses sujets de l'unité du pays et de la nouvelle religion.

Sous le grand-duc Gédymin (1316-1341), les frontières de la Lituanie s'étendirent vers l'est et le sud, mordant sur les actuelles Biélorussie et Ukraine, et englobant même un temps Kiev. À la mort de Gédymin, deux de ses fils se partagèrent le royaume : de Vilnius, Algirdas repoussa les limites du pays au-delà de Kiev, tandis que Kęstutis combattait l'ordre Teutonique depuis son château du lac de Trakai.

Le fils d'Algirdas, Jagellon, prit le contrôle du pays en 1382. Toutefois, la menace croissante des chevaliers Teutoniques devait le pousser à un choix qui marqua un tournant décisif dans l'histoire de l'Europe. En 1386, il épousa la princesse polonaise Hedwige et devint roi de Pologne sous le nom de Ladislas II Jagellon. L'alliance entre la Lituanie et la Pologne dura quatre siècles. Les Aukštaitiens acceptèrent le baptême en 1387, les Samogitiens en 1413, faisant ainsi de la Lituanie le dernier pays d'Europe à se convertir au christianisme.

L'âge d'or

Jagellon passait l'essentiel de son temps à Cracovie, mais la crise couvait en Lituanie. En 1390, la révolte de son cousin Vytautas le força à réagir. Il nomma ce dernier grand-duc à la condition qu'ils adoptent

LE TOP 5 DES OUVRAGES HISTORIQUES

Les Lituaniens, Marielle Vitureau (HD Ateliers, 2015) L'histoire mouvementée et complexe du pays, du milieu du XXe siècle jusqu'à son adhésion à l'Union européenne.

Lituanie : les feux de pierre, Julien Oeuillet (Nevicata, 2015). Un panorama de l'histoire, de la culture, des religions et des réalités socio-économiques du pays. Trois entretiens avec des connaisseurs de la Lituanie complètent l'ouvrage.

Mes prisons en Lituanie, Georges Matoré (Ginkgo, 2016). Le témoignage d'un Français en Lituanie dans les années 1940, qui fut incarcéré par les Soviétiques puis par les nazis en raison de ses actes de résistance.

Lituanie juive 1918-1940, message d'un monde englouti, Yves Plasseraud (Autrement, 2006). Cet ouvrage redonne la parole aux survivants de la communauté juive de Lituanie, autrefois si importante que Vilnius était surnommée "la Jérusalem du Nord".

La Dernière Femme de ma vie, Stephan Collishaw (Rivages, 2004). Ce roman envoûtant, situé à Vilnius, traverse le dernier demi-siècle, de la Seconde Guerre mondiale aux années 1990.

CONVERTIS SUR LE TARD

Si la population lituanienne est aujourd'hui majoritairement catholique – une promenade dans la capitale, hérissée de clochers, suffit pour s'en convaincre –, ce n'est qu'en 1413 que le pays abandonna définitivement le paganisme.

Les raisons de cette conversion tardive sont multiples, mais la première d'entre elles est le caractère farouchement indépendant des Lituaniens. En tout état de cause, la (relativement) longue histoire païenne du pays a laissé de nombreuses traces, de l'art sacré à la culture nationale en passant par les traditions populaires.

À l'époque soviétique, les catholiques étant persécutés, la religion devint un symbole de la ferveur nationale. Les églises furent saisies par l'État, fermées et transformées en "musées de l'athéisme" ou en locaux ordinaires (la basilique de la Résurrection-du-Christ de Kaunas a ainsi fait office d'usine de radios).

Après l'indépendance, en 1991, l'Église catholique s'est lancée dans une politique de réappropriation de ses anciens biens immobiliers et de réaffectation des églises au culte, politique qui continue de nos jours.

Environ 80% des Lituaniens se disent catholiques. D'autres religions sont pratiquées : 4% sont des orthodoxes russes, 2% des protestants.

une politique commune. Leur victoire sur l'ordre Teutonique, grâce à leurs armées réunies, à Grunwald (l'actuelle Tannenberg, en Pologne) en 1410, déboucha sur une période de prospérité, notamment à Vilnius. La vieille ville que nous connaissons aujourd'hui se développa à cette époque.

Vytautas le Grand étendit encore la mainmise de la Lituanie au sud et à l'est. Lorsqu'il mourut en 1430, son territoire s'étendait au-delà de Koursk à l'est et pratiquement jusqu'à la mer Noire au sud, constituant ainsi l'un des plus vastes empires européens. Au XVIe siècle, Vilnius fut, avec 25 000 âmes, une des plus grandes villes d'Europe orientale et parmi les plus fastueuses. Cet âge d'or se traduisit par la construction de bâtiments de style gothique tardif et Renaissance. Des souverains comme Sigismond Ier Jagellon et Sigismond II Auguste Jagellon régnèrent sur la Pologne et la Lituanie depuis le somptueux Palais royal.

En 1579, les jésuites polonais fondèrent l'université de Vilnius et firent de la capitale lituanienne un bastion de la Contre-Réforme. C'est sous leur influence que l'architecture baroque s'imposa.

Polonisation et partages

Le poids de la Lituanie au sein de l'Union polono-lituanienne décrut peu à peu. Au cours de la guerre de Livonie, menacée par la Moscovie, elle fut contrainte d'accepter, en 1569, l'Union de Lublin. Celle-ci entérinait la fusion des deux États – et non plus seulement l'association des deux couronnes – en une "république" gouvernée par un souverain élu en commun, mais dominée dans les faits par la Pologne.

Le nom de Rzeczpospolita ("République") cachait une relégation de la Lituanie au second plan. L'aristocratie lituanienne adopta la langue et la culture polonaises, les paysans furent asservis et Varsovie remplaça Vilnius comme centre de la vie politique et sociale.

En 1654, la Russie envahit la Rzeczpospolita, s'appropriant une part non négligeable de son territoire. En 1772, la République était si affaiblie que la Russie, l'Autriche et la Prusse se répartirent son territoire lors des trois partages de la Pologne (1772, 1793 et 1795). L'essentiel de la Lituanie échut à la Russie, une petite région au sud-ouest revenant à la Prusse. Après les guerres napoléoniennes, l'ensemble du territoire était aux mains des Russes.

Russification et nationalisme

Si les territoires des actuelles Estonie et Lettonie furent gouvernés comme des provinces autonomes, la Russie traita différemment la Lituanie rebelle.

Vilnius devint rapidement le refuge de la noblesse polonaise et lituanienne dépossédée par les nouveaux maîtres de la région. Ce fut aussi le foyer du réveil nationaliste polonais dont le poète Adam Mickiewicz, natif de la capitale lituanienne, fut l'un des principaux inspirateurs.

En 1830, après une révolte polonaise avortée à laquelle les Lituaniens s'étaient associés, les autorités tsaristes fermèrent l'université de Vilnius, de même que les églises et monastères catholiques et imposèrent la religion orthodoxe. Dès 1840, la législation russe s'appliqua à l'ensemble de la population et la langue d'enseignement devint le russe. Un an après une deuxième révolte en 1863, les livres en lituanien ne furent autorisés qu'à condition d'être publiés en alphabet cyrillique, tandis que les écrits en polonais, langue de l'aristocratie lituanienne, étaient purement et simplement interdits.

Le XIXe siècle et le début du XXe furent marqués par un regain du nationalisme. Même si la majorité des Lituaniens continuaient à vivre en zone rurale, la rapide industrialisation de Vilnius et d'autres villes offrait, en effet, un terreau fertile aux nationalistes. Sur 160 000 habitants, la capitale lituanienne abritait au début du XXe siècle une communauté juive d'environ 75 000 âmes, d'où son surnom de "Jérusalem du Nord" (p. 397).

Indépendance

Si l'idée d'une indépendance des pays baltes avait déjà été évoquée au cours de la révolution russe de 1905, la Lituanie dut attendre 1918 pour voir ses rêves se réaliser. Pendant la Première Guerre mondiale, le pays fut occupé par l'Allemagne. C'est dans ce contexte que, le 16 février 1918, le Conseil national lituanien, le *Taryba*, déclara l'indépendance du pays dans la maison des Signataires de Vilnius. En novembre, le jour même où l'Allemagne capitulait devant les Alliés, un gouvernement républicain lituanien fut formé.

Les événements tournèrent toutefois mal car la Pologne indépendante souhaitait à nouveau être unie à la Lituanie, ou du moins recevoir la zone de Vilnius à forte population polonaise ou assimilée. Le 31 décembre 1918, le gouvernement lituanien fuit à Kaunas. Quelques jours plus tard, l'Armée rouge instaurait un gouvernement communiste à Vilnius. Les deux années suivantes virent les Polonais et les bolcheviques se disputer la ville. Le 10 octobre 1920, la Pologne remporta la partie et annexa définitivement Vilnius. Jusqu'en 1939, la ville et ses environs formèrent une enclave polonaise dans une Lituanie dirigée depuis Kaunas par le premier président (1926-1940), pour le moins autoritaire, du pays : Antanas Smetona (1874-1944).

En 1923, la Lituanie annexait Memel (Klaipėda), au grand dam d'une Allemagne très affaiblie.

VILNIUS, JÉRUSALEM DU NORD

Avant la Seconde Guerre mondiale, Vilnius (Vilne en yiddish) accueillait l'une des communautés juives les plus florissantes d'Europe. Les nazis et le régime soviétique s'employèrent à l'anéantir.

Leur histoire remonte à l'époque du grand-duc Gédymin (1316-1341), qui invita de nombreux juifs à s'installer à Vilnius. Au XIXe siècle, la capitale lituanienne devint l'un des foyers du yiddish (langue germanique des communautés juives d'Europe centrale et orientale). Des membres de la communauté de Vilnius s'illustrèrent dans diverses disciplines. Citons en particulier le rabbin et érudit Gaon Eliahou ben Shlomo Zalman Kramer (1720-1797), qui mena l'opposition au mouvement mystique hassidique, ou encore le peintre paysagiste Isaac Lévitan (1860-1900).

La population juive de la capitale atteignit son apogée à la veille de la Première Guerre mondiale avec près de 100 000 personnes (sur les 240 000 que comptait le pays). Accablée par la pauvreté et les discriminations, la communauté diminua entre les deux guerres, Vilnius n'étant plus alors qu'une ville de province polonaise.

Malgré cela, la cité devint l'épicentre de la culture yiddish en Europe orientale et fut choisie de préférence à Varsovie et New York comme siège de l'Institut scientifique yiddish (YIVO) en 1925. Cette période se traduisit par l'ouverture d'une série d'écoles, de bibliothèques et de théâtres et un essor spectaculaire de la littérature yiddish. On comptait alors 100 synagogues et maisons de prière, et 6 quotidiens juifs.

À la fin de la Seconde Guerre mondiale, la communauté était presque entièrement anéantie. Au cours des années 1980, 6 000 de ses membres partirent pour Israël à la faveur de la perestroïka (reconstruction).

La Seconde Guerre mondiale et la période soviétique

Après la signature du pacte de non-agression germano-soviétique en 1939 et l'invasion de la Pologne par les troupes allemandes en septembre de la même année, la Lituanie revint finalement à l'URSS. En octobre, elle signa avec cette dernière, sous la contrainte, un "pacte d'assistance mutuelle" qui stipulait le retour de Vilnius dans le giron national. Ce fut une maigre consolation pour un État qui allait devenir une république soviétique et voir des milliers de ses citoyennes et citoyens tués ou déportés.

Suite à l'invasion de l'URSS par les nazis et à l'occupation de la région en 1941, la quasi-totalité des juifs du pays – environ 90% des 200 000 que comptait alors la Lituanie – fut exterminée. La plupart des juifs de Vilnius périrent dans les ghettos de la capitale ou dans la forêt de Paneriai voisine. Quant au reste de la population lituanienne, des milliers de personnes furent tuées, et 80 000 passèrent à l'Ouest entre 1944 et 1945 pour échapper à la reconquête des pays baltes par l'Armée rouge.

La résistance s'organisa immédiatement pour lutter contre l'occupation soviétique. Le mouvement de partisans des Frères de la forêt vit le jour en 1944. Plusieurs musées racontent son histoire, à l'instar du musée de la Déportation et de la Résistance de Kaunas.

Environ 250 000 Lituaniennes et Lituaniens furent tués, arrêtés ou déportés entre 1944 et 1952 par le régime soviétique dans son féroce combat contre le patriotisme sous toutes ses formes. Cette période des plus sombres est évoquée avec force au musée des Victimes du génocide dans l'ancien quartier général du KGB de Vilnius.

Enfin l'indépendance !

Un désir d'émancipation s'était déjà manifesté au cours de la glasnost ("transparence", milieu des années 1980), mais il fallut attendre le succès massif du front populaire de Lituanie, le Sajūdis, aux élections pour le Congrès des députés du peuple de l'URSS, en mars 1989 (le Sajūdis remporta 36 des 42 sièges lituaniens), pour que le pays revendique ouvertement son indépendance. La chaîne humaine formée par les citoyens des pays baltes à l'occasion des 50 ans du pacte germano-soviétique confirma le souhait de l'opinion publique. En décembre de la même année, le Parti communiste lituanien quittait le Parti communiste de l'Union soviétique, un événement déterminant dans la chute de l'URSS.

Une foule manifestant pour l'indépendance vint à la rencontre de Gorbatchev en visite à Vilnius au mois de janvier 1990. Le Sajūdis remporta en février la majorité aux élections du Soviet suprême de Lituanie, qui déclara le 11 mars l'indépendance du pays. En réponse, Moscou lança des manœuvres militaires autour de Vilnius et imposa le blocus économique de la Lituanie dont il coupa l'approvisionnement en carburant.

Au cours de l'hiver 1990-1991, les "durs" du régime prirent le pouvoir à Moscou. L'armée et les troupes paramilitaires soviétiques occupèrent et saccagèrent les locaux de la télévision lituanienne et le Parlement, tuant 14 personnes (aujourd'hui, une partie des barricades demeure pour témoigner de ces combats). Le 6 septembre 1991, l'URSS reconnut l'indépendance de la Lituanie.

En route vers l'Europe

Les Lituaniens ont le sens de l'ironie. Après avoir mené la bataille pour l'indépendance des pays baltes, ils votèrent aux premières élections législatives libres, en 1992, pour l'ex-Parti communiste rebaptisé Parti démocratique du travail (LDDP). L'élection présidentielle eut lieu en 1993, l'année où le dernier soldat soviétique quitta le pays. Elle porta l'ancien secrétaire national du Parti communiste, Algirdas Brazauskas, au pouvoir avec 60% des voix.

La Lituanie traversa alors une période difficile. Le mandat de Brazauskas fut entaché par des scandales de corruption et l'inflation atteignit les 1 000%. Des milliers de personnes se retrouvèrent au chômage et le système bancaire s'effondra en 1995-1996.

Toutefois, certaines réformes qui devaient concourir à la reprise économique furent initiées à cette époque. Le litas remplaça la monnaie de transition, le *talonas* (coupon), et une bourse des valeurs fut ouverte.

L'élection de 1998 porta au pouvoir Valdas Adamkus (né en 1926), un Lituanien émigré aux États-Unis, dont les parents avaient fui les Soviétiques après la Seconde Guerre mondiale.

Il nomma un membre du parti conservateur de 43 ans, Rolandas Paksas, au poste de Premier ministre en 1999. Le maire de Vilnius, champion de voltige aérienne à ses heures, remporta immédiatement l'adhésion de la population et gagna l'élection présidentielle contre Adamkus en 2003.

Les années 1997-1998 furent marquées par des privatisations de grande ampleur, mais la crise économique qui frappa la Russie en 1998 plongea la Lituanie dans une profonde récession. En 2001, toutefois, la Lituanie était citée par le Fonds monétaire international comme l'un des pays ayant enregistré la croissance la plus rapide dans le monde.

En 2001, la Lituanie intégra l'Organisation mondiale du commerce. En 2002, pour rendre ses exportations plus concurrentielles et montrer sa détermination à entrer dans l'UE, elle fixa le cours de sa monnaie sur l'euro plutôt que sur le dollar. Elle fut intégrée dans la zone euro en 2015.

Adamkus redevint président en 2004 à la faveur de la destitution de Paksas – qui avait commis l'erreur d'accorder la nationalité lituanienne à l'un de ses donateurs les plus importants, un homme d'affaires russe au passé trouble. Adamkus acheva son quinquennat et se vit remplacé en 2009 par Dalia Grybauskaitė, qui devint la première femme présidente de Lituanie. Elle fut réélue en 2014.

La Lituanie a rejoint l'UE et l'OTAN en 2004, et soutient avec ferveur ces institutions. Ce fut le premier pays de l'UE à ratifier la Constitution européenne. L'ancienne base militaire soviétique près de Šiauliai accueille aujourd'hui les avions de chasse F-16 de l'OTAN chargés de la protection de l'espace aérien des pays baltes.

La société lituanienne

Les cinq plus grandes villes (Vilnius, Kaunas, Klaipėda, Šiauliai et Panevėžys) regroupent presque la moitié de la population lituanienne, majoritairement urbaine.

Sans conteste le pays balte le plus homogène par sa population, la Lituanie ne connaît pas les mêmes problèmes que l'Estonie et la Lettonie, avec les minorités russophones notamment. Les Lituaniens représentent 85% de la population totale, les Russes 5%. Les Polonais et les juifs représentent respectivement environ 6% (près de 250 000 pers) et 0,1% de la population.

Avec tout juste 280 âmes, les karaïtes forment la plus petite communauté du pays. À Trakai, vous pourrez visiter une maison de prière du début du XIXe siècle et un musée ethnographique pour découvrir le mode de vie et la religion de cette minorité turque qui suit un courant du judaïsme fondé sur la Bible et refusant la Loi orale.

On dénombre officiellement 2 800 Roms en Lituanie. Selon l'Institut de surveillance des droits humains (www.hrmi.lt), 46% d'entre eux ont moins de 20 ans et, à la différence des plus âgés, ne parlent pas lituanien.

Depuis plusieurs années, le solde des flux migratoires est négatif ; des centaines de milliers de Lituaniens émigrent vers des pays où ils peuvent toucher des salaires deux à trois fois plus élevés qu'au pays, même en faisant des ménages ou en travaillant dans des bars. L'Irlande et le Royaume-Uni étaient initialement les destinations les plus populaires, mais les pays scandinaves ont aujourd'hui leur faveur.

Plus de 3 millions de Lituaniens vivent à l'étranger, notamment aux États-Unis (pour 800 000 d'entre eux), au Canada, en Amérique du Sud et en Australie.

PAS D'IMPAIR !

- En Lituanie, offrez toujours des fleurs en nombre impair – les nombres pairs sont réservés au deuil.
- Ne serrez pas la main au-dessus du pas de la porte – cela porte malheur.
- Regardez dans les yeux les personnes avec lesquelles vous trinquez – sous peine d'avoir l'air fuyant.

Modes de vie

Il existe un contraste saisissant entre la vie à Vilnius et dans le reste du pays. Nombre d'habitants de la capitale profitent d'un style de vie comparable à celui des citadins d'Europe de l'Ouest, avec de beaux appartements, de bons emplois dans le tertiaire et, pour beaucoup, une voiture. Une vision cosmopolite du monde est de plus en plus partagée et le consumérisme est devenu la règle.

Les petites villes du pays et les zones rurales restent majoritairement pauvres. On estime que les revenus des citadins sont supérieurs d'un tiers à ceux des ruraux, et qu'environ un tiers des foyers situés en zone rurale ont des revenus inférieurs au seuil de pauvreté, chiffre qui descend à 20% en ville.

L'espérance de vie est basse (70 ans pour les hommes, 80 pour les femmes en 2013) en comparaison avec celle des autres pays européens.

Jusqu'en 1998, une minorité infime avait accès aux études supérieures. Depuis, des dizaines d'universités et d'écoles supérieures ont ouvert leurs portes. Désormais, 90% des élèves terminent l'école secondaire et une majorité d'entre eux poursuit des études sous une forme ou une autre. La population étudiante travaille à temps plein pour financer ses études et quitter le domicile parental – elle vit alors en résidence universitaire ou en colocation.

Les liens familiaux restent très forts dans un pays où de nombreux couples mariés choisissent de vivre avec leurs parents lorsque ceux-ci perdent leur autonomie. L'âge moyen auquel les Lituaniennes se marient est bas (entre 20 et 24 ans). Près d'un mariage sur deux finit en divorce, mais ce chiffre est en baisse. C'est en partie dû au fait que de nombreux couples préfèrent désormais la cohabitation au mariage, et ne figurent donc plus dans les statistiques officielles de divorce.

La Lituanie et le basket : une histoire d'amour

Si la Lituanie possède une belle tradition sportive, comme en témoignent de récentes médailles olympiques (lancer de disque, pentathlon moderne, décathlon), un seul sport déchaîne véritablement les passions dans ce pays : le basket-ball.

À l'époque soviétique, l'un des rares moyens pour les Lituaniens d'exprimer leur sentiment national était de fêter leurs victoires au championnat d'URSS de basket-ball. Depuis l'indépendance, la Lituanie compte sur les succès de son équipe nationale masculine adulée pour occuper le devant de la scène mondiale. Elle a ainsi emporté la médaille de bronze aux Jeux olympiques de 1992, 1996 et 2000, ainsi qu'au Championnat du monde de basket-ball d'Istanbul en 2010 et a fini quatrième en Espagne en 2014.

Le basket-ball est devenu une passion en Lituanie dans les années 1930. Il faudra cependant attendre les années 1980 pour voir l'équipe du Žalgiris Kaunas, emmenée par le pivot Arvydas Sabonis, emporter trois fois le championnat d'URSS de basket-ball (en 1985, 1986 et 1987) en arrachant chaque fois la victoire à l'équipe de l'Armée rouge, le très redouté CSKA Moscou. Les sélectionneurs de l'URSS ne s'y trompèrent pas et l'équipe soviétique qui rapporta la médaille d'or des Jeux de Séoul était essentiellement composée de joueurs lituaniens.

Les triomphes de cette époque eurent des répercussions qui dépassèrent les parquets : ils participèrent au réveil du sentiment national qui conduisit à l'indépendance en 1991.

La Lituanie a accueilli l'EuroBasket 2011, retrouvant, pour la première fois depuis 1939, le statut d'hôte de la plus importante compétition européenne de basket. Le tournoi ne s'est pas soldé par une victoire finale de l'équipe nationale, mais l'événement a constitué un grand succès pour Vilnius et Kaunas, les principales villes organisatrices.

Arts et culture

La Lituanie est la reine balte du jazz contemporain, du théâtre et de l'avant-garde. Sa scène artistique, pleine de fraîcheur, est jeune et dynamique.

Pour en savoir plus sur la culture lituanienne, vous pouvez consulter le site très riche des *Cahiers lituaniens* (www.cahiers-lituaniens.org). Vous y trouverez par exemple la liste des écrivains lituaniens publiés en français.

Artisanat contemporain

La Lituanie a beau embrasser résolument son nouveau destin européen, elle n'oublie pas pour autant sa culture. L'artisanat traditionnel connaît un renouveau spectaculaire et la nouvelle génération fait preuve d'un intérêt grandissant pour les techniques des siècles passés.

Cette tendance est particulièrement forte en ce qui concerne la sculpture sur bois : devant les maisons et le long des sentiers forestiers, on trouve un nombre croissant de totems finement sculptés, dressés tels des vestiges du paganisme ancestral du pays. Pourtant, on trouve autant de motifs chrétiens que païens dans ces sculptures traditionnelles dont les auteurs sont appelés *dievdirbiai*. La Lituanie était autrefois entièrement recouverte d'épaisses forêts dont une partie a été préservée dans les parcs nationaux, et l'amour du bois fait partie intégrante de la culture du pays. La tradition veut que l'on ne peut abattre un arbre qu'en hiver, lorsqu'il est "endormi", et pendant l'ère païenne certains bosquets considérés comme sacrés ne pouvaient être abattus.

L'abondance de matières premières sur le littoral balte est à l'origine d'une longue tradition de travail de l'ambre ; de nombreux joailliers lituaniens de renom font toujours la part belle à ce matériau. La poterie noire, dont les origines remontent au néolithique, consiste à appliquer sur l'objet fini une couche de résine de pin (et parfois d'excréments) pour lui donner sa teinte sombre caractéristique. Cet artisanat suscite également un regain d'intérêt de nos jours. Si l'on ajoute la vannerie, la fabrication de papier, la décoration de *margučiai* (œufs de Pâques) et d'autres techniques artisanales anciennes, on se dit que le passé de la Lituanie a de beaux jours devant lui.

Littérature

C'est à la Renaissance, en 1547, que fut publié le premier livre en lituanien : un catéchisme de Martynas Mažvydas. La statue de l'auteur trône à Klaipėda. En 1579, la création de l'université de Vilnius posa un autre jalon dans l'histoire du lituanien. Il fallut toutefois attendre quelques siècles pour voir émerger une véritable littérature dans cette langue.

La terre inspira les premiers écrits de fiction : le poème *Les Saisons* (*Metai*), de Kristijonas Donelaitis, décrit la vie des serfs du XVIIIe siècle, tandis que le poème *La Pinède* d'Anykščiai (*Anykščių šilelis* ; 1860-1861), d'Antanas Baranauskas, utilise la sombre et épaisse forêt qui entoure Anykščiai comme métaphore de la Lituanie détruite par des maîtres étrangers. Ce dernier est principalement connu pour l'expressivité de sa langue. Une des intentions de Baranauskas était ainsi de montrer que l'usage du lituanien ne devait pas se cantonner aux échanges quotidiens.

De 1864 à 1904, la contrainte imposée par la Russie de publier en caractères cyrilliques constitua un frein au développement de la littérature lituanienne et, en réaction, incita le prêtre et poète Jonas Mačiulis (1862-1932), dit Maironis, à la défendre. Une statue du poète se dresse dans le centre historique de sa ville, Kaunas. Installé dans sa maison, le musée de la Littérature lituanienne retrace l'histoire de sa vie. Son œuvre romantique, *Les Voix du printemps* (*Pavasario balsai* ; 1895) marque le début de la poésie lituanienne moderne.

Plusieurs grands écrivains de langue polonaise, nés et élevés en Lituanie, se considéraient comme en partie lituaniens. Ce fut notamment le cas d'Adam Mickiewicz (1798-1855), source d'inspiration des mouvements nationalistes du XIXe siècle, dont le grand poème *Pan Tadeusz* s'ouvre sur les mots

LE TOP 5 DE LA LITTÉRATURE CONTEMPORAINE

La plateforme *Books from Lithuania* (www.booksfromlithuania.lt) recense les dernières nouveautés de la poésie et de la prose lituaniennes, dont certaines sont traduites en anglais.

Des âmes dans le brouillard : anthologie des nouvelles lituaniennes contemporaines (textes choisis par Loreta Macianskaité, Presses universitaires de Caen, 2003). Une anthologie très riche de nouvelles lituaniennes contemporaines comprenant des textes de Ričardas Gavelis, Jurga Ivanauskaité, Antanas Skème, etc.

Sur les bords de l'Issa, Czesław Miłosz (Gallimard, 1985). Le récit semi-autobiographique d'une enfance dans la vallée de l'Issa, qui s'étend au nord de Kaunas.

Leodium, qui sera à moi, Leokadia Komaiszko (Mon petit éditeur, 2010). Un recueil de poésies d'une auteure lituanienne d'origine polonaise née en 1963 et vivant à Bruxelles.

Cœurs ébouillantées, sous la direction de Diana Sakalauskaité et Nicole Barrière. Une anthologie regroupant les poèmes de 17 femmes, représentant trois générations, et constituant une pensée politique de la nation lituanienne.

Bohini, un manoir en Lituanie, Tadeusz Konwicki (Robert Laffont, 1984). Situé après le soulèvement de 1863, ce roman du grand écrivain de langue polonaise né en Lituanie évoque les tensions entre la population lituanienne, ses dirigeants russes et un juif étranger.

L'Ombre du serpent, Saulius T. Kondrotas (Albin Michel, 1992). Ce drame, qui a pour décor la Lituanie paysanne en lutte contre l'occupation russe, conte l'histoire d'un bâtard, né d'un viol, qui finit par devenir un redoutable brigand.

"Lituanie, ma patrie...". Les chambres de la vieille ville de Vilnius, qu'il habita lorsqu'il était étudiant, constituent désormais un musée.

Lauréat du prix Nobel de littérature en 1980, Czesław Miłosz (1911-2004) a vu le jour dans la petite ville de Šeteniai, au centre du pays. Plus connu à l'étranger pour son essai *La Pensée captive* (1953) qui dissèque les effets du stalinisme sur la pensée des intellectuels polonais, c'est un auteur cher à la Lituanie, qu'il célèbre dans des livres comme *Sur les bords de l'Issa* (1955), consacré à son enfance, et ses mémoires, *L'Europe familiale* (1959).

Parmi les fers de lance de la littérature contemporaine lituanienne figure Antanas Škėma (1910-1961). En partie autobiographique, *Le Linceul blanc* (*Balta drobule* ; 1954) raconte une enfance à Kaunas, l'émigration en Allemagne puis à New York en faisant appel à la technique narrative du flux de conscience. Romancier réaliste et auteur de nouvelles, Ričardas Gavelis (1950-2002) a défrayé la chronique avec ses livres *Le Poker à Vilnius* (1989) et *Vilnius Jazz* (1993), qui critiquaient ouvertement le système soviétique. *La Sorcière et la Pluie* (*Ragana ir lietus*) de Jurga Ivanauskaitė (1961-2007), a suscité l'indignation en narrant l'histoire d'amour d'une femme et d'un prêtre. Condamné par le conseil municipal de Vilnius lors de sa publication en 1992, le livre n'a connu qu'une diffusion initiale réduite. Dans son roman suivant, *Emportés par les rêves* (2000), l'auteure aborde des sujets qu'aucun écrivain lituanien n'aurait pu traiter avant la chute du mur : la religion, le voyage et la perception des cultures étrangères.

Herkus Kunčius (né en 1965) s'est fait une réputation de pourfendeur des normes en donnant une voix aux gays et aux lesbiennes. Marius Ivaškevičius (né en 1973) se distingue, quant à lui, en abordant le roman historique avec un regard contemporain. *Greens* (2002), son best-seller (en anglais), aborde le mouvement partisan après la Seconde Guerre mondiale.

Cinéma et télévision

L'histoire du cinéma lituanien est ancienne – les premiers courts-métrages du pays datent de 1909 – mais ce n'est qu'à partir des années 1980 qu'une industrie cinématographique indépendante émerge réellement. Aujourd'hui, les films lituaniens représentent presque 25% des recettes nationales du secteur.

La sinistre réalité de la période post-soviétique est le sujet de prédilection du talentueux Šarūnas Bartas (né en 1964). Son film muet en noir et blanc *Corridor* (*Koridorius*, 1994) raconte la vie dans un immeuble délabré de la banlieue de Vilnius. Il a obtenu une reconnaissance internationale. En 1987, le réalisateur a ouvert le premier studio indépendant du pays.

Les onze documentaires et le court-métrage réalisés par Audrius Stonys ont été salués partout en Europe. *Vol au-dessus de la Lituanie ou 510 Secondes de silence* (2000) montre un ange qui survole la vieille ville de Vilnius, les lacs du parc national d'Aukštaitija et Neringa. Visionnez ce petit bijou sur www.stonys.lt.

Stonys a également coréalisé *La Route balte* (1990) – meilleur documentaire européen de 1992 – avec le réalisateur et producteur Arūnas Matelis (né en 1961), membre de l'Académie européenne du cinéma. Ce dernier a gagné une reconnaissance internationale pour son documentaire *Before Flying Back to the Earth* (2005) sur des enfants atteints de leucémie. Vous trouverez plus d'informations (en anglais) sur ce réalisateur sur le site www.nominum.lt.

Algimantas Puipa a atteint une certaine notoriété avec *Un collier de dents de loup* en 1998 et *La Vie d'Elze* en 1999. *La Forêt des dieux* marque son retour en 2005, suivi de *Whisper of Sin* en 2007.

Kristina Buožytė peut être considérée comme la porte-drapeau des réalisatrices lituaniennes ; son film *Vanishing Waves* (2012) raconte la relation entre une femme dans le coma et un scientifique qui parvient à se connecter à son subconscient.

En raison des faibles coûts de tournage, la Lituanie a servi de décor à plusieurs séries à gros budget. Citons par exemple *Les Nouvelles Aventures de Robin des Bois* (1995-1996) et *Elizabeth I* (tourné en 2005 avec Jeremy Irons et Helen Mirren).

Les Studios de cinéma lituaniens (www.lfs.lt), fondés à Kaunas en 1948 et implantés désormais à Vilnius, ont participé à tous les films étrangers tournés dans le pays.

Le musée du Théâtre, de la Musique et du Cinéma de Vilnius est l'endroit idéal pour en apprendre davantage.

Musique

Fondements de la musique traditionnelle, les *dainos* (chansons en lituanien) abordent tous les aspects de la vie – de la naissance à la mort. La plupart du temps, une ou plusieurs femmes sont au chant, accompagnées d'une cithare balte, la *kanklė*, de quelques flûtes et instruments à anche. Le musée d'Instruments de musique folklorique de Kaunas (p. 346) en possède une belle collection.

Romantique et influencé par la culture populaire traditionnelle du pays, Mikalojus Konstantinas Čiurlionis (1875-1911), est le compositeur lituanien le plus célèbre. *Dans la forêt* et *La Mer* (1900-1907) sont ses poèmes symphoniques les plus connus. Il a également composé des pièces pour piano.

Bronius Kutavičius (né en 1932) est considéré comme le précurseur du minimalisme dans la musique lituanienne, tandis que Rytis Mažulis (né en 1961) représente la nouvelle génération avec compositions vocales minimalistes à l'avant-garde de l'avant-garde. Dans un tout autre genre, Virgis Stakėnas est la star sur laquelle repose l'étonnant Visagano Country, un festival culte de musique country, qui a lieu à Visaginas, dans l'est du pays.

La Lituanie est la reine du jazz de la Baltique. Le pianiste virtuose Gintautas Abarius et le saxophoniste cérébral Petras Vysniauskas sont aussi connus que le Ganelin Trio dont le jazz d'avant-garde a été découvert dans les années 1980. Le club Kurpiai de Klaipėda, et les festivals de jazz de Birštonas et de Kaunas sont les hauts lieux du jazz lituanien.

La pop-rock lituanienne, bien qu'ayant du mal à s'exporter, compte de nombreuses gloires locales. Andrius Mamontovas emmène le genre depuis une vingtaine d'années. Amberlife, Mango, et Auguestė dominent les boys bands et girls bands. Skamp mélange avec goût hip-hop, R'n'B et funk. Ces dernières années, des formations comme Inculto, groupe créatif aux influences diverses, et Gravel, un ensemble de quatre musiciens façon britpop, ont fait sensation.

Music Export Lithuania (www.mxl.lt) est une bonne source d'information (en anglais) sur les différents courants musicaux du pays.

Arts plastiques

Le peintre le plus connu du pays est également son compositeur le plus influent, Mikalojus Konstantinas Čiurlionis. Né à Varėna, il passa son enfance à Druskininkai dans une maison qui est désormais un musée (p. 304). On lui doit des toiles romantiques, dans des tons doux et expressifs, des décors de théâtre et des vitraux d'une finesse remarquable. La plus belle collection de ses œuvres se trouve au musée des Beaux-Arts Čiurlionis de Kaunas. Dépressif, il mourut de pneumonie à l'âge de 35 ans.

De nos jours, la création lituanienne est florissante. Des artistes de Vilnius ont créé la république d'Užupis (p. 308) pour organiser festivals d'art alternatifs, défilés de mode et expositions sur son territoire. À 19 km au nord de la capitale, Gintaras Karosas, sculpteur lituanien, anime un jardin de sculptures, l'Europos Parkas.

Konstantinas Bogdanas est connu pour ses bronzes de héros communistes – dont certains sont au parc Grūtas de Druskininkai – et son buste de Frank Zappa (p. 308).

La photographie lituanienne bénéficie d'une reconnaissance internationale. Vitautas Stanionis (1917-1966) est sa plus grande figure de l'après-guerre. Antanas Sutkus (né en 1939) a, lui, percé grâce à une série de photos mondialement connue de Simone de Beauvoir et Jean-Paul Sartre sur l'isthme de Courlande. Vitalijus Butyrinas (né en 1947) est surtout connu pour sa série *Tales of the Sea*, puissamment évocatrice, qui fait appel à l'expressionnisme abstrait. Pour plus d'information, visitez le site (en anglais) de l'Union des photographes d'art lituaniens (www.photography.lt).

Théâtre

L'art dramatique lituanien s'illustre sur la scène internationale grâce à plusieurs jeunes metteurs en scène férus d'expérimentation.

Le grand nom lituanien du théâtre est incontestablement le lauréat de nombreux prix internationaux, Eimuntas Nekrošius. Oskaras Koršunovas (né en 1969), a fait la tournée des festivals européens avec des pièces comme *Old Woman*, *Shopping and Fucking*, *PS Files OK* ou son adaptation de *Roméo et Juliette* en 2003. En 1998, il fonde à Vilnius sa propre compagnie, Oskaras Koršunovas Theatre (OKT), qui reste à ce jour itinérante.

Citons enfin Gintaras Varnas (né en 1961), directeur artistique du Théâtre d'art dramatique de Kaunas, qui a été élu meilleur metteur en scène de l'année à cinq reprises, et Rimas Tuminas (né en 1952), qui dirige le Petit Théâtre de Vilnius.

L'excellent site www.theatre.lt (en anglais) vous en apprendra davantage sur la scène lituanienne.

La cuisine lituanienne

Les longs hivers rigoureux ont engendré une cuisine roborative à base de pommes de terre, de viande et de produits laitiers. D'une région à l'autre, l'ordinaire est sensiblement le même, même si de petites différences existent. Champignons, baie et gibier sont sans doute plus communs dans l'est et le sud du pays, régions couvertes de forêts. Dans le Nord, on trouve plus de bière. Sur la côte et dans les régions lacustres (aux alentours de Trakai, par exemple), le poisson est à l'honneur. Le pain (le plus souvent de seigle, et parfois sucré) est excellent.

Ingrédients de base, spécialités et "zeppelins"

La cuisine lituanienne est incarnée par les *cepelinai*. On surnomme parfois "zeppelins" ces boulettes de pomme de terre farcies au fromage, à la viande (*mesa*) ou aux champignons (*grybai*). Elles sont servies avec une sauce à l'oignon, au beurre, à la crème aigre et aux lardons.

Autre recette riche en graisse, le *kugelis* est un plat d'origine allemande que l'on peut assimiler à un gratin de pommes de terre et de carottes râpées, nappé de sauce aigre. Les *koldūnai* sont des raviolis à la viande ou aux champignons. Les *virtiniai* s'apparentent davantage à des boulettes de pâte un peu lourdes.

Les Lituaniens apprécient les abats. La langue de bœuf (*liežuvis*), les *alionių skilandis* (viande hachée fumée dans des vessies de porc) et les tripes de porc frites (*vėdarai*) sont des spécialités réputées.

Le *šiupinys* (chiupinis) est un ragoût de groin, de queue et de pieds de porc aux petits pois et aux haricots. Oreilles, pieds et queue de porc fumés forment l'équivalent local des tapas, à déguster en sirotant une bière entre deux *kepta duona* (bâtonnets de pain de seigle noir à l'ail frits) que l'on peut commander avec ou sans leur garniture de fromage fondu.

Le sanglier, le lapin et la venaison en général sont des mets très recherchés dans la région du parc national d'Aukštaitija. Au XVIIIe siècle, les animaux tués à la chasse dans cette région étaient cuits dans une croûte d'argile ou à la broche. À l'époque où le mouvement des sables de l'isthme de Courlande rendait toute culture impossible, du XVIIe au XIXe siècle, on se mit dans la région à manger du corbeau, dont la chair était consommée fraîche, fumée ou salée.

Très appréciés, les *blyneliai* (crêpes) salés ou sucrés se mangent à tout moment de la journée. Les *varskečiai* (prononcer varskochiay) sont fourrés au lait caillé, tandis que les *bulviniai blyneliai* sont à base de pommes de terre râpée et garnis de viande, de *varske* (fromage frais), de fruits ou de chocolat.

Soupe froide rose et autres entrées

La soupe est un plat national, au point qu'aucun menu digne de ce nom ne saurait faire l'impasse dessus. La *šaltibarščiai*

LES DOUZE PLATS DE NOËL

Le soir du 24 décembre, les familles se réunissent pour un repas pantagruélique à la bougie. Sur une table couverte d'une nappe de lin blanc et de foin – qui symbolise l'étable où Jésus est né et accueille l'âme des morts de la famille –, un couvert supplémentaire est dressé pour une personne décédée au cours de l'année.

Le réveillon de Noël n'est pas une mince affaire : les convives font face à douze plats (un par mois pour s'assurer une année de bonheur et d'abondance). La plupart sont à base de légumes et de poisson. Souvent, on trouve un *kūčiukai* (petit biscuit cubique aux graines de pavot servi dans un bol de lait de graines de pavot), du hareng, du brochet, des champignons et plusieurs soupes – ces derniers plats n'étant pas nécessairement de saison.

Le *šakotis* (gâteau à la broche) est un dessert qui évoque un sapin dont les branches seraient une sorte de génoise (mélange de farine, de margarine, de sucre, de crème aigre et de très nombreux œufs). On sert ce "gâteau à l'œuf" lors des mariages et autres grandes occasions.

LES MOTS À LA BOUCHE

Voici quelques phrases pour vous aider à commander, au restaurant, si vous avez oublié votre dictionnaire.

Quelques expressions utiles

Une table pour..., s'il vous plaît.	*Stalą ..., prašau.*	*sta*·la ... pra·*chaou*
Puis-je voir le menu s'il vous plaît ?	*Ar galėčiau gauti meniu, prašau?*	ar ga·*lè*·tchiaou gaou·ti mén·*yiou* pra·*chaou*
Avez-vous une carte en anglais ?	*Ar jūs turite meniu angliškai?*	ar yous *tou*·ri·ta méne·*yoou* *ane*·glich·kaï
Je voudrais goûter ceci.	*Aš norėčau išbandyti to.*	ach no·*rè*·tchaou ich·bane·*di*·ti to
Je ne mange pas de...	*Aš nevalgau ...*	ach né *val* gaou
viande	*mėsiško*	*mè*·sich·ko

Pour décrypter le menu

beurre	*sviestas*	*sviè*-stas
bière	*alus*	*a*-lous
bœuf	*jautiena*	*yaou*-tien-a
boulettes de pommes de terre bouillies farcies à la viande	*cepelinai*	tsèp-è-*lin*-aï
café	*kava*	ka-*va*
champignons	*grybai*	*gri*-baï
côtelette de porc panée	*karbonadas*	kar-bo-*na*-das
crêpe	*blyneliai*	bli-*nél*-i-aï
fromage	*sūris*	*sou*-riss
lait	*pienas*	*pién*-as
œufs	*kiaušiniai*	(ki-aou)-*chin*-i-aï
porc	*kiauliena*	ki-o-*lié*-na
poulet	*vištiena*	vi-*chtié*-na
raviolis lituaniens	*koldūnai*	kol-*doun*-aï
soupe de betterave froide	*šaltibarščiai*	chal-*ti*-barchtchi-aï
thé	*arbata*	ar-ba-*ta*

occupe, sans conteste, le haut du classement. D'un beau rose, délicieuse, cette soupe de betterave froide est un plat d'été. On la déguste avec des pommes de terre bouillies parsemées d'aneth et de crème aigre.

Ne quittez pas la Lituanie sans avoir goûté les soupes à l'ortie, à l'oseille, au chou ou au pain (sans parler des soupes au sang d'oie, de canard ou de poulet). On trouve sur l'isthme de Courlande la soupe à l'anguille – poisson qui se déguste également en plat principal. Si vous passez par l'Aukštaitija, ne manquez pas la soupe de poisson servie dans une miche de pain complet.

Parmi les entrées communes figurent *silkė* (hareng), *sprotai* (sprat) et salades. La *Lietuviškos salotos* (salade lituanienne) se compose de cornichons, de carottes bouillies, de viande et de tout ce qu'on aura trouvé dans le frigo. On la sert traditionnellement avec de la mayonnaise.

Les champignons envahissent les assiettes en août et en septembre. À cette époque de l'année, on en trouve des dizaines de variétés dans les forêts – mortelles ou comestibles. C'est dans les parcs d'Aukštaitija et de

PRIX DES REPAS

Les fourchettes de prix suivantes correspondent à un plat principal standard.

€ moins de 7 €

€€ 7-14 €

€€€ plus de 14 €

Dzūkija qu'ils sont les plus nombreux. Au printemps et au début de l'été, ces mêmes forêts débordent de baies. Les habitants de la région vendent alors des pots de confiture de fraises, myrtilles, mûres sauvages, etc.

Boissons

L'*alus* (bière) est la boisson alcoolisée la plus fréquemment consommée. Goûtez les marques locales Švyturys, Utenos, et Kalnapilis. Dans le nord du pays, où la tradition de la bière est plus ancienne, on trouve encore des petites brasseries familiales qui travaillent sans conservateurs.

L'hydromel, le *midus*, est le résultat de la fermentation, avec du houblon, d'un mélange d'eau, de miel, de baies et d'épices. Titrant 10 à 15%, c'est la plus noble et la plus ancienne des boissons lituaniennes. La production a chuté avec la crise de l'apiculture au XVIIIe siècle, pour repartir en 1959 quand la société Lietuviškas midus (www.midus.lt), implantée à Stakliškės, dans le centre du pays, se remit à produire de l'hydromel authentique. Elle en propose aujourd'hui plusieurs variétés.

Le vin *(vynas)* est entré dans les mœurs des habitants de Vilnius, mais il reste rare ailleurs. La vodka (*degtinė*) se boit pure, givrée – et en bonne compagnie.

La *stakliskes* ou *starka*, liqueur à base de miel, de feuilles de pommier et de poirier, est moins alcoolisée. Les infusions de tilleul, thym, carvi, gingembre, menthe, rhubarbe et autres plantes remontent à la nuit des temps. Skonis ir Kvapas (p. 319), à Vilnius, offre l'occasion d'en goûter certaines.

On trouve dans tout le pays la *gira* (équivalent lituanien du kvas), une boisson trouble et faiblement alcoolisée, faite à partir de pain.

Établissements

Comptez environ 7 € pour un menu dans une cafétéria hors de la capitale à plus de 35 € pour un repas dans un restaurant chic de Vilnius.

Vilnius propose une vaste gamme de cuisines, et, généralement, une carte en anglais (sur la côte également). Dans le reste du pays, le choix est plus restreint, et le menu rarement traduit. Le service de la capitale est le plus agréable du pays. Ailleurs, il peut laisser à désirer.

À table

Longs et copieux, les repas sont ponctués de nombreux *Išgeriam!* (Buvons !) et de *Iki dugno!* (Cul sec !) non moins nombreux. Attention aux entrées fournies que les étrangers prennent souvent, à tort, pour le plat principal. Si vous ne souhaitez pas vous resservir, votre hôte pourrait penser que vous n'appréciez pas sa cuisine ou son accueil.

Le repas de famille est une affaire sérieuse, même s'il est de plus en plus souvent cantonné aux fêtes, anniversaires et événements marquants, surtout dans les grandes villes. Chaque membre de la famille a sa place attitrée – le père à un bout de la table, la mère en face. Si vous arrivez pendant le repas, ne manquez pas de souhaiter *Skanaus!* (Bon appétit !)

LITUANIE PRATIQUE

Carnet pratique

ACCÈS INTERNET

Internet est entré dans les mœurs lituaniennes – du moins dans les grandes villes – à une vitesse folle, jusqu'à devenir plus courant que dans de nombreux pays d'Europe de l'Ouest. La démocratisation des ordinateurs et l'installation massive du Wi-Fi ont fait des Lituaniens un peuple très branché. Si les points de connexion sans fil ont augmenté, le nombre de cybercafés a diminué d'autant – il en reste toutefois dans la plupart des grandes villes (1,50 € en moyenne pour une heure). À la campagne, vous pourrez éventuellement compter sur les offices du tourisme pour vous laisser utiliser un ordinateur quelques minutes.

Les hôtels, du plus chic au moins cher, promettent tous ou presque l'accès Internet dans toutes les chambres. Si la plupart sont passés au Wi-Fi (gratuit la plupart du temps), certains prêtent à leur clientèle des câbles Ethernet. N'hésitez pas à demander une chambre située à proximité du routeur Wi-Fi à votre arrivée : la connexion y est plus stable.

Quelques hôtels de luxe à Vilnius et à Kaunas ont créé un centre d'affaires équipé d'ordinateurs à disposition de la clientèle – pour un prix plutôt prohibitif. Les établissements moins chers disposent généralement d'une machine en libre service à la réception. Vous pouvez également demander (même si la réponse est parfois négative) à utiliser l'ordinateur de la réception pour prendre connaissance de vos e-mails.

ACTIVITÉS

La population lituanienne a maintenu un lien fort avec la nature. Païenne jusqu'à il y a six siècles, elle n'a jamais véritablement cessé de vénérer les grands arbres. Le week-end venu, lacs, forêts et plages de sable du pays accueillent les citadins en manque de nature. Canotage, cueillette de fruits sauvages ou de champignons, ornithologie et sorties en montgolfière font la joie des Lituaniens. Randonnées cyclistes et pédestres dans les forêts profondes, sauna en bord de lac et pêche au trou enchanteront les touristes.

AMBASSADES ET CONSULATS LITUANIENS À L'ÉTRANGER

Les ambassades lituaniennes à l'étranger sont listées sur le site Internet du ministère lituanien des Affaires étrangères (www.urm.lt).

Ambassade en Belgique (☎2 772 2750 ; www.be.mfa.lt ; rue Maurice Lietart 48, 1150 Bruxelles)

Ambassade au Canada (☎613 567 5458 ; www.ca.mfa.lt ; 150 rue Metcalfe, Suite 1600, Ottawa, ON K2P 1P1)

Ambassade en France (☎01 40 54 50 50 ; www.fr.mfa.lt/index.php?2107386874 ; 22 bd de Courcelles, 75017 Paris)

Ambassade en Suisse (☎031 352 52 91 ; www.ch.mfa.lt ; Kramgasse 12, 3011 Berne)

AMBASSADES ET CONSULATS ÉTRANGERS EN LITUANIE

Ambassade de Biélorussie (☎5-266 2200 ; www.lithuania.mfa.gov.by ; Muitinės gatvė 13, Vilnius)

Ambassade de Belgique (☎5-266 0820 ; Kalinausko g. 2B, Vilnius). Les demandes de visas belges sont à adresser à l'ambassade de Belgique à Varsovie (Ulica Senatorska 34,00 – 095 Varsovie, warsaw@diplobel.fed.be).

Ambassade du Canada (☎5-249 0950 ; www.canada.lt ; Jogailos gatvė 4, Vilnius)

Ambassade d'Estonie (☎5-278 0200 ; www.estemb.lt ; Mickevičiaus gatvė 4a, Vilnius)

Ambassade de Finlande (☎5-266 8010 ; www.finland.lt ; Kalinausko gatvė 24, 2e étage, Vilnius)

Ambassade de France (☎5-212 9600 ; www.ambafrance-lt.org ; Švarco gatvė 1, Vilnius)

Ambassade de Lettonie (☎5-213 1260 ; www.latvia.lt ; Čiurlionio iela 76, Vilnius)

Ambassade de Pologne (☎5-219 7400 ; www.wilno.msz.gov.pl/en lt ; Smėlio gatvė 20a, Vilnius)

Ambassade de Russie (☎5-272 3893 ; www.lithuania.mid.ru ; Latvių gatvė 53, Vilnius)

Ambassade de Suisse (☎5-203 2969 ; www.eda.admin.ch/riga ; Lvovo 25, Vilnius)

ARGENT

La Lituanie a intégré la zone euro en 2015, troquant le litas pour l'euro.

Les distributeurs automatiques de billets ne manquent pas et sont le moyen le plus simple de disposer d'argent. Le moindre hameau en est en général équipé. La plupart acceptent les cartes Visa et MasterCard. Si vous le souhaitez, vous pouvez également échanger des devises dans les banques.

La plupart des magasins et services acceptent Visa et MasterCard à partir d'une somme minimale. Les petites boutiques ne sont pas toujours équipées de terminaux. Les plus grands hôtels acceptent la carte American Express, ce qui n'est pas le cas de la plupart des autres commerces.

CARTES ET PLANS

Le pays entier est couvert par l'excellente carte interactive du site www.maps.lt.

En version papier, la meilleure couverture est offerte par l'atlas routier *Lietuva* (1/300 000) que publie un éditeur de cartes de Vilnius, Briedis (p. 323). L'atlas est en vente en ligne. Librairies, offices du tourisme et supermarchés du pays le vendent 4,50 €. Jāņa sēta publie aussi un très bon *Lietuva* (1/500 000), qui coûte à peu près le même prix.

Pour ne pas se perdre, les plans de Vilnius, Kaunas et Klaipėda de Jāņa sēta, *miesto planas* (plans de ville) sont parfaits. L'échelle va de 1/25 000 à 1/10 000 pour les centres-villes. Des plans de Palanga au 1/15 000, de Šiauliai et Panevėžys au 1/20 000 sont également disponibles. Les cartes sont en vente dans les librairies et certains offices du tourisme (de 1,70 à 3,50 €).

Les packs Europe des systèmes de navigation par satellite et des terminaux GPS les plus courants (TomTom et Garmin par exemple) comprennent la Lituanie. Si vous comptez louer une voiture, n'oubliez donc pas le précieux appareil.

DOUANE

Le site Internet du Département des douanes lituaniennes (www.cust.lt) de Vilnius fournit des informations à jour.

Si vous venez d'un pays non membre de l'UE, vous pouvez importer hors taxe 1 l d'alcool fort, 2 l de vin ou de champagne, 200 cigarettes ou 250 g de tabac ; il vous est interdit d'importer de la viande et des produits laitiers dans votre bagage à main. Toute somme supérieure à 10 000 € en devise étrangère et en liquide doit faire l'objet d'une déclaration – la même règle s'applique lors de votre sortie de l'Union européenne.

Si vous venez de l'Union européenne, aucune restriction ne vous concerne pourvu que les produits soient destinés à un usage personnel. La Lituanie limite l'exportation d'ambre. Il vous est possible de rapporter quelques souvenirs à condition que leur valeur globale ne dépasse pas les 1 000 €. Pour exporter des œuvres d'art de plus de 50 ans, il vous faut une autorisation du ministère de la Culture, et vous devrez vous acquitter d'une taxe allant de 10 à 20% de la valeur de l'objet. Renseignez-vous auprès du comité du patrimoine culturel (www.kpd.lt).

HÉBERGEMENT

La Lituanie offre un large choix d'hébergements qui devrait convenir à la plupart des budgets. Hôtels, pensions, séjours chez l'habitant ou à la ferme, auberges de jeunesse ou campings couvrent en effet presque toute la gamme des prix. Si les tarifs ont augmenté ces dernières années, ils restent globalement inférieurs à ceux pratiqués en Europe de l'Ouest.

Les hébergements les plus abordables sont les auberges de jeunesse, les pensions les moins chères, les fermes et les campings. En milieu de gamme, on trouve la plupart des hôtels et les pensions les plus chics. Le haut de gamme est synonyme de chaînes hôtelières et d'hôtels de luxe.

- En été, les complexes hôteliers sur le littoral de la Baltique sont les hébergements les plus chers. Viennent ensuite Vilnius et Kaunas.
- Les tarifs varient en fonction des saisons. L'été (de juin à août), plus particulièrement sur la côte balte, ils sont plus élevés. Hors saison, vous pouvez espérer diviser le budget hébergement par deux. De nombreux centres destinés aux touristes ferment pendant l'hiver.
- Les petits-déjeuners ne sont pas toujours inclus – et très rarement dans le prix des pensions, où le supplément varie de 4 à 7 €.
- Une place de parking n'est pas systématiquement incluse. Une place payante ajoute de 4 à 7 € par nuit.

PRIX DE L'HÉBERGEMENT

Les fourchettes de prix suivantes correspondent à une chambre double avec salle de bains.

€ moins de 50 €

€€ 50-100 €

€€€ plus de 100 €

Auberges de jeunesse

La plupart des auberges de jeunesse sont situées en ville. Ce type d'hébergement reste rare en Lituanie et les établissements existants sont plutôt banals – à mi-chemin entre le dortoir d'école et le centre de loisirs. En dehors des grandes villes, comptez plutôt sur les pensions ou l'hébergement chez l'habitant.

Le site de l'Association lituanienne des auberges de jeunesse (www.lha.lt) offre une liste et des liens vers les sites des auberges. Les prix vont de 9 à 11 € en dortoir pour un lit – en fonction de l'emplacement et de la saison.

Campings

Les campings sont monnaie courante et vous permettent de bénéficier de vues splendides – sur la côte notamment – ou d'emplacements de choix dans les parcs nationaux. La plupart accueillent tentes et caravanes, certains proposent des lits dans des bungalows ou des chalets.

L'Association lituanienne des campings (www.camping.lt) tient à jour un site qui liste les campings, fournit leurs coordonnées et des photographies. Elle publie également une brochure très utile : *Kempingai Lietuvoje* (Les Campings de Lituanie), que l'on peut se procurer dans les offices du tourisme ou télécharger sur le site Internet de l'association.

Les tarifs tournent autour de 5 € par emplacement (et autant par personne). Les places de parking et l'électricité sont en supplément. Contactez les campings avant votre venue pour vous assurer de leurs dates d'ouverture (certains n'ouvrent qu'à la haute saison, de mai à septembre).

Hôtels

Le *viešbutis* est l'hébergement le plus courant en Lituanie. Du minimum spartiate au luxe décadent, les hôtels lituaniens offrent différents niveaux de confort.

Les établissements qui appartiennent à une chaîne internationale sont les plus chers ; ils sont prévus pour une clientèle aisée – ou coutumière des notes de frais. Il existe cependant de très nombreux hôtels privés indépendants moins chers. Leurs tarifs varient, mais il faut compter en moyenne 45 € pour une simple et plus de 60 € pour une double.

POURBOIRES

- Au restaurant, laissez 10% de pourboire si le service vous a plu. Laissez le pourboire dans la coupelle qui contient la note ou remettez-le en main propre au serveur ou à la serveuse.
- Laissez un pourboire d'environ 10% de la note pour des services à la personne (comme la coiffure).
- Il n'est pas de coutume de donner un pourboire dans un taxi, mais vous pouvez ajouter 2 à 4 € si le service vous satisfait particulièrement.
- Le personnel des grands hôtels s'attend à recevoir un pourboire pour le service à l'étage et le portage des bagages.

Pensions

Les *svečių namai* se multiplient dans le pays, en particulier dans les grandes villes. De la petite chambre sobre dans une maison de particulier à l'hébergement de charme, elles sont souvent d'un meilleur rapport qualité/prix que les hôtels, et ont généralement bien plus de caractère. Les prix sont en fonction de l'emplacement et des services. Il faut s'attendre à débourser 35/50 € pour une simple/double. Le petit-déjeuner n'est généralement pas inclus.

Séjours chez l'habitant et à la ferme

C'est là le meilleur moyen de découvrir le pays et ses habitants. On trouve peu de logements de ce type dans les grandes villes, mais dans le centre et l'est de la Lituanie, et plus particulièrement dans de petites villes comme Utena ou Anykščiai, ou à proximité des parcs nationaux,
il arrive que ce soit le seul hébergement possible.

Les offices du tourisme disposent en général de listes d'adresses et effectuent vos réservations. Le site de l'Association lituanienne du tourisme rural (www.countryside.lt) est également une bonne source d'information (hébergements par régions, prestations...).

Les tarifs dépendent de la saison, du type d'hébergement. Il faut compter autour de 40 € par chambre à la haute saison (juin à août), les prix baissant de moitié le reste de l'année. Le petit-déjeuner n'est que rarement inclus.

JOURS FÉRIÉS

Jour de l'an 1er janvier

Fête de l'Indépendance (Nepriklausomybės diena) 16 février ; anniversaire de la déclaration d'indépendance de 1918

Fête de la Restauration de l'indépendance 11 mars

Dimanche de Pâques Mars/avril

Lundi de Pâques Mars/avrill

Fête du Travail 1er mai

Fête des Mères 1er dimanche de mai

Fête des Pères 1er dimanche de juin

Fête de la Saint-Jean 24 juin

Fête de l'État 6 juillet ; commémoration du couronnement de Mindaugas au XIIIe siècle

Assomption 15 août

Toussaint 1er novembre

Noël (Kalėdos) 25 et 26 décembre

Les dates suivantes ne sont pas chômées, mais fêtées, et le drapeau national flotte sur les maisons privées et des bâtiments publics : Jour du drapeau lituanien (1er janvier), Saint-Casimir (4 mars), journée de la Terre (20 mars), jour des Partisans (4e dimanche de mai), jour du Ruban noir (23 août) et jour du Génocide des Juifs lituaniens (23 septembre).

OFFICES DU TOURISME

Dans la plupart des villes, les membres de l'office du tourisme parlent quelques mots d'anglais. Si tous dépendent du ministère du Tourisme (www.tourism.lt), ils oscillent entre l'équipe motivée et affable et le bureau désespérément inutile. La plupart vous aideront à trouver une chambre. Les meilleurs sont ceux de Vilnius, Kaunas, Klaipėda et Trakai, qui ont d'impressionnants stocks de brochures utiles.

Si vous souhaitez en apprendre davantage sur les quatre sites lituaniens classés au patrimoine mondial de l'Unesco – Neringa, la vieille ville de Vilnius, Kernavė ou l'arc géodésique de Struve – faites un tour à la **Commission nationale lituanienne pour l'Unesco** (carte p. 300 ; ☎5-210 7340 ; www.unesco.lt ; Šv Jono gatvė 11) à Vilnius.

POSTE

Le service postal (www.post.lt) lituanien est rapide et bon marché. Les timbres pour les lettres/cartes postales envoyées aux autres pays de l'UE coûtent 0,75 €/0,84 € pour le reste du monde et 0,39 € pour la Lituanie. Il faut compter une semaine de délai pour l'Europe, une dizaine de jours pour l'Amérique du Nord. EMS (à la poste centrale de Vilnius), géré par l'État, est le service d'envoi express le plus économique.

TÉLÉPHONE

Le réseau téléphonique numérisé de TEO (www.teo.lt) est efficace en dépit d'un système d'indicatifs un peu complexe.

Pour appeler une autre ville depuis une ligne de téléphone terrestre lituanienne, appuyez sur la touche ☎ 8, attendez la tonalité et composez l'indicatif régional suivi du numéro de téléphone.

Pour passer un appel international depuis la Lituanie, composez le ☎ 00 et l'indicatif du pays (☎ 33 pour la France, ☎ 32 pour la Belgique, ☎ 41 pour la Suisse et ☎ 1 pour le Canada), suivi du numéro désiré.

Pour appeler la Lituanie depuis l'étranger, composez l'indicatif du pays (☎ 370), l'indicatif régional et le numéro de téléphone.

Tout Lituanien qui se respecte passe son temps l'oreille vissée à son téléphone portable. De nombreux hôtels et restaurants, notamment en zone rurale, n'ont pas de ligne fixe. Les numéros de portable se composent d'un indicatif de 3 chiffres et d'un numéro de 5 autres chiffres.

Pour appeler un téléphone portable en Lituanie, appuyez sur la touche ☎ 8 puis composez le numéro de téléphone (8 chiffres). Pour appeler un portable lituanien depuis l'étranger, composez le ☎ 370 et le numéro (8 chiffres).

Les compagnies Bitė (www.bite.lt), Omnitel (www.omnitel.lt) et Tele 2 (www.tele2.lt) vendent des cartes SIM prépayées. Étant la seule à offrir l'itinérance (roaming), la carte Tele2 est le meilleur choix si vous souhaitez vous rendre en Estonie, en Lettonie ou en Pologne. C'est également la moins chère.

Les cabines téléphoniques – de vraies raretés – sont bleues et ne fonctionnent qu'avec une carte qui s'achète dans les kiosques à journaux.

Depuis/vers la Lituanie

AVION

AirBaltic (☎ +371 6700 6006 ; www.airbaltic.com) assure des vols Riga-Vilnius plusieurs fois par jour, et des vols Tallinn-Vilnius presque tous les jours. Des vols réguliers peu nombreux relient Riga à Palanga (ils sont plus fréquents à la haute saison, de mai à septembre).

BUS

Simple Express (☎ 5-233 6666 ; www.simpleexpress.eu) propose le transport le moins cher pour les trajets entre les pays baltes et la Lituanie, parmi lesquels : Riga-Vilnius, Tallinn-Vilnius et Riga-Kaunas.

TRAIN

Il n'y a plus de liaison directe Vilnius-Riga. Il est possible de faire le trajet, mais il faut changer et attendre 6 heures à la gare de Rēzekne 2 en Lettonie. Le bus est bien plus pratique.

En train, le trajet Vilnius-Tallinn est étonnamment compliqué : 2 changements de train et 36 heures de trajet... Ici encore, le bus s'impose.

VOITURE ET MOTO

Les trois États baltes faisant partie de l'espace Schengen, il n'y a pas de contrôle aux frontières entre la Lituanie et la Lettonie. Si vous souhaitez traverser la frontière en voiture de location, prévenez la compagnie propriétaire du véhicule.

Comment circuler

BUS

Le réseau de bus couvre l'ensemble du territoire. Il relie les grandes villes entre elles et chacune aux petites villes de sa région. Le site de Bus Tickets (www.autobusubilietai.lt), fort pratique, liste la plupart des lignes.

TRAIN

Les chemins de fer lituaniens (www.litrail.lt) gèrent le trafic lituanien. Vilnius, Kaunas et Klaipėda sont les plus grandes gares. Le site Internet de l'entreprise est un modèle de facilité d'utilisation. Trajets, durées et prix y sont détaillés, le tout traduit en anglais. Votre trajet déterminera le choix entre le bus et le train. Les trajets Vilnius-Kaunas et Vilnius-Klaipėda sont plus confortables et d'un meilleur rapport qualité/prix en train. Pour d'autres, cela peut être l'inverse.

VÉLO, VOITURE ET MOTO

Les routes lituaniennes sont bien entretenues, la conduite y est facile. Une autoroute à 4 voies relie Vilnius, Kaunas et Klaipėda. Pour aller de Vilnius à la côte balte (330 km), il faudra compter de 3 à 4 heures.

À vélo, vous apprécierez l'absence notable de dénivelés en Lituanie. Dans les zones rurales, certaines routes ne sont pas goudronnées, mais elles restent praticables car elles sont bien entretenues. L'hiver, neige et glace compliquent la conduite. Dans la plupart des grandes villes, il est possible de louer vélos et voitures.

Excursion à Kaliningrad

☎4012 / 423 000 HABITANTS

Dans ce chapitre ➡

Le top des restaurants

- Dolce Vita (p. 414)
- Borsch and Salo (p. 413)
- Zarya (p. 413)

Le top des hébergements

- Tchaïka (p. 413)
- Skipper Hotel (p. 413)
- Amigos Hostel (p. 413)

Pourquoi y aller

Méconnue, Kaliningrad mériterait une meilleure place dans la hiérarchie des destinations touristiques européennes. Portant jusqu'en 1946 le nom de Königsberg, une ville allemande passée de la grandeur au déclin, c'est aujourd'hui la capitale d'une enclave russe entourée de pays de l'UE et portant le nom de Staline, l'ancien homme fort de l'URSS.

Mais l'austère architecture soviétique et la déportation des derniers Allemands de Prusse-Orientale (c'est ainsi que s'est appelée cette région pendant des siècles) à la fin de la Seconde Guerre mondiale n'ont pas suffi à éradiquer l'héritage germanique de la ville. Curieusement, cette influence touche jusqu'aux nouveaux venus russes qui, isolés de leur mère patrie depuis plusieurs décennies, se sont singulièrement occidentalisés.

Au moment de la rédaction de ce guide, il est toujours possible d'obtenir un visa touristique de 3 jours afin d'explorer cette région fascinante – avec ses ruines médiévales allemandes, ses plages de sable fin et ses dunes ambrées – tout en découvrant un aperçu de la Russie d'aujourd'hui à un moment crucial de son histoire.

Quand partir

- Le 9 mai, troupes et chars d'assaut défilent dans le centre pour célébrer la victoire soviétique lors de la Seconde Guerre mondiale. Mi-mai, les musées de la ville sont gratuits lors de la Nuit des musées.
- La fête de la Marine russe, au début de la 4e semaine de juillet, est une occasion unique de visiter le proche port militaire de Baltiysk, interdit aux touristes en temps normal, à moins d'effectuer une visite organisée.
- Le Festival de jazz de Kaliningrad a lieu tous les ans au mois d'août. La scène principale est installée dans le parc central de la ville.

À ne pas manquer

1 Un moment de recueillement sur la tombe du philosophe Emmanuel Kant, puis un concert d'orgue à la **cathédrale de Kaliningrad** (p. 411)

2 Une visite au **Musée océanographique** (p. 411) pour s'imprégner de l'histoire maritime russe

3 Les bijoux et œuvres d'art confectionnés à partir de la résine fossile de pin au **musée de l'Ambre** (p. 411)

4 La **porte de Friedland** (p. 411), pour se retrouver au temps de l'ancienne Königsberg

5 Une soirée chez **Khmel** (p. 415), où se mélangent harmonieusement la culture de la bière de l'Europe centrale et l'exotisme culinaire de la Sibérie

À voir

Île de Kant et alentour

Jadis densément peuplé, cet espace vert parsemé de sculptures est dominé par une cathédrale gothique restaurée. Quelques édifices proches – l'**ancienne Bourse** des années 1870 (qui abrite désormais diverses associations communautaires) et les rangées néotraditionnelles de boutiques, de restaurants et d'hôtels, formant le **Village des pêcheurs** (*Rybnaya derevnya*) – vous donneront une idée de ce à quoi ressemblaient ces berges avant la Seconde Guerre mondiale.

Cathédrale de Kaliningrad CATHÉDRALE

(Кафедральный собор Кёнигсберга ; ☎4012-631 705 ; www.sobor-kaliningrad.ru ; Kant Island ; tarif plein/étudiant 150/130 RUB, photos 50 RUB, concerts 250-300 RUB ; ⏲10h-17h). Les photos exposées montrent à quel point cette cathédrale classée au patrimoine mondial de l'Unesco a été dévastée. Bâtie en 1333, elle fut reconstruite au début des années 1990 grâce à des dons allemands. Son intérieur haut de plafond est dominé par un orgue, régulièrement utilisé pour des **concerts.** À l'étage : la **bibliothèque Wallenrodt**, aux nombreuses sculptures sur bois, d'intéressantes expositions sur le Vieux Königsberg. Tout en haut : une exposition consacrée au philosophe Emmanuel Kant, conservant son masque mortuaire. Vous trouverez sa **tombe** (Могила Канта) en marbre rose à l'extérieur, côté nord.

Musée océanographique MUSÉE MARITIME

(Музей Мирового океана ; world-ocean.ru/en ; nab Petra Velikovo 1 ; tarif plein/étudiant 300/200 RUB, chaque navire 100/80 RUB ; ⏲10h-18h mer-dim). Plusieurs navires, un sous-marin, des machines maritimes et quelques halls d'exposition bordent le fleuve Pregolia. La principale attraction du musée est l'ancien navire scientifique *Vityaz*, amarré le long du *Viktor Patsaev*, à bord duquel des expositions traitent de l'exploration spatiale (uniquement sur visite guidée, toutes les 45 min, pas de supplément). Une visite du sous-marin préatomique B-413 vous donnera une idée des conditions de vie des 300 marins qui y travaillaient.

KALININGRAD EN...

Un jour

Si le temps vous est compté, visitez la **cathédrale**, le **Musée océanographique** et le **musée de l'Ambre**, puis déambulez dans les **parcs** de Kaliningrad. Terminez votre journée au restaurant **Fish Club**.

Deux jours

Vous aurez également le temps de découvrir l'art soviétique de la **Kaliningrad Art Gallery** et de flâner dans les quartiers verdoyants d'**Amalienau** et de **Maraunenhof**. Passez la soirée dans le bar de quartier **Stoned Pony**, dans le centre.

Fortifications et portes

Remparts, bastions et portes : ces ruines en brique rouge, dont la construction s'est étalée du XVIIIe au XIXe siècle, parsèment l'ancienne ville de Königsberg. Épargnées, certaines parties de ces sites ont été réaménagées en musées.

Musée de l'Ambre MUSÉE

(Музей янтаря ; www.ambermuseum.ru ; pl Marshala Vasilevskovo 1 ; tarif plein/étudiant 190/130 RUB ; ⏲10h-18h mar-dim). Dans ce musée situé dans la tour de Dohna (Башня Дона) sont exposés 6 000 objets en ambre de la Baltique : de splendides œuvres d'art, une énorme pépite de 4,28 kg et des fossiles d'insectes et de plantes emprisonnés depuis des millénaires dans des morceaux de résine. Des bijoux en ambre sont disponibles dans et devant le musée. Juste à côté, la **porte de Rossgarten** (Росгартенские Ворота) abrite le restaurant **Solar Stone** (Солнечный камень ; plats 280-2000 RUB ; ⏲12h-2h).

Porte de Friedland MUSÉE

(Ворота Фридланд ; fvmuseum.ru ; pr Kalinina 6 ; musée, tarif plein/étudiant 20/10 RUB, spectacle 30 RUB ; ⏲10h-19h mai-août, 10h-18h sept-avr, fermé le 1er ven du mois). Dans l'une des 13 portes d'origine de la ville, ce musée très réussi vous donnera l'idée la plus fidèle du Königsberg d'avant la Seconde Guerre mondiale : pendant 40 minutes, son évocateur **spectacle multimédia** projette des

KALININGRAD EN BREF

Langue officielle russe

Taxe de départ aucune

Monnaie rouble ; 1 € = 38,8 RUB ; 1 $C = 29,2 RUB ; 1 FS = 32,2 RUB

Superficie 15 100 km² (région)

Visa obligatoire (voir p. 423). Les ressortissants des pays de l'espace Schengen et de la Suisse peuvent entrer avec un visa touristique de 72 heures délivré sur demande via des agences de voyages locales privées.

photos de la ville prises entre 1908 et 1913 et des séquences filmées en 1937 autour du château.

Porte du Roi MUSÉE

(Королевские ворота ; ul Frounzé 112 ; tarif plein/étudiant 60/30 RUB ; 11h-19h mer-dim). Cette porte restaurée traite principalement de la visite de Pierre Ier le Grand accompagné de sa Grande Ambassade en 1697. Elle présente aussi de bonnes expositions sur le Vieux Königsberg et les personnalités qui ont façonné l'histoire de la région. Si vous vous aventurez un peu plus au sud, là où Moskovsky pr rencontre Litovsky val, vous trouverez la **porte de Sackheim** (Закхаймские ворота), flanquée de tours jumelles.

À voir également

Amalienau et Maraunenhof QUARTIERS

(Амалиенау и Марауненхоф). Une balade au milieu des tilleuls des quartiers d'Amalienau (à l'ouest de la ville par pr Mira) et Maraunenhof (au nord de l'étang Supérieur) offre un aperçu de la richesse culturelle du Königsberg d'avant guerre. Amalienau est particulièrement enchanteur, avec ses différentes villas, le long d'ul Koutouzova et des rues qui donnent sur la place Pobedy et pr Mira. On trouve à Maraunenhof de charmants petits hôtels ainsi que le **consulat allemand** (ul Telmana 14), où l'on peut se procurer un visa.

Musée d'Histoire et d'Art MUSÉE

(Калининградский областной историко-художественный музей ; 4012-453 844 ; www.westrussia.org ; ul Klinitcheskaya 21 ; tarif plein/étudiant 80/70 RUB ; 10h-18h mar-dim). Situé dans une salle de concert restaurée datant de 1912 sur les belles rives de l'étang Inférieur (Нижний пруд), ce musée est principalement consacré à l'histoire de la ville depuis l'invasion russe, sans faire l'impasse sur le passé allemand de Kaliningrad.

Musée du Bunker MUSÉE

(Музей "Бункер" ; ul Ouniversitetskaya 3 ; tarif plein/étudiant 100/70 RUB ; 10h-18h mar-dim). C'est depuis ce poste de commandement enterré qu'Otto Lasch, dernier commandant allemand de la ville, capitula devant les Soviétiques en 1945. Le musée abrite désormais d'intéressantes expositions sur la Prusse-Orientale pendant la Seconde Guerre mondiale.

Galerie d'art de Kaliningrad GALERIE D'ART

(Калинингадская художественная галерея ; www.kaliningradartmuseum.ru ; Moskovsky pr 60-62 ; tarif plein/étudiant 100/80 RUB ; 10h-18h mar et mer, ven-dim, 10h-21h). Admirez les œuvres contemporaines d'artistes de la région ainsi que de saisissantes pièces de l'ère soviétique. Achetez des livres d'art et des créations locales à la boutique.

Ploshtchad Pobedy (place Pobedy) PLACE

(Площадь победы). Le centre-ville a bien changé depuis 1934, lorsqu'il s'appelait encore Adolf-Hitler Platz. Les centres commerciaux pullulent autour du dôme doré de la cathédrale de Kaliningrad (Кафедральный Собор Христа Спасителя), construite en 2006 dans un style russo-byzantin.

Zoo de Kaliningrad ZOO

(Калининградский Зоопарк ; kldzoo.ru ; pr Mira 26 ; tarif week-end/semaine 150/100 RUB ; 9h-20h mai-sept, 9h-17h oct-avr). Parmi les occupants de ce zoo du centre-ville : ours, hippopotames, phoques et flamants roses.

Parc central PARC

(Центральный парк ; entrée principale pr Pobedy 1). Occupant l'emplacement d'un ancien cimetière allemand, ce parc arboré, parsemé de statues, compte de nombreux manèges forains et un amphithéâtre qui accueille des concerts l'été.

Où se loger

Si les hôtels de catégories moyenne et supérieure abondent à Kaliningrad, les adresses bon marché manquent cruellement. Sauf indication contraire, le petit-déjeuner est compris dans les hébergements qui suivent.

PRIX DE L'HÉBERGEMENT

€ moins de 1 500 RUB par nuit pour la chambre double la moins chère

€€ meilleur prix pour une chambre double : entre 1 500 et 4 000 RUB

€€€ meilleur prix pour une chambre double : plus de 4 000 RUB

Amigos Hostel AUBERGE DE JEUNESSE €
(Амигос Хостел ; ☎8-911-485 2157 ; www.amigoshostel.ru ; ul Yablonevaya Alleya 34 ; dort 500-550 RUB, d 1 200 RUB ; 📶). Cette auberge de jeunesse, l'une des plus anciennes de la ville, s'est relocalisée dans une charmante maison d'un quartier plaisant. Les chambres sont spacieuses et lumineuses, les parties communes et la cuisine sont d'une propreté irréprochable et de nombreux transports vous attendent sur le pas de la porte. Vous pourrez également louer un vélo (250 RUB/heure) ou des rollers (70 RUB/heure).

Akteon Lindros Hostel AUBERGE DE JEUNESSE €
(Хостел Актеон Линдрос ; ☎8-900-568 3333 ; ul Engelsa 14 ; dort/d à partir de 500/1 190 RUB ; 📶). Ce nouvel établissement calme et propre dispose d'un personnel serviable, de lits superposés et d'une agréable cuisine commune. Il est, en outre, bien desservi par les transports en commun : les bus n^os^5, 9, 12, 14 et 35 relient l'auberge au centre-ville.

♥ **Skipper Hotel** HÔTEL €€
(Гостиница Шкипер ; ☎4012-307 237 ; www.skipperhotel.ru ; ul Oktyabrskaya 4a ; ch à partir de 2 800 RUB ; ❄📶). Le Skipper Hotel est idéalement situé dans un bel édifice ancien se dressant au bord du fleuve dans le Village de pêcheurs. On peut rejoindre à pied de nombreux sites touristiques, cafés et bars. Les chambres, propres, offrent une belle vue sur ce quartier animé.

Villa Severin PENSION €€
(Вилла Северин ; ☎4012-365 373 ; www.villa-severin.ru ; ul Leningradskaya 9a ; s/d à partir de 1 600/2 200 RUB ; ❄@📶). Cette villa a des airs de maison de poupée avec son adorable jardin en bordure de l'étang Supérieur (Prud Verkhny). Les 10 chambres (dont 1 simple pour étudiant à 1 000 RUB, sans petit-déjeuner) sont douillettes à souhait. Petit sauna et café.

Tchaïka HÔTEL €€€
(Чайка ; ☎4012-352 211 ; www.hotelchaika.ru ; ul Pougatcheva 13 ; s/d à partir de 3 500/4 450 RUB ; ❄@📶). Le ravissant hôtel "La Mouette" dispose de 28 chambres à l'élégance surannée. Restaurant, salon-bar confortable et espace bien-être. À proximité du pittoresque quartier Amalienau, dans une rue arborée.

Heliopark Kaiserhof HÔTEL €€€
(☎4012-592 222 ; www.heliopark.ru ; ul Oktyabrskaya 6a ; s/d à partir de 4 500/4 950 RUB ; ❄@📶🏊). Bien décoré et meublé, cet hôtel permettant de jeter l'ancre au Village des pêcheurs propose des chambres lumineuses et un service complet de spa et de sauna. Vous paierez presque la moitié du prix du vendredi au dimanche.

Où se restaurer

Si vous préparez vos repas, nous vous conseillons de faire un tour au **marché central** (ul Tchernyakhovskovo ; 🕘8h-18h), animé.

Tabasko INTERNATIONAL €
(Табаско ; pr Mira 19 ; pizzas 140-630 RUB, sushis 35-100 RUB ; 🕘11h-23h30 dim-jeu, 11h-1h30 ven-sam). Pizzas et sushis : un grand classique de la cuisine russe ! Le menu, très complet, attire les foules.

Borsch and Salo UKRAINIEN €€
(Борщ и Сало ; pl Pobedy 10 ; plats 300-500 RUB ; 🕘12h-minuit dim-jeu, 12h-2h ven-sam ; 📶). Agencé à la manière d'une hutte de village ukrainien, cet agréable café propose les délices savoureux et roboratifs que l'on devine à son nom, ainsi qu'un bon choix de brandys aromatisés (parfois, gracieusement offerts).

Zarya RUSSE, EUROPÉEN €€
(Заря ; ☎4012-300 388 ; pr Mira 43 ; plats 200-540 RUB ; 🕘10h-15h ; 📶). Une brasserie branchée, à l'entrée du cinéma Scala, au joli décor et à la façade ravissante. L'endroit parfait pour un casse-croûte avant ou après une séance : steak, poisson, ou camembert entier frit dans de la pâte à beignet.

PRIX DES REPAS

Les fourchettes de prix ci-dessous correspondent à un plat principal.

€ moins de 500 RUB

€€ de 500 à 1 000 RUB

€€€ plus de 1 000 RUB

Kaliningrad

Fish Club POISSON, FRUITS DE MER €€€
(Рыбный клуб ; ul Oktyabrskaya 4a ; plats 500-1 500 RUB ; 12h-minuit). Pour un festin de saveurs marines avec vue, cet élégant restaurant au bord du fleuve est imbattable. Les produits, frais, sont préparés avec goût, et le service est très professionnel. Si vous avez manqué le coucher du soleil, demandez une table à côté de l'aquarium.

Dolce Vita EUROPÉEN, RUSSE €€€
(4012-351 612 ; www.dolcevita-kaliningrad.ru ; pl Marshala Vasilevskogo 2 ; plats 420-1 450 RUB ; 12h-minuit ;). Les noms donnés aux recettes inventives peuvent sembler un peu prétentieux, mais le chef fait son travail avec brio. Les poissons et fruits de mer sont succulents, les pâtes extraordinaires. Nombreux plats végétariens.

Où prendre un verre et faire la fête

Les plus grands DJ de Russie et d'Europe de l'Ouest débarquent dans les boîtes de nuit de Kaliningrad, qui ouvrent vers 21h mais ne se remplissent véritablement qu'après minuit.

Kalininigrad

On trouve aussi de quoi se sustenter dans les salons de thé et les pubs, des alternatives aux restaurants à ne pas négliger.

Khmel MICROBRASSERIE
(Clover Citycenter, pl Pobedy 10 ; 12h-2h). Sympathique pub gastronomique sur plusieurs niveaux. Quatre types de bières y sont brassées. Le menu (350/600 RUB) propose des recettes originales à base de renne ou de sanglier, par exemple.

Stoned Pony DISCOTHÈQUE
(ul Chernyakhovskogo 2a ; 11h-2h lun-jeu, 11h-6h ven-sam, jusqu'à minuit dim). Ce club indé attire un public jeune et ouvert d'esprit dynamisé par les cocktails de talentueux mixologues.

Bar Verf BAR À VINS
(ul Oktyabrskaya 4a, Fish Village ; 11h-minuit ;). Un bar à vins avec tables en extérieur donnant sur la cathédrale. Vous pourrez également y regarder des films ou laisser libre cour à votre imagination avec les pinceaux de couleur et le papier que l'on vous fournira !

Universal DISCOTHÈQUE
(4012-921 005 ; pr Mira 43 ; entrée à partir de 500 RUB). Le club le plus chic de la ville accueille des DJ et des défilés de mode dans le même bâtiment que le cinéma Scala.

Amsterdam DISCOTHÈQUE
(38/11 Litovsky val ; entrée 1 000 RUB ; 9h-6h ven-sam). Ce vaste club alternatif où la clientèle gay est la bienvenue est situé dans un vieil immeuble en brique, à 200 m de Litovsky val, dans une rue sans nom.

☆ Où sortir

Les concerts de musique classique ont parfois lieu à la cathédrale.

Reporter MUSIQUE LIVE
(Клуб Репортёр ; 4012-571 601 ; ul Ozerova 18 ; 11h-1h). Concerts éclectiques presque tous les soirs à 21h dans une salle à l'architecture

À NE PAS MANQUER

KVARTIRA

Au rez-de-chaussée d'un immeuble d'appartements, à environ 200 m du Croissant Café, **Kvartira** (Appartement ; 4012-216 736 ; ul Serjanta Koloskova 13 ;) est inclassable, mais sans conteste l'un des repaires les plus sympathiques de Kaliningrad. Rempli d'une collection intéressante de livres sur la culture pop, de CD, de disques et de DVD, tous à vendre ou à louer (comme le reste, jusqu'à l'élégant mobilier), Kvartira – qui signifie "appartement" – sert aussi boissons et en-cas, mais vous ne trouverez pas de menu.

Des films sont souvent projetés gratuitement en soirée, quand il n'y a pas d'événement ou de manifestation artistique. Quoi qu'il en soit, vous n'aurez aucun mal à sympathiser avec les gens du cru. Le mieux est de s'y rendre en début de soirée, mais comme les heures d'ouverture sont assez aléatoires, il vaut mieux appeler avant.

VAUT LE DÉTOUR

LE PARC NATIONAL DE KOURSHSKAYA KOSSA

Plus de la moitié des 98 km de l'isthme de Courlande se trouvent en territoire russe. Cette zone est préservée par le **parc national de Kourshskaya Kossa** (parc national de l'isthme de Courlande ; Национальный парк Куршская коса ; www.park-kosa.ru ; entrée/voiture 40/300 RUB). Sauvage et passionnant, le parc se visite facilement en une journée depuis Kaliningrad. Observez-y les oiseaux ou détendez-vous sur ses plages vierges. À ne pas manquer : la vue spectaculaire des dunes depuis les plateformes surélevées de **Vistota Efa**, ainsi que la **Forêt dansante** (Танцующий лес ; 37 km), où le vent semble avoir figé les pins en pleine danse.

À Kaliningrad, on trouve des bus à destination de l'isthme (101 RUB ; 2 heures ; 4/jour). Tous s'arrêtent dans la ville balnéaire de Zelenogradsk à l'aller et au retour. Vous trouverez les horaires au Centre régional d'information touristique de Kaliningrad, qui peut aussi vous louer une voiture (à partir de 1 500 RUB environ) ou organiser une visite (700 RUB environ) à Kaliningrad ou à Zelenogradsk.

industrielle et tendance. On peut aussi y déjeuner pour 150 RUB.

Salle philharmonique MUSIQUE CLASSIQUE
(Филармония ; ☎4012-643 451 ; www.kenigfil.ru ; ul Bogdana Khmelnitskovo 61a ; billets à partir de 200 RUB). Cette église néogothique joliment rénovée organise concerts, récitals de musique de chambre et accueille de temps à autre des orchestres symphoniques. Excellente acoustique.

ℹ Renseignements

Baltma Tours (☎4012-931 931 ; www.baltma.ru ; pr Mira 94, 4e ét). Le personnel polyglotte s'occupera des demandes de visas, de l'hébergement, de visites guidées sur mesure de la ville et d'excursions dans la région.

Office régional du tourisme (☎4012-555 200 ; www.visit-kaliningrad.ru ; pr Mira 4 ; ⏲9h-20h lun-ven, 11h-18h sam mai-sept, 9h-19h lun-ven, 11h-16h sam oct-mai). Un personnel anglophone serviable et une foule de renseignements.

Konigsberg.ru (www.konigsberg.ru). Une mine d'infos sur les visas, les hôtels et les événements culturels de la ville.

Royal Castle (☎4012-350 782 ; www.kaliningradinfo.ru ; Hotel Kaliningrad, Leninsky pr 81 ; ⏲8h-20h lun-ven, 9h-16h sam). Réservation de visites guidées pour Kurshskaya Kosa (isthme de Courlande), entre autres sites.

Urgences (Городская больница скорой медицинской помощи ; ☎4012-466 989 ; ul A. Nevskovo 90 ; ⏲24h/24)

COMPRENDRE KALININGRAD

Kaliningrad aujourd'hui

La situation géographique de Kaliningrad, encerclée par des nations de l'OTAN, est une conséquence de la dernière confrontation entre la Russie et le monde occidental, ce que rappellent les célébrations pompeuses du 9 mai. En choisissant cette date (rappelons qu'elle commémore la capitulation nazie lors de la Seconde Guerre mondiale, signée à Berlin le 8 mai 1945, et entrée en vigueur à 23h01 heure locale), les Russes pointent la manière dont les Occidentaux sous-estiment trop souvent le rôle de l'Armée rouge dans la victoire. Staline, à l'époque, a astucieusement choisi de tenir compte du décalage horaire.

La plupart des habitants vivent de plus en plus mal la dégradation des relations de l'enclave russe avec ses voisins. En effet, une bonne part de l'économie de la région dépend essentiellement du commerce frontalier avec la Pologne et la Lituanie. La chute brutale du cours du rouble, due à l'effondrement du baril de pétrole et aux sanctions économiques contre la Russie, a eu un double effet sur Kaliningrad : d'une part, les produits des pays de l'UE sont devenus trop chers pour la population, et d'autre part, la chute des prix rend la région plus attractive pour les touristes étrangers.

La crise économique actuelle affecte donc Kaliningrad, mais les réserves accumulées pendant la "décennie dorée" des années 2000 protègent encore la population de la pauvreté et du chômage de masse. Un stade de football est en construction, en prévision de la Coupe du monde de football masculin 2018, dont plusieurs matchs auront lieu dans la ville.

Histoire

Fondée en 1255, Königsberg rejoignit la Hanse teutonique en 1340. De 1457 à 1618, elle fut la résidence des grands maîtres de l'ordre Teutonique et de leurs successeurs, les ducs de Prusse. Frédéric Ier, premier roi de Prusse, fut couronné dans le château en 1701. Les deux siècles suivants furent une période prospère pour Königsberg, qui vit naître de futures célébrités, comme le philosophe Emmanuel Kant (1724-1804).

Les raids aériens britanniques d'août 1944 et l'assaut de l'Armée rouge du 6 au 9 avril 1945 rasèrent le centre-ville. Les autorités soviétiques déportèrent les Allemands qui se trouvaient encore là et repeuplèrent la région de Russes. Rebaptisée Kaliningrad le 4 juillet 1946, la ville fut reconstruite dans le pur style soviétique, que ses parcs, ses étangs, ses cours d'eau et sa lagune viennent toutefois adoucir.

Dans les années 1960, les vestiges du château furent remplacés par la Dom Sovietov (Maison des Soviets), à l'architecture austère. Lors des travaux, on découvrit un passage souterrain (aujourd'hui submergé), de 4 étages, relié à la cathédrale. Inachevée, la bâtisse n'a jamais servi.

KALININGRAD PRATIQUE

Depuis/vers Kaliningrad

AVION

L'**aéroport de Khrabrovo** (☎ 4012-610 620 ; www.kgd.aero) est à 24 km au nord de la ville. Vols quotidiens à destination de Moscou, Saint-Pétersbourg et Berlin. Pour les autres liaisons, voir le site Web.

BUS

Nombre de bus locaux partent d'ul Jeleznodorojnaya 7, près de la **gare routière Youjni vokzal** (gare du Sud ; pl Kalinina), de même que les bus internationaux d'**Ecolines** (☎ 4012-758 733 ; www.ecolines.net) à destination de Varsovie et de plusieurs villes allemandes. Les liaisons internationales des bus **König Avto** (☎ 4012-999 199) vers les pays baltes (à destination de Vilnius, Klaipeda et Riga) partent également de la gare routière.

TRAIN

Tous les trains longue distance et la majorité des trains locaux partent de la **Youjni vokzal** (Южный вокзал, gare du Sud ; pl Kalinina) ; certains passent par la **Severni vokzal** (Северный вокзал, gare du Nord ; pl Pobedy) mais ne s'y arrêtent pas systématiquement.

Parmi les destinations longue distance : Moscou, Saint-Pétersbourg et Minsk ; les destinations locales sont Svetlogorsk et Zelenogradsk.

VISAS

Si les difficultés liées à l'obtention d'un visa constituent l'un des principaux freins au développement du tourisme en Russie, Kaliningrad bénéficie d'un statut particulier. Au moment de la rédaction de ce guide, il était impossible de savoir si la Russie allait poursuivre l'expérience, qui permet notamment aux citoyens de l'espace Schengen (la plupart des pays de l'UE), d'obtenir un visa de 72 heures à la frontière. Au départ, cette pratique devait prendre fin au début de 2015, mais les autorités ont finalement décidé de continuer une année de plus. Les matchs de poules de la Coupe du monde de football masculin qui se tiendront à Kaliningrad en 2018 laissent penser que ce programme de visas sera maintenu pour quelques années encore. À vérifier sur le site Internet de la ville : www.konigsberg.ru/eng/express-visa.php.

Comment ça marche ? Au moins 10 jours avant votre visite, envoyez un scan de votre passeport, votre adresse et votre date d'arrivée à l'une des agences de voyages accréditées dont la liste est disponible sur www.visit-kaliningrad.ru. Une fois ces formalités accomplies, et à condition de fournir une photo (voir détails sur le site Internet de la ville), vous pourrez obtenir votre visa à votre arrivée à l'aéroport Khrabrovo ou aux postes-frontières de Bagrationovsk et Khrabrovo, à la frontière polonaise. Ces derniers sont tout proches de l'aéroport international de Gdansk. À savoir : les visas de 72 heures ne sont pas disponibles à la frontière lituanienne.

Comment circuler

Trams (10 RUB), trolleybus (10 RUB), bus (12 RUB) et minibus (12-17 RUB) vous conduiront aux principaux sites. Pour l'aéroport, prenez le bus n°144 depuis la gare routière (30 RUB, 30 min). Comptez 600 RUB pour un taxi vers/depuis l'aéroport avec **Taxi Kaliningrad** (☎4012-585 858 ; www.taxi-kaliningrad.ru).

Vous pouvez louer une voiture à **City-Rent** (☎4012-509 191 ; city-rent39.com ; Moskovsky pr 182a), qui possède aussi une agence à l'aéroport.

Les pays baltes pratiques

Carnet pratique

Ambassades et consulats

L'Estonie, la Lettonie et la Lituanie ont de nombreuses missions diplomatiques à l'étranger. De même, plusieurs pays ont leur ambassade ou consulat dans les capitales baltes (Tallinn, Riga et Vilnius). Certains pays choisissent de n'avoir qu'une mission diplomatique pour l'ensemble des pays baltes (généralement à Riga), et d'autres sont représentés par leur ambassade à Stockholm ou Berlin. Voir les chapitres *Estonie* (p. 182), *Lettonie* (p. 288) et *Lituanie* (p. 405) pour plus de détails.

Il est important de savoir ce que votre ambassade peut et ne peut pas faire pour vous si vous avez des problèmes. N'oubliez pas que nul n'est censé ignorer la loi. Votre ambassade ne sera pas compréhensive si vous vous retrouvez derrière les barreaux après avoir commis une infraction sur place, même si les faits sont légaux dans votre pays.

Argent

Cartes bancaires

Les cartes bancaires sont généralement acceptées dans les hôtels, les restaurants et les magasins, surtout dans les enseignes haut de gamme. Visa et MasterCard sont les plus courantes, mais Diners Club et American Express font également leur apparition. Les cartes bancaires sont indispensables pour louer une voiture.

Change

Dans toutes les villes, on trouve au moins un endroit où changer de l'argent : généralement une banque ou un bureau de change. Ces guichets, généralement ouverts aux heures de bureau, se trouvent notamment dans les aéroports et les gares routières et ferroviaires. Les taux varient d'un guichet à l'autre.

Chèques de voyage

Les chèques de voyage deviennent obsolètes, mais vous devriez pouvoir les échanger (moyennant une commission élevée) dans les banques des grandes villes.

Distributeurs automatiques de billets (DAB)

Les DAB acceptant les cartes Cirrus, Visa et MasterCard sont répandus dans les grandes villes, ce qui permet de retirer de l'argent 24h/24. La plupart sont multilingues (anglais et autres langues européennes).

Pourboires et marchandage

Il est assez courant, mais pas obligatoire, de laisser 5 à 10% de pourboire aux serveurs en arrondissant l'addition. Le marchandage existe (mais il n'est pas tellement pratiqué) sur les marchés aux puces. N'attendez pas plus de 10 à 20% de ristourne.

Assurance

Il est conseillé de souscrire une police d'assurance qui vous couvrira en cas d'annulation de votre voyage, de vol, de perte de vos biens, de maladie ou d'accident. Sachez que certains contrats d'assurance ne couvrent pas les activités à haut risque, généralement les sports extrêmes (escalade, parachutisme, etc.), et parfois également la randonnée ou la plongée. Choisissez un contrat adapté à vos besoins et lisez bien les petits caractères.

Vous pouvez préférer une assurance qui vous évitera d'avancer les frais médicaux. Si vous devez payer et demander ensuite le remboursement, veillez à garder tous les documents. Certaines compagnies vous demandent de rappeler (en PCV) un centre dans votre pays, qui procédera à une évaluation immédiate de votre problème. Vérifiez que votre assurance couvre les ambulances et un éventuel rapatriement en avion.

Attention ! Avant de souscrire une police d'assurance, vérifiez que vous ne bénéficiez pas déjà d'une assistance par votre carte bancaire ou votre mutuelle. C'est bien souvent le cas.

Voir aussi *Santé*, p. 427.

Bénévolat

L'Estonie possède une organisation **WWOOF** (World Wide Opportunities on Organic Farms ; www.wwoof.net), qui sert de lien entre les bénévoles qui travaillent dans les fermes biologiques en échange de l'hébergement et des repas. La branche lituanienne (www.wwoof.lt) vient juste de démarrer et, en Lettonie, seules quelques fermes font partie du réseau **WWOOF Independents** (www.wwoofeurope.net). Parfois, des offres d'emploi bénévole pour les anglophones sont publiées dans le *Baltic Times* (www.baltictimes.com).

En France, quelques organismes offrent des opportunités de travail bénévole sur des projets de développement ou d'environnement, parfois sur des périodes courtes, de une à quatre semaines. Certaines associations s'adressent plus spécifiquement aux jeunes. Les chantiers proposés vont de la réfection d'une école aux travaux liés à l'environnement. Il s'agit d'une bonne formule pour s'immerger dans le pays, connaître l'envers du décor touristique, et bénéficier d'une ambiance internationale (les volontaires viennent de divers pays en général). En revanche, les conditions de vie sur un chantier sont spartiates, et prenez garde au décalage fréquent entre le programme et la réalité. La fouille archéologique peut rapidement se transformer, une fois sur place, en coup de peinture donné à la maison des jeunes locale. Le matériel est parfois rudimentaire, et la réalité du terrain souvent plus dure qu'on ne l'imaginait.

Comité de coordination pour le service volontaire international (CCVIS ; ☎01 45 68 49 36 ; www.ccivs.org)

Jeunesse et reconstruction (☎01 47 70 15 88 ; www.volontariat.org ; 10 rue de Trévise, 75009 Paris). Propose des chantiers (environnement, agriculture, éducatif, etc.) de 1 à 3 semaines dans les trois pays baltes, à partir de 14 ans.

Service civil international (SCI, branche française ; ☎03 20 55 22 58 ; www.sci-france.org ; 75 rue du Chevalier-Français, 59800 Lille). Des chantiers en Estonie, surtout axés sur la protection de l'environnement, mais aussi sur l'agriculture et le travail avec des enfants.

Solidarités jeunesses (☎01 55 26 88 77 ; www.solidaritésjeunesses.org ; 10 rue du 8-Mai-1945, 75010 Paris). Développe des chantiers internationaux et le volontariat à long terme. Bénévolat dans les trois pays baltes, mais surtout en Estonie (agriculture, environnement, travail avec des enfants).

Cartes et plans

Il est facile de trouver des cartes régionales et nationales correctes avant le départ, de même que de bons plans de ville pour chaque pays. Une carte de la région est utile pour planifier vos déplacements : la carte *Pays baltes* de **Michelin** (www.viamichelin.fr) est une carte au 1/500 000. La carte *Estonia, Latvia, Lithuania* (**Cartographia** ; www.cartographia.hu), au 1/700 000, inclut les trois pays également ; de nombreux éditeurs proposent des cartes similaires. Insight Travel Maps édite une carte *Baltic States* au 1/800 000 très utile, avec des plans de Tallinn et de Riga.

Parmi les bonnes cartes à chercher sur place figure *Eesti Latvija Lietuva* (1/700 000), publiée par **Briedis** (www.briedis.eu), à Vilnius. En Estonie, **EO Map** (www.eomap.ee) édite l'excellente carte *Baltimaad* (*États baltes*, 1/800 000), qu'on trouve facilement en librairie.

En Lettonie, l'éditeur de cartes **Jāņa sēta** (www.kartes.lv) est leader du marché. *Baltic Countries & Kaliningrad Region* (1/500 000), carte à spirale en format de poche, contient 72 plans de villes et des cartes routières de toute la région. Sa carte routière *Baltic Countries* (1/700 000) est également de bonne qualité.

Le site www.maps.com propose des cartes numériques correctes.

Voir aussi p. 182 pour l'Estonie, p. 288 pour la Lettonie et p. 405 pour la Lituanie.

Cartes de réduction

Cartes de réduction dans les villes

Les capitales baltes proposent toutes les trois des cartes de réduction. La ville de Ventspils, en Lettonie, est même dotée d'une monnaie virtuelle, le venti (www.visitventspils.com/fr), qu'on peut dépenser en visitant les curiosités locales.

Cartes des auberges de jeunesse

La carte HI (Hostelling International) permet d'obtenir jusqu'à 20% de réduction dans les établissements affiliés (mais beaucoup d'auberges des pays baltes ne le sont pas). Vous pouvez l'acheter dans les auberges participantes, ou avant votre départ via l'**Association des auberges de jeunesse** de votre pays (YHA ; www.hihostels.com).

Cartes d'étudiant et autres cartes

La carte d'étudiant donne droit à de nombreuses réductions en Estonie,

Climat

Riga

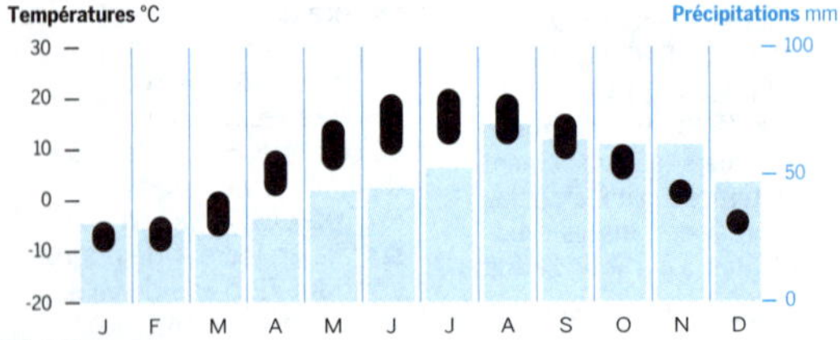

Tallinn

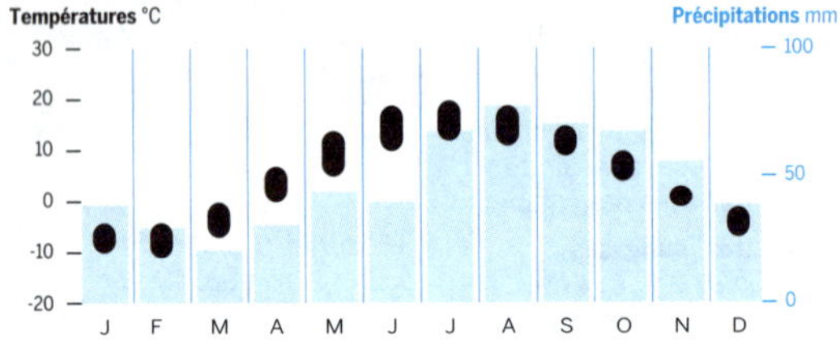

Vilnius

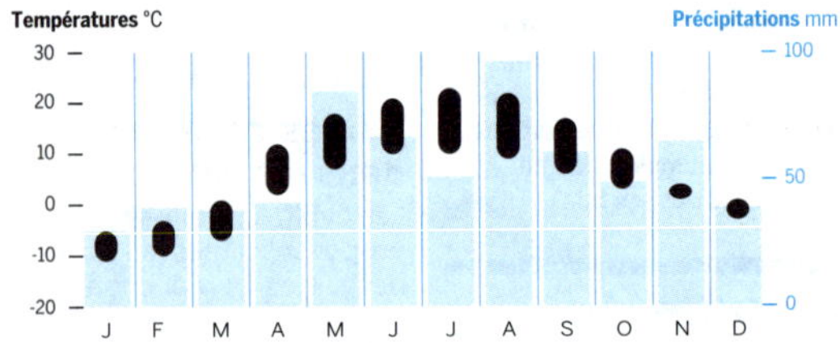

Lettonie et Lituanie. La plus courante est la **carte d'étudiant internationale** (ISIC ; www.isic.fr), délivrée aux élèves et étudiants dès l'âge de 12 ans et qui donne droit à des réductions sur l'hébergement, les transports et les entrées de certains sites. Elle est disponible auprès des syndicats d'étudiants, des organisations d'auberges de jeunesse et de certaines agences de voyages.

La **carte jeune internationale** (IYTC ; www.carteiytc.fr) est délivrée aux moins de 30 ans qui ne sont pas étudiants à temps plein, et donne des avantages équivalents à ceux de l'ISIC. Dans le même esprit, la **carte d'enseignant internationale** (ITIC ; www.carteitic.fr) est destinée aux enseignants.

Cartes seniors

Des réductions sont disponibles pour les seniors ; les musées disposent souvent d'un tarif réduit et les billets de spectacles peuvent également être moins chers, donc n'hésitez pas à demander. Les ferries et les trains longue distance proposent toujours des tarifs seniors (environ -10%). Pour en profiter, ayez sur vous une pièce d'identité.

Douane

Si vous pensez qu'un tableau, ou un autre objet culturel que vous souhaitez acquérir, risque d'être soumis à des droits de douane ou de nécessiter une autorisation spéciale d'exportation, vérifiez auprès du vendeur avant d'acheter. Vous devrez peut-être vous adresser à un organisme d'État avant de pouvoir rapporter l'objet chez vous. Pour plus d'informations, consultez les rubriques *Douane* de l'Estonie (p. 182), de la Lettonie (p. 289) et de la Lituanie (p. 405).

Électricité

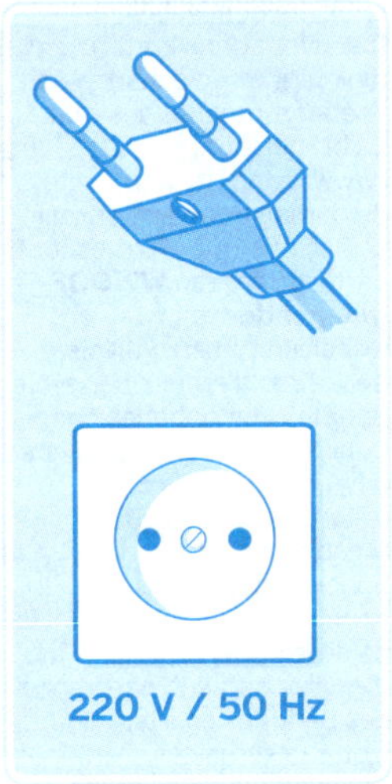

Formalités et visas

Les citoyens de l'UE et de Suisse n'ont pas besoin de visa pour entrer en Estonie, en Lettonie ou en Lituanie. Une simple carte d'identité ou un passeport suffira donc. Les Canadiens devront se munir de leur passeport et pourront rester jusqu'à 90 jours sans avoir à demander de visa. Veillez à ce que votre document d'identité soit valide au moins 3 mois après la fin du séjour.

Pour les autres nationalités, mieux vaut consulter le site Internet du ministère des Affaires étrangères concerné :

Estonie Välisministeerium ; www.vm.ee

Lettonie www.pmlp.gov.lv

Lituanie www.migracija.lt

Prorogations de visa

Les visas à entrée unique peuvent parfois être prolongés dans les pays baltes. En Lettonie, rendez-vous au centre de service aux étrangers du **Bureau de la citoyenneté et de l'immigration** (Pilsonības un migrācijas lietu pārvalde ; ☎6721 9656 ; www.pmlp.gov.lv ; Alunāna iela 1, Riga). En Lituanie, votre premier interlocuteur sera probablement le département de l'Immigration du **ministère de l'Intérieur** (Migracijos Departamentas ; ☎5271 7112 ; www.migracija.lt ; L. Sapiegos 1, Vilnius).

Visas biélorusses

Vous aurez besoin d'un visa, demandé à l'avance, si vous entrez en Biélorussie, même si vous ne faites que traverser ce pays. Les visas ne sont pas délivrés aux postes-frontières. Les ambassades de Biélorussie des trois capitales baltes délivrent des visas – voir les coordonnées sur www.belembassy.org. Pour plus d'informations, voir le site du **ministère biélorusse des Affaires étrangères** (www.mfa.gov.by).

Visas russes

Tous les visiteurs étrangers ont besoin d'un visa pour entrer en Russie. Son obtention occasionnant parfois des délais, nous vous recommandons vivement de vous le procurer avant votre départ. Pour obtenir un visa touristique, il faut une invitation, qui peut provenir d'un hôtel, de certaines auberges de jeunesse en Russie ou de spécialistes des visas sur Internet (par exemple www.action-visas.com). Vous présentez alors votre invitation et un formulaire de demande auprès d'un consulat russe et recevez votre visa quelques semaines après (les agences peuvent également faire ces démarches moyennant des frais – solution recommandée car vous vous épargnerez des tracas et gagnerez du temps).

Si l'envie d'aller en Russie vous prend une fois arrivé dans les pays baltes, vous pouvez tenter d'obtenir un visa auprès de l'ambassade russe à Tallinn, Riga ou Vilnius. Vous aurez droit à une bonne dose de bureaucratie et peut-être à un visa – il n'y a aucune garantie, en effet, et cela peut dépendre de votre nationalité. Vous pouvez aussi demander de l'aide à une agence de voyages locale.

Un visa spécial de 72 heures existe pour l'enclave russe de Kaliningrad (p. 409) en ce qui concerne les ressortissants des pays de l'espace Schengen (la plupart des pays de l'UE) et de Suisse, mais il faut faire une demande au préalable et il n'est valable que pour les arrivées en avion ou depuis la Pologne. Nous vous conseillons de tenter d'obtenir ce visa russe à l'avance.

Avant le départ, il est impératif de contacter les ambassades et les consulats pour s'assurer que les modalités d'entrée sur le territoire n'ont pas changé. Nous vous conseillons de scanner ou de photocopier tous vos documents importants (pages d'introduction de votre passeport, cartes de crédit, police d'assurance, billets de train/d'avion/de bus, permis de conduire, etc.). Conservez ces copies à part des originaux. Vous remplacerez ainsi plus aisément ces documents en cas de perte ou de vol.

Handicapés

Avec leurs rues pavées, leurs trottoirs inégaux et leurs immeubles anciens (souvent sans ascenseur), les pays baltes présentent des difficultés pour les voyageurs handicapés. Cela dit, de nombreux hôtels en ville disposent de chambres adaptées ; renseignez-vous en premier lieu auprès des offices du tourisme des capitales. Certaines plages de la côte ouest lituanienne, à Nida et Palanga, par exemple, sont dotées de rampes permettant l'accès en fauteuil roulant.

Quelques ressources utiles :

Pays baltes

Able Travel (www.abletravel.com). Informations sur l'Estonie disponibles en ligne.

Apeirons (☎67 299 277 ; www.apeirons.lv). Cette organisation regroupant des handicapés et leurs amis est un bon premier contact en Lettonie.

Freedom of Movement (Liikumisvabadus ; www.liikumisvabadus.invainfo.ee). Informations détaillées (en anglais) sur l'accessibilité en Estonie pour les personnes à mobilité réduite, notamment celles en fauteuil roulant, par régions, villes et sites touristiques.

France

L'**APF** (Association des paralysés de France ; ☎01 40 78 69 00 ; www.apf.asso.fr ; 17 bd Auguste-Blanqui, 75013 Paris) et l'association **Handi Voyages** (handivoyages.free.fr) peuvent fournir des informations utiles sur les voyages accessibles. L'association **Ailleurs & Autrement** (www.ailleursetautrement.fr) organise des voyages adaptés aux personnes à mobilité réduite. Enfin, **Yanous** (www.yanous.com) et **handicap.fr** (www.handicap.fr) constituent également de bonnes sources d'information.

Hébergement

Dans les pays baltes, si l'on trouve encore quelques hôtels à la mode soviétique, la plupart des bâtiments ont été rénovés et de nombreuses adresses sont aujourd'hui disponibles. Les capitales disposent en général de la meilleure offre – des auberges de jeunesse aux chaînes d'hôtels internationales –, mais il peut être difficile de trouver une chambre pendant les week-ends d'été.

En général, les auberges de jeunesse, les campings et les pensions les moins chères font partie de la catégorie petits budgets, la plupart des pensions et des hôtels à prix modéré dans la catégorie moyenne, et les établissements de luxe et les hôtels de charme dans la catégorie supérieure. Dans les capitales, et notamment à Tallinn, il est difficile de trouver une chambre double correcte de catégorie moyenne, mais la concurrence est féroce et vous devriez trouver un logement en cherchant un peu sur Internet.

La haute saison s'étend de juin à août (ainsi qu'en hiver pour les stations de ski). Si vous venez pendant ces périodes, réservez bien à l'avance – un impératif à Tallinn, Vilnius et Riga, ainsi que pour les destinations très prisées l'été, comme les îles estoniennes et la totalité des stations balnéaires baltes.

D'octobre à avril (et dans une moindre mesure en septembre et mai), le prix des chambres baisse généralement d'environ 30% – parfois beaucoup plus, en fonction de vos talents de négociateur. Gardez également à l'esprit que les stations balnéaires et autres destinations d'escapades de week-end (notamment Tallinn) sont plus chères les vendredis et samedis qu'en semaine.

Auberges de jeunesse

Les auberges de jeunesse se multiplient dans les pays baltes, la plupart étant concentrées dans les capitales et les grandes villes. Comptez de 10 à 15 € la nuit en dortoir dans les capitales en haute saison. Réservez suffisamment tôt si vous venez l'été.

Vous trouverez quelques auberges **Hostelling International** (HI ; www.hihostels.com) dans chaque pays balte. Des recommandations de globe-trotteurs figurent sur **Hostelworld** (www.hostelworld.com). Voici des sites Internet proposant une liste (non exhaustive) d'auberges dans chaque pays :

- **Estonie** www.hostels.ee
- **Lettonie** www.hostellinglatvia.com
- **Lituanie** www.lha.lt

> **QUEL ÉTAGE ?**
>
> Avant de commencer à monter les marches de votre logement, sachez que le rez-de-chaussée, dans les pays baltes, est considéré comme le 1er étage.

Camping

De nombreux campings baltes bénéficient de superbes cadres, en bordure de lacs ou dans des forêts, mais la plupart sont difficiles d'accès sans véhicule privé. Certains proposent des bungalows (cottages) en bois ou, parfois, de petits pavillons en brique. Les bungalows sont de taille variable, comprenant généralement une petite pièce avec 3 ou 4 lits. Les sanitaires sont presque toujours communs et leur propreté très inégale.

Les campings ouvrent habituellement en mai ou juin et ferment à la mi- ou fin septembre. Le prix d'une nuit dans un bungalow en bois varie généralement de 10 à 30 € par personne, tandis que les emplacements de tente vont de 2 à 10 € par personne.

L'Estonie, en particulier, est dotée d'un bon organisme, **RMK** (☎372-676 7500 ; www.rmk.ee), qui gère plusieurs dizaines de sites de camping gratuits dans les forêts du pays. Consultez son site Web : www.loodusegakoos.ee.

Hôtels

On trouve des hôtels pour tous les budgets dans les pays baltes, mais les chambres doubles ou simples pour les voyageurs à petit budget se font rares dans les capitales, de plus en plus chics. (En revanche, l'offre hôtelière est foisonnante.) Ces établissements étant de plus en plus nombreux à vouloir améliorer leur standing, leurs prix grimpent aussi.

> **LOCATION DE BUNGALOWS**
>
> **Baltique Cottages** (☎371 26 448 510 ; www.baltcott.lv). Cette entreprise lettonne loue de nombreux bungalows (cottages) et appartements en Lettonie. En cliquant sur son site, vous pourrez trouver une petite maison en bois dans le parc national de la Gauja, un appartement au bord de la plage à Jurmala ou bien dans la vieille ville de Riga.
>
> **Lauku Celotajs** (www.celotajs.lv). Cet organisme touristique letton propose un catalogue en ligne de dizaines d'hôtels ruraux et de séjours à la ferme en Lettonie et au-delà.

Des reliques de l'époque soviétique existent encore ; même si elles gardent leur allure massive et austère à l'extérieur, l'intérieur est généralement moderne.

L'option intermédiaire – tant dans les capitales qu'à la campagne – comprend les petits hôtels familiaux, dont le seul inconvénient est qu'ils affichent vite complet.

Les hôtels haut de gamme sont légion. Beaucoup sont tenus par des Européens de l'Ouest ou font partie d'une chaîne internationale reconnue. D'autres – comme le Dome Hotel (p. 221) à Riga, le Radisson Blu Royal Astorija (p. 314) à Vilnius et le Three Sisters (p. 73) à Tallinn – sont abrités dans des bâtiments historiques (XIIIe au XIXe siècle) et sont rénovés avec goût.

Hôtels spa

C'est une option idéale pour se faire bichonner et, dans le cas des hôtels dotés d'un parc aquatique, pour emmener ses enfants. Même si vous ne séjournez pas sur place, vous pouvez venir pour des soins : bains de boue, massages, bains aromatiques, etc.

La plupart des adresses se trouvent en Estonie et en Lettonie ; Jurmala (Lettonie) est le grand centre de thalassothérapie de la Baltique. Druskininkai est la première station thermale de Lituanie. Birštonas est aussi très prisée. Kuressaare, sur l'île de Saaremaa, est considérée comme la capitale estonienne de la thalassothérapie.

Pensions

Un peu plus grandes que les Bed & Breakfast, mais plus petites que les hôtels, les pensions (*guesthouses*) privées sont une bonne option pour séjourner à prix abordable dans un cadre décontracté et confortable. Elles possèdent souvent moins d'une dizaine de chambres, mais il n'y a pas de règle en la matière. Certaines sont dotées de salles de bains attenantes, d'autres de sanitaires communs, le petit-déjeuner est parfois proposé et le Wi-Fi gratuit est courant. Le niveau de propreté peut également varier même si la qualité est généralement excellente. Les prix s'échelonnent entre 20 et 90 € par chambre environ.

Séjour à la ferme

L'expression "séjour à la ferme" ne désigne pas toujours le séjour chez l'habitant que l'on imagine. De nombreuses fermes pour touristes ressemblent plutôt à de petites pensions, tandis que d'autres proposent des appartements indépendants ou des bungalows individuels. Quoi qu'il en soit, ce type d'hébergement peut se révéler très plaisant. Moyennant une participation, il est courant que les hôtes fournissent des repas maison et organisent des activités telles que pêche, canotage, balade à cheval, cueillette de champignons ou de baies, etc.

Baltic Country Holidays (Lauku Ceļotājs ; ☎371-6761 7600 ; www.traveller.lv). Siège en Lettonie, mais propose des hébergements en zone rurale dans tous les pays baltes, en chambres d'hôtes, pensions, bungalows et campings.

Countryside Tourism Association of Lithuania (☎370-3740 0354 ; www.countryside.lt). Propose des hébergements dans des fermes et des bungalows en zone rurale dans toute la Lituanie.

Estonian Rural Tourism (☎372-600 9999 ; www.maaturism.ee). Tous types d'hébergements – du camping aux hôtels installés dans des manoirs et châteaux en passant par les chambres d'hôtes dans des fermes.

Heure locale

L'Estonie, la Lettonie et la Lituanie sont à l'heure d'Europe orientale (GMT/TU + 2). Les trois pays appliquent l'heure d'été du dernier dimanche de mars au dernier dimanche d'octobre. L'heure est alors GMT + 3. Ainsi, lorsqu'il est midi à Paris, il est 13h dans les pays baltes. Lorsqu'il est midi à Montréal, il est 19h dans les pays baltes.

Le format horaire sur 24 heures est utilisé dans les horaires de train, de bus et d'avion, tandis que des lettres (initiales des jours de la semaine) ou chiffres (I ou 1 = lundi ; VII ou 7 = dimanche) peuvent figurer sur les heures d'ouverture ou les horaires affichés.

RÉSERVATION EN LIGNE

Trouvez un vol, un séjour ou un hôtel en quelques clics dans la rubrique "Réserver" de www.lonelyplanet.fr.

Heures d'ouverture

Les heures d'ouverture suivantes correspondent à la norme dans les trois pays baltes.

Banques 9h à 16h ou 17h du lundi au vendredi.

Bars 11h ou 12h à minuit du dimanche au jeudi, jusqu'à 2h ou 3h vendredi et samedi.

Cafés 8h ou 9h à 22h ou 23h tous les jours.

Discothèques, clubs 22h à 4h ou 5h du jeudi au samedi. En Lettonie, elles commencent à se remplir à 23h et ferment vers 6h du mercredi au samedi ; aux beaux jours elles ouvrent souvent du dimanche au mardi également.

Bureaux de poste 8h à 18h ou 19h du lundi au vendredi, 8h ou 9h à 14h ou 15h samedi.

Restaurants 12h à 23h ou minuit tous les jours.

Boutiques 10h à 18h ou 19h du lundi au vendredi, 10h à 15h ou 16h samedi.

Supermarchés 8h ou 9h à 22h tous les jours.

Homosexualité

Depuis leur indépendance, les trois pays baltes ont dépénalisé les pratiques homosexuelles et, aujourd'hui, la majorité sexuelle est la même pour tous les citoyens. L'Estonie, pays laïc, est le plus tolérant des trois, alors que la vie est bien plus compliquée pour les gays et lesbiennes en Lituanie, nation catholique, et probablement encore davantage en Lettonie. En 2015, le site Internet Rainbow Europe Map, qui classe les pays selon le niveau de protection légale dont disposent les lesbiennes, gays, bisexuels et transsexuels (LGBT), attribuait 34% à l'Estonie, 19% à la Lituanie, et 18% à la Lettonie. (À titre de comparaison, la France atteint 65% et la Suède 72%.)

Dans ces trois pays, déclarer son homosexualité expose à des risques multiples et même une petite démonstration publique d'affection peut provoquer des réactions violentes. Si on trouve une petite scène gay à Tallinn (p. 80), Riga et Vilnius (p. 319), il n'y a presque rien d'autre ailleurs.

Cela dit, la Baltic Pride, organisée chaque année dans l'une des trois capitales, est une manifestation annuelle qui remporte du succès. En 2015, Riga a été la première capitale balte à accueillir l'Europride, dont le défilé s'est déroulé sans le moindre incident.

Ressources

ILGA Europe (www.ilga-europe.org). Excellente source d'information, par pays, sur la vie et l'acceptation des homosexuels en Europe, y compris dans les pays baltes.

Portail estonien LGBT (www.lgbt.ee)

Portail letton LGBT (www.gay.lv)

Portail lituanien LGBT (www.gay.lt)

Internet (accès)

L'utilisation d'Internet se développe à toute vitesse dans les pays baltes, dépassant une grande partie de l'Europe occidentale. Avec l'arrivée de la technologie sans fil, et des ordinateurs portables et des smartphones plus abordables, de plus en plus d'habitants maîtrisent bien Internet. Pour les voyageurs, cela signifie une diminution des cybercafés et une augmentation des hotspots Wi-Fi – l'Estonie, en particulier, est presque entièrement couverte par le Wi-Fi. Dans la plupart des grandes villes, un ou deux cafés seulement sont dédiés à l'accès Internet, mais il est très difficile d'en trouver en zone rurale, à part éventuellement dans les offices du tourisme. Les bibliothèques publiques sont aussi de bonnes sources pour vous connecter au Wi-Fi gratuit.

Presque tous les hôtels haut de gamme, de nombreux établissements de catégorie moyenne et même quelques adresses petits budgets proposent l'accès Internet dans leurs chambres, mais le débit est extrêmement variable.

Pour être sûrs d'accéder à Internet à tout moment sans vous ruiner, procurez-vous une carte SIM locale avec accès Internet mobile. Vous pouvez utiliser votre smartphone pour créer un hotspot personnel et connecter ainsi vos autres appareils électroniques à Internet.

Tous les pays baltes tiennent à jour une liste de hotspots Wi-Fi. Consultez-la sur :

Estonie www.wifi.ee

Lettonie www.wifi.inbox.lv

Lituanie www.wifi.lt

Offices du tourisme

Les trois capitales et la plupart des villes et des stations balnéaires sont dotées d'un office du tourisme compétent proposant des listes d'hébergements ou des brochures d'information, en anglais pour beaucoup, généralement fournies avec le sourire. Gérés par l'office national du tourisme de chaque pays, les coordonnées de ces offices du tourisme figurent dans la rubrique *Carnet pratique* (Estonie p. 182, Lettonie p. 288, Lituanie p. 404). Pratiquement toutes les destinations touristiques indiquées dans ce guide possèdent des sites Internet dédiés au tourisme.

Il n'y a pas de bureau de l'office du tourisme estonien, letton ou lituanien dans les pays francophones.

Poste

Les lettres et cartes postales envoyées de l'un des trois pays baltes mettent environ 2 à 4 jours pour arriver en Europe occidentale et 7 à 10 jours en Amérique du Nord. Il arrive, comme partout, qu'une lettre ou un colis soit égaré pendant quelques jours, mais généralement tout arrive à destination.

Vous pouvez acheter des timbres dans un bureau de poste (en estonien : *postkontor* ; en letton : *pasts* ; en lituanien : *paštas*) et y poster votre courrier. En Estonie, on peut acheter ses timbres dans un magasin et glisser l'enveloppe dans une boîte aux lettres.

Pour les tarifs, consultez les sites Internet des compagnies postales :

Eesti Post (www.post.ee). Estonie

Latvijas Pasts (www.pasts.lv/en/). Lettonie

LES PAYS BALTES PRATIQUES

Presse écrite et numérique On trouve des publications en langues étrangères, mais surtout en anglais, dans les kiosques du centre des capitales baltes. Le *Baltic Times*, basé à Riga, est un journal consacré à la politique et à l'actualité des trois pays baltes. Les télévisions estonienne et lettonne ont chacune un portail en anglais, respectivement news.err.ee et lsm.lv/en ; on peut lire l'actualité lituanienne en anglais sur en.delfi.lt. Vous trouverez également de longs articles sur la politique internationale lettonne traduits en anglais sur rebaltica.lv/en.

Radio BBC World Service émet sur 100.5 FM à Riga, 103.5 FM à Tallinn et 95.5 FM à Vilnius.

TV La plupart des hôtels et des bouquets de télévision par câble proposent des chaînes anglophones.

Poids et mesures Les pays baltes utilisent le système métrique.

Cigarette Il est interdit de fumer dans les restaurants, bars et discothèques (sauf sur les terrasses en plein air). En outre, il est interdit de fumer à proximité des écoles en Lettonie.

Lietuvos Paštas
(www.post.lt). Lituanie

Des services (onéreux) de distribution exprès internationale sont disponibles dans les capitales.

Les adresses s'écrivent ainsi :

Kazimiera Jean
Veidenbauma iela 35-17
LV-5432 Ventspils
Lettonie

"Veidenbauma iela 35-17" signifie rue Veidenbaum, bâtiment n°35, appartement n°17. En Estonie, les codes postaux sont composés des lettres EE suivies de 5 chiffres ; en Lettonie LV- plus 4 chiffres ; et en Lituanie LT- plus 5 chiffres (le LT est facultatif).

Il existe des services de poste restante dans les postes principales de Tallinn et de Vilnius, et dans celle située près de la gare ferroviaire de Riga. Le courrier y est gardé un mois. Les adresses s'écrivent de la manière suivante (précédées du nom complet du destinataire) :

Estonie Poste restante, Narva maantee 1, EE10101 Tallinn, Estonie

Lettonie Poste restante, Riga, LV-1050 Lettonie

Lituanie Poste restante, Vilnius ACP, Gedimino prospektas 7, LT-01001 Vilnius, Lituanie

Problèmes juridiques

Si vous êtes arrêté par la police dans les pays baltes, vous avez les mêmes droits que dans tout autre pays d'Europe, notamment celui d'être informé du motif de votre arrestation (avant d'être conduit au poste), d'informer un proche de votre situation (une fois que vous y êtes) et d'être assisté d'un avocat pendant l'interrogatoire. Vous ne pouvez être maintenu en détention plus de 72 heures sans être inculpé d'une infraction.

Il est interdit de fumer dans les restaurants, les bars, les discothèques et les cafés dans les trois pays, mais le tabagisme est autorisé sur les terrasses extérieures et dans les fumoirs fermés (équipés d'une ventilation adaptée).

Il est généralement interdit de boire de l'alcool hors des restaurants et des bars. Le risque d'amende est élevé dans les capitales des pays baltes.

Santé

La région balte est, dans l'ensemble, une destination assez sûre, même si les infrastructures médicales en dehors des capitales peuvent ne pas satisfaire tout à fait aux critères occidentaux. Presque toutes les pharmacies des capitales et des grandes villes vendent des médicaments importés d'Europe occidentale. Dans les capitales, les cliniques privées proposent des prestations de qualité assurées par un personnel parlant fréquemment anglais, mais elles sont souvent assez chères. En cas d'urgence, demandez d'abord de l'aide à votre hôtel ; les grands hôtels ont parfois des médecins de garde. Les soins d'urgence sont gratuits dans les trois pays.

Si vous êtes ressortissant de l'UE, vous pouvez vous procurer la **carte européenne d'assurance maladie** (CEAM ; www.ameli.fr ou www.cleiss.fr), nominative et individuelle, qui couvre la plupart des soins médicaux, mais ni les cas non urgents ni les frais de rapatriement. Si vous demandez la carte tardivement, un certificat provisoire de remplacement, valable 3 mois, vous sera remis. Cette carte ne dispense pas de la souscription à une assurance.

Eau

Certaines alertes sanitaires recommandent d'éviter l'eau du robinet et de ne boire que de l'eau bouillie ou en bouteille, mais les habitants affirment que l'eau du robinet est parfaitement potable (même si son goût ne nous a pas semblé particulièrement agréable). Ne buvez pas l'eau des rivières et des lacs, qui peut contenir des bactéries ou des virus pouvant provoquer diarrhées et vomissements.

Piqûres d'insectes et coupures

Transmise par les tiques, l'encéphalite à tique est une grave infection du cerveau. Si vous envisagez de passer beaucoup de temps dans des zones boisées, y compris sur la côte, où les forêts de pins prévalent, la vaccination est conseillée. Deux doses de vaccin protègent pendant un an, trois doses jusqu'à 3 ans. Si vous avez marché dans une zone potentiellement infestée, inspectez soigneusement tout votre corps. Sur la côte lituanienne, des panneaux alertent les promeneurs sur les lieux infestés. Si vous trouvez une tique sur votre peau, agrippez fermement sa tête avec une pince à épiler et tirez doucement. Évitez de tirer l'arrière du corps car cela risque de faire sortir le contenu de l'intestin par le rostre planté dans votre peau, ce qui augmente le risque de contamination.

Les moustiques sont voraces dans la région et leurs piqûres peuvent provoquer irritations et infections. N'oubliez pas d'emporter un répulsif.

Téléphone

Les indicatifs de ville n'existent plus en Estonie et en Lettonie ; si vous appelez depuis l'étranger, composez simplement l'indicatif du pays puis le numéro de téléphone. En Lituanie, les choses sont un peu plus compliquées. Vous trouverez plus de détails dans le *Carnet pratique* de chaque pays (Estonie p. 183, Lettonie p. 289, Lituanie p. 407).

Les pays baltes utilisent les bandes de fréquence GSM 900/1 800 – compatible avec le reste de l'Europe, mais pas avec le GSM 1 900 d'Amérique du Nord. Si votre téléphone est compatible, vous pouvez acheter une carte SIM pour un prix modique auprès des opérateurs mobiles des trois pays.

Toilettes

On trouve aujourd'hui dans les pays baltes des sanitaires propres et modernes la plupart du temps. Cela dit, les toilettes publiques des gares routières ou ferroviaires ne sont pas des endroits spécialement invitants. Si certains lieux sont dotés de toilettes publiques, vous pouvez également entrer dans les grands hôtels des principales villes et utiliser les toilettes sans que le personnel ne vous regarde d'un mauvais œil. Sinon, il vous reste la solution de facilité consistant à vous rendre dans le fast-food le plus proche...

POUR HOMMES OU POUR FEMMES ?

Espérons que vous n'ayez pas une envie pressante, car cela peut prendre un certain temps avant de savoir quelle porte ouvrir. Les toilettes pour hommes sont désignées par la lettre "M" en estonien et "V" en letton ou en lituanien. Celles pour femmes sont signalées par "N" en estonien, "S" en letton et "M" en lituanien. Certaines adoptent le système des triangles : triangle rappelant une jupe pour les femmes, triangle à l'envers évoquant de larges épaules pour les hommes... Pour compliquer encore les choses, en Lituanie (comme dans la Pologne voisine), les toilettes pour hommes peuvent être indiquées par un triangle et celles pour femmes par un cercle.

Travailler dans les pays baltes

Les pays baltes ayant déjà du mal à trouver du travail à leurs citoyens, les emplois temporaires pour les visiteurs sont rares. La plupart des étrangers qui y travaillent ont été expatriés par leur entreprise. Cependant, la situation évolue et il y a des occasions à saisir pour les personnes qui souhaitent rester à long terme et se trouver un nouveau créneau – cependant, ne vous attendez pas à faire fortune. Le français, et surtout l'anglais (essayez le site www.goabroad.com), sont demandés et vous devriez pouvoir vous loger et vous nourrir (du moins en partie) en donnant des cours de langue dans l'une des principales villes.

Voyager en solo

Femmes seules

Les Baltes ont des idées assez traditionnelles quant au rôle des hommes et des femmes, mais ils ont l'avantage d'être plutôt réservés et de rarement chercher à s'imposer aux autres. Vous aurez peu de risques d'être importunée par des hommes, même si certaines femmes seules préfèrent éviter les bars louches et les caves à bière. Beaucoup de femmes voyagent seules dans les bus et trains de nuit, mais si vous prenez un de ces derniers, verrouillez la porte de votre wagon par précaution.

Transports

DEPUIS/VERS LES PAYS BALTES

Les moyens d'entrer dans les pays baltes, directement ou via un pays voisin, sont nombreux. On peut, par exemple, prendre un avion ou un bus pour Varsovie puis se rendre en Lituanie en train, ou atterrir à Helsinki et rejoindre l'Estonie en bateau. Au sein de la région balte, les distances sont relativement courtes.

Entrer en Estonie, en Lettonie et en Lituanie

Que vous arriviez en bus, en bateau, en avion ou en train, les procédures d'entrée sont assez simples et rapides. Si vous venez de l'espace Schengen (la plupart des pays de l'UE), de Suisse ou du Canada, il n'y a plus aucune formalité à l'arrivée.

Passeport

Les voyageurs en provenance d'un pays hors espace Schengen doivent détenir un passeport valable encore 3 mois après la fin de leur séjour. Les ressortissants de l'UE, du Canada et de plusieurs autres pays, n'ont pas besoin de visa pour entrer en Estonie, en Lettonie ou en Lituanie. Reportez-vous p. 422 pour plus de détails.

Voie aérienne

Aéroports et compagnies aériennes

AirBaltic (☎9000 1100 ; www.airbaltic.com) est la compagnie aérienne lettonne qui dessert les trois pays baltes. Les compagnies nationales lituanienne et estonienne n'existent plus. Voici les aéroports internationaux implantés dans la région :

Aéroport de Kaunas (KUN ; ☎6124 4442 ; www.kaunas-airport.lt). En Lituanie.

Aéroport de Palanga (Palangos Oro Uostas ; ☎6124 4442 ; www.palanga-airport.lt ; Liepaja plentas 1). En Lituanie. Vols directs pour Copenhague.

Aéroport international de Riga - (Starptautiskā Lidosta Rīga ;☎1817 ; www.riga-airport.com ; Mārupe District ; 🚌22). En Lettonie. Des vols directs pour de nombreuses destinations européennes.

Aéroport de Tallinn (TLL ; ☎605 8888 ; www.tallinn-airport.ee ; Tartu mnt 101 ; 🚌2). Principal aéroport d'Estonie.

Aéroport de Tartu (TAY ; ☎605 8888 ; www.tartu-airport.ee ; Lennu tn 44, Reola küla). En Estonie.

Aéroport international de Vilnius (Tarptautinis

VOYAGES ET CHANGEMENTS CLIMATIQUES

Tous les moyens de transport fonctionnant à l'énergie fossile génèrent du CO_2 – la principale cause du changement climatique induit par l'homme. L'industrie du voyage est aujourd'hui dépendante des avions. Si ceux-ci ne consomment pas nécessairement plus de carburant par kilomètre et par personne que la plupart des voitures, ils parcourent en revanche des distances bien plus grandes et relâchent quantité de particules et de gaz à effet de serre dans les couches supérieures de l'atmosphère. De nombreux sites Internet utilisent des “compteurs de carbone” permettant aux voyageurs de compenser le niveau des gaz à effet de serre dont ils sont responsables par une contribution financière à des projets respectueux de l'environnement. Lonely Planet “compense” les émissions de tout son personnel et de ses auteurs.

AVERTISSEMENT

Les informations contenues dans ce chapitre sont particulièrement susceptibles de changements. Vérifiez directement auprès de la compagnie aérienne ou de l'agence de voyages les modalités d'utilisation de votre billet d'avion. N'hésitez pas à comparer les prestations. Les détails fournis ici doivent être considérés à titre indicatif et ne remplacent en rien une recherche personnelle attentive.

Vilniaus Oro Uostas ; ☎6124 4442 ; www.vno.lt ; Rodūnios kelias 10a ; W ; g1, 2). Le plus important aéroport lituanien. Plusieurs vols directs pour de grandes villes européennes.

Depuis la France

Les seules liaisons directes entre la France et les trois pays baltes sont au départ de Paris (ou de Nice en haute saison). Pour les trois pays, comptez entre 2 heures 20 et 3 heures de vol et des tarifs compris entre 200 et 400 € l'aller-retour.

Plusieurs compagnies aériennes (Austrian Airlines, British Airways, Finnair, Lufthansa, etc.) desservent les trois capitales avec une escale (Helsinki, Londres ou Amsterdam, par exemple) à des tarifs intéressants (à partir de 120 € aller-retour).

ESTONIE

Air Baltic et Air France assurent des vols directs pour Tallinn au départ de Roissy-Charles-de-Gaulle. En haute saison, la ville de Nice est également desservie le samedi par des vols directs d'Adria Airways vers Tallinn.

LETTONIE

Air Baltic et Air France assurent des vols directs au départ de Roissy-Charles-de-Gaulle à destination de Riga (et Air Baltic des vols directs le samedi en haute saison au départ de Nice).

LITUANIE

Les compagnies low cost RyanAir et Wizz Air relient directement Paris-Beauvais à Vilnius.

Voici quelques adresses de transporteurs et d'agences de voyages :

Air France (☎36 72 ; www.airfrance.fr)

Air Baltic (www.airbaltic.com)

Adria Airways (www.adria.si/en/)

RyanAir (www.ryanair.com)

Wizz Air (www.wizzair.com)

Bourse des Voyages (☎0 899 650 649, 0,60 €/min ; www.bourse-des-voyages.fr)

Nouvelles Frontières (☎0 825 000 747, 0,15 €/min ; www.nouvelles-frontieres.fr)

Thomas Cook (☎0 826 826 777, 0,35 €/min ; www.thomascook.fr)

Depuis la Belgique

ESTONIE

En haute saison, Brussels Airlines et Adria Airways proposent des vols directs vers Tallinn.

LETTONIE

Selon la saison, Brussels Airlines, AirBaltic et RyanAir proposent des vols directs au départ de Bruxelles à destination de Riga.

LITUANIE

Depuis Bruxelles et en fonction de la saison, Brussels Airlines, AirBaltic, Lufthansa et Ryanair, desservent Vilnius par vols directs.

Voici quelques adresses :

Brussels Airlines (www.brusselsairlines.com)

AirBaltic (www.airbaltic.com)

Adria Airways (www.adria.si/en/)

RyanAir (www.ryanair.com ; aéroport de Bruxelles-Charleroi)

Airstop (☎070 233 188 ; www.airstop.be)

Connections ☎070 23 33 13 ; www.connections.be)

Gigatours Voyages Éole (☎02 672 35 03 ; www.voyageseole.be)

Depuis la Suisse

Il n'y a pas de vol direct au départ de la Suisse pour l'Estonie et la Lituanie. Seule AirBaltic assure des vols directs à destination de Riga depuis Zurich.

Vous pouvez aussi contacter :

Swiss (☎0848 700 700 ; www.swiss.com)

AirBaltic (☎371 6700 6006 ; www.airbaltic.com)

Jerrycan Voyages (☎022 346 92 82 ; www.jerrycan-travel.ch)

STA Travel (☎058 450 49 49 ; www.statravel.ch)

Depuis le Canada

Aucun vol direct ne dessert les pays baltes au départ du Canada. Vous devrez d'abord prendre un avion à destination d'un grand hub européen (ou New York ; vol direct pour Riga avec Uzbekistan Airways) et changer d'avion.

Air Canada (☎1 888 247 2262 ; www.aircanada.com)

Expedia (☎1 866 904 8766 ; www.expedia.ca). Représenté au Québec par Vacances Tour Est.

Flight Hub (☎1 800 900 1431 ; www.flighthub.com)

Travel CUTS (☎1 800 667 2887 ; www.travelcuts.com)

Depuis la Russie

La compagnie russe **Aeroflot** (☎Estonie 605 8887, Lettonie 6778 0770, Lituanie 212 4189 ; www.aeroflot.com) effectue des liaisons entre Moscou et les trois capitales baltes. AirBaltic rallie Riga depuis Saint-Pétersbourg.

Depuis les pays nordiques

AirBaltic, tout comme **SAS** (☎Lituanie 5-230 6638 ; www.scandinavian.net), Finnair, **Norwegian** (DY ; ☎Norvège 2149 0015 ; www.norwegian.no), et les compagnies low cost Ryanair et Wizz Air, relient les grandes villes scandinaves aux aéroports de la Baltique.

Voie terrestre

Bus

À quelques exceptions près, les bus sont le moyen le plus économique, quoique le moins confortable, de se rendre dans les pays baltes depuis le reste de l'Europe. Ainsi, les liaisons vont jusqu'à Saint-Pétersbourg au nord, Paris à l'ouest, Sofia au sud et Moscou à l'est. On peut rejoindre les pays baltes depuis presque tout le reste de l'Europe, y compris de Paris, en changeant une seule fois de bus à Varsovie (Pologne).

Voir les sites Internet des compagnies de bus pour les itinéraires, les tarifs, les horaires, les points de vente des billets, etc. ; il est possible d'acheter également des billets en ligne. Les passagers de moins de 26 ans et de plus de 60 ans bénéficient d'au moins 10% de réduction. Un aller-retour coûte environ 20% moins cher que deux allers simples.

Ecolines www.ecolines.net

Lux Express www.luxexpress.eu. Au départ d'Allemagne et d'Europe orientale, entre autres.

Passages de frontières

Du nord au sud, l'Estonie partage des frontières avec la Russie et la Lettonie ; la Lettonie avec l'Estonie, la Russie, la Biélorussie et la Lituanie ; et la Lituanie avec la Lettonie, la Biélorussie, la Pologne et l'enclave de Kaliningrad (Russie).

Depuis que les pays baltes font partie de l'UE et de l'espace Schengen, les contrôles aux frontières entre l'Estonie, la Lituanie, la Lettonie et la Pologne ont disparu.

Se rendre en Biélorussie et en Russie est une toute autre affaire. Ces frontières continuent d'être rigoureusement contrôlées et il vous faudra obtenir un visa avant de partir (p. 423). Attendez-vous à patienter quand même une bonne heure : les véhicules privés font la queue aux principaux postes-frontières pour entrer et sortir de Russie et de Biélorussie. En Estonie, on peut éviter l'attente en réservant un créneau horaire sur www.estonianborder.eu afin de passer la frontière (cela ne fonctionne malheureusement pas pour les voitures rentrant en Estonie). Les bus internationaux évitent la queue.

L'enclave de Kaliningrad jouit de frontières moins encombrées avec la Lituanie à Panemunė-Sovietsk, entre Kybartai (Lituanie) et Nesterov, et sur l'isthme de Courlande, le long de la route Klaipėda-Zelenogradsk. À noter : le visa de 3 jours pour Kaliningrad, disponible sur demande, ne fonctionne que lorsqu'on vient de Pologne ou lorsqu'on arrive en avion à l'aéroport de Khrabrovo.

AGENCES EN LIGNE

Vous pouvez réserver votre vol via une agence en ligne ou vous renseigner auprès d'un comparateur de vols :

- www.bourse-des-vols.com
- www.ebookers.fr
- www.expedia.fr
- www.govoyages.com
- www.illicotravel.com
- www.kayak.fr
- www.opodo.fr
- www.skyscanner.fr
- voyages.kelkoo.fr
- www.voyages-sncf.com

Train

Le train n'est pas vraiment commode pour rejoindre les pays baltes actuellement, sauf si l'on vient de Russie ou de Biélorussie. Une ligne mal desservie passant par la Pologne relie également cette région au reste de l'UE.

DEPUIS/VERS LA POLOGNE

Étonnamment, il n'y a plus de liaison ferroviaire directe entre Varsovie et Vilnius. Vous pouvez faire le trajet en une journée avec les trains locaux de Varsovie à Kaunas ou Vilnius, en changeant à Šeštokai, en Lituanie (près de la frontière polono-lituanienne). Les horaires laissent une quinzaine de minutes de battement pour les correspondances. Le temps de trajet total est d'environ 9 heures 30. Notez que cet itinéraire ne passe pas par la Biélorussie.

DEPUIS/VERS LA RUSSIE ET LA BIÉLORUSSIE

Le vieux réseau ferroviaire soviétique fonctionne toujours dans la majeure partie de l'ex-URSS. Les trains reliant Moscou à toutes les grandes villes baltes permettent de combiner les pays baltes avec un périple transsibérien ou d'autres voyages à travers la Russie ou l'Asie centrale. Consultez le site des

Réseaux ferré et maritime

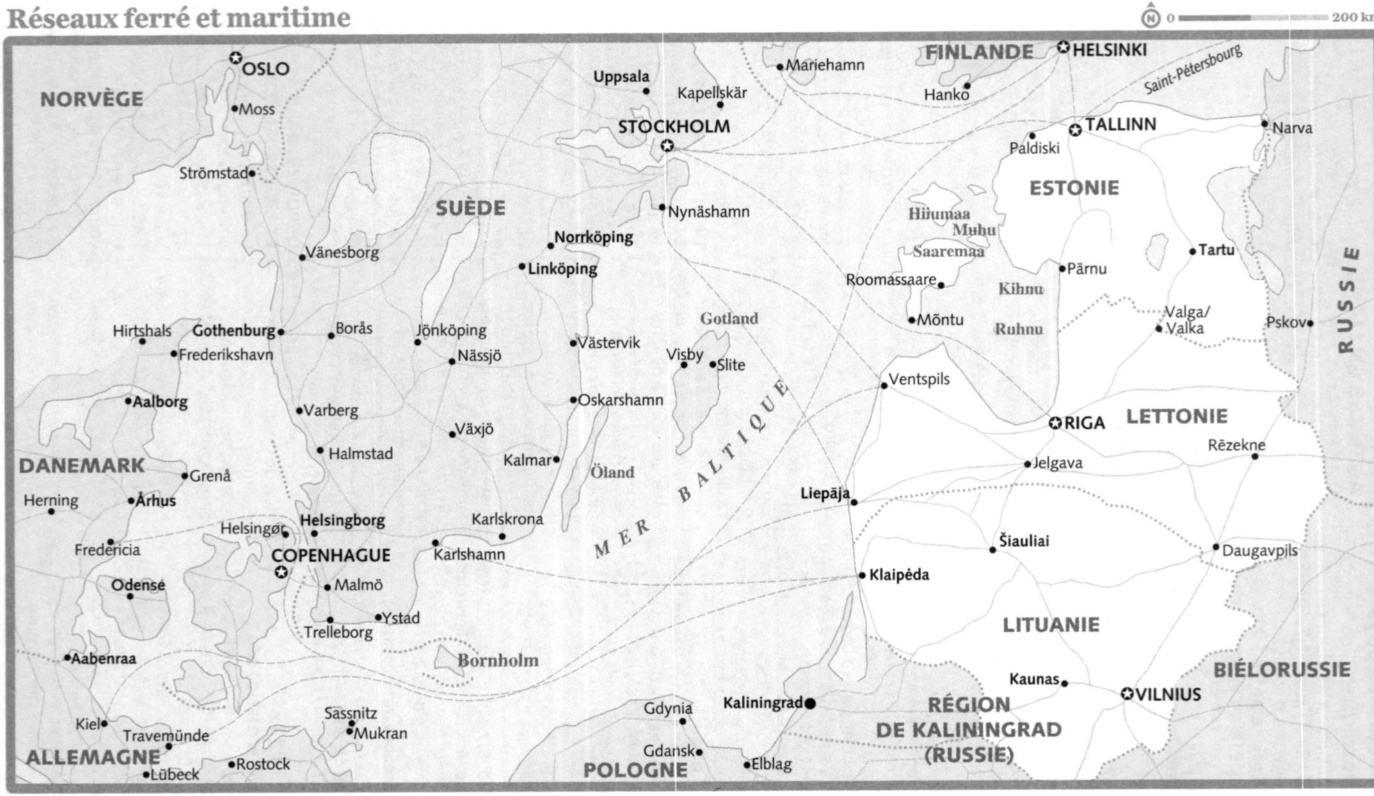

chemins de fer russes www.pass.rzd.ru (en anglais).

Si vous lisez le russe, le site www.poezda.net permet de chercher des horaires de trains dans l'ex-URSS, mais nous préférons le site bahn.hafas.de (en français), plus simple, pour les horaires ferroviaires en Europe – bien que les prix ne soient pas indiqués.

Des trains de nuit relient Riga et Tallinn à Moscou et Saint-Pétersbourg. Cette dernière ville est aussi reliée à Helsinki (Finlande) par des trains express permettant de faire une belle boucle en revenant à Tallinn en ferry. (À condition d'avoir un visa russe, bien sûr.)

De Vilnius, deux trains/jour rejoignent la gare de Biélorussie à Moscou. Cependant, comme ils passent par la Biélorussie, il vous faudra un visa biélorusse. De Vilnius, 2 trains/jour circulent vers l'ouest jusqu'à l'enclave russe de Kaliningrad (environ 7 heures).

Vélo

Les vélos peuvent être transportés pour une somme modique (voire gratuitement) dans les ferries reliant les pays nordiques et l'Allemagne aux trois pays baltes ; voir p. 434 pour les liaisons en ferry. Les cyclistes qui traversent la Pologne ont le même choix d'itinéraires que les automobilistes ; voir la rubrique *Voiture et moto* ci-après pour plus d'informations.

Voiture et moto

Si vous vous rendez dans les pays baltes avec votre propre véhicule, vérifiez qu'il est en bon état avant de partir.

Par la route, Paris est à environ 2 000 km de Vilnius, 2 200 km de Riga et 2 400 km de Tallinn. Comptez 2 jours pour aller en Lituanie, et 3 jours pour la Lettonie et l'Estonie.

Si vous partez de Paris, le chemin le plus court passe par la Belgique (Bruxelles, Charleroi, Liège), l'Allemagne (Dortmund, Berlin) et la Pologne (Varsovie). Au départ du sud-est de la France, le mieux est de rejoindre l'Allemagne par la Suisse.

Il est utile de contacter les associations d'automobilistes ainsi que les ambassades estonienne, lettonne et lituanienne, pour obtenir des informations sur la réglementation, le passage des frontières, etc.

DOCUMENTS

Prenez la carte d'immatriculation de votre véhicule, de préférence traduite sous la forme d'un certificat international. Les associations d'automobilistes devraient pouvoir vous en fournir un. Il est conseillé de détenir un permis de conduire international, mais votre permis national suffira la plupart du temps. Les trois pays baltes exigent une assurance obligatoire pour les conducteurs.

Des polices d'assurance offrant des taux d'indemnisation limités peuvent être contractées aux frontières estoniennes, lettonnes et lituaniennes. N'oubliez pas qu'il vous faudra aussi les documents requis pour tous les territoires traversés jusqu'aux pays baltes ou depuis ceux-ci ; encore là, les associations d'automobilistes peuvent vous renseigner.

DEPUIS L'ALLEMAGNE

Pour venir en voiture dans les pays baltes, il faut généralement prendre le ferry pour Klaipėda (Lituanie) ou pour Ventspils ou Liepāja (Lettonie) dans les ports allemands de Kiel ou de Lübeck. On peut aussi rejoindre la Lituanie par la route en traversant la Pologne.

DEPUIS LA BIÉLORUSSIE

Vous pourrez vous rendre en Biélorussie, qui est aussi sur la route de l'Ukraine, en possession d'un visa de transit biélorusse que vous aurez obtenu à l'avance.

Ne tentez pas d'approcher la frontière ou de mettre un pied dans le pays sans un visa de transit, disponible uniquement auprès des ambassades biélorusses. Aucun visa n'est fourni aux frontières. Et même équipé de ce sésame, attendez-vous à patienter de longues heures à la frontière.

Bien que la Biélorussie et la Russie fassent partie d'une union douanière et qu'il n'y ait pas de contrôle à leurs frontières communes, il est impossible d'entrer en Biélorussie avec un visa russe.

DEPUIS LA FINLANDE

La liaison de car-ferry entre Helsinki, la capitale, et Tallinn est la plus rapide et la mieux desservie. On peut aussi rejoindre la Russie en voiture depuis la Finlande ; la frontière de Vaalimaa-Torfyanovka se trouve à 360 km de Narva (Estonie). Ce voyage peut s'effectuer en une journée, mais il n'est pas très intéressant d'emprunter cette route, à moins que vous ne souhaitiez voir Saint-Pétersbourg en passant.

DEPUIS LA POLOGNE

Vous ne remarquerez pas immédiatement que vous avez franchi la frontière, qui n'est ni surveillée ni vraiment signalée ; depuis que la Lituanie et la Pologne font partie de l'espace Schengen, les formalités aux frontières sont presque inexistantes. Préparez-vous à un trajet éprouvant sur des routes à une seule voie encombrées de camions provenant de l'est de la Pologne. Les choses s'arrangent en Lituanie, ou à partir de Varsovie, dans le sens inverse.

DEPUIS LA RUSSIE

De Saint-Pétersbourg, il n'y a que 140 km de route jusqu'à la frontière estonienne à Ivangorod-Narva. Pour rejoindre Moscou depuis les pays baltes, l'autoroute Riga-Moscou est la route la plus directe et elle est en bon état côté russe comme côté letton. Si vous venez d'Estonie, vous pouvez passer la frontière à Lütä (réservez votre créneau horaire sur www.estonianborder.eu, pour éviter la queue) puis partir vers le sud et rejoindre l'autoroute Riga-Moscou. Si vous venez de Lituanie, vous aurez besoin d'un visa de transit biélorusse pour emprunter la très pratique autoroute Minsk-Moscou. En l'absence de visa, vous devrez rejoindre l'autoroute Riga-Moscou par le poste de contrôle de Zilupe, où l'attente dure souvent une bonne demi-journée.

DEPUIS LA SUÈDE

Les car-ferries pour Tallinn ou Riga partent de Stockholm, ceux pour Venstpils et Liepāja (Lettonie) partent de Nynäshamn tandis que ceux pour Klaipėda partent de Karlshamn.

Voie maritime

Les nombreuses possibilités d'accès par la mer permettent un voyage plus lent, mais plus détendu. Vous pouvez naviguer directement de la Finlande à l'Estonie (seulement 85 km), de l'Allemagne à la Lettonie et la Lituanie, du Danemark à la Lituanie et de la Suède aux trois pays baltes. La liaison Tallinn-Helsinki est assurée par un si grand nombre de compagnies maritimes que vous n'aurez aucune difficulté à effectuer la traversée à n'importe quelle période de l'année. D'autres liaisons – notamment Tallinn depuis Stockholm et les ferries depuis le Danemark – peuvent être réservées longtemps à l'avance.

Les horaires et les tarifs changent fréquemment – vérifiez-les bien en organisant votre voyage. Les informations fournies sur les sites Internet des compagnies de ferries et d'hydroptères (hydrofoil) sont régulièrement mises à jour.

Depuis l'Allemagne

Les ferries **Scandlines** (☎en Lettonie 4631 0561 ; www.scandlines.lt) entre Travemünde (Lübeck) et Ventspils et Liepāja (Lettonie) font deux traversées hebdomadaires dans les deux sens. DFDS Seaways assure la liaison entre Klaipėda et Kiel.

Depuis le Danemark

La compagnie **DFDS Seaways** (☎au Danemark 7620 6700, en Lituanie 4639 5088 ; www.freight.dfdsseaways.com) assure une liaison entre Fredericia (Danemark) et Klaipėda (Lituanie) via Copenhague deux fois par semaine. Le nombre de places en cabines pour les passagers étant limité, mieux vaut réserver.

Depuis la Finlande

Une flotte de ferries transporte aujourd'hui plus de 2 millions de personnes par an sur les 85 km qui séparent Helsinki et Tallinn, dans le golfe de Finlande. Plusieurs dizaines de traversées ont lieu chaque jour dans les deux sens (durée 2 heures à 3 heures 30 par bateau toute l'année ; environ 1 heure 30 par hydroptère). Par vent fort ou mauvais temps, les hydroptères sont souvent annulés ; ils fonctionnent uniquement quand la mer est libre de glace (généralement de fin mars/avril à fin décembre) ; les gros ferries naviguent toute l'année.

Comparez les prix : les billets achetés sur Internet constituent souvent les meilleures offres. Les tarifs varient considérablement en fonction de la saison, du jour et de l'heure du départ, ainsi que d'autres facteurs (vérifiez si la compagnie inclut un supplément carburant dans le prix affiché). Ils sont généralement plus élevés en période de pointe, comme le vendredi soir, le samedi matin et le dimanche après-midi. Sur la plupart des lignes de ferries, les étudiants et les seniors bénéficient de 10 à 15% de réduction, les enfants de 6 à 17 ans paient moitié prix et ceux de moins de 6 ans voyagent gratuitement. La plupart des compagnies proposent des offres spéciales pour les familles et des billets à tarif réduit pour les voyageurs fréquents.

Depuis la Suède

ESTONIE

Tallink Silja (☎en Estonie 640 9808, en Suède 8222 140 ; www.tallinksilja.com) relie tous les soirs Tallinn à Stockholm, avec un arrêt à Mariehamn, dans les îles Åland (Finlande). Des ferries font cette traversée de 17 heures toute l'année, en partant du terminal D à Tallinn et du terminal Värtahamnen à Stockholm. Ils sont vite complets, donc réservez un ou deux mois à l'avance.

LETTONIE

Tallink Silja assure une traversée de nuit quotidienne entre Riga et Stockholm.

Scandlines propose 5 départs hebdomadaires des ports de Liepāja et de Ventspils pour Nynäshamn (à environ 60 km de Stockholm).

LITUANIE

DFDS Seaways (☎en Suède 4543 3680, en Lituanie 4632 3232 ; www.dfdsseaways.com) relie chaque jour Karlshamn à Klaipėda (siège/couchette 38/80 € ; 14 heures).

Navigation de plaisance

Les pays baltes – notamment l'Estonie, avec ses îles et son littoral découpé – attirent nombre de voiliers chaque année, venant principalement de la Finlande et de la Scandinavie. Deux sites Web utiles :

www.marinas.nautilus.ee Estonie. Informations sur la réglementation des entrées, base de données sur toutes les marinas locales et indications pour commander l'*Estonian Cruising Guide* (en anglais).

www.balticyachting.com Couvre le sud de la Finlande et l'ouest de l'Estonie.

Il est également possible de louer des voiliers dans les trois pays ; voir p. 436.

VOYAGES ORGANISÉS

De nombreux tour-opérateurs proposent des circuits et des séjours dans les pays baltes. La plupart offrent la possibilité de voyages à la carte ou bien accompagnés de guides. Qu'il s'agisse de formules en groupe ou en individuel, les prix descendent rarement en dessous de 1 000 € par personne pour un voyage itinérant d'une semaine, de 320 € pour un week-end de 3 jours et de 1 200 € pour une randonnée de 8 jours.

Voici quelques agences, spécialistes des pays baltes, ou ayant inscrit ces pays dans leur catalogue. Vous trouverez d'autres prestataires à la rubrique *Circuits organisés locaux*, p. 439. Les agences en ligne (voir p. 431) proposent aussi des formules intéressantes.

Spécialistes des pays baltes et généralistes

Alest Voyages (☎01 42 09 58 04 ; 55 rue Letellier, 75015 Paris ; www.alestvoyages.fr). Week-ends dans les pays baltes.

Amslav (☎01 44 88 20 40 ; 60 rue de Richelieu, 75002 Paris ; www.amslav.com). Week-ends dans les trois capitales, séjours combinés et autotours dans les pays baltes.

La Maison des Orientalistes (☎01 56 81 38 30 ; 76 rue Bonaparte, 75006 Paris ; www.maisondesorientalistes.com). Longs week-ends, découverte des capitales et un grand tour des pays baltes en 15 jours.

Nord Espaces (☎01 45 65 00 00 ; 35 rue de la Tombe-Issoire, 75014 Paris ; www.nord-espaces.com). Week-ends dans les trois capitales baltes, circuits combinés, autotours, séjours Nouvel An ou marché de Noël et croisières-séjours "Saint-Pétersbourg-Helsinki-Tallinn-Stockholm).

Voyageurs du Monde (☎01 42 86 16 00 ; www.vdm.com ; 55 rue Sainte-Anne, 75002 Paris). Agences à Bruxelles et à Genève et plusieurs autres agences en France. Week-ends, séjours et voyages itinérants dans les trois pays baltes.

Voyages culturels

Arts et Vie (☎01 40 43 20 21 ; www.artsetvie.com ; 251 rue de Vaugirard, 75015 Paris). Autres agences à Grenoble, Marseille, Lyon et Nice. Voyages dans les trois pays baltes, combinés aussi avec Gdansk et Kaliningrad.

Clio (☎01 53 68 82 82 ; 34 rue du Hameau, 75015 Paris ; www.clio.fr). Circuits découverte des pays baltes (9 et 10 jours) par un spécialiste des voyages culturels.

Intermèdes (☎01 45 61 90 90 ; 60 rue La Boétie, 75008 Paris ; www.intermedes.com). Circuits, randonnées et séjours (notamment visite de Gdansk et de Kaliningrad).

Randonnée

Allibert Trekking (☎04 76 45 50 50/01 44 59 35 35 ; www.allibert-trekking.com ; 37 bd Beaumarchais, 75003 Paris). Quatre autres agences en France et agences en Belgique et en Suisse. Randonnée accompagnée "L'ambre de légende" combinant les trois pays baltes.

Atalante (☎04 72 53 24 80 ; www.atalante.fr ; 18 rue Séguier, 75006 Paris). Agences à Lyon et Bruxelles. Un circuit complet de 14 jours pour s'imprégner du charme des pays baltes.

Terres d'aventure (☎01 70 82 90 00 ; www.terdav.com ; 30 rue Saint-Augustin, 75002 Paris). Une dizaine d'agences en France et agences en Belgique et en Suisse. Randonnée découverte "Parcs nationaux et capitales des pays baltes".

Zig-Zag Randonnées (☎01 42 85 13 93 ; 54 rue de Dunkerque, 75009 Paris ; www.zigzag-randonnees.com). Quatre circuits avec balades et randonnées, dont "À la rencontre des peuples baltes".

COMMENT CIRCULER

Avion

De nombreux vols réguliers relient les trois capitales baltes, mais les vols intérieurs dans chaque pays sont limités.

Compagnies aériennes en Estonie, en Lettonie et en Lituanie

AirBaltic (☎17107 ; www.airbaltic.com). Relie Riga, Palanga, Tallinn et Vilnius, et Vilnius à Tallinn.

Avies (U3 ; ☎680 3501 ; www.avies.ee). Vols depuis/vers Tallinn et Kärdla (Hiiumaa).

Bateau

Ferry

Au moment de la rédaction de ce guide, il n'existait aucune liaison en ferry entre les pays baltes. L'Estonie est bien reliée en ferry à la plupart de ses îles, quoique les bateaux plus petits ne circulent pas en hiver lorsque la mer est gelée. En Lettonie, les ferries sont peu nombreux, mais vous pouvez prendre un bateau lent entre Riga et Jurmala. En Lituanie, enfin, on peut circuler en bateau entre Klaipėda et l'isthme de Courlande.

Navigation de plaisance

La navigation de plaisance est un moyen en vogue de parcourir le littoral balte, en particulier la côte estonienne, avec ses nombreuses îles et anses. **Sailing.ee** (☎Estonie 5333 1117 ; www.sailing.ee ; Regati puiestee 1, Tallinn) loue des voiliers avec ou sans skippeur.

www.marinas.nautilus.ee. Informations et conseils sur les nombreuses marinas estoniennes.

www.marinaslatvia.lv. Détails sur les marinas lettonnes.

Bus

La région est bien desservie par les bus, même si les liaisons avec les villages éloignés sont peu fréquentes. Des bus directs relient les trois capitales tandis que d'autres liaisons transfrontalières sont assurées entre les principales villes.

Les bus sont généralement plus rapides que les trains et souvent un peu moins chers. Ceux utilisés pour les trajets locaux (jusqu'à 2 heures environ) offrent un minimum de confort. Évitez de vous asseoir près des fenêtres par temps neigeux ou froid.

Certains trajets plus courts sont assurés par des minibus (environ 15 passagers), plus rapides et modernes, qui comptent en principe moins d'arrêts que les gros bus.

En revanche, les bus circulant entre les pays baltes ressemblent beaucoup aux autocars longue distance du reste de l'Europe. La plupart sont propres, chauffés et équipés de toilettes, d'un distributeur de boissons chaudes et de la télévision à bord. De nombreux bus depuis/vers Tallinn, Riga et Vilnius circulent de nuit, un moyen pratique et sûr de voyager, même pour les femmes seules.

Compagnies de bus desservant les pays baltes

BussiReisid (☎12550 ; www.bussireisid.ee). Gère toutes les liaisons estoniennes.

Ecolines (☎à Riga 6721 4512, à Tallinn 606 2217, à Vilnius 5213 3300 ; www.ecolines.net). Les principaux itinéraires comprennent : Riga-Salacgriva-Pärnu-Tallinn ; Riga-Valmeira-Valga-Tartu-Narva ; Riga-Panevėžys-Vilnius-Kaunas ; Liepāja-Palanga-Klaipėda ; et Rēzekne-Daugavpils-Utena-Vilnius-Kaunas.

Hansabuss (☎627 9080 ; www.hansabuss.ee). Quatre bus/jour entre Riga et Tallinn, dont trois faisant halte à Pärnu.

Lux Express (☎680 0909 ; www.luxexpress.eu) et sa filiale à bas prix **Simple Express**. Les principaux itinéraires comprennent : Tallinn-Pärnu-Riga-Vilnius ; Narva-Tartu-Valga-Riga ; Riga-Vilnius ; Riga-Kaunas ; Riga-Šiauliai ; et Vilnius-Kaunas.

Billets et informations

Les bureaux et guichets vendant des billets (nationaux et internationaux) comportent des indications claires en langue locale, et parfois également en anglais. Les billets sont généralement imprimés en langue locale et faciles à comprendre une fois que l'on sait lire "siège", "arrêt", etc. Reportez-vous au chapitre *Langues* p. 440.

Pour les bus longue distance, les billets sont vendus à l'avance à la gare de départ. Pour les bus locaux permettant de se rendre dans des villes ou villages proches, ou pour les bus longue distance qui font étape dans la ville où vous montez, vous paierez généralement à bord. Cela peut occasionner quelques bousculades car beaucoup de personnes attendent de pouvoir s'asseoir.

La plupart des gares routières et ferroviaires en ville sont dotées de guichets d'information dont le personnel parle généralement un peu l'anglais.

Horaires et tarifs

Consultez les horaires sur les sites Internet des compagnies avant votre départ ou, en arrivant dans les pays baltes, à l'office local du tourisme. Ceux de Tallinn, Riga et Vilnius tiennent rigoureusement à jour les horaires affichés. Les guides **In Your Pocket** (www.inyourpocket.com) des capitales comportent des horaires de bus nationaux et inter-pays baltes actualisés tous les 2 mois.

Des horaires détaillés sont affichés dans les principaux halls des guichets des gares routières. Dans quelques rares cas, il faut prendre le temps de les décoder minutieusement. La plupart indiquent simplement les heures de départ et les jours (en chiffres romains ou arabes, 1 désignant le lundi, 2 le mardi, etc.) où la ligne circule.

Les tarifs varient légèrement entre les trois pays et d'une compagnie à l'autre, en fonction de la vitesse du bus, du niveau de confort et de l'heure du départ ou de l'arrivée.

Horaires de bus en ligne :

Estonie www.tpilet.ee

Lettonie www.autoosta.lv

Lituanie www.stotis.lt

En stop

Quel que soit le pays, l'auto-stop présente toujours des dangers. Les voyageurs qui optent pour ce mode de déplacement doivent savoir qu'ils prennent un risque potentiellement sérieux. Mieux vaut toujours faire du stop à deux et informer une tierce personne de la destination prévue.

Le stop est néanmoins un moyen de transport qui a ses adeptes. Le **Vilnius Hitchhiking Club** (VHHC ; www.autostop.lt) fournit des informations pratiques et des contacts aux voyageurs espérant être pris en stop dans les trois pays baltes. Les panneaux d'affichage des auberges de jeunesse des capitales sont un bon endroit pour trouver, ou demander, un compagnon de voyage.

Train

Que ce soit en Estonie, en Lettonie et en Lituanie, les dessertes ferroviaires ont été considérablement réduites ces dernières années et la plupart des trajets longue distance dans les pays baltes sont désormais effectués en bus ou en avion. Un réseau ferroviaire (le Rail Baltica Project) était en projet lors de la rédaction de ce guide.

En attendant, les trains baltes sont lents, bon marché mais pas très confortables. On ne peut presque jamais ouvrir les fenêtres, si bien que l'air peut être étouffant, tandis que vous pouvez aussi bien geler que cuire, selon que le chauffage est allumé ou non. Les trains de banlieue électriques sont beaucoup plus lents et s'arrêtent plus souvent que les trains longue distance.

DISTANCES ROUTIÈRES (EN KM)

Tartu	190												
Pärnu	130	205											
Narva	210	194	304										
Valka/Valga	276	86	140	268									
Riga	310	253	180	435	167								
Liepāja	530	473	400	655	387	220							
Daugavpils	540	377	410	559	291	230	450						
Ventspils	510	453	380	635	367	200	119	430					
Vilnius	600	543	470	725	457	290	465	167	584				
Kaunas	575	523	460	715	447	280	230	267	349	100			
Klaipėda	620	538	490	745	477	310	155	477	274	310	210		
Panevėžys	460	403	330	585	317	150	270	168	350	140	110	235	
Šiauliai	465	383	310	565	297	130	192	387	330	220	140	155	80
	Tallinn	Tartu	Pärnu	Narva	Valka/Valga	Riga	Liepāja	Daugavpils	Ventspils	Vilnius	Kaunas	Klaipėda	Panevėžys

Itinéraires

Il n'existe pas de ligne directe entre les capitales baltes, mais on peut aller de Tallinn à Riga en train avec une correspondance à Valga (à la frontière entre l'Estonie et la Lettonie).

Billets et informations

En Lettonie et en Lituanie, les billets peuvent être achetés à l'avance et juste avant le départ dans les gares. Dans les grandes gares, comme celle de Riga, certains guichets ne vendent que des billets pour certains types de trains ou certaines destinations.

Hormis celle de Tallinn, les gares estoniennes sont des lieux déserts sans guichets ni aucun service spécifique – on achète ses billets à bord du train. Ne vous rendez pas à la gare (qui est souvent assez loin du centre-ville) à moins de savoir l'heure exacte de départ. En Estonie, on peut aussi acheter des tickets pour les lignes intérieurs sur www.elron.ee.

Dans les trains longue distance entre les pays baltes et d'autres pays, les billets doivent être remis à l'agent de bord, qui les gardera pendant la durée du trajet et vous les rendra 15 minutes avant votre arrivée (un "réveil" pratique si vous prenez le train de nuit).

Horaires

On trouve des horaires en ligne sur les sites suivants :

Estonie www.elron.ee

Lettonie www.pv.lv

Les horaires affichés en gare comportent généralement le numéro du train, ses heures de départ et d'arrivée, et le quai de départ. Certains indiquent les horaires de retour, le nombre de minutes d'arrêt du train en gare ou l'heure à laquelle un train est parti de sa gare de provenance. Lisez toujours les petits caractères, car de nombreux trains ne circulent que certains jours ou entre certaines dates.

Vélo

En raison de l'absence de relief, des courtes distances et de la faible circulation, les pays baltes se prêtent bien au vélo. Sur les îles estoniennes en particulier, vous verrez beaucoup de cyclistes l'été. La plupart apportent leur propre vélo, mais on peut en louer dans de nombreux endroits, notamment dans les capitales et la plupart des grandes villes.

Apportez des vêtements imperméables, et éventuellement une tente si vous visitez plusieurs sites : vous ne trouverez peut-être pas d'hébergement dans certains lieux isolés. Des agences de voyages et organismes touristiques dans les pays baltes et à l'étranger organisent des circuits à vélo.

Voiture et moto

Le fait de conduire soi-même offre une plus grande flexibilité et permet d'accéder à des endroits hors des sentiers battus.

Code de la route

On roule à droite dans chacun des pays baltes. Le taux d'alcoolémie maximum légal varie d'un pays à l'autre (Estonie 0,2 g/l, Lettonie 0,5 g/l, Lituanie 0,4 g/l). La ceinture de sécurité est obligatoire et les phares doivent être allumés en permanence durant la conduite. La limite de vitesse est de 50 km/h dans les agglomérations et de 70 km/h à 110 km/h en dehors – vérifiez les panneaux car ces limites sont souvent appliquées à la lettre. Les amendes peuvent être exigibles immédiatement – les montants varient et le seul moyen de s'assurer que le policier ne se prend pas un peu d'argent de poche au passage est de demander un reçu.

Il est interdit de téléphoner au volant (les kits mains libres sont autorisés). Les pneus d'hiver sont obligatoires généralement de décembre à mars, mais s'il y a de graves perturbations météorologiques en dehors de ces mois (ce qui arrive la plupart des années), les dates sont modifiées en fonction. Vérifiez donc les conditions locales si vous conduisez entre octobre et avril.

On trouve encore des parcmètres à pièces dans certaines régions, mais Tallinn et Vilnius sont passés au système électronique. Les conducteurs paient par SMS, en composant un numéro et en entrant la plaque d'immatriculation du véhicule et le numéro du parking (affiché à proximité).

On circule gratuitement dans les vieilles villes de Riga, Tallinn, Vilnius et Kaunas, mais le stationnement est cher et souvent soumis à une réglementation complexe – demandez à votre hôtel ou à l'office du tourisme comment faire pour éviter une amende. Les automobilistes doivent payer une redevance modique pour entrer dans la principale station balnéaire lettonne, Jurmala, et dans le parc national de l'isthme de Courlande.

Faites attention quand vous circulez près des tramways, trolleybus et bus en ville. Des passagers risquent de traverser en courant pour attraper un tramway en mouvement. Les véhicules qui roulent derrière un tramway doivent s'arrêter dès que celui-ci ouvre ses portes. Enfin, les trolleybus font souvent des embardées sur la voie quand ils quittent un arrêt.

Essence

Des stations-service sont ouvertes 24h/24 sur tous les grands axes routiers ; beaucoup sont en libre service avec un système de paiement automatique acceptant les billets ou les cartes bancaires. On trouve facilement du carburant de bonne qualité, y compris sans plomb.

Transports urbains

Bus, tramways et trolleybus

Un réseau complet de tramways, bus et trolleybus (bus alimentés en électricité par des caténaires) couvre les villes des trois pays. Ces trois types de transports sont souvent bondés, surtout le matin et le soir aux heures de pointe.

Les tramways, trolleybus et bus circulent de 5h30 à 0h30 environ, mais se font rares dans les zones excentrées après 19h. À Tallinn et Vilnius, le même ticket fonctionne pour tous les types de transport (mais pas les minibus) ; à Riga, un ticket de bus doit être acheté à bord mais ceux de trolleybus et de tramway sont interchangeables. Dans les trois pays, on valide en passant un ticket à tarif unique dans l'une des poinçonneuses du véhicule. Les tickets sont vendus dans de nouveaux kiosques, sur lesquels ils sont affichés, et par certains chauffeurs (qui sont plus faciles à trouver, mais vendent les tickets un peu plus cher). Des tickets multitrajets, hebdomadaires et mensuels sont disponibles. Le système repose sur l'honnêteté et peut se prêter à la resquille, mais les contrôles sont réguliers et vous pouvez être verbalisé sur-le-champ si vous n'avez pas de ticket validé.

Des règles de savoir-vivre s'appliquent dans tous les transports. Si vous êtes jeune et capable de rester debout pendant votre trajet, ne vous asseyez pas sur les sièges à l'avant – ils sont réservés aux personnes âgées et aux enfants en bas âge. De plus, prévoyez de descendre bien à l'avance. Dans un bus bondé, il est bon de savoir dire "pardon" dans la langue du pays, ou en russe, pour faire comprendre que l'on souhaite descendre.

Tous les aéroports sont desservis régulièrement par les transports publics et les taxis.

Taxi

Les taxis sont nombreux et souvent peu onéreux. Les tarifs de nuit, qui s'appliquent généralement entre 22h et 6h, sont plus élevés. Pour éviter les escroqueries, demandez au chauffeur de faire tourner le compteur. Dans toutes les villes, il est toujours moins cher et plus sûr de commander un taxi par téléphone.

Train

Des trains de banlieue desservent la périphérie des principales villes et certaines localités alentour. Ils présentent un intérêt limité pour les visiteurs, car ils vont surtout dans des zones résidentielles ou industrielles où il n'y a pas grand-chose à voir. Cependant, certains sont utiles pour des excursions en dehors des villes.

Circuits organisés locaux

De nombreux voyagistes locaux sont spécialisés dans les séjours à travers la région et peuvent vous aider à organiser un circuit.

City Bike (☎Estonie 511 1819 ; www.citybike.ee). Agence réputée de longue date établie à Tallinn qui organise des circuits à vélo de plusieurs jours à travers l'Estonie, la Lettonie et la Lituanie.

Scanbalt Experience (☎Estonie 5301 9139 ; www.scanbaltexperience.com). S'adressant principalement aux globe-trotteurs, cette entreprise propose des circuits aventure en bus en Scandinavie et dans les pays baltes.

TrekBaltics (☎Estonie 5623 3255 ; www.trekbaltics.com). Voyagiste estonien proposant une vaste gamme de treks avec hébergement en camping, de circuits aventure, de forfaits avec activités (notamment des circuits à vélo) et de séjours thalasso dans les trois pays baltes. La formule de 19 jours "Grand Baltics Trek", très complète, existe en version camping ou confort (hébergement en bungalows, fermes et auberges de jeunesse).

Langues

ESTONIEN

L'estonien appartient à la branche balto-finnoise des langues finno-ougriennes. C'est une langue proche du finnois et une lointaine parente du hongrois. La plupart des Estoniens, notamment les plus jeunes générations, comprennent l'anglais et le finnois, mais vous découvrirez que les habitants sont bien plus accueillants lorsque l'on fait l'effort de parler leur langue.

Beaucoup de consonnes estoniennes se prononcent de la même manière qu'en français. Remarquez toutefois que le p se prononce entre le "p" et le "b", le d entre le "t" et le "d" et que le rr est roulé. Quant aux voyelles, ia se prononce en arrondissant les lèvres, et ü se prononce "ou".

Les syllabes accentuées sont indiquées en italique, l'accent est généralement sur la première syllabe.

Vocabulaire de base

Bonjour.	*Tere.*	tè·rrè
Au revoir.	*Head aega.*	hèd *aè*·ga
Oui.	*Jah.*	ya
Non.	*Ei.*	èï
Merci.	*Tänan.*	*ta*·nane
De rien.	*Palun.*	*pa*·loune
Excusez-moi./ Pardon.	*Vabandage.*	*va*·bane·da·guè

Comment allez-vous ?
Kuidas läheb? *koui*·das *la*·hèb

Bien. *Hästi.* *has*·ti

Comment vous appelez-vous ?
Mis te nimi on? mis tè *ni*·mi one

Je m'appelle...
Mu nimi on ... mou *ni*·mi one ...

Parlez-vous anglais/français ?
Kas te räägite inglise/franais keelt? kas té *rraa*·gui·tè *ing*·li·sè /*fra*·naïs kèlt

Je ne comprends pas.
Ma ei saa aru. ma éï saa *a*·rrou

Hébergement

Où puis-je trouver un/une... ?
Kus asub ...? kous *a*·soub ...

camping	*kämping*	*kam*·ping
hôtel	*hotell*	ho·*tèll*
pension	*võõras-temaja*	*veueu*·rras·tè·ma·ya

Je voudrais une chambre simple/double.
Ma tahaksin ühe kahe voodiga tuba. ma *ta*·hak·sine ou·hè / *ka*·hè *vo*·di·ga *tou*·ba

Quel est le prix par personne/nuit ?
Kui palju maksab voodikoht/ööpäev? koui *pal*·you *mak*·sab *vo*·di·kot/*eueu*·pèv

Directions

Où se trouve... ? *Kus on ...?* kous one ...

Est-ce que c'est loin ?
Kui kaugel see on? koui *kaou*·guèl sè one

Pourriez-vous me l'indiquer sur la carte ?
Palun näidake mulle seda kaardil? *pa*·loune *nai*·da·kè *moul*·lè sè·da *kaarr*·dil

Se restaurer et prendre un verre

Pourrais-je avoir la carte ?
Kas ma saaksin menüü? *kas* ma *saak*·sine mè·*nou*

J'aimerais... *Ma sooviksin ...* ma *so*·vik·sine ...

Je suis végétarien.
Ma olen taimetoitlane. ma *o*·lène *tai*·mè·toït·la·ne

Bon appétit ! *Head isu!* hèd *i*·sou

À votre santé ! (Santé !) *Terviseks!* *ter*·vi·seks

L'addition, s'il vous plaît.
Palun arve. *pa*·loune *arr*·vè

Urgences

À l'aide !	*Appi!*	ap·pi
Allez-vous-en !	*Minge ära!*	mine·guè a·rra
Appelez un médecin !	*Kutsuge arst!*	kout·sou·guèarrst
Je suis malade.	*Ma olen haige.*	ma o·len hai·guè
Je suis perdu.	*Ma olen eksinud.*	ma o·lène ek·si·noud

Achats et services

À quelle heure cela ouvre/ferme-t-il ?
Mis kell see avatakse/suletakse?
mis kell seh ah·vah·tahk·se/su·le·tahk·se

Combien cela coûte-t-il ?
Kui palju see maksab? koui pal·you sè mak·sab

banque	*pank*	pank
bureau de poste	*postkontor*	post·kon·torr
marché	*turg*	tourrg
office du tourisme	*turismi-büroo*	tou·rris·mi·bü·rro
pharmacie	*apteek*	ap·tèk
police	*politsei*	po·lit·sèï
toilettes	*tualett*	toua·lett

Heure et chiffres

Quelle heure est-il ?
Mis kell on? mis kell one

Il est une heure.	*Kell on üks.*	kell one ouks
Le matin	*hommikul*	hom·mi·koul
Le soir	*õhtul*	eu·toul
1	*üks*	ouks
2	*kaks*	kaks
3	*kolm*	kolm
4	*neli*	nè·li
5	*viis*	viis
6	*kuus*	kous
7	*seitse*	seït·sè
8	*kaheksa*	ka·hek·sa
9	*üheksa*	ou·hek·sa
10	*kümme*	koum·mè

PANNEAUX INDICATEURS – ESTONIEN

Sissepääs	Entrée
Väljapääs	Sortie
Avatud/Lahti	Ouvert
Suletud/Kinni	Fermé
WC	Toilettes
Meestele	Hommes
Naistele	Femmes

Transports

Où se trouve l'/le/la... ?
Kus on ...? kous one ...

aéroport	*lennujaam*	lène·nou·yaam
gare ferroviaire	*rongijaam*	rron·gui·yaam
gare routière	*bussijaam*	bous·si·yaam
terminal des ferries	*sadam*	sa·dam

Lequel... s'y rend ?	*Mis ... ma sinna saan?*	mis ... ma sine·na saane
bus	*bussiga*	bous·si·ga
tramway	*trammiga*	trram·mi·ga
trolleybus	*trolliga*	trrol·li·ga

À quelle heure passe le prochain bus/train ?
Mis kell on järgmine buss/rong ? mis kell one yarrg·mi·nè bouss/rrong

Un billet simple/aller-retour, s'il vous plaît.
Palun üks/edasi-tagasi pilet. pa·loun ouks/è·da·si·ta·ga·si pi·lèt

LETTON

Le letton appartient à la branche balte des langues indo-européennes. C'est la langue officielle et la langue maternelle de seulement 55% de la population, et d'à peine plus de 45% des Rigois. L'autre langue parlée est le russe. Le letton et le lituanien ont un vocabulaire commun assez étendu, mais ne sont pas mutuellement compréhensibles.

Le trait placé au-dessus d'une voyelle (le macron) indique que le son est long. L'accent tonique est noté en italique dans la prononciation ci-après. Les mentions (m) et (f) signalent s'il s'agit du masculin ou du féminin.

Vocabulaire de base

Bonjour.	*Sveiks.* (m) *Sveika.* (f)	sveïks sveï·ka
Au revoir.	*Uz redzēšanos.*	ouz redz·é·chan·os
Oui.	*Jā.*	ya
Non.	*Nē.*	né
S'il vous plaît.	*Lūdzu.*	lou·dzou
Merci.	*Paldies.*	pal·diès

PANNEAUX INDICATEURS – LETTON

Ieeja	Entrée
Izeja	Sortie
Atvērts	Ouvert
Slēgts	Fermé
Tualetes	Toilettes
Vīriešu	Hommes
Sieviešu	Femmes

De rien	*Lūdzu.*	lou·dzou
Excusez-moi.	*Atvainojiet.*	At·vaï·no·yiit
Désolé.	*Piedodiet.*	pii·dod·iit

Comment allez-vous ?
Kā jums klājas? ka youms kla·yas

Bien, merci.
Labi, paldies. la·bi pal·diis

Comment vous appelez-vous ?
Kā jūs sauc? ka yous saots

Je m'apelle...
Mani sauc ... man·i saots ...

Parlez-vous anglais/français ?
Vai jūs runājat angliski/franču? vaï yous roun·a·yat ane·gli·ski/fran·tchet·ou

Je ne comprends pas.
Es nesaprotu. es né·sa·pro·tou

Hébergement

Je cherche un/une... *Es meklēju ...* es mèk·lé·you ...

hôtel	*viesnīcu*	viis·nits·ou
auberge de jeunesse	*jauniešu mītni*	yao·nii·chou mit·ni

J'aimerais une chambre simple/double.
Es vēlos vienvietīgu/divvietīgu istabu. es vé·los viin·vii·ti·gou/div·vii·ti·gou is·ta·bou

Combien cela coûte-t-il par nuit ?
Cik maksā diennaktī? tsik mak·sa diin·nak·ti

Directions

Comment puis-je me rendre à... ?
Kā es tieku līdz ...? ka es tii·kou lidz ...

Est-ce loin d'ici ?
Vai tas atrodas tālu? vaï tas at·ro·das ta·lou

Pourriez-vous me l'indiquer (sur la carte), s'il vous plaît ?
Lūdzu parādiet man (uz kartes)? lou·dzou par·a·diit mane (ouz kart·es)

Se restaurer et prendre un verre

Une table pour... personnes, s'il vous plaît.
Lūdzu galdu ... personām. lou·dzou gal·dou ... per·so·nam

Auriez-vous une carte ?
Vai jums ir ēdienkarte? vaï youms ir é·din·kar tè

Que recommandez-vous ?
Ko jūs iesakat? ko yous i·sa·kat

Je suis végétarien(ne).
Es esmu veģetārietis/te. (m/f) es es·mou ve·djé·ta·rii·tis/te

J'aimerais... *Es vēlos ...* es vé·los ...

L'addition, s'il vous plaît.
Lūdzu rēķinu. lou·dzou ré·kyi·nou

Urgences

À l'aide !	*Palīgā!*	pa·li·ga
Allez-vous-en !	*Ejiet projam!*	èï·iit pro·yam

Appelez un médecin !
Izsauciet ārstu! iz·saots·iit ar·stou

Je suis malade.
Es esmu slims/slima. (m/f) es es·mou slims/slim·a

Je suis perdu.
Es esmu apmaldījies/apmaldījusies. (m/f) es es·mou ap·mal·di·yiis/eup·mal·di·you·siis

Achats et services

Quelle est l'heure d'ouverture ?
No cikiem ir atvērts? no tsik·im ir at·vérts

Quelle est l'heure de fermeture ?
Cikos slēdz? tsik·os slédz

Combien cela coûte-t-il ?
Cik tas maksā? tsik tas mak·sa

Où sont les toilettes ?
Kur ir tualetes? kour ir tou·eu·lè·tes

banque	*banka*	bane·ka
bureau de change	*valūtas maiņa*	va·lou·tas maï·nya
bureau de poste	*pasts*	pasts
marché	*tirgus*	tir·gous
pharmacie	*aptieka*	ap·tii·ka

Heure et chiffres

Quelle heure (est-il) ?
Cik (ir) pulkstenis? tsik (ir) poulk·sten·is

Il est cinq heures.	*Ir pieci.*	ir piits·i
matin	*rīts*	rits
après-midi	*pēcpus- diena*	péts·pous· dii·na
nuit	*nakts*	nakts

1	*viens*	viins
2	*divi*	di·vi
3	*trīs*	triis
4	*četri*	tchet·ri
5	*pieci*	piits·i
6	*seši*	sech·i
7	*septiņi*	sep·ti·nyi
8	*astoņi*	as·to·nyi
9	*deviņi*	de·vi·nyi
10	*desmit*	des·mit

Transports

Où se trouve l'/le/la... ?	*Kur atrodas ...?*	kour at·ro·das ...
aéroport	*lidosta*	lid·o·sta
arrêt de tramway	*tramvaja pietura*	tram·va·ya pi·tou·ra
gare ferroviaire	*dzelzceļa stacija*	dzelz·tsè·lya stats·i·ya
gare routière	*autoosta*	ao·to·os·ta
terminal des ferries	*pasažieru osta*	pa·sa·jii·rou o·sta

Je voudrais acheter un ... billet.	*Es vēlos nopirkt ... biļeti.*	es vé·los no·pirkt ... bi·lyet·i
simple	*vien-virziena*	viin·virz·iin·a
aller-retour	*turp-atpakaļ*	tourp at·pa·kaly

LITUANIEN

Comme le letton, le lituanien appartient à la branche balte des langues indo-européennes. Le bas lituanien (*žemaičiai*), parlé à l'ouest, est un dialecte distinct du haut lituanien (*aukštaičiai*), parlé dans le reste du pays et considéré comme le dialecte standard.

Dans nos indications de prononciation ci-après, le r est roulé et les syllabes accentuées sont en italique.

Vocabulaire de base

Bonjour.	*Sveiki.*	Svéï·ki
Au revoir.	*Sudie.*	sou·die
Oui./Non.	*Taip./Ne.*	téïp/né
S'il vous plaît.	*Prašau.*	pra·chaou
Merci.	*Dėkoju.*	dè·ko·you
De rien	*Prašau.*	pra·chaou
Excusez-moi.	*Atsiprašau.*	at·si·pra·chaou
Désolé.	*Atleiskite.*	at·léïs·ki·té

Comment allez-vous ?
Kaip gyvuojate? kaïp gui·vouo·ya·té

Comment vous appelez-vous ?
Kaip jūsų vardas? kaïp you·sou var·das

Je m'appelle...
Mano vardas yra ... ma·no var·das i·ra ...

Parlez-vous anglais/français ?
Ar kalbate angliškai/prancūziškai?
ar kal·ba·ta ane·glich·kaï/pran·cou·zich·kaï

Je ne comprends pas.
Aš jūsų nesuprantu.
ach you·sou né·sou·pran·tou

Hébergement

Je cherche un hôtel.
Aš ieškau viešbučio. ach ieuch·kaou vieuch·bou·tchio

J'aimerais une chambre simple/double.
Aš noriu vienviečio/ dviviečio kambario. ach nor·you vieun·vieu·tchio/ dvi·vieu·tchio kame·bar·yo

Combien cela coûte-t-il par nuit, par personne ?
Kiek kainuoja apsistoti nakčiai asmeniui? kieuk kaï·nouo·ya ap·si·sto·ti nak·tchaï as·mane·oui

Directions

Comment puis-je me rendre à... ?
Prašom pasakyti, kaip patekti į ...? pra·chom pa·sa·ki·ti kaïp pa·ték·ti i ...

Est-ce loin ? *Ar toli?* ar to·li

Pourriez-vous me l'indiquer (sur la carte) ?
Galėtumėt man parodyti (žemėlapyje)? ga·lè·tou·mète mane pa·ro·di·ti (jém·è·la·pi·yè)

Se restaurer et prendre un verre

Une table pour..., s'il vous plaît.
Stalą ..., prašau. sta·la ... pra·chaou

Puis-je voir le menu, s'il vous plaît ?
Ar galėčiau gauti meniu prašau? ar ga·lè·tchiaou gaou·ti mèn·you pra·tchaou

PANNEAUX INDICATEURS – LITUANIEN

Įėjimas	Entrée
Išėjimas	Sortie
Atidara	Ouvert
Uždara	Fermé
Dėmesio	Attention
Patogumai	Toilettes publiques

Auriez-vous le menu en anglais ?
Ar jūs turite meniu angliškai? — ar yous *tu*·ri·tè mèn·*you* *ane*·glieuch·kaï

Je voudrais essayer ceci.
Aš norėčau išbandyti to. — ach no·*rè*·tchaou ish·ban·*di*·ti to

Je ne mange pas de (viande).
Aš nevalgau (mėsiško). — ash né·*val*·gaou (*mè*·sich·ko)

Urgences

À l'aide !	*Gelbėkite!*	*gél*·bè·ki·té
Allez-vous-en !	*Eik šalin!*	èïk cha·*line*
Je suis malade.	*Aš sergu.*	ach sér·*gou*

Appelez un médecin !
Iššaukite gydytoją! — ich·*chaou*·ki·tè *gui*·di·to·ya

Je suis perdu (e).
Aš paklydusi/ paklydęs. (m/f) — ach pa·*kli*·dou·si/ pa·*kli*·dès

Achats et services

Quelle est l'heure d'ouverture/ de fermeture ?
Kelintą valandą atsidaro/ užsidaro? — kél·*in*·ta *va*·lane·da at·si·*da*·ro/ ouj·si·*da*·ro

Combien cela coûte-t-il ?
Kiek kainuoja? — kieuk kaï·*nou* o·ya

Je cherche le/la/les...	*Aš ieškau ...*	ach *yeuch*·kaou ...
banque	*bankas*	*bane*·kas
bureau de change	*valiutos*	va·*lyou*·tos
bureau de poste	*pašto*	*pach*·to
marché	*turgus*	*tour*·gous
pharmacie	*vaistinė*	*vais*·ti·nè
police	*policijos*	po·*lit*·si·yos
toilettes publiques	*tualeto*	tou a·*lét*·o

Heure et nombres

Quelle heure est-il ?
Kiek dabar laiko? — kieuk da·bar *laï*·ko

Il est deux heures.
Dabar antra valanda. — da·*bar* ane·*tra* va·lane·*da*

matin	*rytas*	*ri*·tas
après-midi	*popietė*	*po*·pieu·tè
nuit	*naktis*	nak·*tis*

1	*vienas*	*vieu*·nas
2	*du*	dou
3	*trys*	tris
4	*keturi*	két·ou·*ri*
5	*penki*	pén·*ki*
6	*šeši*	chéch·*i*
7	*septyni*	sép·ti·*ni*
8	*aštuoni*	ach·tou o·*ni*
9	*devyni*	dév·i·*ni*
10	*dešimt*	*déch*·imt

Transports

Où se trouve l'/le/la... ?
Kur yra ...? — kour i·*ra* ...

aéroport	*oro uostas*	o·ro *ou* os·tas
arrêt de bus	*autobuso stotelė*	aou·*to*·bou·so sto·*ta*·lè
terminal des ferries	*kelto stotis*	*kél*·to sto·*tis*
gare ferroviaire	*geležin- kelio stotis*	guél·ej·*ine*· kél·yo sto·*tis*

Je voudrais (un) billet...	*Aš norėčiau bilietą į ...*	ach no·*ré*·chiaou *bil*·i·ta i ...
simple	*vieną galą*	*vi*·na *ga*·la
aller-retour	*abu galus*	a·*bou* ga·*lous*

GLOSSAIRE

Vous trouverez dans les chapitres de chaque destination des mots et des expressions concernant la restauration et l'alimentation. Le glossaire qui suit est une liste de termes estoniens (est.), finnois (fin.), allemands (all.), lettons (lett.), lituaniens (lit.), et russes (rus.) que vous pourrez rencontrer lors de votre séjour dans les pays baltes.

aikštė (lit.) – place
aludė (lit.) – cave à bière
alus (lett., lit.) – bière
apteek (est.) – pharmacie
aptieka (lett.) – pharmacie
Aukštaitija (lit.) – Haute Lituanie
autobusų stotis (lit.) – gare routière
autoosta (lett.) – gare routière
autostrāde (lett.) – route nationale

baar (est.) – pub, bar
babouchka (rus.) – grand-mère/retraitée
bagāžas glabātava (lett.) – consigne à bagages
bagažinė (lit.) – consigne à bagages
bāka (lett.) – phare
baras (lit.) – pub, bar
baznīca (lett.) – église
bažnyčia (lit.) – église
brokastis (lett.) – petit-déjeuner
bulvāris (lett.) – boulevard
bussijaam (est.) – gare routière

ceļš (lett.) – voie ferrée, route
centras (lit.) – centre-ville
centrs (lett.) – centre-ville
Chudkoye Ozero (rus.) – lac Peïpous (Peipsi en estonien)
Courlande – Kurzeme

daina (lett.) – court chant ou poème traditionnel
datorsalons (lett.) – cybercafé
dzintars (lett.) – ambre

ebreji (lett.) – juifs
Eesti (est.) – Estonie
ežeras (lit.) – lac
ezerpils (lett.) – forteresse sur un lac
ezers (lett.) – lac

gatvė (lit.) – rue
geležinkelio stotis (lit.) – gare ferroviaire
gintarinė/gintarinis (lit.) – ambre

hinnakiri (est.) – tarifs
hommikusöök (est.) – petit-déjeuner

iela (lett.) – rue
iezis (lett.) – roc
informacija (lit.) – centre d'information
internetas kavinė (lit.) – cybercafé
interneti kohvik (est.) – cybercafé

järv (est.) – lac

kafejnīca (lett.) – café
kalnas (lit.) – montagne, colline
kalns (lett.) – montagne, colline
kämping (est.) – camping
katedra (lit.) – cathédrale
katedrāle (lett.) – cathédrale
kauplus (est.) – boutique
kavinė (lit.) – café
kelias (lit.) – route
kempingas (lit.) – camping
kempings (lett.) – camping
kesklinn (est.) – centre-ville
kino (est, let, lit) – cinéma
kirik (est.) – église
Klint de la Baltique – haut plateau calcaire qui s'étend de la Suède à la Russie en traversant le nord de l'Estonie
kohvik (est.) – café
kõrts (est.) – auberge, taverne
krogs (lett.) – pub, bar
Kourshskaya Kossa (rus.) – isthme de Courlande
Kursių marios (lit.) – lagune de Courlande
Kursių nerija (lit.) – isthme de Courlande
Kurzeme – Courlande

laht (est.) – baie
Latvija (lett.) – Lettonie
laukums (lett.) – place
lennujaam (est.) – aéroport
lidosta (lett.) – aéroport
Lietuva (lit.) – Lituanie
looduskaitseala (est.) – réserve naturelle
loss (est.) – château, palais

maantee (est.) – route nationale
mägi (est.) – montagne, colline
Metsavennad (est.) – mouvement de résistance des Frères de la forêt
midus (lit.) – hydromel
mõis (est.) – manoir
muuseum (est.) – musée
muzejs (lett.) – musée
muziejus (lit.) – musée

nacionālais parks (lett.) – parc national

õlu (est.) – bière
oro uostas (lit.) – aéroport
osta (lett.) – port

pakihoid (est.) – consigne à bagages
parkas (lit.) – parc
parks (lett.) – parc
paštas (lit.) – bureau de poste
pasts (lett.) – bureau de poste
Peko (est.) – dieu païen de la Fertilité dans la tradition setue
perkėla (lit.) – port
piletid (est.) – tickets
pilies (lit.) – château
pils (lett.) – château, palais
pilsdrupas (lett.) – château de chevaliers
pilskalns (lett.) – colline fortifiée
plats (est.) – place
plentas (lit.) – route nationale, autoroute
pliažas (lit.) – plage
pludmale (lett.) – plage
pood (est.) – boutique
postkontor (est.) – bureau de poste
prospektas (lit.) – boulevard
prospekts (lett.) – boulevard

GLOSSAIRE (*SUITE*)

pubi (est.) – pub
puhketalu (est.) – ferme touristique (proposant un hébergement)
puiestee (est.) – boulevard
pusryčiai (lit.) – petit-déjeuner

raekoda (est.) – hôtel de ville
rahvuspark (est.) – parc national
rand (est.) – plage
rātsnams (lett.) – hôtel de ville
raudteejaam (est.) – gare ferroviaire
Reval (all.) – ancien nom allemand de Tallinn
rezervāts (lett.) – réserve
Riigikogu (est.) – Parlement
rotušė (lit.) – hôtel de ville
rūmai (lit.) – palais

saar (est.) – île
sadam (est.) – port
Saeima (lett.) – Parlement
Seimas (lit.) – Parlement
Seto (est.) – Setus, groupe ethnique de traditions estonienne et orthodoxe
Setomaa (est.) – territoire des Setus à la frontière du sud-est de l'Estonie et de la Russie
sild (est.) – pont
smuklė (lit.) – taverne
stacija (lett.) – gare
švyturys (lit.) – phare

Tallinna (fin.) – Tallinn
talu (est.) – ferme
tänav (est.) – rue
Tchoudkoïe Ozero (rus.) – lac Peïpous
tee (est.) – route
tiltas (lit.) – pont
tilts (lett.) – pont
tirgus (lett.) – marché
toomkirik (est.) – cathédrale
trahter (est.) – taverne
tuletorn (est.) – phare
turg (est.) – marché
turgus (lit.) – marché
turismitalu (est.) – ferme touristique (proposant un hébergement)

vanalinn (est.) – vieille ville
vaistinė (lit.) – pharmacie
väljak (est.) – place
Vecrīga (lett.) – vieux Riga
via Baltica – route internationale (E67) reliant l'Estonie à la Pologne

žydų (lit.) – juifs

En coulisses

VOS RÉACTIONS ?

Vos commentaires nous sont très précieux et nous permettent d'améliorer constamment nos guides. Notre équipe lit toutes vos lettres avec la plus grande attention. Nous ne pouvons pas répondre individuellement à tous ceux qui nous écrivent, mais vos commentaires sont transmis aux auteurs concernés. Tous les lecteurs qui prennent la peine de nous communiquer des informations sont remerciés dans l'édition suivante, et ceux qui nous fournissent les renseignements les plus utiles se voient offrir un guide.

Pour nous faire part de vos réactions, prendre connaissance de notre catalogue et vous abonner à notre newsletter, consultez notre site Internet : **www.lonelyplanet.fr**

Nous reprenons parfois des extraits de notre courrier pour les publier dans nos produits, guides ou sites Web. Si vous ne souhaitez pas que vos commentaires soient repris ou que votre nom apparaisse, merci de nous le préciser. Notre politique en matière de confidentialité est disponible sur notre site Internet.

À NOS LECTEURS

Merci à tous les voyageurs qui ont utilisé la dernière édition de ce guide et qui nous ont écrit pour nous faire part de leurs conseils, de leurs suggestions et de leurs anecdotes :

Patricia Almeida, Pauline Le Bot, Christian Legrand, Peter Spronk, Claude Ulrich, Fabio Ursella, Thierry Worm

UN MOT DES AUTEURS

Peter Dragicevich

Je dois des remerciements particuliers à mon agent de voyages David Inglis de Travel Managers (à Auckland), d'une patience à toute épreuve. Comme ma compagnie aérienne venait d'annuler tous les vols de retour (après qu'un malencontreux retard de vols avait transformé mon trajet vers Tallinn en 76 heures d'attente..., mais ça c'est une autre histoire), il a pris les choses en main et m'a trouvé en un temps record un vol pour rentrer chez moi.

Hugh McNaughtan

Sincères remerciements à Helen, Tasmin, Irmantas, Saulius, Milda et, naturellement, à mes filles.

Leonid Ragozin

Qu'il me soit d'abord permis de remercier la Lettonie d'être devenue mon foyer lors des moments de trouble en Russie. Un grand merci à mes amis lettons Ilze et Ģirts Jankovskis, qui m'ont rendu amoureux de leur pays, et à Reinis Norkārkls, qui m'a permis de le comprendre. J'aimerais aussi remercier les journalistes Sanita Jemberga et Rita Ruduša pour leurs conseils et aussi Vita Viļuma, mon guide dans la langue lettonne. Enfin, ce travail n'aurait pas été possible sans le soutien de mon épouse, Masha Makeeva, et de sa soif d'aventure.

REMERCIEMENTS

Données des cartes du climat adaptées de Peel MC, Finlayson BL & McMahon TA (2007), "Updated World Map of the Köppen-Geiger Climate Classification", *Hydrology and Earth System Sciences*, 11, 163344.

Photo de couverture : Tallinn, Estonie, la vieille ville depuis la colline de Toompea, Sean Pavone/Shutterstock.

À PROPOS DE CET OUVRAGE

Cette 3e édition en français du guide Lonely Planet *Pays baltes – Estonie, Lettonie et Lituanie* est une traduction-adaptation de la 7e édition du guide *Estonia, Latvia & Lithuania* (en anglais), mise à jour par Peter Dragicevich, Hugh McNaughtan et Leonid Ragozin. La précédente édition avait été rédigée par Brandon Presser, Mark Baker, Peter Dragicevich, Simon Richmond et Andy Symington.

Traduction Giuseppe Ardiri, Florence Guillemat-Szarvas et Antoine Thibault

Direction éditoriale Didier Férat

Adaptation française Carole Haché

Responsable prépresse Jean-Noël Doan

Maquette Caroline Donadieu

Couverture Adaptée par Laure Wilmot pour la version française.

Cartographie Cartes originales d'Adrian Persoglia et Shahara Ahmed, adaptées en français par Eduardo Yanes-Blanch

Remerciements à Jean-Victor Rebuffet et Ségolène Roy pour leur travail approfondi sur le texte, Dolorès Mora pour sa relecture attentive et Olympe Richez pour la comparaison de textes. Mes remerciements également à l'équipe du bureau de Paris, notamment à Dorothée Pasqualin pour le courrier des lecteurs, ainsi qu'à Dominique Spaety et Dominique Bovet pour leur soutien. Merci aussi à Clare Mercer, Joe Revill et Luan Angel du bureau londonien et à Darren O' Connell, Chris Love, Sasha Baskett, Angela Tinson, Jacqui Saunders, Ruth Cosgrave et Glenn van der Knijff du bureau australien.

Index

D

E

Référence des cartes
Référence des photos

F

Référence des cartes
Référence des photos

G

H

M

Référence des cartes
Référence des photos

N

O

Référence des cartes
Référence des photos

P

Légende des cartes

À voir

- Château
- Monument
- Musée/galerie/édifice historique
- Ruines
- Église
- Mosquée
- Synagogue
- Temple bouddhiste
- Temple confucéen
- Temple hindou
- Temple jaïn
- Temple shintoïste
- Temple sikh
- Temple taoïste
- Sentō (bain public)
- Cave/vignoble
- Plage
- Réserve ornithologique
- Zoo
- Autre site

Activités, cours et circuits organisés

- Bodysurfing
- Plongée/snorkeling
- Canoë/kayak
- Cours/circuits organisés
- Ski
- Snorkeling
- Surf
- Piscine/baignade
- Randonnée
- Planche à voile
- Autres activités

Où se loger

- Hébergement
- Camping

Où se restaurer

- Restauration

Où prendre un verre

- Bar
- Café

Où sortir

- Salle de spectacle

Achats

- Magasin

Renseignements

- Banque
- Ambassade/consulat
- Hôpital/centre médical
- Accès Internet
- Police
- Bureau de poste
- Centre téléphonique
- Toilettes
- Office du tourisme
- Autre adresse pratique

Géographie

- Plage
- Refuge/gîte
- Phare
- Point de vue
- Montagne/volcan
- Oasis
- Parc
- Col
- Aire de pique-nique
- Cascade

Agglomérations

- Capitale (pays)
- Capitale (région/État/province)
- Grande ville
- Petite ville/village

Transports

- Aéroport
- Poste frontière
- Bus
- Téléphérique/funiculaire
- Piste cyclable
- Ferry
- Métro
- Monorail
- Parking
- Station-service
- Station de métro
- Taxi
- Gare/chemin de fer
- Tramway
- U-Bahn
- Autre moyen de transport

Les symboles recensés ci-dessus ne sont pas tous utilisés dans ce guide

Routes

- Autoroute à péage
- Voie rapide
- Nationale
- Route secondaire
- Petite route
- Chemin
- Route non goudronnée
- Route en construction
- Place/rue piétonne
- Escalier
- Tunnel
- Passerelle
- Promenade à pied
- Promenade à pied (variante)
- Sentier

Limites et frontières

- Pays
- État/province
- Frontière contestée
- Région/banlieue
- Parc maritime
- Falaise
- Rempart

Hydrographie

- Fleuve/rivière
- Rivière intermittente
- Canal
- Étendue d'eau
- Lac asséché/salé/intermittent
- Récif

Topographie

- Aéroport/aérodrome
- Plage/désert
- Cimetière (chrétien)
- Cimetière (autre)
- Glacier
- Marais/mangrove
- Parc/forêt
- Site (édifice)
- Terrain de sport

LES GUIDES LONELY PLANET

Une vieille voiture déglinguée, quelques dollars en poche et le goût de l'aventure, c'est tout ce dont Tony et Maureen Wheeler eurent besoin pour réaliser, en 1972, le voyage d'une vie : rallier l'Australie par voie terrestre via l'Europe et l'Asie. De retour après un périple harassant de plusieurs mois, et forts de cette expérience formatrice, ils rédigèrent sur un coin de table leur premier guide, *Across Asia on the Cheap*, qui se vendit à 1 500 exemplaires en l'espace d'une semaine. Ainsi naquit Lonely Planet, dont les guides sont aujourd'hui traduits en 12 langues.

NOS AUTEURS

Peter Dragicevich

Estonie Après avoir travaillé pendant une dizaine d'années pour des journaux et magazines en Nouvelle-Zélande, son pays natal, et en Australie, Peter a tout quitté pour prendre la route. Il a collaboré à des dizaines de titres Lonely Planet, dont la précédente édition des *Pays baltes*, au guide *Scandinavian Europe* et à cinq éditions successives du guide *Eastern Europe*. Tallinn est l'une de ses villes européennes préférées. Peter a aussi collaboré à la partie *Préparer son voyage* de ce guide.

Hugh McNaughtan

Lituanie Ancien professeur d'anglais à l'université, Hugh a troqué les demandes de bourse contre les demandes de visa pour vivre à plein temps sa passion du voyage. Après avoir été critique gastronomique dans sa ville natale (Melbourne), il a exploré la scène culinaire européenne et découvert que la meilleure manière de s'ouvrir l'appétit – pour faire honneur à la délicieuse et nourrissante cuisine lituanienne – consistait à parcourir à vélo les splendides forêts du pays. Il n'est nulle part plus heureux qu'en voyage avec ses deux filles. Sauf peut-être sur un terrain de cricket…

Leonid Ragozin

Lettonie, Excursion à Helsinki, Excursion à Kaliningrad, Carnet pratique, Transports Leonid a étudié la dynamique côtière à l'université d'État de Moscou mais, faute de plages adéquates en Russie, il s'est tourné vers le journalisme et a passé 12 ans à explorer différents départements de la BBC, avec une parenthèse de 4 ans en tant que correspondant à l'étranger pour l'édition russe de *Newsweek*. Actuellement journaliste indépendant, Leonid s'intéresse notamment au conflit entre la Russie et l'Ukraine (deux destinations qu'il a couvertes pour Lonely Planet), ce qui l'a poussé à quitter Moscou pour s'installer à Riga, véritable révélation pour lui lors de l'écriture de ce guide.

Pays baltes, Estonie, Lettonie, Lituanie

3e édition

Traduit et adapté de l'ouvrage *Estonia, Latvia & Lithuania, 7th edition, May 2016*

Dépôt légal Juillet 2016
ISBN 978-2-81615-452-8

Imprimé par Pollina, Luçon, France - 85208
Réimpression 02, juin 2018

Bien que les auteurs et Lonely Planet aient préparé ce guide avec tout le soin nécessaire, nous ne pouvons garantir l'exhaustivité ni l'exactitude du contenu. Lonely Planet ne pourra être tenu responsable des dommages que pourraient subir les personnes utilisant cet ouvrage.

En Voyage Éditions | un département place des éditeurs